SAS 数据统计分析与编程实践

马文豪　李翔宇　编著

中国铁道出版社有限公司

CHINA RAILWAY PUBLISHING HOUSE CO., LTD.

内 容 简 介

本书力求对 SAS 编程与数据分析做一个较为完整的梳理，意在建立 SAS 编程技术的知识体系和对数据分析行业的高度洞察。

从 SAS 编程基础开始，带领读者一步一步深入 SAS 数据分析的应用和数据分析行业。全书从结构上分为三篇，视野上从微观到宏观，先介绍 SAS 基础语法，然后扩展到具体行业案例的应用，最后提供数据分析行业的宏观洞察，适合数据行业的从业者和求职者阅读。与此同时，书中提供了大量行业一手案例和编程现场体验，让所有读者都能身临其境地了解 SAS 数据分析行业的精髓。

本书面向有一定基础和工作经验的 SAS 数据分析从业人员，旨在通过梳理 SAS 编程中的关键和实用知识点，并嵌入大量行业实践案例，帮助读者掌握更有效的分析技能，进而更快地融入行业实践分析中去。

图书在版编目（C I P）数据

SAS 数据统计分析与编程实践 / 马文豪，李翔宇编著.—北京：中国铁道出版社有限公司，2021.1

ISBN 978-7-113-27274-6

Ⅰ.①S… Ⅱ.①马… ②李… Ⅲ.①统计分析-应用软件 Ⅳ.①C819

中国版本图书馆 CIP 数据核字(2020) 第 177625 号

书　　名：SAS 数据统计分析与编程实践
SAS SHUJU TONGJI FENXI YU BIANCHENG SHIJIAN

作　　者：马文豪　李翔宇

责任编辑：荆　波　　　　编辑部电话：(010) 51873026　　　邮箱：the-tradeoff@qq.com
封面设计：MXK DESIGN STUDIO
责任校对：孙　玫
责任印制：赵星辰

出版发行：中国铁道出版社有限公司（100054，北京市西城区右安门西街 8 号）
印　　刷：国铁印务有限公司
版　　次：2021 年 1 月第 1 版　2021 年 1 月第 1 次印刷
开　　本：787 mm×1 092 mm 1/16　印张：29.25　字数：605 千
书　　号：ISBN 978-7-113-27274-6
定　　价：99.00 元

前　言

数据分析，这是一个令人熟悉而又陌生的工作。

随着互联网等科技的发展，很多行业和企业愈发认识到数据的重要性，招聘数据分析师对收集的数据进行处理、分析、统计、建模。更多行业专家也已经发现，数据并不仅仅是资源，它更像土壤，从数据中就可以生长出一个优秀的企业。因此，数据分析行业对于从业者的要求也越来越高，除了过硬的数据分析能力以外，还要求分析师具有跨部门协作能力、大局观和组织能力等。

当前主流的数据分析工具有 SAS、Python 语言和 R 语言等，其中 Python 语言和 R 语言的使用较为广泛，SAS 因为其非开源、付费、授权制等特点，主要应用在诸如医药、金融、市场分析等行业，成为这些行业中数据分析师的必备技能。

SAS 经验谈

SAS 语言的特点是功能复杂、上手有难度和特定领域应用。

自 20 世纪 60 年代诞生以来，历代 SAS 版本的更新都会加入最新统计分析理论的研究成果，将它们通过简单的 SAS 语句来实现。时至今日，SAS 已经有近千个函数和上百种 proc 以帮助数据分析师完成各种统计分析工作。每个函数和 proc 的语法与功能都有差别，这使得 SAS 构成一个复杂的功能体系，在数据分析中扮演着不可替代的角色。

与一般语言不同，SAS 对于新手并不是很友好。SAS 的语法比较特殊，将所有与数据处理和分析的功能放到了 data 步和 proc 的程序块中，分析师不仅要掌握这些程序块的语法，还需要根据所建立的模型使用不同的语句。很多人在初学 SAS 的时候发现很难把其他语言的使用经验套用到 SAS 上，于是花了过多的精力却没有找到重点。

SAS 的第三个特点就是其只在特定领域应用，这些领域包括医药、金融、银行、交通等，往往都是资本密集型和技术密集型行业。以笔者所在的医药行业为例，2018 年被称为中国的制药元年，从这一年起，中国的制药领域已经摆脱了传统的仿制药研发和制药原材料出口的模式，真正走上了创新药研发的路径。2020 年初爆发的新冠疫情，虽然让全世界的经济都蒙上了一层阴影，但也让很多人看到了医药行业发展的潜力。

虽然以上这些行业都是使用 SAS 作为分析工具，但不同行业的侧重各有不同，例如医药行业会更多使用 SAS 的数据处理和统计分析功能，金融行业则需要建模功能，如果一开始没有确定自己的行业，很可能导致学习 SAS 很久后发现很多功能并不会用到。

写作缘起

基于数据分析行业和 SAS 的特点，笔者萌生出了创作一本 SAS 进阶提升读物的想法，幸而找到了李翔宇老师合作，共同完成了本书。我一直从事临床试验数据分析工作，与 SAS 打了多年交道。李翔宇老师在新能源、通信、教育等行业都有过相当成功的项目经验。我们二人的经验也保证了本书既具有专业的深度，也具有视野的广度。

虽然本书只专注于 SAS 和数据分析行业，但它的创作难度并不低，因为本书不仅仅要帮助读者建立起 SAS 语法的基本框架，更希望建立起知识体系的逻辑架构，这对于 SAS 这门发展了数十年、代码系统盘根错节的语言来说绝非易事。更重要的是，笔者与李翔宇老师在本书中提出了优秀数据分析师的"士"型人才模型以及自我提升途径，笔者坚信这是对所有读者更重要的职业发展指导。

另外，笔者在创作时既考虑了行业应用，也着力弱化它。在技术方面，力求讲解 SAS 中一部分通用的语句和功能，它们在很多工作场景中都会被用到。同时笔者也准备了大量工作中的实战案例，让读者不仅"知道"怎么做，还要真正"学会"怎么做。

本书组织架构

在结构上分为三篇，按照递进的关系讲解 SAS 和数据分析。

第一篇，首先了解 SAS 的技术特点、历史等，然后从最简单的 data 步和 proc 开始，逐步建立 SAS 学习的基础框架。

第二篇是在第一篇的基础上，展开学习 SAS 中相对复杂的功能，包括宏编程、统计分析与假设检验、创建统计图表等，并在该篇最后一章使用一个大型临床试验数据分析案例对所有编程技巧进行总结提升。

第三篇，我们将视野展开，从 SAS 编程技术上升到数据分析师这个职业和数据分析行业，了解行业全貌，掌握必备技巧。笔者在本书最后一章还提出数据分析师的"士"型人才模型，帮助所有数据分析从业者建立起自我提升的正确途径。

本书读者对象

所面向的读者对象主要包含三类人：

● 初入数据分析行业的新人；

● 就业多年希望转行到数据分析岗位的人才；

● 在校学生。

以上三类读者的需求、现状、自身条件均不相同。初入数据分析行业的从业者往往需要快速提升以适应职场节奏；转行人才则需要对行业整体现状有所了解，才能更好地指导自己的学习工作；在校学生除了技术，更需要掌握一些数据分析经验。

针对这三类读者，笔者在书中除了编程知识的讲解，也将数据分析行业工作流程、技巧和行业发展融汇在本书之中，力求让所有读者在读过之后不仅学会数据分析技术，还能成为一名合格的数据分析师。

源代码下载包

为了方便读者更好地学习本书，笔者将书中源代码整理成下载包，读者可通过以下链接下载获取。

http://www.m.crphdm.com/2020/1119/14297.shtml

备用网盘链接：

https://pan.baidu.com/s/1nGp3RzZV0vbDr6KmI3UpgQ

提取码：rmjp

交流与感谢

本书的内容大都来源于笔者的工作经验，难免存在遗漏或不准确之处。若各位读者在阅读本书的过程中有任何的意见或者建议，欢迎发邮件到笔者的工作邮箱 iwenhaoma@gmail.com，笔者会在第一时间给出回复。

感谢中国铁道出版社有限公司全体工作人员为本书出版所做的努力，尤其感谢策划编辑老师长达数个月的付出，为本书做出持续的指导。笔者与编辑老师交流的过程中，经常说到的一句话就是：好的图书一定是经过长期打磨而成的作品，这个道理笔者认为同样适用于数据分析师。一名好的数据分析师不一定一帆风顺、一路坦途，更多的是一路披荆斩棘、奋勇前进。只有沥血的手指，才能弹出不朽的乐章！

愿风雨和青山常伴各位的数据分析之路。

马文豪

2020 年 7 月

目　录

第一篇　小扣柴扉——成为 SAS 编程高手

第 3 章　data 步——数据集处理小能手

第 4 章　proc 是个筐——数据分析往里装

第二篇　登堂入室——掌握数据分析技巧

第 5 章　宏——重复的事情交给程序

第 8 章 玩转数据——常用数据分析与处理技巧

第 9 章　大型实战——从数据到图表的临床试验分析

第三篇　炉火纯青——深入数据分析行业

第 10 章　进入数据分析行业

第 11 章　是真名士自风流

第一篇

小扣柴扉——成为 SAS 编程高手

本书将按照由浅入深的脉络带领读者逐步深入 SAS 编程。本篇是最基础的 SAS 应用和编程技术。

在前两章，我们先抛开 SAS 的具体编程技术，首先明确 SAS 的应用行业、特点、历史和版本演化。笔者以前在阅读技术类书籍时，总是把这一部分跳过，认为这些对于提升编程能力没有实质性的帮助。

但随着工作经历的增长，发现这一部分的知识并非是可有可无的内容。相反，只有了解一项技术的发展脉络，才可以更好地了解它的未来。我们经常说技术是没有生命、没有价值观的，但技术每一段发展的历史都融合了无数高人的智慧与思考，这些无疑是鲜活且炽热的。

当了解 SAS 语言的背景知识后，在第 3 章和第 4 章，我们将开始讨论 SAS 最基础的语法：data 步与 proc，让我们看看 SAS 语言如何使用最简单的语法结构实现各种复杂的数据处理和数据分析功能。

在创作本篇时，笔者力求专业性与趣味性的平衡，既让读者在入门 SAS 时就对这项技术产生浓厚的兴趣，也要确保在入门时就为各位读者带来专业的概念。除了技术的讲解，笔者更试图通过本书传递一些数据分析师的价值观。因为技术的提升需要日积月累的磨炼，而思想的升华往往要依靠瞬间的顿悟。

笔者绝不敢说自己有能力指点读者，笔者只希望把自己在工作中思考的成果总结提炼，帮助后来者更快地成为一名合格的数据分析师。

本书的三篇分别是小扣柴扉、登堂入室和炉火纯青，其中"小扣柴扉"出自诗人叶绍翁的《游园不值》，"小扣柴扉久不开"，这也是很多 SAS 语言初学者的苦恼之处。SAS 如同一个巨大的花园，数据处理和数据分析的技术就如同其中一朵朵鲜艳的花朵，让初学者流连忘返。

希望读者跟随笔者的脚步，抽丝剥茧，逐步在我们的脑中形成知识体系，这样你一定会看到：满园春色关不住，一枝红杏出墙来。

第 1 章　SAS——统计分析的专用语言

在正式学习编程之前，我们需要对 SAS 语言有一个基础的认识。SAS 语言是统计分析的专用语言，如果说数据分析师是一个战士，那么很多语言就像锄头或者铁锨，它们的功能并不是专门定位于战争，而 SAS 语言则是一把利剑，它的用途就是成为最趁手的兵器。

本章我们将讨论数据分析师行业特点、SAS 语言在各领域的应用以及 SAS 语言与其他语言的对比。在开始 SAS 技术学习之前，搞清楚这些问题是我们学习的催化剂。

1.1　SAS 程序员——一个一点也不酷的职业

当你翻开本书，看到第一节的标题时，内心难免会有落差。在印象中，数据分析师是一个很酷的职业，从"运筹帷幄，决胜千里"的张良，到"未卜先知"的刘伯温，他们都算是"数据分析师"的成功从业者，在海量的数据中提取信息，在纷繁的信息中形成洞察，然后指导实践。这怎么会是一个一点也不酷的职业呢？

其实，数据分析师在很多时候还是很酷的，例如很多银行的安全团队，能在海量操作中锁定金融诈骗嫌疑犯，还有 IBM 的人工智能，也是在无数杂乱无章的数据中提炼总结出信息，这些都是数据分析的炫酷之处。我这里所说的不酷，是指作为一个 SAS 程序员，你的很多工作很可能与上述内容无关，更多的是整理数据、建立模型、绘制报表、形成总结，与我们所说的"酷"完全不沾边。

酷不酷不是我们选择行业的唯一因素，更多时候我们也会考虑稳定性、行业前景和职业发展。本书虽然定位为 SAS 编程技术和应用，但仍必须考虑读者学习后的从业和职业发展，我们不妨把"工欲善其事，必先利其器"的道理倒过来——"欲利其器，先知其事"，首先对 SAS 数据分析师行业有一个了解，然后再开始技术的学习。

1.1.1　稳定性

SAS 数据分析师工作最大的特点是什么呢？就是稳定。SAS 语言目前广泛地应用于医药、金融、交通等行业。从行业应用可以看出，SAS 语言主要服务于大型行业的大型公司，与目前被广泛使用的 R 语言与 Python 语言相比，SAS 语言使用的行业较窄。那么稳定性的说法从何而来呢？

其实，SAS 从业的稳定性恰恰来源于其只应用于大型公司的特点。相信各位读者能够看到，中国信息技术行业的变化是日新月异的，很多技术在前几年还是香饽饽，几年后就已成为明日黄花，最明显的例子就是 Flash，笔者记得在十几年前读书时，Flash 技术被广泛应用于动画制作和网页制作，到 2020 年，Adobe 公司宣布停止开发和更新 Flash，这个伴随了很多人成长的技术可以说已被判处了"死刑"。因此，把个人的职业发展依附于某项技术上在目前的环境下风险很大，随着技术的迭代和演进，很多职业将会消失不见，成为时代洪流中的一颗微不足道的水滴。

相反，把职业发展依附于某个行业则是更好的选择，只要行业的需求一直存在，无论新技术如何产生，都需要了解这个行业的人才来驾驭它。例如新闻行业，过去的新闻写在报纸上，而如今的新闻更多产生在网络上。那么以前新闻的从业者失业了吗？不仅没有，相反他们被大量的公司用更高的薪水聘请，因为他们的职业并不是依附于写新闻稿这个技能上，而是附着在整个新闻行业上。只要人们对新发生的事情关心，这个行业就会永远存续。无论展现新闻的技术如何改变，都需要高质量的、了解新闻创作方法的从业者。

说到这里，SAS 数据分析师稳定性高的原因也就呼之欲出了。SAS 应用的行业都是大型企业或者重要行业，关乎国计民生，它们消失的可能性微乎其微。金融行业，从最原始的借款利息，到现在纷繁复杂的金融衍生品，它们都代表了人们对逐利的需求。医药行业，从古至今，它们都在解决人类的疾病和对死亡的恐惧。交通行业，从秦始皇车同轨，到现在的高铁、电动车、自动驾驶，它们都在解决我们希望看看更大的世界的需求。在可预见的未来，以上行业也不会消失，而是会伴随我们的生活一直存在。既然行业不会消失，那么这些行业产生的数据就会一直存在，数据分析的工作也将持续存在。

SAS 在以上行业中已经深耕了数十年，这些行业的数据分析流程和标准很多也根据 SAS 来设计，这就如同两棵盘根错节的老树，它们已经枝繁叶茂，根系紧紧地缠绕在一起，从业者之于整个行业，就如同一只百灵鸟之于老树，在老树中找到一条虫子、一些露水，对从业者来说再容易不过了。

1.1.2　行业前景

在上一部分，我们已经讨论过 SAS 的应用行业和其稳定性，但我相信稳定不会是从业者唯一的追求，能否赶上一波行业的发展，也是我们需要深入考虑的，毕竟如果处于一个夕阳产业中，即使个人能力再出众，即使再稳定，也很难有发展。例如煤炭、钢铁行业，虽然体量庞大，但从业者很难通过工作提升，获得财务自由。简而言之，我们作为一只小鸟，不仅希望身旁有一棵大树，还希望这是一棵仍在生长的大树。

SAS 所在的诸如医药、交通、金融等行业，虽然体量庞大，仍在以很高的速度发展，对人才的需求也是越来越大。以笔者最熟悉的医药行业为例，如果你从 2019 年开始关注医药公司新闻，会深刻地感觉无论是中国还是外国，医药相关的好消息接踵而至，让人应接不暇。自 2019 年开始，中国医药行业爆发式发展，不仅大量的自研药物通过食品药品监督管理局的审批，很多国外头部药企把数据和分析总部放在了中国。药物上市过程中，很重要的一步就是进行临床试验，而实验产生的数据需要由 SAS 程序员整理、转化、分析、生成可以上交的报表，供管理部门审批。药物上市之后，还要进行跟踪实验和年度汇报。一款药物从开始研发到上市，往往要经历 8 到 10 年的时间，其间会创造出大量的岗位需求。

另外一个例子是交通行业，"智慧交通"的口号喊了很多年，但究竟怎么落地是很多国家，尤其是拥有超大城市人口密度国家头疼的地方。在过去，交通数据杂乱纷繁，即使进行分析，也只能得出一些简单的数理统计方面的结论，难以对未来进行预测。SAS 在处理大样本数据上拥有非常好的能力，同时拥有大量的分析工具，可以帮助交通部门对事故和交通问题进行预测，这也是其他软件和语言在相同预算下无法做到的事情。

其实目前在各个行业中，数据的价值都越来越被重视，从立项、审批到生产、总结，数据和信息在每一步中都发挥了关键的作用，而对数据进行分析的人的价值也越来越被放大，数据分析从过去的统计报表，慢慢变成了预测模型、辅助决策等更高级的用法，这一方面需要从业者具有更高的知识和视野，同时也让数据从业者的地位越来越不可取代。

1.1.3　职业前景

相信这部分是大家最感兴趣，也是一个从业者最关心的事情。稳定性和行业发展只是一个从业者发展的下限，而职业前景才是我们所关心的上限。如果一个行业有玻璃天花板，即使有稳定性而且行业快速发展，但对于普通从业者并不友好，很多人也不会选择进入这个行业，因为工作为了生存的时代已经过去，更多的人工作是为了实现自身的价值。

在 SAS 所应用的行业中，尤其是医疗、金融、交通、大数据等行业里，一个普通从业者通过个人努力一步步地晋升是完全有可能的。从长远发展来看，数据分析从业者其实有两条路可以走，它们分别对应两种能力，一个是解决问题，一个是管理项目。

所谓解决问题，就是从数据分析技术上升到能力的过程。在工作情境中，我们会面对很多具体的问题，在解决这些问题的过程中你自然会将解决问题的手段上升成能力，进而把能力变成方法。当你掌握了一系列处理某类问题的方法时，我们可以说你不再只是一个 SAS 数据分析师，而是一个专家，可以就这类问题提出一整套完整的技术支持。

在这里强调一下，经常听到一种说法是：在中国只发展技术是没有用的，只有提升领导力，成为管理层或者自己创业才是唯一的出路。这种说法曾经正确，但已不适合现在和未来的职场生涯。曾经的中国企业，一是因为体量小，缺少专业分工，只有样样通的人才更重要；二是因为技术性不强，管理在企业运营中是更重要的部分。如今的中国企业，尤其是数据驱动型的科技公司，以上两点都不复存在。中国大量的行业巨头，已经成长为市值百亿千亿级别、雇员数万乃至数十万的大企业，在如此精细的分工之下，一个人不再需要八面玲珑，相反，磨炼技术，在某一个领域钻研精通，是一条无限延伸的康庄大道；另外，中国公司的技术通过数十年的积累、学习、研发，已经不输给任何一个国家，以前那种外资出技术，中国出市场和简单劳动力的时代已经过去，高技术就意味着对技术人才的高需求，纯粹的技术人才在现在的市场环境下可以活得很好。

以阿里巴巴为例，成为高级工程师即可拿到 20 万左右的年薪，如果成为高级专家，年薪百万不是梦。图 1-1 是阿里巴巴的级别体系和薪酬体系的对应关系，由此我们可见一斑。

级别体系			薪酬体系	
技术职级	岗位定义	管理职级	年薪	股票（4年拿完）
P1,P2	低端岗位			
P3	助理		学历经验决定	
P4	初级专员		学历经验决定	
P5	高级工程师		15万~25万元	无
P6	资深工程师	M1主管	25万~35万元	无
P7	技术专家	M2经理	40万~60万元	1000股左右
P8	高级专家	M3高级经理	60万~100万元	2000股左右
P9	资深专家	M4（核心）总监	100万~120万元	股票可谈
P10	研究员	M5高级总监		

图 1-1

以上内容可能让你觉得专精技术是一条很好的出路，甚至已经励志在技术的路上一直往前走。且慢！还有另外一条路我们没有提及，那就是管理项目的路，这同样是一条康庄大道。作为 SAS 数据分析师，除了钻研 SAS 技术，其实我们还可以选择成为项目经理。成为项目经理的核心是大局观，而大局观的养成，需要你在工作中积累专业技能和社会关系。数据分析不是一个孤立的存在，很多时候它要与产品部门、市场部门联动，这时你就有了机会去了解自己所在的位置在整个产业链中的位置，并且掌握沟通能力。如果充分掌握了这种能力，你就可以从一个劳动者变成了协调者，引导某个数据分析项目的发展，对下属做出项目分解安排，选择合适的人完成工作，对上司做出进度汇报，这也是一条数据分析师晋升之路。

我们从以上两条道路可以看出，数据分析师的职位是非常有前景的，无论你希望成为"专家"还是"管理者"，数据分析工作都给了你良好的出路。但请注意，所谓良好的出路并不是实现财务自由的直梯，它不能直接把你运送到职场的终点，相反这是一条崎岖的山路，你需要挂着登山杖一步一步自己走完，"会当凌绝顶，一览众山小"之前，别忘了"曲径通幽处"的辛劳。

相信通过以上内容，你已"先知其事"，对 SAS 数据分析师的稳定性、行业前景和职业发展有了更多了解。在本书的第三篇，我们将会探讨更多数据分析行业从业者的身法和心法，这里只做一个入门的综述。

到这里，我们再回答 SAS 程序员到底酷不酷的问题。的确，SAS 程序员一般不会用到最新的技术、最炫的代码，实现看上去不可能完成的任务。相反，SAS 程序员像一只在亚马逊热带雨林中穿梭的小鸟。亚马逊热带雨林拥有数百万种生物，其中鸟类就有上万种，活得最好的鸟不是羽毛最艳丽的，也不是看上去最凶猛的，而是熟悉自己生活环境，随时能够找到美食和躲避天敌的鸟类。SAS 程序员具有稳定、行业前景好、职业发展大的特点，是我们每只初入职场"小鸟"的最好选择。

愿你的鸿鹄之志成为飞翔的翅膀！

1.2 Python 这么火，我为什么要学 SAS

看到本节的题目，你可能以为这是一个引战话题，强行罗列 SAS 的优点和 Python 的缺点进行对比，然后得出 SAS 是最好的数据分析语言的结论。以上这种思维方式恰恰是数据分析的大忌。我们做数据分析，最根本的目的是为了获得一些原本不知道的信息和洞见，如果在分析之前就已经有某些观点，在分析过程中只关注可以形成这些观点的数据，那么形成的结论必然偏颇，对于实践的指导性其实很小。数据分析师不是数学家，我们要做的任务不是"证明"，而是"探索"。

每名数据行业从业者都有自己使用的语言，在使用时间长了之后，我们可以很容易地使用它完成各种任务，所谓熟能生巧，分析师很容易产生一种"这个语言很强大，什么活儿都能干"的印象，当你被迫使用某些其他语言或工具完成一个临时任务时，因为对新语言或工具并不熟练，只能使用比较基础的功能，自然会有额外的耗时，这样又反而强化了"其他语言都不好，不如我现在用的语言方便"的印象。

其实，一款数据分析工具之所以好用，不一定是它的设计和底层逻辑优秀，而是使用这个工具的人和工具融会贯通。因此没有最好的语言，只有最好的程序员。

那么，是不是说语言之间就无法比较优劣了呢？其实不是，一个优秀的数据分析师不会简单地推荐你用某个分析语言，而是要讲出各种语言的优劣对比，适用环境和学习曲线。就像一个美食家品评菜品，不会简单地说宫保鸡丁好吃，鱼香肉丝难吃，而是根据不同厨师的水平、经验、流派，提出一个全方位的总结。虽然本节标题中只提到了 Python 与 SAS，但现在主流的数据分析语言有 3～4 种，它们各有优劣，以下就针对它们的优劣来介绍。

1.2.1 R 语言：统计分析专业户

R 语言是为统计分析而生的语言。

它是诞生于 1980 年的 S 语言的一个分支，S 语言是由贝尔实验室创造，用于统计分析和作图的解释性语言。R 语言最大的特点是免费开源，并且有跨平台性，无论是 Windows、Mac OS 或是 Linux，都可以直接下载安装程序和扩展包。正因如此，R 语言被广泛地用于科研和教学。每个 R 语言的初学者都会被其琳琅满目的程序包和插件吸引，很多时候，复杂的建模、绘图功能，只需要程序包中几个简单的函数就能搞定。同时，R 语言的绘图能力也非常强大，用几个简单的命令，即可创建出鲜明、交互性强的图表，方便报告与展示。更重要的是，R 语言的语法简洁，初学者即使没有任何编程基础，也很容易在几天之内轻松入门。

例如，统计分析中常用的建立一元线性回归模型，就可以用以下代码实现：

```
x <- 1:10
y <- x+rnorm(10,0,1)
fit <- lm(y ~ x)
summary(fit)
```

前两行是为变量 *x* 与 *y* 赋值，第三行建立模型 fit，使用 lm 函数计算因变量 *y* 针对 *x* 的一元线性模型，然后用 summary 函数获取模型 fit 的相关参数，整个步骤简洁、明确，初学者一看就能够理解。当然，简洁不代表简单，lm 函数除了一元线性回归模型，还可以做多元的线性回归，返回的统计量也非常繁多。

虽然 R 语言的优点难以否认，但缺点很明显。其一就是内存管理的混乱。很多使用 R 语言的朋友都有这种体会，在学习期间使用 R 语言非常方便，处理各种数据都是游刃有余，一旦到了工作之中，R 语言所写的程序运行效率大大降低，有时还会有奇怪的报错。其实，这些都源于 R 语言内存管理的缺陷。在学习期间，我们所用的数据往往都是小数据，最多不过几千条，此时 R 语言的效率非常高，一旦处理真实数据，动辄数十万条的数据很容易让内存被填满，因此内存管理就成了一门必修课，很多时候我们不得不牺牲程序效率，进行一些内存管理工作。

另外，R 语言还有一个问题就是包的质量参差不齐。由于是开源软件，任何人都可以自己制作一个包并上传，很多常用的包例如 data.table、ggplot2、gbm、lubridate、randomforest，已经被广泛使用并检测，基本不存在问题，但有时你需要的功能比较偏门，需要自己寻找一些包，此时如果使用了逻辑存在问题且未为被发现的包，统计分析的结果难免产生偏差。更重要的是，因为包有时会进行更新，如果修改内容没有及时放到日志里，我们很难察觉，导致几个月前还能得出正确统计结果的模型几个月后再跑一次就会出错。所以很多时候，R 语言的程序员会坚持核心或者非常用代码部分完全自己写，避免错误或者难以 debug，但这也影响编程的效率。

另外，如果把 SAS 与 R 语言对比来看，就会发现 R 语言的主要优势在数据分析，而在数据整理上并不擅长，类似 merge、aggregate 之类的函数虽然存在，但与 SAS 的 data 步的方便程度相比还是不可同日而语。

总而言之，R 语言是一款上手容易、操作方便的数据分析工具，但其对大数据的支持和稳定性确是其弱势之一。

1.2.2　Python：成功"出圈"的编程语言

Python 语言是目前最火的数据分析工具。

在 2019 年，Python 语言也被称为最"出圈"的数据分析工具。如果你打开朋友圈，不论你现在的职业是什么，经常会收到 Python 语言入门课程的广告，8.9 元学习原价 150

元的入门课程，这被称为 Python 语言"出圈"的典型营销案例。另外，地产大鳄潘石屹
在 2019 年 11 月发微博表示（见图 1-2），自己要开始学习 Python 语言，之后又发了一条
长微博详述学习 Python 语言的原因。

图 1-2

Python 语言的热度在经过几年的沉浮后仍然位列各大编程语言排行榜的前茅甚至是
榜首（图 1-3 为 2019 年编程语言排名），这一点是毋庸置疑的。

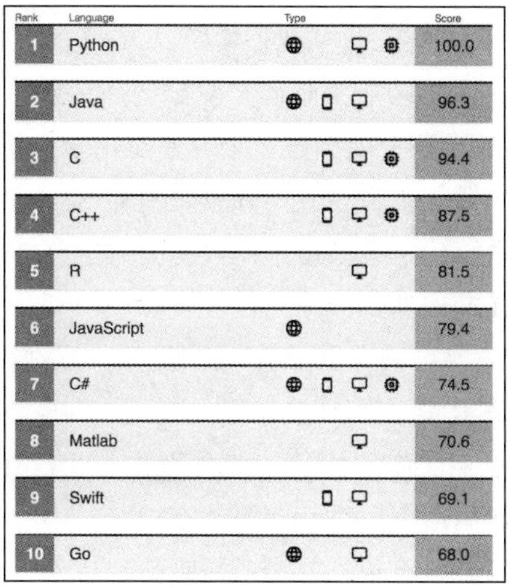

图 1-3

和 R 语言一样，Python 语言也是开源的，这就注定它与 R 语言有类似的优点。Python
语言的语法简单，容易上手，对新手比较友好。另外，Python 语言也有强大的库，当你
想编写功能比较复杂的程序时，不用自己费时费力地一行一行敲代码，只需要找到 Python
库中的某些功能，在设定几个参数后就可以自动实现。同时，Python 语言不止可以做数
据分析，还可以完成某些编程功能，例如抓取网页，这也注定了 Python 语言广泛的用途。

在肯定 Python 语言优点的同时，我们也必须看到它的某些缺点。作为高级语言，Python
语言有一个高级语言的通病，就是执行效率低下。例如 Python 语言是弱变量类型语言，
也就是说，我们不需要定义变量类型，程序在执行的时候会自动检查，但检查这个步骤
就会影响程序的执行效率。

其实，程序的易用性和效率是一对欢喜冤家。在早期，计算机的性能并不是很好，
效率是一门语言重要的评价标准，彼时诞生的语言例如 C、Java，执行效率都很高，并且

有强大的内存管理能力，但它们的简洁度都不高。但随着计算机硬件的发展，诞生的语言往往注重易用性，即让用户可以快速上手，其中的代表就是 Python 语言。Python 语言代码的简洁度在所有程序中也是名列前茅的，很多在 Java 语言中需要近百行代码才能完成的程序，在 Python 语言中有时只需要几行即可实现。但 Python 语言的缺点也很明显，就是执行效率较低，在处理大规模数据时表现总不尽如人意。

其实，我们不用过分纠结语言的性能与易用度的矛盾关系，而要关注每个语言自身的特点，选择最合适的工具去实现数据分析的功能。事实上，最好的雕塑家绝不会只告诉你自己的工具多么好，而是会拿出一件件美轮美奂的雕塑作品，让你痴迷。

1.2.3　SAS：非开源的强大数据分析工具

终于说到本书的主角——SAS。首先我们要承认 SAS 的天然缺点，即非开源性。

我们知道，开源软件往往伴随着大量用户贡献的库和包，供其他用户随意使用，因此可扩展性很强。SAS 是 SAS 研究院创建，最开始是用于分析大量农业数据，由美国国家卫生研究院出资，联合 8 所顶尖大学共同开发，随后 SAS 又经过了多年迭代，最终成为一个拥有数十个模块的系统化、集成化、模块化的数据分析软件。目前 SAS 系统在国际上已被誉为统计分析的标准软件。

从以上 SAS 发展的历史就可以看出，SAS 的诞生既不是像 Python 语言那样由天才程序员天马行空创造，也不是 R 语言那样脱胎于其他语言（S 语言）而来。从诞生之初，SAS 就是为了解决复杂问题而生的。并且，SAS 诞生之初，针对的问题是特定领域、大样本数据、有限算力，与其他语言面对的问题都不相同。

SAS 的非开源性导致其并没有第三方用户贡献的包或库，所有功能都由 SAS 公司的程序员编写，经过编译、审核后逐步发布在新版本中。如果说 R 语言和 Python 语言是越野车，可以随心所欲地开到任何想去的地方，那么 SAS 就是一列火车，只能按照修好的铁轨行驶，不可以随心所欲，也不能随意"脱轨"。

既然把 SAS 比喻成了火车，那我们就再用这个模型来说一说 SAS 相比起 R 语言和 Python 语言的优势。

首先，火车的运输能力比汽车强大百倍，反映在软件中就是执行效率。SAS 的底层通过高效的 C 语言编写，然后经过大量优化，效率又得以提升。另外，由于 SAS 所有的功能都经过 SAS 公司专业程序员的编写、审核，运行效率比 R 和 Python 高数倍以上。在实际工作中，当数据量超过上千条而变量又比较多时，R 和 Python 就已经需要优化才能很好地运行，而 SAS 处理上万条数据轻而易举，即使是数十万条数据也可以在十秒左右完成操作。

另外，火车另一个优势是它可以通向更深的地方，当然我这里特指我家优秀的铁路网络建设，可以让几乎每个县城的居民都搭上火车，随意在全国畅游。对应到 SAS 上，就是 SAS 针对不同数据整理和统计功能所设计的高效的命令。SAS 的语句主要分为 data 步和 proc，具体的语法我们会在之后的章节慢慢展开，这里可以先记住 data 步主要用于数据整理和变形，proc 用于数据统计和分析。在 proc 大框架下内置了大量统计分析所用的常用功能，例如 proc sort（排序）、proc transport（转置）、proc means（获取统计量）、proc reg（回归模型）、proc lifetest（生存分析），每个 proc 内又有大量可以自定义的参数，保证了功能的多样性。

最后，也是 SAS 最重要的一个相对优势，就是其语言的执行逻辑就是针对数据集而非数据的。对于不熟悉 SAS 的朋友们，这条可能不好理解。例如图 1-4 中是未排序的药物副作用记录。

	SUBJID	TRTA	AESDTC	AEMODIFY
1	109	B	06FEB2015	Ankle edema
2	109	B	10FEB2015	DIZZINESS
3	111	B	09FEB2015	Injection site tenderness
4	110	A	03FEB2015	Diaphoresis
5	110	A	03FEB2015	Headache
6	111	B	11FEB2015	Ankle sprain
7	111	B	11FEB2015	MYODESOPSIA
8	109	B	10FEB2015	Injection site stinging

图 1-4

图 1-4 中 4 列变量的意义分别如下。
- SUBJID：患者的 ID 编号。
- TRTA：患者所在的实验组。
- AESDTC：该副作用反应的开始时间。
- AEMODIFY：该副作用的名称。

一般而言，我们需要对数据集进行排序，先按患者 ID 编号排列，在每个编号内按照副作用反应的开始时间进行排序，在 SAS 中的语法如下：

```
proc sort data=AE;
    by SUBJID AESDTC;
run;
```

虽然我们尚未开始 SAS 编程语句的学习，但相信大家可以简单理解以上的意思。以上语句使用 proc 的 sort 排序功能，对数据集 AE 排序，用于排序的变量为 SUBJID 和 AESDTC。通过以上操作，我们可以获得如图 1-5 所示的数据集。

可以看到，数据已经按照我们设计的方式排好序，这是因为 SAS 的数据处理和分析功能针对的都是整个数据集，而非某条记录或某个值，而其他的部分编程语言，尤其是早期的语言例如 C 和 Java，它们面向的最基本的对象都是变量，因此在处理数据集的时候就要烦琐许多。相比于 R 语言和 Python 语言，两者虽然有比较好的处理数据集的方法，但其语言设计的基本对象仍然为变量，因此与天然为数据集而生的 SAS 在语法上有较大区别。

	SUBJID	TRTA	AESDTC	AEMODIFY
1	109	B	06FEB2015	Ankle edema
2	109	B	10FEB2015	DIZZINESS
3	111	B	09FEB2015	Injection site tenderness
4	110	A	03FEB2015	Diaphoresis
5	110	A	03FEB2015	Headache
6	111	B	11FEB2015	Ankle sprain
7	111	B	11FEB2015	MYODESOPSIA
8	109	B	10FEB2015	Injection site stinging

图 1-5

以上为各位读者梳理了主流编程语言的优缺点。仍然需要强调，编程语言并没有好坏之分，只有使用的难易和运行效率的区别。另外，每个行业都已经形成了一套自己成熟的数据分析框架，这些框架往往是绑定在某些语言上的，例如医药行业与 SAS 深度绑定，美国 FDA 将 SAS 作为官方唯一推荐的数据分析语言；R 语言广泛用于科研；Python 语言则在人工智能中发挥独特作用，这些语言在某些行业的使用并不代表它们是最完美的，我们应该将"因为好，所以用"的逻辑反过来，是因为某行业使用，所以该语言迭代发展得越来越适合这个行业。如果你正要步入职场，或者在职场拼搏几年小有成绩，希望发展得更快，请不要纠结于语言的使用，引用网络游戏中经常出现的一句话"没有最强的职业，只有最强的玩家"，我们可以说，"没有最强的语言，只有最强的数据分析师"。

1.3 SAS 的行业应用

本节讲述 SAS 的行业应用，按照不同行业的区别叙述 SAS 在各行业中的应用现状和前景。需要说明的是，笔者的主要工作经历都在医药行业，这是一个与 SAS 结合最深的行业，目前从数据的采集、转录到整理、分析、报表，都需要 SAS 的深度应用。但 SAS 毕竟是一个综合性、集成化的统计分析工具，各个行业都有应用。因为自己能力所限，在其他行业应用上，笔者只好请教高人，总结整理出本节内容。若说东拼西凑也可，若说集思广益也行，总之是一篇总结报告。如果所述内容失之于宏观，完全在笔者理解能力有限，绝非与我探讨的行业精英的问题。

SAS 语言，目前可以算是一个小众语言，因为其只应用在特定行业之中，除了第一节提到的医药、交通、金融，SAS 的应用场景在教育、销售、咨询等行业中也有一席之地。其主要原因是 SAS 为收费软件，而且价格不低，导致一般的公司和企业更愿意选择开源免费的数据分析工具，只有数据量巨大、数据安全要求高的企业和行业才会选择 SAS。其实，我们也不必为所谓"应用范围"担心，一门主流工具的使用范围，无非是松花江与长江的区别，而我们作为一条小鱼，哪条江都能保证提供足够的食物，非要担心松花江比长江小，其实是杞人忧天。下面我们来说一说 SAS 在各个行业中的具体应用。

1.3.1 医药行业

从 2019 年开始，如果你稍微关注科技新闻，就会发现中国和世界的医药企业捷报频传，有的是药厂并购，有的是新药研发。2019 年伊始，新基（Celgene）制药被百时美施贵宝公司收购，当天新基制药股票暴涨。仅过了 3 天，礼来（Elilily）宣布收购 Loxo Oncology，后者是一家专门研究癌症的公司，其下药品也是第一款被美国 FDA 批准可以用于不限癌症种类使用的抑制类药物。10 月，美国著名医药公司艾伯唯（Abbvie）宣布收购总部在爱尔兰的医药公司艾尔建（Allergan），后者是神经康复和医疗美容行业的领军品牌。11 月，中国制药公司百济神州的新药泽布替尼通过美国 FDA 批准，在美国上市。

　　诚然，医药行业作为一个知识密集型、资金密集型的行业，里面汇聚了大量精英和金融资本，作为普通人的我们想要在里面分一杯羹并不容易，但作为行业的从业者，随着行业的扩大和发展，喝得一碗热汤却不那么难。

　　一款新药开发的流程漫长且繁复，需要 8 到 12 年的时间才能完成全部任务，提交上市，等待审批，在过程之中，临床试验数据分析是必不可少的一个环节，而 SAS 在这个环节中扮演着无可替代的角色。

　　药物在研究完成后，经过动物试验确认没有问题，方可进行人体临床试验。一般而言，临床试验分为三期：第一期，只检测药物的安全性，即人服用后不会产生严重的副作用，这一试验一般招募 10 到 20 名健康人，按照标准计量服用药物，检测人体对药物的耐受性，这也是整个药物试验中最危险的环节；第二期与第三期，都是同时考察药物的安全性与有效性，此时需要使用随机双盲试验的方法，对数十至数百人分别进行分组试验，然后收集实验数据并形成分析结果。每次药物试验的分析结果需要呈报给监管部门审核，当审核通过后才可以开始下一期实验，当第三期药物阶段结果通过审核后，该药物方可正式上市。不过，这并不代表药物试验的结束，在药物上市后，药厂还需要进行范围更大的上市后临床试验，保证药物在大范围人群中使用也不会带来严重的副作用。

　　从以上过程我们可以看出，人体临床试验会产生大量数据，而数据的存储、整理、分析和可视化则要依靠 SAS 来完成。美国 FDA 目前只接受以 SAS 格式提交的数据，其他格式的数据一概不认。统计分析上 FDA 并没有限制所用工具，但以笔者的经验来看并没有发现任何例外，所有药厂和合作研究组织（CRO）都选择了 SAS 作为统计分析的工具。因此可以断言，SAS 是药厂数据分析的"御用"工具。

　　那么我们使用 SAS 在工作中主要是干什么？我们的工作主要分为两类：一是数据整理，二是统计分析，下面分别介绍。

　　所谓数据整理，就是将临床试验产生的杂乱无章的数据转化成符合 CDISC 标准的数据。这里出现了一个新概念——CDISC，这是临床试验分析行业非常重要的数据标准。因为本书并不局限于临床试验数据分析，因此无法展开太多。简而言之，CDISC 标准是定义数据怎么记录的标准，它将所有临床试验可能收集到的数据的概念都进行了定义，并规定了一系列控制规定，在不同实验中的相同数据具有相同的概念，方便了药厂分析程序的重复使用，方便了试验流程的标准化，也方便了监管部门的审核。而药厂的 SAS 程序员的工作就是将试验收集的非 CDISC 标准数据转化为标准的 CDISC 数据，在这个过程中，SAS 的 data 步、proc sort、proc means、proc transpose 等步骤经常被用到。

所谓数据分析，就是在收集数据之后，我们不能将一堆数据丢到监管部门面前，相反，我们要耐心地把试验结果做成可以反应信息的图表，然后创作审核文档，列出试验组和对照组药物有效和无效的数字分别是多少多少、比值比是多少、置信区间从哪到哪、p-value 是多少、显著性是否很强。我们要将数据转化为人们可以理解的信息，然后提供给管理部门进行审核。

以上是临床试验统计分析师最常见的工作内容，它们都需要依靠 SAS 完成，可以说 SAS、FDA 和 CDISC 标准已经形成了一个完整的铁三角关系（见图 1-6），在可以遇见的未来，SAS 在医药行业中都会占据统治地位，作为唯一的数据分析工具伴随每一个药品临床试验的过程。

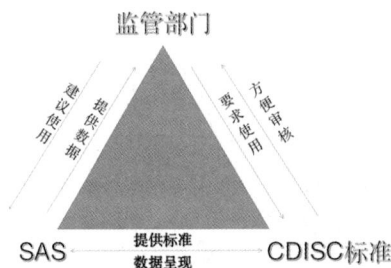

图 1-6

1.3.2 金融行业

SAS 应用的第二个典型场景，就是金融分析，也叫投资分析。需要注意的是，在金融这个大概念下，SAS 并不占有绝对领导的地位，而是与其他很多软件，例如 Matlab、R 语言、SPSS 等应用于不同的细分领域中。

SAS 在金融或证券市场中，最常用的是处理股票报酬率数据和研究公司财务报表。股票报酬率数据一般从股票市场交易记录中提取出来，包括股票代号、开盘价、收盘价、月成交额、市值、换手率、时间等信息，利用这些信息，可以研究出公司某财务政策的好坏，以及探讨公司价值被高估或低估，因此决定股票的买卖策略。财务报表研究的对象是上市公司每季度向市场发布的财务报表，里面包含销售额、净利润、成本、研发费用、固定资产、折旧、负债率、股票分红等信息，利用这些数据可以分析出一家公司的破产风险指标、客户集中度等信息，更可以与市场中相同行业的其他公司进行对比，选择出最优秀的公司进行投资。

使用数学理论和统计工具的投资方法被称为量化投资，量化投资的量化就需要依赖强大的统计分析软件，其中就包含 SAS。使用量化投资的思路，很多专业的投资策略造就了一个个股市的神话，例如巴菲特的价值投资，就是将公司在未来的价值量化，选择那些公司未来价值高于现在市值的公司投资；还有索罗斯的趋势投资，即顺着市场的趋势进行股票买卖；以及目前大热的指数投资法，就是选择某个股票市场的指数股票，不论表现全部购买，等待市场的增长，这种投资方法也导致了近几年股市中的大公司市值不断创出新高。

当然，我并非专业人士，SAS 在金融和证券中的应用，也非一言半句可以讲清楚。这里我只想告诉读者，SAS 在金融投资中可以发挥重要的作用，如果你计划在未来闯荡金融圈，SAS 将是你安身立命的重要技能。

1.3.3　营销行业

下面说一说 SAS 在营销推广中的应用。

说到中国经济发展的独门绝技，我们很容易想到四个字——世界工厂。自从改革开放以来，中国已经逐步成为世界上最大的商品生产国，门类之全，产业链之复杂，是世界上任何一个国家在短期内无法替代的。同时，在 2020 年，我国的消费总额历史性地超越美国，成为世界上第一大消费国。与此同时，"消费升级""国货复兴"等概念也在中国人，尤其是年轻人的心目中逐渐清晰，过去那种"贴牌生产"的商业模式已经过时，在这个时代成功的公司是类似小米、李宁这样懂得品牌营销的公司。

随着营销的重要性日益增长，公司对营销概念的理解也有了迭代。在早期，营销主要关注手段，例如电视广告、户外广告牌、小广告等，并没有注重用户体验和获取反馈数据，当然这也是因为过去的统计手段有限，很难收集相关数据，比如在北京市投放广告，我们可以基本确定西单的户外广告牌的观看人数比顺义某小区广告牌的观看人数更多，但具体多多少，是无法计算的。如今的营销，更多依赖于互联网平台，可以做到精准投放，即把广告推荐给最可能买某个产品的人。此时，数据分析的作用凸显。

200 年前的广告大师约翰·沃纳梅克提出过"广告界的哥德巴赫猜想"——我有一半广告投资浪费掉了，但我不知道是哪一半。借助数据的功劳，现在的广告再也不是随便乱投的时代，它可以精确地告诉你每一个人在看了广告多少秒后选择了购买，或者多少人在广告的某一秒选择了关闭。

以上都在强调数据分析在营销行业的重要性，那么 SAS 究竟为什么可以在营销环节中发挥出神奇的作用呢？原因之一就是 SAS 拥有强大的建模能力。例如，一款产品所有购买者的性别、族裔、年龄、居住城市、历史消费记录等信息被记录下来，我们可以简单地使用随机森林或决策树模型对数据进行分析，形成预测性模型（见图 1-7），在未来可以准确地为每一个广告观看用户计算出购买概率，然后提供针对性的营销方案。

我们可以使用 SAS 进行某类用户的生存分析，在图 1-7 中左图中，可以看出男性用户比女性用户的留存度更高，我们就可以有针对性地将男性用户的留存转化为购买，或者针对女性用户提供不同的广告。而图 1-7 中右图则是随机森林的 ROC 曲线分析，用于检测模型的拟合度。

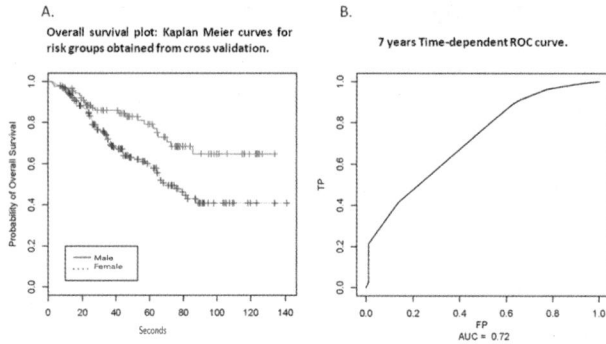

图 1-7

　　另外，SAS 的 Enterprise Guide 版本还提供可视化编程，通过拖动操作，建立某些分析模型，保证营销数据分析的快速性和及时性。

　　通过以上行业的例子，相信大家可以看出，SAS 在很多行业中都有所应用。这些行业或者是跟 SAS 深度捆绑，或者是 SAS 在其中扮演重要角色。当然，不同行业对 SAS 功能的使用是不同的，例如医药行业侧重数据的整理，分析所占的工作内容不超过 50%，因为 SAS 的作用是生成向监管部门报告的结果；金融行业更重视分析结果的有效性，所以往往会使用各种复杂的模型，分析的部分占了绝大部分；营销行业偏爱使用 Enterprise Guide 版本，因为它具有更强的便捷性。在学习的时候，我们一般先要确定自己的兴趣，再有针对性地开始 SAS 的学习。本书的内容更偏重于基础，所以不论你计划未来从事任何跟 SAS 相关的职业，都可以用本书做入门的第一步或者系统性的梳理。

　　在下一章，我们将会开始学习 SAS 的基础知识，希望大家做好准备，让我们畅游在数据分析的海洋中。

第 2 章　跟 SAS 交个朋友

与一般观点把 SAS 仅仅当成一个工具不同，本书建议与 SAS 交个朋友。试想工具与朋友的区别，工具只在我们有需要的时候才会想起，就像水管工只在工作时才会拿起钳子，电工在工作时才会拿起电笔。而对待朋友，我们的态度则不同，不管有事没事，你总愿意发个微信跟朋友聊聊，从他的经历聊到你的故事，你们彼此越来越了解。所谓跟 SAS 交朋友，就是指不要把 SAS 当成工具，只在工作的时候使用，相反应该按照朋友的标准，随时打开 SAS，了解 SAS。

既然作为朋友，我们不仅要了解他的现状和能力，更要知道他的经历和发展。本章关注 SAS 的历史发展、版本安装，并且初探 SAS 编程的结构和编程中的好习惯。

2.1　SAS 的安装和版本介绍

从本章开始，我们将正式开始 SAS 语言的学习。相信通过上一章的讲解，你对 SAS 的应用领域和职业发展都有了详细的认识，恨不得赶紧把 SAS 的每一个语法学透，早日成为一名合格的数据分析员。且慢！在学习一门语言或软件之前，我们应该先了解这门语言或软件的发展简史和更新历史，所谓知源论史，才能通晓未来。

2.1.1　先聊聊 SAS 的发展脉络

跟其他技术类书籍一样，这里首先介绍一下 SAS 的历史和发展脉络。

SAS 的全称为 Statistical Analysis System，由 SAS 研究院创立。从这个名字可以看出来，SAS 的野心是成为统计行业的标准软件，而不仅仅是成为一款数据分析工具那么简单。目前在统计行业，SAS 虽然不算一家独大，但其很多底层设计和编程思路影响着整个统计分析行业。

SAS 最初由北卡罗莱纳大学的 SAS 研究所在 1967 年创建。在前文我们提到过，SAS 的出现是为了解决特定问题，即大数据量的统计分析。1966 年，美国国立卫生研究院为分析大量农业数据，拨款给北卡罗来纳大学研发一款运行在当时最先进的 IBM System/360 计算机上的统计分析工具。这款计算机有多先进呢？8～64KB 内存，256～1024KB 硬盘，当时 IBM 征召了 6 万名员工，新建了 5 座工厂才在多次延期之下将这款计算机开发完成。相比之下，美国国立卫生研究院的农业数据有多少条呢？详细的数字已经湮灭在历史中，但据笔者查到的资料来看，至少有数万条。数万条的数据对应几十 KB 的内存和不到 1MB 的硬盘，对当时的人来说这是一个极其艰难的任务。因此 SAS 在诞生初期就需要考虑运行效率，对资源不允许有一丝的浪费，这也是 SAS 直到现在对大样本数据分析具有压倒性优势的原因。到了 1972 年，美国国立卫生研究院停止支持 SAS 项目，但 SAS 项目的参与者仍愿意出资维护它，因此 SAS 也逐步变成一个商业化软件。

可以看到，与其他大部分数据分析工具不同，SAS 的诞生是为了解决具体问题，当拨款结束后，"继续活下去"变成了 SAS 发展的重要动力。目前 SAS 的标语为：The Power to Know，可以翻译为"知道的力量"，从这句标语中我们也可以看出 SAS 的目标是从数据中挖掘出一切可以获取的信息，这也是我们每个数据分析师正在做的事情。

1985 年，SAS 公司发布可以运行在 UNIX、DOS 和 Windows 系统上的 SAS 5，并用 C 语言完全重写了程序。

1990 年，SAS 6 版本诞生，可以运行在 Macintosh、OS/2、Silicon Graph 和 Primos 等平台上，除了苹果的 Macintosh 外，其他平台现在的读者可能都没有听说过，当时的 SAS 确实做到了对主流平台的兼容。

2004 年，SAS 的最新一代大型版本 SAS 9 诞生，该版本对 SAS 界面进行了优化，使 UI 交互效率提升，并新增了 Enterprise Guide，即用户可以使用拖曳的功能完成某些基本的分析和建模。这个版本也是目前我们绝大部分用户使用的基础版本。

目前 SAS 最新的版本是 SAS 9.4m6，大多数读者在工作中接触到的版本应该都是 9.2 或以后的版本，本书采用 9.4 版本进行编程演示。不过大家不用担心版本问题，在语法上，SAS 保证了前后版本的一致性，以前版本下编写的 SAS 程序可以直接在新版本中运行并获得正确的结果，每个版本更新往往只是增加新功能。

以上对 SAS 历史和版本的介绍对我们的工作很难有实际帮助，但知其所以然，一定是你掌握好一门工具的前提。

2.1.2 SAS 三种不同版本的安装方式

下面我们需要了解一下 SAS 的安装方式，不同版本的 SAS 安装方式是不同的，注意这里的版本概念与前文所说的版本有所不同，指的是 SAS 安装的不同平台。这个概念比较容易混淆，前文所谓的 SAS 版本是按照时间发布的，后续具有更多功能和改进的 SAS 程序的不同版本，而下述要讨论的版本指 SAS 提供给用户可以在不同平台上使用的具有相似功能的软件系统，在英文中，前一个版本是 version，后一个版本是 edition，因为中文这两个单词都可以翻译成版本，所以在这里需要做一个解释。下文的版本指的是 edition，即 SAS 提供给用户的不同形式的操作界面。

SAS 有 3 种不同的版本，分别是主机版、虚拟机版和 SAS OnDemand 版。下面我们来分别介绍安装方法。

1．主机版安装指南

主机版是安装在你自己的电脑上，使用你自己的电脑算力完成数据分析的 SAS 版本；

它拥有最强的 SAS 功能，支持 SAS 的一切功能。和一般软件安装相同，SAS 的主机版先要下载程序包，如图 2-1 所示。

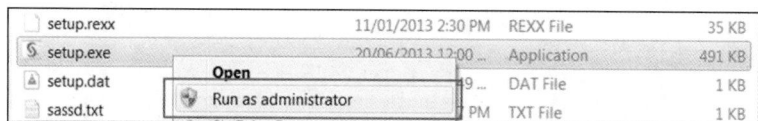

图 2-1

注意：SAS 的安装包往往非常大，以 SAS 9.4 版本为例，安装包大约有 13GB，安装完成后大约会占用 40GB 的空间，请确保你的磁盘有足够的存储空间。

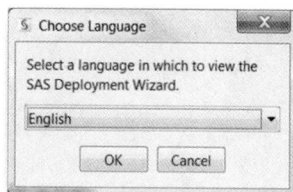

图 2-2

下面简要地介绍一下 SAS 主机版的安装步骤。

（1）选择安装程序的语言，这里建议大家选择英文，如图 2-2 所示。

（2）选择操作，该面板可以选择安装 SAS 软件或管理已安装的软件。第一次安装选择 Install SAS software，如图 2-3 所示。

图 2-3

（3）设定安装路径，为了避免安装出现意外错误，建议使用纯英文路径，如图 2-4 所示。

（4）接下来选择安装的附加程序。SAS 的组件非常多，每个组件都可以完成不同的功能，其中 SAS Foundation 是所有功能的基础，在安装时必须选择，如图 2-5 和图 2-6 所示。

（5）我们需要选择购买的 SAS 序列号文件所在位置，然后程序会告诉你每一个模块的过期时间，如图 2-7 所示。

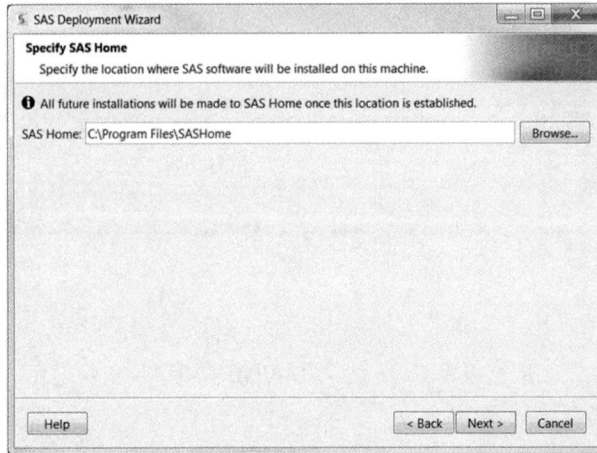

图 2-4

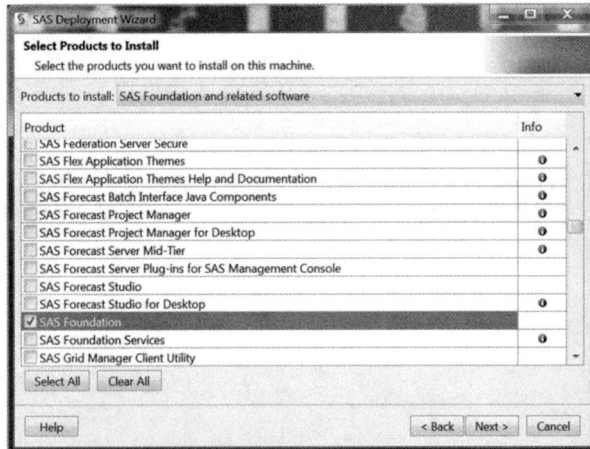

图 2-5

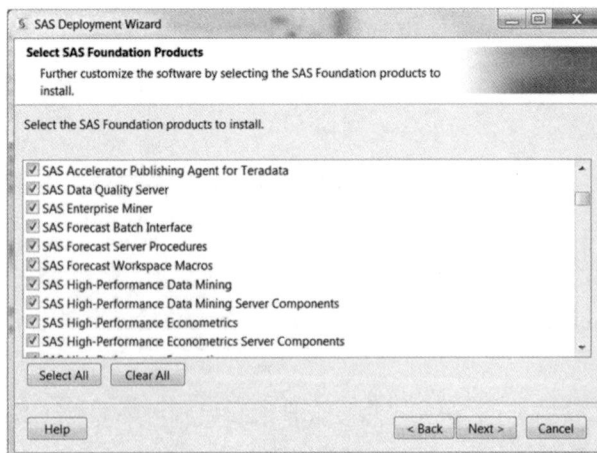

图 2-6

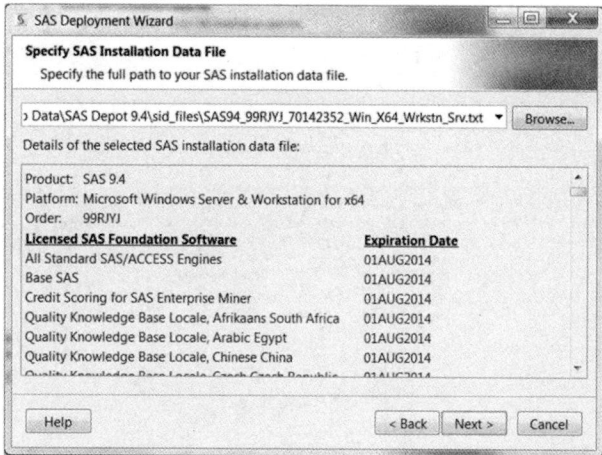

图 2-7

（6）选择 SAS 软件的语言，建议包含英文。一方面因为 SAS 对中文并不是很友好，某些中文翻译反而让人摸不着头脑，另外，SAS 在中文世界的资料和教程并不是很多，很多时候我们需要查询英文的资料，如果选用中文就无法和英文资料严格对应，反而增加了我们的思考量，如图 2-8 所示。

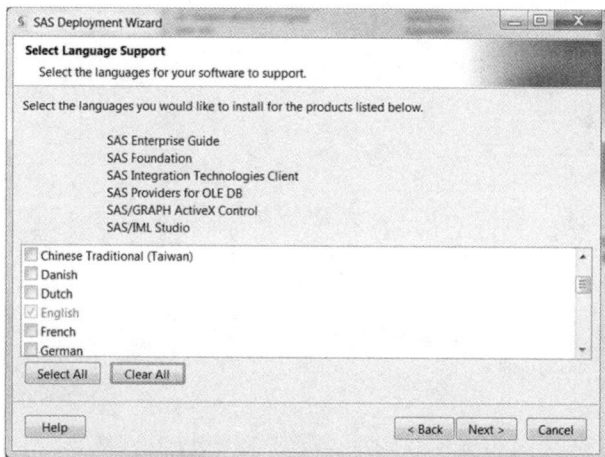

图 2-8

（7）选择所在区域，这个设置会影响 SAS 某些默认的日期和数字显示格式，如图 2-9 所示。

（8）选择 SAS 文件（程序、数据集、输出结果）的默认打开方式，如图 2-10 所示。

（9）接下来需要检测安装 SAS 的系统环境，确认所需要的组件和环境变量都搭建完毕，如图 2-11 所示。如果有某些问题无法安装，Unwritable file 的数量将会不再是 0，你需要根据下方的提示进行某些操作然后继续安装。

（10）SAS 就会进入安装步骤，如图 2-12 所示。这期间请耐心等候，所有被你选择的 SAS 模块都会依次安装。这个过程根据电脑性能的不同，一般持续 10 分钟至半小时。

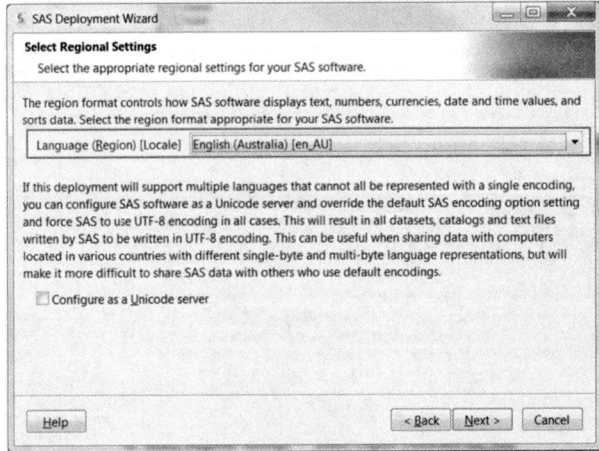

图 2-9

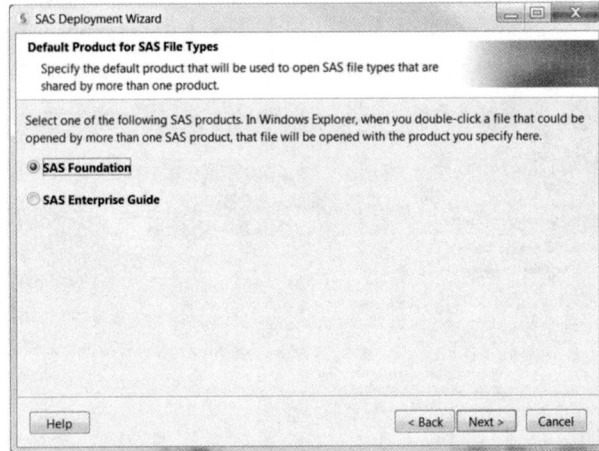

图 2-10

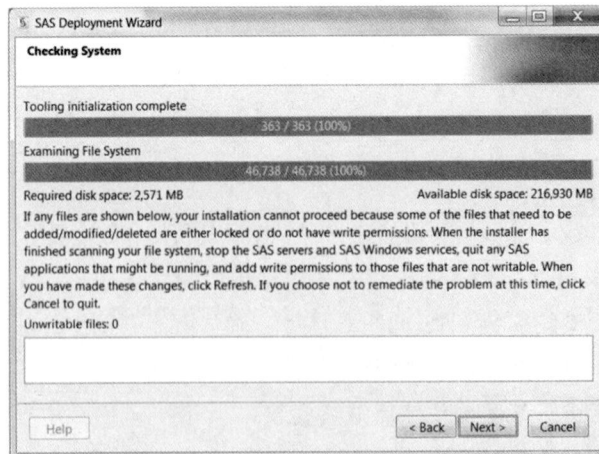

图 2-11

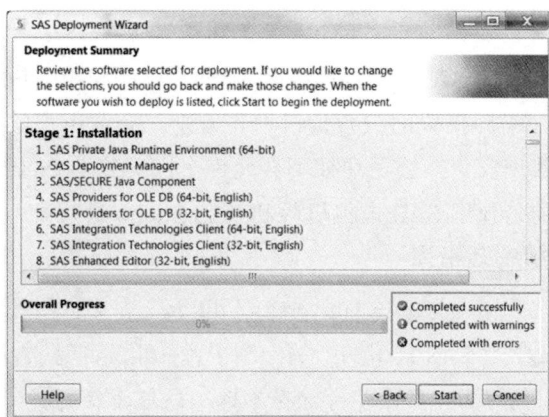

图 2-12

（11）在完成安装后，单击图 2-13 中的 Next 按钮，会出现图 2-14 所示的界面，窗口上有官方的帮助文件获取方式，点击 Finish 按钮结束安装。

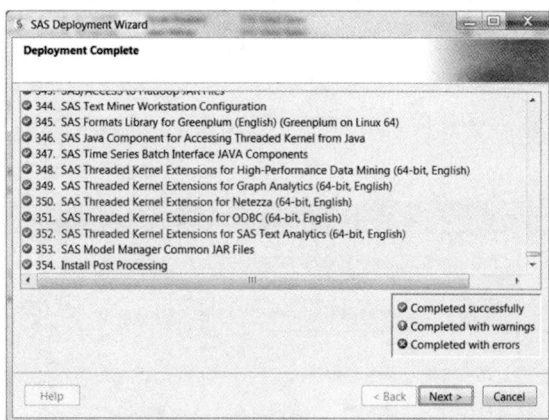

图 2-13

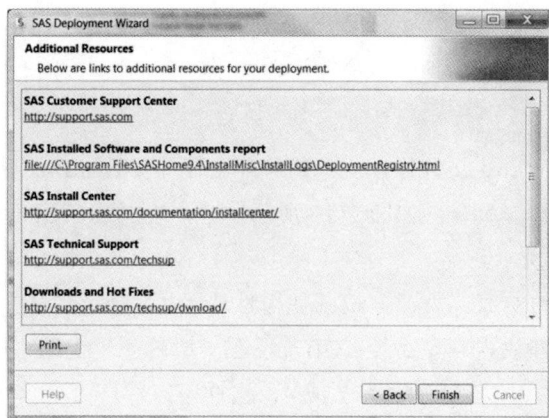

图 2-14

对于个人来说，安装 SAS 桌面版的机会其实很少，如果你去某家使用 SAS 的公司，往往是公司为你安装或者提供给你一台已经装好 SAS 程序和相应模块的电脑。因为 SAS 的授权机制极其复杂，不同模块的组合价格千差万别，企业用户的价格也和个人用户不同。另外，为了保护数据安全，公司往往不会允许个人安装 SAS 处理公司的数据。对于个人用户，我们更多的是使用 SAS 虚拟机版和 SAS Studio 进行练习。

2．SAS 虚拟机版安装指南

SAS 虚拟机版的官方称呼为 SAS University Edition，中文官网翻译为 SAS 大学版，其创建初衷是提供给想要学习 SAS 技术的人的一个平台，可以实现 SAS 基本的功能。虚拟机版仍然使用本地计算机的算力，数据也存储在本地，只是需要安装虚拟机软件才能使用。

下面我们以广泛使用的免费虚拟机软件 VirtualBox 为例，讲解 SAS 虚拟机版的安装方法。

（1）首先下载 VirtualBox 虚拟机软件并安装。

（2）在等待安装的时候，请在电脑上创建一个名为 SASUniversityEdition 的文件夹，然后在该文件夹中创建一个名为 myfolders 的文件夹。

（3）下载 SAS 大学版安装程序，如图 2-15 所示。这是一个基于 Linux 系统搭建的只能运行 SAS 的操作系统，文件最新版有 2～3GB 大小，需要较长时间下载，请保证有稳定的网络。

图 2-15

（4）将 SAS 大学版 ova 文件导入虚拟机。首先打开 VirtualBox 软件，选择左上角"管理"→"导入虚拟电脑"命令，如图 2-16 所示。然后在弹出的窗口中选择下载的 ova 文件并打开，如图 2-17 所示。

（5）设置虚拟机的参数。大部分设置使用默认即可，如图 2-18 所示。这里需要注意内存大小，SAS 官方建议内存至少要 1GB，现在一般的家用电脑内存在 8～16GB，建议大家设置为 4GB 左右，核心数设置为 2 或 4，这样可以保证 SAS 运行时有足够的内存和处理器资源。

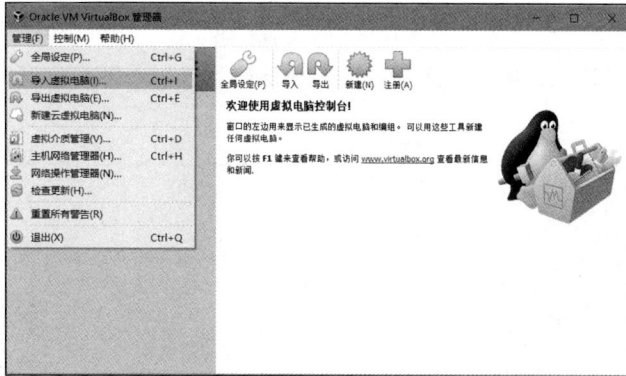

图 2-16

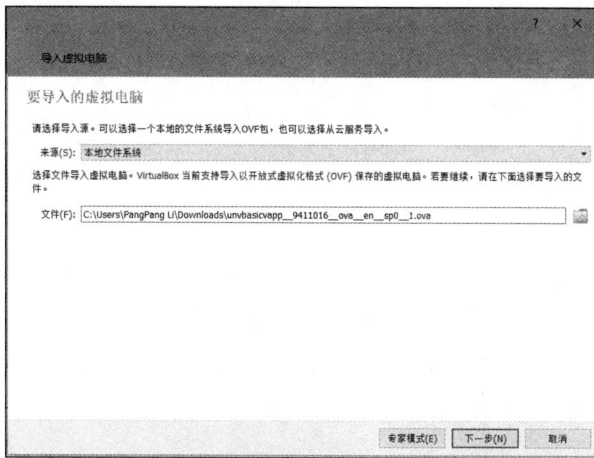

图 2-17

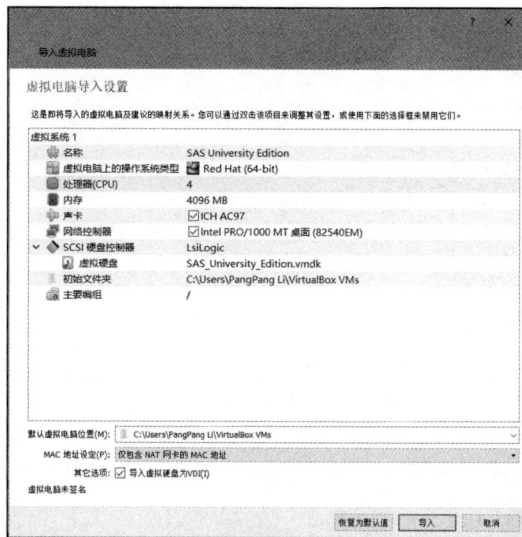

图 2-18

（6）配置共享文件夹。设置完成后点击导入按钮，在 VirtualBox 左侧就会出现 SAS University Edition 的选项，单击该选项，选择顶部的设置，在打开的窗口中配置共享文件夹，如图 2-19 所示。

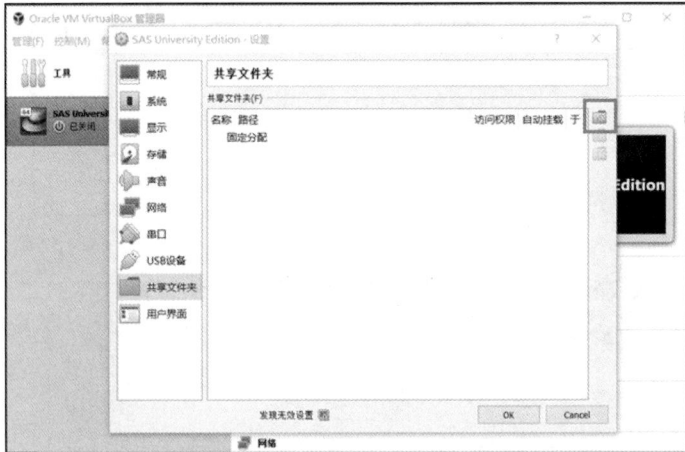

图 2-19

在弹出的窗口中的左侧选择共享文件夹，然后点击右侧的添加按钮（图 2-19 所示）。在弹出的窗口中选择在第二步创建的 myfolders 文件夹，然后勾选自动挂载。注意千万不要勾选只读分配选项，否则在此文件夹下只能读取文件无法存储。

图 2-20

（7）完成以上设置后，就可以启动 SAS 虚拟机版并开始使用了。点击 VirtualBox 界面左侧的 SAS University Edition，点击上方的绿色启动箭头，启动 SAS 虚拟机程序，一般启动过程会耗费 1 分钟左右的时间。当启动完成后，如图 2-21 所示的窗口会出现。

　　然后打开浏览器，在浏览器地址栏中输入"http://localhost:10080"，即可进入 SAS 虚拟机版。

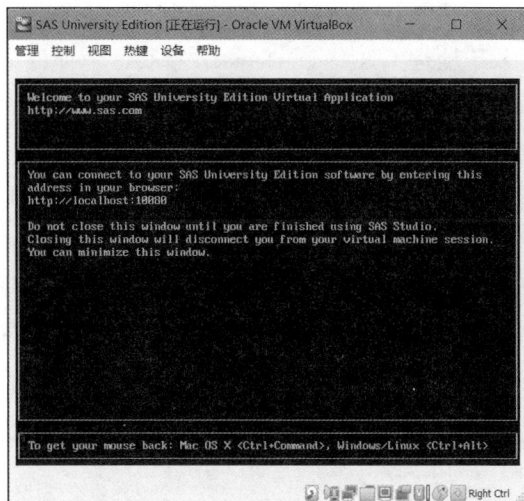

图 2-21

单击启动 SAS Studio 按钮，即可开始使用 SAS，如图 2-22 所示。

图 2-22

　　可以看到，虚拟机版的 SAS 界面与桌面界面有所不同，精简了许多内容，但基本功能仍然保留。虽然是使用网页浏览器打开，但它实际上仍使用虚拟机中的算力进行运算。

3. 最轻便的版本——SAS on Demand

　　无论是桌面版还是虚拟机版，我们都需要经过漫长烦琐的安装才能使用 SAS。随着云计算概念的兴起，越来越需要轻量化的软件，即所有的程序和数据都放在云端，我们通过互联网，就可以在云端使用、上传和下载，所有计算的算力也由云服务器提供，不会占据本机资源。如果你对 SAS 有以上期待，恭喜你没有失望，SAS on Demand 版本可以满足你。

SAS On Demand，是 SAS 在 2014 年推出的基于云平台的 SAS 联网即用版本，可以实现以上所有需求。下面介绍 SAS onDemand 版本的进入方式和步骤。

（1）在浏览器中输入地址进入 SAS OnDemand 首页，地址如下：

http://support.sas.com/software/products/ondemand-academics

（2）单击页面中的 Control Center，进入登录页面，如图 2-23 所示。

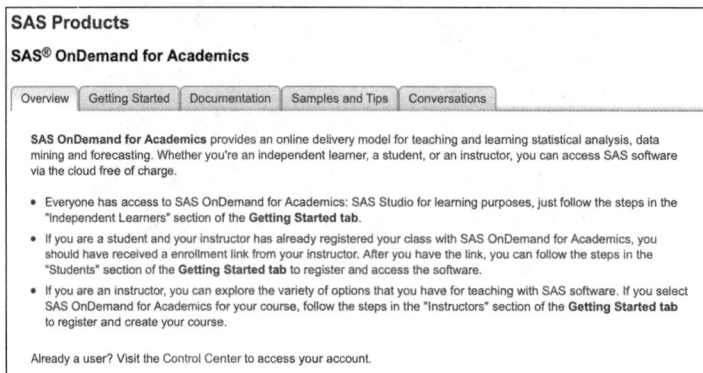

SAS Products

SAS® OnDemand for Academics

Overview | Getting Started | Documentation | Samples and Tips | Conversations

SAS OnDemand for Academics provides an online delivery model for teaching and learning statistical analysis, data mining and forecasting. Whether you're an independent learner, a student, or an instructor, you can access SAS software via the cloud free of charge.

- Everyone has access to SAS OnDemand for Academics: SAS Studio for learning purposes, just follow the steps in the "Independent Learners" section of the **Getting Started tab**.
- If you are a student and your instructor has already registered your class with SAS OnDemand for Academics, you should have received an enrollment link from your instructor. After you have the link, you can follow the steps in the "Students" section of the **Getting Started tab** to register and access the software.
- If you are an instructor, you can explore the variety of options that you have for teaching with SAS software. If you select SAS OnDemand for Academics for your course, follow the steps in the "Instructors" section of the **Getting Started tab** to register and create your course.

Already a user? Visit the Control Center to access your account.

图 2-23

SAS OnDemand 版本需要登录，如果你没有账号，可以先免费注册。

（3）注册后点击 Sign in 按钮，即可看到如图 2-24 所示的登录界面，输入账号和密码就可以进入首页，如图 2-25 所示。

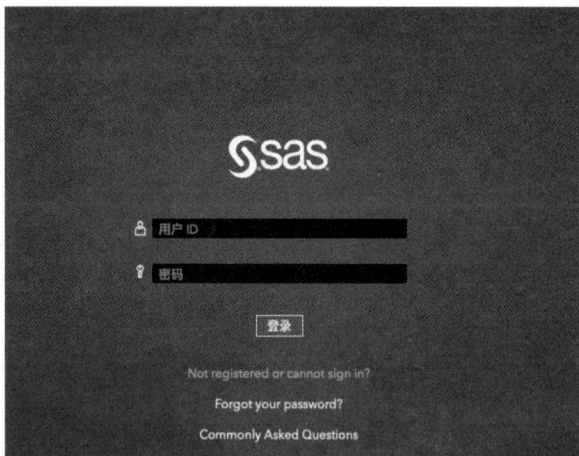

图 2-24

登录首页包含了很多信息，左侧为信息流，主要是系统更新维护时间。SAS OnDemand 的维护很频繁，基本每星期都需要维护，请提前做好记录和规划，避免紧急情况下使用 SAS 却发现无法登录。右侧包括引用资料、空间使用情况等。左侧主栏目最下方的

Applications 面板中的 SAS Studio 就是登录按钮，单击它即可进入 SAS OnDemand 编程界面，如图 2-26 所示。

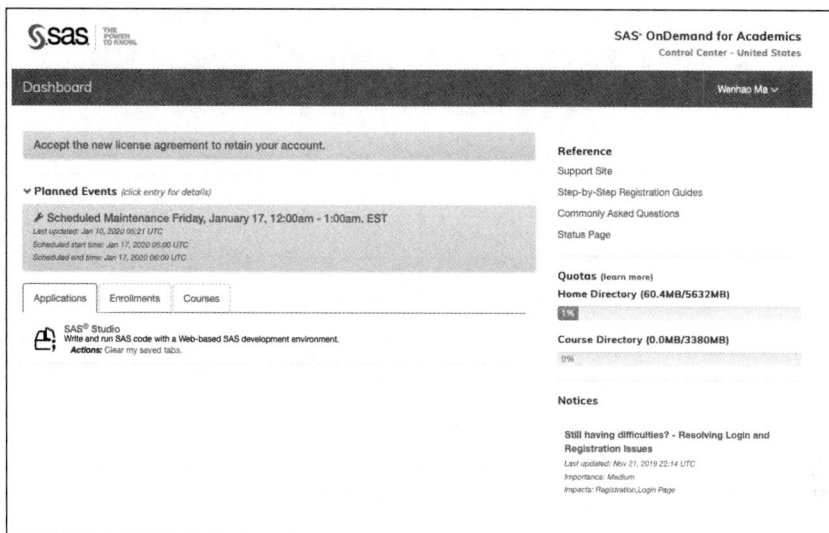

图 2-25

图 2-26

可以看到，SAS OnDemand 与 SAS University Edition 的面板相同，因为它们都是 SAS 为了满足学习者在非商业用途下的使用而提供的。

2.1.3　到底该用哪一版

前面 3 个小节力求把 SAS 各种版本讲清楚，让读者有一个全方位的了解，但也可能让读者产生更大的疑惑：我到底该用哪一版？

在工作中，这个问题不用纠结，唯一的答案是公司让你用哪版你就用哪版。当然，一个公司作为盈利机构，桌面版 SAS 是唯一的选择。如果你进入某家公司后发现公司让你使用的是 SAS 虚拟机版或 SAS Studio 版，那你至少需要考虑一下这家公司的实力，为什么连一个行业必备的软件的授权费都不愿意出，而是冒着法律风险使用非商业版？

在非工作场景，也就是我们需要自己安装 SAS 的时候，桌面版、虚拟机版和 SAS Studio 版都是可以考虑的，首先分析一下 3 种版本的优缺点，如表 2-1 所示。

表 2-1

	桌面版	虚拟机版	SAS Studio 版
价格	高且不定	免费	免费
占用磁盘空间	大	中	几乎为 0
对网络需求	无	无	必须
算力提供	本机	本机	云服务器
使用局限	仅限本机	需要下载安装	任何可联网的计算机
功能全面性	所有功能	基础功能	基础功能

从对比表中我们可以看出，3 种版本各有独特的优势，同时有所局限，我们应该选择合适的版本使用。

如果你在工作之外，还有一些兼职可以做，或者想快速深入地学会 SAS 编程技术，那么别犹豫，购买 SAS 正版授权，安装桌面版是最合适的。桌面版的 SAS 无论在功能上还是性能上，都比另外两个版本高出一筹。更重要的是，桌面版 SAS 与你日常工作界面完全一致，这样就保证了编程的沉浸式体验，可以更快地提升。

如果你是在校学生或者正在学习 SAS，那么我推荐安装虚拟机版本。一方面虚拟机版本是免费的，不会产生额外开销，另一方面虚拟机版本不像 SAS Studio 版本一样需要联网，不会因为宿舍断网的问题导致无法使用，这一点对于在校学生来说尤为重要。还有一点，虚拟机版的程序和文件都是存储在本地，如果你希望分享给其他人，可以直接把 myfolder 文件夹下的文件发送，而 SAS Studio 版本则需要从网络上下载再发送。

如果你拥有比较好的网络连接，并且电脑性能不是很好，或者拥有多台电脑需要切换使用，建议使用 SAS Studio 版本，同样是零成本，SAS Studio 版本的最大优势就是"随时随地"，不用安装，联网即用，这也代表未来很多应用的趋势。

总而言之，正确了解 SAS 各版本的优缺点，是我们开始 SAS 学习的必经之路。我们将在下一节探讨 SAS 的程序面板和各部分功能，请大家安装好 SAS，一起开始我们的学习之旅吧！

2.2 每个窗口都有用：日志、结果、输出

上一节讲述了 SAS 的发展历史和各版本的优缺点，相信你已经根据自己的实际情况安装好了 SAS，那么本节我们就了解一下 SAS 的界面。为了方便不同版本的使用者，本节分别介绍桌面版和 SAS Studio 版的界面样式，使用虚拟机版本的朋友们可以参照 SAS Studio 版本，二者的界面是相同的。

2.2.1　桌面版

双击桌面上的 SAS 图标，即可打开 SAS 程序，如图 2-27 所示。

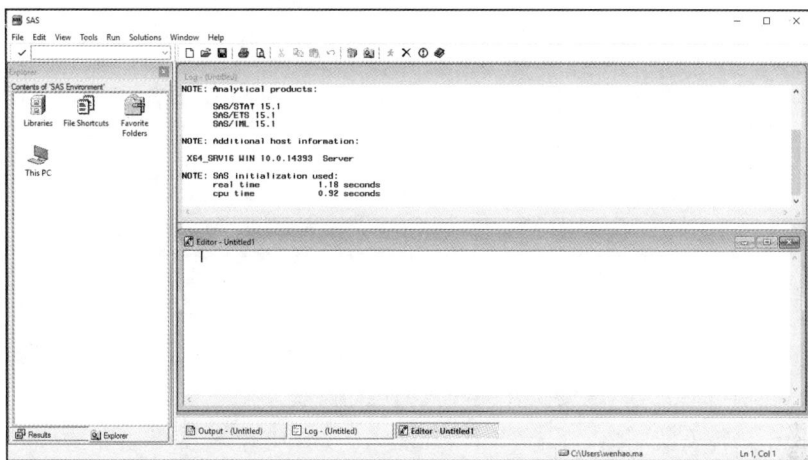

图 2-27

从窗口分布上看，SAS 和其他编程软件界面没有很大的不同，基本可以分为 6 部分：顶部菜单栏、上部工具栏、左侧窗口栏和主要部分的日志、编程和输出窗口。我们需要熟悉一下不同部分的功能。因为建议大家安装的是英文版本，以下描述也将按英文来叙述，方便大家与图片一一对应。

（1）菜单栏：包括 File、Edit、Tools、Run、Solution、Window 和 Help 菜单。其中 File 用于文件相关的功能，包括常用的创建/打开程序、导入/导出数据、设置页面、打印等功能，如图 2-28 所示。

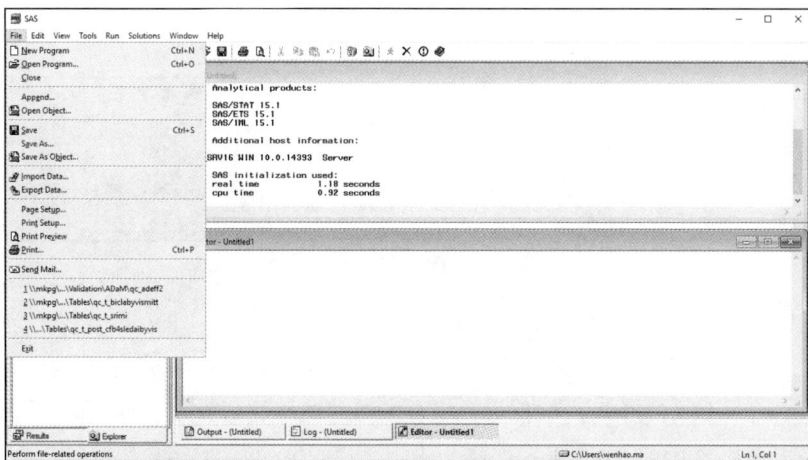

图 2-28

Edit 负责与当前窗口编辑相关的功能，例如退后、恢复等。其余的按键各有用途，这里不再展开，若在后续编程实践中需要用到，我们会详细讲解。

（2）工具栏：包含一系列当前窗口需要用到的常用命令，方便直接使用。工具栏的按键分别为新建、打开、保存、打印、查找、剪切、复制、粘贴、撤回、库、搜索库、运行、删除等功能，需要注意的是，当我们选择不同窗口的时候，工具栏的内容会有所变化，图 2-29 是程序窗口对应的工具栏，图 2-30 是日志窗口对应的工具栏。

图 2-29

图 2-30

（3）窗口栏：在左侧窗口栏可以快速选择进入某些路径，最高级路径提供 4 个位置，分别是库、文件快捷方式、最爱文件夹和我的电脑。

库是 SAS 路径系统的核心，英文为 Library，在 SAS 系统中类似于 Windows 的文件夹，可以分门别类地存储和管理文件。与文件夹不同的是，Windows 中的文件夹不仅需要提供文件夹名称，还需要提供文件夹路径，而 SAS 中的库只要存在，就可以直接使用，图 2-31 为 SAS 默认库。

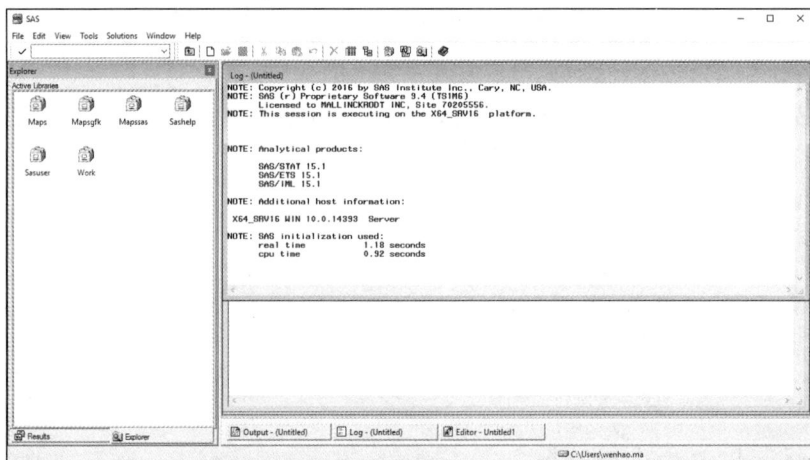

图 2-31

举例说明，如果我们在 Windows 的 C 盘中存在一个文件夹叫 Book，里面包含一个文件叫《SAS 入门编程与数据分析》，我们不能直接告诉计算机这个文件在 Book 文件夹中，我们要使用 C:\Book\《SAS 入门编程与数据分析》的路径获取这个文件。但在 SAS 中，如果我们已经定义 C 盘中的 Book 是一个库，比如名称叫 Book，那么我们可以用 Book.《SAS 入门编程与数据分析》就可以定位到这本书。正是因为这个原因，SAS 的库名是不允许重复的，如果定义了一个与原有库相同名称的新库，库的路径就会被覆盖。同时，SAS 也提供了一些系统自带的库，里面带有一些 SAS 数据集，供我们研究、学习。其中的 Sashelp

库是很多学习者经常用到的，我们在未来的章节中也会经常用到这个库的数据集进行练习。

单击左侧窗口栏的 Library，即可进入库列表，可以看到这个版本的 SAS 自带了 6 个库，分别是 Maps、Mapsgfk、Mapssas、Sashelp、Sasuser 和 Work。前 3 个库，包含的都是诸如大洲、国家地理地图的数据。例如我们看一下 Maps 库中的 Africa 数据集，如图 2-32 所示。

VIEWTABLE: Maps.Africa (AFRICA: Source - Derived from CIA 2001 World Shapefile - Modified May 2008)

	CONT	ID	SEGMENT	DENSITY	X	Y	LAT	LONG
1	94	125	1	0	-0.454145736	0.355554876	0.4763100675	0.1512618584
2	94	125	1	5	-0.43878874	0.3453814464	0.4665992501	0.1342788354
3	94	125	1	3	-0.422490668	0.3343443053	0.4560400078	0.1162873997
4	94	125	1	5	-0.409172181	0.3251576359	0.4472357814	0.1016120945
5	94	125	1	0	-0.393045542	0.3138009477	0.4363323078	0.083874638
6	94	125	1	6	-0.382194958	0.3060158501	0.4288467945	0.0719608896
7	94	125	1	5	-0.37168453	0.2983602571	0.4214776259	0.0604368686
8	94	125	1	3	-0.355505795	0.286376767	0.4099293542	0.0427314778
9	94	125	1	6	-0.344354685	0.2779837276	0.4018329513	0.0305529678
10	94	125	1	5	-0.33462672	0.2705617363	0.3946674438	0.01994523
11	94	125	1	6	-0.323889858	0.262276229	0.3866631509	0.0082563867
12	94	125	1	3	-0.316424986	0.2564342568	0.3810150668	0.0001405863

图 2-32

此数据集包含 8 个变量，分别记录了非洲大陆抽样点的 XY 坐标、海拔和纬度，通过某些编程操作，可以绘制非洲大陆的地图。顶部一行，Maps.Africa 是“库名.数据集名”，表示这是 Maps 库里面的 Africa 数据集，括号中的内容是数据集的标签，用于描述数据集的内容，这样在数据集名称不清楚的情况下也可以理解数据集的含义。

再看一个库 Sashelp，这里包含的数据集类别更为多样，大部分都是真实采集的数据，可以供我们学习、研究使用，例如数据集 Baseball，如图 2-33 所示。

VIEWTABLE: Sashelp.Baseball (1986 Baseball Data)

	Name	Team	nAtBat	nHits	nHome	nRuns	nRBI	nBB	YrMajor
1	Allanson, Andy	Cleveland	293	66	1	30	29	14	1
2	Ashby, Alan	Houston	315	81	7	24	38	39	14
3	Davis, Alan	Seattle	479	130	18	66	72	76	3
4	Dawson, Andre	Montreal	496	141	20	65	78	37	11
5	Galarraga, Andres	Montreal	321	87	10	39	42	30	2
6	Griffin, Alfredo	Oakland	594	169	4	74	51	35	11
7	Newman, Al	Montreal	185	37	1	23	8	21	2
8	Salazar, Argenis	Kansas City	298	73	0	24	24	7	3
9	Thomas, Andres	Atlanta	323	81	6	26	32	8	2
10	Thornton, Andre	Cleveland	401	92	17	49	66	65	13
11	Trammell, Alan	Detroit	574	159	21	107	75	59	10
12	Trevino, Alex	Los Angeles	202	53	4	31	26	27	9

图 2-33

这个数据集记录的是 1986 年美国棒球大联盟每个球员的详细信息，包括姓名、所属球队、打数、安打数、上垒数、出局数、打点、保送率等信息，使用这些信息加以合理的模型，就可以对每名球员进行打分或预测。

（4）编程窗口：我们使用 SAS 的核心，也是我们最长打交道的窗口，可以在这个窗口中输入程序，然后点击工具栏中的运行按钮，执行程序，并在日志和输出结果中产生结果。

（5）日志窗口：用于记录 SAS 程序运行过程及初始化信息。例如我们打开 SAS 程序时，日志窗口中已经包含一些信息，如图 3-34 所示。

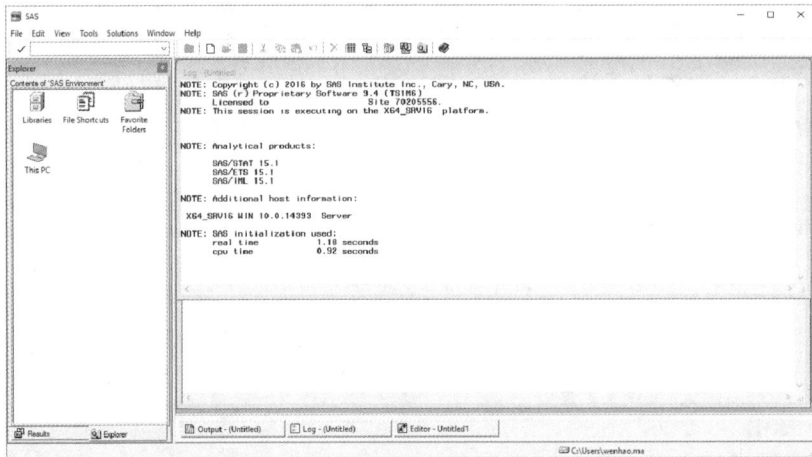

图 2-34

在 SAS 日志中，主要有 3 种提示性的日志内容，分别为 ERROR（错误）、WARNING（警告）和 NOTE（提醒），其中 ERROR 和 WARNING 都表示 SAS 程序在执行过程中无法按照既定计划执行或产生所希望的结果，ERROR 表示程序无法执行，WARNING 表示程序虽然执行，但可能产生意外的结果，这两种提示在日志中都是要避免的，而 NOTE 是一般性提示，用于告诉用户 SAS 完成了什么样的操作。

例如在图 2-34 中，SAS 程序打开初始化的过程中产生了一些 NOTE。从 NOTE 中可以看到 SAS 的版本为 9.4，包含的组件、运行的系统和初始化所用时间等信息。

（6）输出结果窗口：当我们使用 SAS 输出某些内容，例如打印数据集、建模等，在输出结果窗口就会产生相应的结果内容，可以从输出结果窗口查看，以便了解更多信息。

以上就是 SAS 程序的主界面介绍，需要注意的是，以上窗口都可以关闭，也可以通过 View 菜单打开。窗口的尺寸也可以拖动改变，可以选择一个最合适的尺寸进行操作。

在 SAS Enterprise Guide 版本中，窗口只能上下排布或左右排布。

2.2.2　SAS Studio 版

图 2-35 为 SAS Studio 版的主界面，可以看到相比起桌面版，只缺失菜单栏，剩下的面板仍然存在，包括工具栏、窗口栏、编程窗口、日志窗口和输出结果窗口。

在左侧的窗口栏中，有 5 个面板。

（1）服务器文件和文件夹：用于存储文件和文件夹。需要注意的是，SAS 虚拟机版和 SAS Studio 版都是以 Linux 操作系统为基础，所以表示文件夹层级使用的是斜杠/而非 Windows 的反斜杠\，如果跨平台运行程序，或者在网络上复制别人的程序，运行不了的话可以先看看是不是斜杠与反斜杠的问题。

（2）任务和实用程序：用于存储系统和用户定义的某些操作，实现某些自动化功能。

（3）代码段：用于存储 SAS 系统自带的某些程序，以实现某些特定功能，例如导入.xslx文件、绘制简单的图形等。

（4）逻辑库：相当于 SAS 桌面版的 Library，里面包含系统自动创建和用户定义的库。

（5）文件快捷方式：用于放置用户定义的快捷方式，可以快速打开文件。

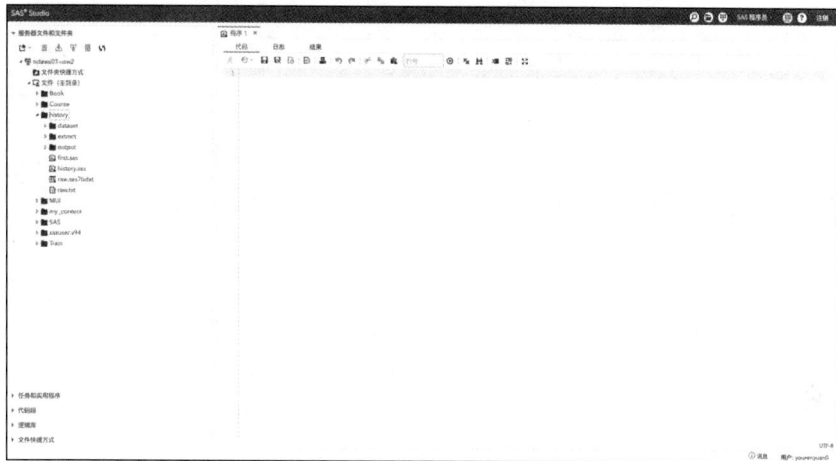

图 2-35

与桌面版不同的地方在于，SAS Studio 版的所有文件需要上传到服务器才可以使用，文件夹也需要在服务器上建立。具体操作如下：

（1）右击文件（主目录），选择"新建"→"文件夹"，输入文件夹名称，如图 2-36所示。

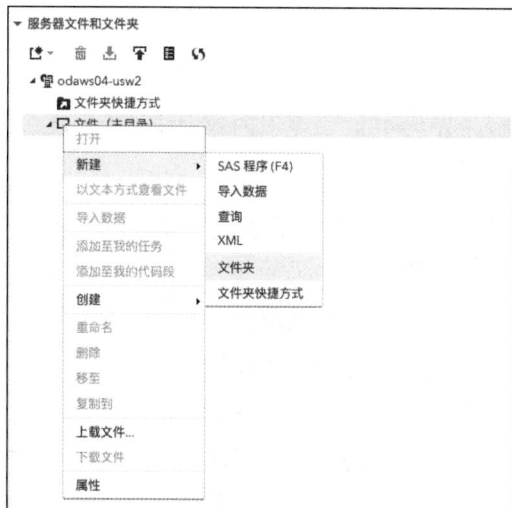

图 2-36

（2）右击新建的文件夹，选择上载文件，在弹出的窗口中选择文件，选择想要上传的文件确定即可。

上一节我们已经提示过，SAS Studio 版本的使用需要保持网络一直连接，如果你的网络不稳定，很可能导致各种操作的速度非常卡。另外，SAS Studio 的服务器设置在美国、欧洲和太平洋，国内访问并不稳定，如果遇到这种情况需要多刷新几次。

从下一节开始，我们将正式进行 SAS 的编程。本书的编程案例会混合使用 SAS 9.4 桌面版和 SAS on Demand 版，本书所讲的大部分内容在 SAS 的任何版本上均可以实现，如果遇到代码不同的情况会另做说明。

2.3　编写你的第一个 SAS 程序

从本节开始，我们终于可以正式学习 SAS 的编程了，相信大家有一种"千呼万唤始出来"的感觉，不过请不要忘记下半句，SAS 真正的编程对我们还是"犹抱琵琶半遮面"。SAS 是一个复杂的数据分析系统，其中包含了各种模块，甚至还能与其他语言，例如 SQL、Java 等连接。开始学习的时候，不能追求"会当凌绝顶"，相反要记住"众里寻她千百度"。

在开始编程之前，我们需要将某些概念做出说明和区分。

（1）库：SAS 中用于存放数据集的定义路径。注意该路径并非真实存在，而是程序定义出来，故称为逻辑库而非物理库。

（2）数据集：SAS 数据的存储方式，可以包含若干变量和记录。

（3）记录和变量：这两个概念在初学者中很容易分辨不清，经常会听到诸如"这个记录是数值型的"或"这条变量为缺失值"类似的说法，因此我们需要辨别一下。记录是 SAS 中的一条数据，英文为 observation，因此在某些地方也被翻译为"观测"，本书使用记录这个名称，一条记录一般涵盖某个实体的分领域信息。在学生时代我们都拿到过的成绩条，它就是关于你这个实体的分科目的成绩的值。变量是数据集中用于存储某一类值的"容器"，在成绩条的例子中，每个人的数学成绩、语文成绩等就被分别存储在不同的变量中。

明确了以上概念，我们就可以开始 SAS 程序的正式学习了。

SAS 的主体程序大都放在 data 步和 proc 中，在很多材料中，都会简单地总结 data 步用于数据处理，proc 用于建模和分析。这种分类方法不算有大问题，SAS 的设计也确实如此，但真正使用下来，data 步与 proc 并非有严格的区分，两者在数据清理和数据分析上都有所作为。

data 步的基本语法为：

```
data 数据集名;
    …
run;
```

以"data+此步创建的数据集名称"作为引导，以 run 结尾，中间是 data 步中允许的函数、语句等。

在编程窗口输入以下代码，然后点击工具栏中的"运行"按钮。

```
data demo;
    set sashelp.demographics;
run;
```

此步骤创建一个名为 demo 的数据集，如图 2-37 所示，它的内容等于 sashelp.demographics，在 SAS OnDemand 版本中选择输出数据面板。

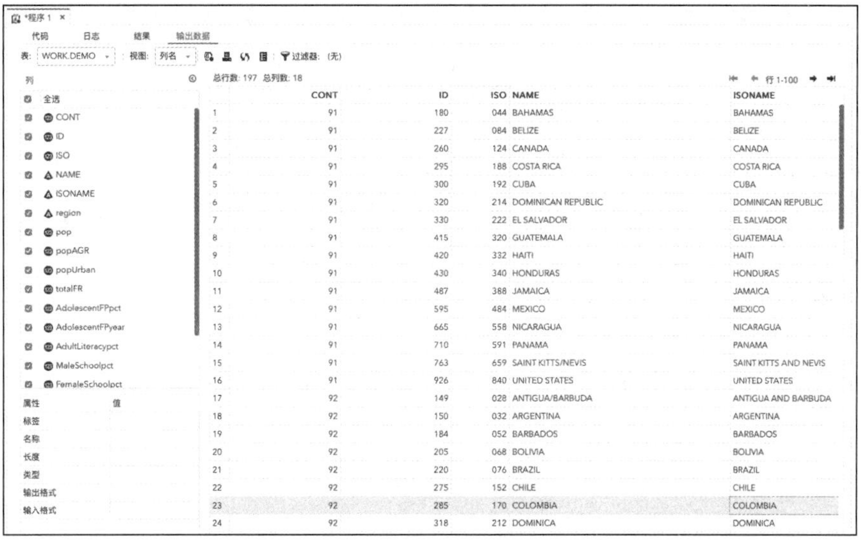

图 2-37

左上角的表名为 WORK.DEMO，这是我们在 data 步定义的新数据集名称，它所在的位置是 WORK 库，这是 SAS 的临时库，在 SAS 关闭后就会清空。如果我们对一个数据集不定义它所在的库，那么 SAS 会默认它属于 WORK 库，也就是说在上述代码中，"data demo;"等价于"data work.demo;"。

左侧一栏为变量列表，按照变量所在数据集中的位置显示，我们可以通过左侧的复选框选择它们是否在右侧显示，注意这里只能修改是否显示，无论勾选与否，变量都在数据集中存在。变量列表下方是变量的属性标签，当你选中某个变量时，标签中就会显示相应的变量信息，方便我们查询。右侧是数据集的主体部分，横向每一行为一条记录，纵向每一列为一个变量。

SAS Studio 版每页只能显示 100 条记录，更多的记录需要点击右上角的翻页按钮，而在桌面版中可以显示所有的记录，只需要拖动滚动条即可看到。这也是 SAS 非桌面版只适合学习，而不适合在工作场景下应用的原因。

下面我们试着在以上代码中做些改变，添加更多的功能。

```
data demo;
    set sashelp.demographics;
```

```
    keep name region pop popagr;
run;
```

运行以上程序，得到的数据集的记录数没有改变，但是变量只剩下 4 个，即 name、region、pop 和 popagr，这就是 keep 语句的功能，它可以筛选数据集中的变量，语法为：

```
keep 变量列表（以空格分隔）；
```

除了 keep，SAS 还提供了表 2-2 所示的功能对变量进行操作。

表 2-2

语句	功能	语法
rename	修改变量名	rename 变量 1=新名变量 1 变量 2=新名变量 2;
drop	去掉变量	drop 变量列表;
label	为变量加标签	label 变量名="标签内容";

相信以上内容还难不倒你，那么我们继续深入学习，首先看一看保留的 4 个变量的意义。单击顶端的"视图"，选择"列标签"，如图 2-38 所示。

图 2-38

可以看到数据集产生了变化，如图 2-39 所示。

图 2-39

在左侧变量栏和右侧数据中，变量名称被换成了变量的标签。一般而言，SAS 变量的标签用于介绍变量的意义，方便我们理解。从标签中我们可以得知，在上一步保留的 4 个变量分别为国家名称、所在区域、人口数（2005 年）和人口增长率。

现在我们希望按照人口的数量来排序，从多到少来排，这个时候就需要用到 proc。proc 是 procedure 的缩写，与 data 步的语法类似，也是由 proc 和 run（或 quit）包裹的程序块，完成特定的功能，但不同的是 proc 后边需要加上对应的操作名，例如本步操作中，我们需要用到 proc sort 功能，语法如下：

```
proc sort data=demo;
    by descending pop;
run;
```

审视以上语句，相信读者可以理解它的意义。使用 proc sort，针对名为 demo 的数据集，按照 pop 变量降序排列，如果不加 descending，排列的顺序是按照变量升序排列，最后用 "run;" 把语句扩起来表示 proc 操作完成。

运行此程序，可以发现数据集有所改变，如图 2-40 所示。

	NAME	region	pop	popAGR
1	CHINA	WPR	1,323,344,591	0.70%
2	INDIA	SEAR	1,103,370,802	1.51%
3	UNITED STATES	AMR	298,212,895	0.92%
4	INDONESIA	SEAR	222,781,487	1.18%
5	BRAZIL	AMR	186,404,913	1.32%
6	PAKISTAN	EMR	157,935,075	2.07%
7	RUSSIA	EUR	143,201,572	-0.29%
8	BANGLADESH	SEAR	141,822,276	1.80%
9	NIGERIA	AFR	131,529,669	2.16%
10	JAPAN	WPR	128,084,652	0.19%

图 2-40

不出所料，人口最多的国家前三名是中国、印度和美国，让人出乎所料的是，人口前十名的国家中包含孟加拉国和尼日利亚这些平时不经常听到的国家。这也是数据分析的目的之一：挖掘平时我们不会注意到的信息。

下面使用类似的功能，按照人口增长率将数据集排序，代码如下：

```
proc sort data=demo;
    by descending popagr;
run;40
```

执行后可以获得图 2-41 所示的数据集，和图 2-40 一样，仍然只截取前 10 条记录。

	NAME	region	pop	popAGR
1	UNITED ARAB EMIRATES	EMR	4,495,823	5.81%
2	RWANDA	AFR	9,037,690	5.03%
3	KUWAIT	EMR	2,686,873	4.39%
4	LIBERIA	AFR	3,283,267	4.23%
5	QATAR	EMR	812,842	3.98%
6	AFGHANISTAN	EMR	29,863,005	3.29%
7	ERITREA	AFR	4,401,357	3.17%
8	NIGER	AFR	13,956,977	3.12%
9	CHAD	AFR	9,748,931	2.99%
10	YEMEN	EMR	20,974,655	2.94%

图 2-41

这次上榜的国家很多是我们不熟悉的，阿拉伯联合酋长国以 5.81% 的人口增长率排名第一，接下来的国家分别是卢旺达、科威特、利比亚、卡塔尔、阿富汗、厄立特里亚、尼日尔、乍得和也门，它们都位于中东和非洲。如果我们对于世界国家一无所知，看到以上信息，我们可能会做出推断——是不是中东和非洲独特的地理、政治、文化等因素导致了它们国家的人口高增长率呢？如果你考虑到了这里，恭喜你！你已经获得了从数据获得猜想或者说信息的能力。

在这里我们要明确数据、信息和知识的区别。一般而言，数据是我们从客观世界获取的可以用数字或文本描述的抽象符号。数据的第一特点就是可描述性，如果某些事物无法描述，或者说暂时无法描述，我们就不能称之为数据。例如一幅图片，我们可以把它的每一个像素点的颜色用抽象符号表示，汇集在一起就是关于这幅图片的信息，但一个人看到这幅图片想到了什么，在过去我们无法记录，它就不是数据。但随着神经科学的发展，我们现在已经可以捕捉人看到这幅画时的神经元的相互作用并且记录，那么这些也可以被称为数据。在不同的时代，我们对于数据的理解是不同的，这是因为数据也必须符合可记录性。在没有美团、饿了么这些平台的时候，我们很难记录一个人的餐饮数据，那么一个人一天吃了什么、吃了多少就不能算作数据，当记录手段发达之后，每个人的点餐数据被平台记录，这时一个人的吃饭记录才能算作数据。数据的第三个特点是抽象性，即数据一定是脱离了客观世界，被抽取出来的内容。还是以外卖平台举例，它可以收集你每次点餐的餐馆、菜品、金额、打折券数据，甚至可以记录你每次点餐的等待时间和你投诉的信息，但是它无法记录你每次拿到餐的心跳变化、每次吃饭所用的时间、地三鲜吃干净了还是把茄子挑出来没吃，即使我们预想在未来这些数据也都可以记录，但对于点外卖这个流程，还有更多的东西无法记录，这就是数据的抽象性。

信息的概念非常复杂，如果要完全讲清楚，一本书可能都无法穷尽它的外延与内涵。信息论鼻祖克劳德·香农所写的《通信的数学理论》已经努力深入浅出地讲解信息的概念，普通人阅读起来尚觉得难易理解，即便是维基百科中对于信息的定义，也让人头脑发蒙。在这里我们不妨也使用抽象的能力，概括出信息的基本特点。信息是从数据归纳、演绎、类比出的结论，信息源于数据，又与数据不在同一个维度。信息可以降低一件事的不确定性。不妨试想你有一个很重要的领导，他现在让你为他点一份外卖，其他任何话他都没有说。这时你会非常犹豫：究竟是点川菜还是粤菜？点一个菜还是两个菜？要不要加一份可乐？这时你的选择可以说无穷无尽，你最终选择结果的不确定性也非常大。这时如果有一名同事告诉你：这个领导是湖南人，从小在湖南长大。湖南在这里就是一个数据，通过这个数据，你可以使用一个演绎法得出如下结论。

大前提：大部分湖南人爱吃辣。

小前提：领导是湖南人。

结论：领导在大概率上爱吃辣。

此时，你的选择已经有了一个大致的范围，如果站在外人的视角上思考，你这次做选择的不确定性降低了。如果这时你又获取了领导自己点外卖的数据，发现他最近十次在公司点外卖，选的都是一家湖南菜馆，每次点菜都是小炒肉加另外一个菜，那么你选择的范围就会进一步缩小，这就是从数据到信息的过程。

将信息综合、总结起来，我们可以获得知识。这里还是举例说明，药厂研制一款药品，要经过漫长的临床试验，期间需要收集大量临床试验数据，将这些数据整理、分析、制表、呈报，这就是将数据加工成信息，再加工成知识的过程。在实验中，我们获得的每名患者在不同时间点的各种检测结果，就是数据。将数据制作成表格或图像，让人可以阅读和理解，这就是创造信息的过程。例如我们通过总结数据，获得了表 2-3 所示的临床试验药物有效性统计信息。

表 2-3

	实验组	对照组
有效	51	12
无效	26	49

表 2-3 并不会出现在真正的试验报告中，这只是一个极度精简的表格。从这个表格中我们可以得出结论——试验组药物的有效性要明显高于对照组，这就是从数据得到的信息。如果表格中再加入 p-value、比值比和置信区间等统计参数，那么我们就可以归纳出更精确的信息。

将通过临床试验数据绘制的各种表格，包括有效性分析表、副作用统计表、生存率、人口统计学数据表等，整理总结，形成报告，呈交审批部门，这份报告中往往都会包含一句话：经过严格且标准的试验数据分析，我们认为该药品具有良好的安全性和有效性。这句话就是对试验药品的知识，它是信息的总结和提炼。

以上内容对数据、信息和知识进行一个简单的区分，目的是为了告诉读者，数据分析师虽然面对的是数据，但真正对我们有用的是信息和知识。在本书的第三篇，我们还会具体讨论一个数据分析师跟数据、信息和知识更深层次的关系。

2.4　养成编程好习惯

上一节我们终于开始了 SAS 编程之路，相信几个简单的编程无法让你满足，你一定在期待更深入的编程讲解。不过这一节我们把编程的具体语法先放下，探讨一下在编程过程中我们需要注意的地方。这部分内容在一般的图书中会放到编程技术之后，但我们在第一章就提到过"工欲善其事，必先利其器"，如果说数据分析是"事"，那么 SAS 编程就是"器"。如果把数据分析比喻成武侠小说里的武功招式，那么 SAS 编程就是内功心法，只有内功深厚，才可以自如地使用各种招式。一门内功心法，最重要的就是对修炼者不能有害，像吸星大法，长期修炼则会对自身造成反噬，又如七伤拳，修为不够强行修炼会造成自身内伤，更别提葵花宝典这样的邪恶武功。

这一节我们就探讨一下 SAS 编程中我们应该养成的好习惯，即编程的"内功"应该如何修行。SAS 是一款高级语言，很多事情它可以自动帮我们完成，像内存管理、并行计算等，在其他语言中需要我们自己写，但 SAS 中可以不必为它们操心。但不必操心并不代表所有人用 SAS 的水平都可以不相上下，相反一些 SAS 高手编写的程序用出神入化来形容也不为过，因为 SAS 提供了大量操作和选项帮我们完成复杂的任务，熟练掌握和运用可以让你的数据分析功力更上一层楼。图 2-42 是 SAS 学习难度曲线，通过这条曲线能明显看出 SAS 的入门比较容易，提升却很困难。

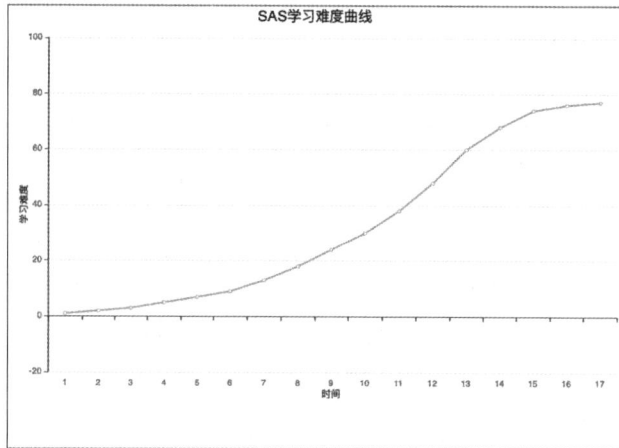

图 2-42

对于这类语言，我们在学习之初就一定要养成良好的编程习惯，避免不好的编程习惯导致后续的学习难度增加。这就像修炼武功，一定要打好基础，日后才能有所突破。今天我们就介绍 4 套"武功心法"，助你打好 SAS 编程基础。

2.4.1　缩进——六合刀法

六合刀法是韦陀门的武学，全守六合之法。所谓六合，精气神为内三合，手眼身为外三合，其用为"眼与心合，心与气合，气与身合，身与手合，手与脚合，脚与胯合"，全身内外，浑然一体。

对应到 SAS 上，我们也应当注意编程的"合"，即应该对应的地方一定要对应。对于同一级的代码，我们往往会让它们的头尾对齐，如果是次级代码，我们要用 Tab 键进行缩进。例如以下代码：

```
data demo;
    set sashelp.demographics;
run;
proc sort data=demo;
    by popagr;
run;
```

　　该代码包括一个 data 步和一个 proc sort，其中 data 和其对应的 run 处在同一列，proc 与其对应的 run 处在同一列，分别在它们之内的程序则用 Tab 键缩进了一层。这样的代码看起来非常清楚、明确。在比较复杂的代码中，我们也可以用这种方法，让同一级别的代码对齐，让不同级别的代码相互错开，例如以下代码：

```
data test;
    array score{3} a1 a2 a3;
    do i=1 to 3;
        score{i}=i;
        output;
    end;
run;
```

　　以上代码涉及数组和循环，我们还没有展开，这里也不需要完全理解语法。可以看出，array 语句引导的数组和 do 语句引导的循环都是 data 步下的操作，而 do 循环之内还有语句，它们处于 do 循环之内，所以程序要分为 3 层，最外层是 data 和 run，中间层是 array 和 do，最低层则是在 do 循环内的操作。这样的语句让人一看就可以理解每一行程序所在的位置。

　　当程序不长的时候，如果没有良好的分层习惯，我们尚可以通过记忆和逻辑明确每个语句的功能，但当程序很长，又需要与其他人协作的时候，很可能产生意想不到的问题，相比起同事或老板一次次地来问你，这个语句是在那个语句之外还是之内运行，还是建议大家养成好习惯，善用 Tab 缩进功能。这就是编程中的"六合刀法"。

2.4.2　关注日志——三分剑术

　　三分剑术是《书剑恩仇录》中天山派的武功，所谓三分，乃因此剑术中的每一招仅使到三分之一，敌人刚要招架，我方已经变招。而且因为每招仅使用三分之一，因此一招时间之内可以出三招，以快打慢，讲究的就是灵活多变。对应到 SAS 编程中，就是要勤于查看日志文档，不要等所有程序编写完成后再统一执行，这样可能导致前期积累的错误在后续反复出现，不但影响程序执行，还可能导致意想不到的后果。

　　每次 SAS 程序运行之后，都会在日志窗口中输出程序执行的步骤和结果，如图 2-43 所示。

　　我们使用了 data 步中最简单的 set 语句，将 sashelp 库中的 cars 数据集读取进来。在上方的日志窗口中，显示了我们所运行的程序以及程序执行的结果。日志语句第一行，在 sashelp.cars 数据集中有 428 条记录，第二行显示我们创建的 car 数据集读取了 428 条记录，第三行以下是 SAS 进行以上操作的时间。看了以上信息，我们知道数据集已经成功地被读取和创建，这样就可以开始下一步的操作了。

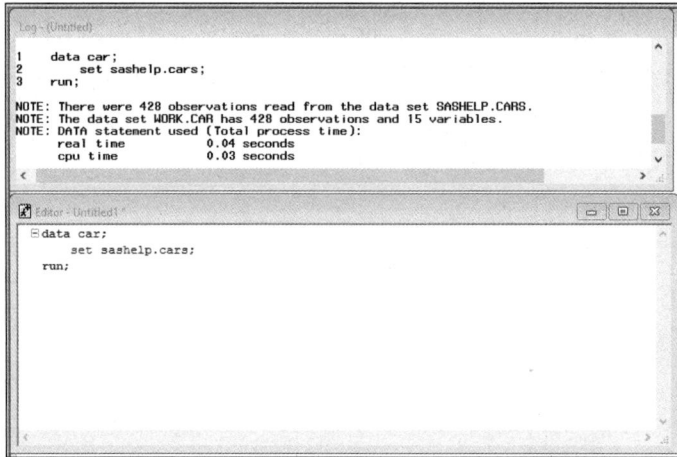

图 2-43

有些时候，日志中会出现一些特殊的信息，当你看到这些内容时候就要警惕了。特殊信息包括 ERROR、WARNING 和 NOTE。在讲解 SAS 窗口的时候，我们提到 ERROR、WARNING 和 NOTE 是 SAS 中常见的 3 种提示语句，它们表示的警示程度依次降低。

（1）ERROR 表示错误。即程序因为某些错误无法执行的问题，这时你在该步想要创建的数据集无法创建，想进行的操作也无法完成，如果这一步在一系列程序之中，它往往会影响到后续的程序。ERROR 在日志中是绝不允许存在的，如果存在，就一定要修正程序，重新运行，保证它消失不见。

（2）WARNING 表示警告。当日志中出现了 WARNING，程序不一定会无法运行，也可能得出了你需要的结果，但很多时候是因为程序不明确或错误，导致 SAS 只能按照缺省设置完成操作，此时你获得的数据集和结果不一定是你真正想要的。对于 WARNING，不同行业甚至不同公司的规定都不同，对笔者所在的医药行业而言，因为对数据正确性的要求极高，不允许有任何问题，因此 WARNING 也是不被允许的。

（3）NOTE 表示提示。是三者中警示级别最低的，在上图中我们就看到了 NOTE，它们只是提示一些执行过程，但有些 NOTE 会提示相对重要的信息。这些 NOTE 出现的原因往往并不是你的语法有错误或不明确，而是由于操作产生的结果与 SAS 预想的不同，所以在日志中显示 NOTE 给分析师，分析师可以根据情况选择是否修改代码。在编程中，NOTE 一般允许存在，不过提示大家如果日志中有不寻常的 NOTE，需要着重查看逻辑，以确定结果符合我们的预期。

在日志中，程序和宏程序用黑色字体表示，如图 2-43 中我们看到的前 3 行。NOTE 用蓝色表示，WARNING 用绿色表示，ERROR 用红色表示，它们的警示度依次提升。所以一个 SAS 运行日志，最好的情况不是花花绿绿，而是素雅宁静，只包含黑色和蓝色。

下面我们通过一些具体的图片来直观感受一下经常遇到的日志提示内容。首先我们看几个常见的 ERROR。

（1）语句错误。

图 2-44 的日志中包含了红色的 ERROR 和绿色的 WARNING。ERROR 提示语句无效或者未被正确使用，因此数据集 car 无法创建，抛出 WARNING。原因也很简单，我们的 if 语句的 if 被错打成了 ef，因此无法被 SAS 识别。其实这个问题很好发现，因为在编程栏 ef 已经变红进行提示，但注意这是 SAS 桌面版才有的效果，虚拟机版和 SAS OnDemand 并没有这种提示。

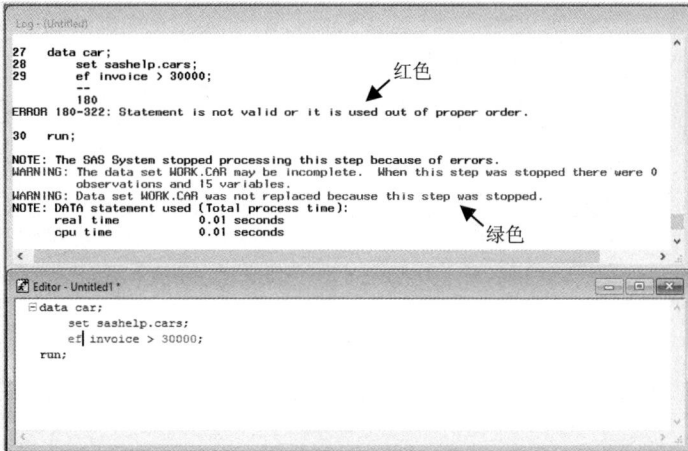

图 2-44

（2）变量不存在。

图 2-45 同样是拼写错误导致的问题，但此处错的不是语句而是变量名。在 SAS 中的提示内容为变量 invoce 不存在，这是因为 car 数据集中只存在变量 invoice 而非 invoce，SAS 在执行前并不能判断某个变量是否存在，只能按图索骥，发现 invoce 变量不存在，于是抛出错误。

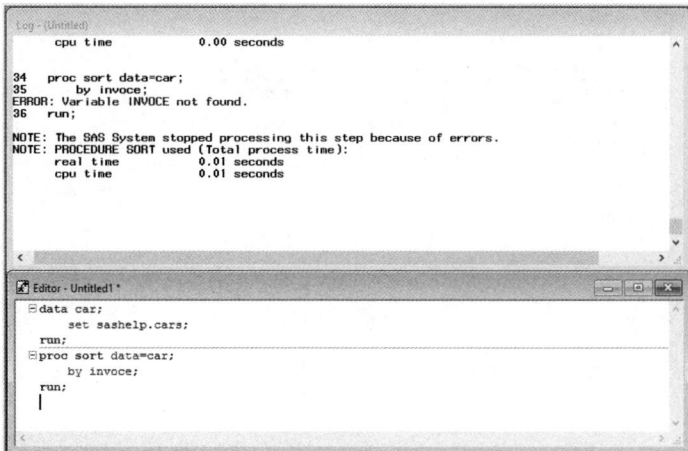

图 2-45

（3）函数参数不足。

图 2-46 中，程序比之前的内容新增了一行，使用到了 substr 函数，函数是 SAS 中功能丰富的数据处理工具，我们会在第 3 章涉及，这里只用知道 substr 需要至少两个参数，而以上语句只包含了一个参数，因此 substr 无法执行，抛出的 ERROR 提示 substr 函数没有足够的参数，同时 WARNING 提示数据集 car 无法创建。

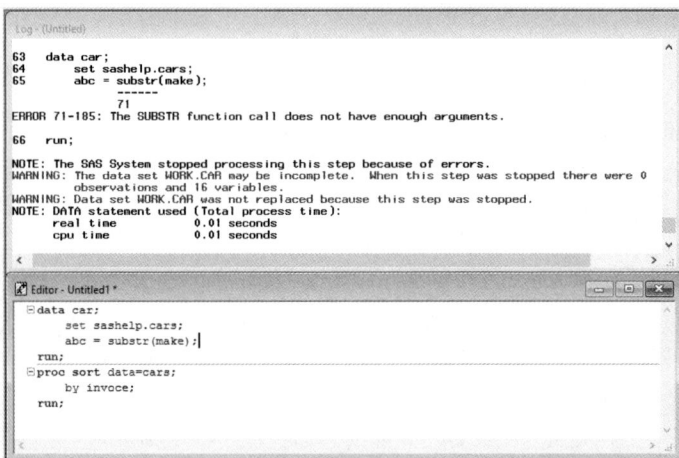

图 2-46

简单介绍几个 ERROR 后，让我们再来了解一下常见的 WARNING。

（1）在 keep drop rename 中的变量不存在。

图 2-47 使用 keep 语句保留部分变量，但数据集中不包含变量 tipe，这个问题不会导致程序无法执行，只是无法保留 keep 语句中所有的变量，因此程序抛出 WARNING，提示用户在 keep 后的变量列表里，变量 tipe 不存在。虽然问题存在，但程序依然可以执行，只是生成的数据集中只包含 4 个变量，缺少了 tipe。

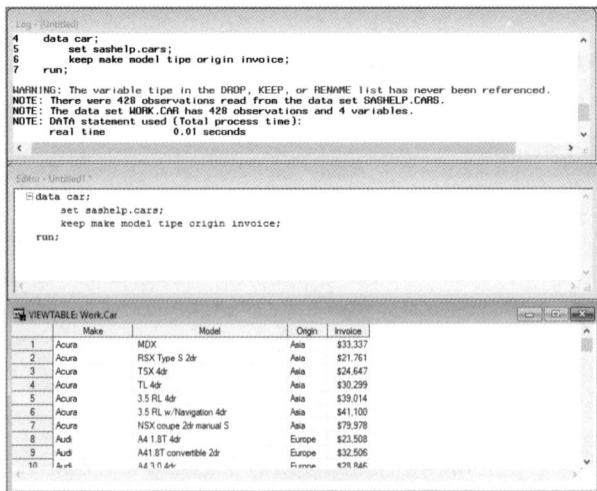

图 2-47

（2）长度已被定义。

图 2-48 中所示的程序是在 data 步中读取数据集 sashelp.cars，并且对变量 model 的长度进行设置。但由于变量 model 已经在原有的数据集中，我们无法对一个已经存在的变量再次设置长度，因此程序抛出 WARNING，字符型变量 model 的长度已经被设置，下面一句还贴心地给出了提示，告知分析师可以把 length 语句提前到 data 步非常靠前的位置来设置长度。

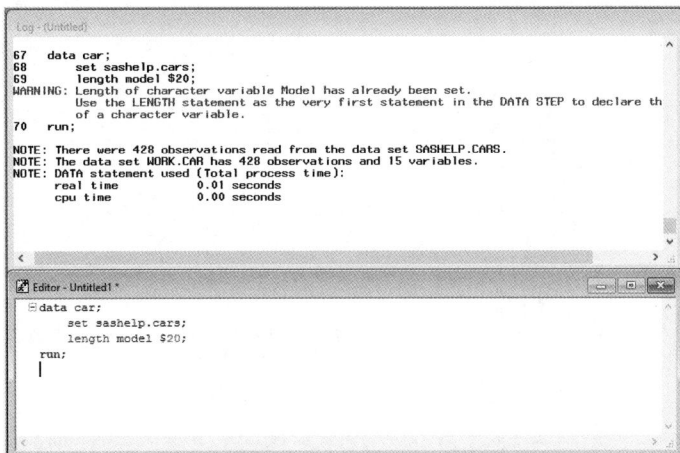

图 2-48

下面再来看几个值得注意的 NOTE。

（1）变量类型的转换提示。

SAS 中有两种变量类型——字符型和数值型，如果某个变量是字符型，但被当作数值型使用，在可以理解的范畴内 SAS 就会自动转换理解数据的方式然后执行。这里有两点需要注意。

第一点是可以理解的范畴。例如一个字符型变量中的内容是数字，如果在程序中被当成了数值型变量，参与了某些运算，SAS 就会将其自动理解为数值，并进行运算，然后抛出提示，确认这是用户希望做的方式，图 2-49 中的提示就是一例。

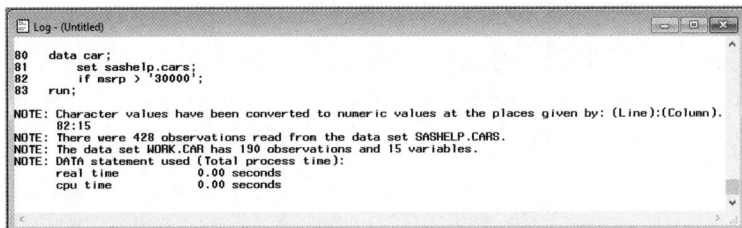

图 2-49

第二点就是转换"理解"数据的方式，而非数据本身的格式，在转换操作后，被涉及的数据类型并不会转变。

（2）变量未初始化。

图 2-50 的提示也是我们有时会看到的，它表示变量 *b* 未被初始化，即我们在这一步执行之前，并未创建该变量。在以上程序运行完后，我们会在数据集 car 中得到两个变量 *a* 和 *b*，它们都是缺失值，也就是说，SAS 在执行到某一步时如果发现某个新变量并未定义，它会自动创建但不会赋值。

```
76    data car;
77        set sashelp.cars;
78        a = b;
79    run;

NOTE: Variable b is uninitialized.
NOTE: There were 428 observations read from the data set SASHELP.CARS.
NOTE: The data set WORK.CAR has 428 observations and 17 variables.
NOTE: DATA statement used (Total process time):
      real time           0.01 seconds
      cpu time            0.01 seconds
```

图 2-50

（3）merge 语句有多条相同 by 中变量的对应值。

图 2-51 中提示是由 merge 语句引发的，在两个数据集合并过程中导致的问题。merge 语句的用途是横向合并数据集，我们会在后续的内容中涉及，这里只是提醒读者，当 merge 语句运行后出现以上提示的时候，你的合并结果往往与预期不同，需要检查、修改并重新运行。

```
113    data car;
114        merge car1 car2;
115        by make;
116    run;

NOTE: MERGE statement has more than one data set with repeats of BY values.
NOTE: There were 428 observations read from the data set WORK.CAR1.
NOTE: There were 428 observations read from the data set WORK.CAR2.
NOTE: The data set WORK.CAR has 428 observations and 15 variables.
NOTE: DATA statement used (Total process time):
      real time           0.00 seconds
      cpu time            0.00 seconds
```

图 2-51

SAS 提供了非常多的 ERROR、WARNING 和 NOTE 信息，很多信息还提供了详细的解决方法，这也是 SAS 作为高级语言的优势之一：调试速度较快。

在编程实践中，建议读者不要将所有程序编写完毕后一起运行、调试，而是应该小步快跑，每完成一部分程序就应当运行一下，确认没有问题后再开始下一部分的编程。如果产生了问题，要详细理解 ERROR 和 WARNING 中的提示信息，并加以改正。这也是三分剑术的精髓所在，不要追求一次击杀敌人，在多次快速的攻击中寻找机会，逐步完成自己的目标。

2.4.3 善用注释——太极剑法

太极剑法为武当派绝学，特点是以意驭剑，千变万化，无穷无尽，是张三丰闭关修炼多年参悟的武学。它的特点是只有一招，即圆弧形刺出，只要记住这一招，根据战斗局势灵活地变化，即可击破敌人。当年张三丰在教导张无忌时，直到张无忌渐渐遗忘了具体招式，才称其学有大成。

在 SAS 中，我们也希望找到这样一"招"，它就像锚一样，可以让我们记住它就能想起具体的内容，这就是 SAS 中的注释。

注释在程序中由绿色字体表示，并不会执行，一般在代码中用于记录某一段代码的功能或某个变量的用途。SAS 中的注释有两种创建方法。

一种以星号*开头，以分号;结尾，例如以下代码：

```
data test;
*define array with 3 elements;
    array score{3} a1 a2 a3;
    *do loop to assign value to a1 a2 a3;
    do i=1 to 3;
        score{i}=i;
        output;
    end;
run;
```

在 array 语句之前和 do 语句之前插入注释，解释 array 和 do 语句分别引导的内容。

另一种以/*开头，以*/结束，例如以下代码：

```
data test;
    /*define array with 3 elements*/
    array score{3} a1 a2 a3;
    /*do loop to assign value to a1 a2 a3*/
    do i=1 to 3;
        score{i}=i;
        output;
    end;
run;
```

同样可以实现上述功能。

需要注意的是，两种注释均可以跨行操作，即在某一行使用开头符号，在另一行使用结尾符号，那么两行之间所有的语句都会成为注释的内容。例如我们在 SAS 程序的开头，往往会使用注释来描述 SAS 程序的内容，例如以下内容：

```
/* Program Name: saspractise.sas
   Author:      Wenhao Ma
   Date:        2020-01-20
   Version:     1.0              */
```

它记录了程序的名称、作者、创作时间和版本号，可以提供给数据分析师程序的基本信息，方便改写或续写。

另外，注释功能还有一个妙用，当你有一些语句不希望运行，但仍希望保留的时候，可以使用注释功能将其注释掉，这样程序便不会执行。SAS 还提供了相应的快捷键，使用 Ctrl+/键（Mac OS 中是 Command+/），可以将选定行全部注释。使用 Ctrl+Shift+/（虚拟机版和 SAS Studio 中是 Ctrl+/），即可将选定行的注释取消。

SAS 的注释就如同太极剑法中的圆刺一样，是武学和编程中的锚，在程序中做好注释，可以帮助我们的编程更上一层楼。

2.4.4 帮助文档——北冥神功

北冥神功是逍遥派上乘内功，完整版由李秋水收藏于无量山洞琅嬛福地中，可以吸收他人内力为己所用，并且吸收的内力可以转化为阴阳并济的北冥真气。

在 SAS 编程的学习中，也一定会有自己未碰到过的问题，即使是本书也不可能将 SAS 所有编程知识全部讲解，这就需要读者有一定的领会能力和查询能力。在各个信息源之中，SAS 官网和人大经济论坛是笔者比较推崇的学习途径。

SAS 官网提供了大量学习 SAS 的资料，而且资料的结构设置合理，很容易按图索骥。例如我们希望学习 SAS substr 函数的用法，可以直接在搜索引擎中搜索 SAS substr，如图 2-52 所示。

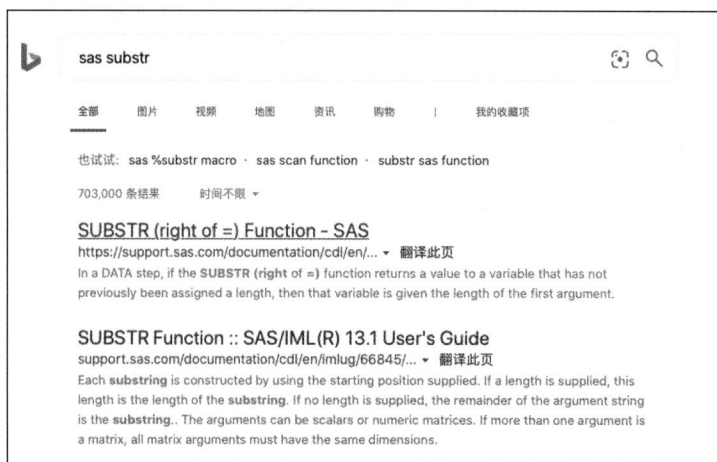

图 2-52

在得到的搜索结果中选择 SAS 官网的内容，即以 https://support.sas.com/ 开头的地址。

可以看到，SAS 官网提供了 substr 函数的详细信息（见图 2-53），包括语法、参数、细节、案例和相关内容。需要注意的是，SAS 对中文的支持不是非常好，有些中文优化甚至可以说做得比较糟糕，建议大家直接阅读英文内容，这也对学习者的英语有一定的要求。SAS 数据分析师在中国的很多职位其实是做外国公司的项目，需要用英文电话沟通，对工作者的英文本身就有一些要求，在学习 SAS 的时候熟练掌握英文，也可以更好地了解专业词汇，一举多得。

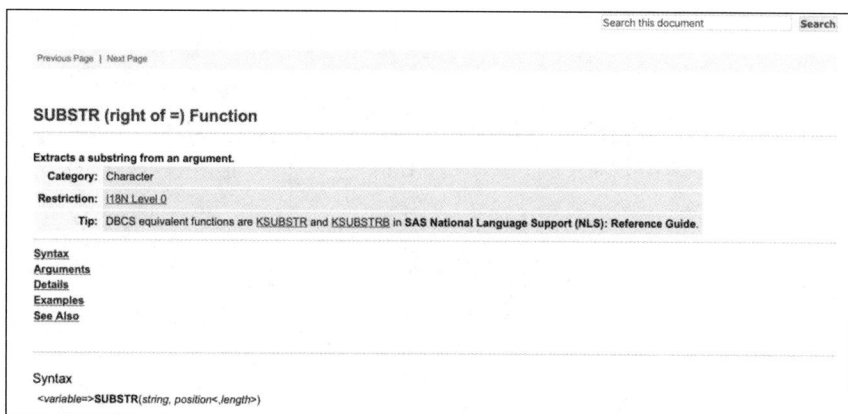

图 2-53

如果你有一些具体的问题需要了解，可以到人大经管论坛询问和查询，地址为 https://bbs.pinggu.org/，这是中国最大的经管和数据分析论坛。因为论坛良好的奖励机制，很多优秀的 SAS 从业者发表自己的经验和帮人解答问题，是职场新人提升不可错过的宝地。

通过别人的经验，提升自己的能力，这是每一个数据分析师都应该掌握的技能。所谓"他山之石，可以攻玉"的道理就在于此。在信息获取渠道上，还有一些知名博客、某些线上课程，总之我们应像"北冥神功"一样，吸收各方的真气为我所用。还要注意的是，别人提供的只是信息，想要真正掌握还需要自己领悟和理解，就如同段誉只学习了北冥神功的第一幅图，虽然可以吸收敌人的真气，却无法转化，导致自身被反噬，最终演化成"吸星大法"这样的邪派武功的话，就得不偿失了。

以上就是本节的内容。我们用金庸武侠中的 4 种武功代表了 SAS 编程的好习惯。浑然一体的六合刀法，代表在编程中对齐的好习惯；小步快跑，随时变招的三分剑术，代表了编程中随时运行，查看日志，调整代码的好习惯；只抓主干，认定锚点的太极剑法，代表了 SAS 中注释的用处；博采万家，为我所用的北冥神功，代表了数据分析师应当善用外部资料的能力。

到此为止，我们可以算了解了 SAS 这个"朋友"。编程语言的学习和交朋友非常类似，如果一开头就奔着功利的目的，整天盘算这个朋友能给我带来多少价值，那么这种友情既不深也不远，只有找到基本价值观相同的人，从历史聊到爱好，从一起做事到共同进步，才是交朋友的正道。本章希望给你带来的就是这种"朋友的体验"，从 SAS 的历史到版本，从编写第一个 SAS 程序到养成编程好习惯，笔者一直希望传递给读者一种感觉，即 SAS 是一个优秀的好朋友。

从下一章开始，我们将从细节处讲解 SAS 编程的知识点，请你收拾好行装，准备上路，我们最终都要远行。

第3章　data 步——数据集处理小能手

"合抱之木，生于毫末；九层之台，始于垒土；千里之行，始于足下"，老子早在《道德经》第六十四章中告诉我们，纵使是再高的成绩，也是从很小处开始。青林师虔禅师也曾用"长长三尺余，郁郁覆青草。不知何代人，得见此松老。"形容种植松树。如果说数据分析是一课老松，那 SAS 编程语言就是枝干，data 步和 proc 的语法则是根系，只有根系壮大，枝干才能生长，树木才能参天。从本章开始，我们将一起种这棵树。

本章着重讲解 data 步的知识和语法。data 步是 SAS 特有的用于数据处理的语句，它可以用于数据集合并、分割、计算等操作，是数据处理的基石。

本章内容中，笔者在很多地方都提示读者，书本内容只能作为锚点和线索，搭建起基本的骨架，而真正的血肉却需要读者领会与填充。

3.1　逻辑判断与数据集合并

逻辑和判断一般是一门语言最基础的操作，也是最能体现编程语言结构的语句，而数据集的合并则是针对数据集最基本的操作。本节从最基础的 SAS 语法讲起，开始真正的数据处理。

3.1.1　SAS 的基本语法特点

提起编程语言，很多有过编程经验的同学都会想起 C、Java，从事数据分析的朋友们会想起 Python 语言和 R 语言，从事大数据行业的朋友可能最先想到的是 Pig 和 Hive。目前各个行业的主流编程语言加起来有数十种之多，每种的语法都自成体系。幸好编程语言的设计是为了方便人类跟计算机交互，新语言也会借鉴旧语言的思路，很多编程的语法虽然有所区别，但大体上还是一致的。我们在学习一门新语言的时候，可以有意识地拿它和已知语言做对比，找出相同和不同之处，着重记忆区别，这样可以更快地入门。

首先了解一下 SAS 这门语言的独特设定，SAS 语言的基本语法规则如下：

（1）语句不区分大小写，例如逻辑判断语句 if a=b 和 IF A=B 对 SAS 而言是相同的。

（2）值区分大小写，例如我们给一个变量赋值，a="Hello"与 a="hello"是不等价的。值一般放在引号之中。

（3）SAS 语言中，单引号(')和双引号(")等价，在编程时可以互换。需要注意的是，本条仅适用于非宏编程相关的语句，如果使用宏变量进行赋值或操作，只能使用双引号"才能解析出宏变量所代表的值，使用单引号不会解析，只会直接使用引号内的值。宏编

程是比较高级的内容，第 5 章会有所涉及，现在大家记住单引号和双引号等价即可。另外，
需要提示读者 SAS 只能识别英文输入法下的引号、逗号等符号，在编程时需要将输入法切换
为英文状态避免犯错。

（4）SAS 的每句独立语句需要以分号(;)结尾，换行、空格等无法被视为语句结束符号。

（5）SAS 的变量名必须以字母或下画线为开头，例如 _abc、c3、dna 等，不能以数字
作为开头，且总长度不能超过 32 个字符。大小写变量名等价。

3.1.2　data 步与 proc

SAS 语言的主要操作都放在 data 步或 proc 之中，两者的区别我们在 2.3 节中简单说
过，对于初学者，可以简单理解为 data 步用于数据处理，proc 用于数据分析。但在实践
中可以发现，二者的区别并不是泾渭分明，例如 proc sort 用于给数据集排序，这也可以
算作数据集处理步骤。另外，有些操作既可以在 data 步中完成，也可以在 proc 中实现。
表 3-1 为 data 步与 proc 的对比。

表 3-1

比较项	data 步	proc
主要功能	数据处理	数据分析
基本语法	以 data 开始，run 结尾	以 proc 开头，run 或 quit 结尾
具体操作	新增与筛选变量、记录	数据排序、转置、获取统计量
可用函数	可以随意使用 SAS 中的函数	只能使用 proc 定义的操作
处理方向	横向处理数据	纵向处理数据

3.1.3　逻辑判断语句

在上一章中，我们学习了简单的 data 步编程语句，其中提到使用 keep 可以保留选定
的变量，形象地说就是将数据集"瘦身"，因为变量的缩减降低了数据集的宽度。那么有
没有一种办法可以让数据集"变矮"呢？答
案是有的，这就是 if 和 where 语句。

if 和 where 语句是 SAS 中最常用的逻辑
判断语句，主要用于数据筛选和条件赋值。

if 语句的语法为 if 变量=值 then ...，该
操作是如果变量等于某值，那么就进行 then
后的操作。

图 3-1 所示的数据中包含了世界上的部分
国家名和人均 GDP。国际公认的发达国家的门
槛是人均 2 万美元及以上。可以编写并运行如

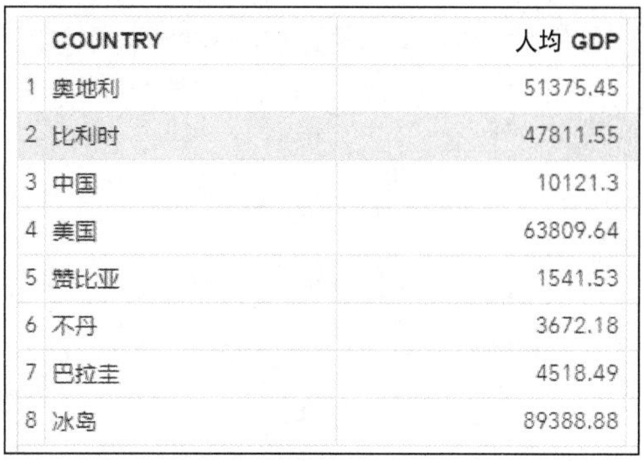

	COUNTRY	人均 GDP
1	奥地利	51375.45
2	比利时	47811.55
3	中国	10121.3
4	美国	63809.64
5	赞比亚	1541.53
6	不丹	3672.18
7	巴拉圭	4518.49
8	冰岛	89388.88

图 3-1

下代码：

```
data new;
    set GDP;
    if GDP>=20000 then country type="发达国家";
run;
```

这样就在数据集 new 中新增了一个变量 country_type，如果数据中 GDP 大于 20 000，那么就给它赋值为"发达国家"，不满足条件的就不赋值，生成的数据集如图 3-2 所示。

	COUNTRY	GDP	COUNTRY_TYPE
1	奥地利	51375.45	发达国家
2	比利时	47811.55	发达国家
3	中国	10121.3	
4	美国	63809.64	发达国家
5	赞比亚	1541.53	
6	不丹	3672.18	
7	巴拉圭	4518.49	
8	冰岛	89388.88	发达国家

图 3-2

同时，if 语句也可以进行数据筛选，在上面的例子中，如果将上述的 if 语句换成如下：

```
if GDP>=20000;
```

运行后可以获得如图 3-3 所示的结果。

	COUNTRY	GDP
1	奥地利	51375.45
2	比利时	47811.55
3	美国	63809.64
4	冰岛	89388.88

图 3-3

我们将会获得一个数据集，该数据集只包含 GDP 大于等于 20 000 的数据，其他数据会被删除。有时，我们希望进行多分支的条件判断，此时可以使用 if...else 语句。

还是刚才的案例，将 if 语句替换为如下语句：

```
if GDP < 2000 then country_type="待发展国家";
else if 2000 <= GDP < 20000 then country_type="发展中国家";
else country_type="发达国家";
```

运行后可以获得如图 3-4 所示的结果。

	COUNTRY	GDP	COUNTRY_TYPE
1	奥地利	51375.45	发达国家
2	比利时	47811.55	发达国家
3	中国	10121.3	发展中国家
4	美国	63809.64	发达国家
5	赞比亚	1541.53	待发展国家
6	不丹	3672.18	发展中国家
7	巴拉圭	4518.49	发展中国家
8	冰岛	89388.88	发达国家

图 3-4

每一条记录都被保留，并且新增了一个变量 country_type，根据不同的人均 GDP 得到了不同的 country_type 的值。

理论上，else 的语句可以无限长，囊括所有条件判断和操作，但如果条件判断过多，为了简化程序，我们会使用 select 语句，其语法如下：

```
select;
    when(条件 1) 操作语句 1;
    when(条件 2) 操作语句 2;
    ...
    otherwise 操作语句 n;
end;
```

该语句的用途是根据某变量不同的值（值 1、值 2······）进行不同的操作，最后以 OTHERWISE 设定 WHEN 语句没有包含的情况下的操作，前例中的语句可以等价于：

```
select;
    when(GDP>=20000) country_type="发达国家";
    when(2000<GDP<=20000) country_type="发展中国家";
    otherwise country_type="待发展国家";
end;
```

除了 if 语句和 select 语句，where 语句也可以达成类似的功能。需要注意的是，where 语句只能用于数据筛选，而不能用于条件赋值。

where 语句不仅可以在 data 步内部使用，还可以与 data 步平行使用，例如以下代码：

```
data new;
    set gdp(where=(GDP>=20000));
run;
```

运行后得到的结果与图 3-4 相同。

那么 where 和 if 的区别究竟在哪里呢？这里我们就需要了解一下 SAS 的运行机制了。

SAS 在读取数据集的时候，会先通过一个叫 I/O Measurement 的工具将数据读取到内存缓冲区，然后通过程序数据向量（PDV）创建出可供操作的数据集。在完成数据集处理后，I/O Measurement 工具又将内存中的数据集发送给输出数据，SAS 数据读取与输出过程如图 3-5 所示。

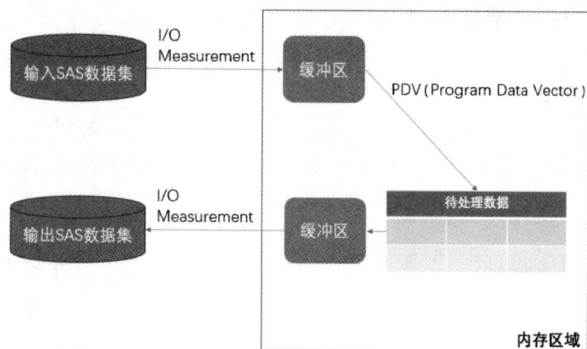

图 3-5

从图 3-5 所示的过程中可以看出，数据集输入后并不是直接处理的，而是先存在内存的缓存区中，然后经过 PDV 过程才能进入真正的内存处理区。这就像我们去买古董，按照古董行的规矩，买家和卖家之间不能直接接手东西，否则古董在接手的时候不小心砸碎了，责任无法说清。这时候买家选定一件古董，卖家把它取过来后，先放在一张桌子上，然后买家从桌子上再把古董拿来鉴赏，这样就避免了递交过程中没有接好的责任不清问题。

了解了 SAS 数据读取的过程，if 和 where 的区别就更好理解了。if 语句是在 PDV 执行之后才执行，针对待处理数据进行筛选或赋值，而 where 语句是在 PDV 执行之前就已经被执行，当数据被读取至缓冲区的时候就已经被筛选完成。再用古董行业的例子来说明，if 就相当于要求卖家把所有古董都拿到桌子上，买家自己一样一样挑选，而 where 则相当于买家坐在店中，对古董先有了大概的了解，只要求卖家把自己想买的古董拿来。

在使用时，where 的执行速度会比 if 更快，而 if 的灵活程度更高。还是拿古董举例，if 让卖家把所有东西都放到你面前，你尽可以随意选择，给每个古董贴上标签或者分类；where 则是只让老板把你看上的古董拿到面前，老板完成你指令的速度可以更快。这里的古董店老板其实就是我们电脑的内存。

if 与 where 在应用时的更多差别如表 3-2 所示。

表 3-2

if	where
执行在 PDV 之后	执行在 PDV 之前
在 by 语句之后执行	在 by 语句之前执行
data 步创建的变量可以在接下来的 if 语句中被使用	DATA 步创建的变量无法被 WHERE 使用，因为 WHERE 步在变量创建前已经执行
执行速度比 where 慢	执行速度更快，因为在待处理数据创建前已经筛选部分数据

在数据量较小的时候，if 和 where 的差别不大，刚开始学习 SAS 的同学们可以不用在意二者的区别。但如果数据量超过 10 000 条，你就可以感受到二者之间的差别。如果超过了 10 万条，在明确了筛选条件的情况下建议使用 where 语句。

3.1.4 数据集的合并

在工作与学习中，我们经常要处理多个数据集，有时需要将它们合并。在 SAS 中，用于合并的语句是 set 和 merge，它们可以将多个数据集合并成一个，不过合并方式略有区别。

set 语句在之前的章节已经涉及，它是我们最简单的将数据集读取到 work 库中的方法，其用法如下：

```
data demo;
    set sashelp.demographics;
run;
```

　　这样就把存储在 sashelp 库中的数据集 demographics 放到了名为 demo 的数据集中，这是 set 语句最简单的用法，其实 merge 语句也可以完成相同的操作，在工作习惯上我们一般选择 set。

　　当我们有两个或以上数据集，它们记录的是一个数据的不同部分时，可以使用 set 将它们合并到一起。例如有以下 3 个数据集（见图 3-6），分别记录了学生的学号、姓名和成绩，数据集 1 是学号 101 和 102 的学生，数据集 2 是学号 103～105 的学生，数据集 3 是学号 106 和 107 的学生。

	ID	NAME	GRADE
1	101	张强	85
2	102	孙皓	61

	ID	NAME	GRADE
1	103	王浩天	56
2	104	李明明	78
3	105	高翔	95

	ID	NAME	GRADE
1	106	李光宇	69
2	107	胡飞	97

图 3-6

　　为了在一个数据集中查看所有学生的成绩，我们要将数据集合并到一起。使用如下语句：

```
data grade;
    set grade1 grade2 grade3;
run;
```

　　执行后得到的结果如图 3-7 所示。可以看到，数据集被纵向合并，生成了一个记录数更多的数据集。

	ID	NAME	GRADE
1	101	张强	85
2	102	孙皓	61
3	103	王浩天	56
4	104	李明明	78
5	105	高翔	95
6	106	李光宇	69
7	107	胡飞	97

图 3-7

　　相对应，还可以横向连接数据集，这时要使用的语句是 merge。例如，有如图 3-8 所示的两个数据集。

	ID	NAME	CHINESE		ID	NAME	MATH
1	101	张强	76	1	101	张强	89
2	102	孙皓	66	2	102	孙皓	85

图 3-8

a 是学号为 101 和 102 学生的姓名和语文成绩，*b* 是两人的数学成绩，此时我们希望的是得到一张既包含语文成绩也包含数学成绩的表，那么 merge 语句可以发挥作用，代码如下：

```
data grade;
    merge a b;
run;
```

执行后得到的结果如图 3-9 所示。可以看到数据集被横向合并，生成了一个变量数更多的数据集。

	ID ▲	NAME	CHINESE	MATH
1	101	张强	76	89
2	102	孙皓	66	85

图 3-9

在很多时候，需要横向连接的数据集并不是按照记录一一对应，如图 3-10 所示的两个数据集。

	ID	NAME	CHINESE
1	101	张强	76
2	102	孙皓	66

	ID	NAME	MATH
1	102	孙皓	85
2	103	王浩天	99

图 3-10

a 是学号为 101 和 102 学生的语文成绩，*b* 是学号为 102 和 103 学生的数学成绩，我们希望做到的合并是将每个人的学号和他的成绩对应起来，如果成绩不存在就留空。这时需要设置一个指示变量，一般称为键，作为两个数据集连接的传导，在此例中就是两名学生的学号，用紧随 merge 语句的 by 语句指定学生的学号和姓名为键。

执行以下程序：

```
data grade;
    merge a b;
        by id name;
```

```
run;
```

所得到的数据集如图 3-11 所示。

	ID	NAME	CHINESE	MATH
1	101	张强	76	.
2	102	孙皓	66	85
3	103	王浩天	.	99

图 3-11

图 3-11 中两个数据集中的每条记录都按照学号横向合并到了一起，原数据中没有 103 号的数学成绩和 101 号的语文成绩，合并之后为空。在 SAS 中，数值型变量的缺失值以点（.）表示，字符型变量的缺失值以空白表示。同时，根据我们的"六合刀法"，by 语句是附属在 merge 语句之下的，可以另外缩紧一列，让程序更有格式。

总结一下，set 和 merge 语句有如表 3-3 所示的区别。

表 3-3

set	merge
纵向合并	横向合并
用于合并同一类数据集	用于合并同一键的数据集
往往不需要指定键	一般需要指键，用 by 语句

最后请注意两点，SAS 也支持 SQL，如果你有 SQL 相关的知识，可以在 SAS 中使用 SQL 语句进行数据集的合并操作，此内容不是本章讨论的范畴，具体内容可以参见 4.6 节的内容。

读者在自己练习 merge 语句的时候，可能会出现报错的情况，日志内容如图 3-12 所示。

```
ERROR: 在数据集 WORK._1 中没有正确排序 BY 变量。
Make=Acura Model=TSX 4dr Type=Sedan Origin=Asia DriveTrain=Front MSRP=$26,990 Invoice=$24,647 EngineSize=2.4 Cylinder
Horsepower=200 MPG_City=22 MPG_Highway=29 Weight=3230 Wheelbase=105 Length=183 FIRST.Model=1 LAST.Model=1 _ERROR_=1 .
NOTE: 由于出错，SAS 系统停止处理该步。
NOTE: 从数据集 WORK._1. 读取了 4 个观测
NOTE: 从数据集 WORK._2. 读取了 4 个观测
WARNING: 数据集 WORK._3 可能不完整。该步停止时，共有 2 个观测和 15 个变量。
WARNING: 数据集 WORK._3 由于该步已停止，而没有被替换。
```

图 3-12

产生该问题的原因是由于数据集没有按照 by 变量排序，对数据集排序要用到 proc sort，之前的章节也有所涉及。关于 proc sort 更具体的用法我们会在下一章进行讲解。

3.2 数值型变量与字符型变量

变量类型或数据类型是一门语言的基础，它构成了一门语言变量的结构基础。

学过其他语言的朋友们，应该听说过很多变量类型的名字，例如 Java 语言中的整型、长整型、浮点型、双浮点型、布尔型、字符型等，在编程过程中如果没有选择合适的变量类型，会为后续编程带来很多烦恼，不得不返工。

在第 1 章中，我们提到 SAS 是一门高级语言。所谓高级，就是与我们的本能反应更加接近，不需要花额外的时间成本来记忆与理解，让编程者将注意力放在编程本身上。在数据类型上，SAS 的数据类型只分为字符型和数值型，不包含更复杂的分类。下面分别介绍两种变量类型及它们对应的函数。

3.2.1 两种变量的概念

数值型变量用于存储数字，长度为 3～8 位，最大值为 2^{53}，对于日常分析已经足够了。在创建数值型变量的时候，SAS 会默认将变量的长度设置为 8。其他长度可以使用 length 语句进行定义，例如以下语句：

```
data new;
    length var1 3;
    var1=256;
run;
```

执行后可以获得数据集 new，变量 var1 的长度为 3，值为 256。

在日常编程时，我们一般不用考虑数值型变量的长度问题。如果涉及项目要求，可以参照表 3-4 所示的数值变量长度与可存储数的对应关系，选择合适的数值变量长度。

表 3-4

长度	最大可存储数值	指数表示
3	8 192	2^{13}
4	2 097 152	2^{21}
5	536 870 912	2^{29}
6	137 438 953 472	2^{37}
7	35 184 372 088 832	2^{45}
8	9 007 199 254 740 992	2^{53}

长度的选择依赖于对数据的预估。例如数据集为世界国家与人口数量的数据，考虑到人口最多的国家的人口数不超过 20 亿，我们设定变量的长度至少为 6。数值型变量的长度会影响变量被存储时所占的空间，但考虑到 SAS 优秀的内存管理能力，我们并不需要过分关切数值型变量的长度。

字符型变量用于存储字符串，长度可以自己定义，如果没有定义，则会按照创建时所需的最短长度自动定义。例如，运行以下代码：

```
data char;
    var2='Hello, World';
run;
```

执行结果如图 3-13 所示，生成的 var2 的长度就与其内容 "Hello, World" 一样为 12。

属性	值
标签	var2
名称	var2
长度	12
类型	字符
输出格式	
输入格式	

图 3-13

SAS 的设定可以尽量地节约存储空间，却也会为我们编程带来一些不便。

例如运行以下程序：

```
data drug;
    DrugName='Ibuprofen';output;
    DrugName='Aspirin';output;
    DrugName='Acetaminophen';output;
run;
```

运行结果如图 3-14 所示。

总行数: 3　总列数: 1	
	DrugName
1	Ibuprofen
2	Aspirin
3	Acetamino

图 3-14

生成一个药品名称的数据集，手动输入 3 种药物的名字，可以看到前两条记录的药品名称正常显示，而最后一条记录的药品名称却被截取了。这是因为当第一条记录 Ibuprofen 创建的时候，变量 drug 的长度按照 Ibuprofen 已经设置为 9，后来的数据不会影响变量的长度。第二条记录 Aspirin 长度为 7，所以可以全部显示，第三条记录 Acetaminophen 的长度为 13，但因为变量长度已经设置为 9，超过 9 的长度会被截取，截取过程如图 3-15 所示。

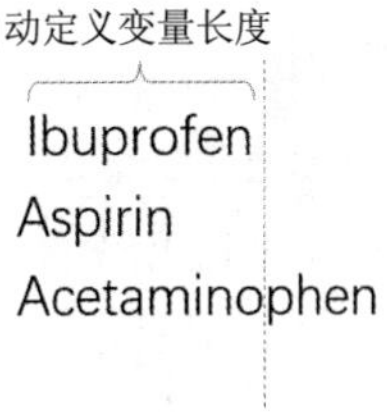

自动定义变量长度

Ibuprofen
Aspirin
Acetaminophen

图 3-15

在工作的时候，如果涉及定义字符型变量，我们要考虑它的长度，在创建之前进行定义。SAS 的定义变量长度的方法有很多，最简单的方法为使用 length 语句，例如如下代码：

```
data drug;
    length DrugName $200;
    drugName='Ibluprofen';output;
    drugName='Aspirin';output;
```

```
        drugName='Acetaminophen';output;
    run;
```

运行之后生成 3 条记录的数据集，包含一个变量 DrugName，在为变量赋值前，我们已经使用 length 语句定义 DrugName 的长度为 200，所以 3 条记录中的内容都被完整保留。注意，在设定长度的时候，字符型变量长度前要加$符号，而数值型变量不需要。

3.2.2　数值型变量的相关函数

函数是很多编程语言的基础，它是组织好的、可重复使用的、用来实现单一或相关联功能的封装功能块，函数一般由函数体和参数两部分构成，结构为：函数名(参数 1,参数 2,...)。函数名是 SAS 系统定义的实现特定功能的封装功能，不区分大小写；参数紧跟函数名，在括号之内，根据括号内参数的数量，函数可以分成单参函数和多参函数，多个参数之间使用逗号分隔。如果参数使用不当，SAS 会停止运行并报错。

SAS 提供了大量函数，用于计算或文本处理，熟练使用这些函数并加以组合可以更快地完成数据分析工作。最简单的计算功能可以用+、-、*、/、^完成，它们可以分别完成加减乘除和乘方的操作。SAS 也提供了大量用于相对复杂计算的函数。

表 3-5 中所示的函数可以对数值型变量进行运算。

表 3-5

函数用法	功　能
mean(var1,var2,⋯)	求变量的平均值
median(var1,var2,⋯)	求变量的中位数
max(var1,var2,⋯)	获取变量中的最大值
min(var1,var2,⋯)	获取变量中的最小值
sum(var1,var2,⋯)	求和
mod(var1,var2)	求 var1 对 var2 的余数
sign(var)	返回变量值的符号（+、-或 0）
sqrt(var)	求变量的平方差

其中，前 5 个函数后面的参数可以接无数个，以逗号隔开。

例如以下代码：

```
data average;
    day1=31;
    day2=24;
    average=mean(day1,day2);
run;
```

运行后获得如图 3-16 所示的结果。average 为变量 day1 与 day2 的平均值。

总行数: 1 总列数: 3　　行 1-1

	day1	day2	average
1	31	24	27.5

图 3-16

注意：data 步中的函数只能进行“同行操作”，即一个函数只能处理同一行的多个变量，而无法处理一个变量的多条记录，例如在上述案例中，mean 函数只能计算每一条记录中的 day1 与 day2 的平均值，而不能获取 day1 变量在所有记录中的平均值。

如果想要获取某变量在所有记录的平均值，SAS 可以做到吗？答案当然是可以。只不过这将用到 proc 步骤，这是 SAS 独有的数据处理功能，我们将在下一章有所涉及。

有时在处理数字时，我们需要对数字取近似数，这就要用到表 3-6 所示的 3 种函数之一。

表 3-6

函数用法	功　　能
ceil(变量名)	将变量的值在整数位直接进 1
floor(变量名)	将变量的值中整数位数之后的数字直接舍去
round(变量名,精确位数)	四舍五入精确到精确位数

如图 3-17 所示的数据，每个数字都有较多的小数点位数，比较和查看起来非常麻烦。

number
1.23854
0.0057
10.382
8.888

图 3-17

我们可以运行以下代码：

```
data number;
    set number;
    ceil=ceil(number);
    floor=floor(number);
    round=round(number,0.01);
run;
```

运行后得到如图 3-18 所示的结果。

总行数: 4 总列数: 4　　行 1-4

	number	ceil	floor	round
1	1.23854	2	1	1.24
2	0.0057	1	0	0.01
3	10.382	11	10	10.38
4	8.888	9	8	8.89

图 3-18

生成的 3 个变量中，ceil 变量让数字在整数位处直接进位，floor 直接去掉了整数位之后的数值，而 round 按照四舍五入法保留了两位小数，即精确到 0.01。round 函数如果不指定精确位数，会自动保留至整数位，这是 round 函数中的默认设置。在 SAS 中，函数的缺省参数非常常见，在使用中我们可以逐步记忆，有些函数甚至通过改变缺省的参数可以实现完全不同的功能。

另外，SAS 还提供三角运算函数 sin()、cos()、tan()等，也提供对数运算 log()，还有随机数生成，例如 rand()。SAS 中的运算函数其实非常多样，因为篇幅所限我们不得不删繁就简，毕竟语言学习不能靠机械地记忆，而要在实践中应用。

3.2.3 字符型变量的相关函数

让我们把思维从数字运算中跳出来，开始学习字符型变量的相关函数。相比起数字的精确，字符型变量能容纳的信息更多，也更接近真实生活中产生的数据，注重字符型变量中的信息挖掘，可以让我们在数据分析中获得更多有效的信息，而这就需要用到字符型变量相关的函数了。

字符型变量的处理可以简单地分为 3 类：筛选、缩减和转换，按照这 3 个类别看看每种类别都包括什么函数。

1．字符串的筛选

字符串的筛选是指给定条件，选出字符串的内容或某些内容出现的位置，主要包含表 3-7 所示的函数。

表 3-7

函数用法	功 能
substr(变量名,开始位,长度)	返回从开始位指定长度的字符串内容
index(变量名,字符内容)	若字符内容在变量值中，则返回 1，否则返回 0
scan(变量名,所在位置,分隔符)	返回按照分割符分割变量后的某部分字符串
find(变量名,字符内容)	返回字符内容所在变量的位置

下面举例说明，例如我们有如下变量：

```
string="Hello, World! Hello, China!";
```

（1）使用函数 substr()，可以截取我们想要的字符内容，例如 substr(string,8,5)可以截取字符串 World，它从变量 string 中，从第 8 位开始连续截取后续 5 位字符串，返回的值为 World。这个函数的用法比较简单，这里提示读者，第三个参数的意义为截取的长度，而非截取的结束位，在刚开始使用时不要记错。另外，与其他某些编程语言不同，SAS 记数是从 1 开始而非 0，也就是说，以上字符串的第一个 H 的位置为 1。

（2）使用函数 index()，可以返回字符内容是否存在的信息，例如 index(string,'W')，

string 字符串中含有字符 W，因此返回的结果为 1；若是使用 index(string,'z')，则返回的结果为 0。index()函数经常与 if 从句连用，用于筛选字符串中包含某些字符的记录。另外，当字符内容是多个字符的时候，index 函数会依次比较每一个字符，只要有包含在字符串中的就会输出为 1，在此例中 index(string,'Wz')返回的结果依旧为 1。如果想按照整个单词查找，需要使用 index 的相关函数 indexw。

（3）scan()函数可以返回字符串按照分隔符分隔后的结果，例如希望将 Hello, World 与 Hello, China 分开，那么按照此方法使用 scan(string,1,'!')，字符串会按照!分隔，分成如图 3-19 所示的 3 部分。

Hello, World! Hello, China!

第一部分　　　　第二部分　　　　第三部分

图 3-19

第二个参数 1 则表示选取第一部分，即 Hello, World。这里选取分隔后的区块，计数也是从 1 开始，若想选取 Hello, China 部分，则将第二个参数改为 2。

（4）find()函数与 index()函数的功能类似，只是返回的结果是字符内容的所在位置而非仅仅是 1 或 0。例如 find(string,'W')将返回数字 8，因为字母 W 出现在该字符串的第八位，注意这里的位数也是从 1 开始计算。若某字符出现过多次，那么该函数会返回字符第一次出现的位置，例如 find(string,'e')，字母 e 第一次出现的位置是 2，返回值则为 2。若字符不包含在字符串中，find()函数将返回 0。

以上 4 个函数可以两两分组，按照返回值类型分类，find 与 index 返回的结果都是数字，scan 和 substr 返回的都是字符串，在使用时要注意区分，先确定已知情况和期望的结果，再选择合适的函数。

2．字符串的缩减

字符串的缩减是指从字符串中去掉某些内容，这里着重介绍 compress()函数，compress 是压缩的意思，是 SAS 中常用的字符串删减函数。它的基本语法为：

```
compress(变量名,需要删除的字符,操作符);
```

让我们由浅入深，认识一下这个函数。

有时，数据在输入的时候，输入人员会不小心添加多余的空格，为了方便后续处理，需要将字符串中的空格全部去掉，此时使用 compress()函数，例如：

```
compress('今天 是个  好日子');
```

输出结果为"今天是个好日子"，文本前后和中间的空格全部被去掉，此时 compress()函数只有一个参数，即需要处理的文本。这里注意，compress()函数在处理英文时，也会将单词之间的空格去掉，有时反而增加文本处理的难度。

某些时候，数据更加杂乱，例如某些论坛会限制一些词汇的使用，以塑造良好的网络环境，但聪明的网友想到了很多办法绕过限制词，例如在违禁词之间插入一些符号，使系统无法识别，此时使用 compress() 函数删除某些符号，再与限制列表对比，就能获得想要的结果，例如：

```
compress('抽@烟@喝@酒','@');
```

假设"抽烟喝酒"是违禁词，在它们中间插入符号@就无法被系统发现，此时的 compress() 功能是删除字符串"抽@烟@喝@酒"中的@符号，还原成本来面目，被我们一眼发现。当然，有人会使用多种分隔符，此时 compress() 函数也有办法，例如：

```
compress('抽@烟1喝t酒','@1t');
```

将想删除的文本加入第二个参数，compress() 函数都会毫不留情地将它们删除。

现实数据的复杂性超过我们的想象，让我们再考虑考虑更复杂的数据。例如我们手中有一张成绩单如图 3-20 所示，包含学生的数学成绩，但成绩的录入员将学生的评级也录入到了数学一列。

	name	math
1	LP	75B
2	WM	90A
3	WX	5F
4	LL	9A
5	DX	7C

图 3-20

可以看到学生的成绩是由分数组成加上 ABCDEF 六种等级，我们希望获得的只有分数，聪明的读者一定想到了可以使用 compress(score, 'ABCDEF') 来去除等级字母，这是一种很好的办法。但我们在工作中编程，要考虑程序的三用性：可用性、复用性和泛用性。可用性指程序解决目前需求的能力，复用性指程序解决相同结构需求的能力，泛用性指程序解决类似需求的能力，它们的关系如图 3-21 所示。

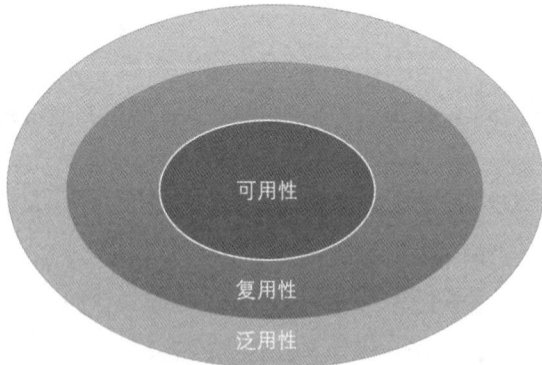

图 3-21

三种性质的外延依次放大，我们编程时要在条件允许的情况下最大程度满足三性，才能使程序更加稳健。以上方法在可用性和复用性上没有问题，但泛用性较差，若评分等级更新，加入了其他等级，就需要修改程序。这里可以使用如下方法：

```
compress(score,,'a');
```

这里用到了 compress() 函数的第三个参数——操作符。操作符是某些函数独有的，具有特定指代意思的符号。例如这里的 a 就是指代全部字符型变量。Compress() 函数有很多操作符，常用的如表 3-8 所示。

表 3-8

操作符	指代内容
A 或 a	所有字符
D 或 d	所有数字
I 或 i	忽略需要删除字符的大小写区别
K 或 k	保留被提及的字符而非删除
L 或 l	所有小写字符
N 或 n	所有字符、数字和下划线
U 或 u	所有大写字符

操作符为了方便记忆，其实都是它表示内容的字母缩写，例如 a 就是 alphabet 的缩写，d 是 digit 的缩写，i 是 ignore 的缩写，k 是 keep 的缩写，但我们在学习时不用特别记忆，而是在实践中用经验记忆，这才是最快最好的学习方法。

操作符可以多个一起使用，也可以与需要删除的字符一起使用，例如 compress(variable, 'ad') 表示删除变量 variable 中的字符和数字，compress(variable,'abc','ik') 表示保留变量 variable 中的 abc 和 ABC 字符。

compress() 函数的使用十分广泛，学好它可以让我们处理字符型变量更加灵活。需要注意的是，操作符的默认位置是 compress 的第三个参数，因此在没有第二个参数的情况下，需要连续输入两个逗号，表示第二个参数为默认。

除了 compress() 函数，表 3-9 中所示的函数也可以完成字符串的缩减功能。

表 3-9

函数名	功　能
compbl(变量名)	将变量的多个空格缩减为 1 个
strip (变量名)	删除变量首尾的空格
left(变量名)	将变量的非空格内容提至最左侧，将空格甩到右侧
trim(变量名)	将变量结尾的空格删除

注意：以上函数的用法比较相似，在工作中我们要选择合适的函数加以使用。

3．字符串的转换

第三大类就是转换类函数。这一类的范围比较广，基本囊括了不是筛选和缩减的所有函数。例如函数 translate() 可以将字符型变量中的内容依次替换：

```
translate('Hello, World!','123','elo');
```

得到的结果为 H1223, W3r2d!。字符串中的字母 e 被替换成了 1，l 成了 2，o 成了 3，注意该函数的第二个参数为要变成的内容，第三个参数为原字符变量中有的字母，二者不要混淆。

有时，我们希望替换的不是某个字母，而是某个单词，这时就可以用到 translate 的相关函数 tranwrd() 了，具体语法为：

```
tranwrd('Hello, World!','World','China');
```

这样得到的结果就变成了 Hello, China!，在 tranwrd 中，第二个参数为原字符变量中的字符串，第三个参数为希望变成的字符串，这与 translate 是相反的，需要特别留意。另外，我们之前提到过 SAS 中的值是区分大小写的，大写与小写的值在 SAS 中会被理解为不同的内容。因此如果使用 tranwrd('Hello, World!','world','China');将第二个参数中的 World 改为 world，执行结果仍然是 Hello, World，因为 SAS 没有找到值 world。

还可以计算一个字符型变量的长度，使用 length()/lengthn()/lengthm()lengthc() 函数。

length() 函数返回字符型变量去掉右空格的长度，例如 length('abcde') 的返回值为 5，如果使用 length('abcde   ')，它的返回值依旧为 5，因为 length() 函数计算长度是去掉右侧空格的长度。

lengthn() 函数在面对非空字符串时与 length() 函数完全相同，只是面对空字符串，length() 函数会返回 1，而 lengthn() 函数会返回 0。

lengthm() 函数返回的是字符串占用内存的长度，而 lengthc() 函数返回的是字符串包括结尾空格的长度。

我们用例子来说明：

```
data len;
    length a $50;
    a =' s ';
    length=length(a);
    lengthn=lengthn(a);
    lengthm=lengthm(a);
    lengthc=lengthc(a);
run;
```

先定义字符型变量 a 的长度为 50，然后给 a 定义一个前后都有空格的非空值。

运行以上代码，结果如图 3-22 所示。

	a	length	lengthn	lengthm	lengthc
1	s	4	4	50	50

图 3-22

length() 函数与 lengthn 函数的返回值都是 4，这是因为 a 的最后一位为空格，两个函数均不考虑；lengthm() 函数与 lengthc() 函数的返回值为 50，这是因为在 length 语句中我

们定义了 a 的长度为 50，所以它占用的内存和包含空格的总长度为 50。

在使用 length 相关函数的时候，一定要注意区分它们的异同。

针对字符型变量，SAS 中还有大量函数可供我们使用，因为篇幅所限不能一一介绍，表 3-10 所示为 SAS 字符型变量常用的函数，在实践中可以先按图索骥，再灵活运用，最后融会贯通。

表 3-10

函数名称	功　　能	举　　例
char	返回字符串某个特定位置的字符	char('abc',2) = b
count	计算字符串在给定字符串中出现的次数	count('Hello, world! Hello, SAS!', 'Hello') = 2
countc	计算字符在给定字符串中出现的总次数	countc('Hello, world! Hello, SAS!', 'He') = 4
first	返回字符串的第一个字符，若字符串为空，则返回一个空格	first('Hello') = H
lowcase	将字符串所有字母变为小写	lowcase('Hello') = hello
nvalid	检查一个字符串是否可用于 SAS 变量名，若可以返回 1，否则返回 0	nvalid('Hello') = 1 nvalid('1st') = 0
propcase	将字符串中每个单词的首字母变为大写，其余为小写	propcase('hello, SAS') = Hello, Sas
reverse	将字符串反转输出	reverse('Hello') = olleH
upcase	将字符串所有字母变为大写	upcase('Hello') = HELLO

在本节最后，相信大家心中还有一个问题，那就是数值型和字符型变量是否可以互相转化呢？答案自然是可以，转化的方法也是使用相关函数。不过，在学习相关函数之前，需要了解 SAS 中的一个概念——数据格式，它是 SAS 灵活处理和显示数据重要的概念。下一节我们将探讨数据格式。

3.3　数据格式

本节探讨一个全新的概念——数据格式。这个概念与上一节学习的数据类型并不相同，甚至可以说是完全不同的概念。

数据格式是 SAS 存储和理解数据的分类，它可以将同一种类型的变量标记和显示为不同的格式，方便 SAS 程序和数据分析师理解和进一步操作，也能方便数据审阅查看者更好地理解数据的意义。字符型变量和数值型变量各自有很多预定义格式，我们也可以在 SAS 程序中自定义数据格式，在不改变变量值的情况下改变数据的显示样式。

如果上一段话让你不知所措，我们先从一个例子看起，打开 sashelp 库中的 cars 数据集，选择 Invoice 变量（变量信息如图 3-23 所示），如果你使用的是 SAS 桌面版，请右击该变量选择变量属性；如果你使用的是虚拟机版或 SAS Studio，直接点击左侧变量列表中的 Invoice 即可。

图 3-23

在变量列表底部显示的是被选中变量的信息，包括属性、标签、名称等，其中输入格式和输出格式就是我们今日要探讨的数据格式。sashelp.cars 数据集中的 Invoice 变量没有输入格式，只有输出格式，格式为 DOLLAR8.，这是 SAS 自带的一个数据格式，表示以 DOLLAR 符号开头，总长度为 8 位的数据格式，图 3-24 所示便是 Invoice 显示的格式。

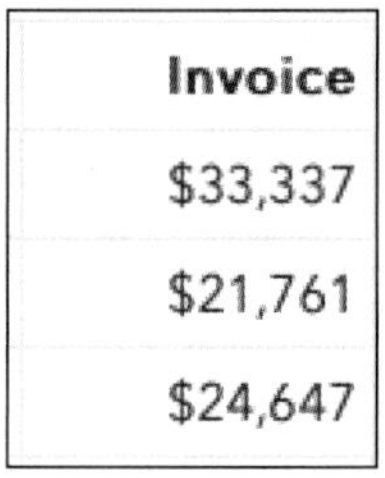

图 3-24

一般而言，SAS 中数字的显示方式是直接显示，不包含分隔符，而使用 DOLLAR 格式则可以改变数据的显示样式。

关于数据格式，在正式学习之前，首先明确如下几点。

（1）数据格式既有大量预定义格式，也可以通过程序进行自定义。预定义的格式在 SAS 启动的时候会自动加载，可以直接使用。自定义格式需要先运行定义程序，才可以使用。在 SAS 退出后自定义数据格式不会保存。

（2）字符型和数值型数据类型分别对应各种数据格式，而属于两者的格式泾渭分明，也就是说，一种格式要么属于数值型，要么属于字符型。

（3）格式既有输入格式也有输出格式，输入格式用于 SAS 理解数据，输出格式用于 SAS 显示数据。

（4）最重要的，数据格式并不是某个值的固有参数，可以在编程过程中修改。数据格式的改变会导致数据的显示样式有所不同，但不会影响值。

明确了以上几点误区，我们来开始正式理解 SAS 数据格式。

3.3.1 创建、改变和删除数据格式

在上一个例子中，invoice 变量的数据格式是已经定义好的，这次让我们自己定义一个数据格式，定义数据格式可以使用 format 语句：

```
data format;
    price=6500;
    format price dollar8.;
run;
```

运行后查看数据集，变量 price 为 $6500，说明 format 语句给 price 变量设置格式，格式为 dollar8.。仍然必须强调，虽然 price 的值显示为 $6500，但这并不是说 format 语句将 price 的值从 6500 改成了 $6500，而只是让 price 显示为 $6500，这里一定要分清，这也是数据格式的基础概念。

除了 format，还有 attrib 语句可以设定数据格式。与 format 不同的是，attrib 语句可以设置变量的各种属性，例如长度、输入格式、输出格式、标签，而 format 是专门用于输出格式的语句。例如以下代码：

```
data format;
    attrib price length=8 label='Dollars paid' format=dollar8.;
    price=6500;
run;
```

生成的数据集和变量如图 3-25 所示。

图 3-25

可以看到，变量 price 的标签、长度和输出格式都分别被设定，而显示的样式与之前一例相同，都是 $6500。

在 SAS 程序中，我们还可以修改变量的格式，最简单的方法仍然是使用 format 语句。在了解之前首先要明确 SAS 程序的执行顺序。SAS 的执行遵循先到先得的运行方式，例如在 data 步中的语句：

```
if a>b then word='Effect';
a=2;
b=1;
if a>b then word2='Effect';
```

我们分析一下它的运行过程。注意之前说到的，SAS 遵循先到先得的运行方式，语句被整体提交后，前面的语句先被运行，即最先被运行的是第一个 if 语句，此时 a 和 b 还没有被赋值，SAS 会将 a、b 都认为是缺失值，$a>b$ 不成立，所以变量 word 没有被赋值。之后 a 与 b 分别被赋值，当后一段 if 语句被执行之后，因为 2>1，条件成立，word2 被赋值为 Effect。

这就是 SAS 语句运行的过程，那么有没有例外呢？答案是有的。当 data 步的语句是涉及数据集操作的时候，这些操作无论在哪里都会在最后被执行。什么是涉及数据集的操作呢？简而言之就是改变了数据集中变量的操作，例如 keep、rename、drop，它们的运行就是数据集操作，都是对数据集中的变量进行取舍和改名。例如以下代码：

```
data sequence;
    a=1;
    keep a b c;
    b=2;
    c=3;
run;
```

按照之前说的先到先得的原则，先对 a 赋值，然后保留变量 a、b、c，但此时 b、c 还没有被初始化，按照道理在日志中会显示 warning，提示变量 b、c 在数据集中不存在。但不要忘记，keep 是涉及数据集的操作，真正的执行顺序是 SAS 在执行 a 变量赋值后，看到 keep 语句记录并跳过，继续执行下面的 b、c 赋值，最后再执行 keep 语句，此时 a、b、c 均已初始化，所以全部保留。

以上内容不仅是为了帮助读者理解 SAS 执行的顺序，更是为了引出修改和删除数据格式的话题。数据格式的修改不会涉及数据集，所以仍按照先到先得的原则，例如我们进行如下操作：

```
data format2;
    a=5000;
    format a dollar8.;
    format a 8.5;
run;
```

再分析一下它的执行过程，首先变量 a 被赋值，然后变量 a 被设定输出格式，为 dollar8.，下一句继续对 a 设定输出格式，格式名为 8.5，这个格式是 SAS 常用的数值型变量的小数位的数据格式，我们很快就会讲到。这步执行会覆盖上一步的执行结果，最终变量 a 的格式被设定为 8.5，生成的数据集如图 3-26 所示。

总行数: 1	总列数: 1
	a
1	5000.000

图 3-26

说到这里，相信聪明的读者已经想到删除格式的方法了，仍然使用 format 语句，对变量设置一个空格式就可以了。例如以下代码：

```
data format3;
    set sashelp.cars;
    format invoice;
```

```
run;
```

生成的结果如图 3-27 所示。

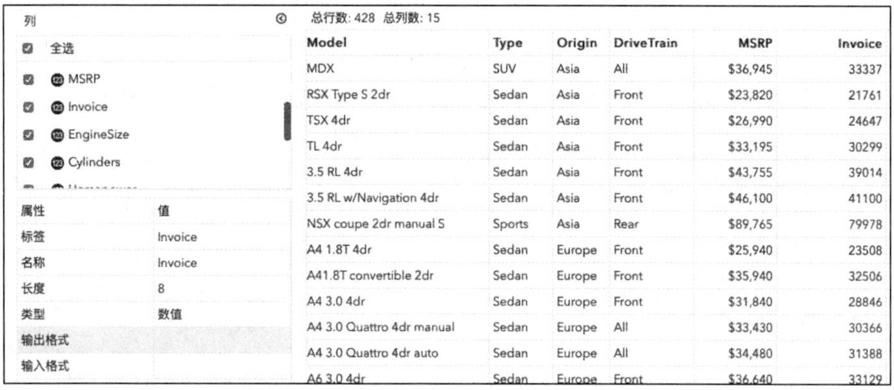

Model	Type	Origin	DriveTrain	MSRP	Invoice
MDX	SUV	Asia	All	$36,945	33337
RSX Type S 2dr	Sedan	Asia	Front	$23,820	21761
TSX 4dr	Sedan	Asia	Front	$26,990	24647
TL 4dr	Sedan	Asia	Front	$33,195	30299
3.5 RL 4dr	Sedan	Asia	Front	$43,755	39014
3.5 RL w/Navigation 4dr	Sedan	Asia	Front	$46,100	41100
NSX coupe 2dr manual S	Sports	Asia	Rear	$89,765	79978
A4 1.8T 4dr	Sedan	Europe	Front	$25,940	23508
A41.8T convertible 2dr	Sedan	Europe	Front	$35,940	32506
A4 3.0 4dr	Sedan	Europe	Front	$31,840	28846
A4 3.0 Quattro 4dr manual	Sedan	Europe	All	$33,430	30366
A4 3.0 Quattro 4dr auto	Sedan	Europe	All	$34,480	31388
A6 3.0 4dr	Sedan	Europe	Front	$36,640	33129

图 3-27

我们对变量 Invoice 设置一个空格式，这样就去除了它的原有格式。读者应该记得在之前的例子中，Invoice 的格式为 dollar8.，而现在它的输出格式为空，显示样式是纯数字。

最后，我们要介绍一下批量修改变量格式的方法。这里涉及一个新概念——自动变量。自动变量是 SAS 在运行过程中自动生成的变量，它们不会出现在数据集中，但可以在 data 步被使用，这里我们要用到的自动变量为_all_，它代指某一步中的所有变量，例如我们把以上的代码稍作修改：

```
data format3;
   set sashelp.cars;
   format _all_;
run;
```

这样运行的结果如图 3-28 所示。

MSRP	Invoice	EngineSize	Cylinders	Horsepower
36945	33337	3.5	6	265
23820	21761	2	4	200
26990	24647	2.4	4	200
33195	30299	3.2	6	270
43755	39014	3.5	6	225
46100	41100	3.5	6	225
89765	79978	3.2	6	290
25940	23508	1.8	4	170
35940	32506	1.8	4	170

图 3-28

MSRP 和 Invoice 变量的输出格式全部被清除，都显示为普通的数字。因为_all_就是 data 步生成的代指数据集中所有变量的自动变量，实际上该数据集中的所有变量都被删除了格式，因为 MSRP 和 Invoice 最明显，我们一眼就可以看出来。

all 可以表示某数据集中的全部变量，_numeric_ 和 _character_ 分别表示数值型变量和字符型变量，这些都是 SAS 中的自动变量，即 SAS 在某一步执行时自动创建的变量。自动变量还有很多，掌握并使用它们会大大简化编程的复杂度。

归根结底，数据格式仍然是数据的一部分，不同类型的数据就会需要不同的数据格式，接下来的 3.3.2 到 3.3.5 共 4 个小节我们将对数值型变量格式、字符型变量格式以及自定义数据格式进行翔实的讲解，以及回答上一节结尾提出的问题，即不同类型的变量是否可以相互转换。

3.3.2 数值型变量的格式

为数值型变量赋予格式，可以更好地理解数字意义，面对数字 20201224，相信很多读者在脑中的第一反应是把它理解为 2020 年 12 月 24 日，这就是将数字套用到了脑中的数字格式。数字本身是抽象的，但有了格式的数值型变量就会变得有意义。

针对数值型变量，通用的格式为 w.d，这是一类数据格式的缩写，表示的是总长度为 w，小数点后长度为 d 的数据格式，例如 8.4，表示总长度为 8，小数点后有 4 位的格式，注意这个长度是包括小数点的，但当无法满足长度要求时，数据格式会先保证整数位。例如以下例子：

```
data format;
    a=500;
    b=5000000;
    format a b 8.4;
run;
```

运行后查看数据集，发现 a 的显示样式为 500.0000，算上小数点，总长度为 8 位，小数点后为 4 位，与我们的预期相符，而 b 的显示样式仍然为 5000000，这是因为当总长度不足以显示全部小数点位数时，SAS 会优先满足整数位，例如按照小数点后 4 位的显示样式，b 应该显示为 5000000.0000，但因为总长度位 8，所以截取前 8 位，为 5000000.，因为无法显示小数位，那么小数点省去，结果为 5000000。

w.d 的数据格式非常灵活，可以自由地修改数据显示的位数，在这里仍需要强调，使用 format 语句，改变的只是数字的显示样式，而非数值。在工作中，我们往往需要对数据的小数位数进行删减，方便阅读与理解。一般而言，平均值和中位数的小数位数为原数据的小数位数+1，方差为小数位数+2，p-value 保留 3 或 4 位小数。

除了 w.d 格式外，SAS 还提供了多种多样的数值型变量的格式，例如在之前例子中用到的 dollarw.d，它是在数字前加上美元符号$，长度和小数位数仍按 w.d 格式显示，例如将数字 1234.56 应用 dollar8.3 格式，显示结果为$1234.560。

如果你在工作中处理的是欧美公司的数据，很多时候都需要在数字中每隔三位加一个逗号，例如 123456 写为 123,456，这是因为在英语中每逢 3 位都有一个新词来描述，例如 thousand、million、billion、trillion，而中文是每逢 4 位使用新词来描述，例如万、亿、兆、京，两种不同的语言系统给我们快速理解数字造成了一些困难。在 SAS 中，可以使用 commaw.d 格式为数字加上逗号分隔符，例如以下代码：

```
data format;
    a=1234567.89;
    format a comma18.3;
run;
```

运行后生成的结果为 1,234,567.89，注意这里逗号也会占用长度，如果 w.d 格式中的 w 长度不够，则无法显示逗号分隔符。

除了以上内容，SAS 还提供了诸如使用科学计数法显示的 ew.格式、二进制的 binaryw. 格式等，下面使用数字 12345 为例，看看各种格式的显示样式分别是什么样，如表 3-11 所示。

表 3-11

数据格式	描　述	结　果
binary8.	将数字改为二进制	11000000111001
commax10.2	数字每三位用"."分开，小数点用","分开	12.345,00
octal8.	将数字转化为八进制	00030071
percent10.	将数字转化为百分数形式	1234500%
word50.	将数字用英文表示	twelve thousand three hundred forty-five
z7.	将数字前方以 0 补全至设定位	0012345

当然，SAS 提供的数字格式还有很多，更多内容可以查看 SAS 官方文档，链接如下：http://support.sas.com/documentation/cdl/en/lrdict/64316/HTML/default/viewer.htm#a001263753.htm

3.3.3　字符型变量的格式

相比起数值型变量，字符型变量是我们在数据收集工作中更容易获得的数据，像一个人输入的文本、新闻稿、聊天记录等，都是以文本格式存储的。目前通过数据分析和人工智能，我们正在逐步实现自然语言处理、会议记录转写等功能，这都需要我们对字符型变量的处理功力。SAS 同样提供了大量字符型变量的数据格式。下面以"Hello, SAS"这段文本为例，看看不同的格式会把数据转化成什么样。

有时，我们需要对比字符串的内容，或者对其进行简单的加密，这时一般使用十六进制格式，格式名为 hex.，注意 SAS 的字符型数据格式前方都需要加一个$符号，表示数据类型为字符型，那么使用$hex100.格式得到的结果为：

```
48656C6C6F2C20534153
```

这是将字符的 ASCII 码值转化为十六进制后的结果。

也可以选择将字符串转化为八进制，格式与数值型变量的转化方式相同，为 octal100.，得到的结果为：

```
11014515415415705404012310112 3
```

通过使用 reverj.格式，可以让文本内容反过来，例如应用 reverj10.格式，得到的结果为：

```
SAS ,olleH
```

所有字符都按反向顺序输出并且保留了空格。

在处理英文文本时，有时我们希望排除大小写的影响，需要把所有文本都转化为大写，使用 upcase10.格式可以完成操作，获得的结果为"HELLO, SAS"。

这里仍然要提醒两点：

（1）以上案例中虽然使用了"转化"的描述，但读者一定要明确，使用 format 改变数据格式，并不会改变数据中的值，这也是笔者反复强调避免误解的地方。

（2）各种数据格式后面所跟随的数字表示该格式的总长度，在设置时需要合理分配，避免长度太短无法显示出完整的文本或数字，也不可太长。

3.3.4   自定义数据格式

以上介绍的字符型与数值型变量的格式，都是 SAS 系统自带的，开启 SAS 时自动加载的格式，那么我们是否可以自定义数据格式呢？

例如我们有如图 3-29 所示的数据集，记录了每名学生考试的成绩，包括语文、数学和英语 3 门，它们以数值型变量的格式存储，为了更直观地看出每名学生成绩的好坏，可以将成绩分为 4 个等级，90 分及以上为 A，80 分及以上为 B，70 分及以上为 C，70 分以下为 D。我们不希望为数据集添加新的变量，只希望改变数字显示样式，这时应该怎么办呢？

	id	Chinese	Math	English
1	0000001	65	54	64
2	0000002	83	52	50
3	0000003	78	73	99
4	0000004	86	62	51
5	0000005	77	63	75
6	0000006	82	87	68
7	0000007	74	87	80
8	0000008	93	93	61

图 3-29

SAS 中并没有数字格式把数字转化为 ABCD 显示方式，但 SAS 提供了自定义的数据格式，这就是 proc format，这是一个 proc 步骤，用途为创建自定义变量格式，其语法为：

```
proc format;
    value/invalue 格式名
        值1=结果1
        值2=结果2
        …
run;
```

例如我们使用如下代码：

```
proc format;
    value score
        90-100='A'
        80-90='B'
        70-80='C'
        low-70='D';
run;
```

运行以上语句后，生成了一个名为 score 的数值型格式，针对不同的数字显示为不同的样式，然后再使用 format 语句在 data 步中转换 Chinese、Math 和 English 三个变量，获得的数据集如图 3-30 所示。

	id	Chinese	Math	English
1	0000001	D	D	D
2	0000002	B	D	D
3	0000003	C	C	A
4	0000004	B	D	D
5	0000005	C	D	C
6	0000006	B	B	D
7	0000007	C	B	B
8	0000008	A	A	D

图 3-30

可以看到数据集变成了以 ABCD 显示的样式，我们不用看具体的分数，只需要看成绩所对应的档位就可以大致了解一名学生的成绩。例如 8 号同学，它的语文和数学成绩非常优秀，但英语成绩偏低，说明对其进行针对性的英语辅导可以很好地提升他的总成绩，再如 1 号同学，三科成绩均为 D，看来需要全面补习了。

需要注意的是，如果生成的是数值型变量格式，在 value 后可以直接连接格式名称，如果是字符型变量，那么需要按照 SAS 的习惯，在格式名前加上 $ 符号。

另外，proc format 中可以使用 value 或 invalue，value 创建的是结果为字符型的数据格式，而 invalue 创建的为数值型格式。

3.3.5　字符型变量与数值型变量的转换

数据类型在 SAS 中所占的篇幅并不是很大，为什么笔者要花一整节来讲解呢？其实原因就是为了引出两种变量类型转化的话题。在 SAS 中，字符型变量和数值型变量是泾渭分明的两种类型，但实际工作中我们经常遇到两种变量类型混合存储的方式，例如将学生的成绩输入为字符型变量，或者用数字表示临床试验中患者的 ID 号，此时我们需要一种手段将变量转换再进行操作，这时就要请出 SAS 中的两个重要函数：input 和 put。

1. 字符型变量转化为数值型变量

input 函数用于将字符型变量转化为数值型，它的语法为：

```
input(变量名,数据格式)
```

注意：此处的数据格式的意义为以字符型存储的数值是按照什么格式存储的。

我们还是举例说明，例如我们有图 3-31 所示的数据集，变量 value 存储的虽然都为数字，但都是字符型格式。

使用 input 函数创建新变量 value_n，让其值变为数值型，具体语句如下：

```
data input;
    set input;
    value_n=input(value,8.);
run;
```

生成的结果如图 3-32 所示。

	value
1	28
2	10
3	23
4	11
5	8

图 3-31

	value	value_n
1	28	28
2	10	10
3	23	23
4	11	11
5	8	8

图 3-32

看起来 value 与 value_n 的数值没有区别，但通过查验两者的变量类型可以发现，value 为字符型和 value_n 为数值型。更简单地，我们发现 value 的值为左对齐而 value_n 的值为右对齐，在 SAS 中，字符型变量为左对齐而数值型变量为右对齐，所以我们一眼就能看出两个变量的类型有所区别。

更多时候，在数据收集过程中获得的值带有小数点，例如图 3-33 所示的数据集为某患者每周吃药的情况，其中 week 表示周数，dose 表示药物服用总量。

week	dose
Week 1	5
Week 2	9.731
Week 3	2.5
Week 4	0.43

图 3-33

可以看到，每周记录的药物总量的小数位数均不同，此时如果进行类型转化，很难选定合适的数据格式，如果选择形如 8.的格式，则会将小数点后面的部分省去，无法获得精确值，如果满足小数点最长的位数，则其他数据会被自动补 0，有没有一种数据格式可以完美地理解数据所表达的意思呢？

答案当然是有的，这就是被誉为万能数据格式的 best.，它是让 SAS 自动理解数据的格式，选择每条记录最合适的格式进行转化。例如以下代码：

```
data input2;
    set dose;
    dose_n=input(dose,best.);
run;
```

运行得到的结果如图 3-34 所示。

	dose	dose_n
1	5	5
2	9.731	9.731
3	2.5	2.5
4	0.43	0.43

图 3-34

在生成的结果中，dose_n 即为数值型变量，它按照字符型变量中的最大位小数位数转化为数值型变量，每一位小数点都得到了保留。这就是万能格式 best. 的功劳。

2. 数值型变量转化为字符型变量

下面说说数值型变量转化为字符型变量的操作，使用的是函数 put，它的语法与 input 相同：

```
put(变量名,数据格式)
```

这里的数据格式是转化之后希望 SAS 显示的数据格式名称。

例如数据集 put 中有变量 value=1314，如果我们希望把其按照原样转化为数值型，可以使用如下代码：

```
put(value,4.);
```

如果我们希望转化结果产生两位小数，那么可以按照 "7.2" 的格式转化。

有时，我们会碰到和 input 最后一例相同的问题——数据的长度不同，聪明的你一定想到了，也可以使用 best. 格式进行转化，让我们先看看实际效果。有如图 3-35 所示的数据集，包含的是某个临床试验患者体重测量的结果，其中 PatientID 表示患者，weight 表示体重值。

	PatientID	weight
1	Patient 01	82
2	Patient 02	96.36
3	Patient 03	94.7
4	Patient 04	89.12

图 3-35

现在我们希望生成新变量 weight_c，以字符型变量存储 weight 中的数值，使用以下程序：

```
data weight2;
    set weight;
    weight_c = put(weight,best.);
run;
```

运行结果如图 3-36 所示。

	PatientID	weight	weight_c
1	Patient 01	82	82
2	Patient 02	96.36	96.36
3	Patient 03	94.7	94.7
4	Patient 04	89.12	89.12

图 3-36

虽然生成了 weight_c 变量，但好像与我们的预期有所出入。理论上字符型变量为左对齐，但变量 weight_c 的值前出现了或多或少的空格。这是因为 best.格式虽然可以选择最合适的数据格式，却无法为每一个值都安排最合适的格式，因为不同值的总长度不同，best.只好选择一个默认的值作为总长度，在 SAS 默认设定中这个长度为 12，因此字符变量的前半部分就被空格填充，保证每个值的总长度为 12。这是我们不希望看到的结果，应当如何解决呢？

相信大家还记得前面学过的字符型变量对应的函数，可以使用 strip 函数删除字符串前后的变量，将以上代码改为：

```
data weight2;
    set weight;
    weight_c=strip(put(weight,best.));
run;
```

运行后生成的结果就正常了。考察修改的语句，可以发现是在 put 函数外层套了一个 strip 函数，将 put 函数的结果作为 strip 函数的参数，这种操作称为函数的嵌套，是 SAS 完成复杂操作的常用手段。

本节介绍了 SAS 中的数据格式，内容比较庞杂，着重记忆固然重要，更需要的是在工作与学习中灵活使用。这两节介绍了两种变量类型和它们对应的数据格式，相信有经验的读者心中会产生一个疑问：在日常生活中我们收集的数据很大一部分都是日期和时间，这两种变量在 SAS 中是如何存储的？是一种全新的变量类型吗？下一节我们将探讨日期和时间的数据格式。

3.4　日期和时间的处理

在上一节最后，我们留下了一个问题：数据收集过程中经常产生的日期和时间，在 SAS 中是如何存储的？本节就来讨论日期和时间的存储方式。

首先开宗明义，SAS 中的变量类型只有数值型和字符型，日期和时间是以数值型变量存储的。日期存储的数值是从 1960 年 1 月 1 日开始到该日期的天数，时间存储的数值是从 1960 年 1 月 1 日 0 点 0 分 0 秒开始到该时间点的秒数。

使用间隔单位数表示日期，是很多编程语言常用的方法。例如 Java 语言是以 1970 年 1 月 1 日为时间的起点，VBA 以 1899 年 12 月 30 日作为时间起点，C 语言以 1970 年 1 月 1 日作为时间起点。这种选定某日期作为起点，以某日期与起点的相距天数的数值作为日期的保存方法具有诸多好处。

（1）方便数据类型的存储。日期作为一种自然存在，本质上既非数字，也非字符，而是人们对间隔的感知方式。如果为日期单独设置一种数据类型，既会增加程序的复杂程度，也不方便学习者记忆和理解。相反使用天数或秒数表示日期，只要起始时间确定，给定某数值，就可以唯一确定该数值所对应的日期。同时给定某日期，也可以找到其对应的唯一数值。

（2）方便计算。针对日期、时间的计算，无非是计算两个日期相距的天数、秒数等，或给定一个日期，计算与其相距特定间隔的日期时间，使用数值型变量可以方便地对日期进行加减运算，而如果按照年月日存储日期，则涉及月份相加进位问题、平年闰年转化问题等，语言的可编程性会大打折扣。

不过以天数或秒数对应的数值作为日期时间也有某些缺点，本书并非编程通识类数据，在这里只讲一个小问题，即 32 位系统的日期最大值问题。在以前，32 位系统是主流，而时间所用的也是 32 位，它最多可以表示的数字是 2 147 483 647，按照 Java 以 1970 年 1 月 1 日为起点计算，到 2038 年 01 月 19 日 03 时 14 分 07 秒，以 Java 编写的程序的日期会达到最大值，出现时间回归现象，有可能造成软件异常。不过目前 64 位系统已经成为主流，以 64 位存储的日期最大可以表示到 292 277 026 596 年 12 月 4 日 15 时 30 分 08 秒，这个数值是目前宇宙年龄的 22 倍，可以说直到天荒地老，我们再也不用担心时间不够用的问题了。

SAS 采取的是以 1960 年 1 月 1 号为日期的原点，1960 年 1 月 1 号 0 点 0 分 0 秒为时间的原点，但并不是说在此之前的日期就无法表示。在原点之前的日期依然用与原点的间隔来表示，只是前面需要加一个负号。例如 -2 如果表示日期，则表示的是 1960 年 1 月 1 日的前两天，即 1959 年 12 月 30 日。

3.4.1　日期和时间变量的数据格式

日期和时间变量的值基本伴随着数据格式，与数值不同，不套用数据格式的日期和时间完全无法理解。请问 19283 是哪一年？43500 是上午还是下午？虽然在计算上使用与起始点的间隔非常方便，但相应的理解成本会非常高。所幸 SAS 提供了大量日期和时间的数据格式，下面分别来学习。

1．日期变量的数据格式

日期变量的格式是将日期存储的数字转化为完全或部分包含年、月、日的值，其中比较常用的是 yymmdd.格式和 date.格式，它们的使用方法与数值变量格式使用方法相同，都是格式名+长度的结构。首先尝试给数字 22000 赋予 yymmdd 格式。

运行以下代码：

```
data date;
    date=22000;
    format date yymmdd10.;
run;
```

使用 format 语句对 date 变量赋予数据格式，让它的格式显示为 yymmdd10.格式，查看数据集，我们得到的是 2020-03-26，这正是与日期原点相差 22 000 天的日期，而 yymmdd10.格式就是我们要介绍的第一个日期的数据格式，它将日期以 4 位的年、2 位的月、2 位的日表示，中间以"-"间隔，总长度为 10。yymmddw.为一类数据格式的统称，它们都以年为开头，后接月和日，不同长度的显示样式不同，表 3-12 是不同长度的 yymmdd 格式的显示样式。

表 3-12

数据格式	意　　义	案例（2020-03-26）
yymmdd2.	仅显示 2 位的年份	20
yymmdd3.	与 yymmdd2.相同	20
yymmdd4.	2 位的年+2 位的月	2003
yymmdd5.	2 位的年+2 位的月，以-分割	20-03
yymmdd6.	2 位年+2 位月+2 位日	200326
yymmdd7.	与 yymmdd6.相同	200326
yymmdd8.	2 位年+2 位月+2 位日，以-分割	20-03-26
yymmdd9.	与 yymmdd8.相同	20-03-26
yymmdd10.	4 位年+2 位月+2 位日，以-分割	2020-03-26

其中比较常用的为 6 位、8 位和 10 位的格式。

按照我国习惯，日期按年月日排列，美国往往采用月日年排列，欧洲更愿意采用日月年排列，它们就需要用到 SAS 中的 mmddyyw.与 ddmmyyw.格式，可以看出来，在以年月日表达的方式上，以 yy 代表年，mm 代表月，dd 代表日，它们之间的相对位置则代表了年月日出现的位置。

有时，我们不希望仅以数字表达日期，而是希望用月份名称来表示，SAS 也提供了相关的数据格式，这就是 date.格式，首先看以下代码：

```
data date2;
    date=22000;
    format date date9.;
run;
```

运行后查看结果，得到的是 26MAR2020，可以看到 date.格式按照日月年的顺序显示日期，但将月份以 3 位字母表示。这样做的好处是表示年与日的数字分离，中间以字母间隔，每部分内容表示的意义一目了然，方便查看，当然缺点在于直观上理解不便，例如相同年份的 05 月和 06 月，我们很容易看出谁在前面，但 MAY 和 JUN 则需要反应一下。

date.格式的长度可以在 5～11 之间取值，它们的区别如表 3-13 所示。

表 3-13

数据格式	意　义	案例（2020-03-26）
date5.	2 位日+3 位字母月	26MAR
date6.	与 date5.相同	26MAR
date7.	2 位日+3 位字母月+2 位年	26MAR20
date8.	与 date7.相同	26MAR20
date9.	2 位日+3 位字母月+4 位年	26MAR2020
date10.	与 date9.相同	26MAR2020
date11.	2 位日+3 位字母月+4 位年，以-分割	26-MAR-2020

其中 date.格式常用的长度为 7、9 和 11。

可以看出，在日期相关的格式上，不同长度不仅影响显示日期的位数，更影响年月日显示的完整性。除此之外，SAS 还提供了更多的日期格式，用于满足不同地区不同形式的日期表达方式，读者可以通过如下网站查询：

https://v8doc.sas.com/sashtml/lgref/z1263753.htm

2．时间变量的数据格式

提到时间的时候，我们一般有两种所指，一种是日期与时间的结合，它在 SAS 中用该日期时间点与 1960 年 1 月 1 日 0 点 0 分 0 秒相距的秒数表示，而另一种时间是指一个单纯的时间，例如 05:00，它所对应的数字是其与 0 点 0 分 0 秒相距的秒数。我们首先来看这种单纯的时间。

时间最常用的格式为 time.格式，它的显示清晰、明确，将时、分、秒以:分割显示。例如以下代码：

```
data time;
    time=12345;
    format time time8.;
run;
```

生成的数据集中，time 变量的值为 3:25:45，表示与 0 点 0 分 0 秒相距 12345 秒的时间点为凌晨 3 点 25 分 45 秒。我们知道，不同地区的人们对时间描述的方法不同，分为 12 小时制与 24 小时制。例如下午 5 点会被描述为 17 点，time.格式提供的是 24 小时制的时间，相对应地，timeampm 则是 12 小时制下的时间。例如以上代码改写为如下代码：

```
data time;
    time=12345;
    format time timeampm8.;
run;
```

得到的结果为 3:25 AM。奇怪？为什么使用了 timeampm.格式后，时间中的秒就丢失了呢？这是因为我们限定了 timeampm.格式的显示长度为 8，而显示 3:25 AM 已经用掉了 7 位长度，再增添一位也无法显示出秒数，所以 SAS 就只能保留至分钟。如果希望显示完整，则需要扩大该格式容纳的长度：

```
data time;
    time=12345;
    format time timeampm10.;
run;
```

改为 10 位长度后，获得的结果为 3:25:45 AM，时、分、秒均得到了保留。

有时，我们不需要显示完整的时间，例如临床试验的数据测量，一般精确到分钟，保留到秒的话没有意义，所有秒数都会是 00，反而对阅读造成不便，此时可以使用一些其他格式，方便数据的转化。

当希望只保留小时的时候，可以使用 hour.格式，它只显示数字所对应的小时：

```
data time;
    time=12345;
    format time hour5.;
run;
```

得到的结果为 3。

当只希望保留小时与分钟的时候，可以使用 hhmm.格式，它表示以分号分割小时和分钟：

```
data time;
    time=12345;
    format time hhmm5.;
run;
```

得到的结果为 3:25。

时间相比起日期，具有更灵活的特点，读者可以在以下网址查找相关的数据格式：

https://v8doc.sas.com/sashtml/lgref/z1263753.htm

3.4.2　IOS8601 格式

介绍完日期和时间相关的数据格式，那么是否有一种"日期+时间"的数据格式呢？

答案当然是有的，其中最广泛使用的就是 ISO8601 日期时间格式。ISO 这个词大家可能听说过，它的全称是 International Organization of Standardization，中文名为国际标准化组织，它有 162 个成员，中国是 ISO 的正式成员，我们熟悉的中国的英文简称 CN 和 CHN 就是其 3166-1 号标准下的国家代码。ISO 组织致力于建立全球统一的标准库，制定全球工商业的国际标准。ISO8601 就是其关于日期时间交换的标准。ISO 的官方语言是英语，所以它的相关标准是英文版本，我们截取 ISO8601 的英文描述：

Data elements and interchange formats -- Information interchange -- Representation of dates and times.

可以看出它是关于数据元的交换格式，代表时间与日期。目前这套标准已经广泛地应用于各个生产领域，例如食品的生产日期，如果符合 ISO 标准，则会按照其日期时间码标准标明生产日期。在临床试验分析领域，ISO8601 标准也已成为唯一的选择，无论是受试者副作用的起止时间，还是某项检验结果的时间，都要按照 ISO8601 标准存储和交换。

说了这么久这项标准，那么它到底长什么样呢？简而言之，符合 ISO8601 标准的日期和时间如下：

```
YYYY-MM-DDThh:mm:ss
```

它是一个结合了日期与时间的函数，首先看日期，类似 yymmdd10.格式，以 4 位年+2 位月+2 位日，中间以-分割的方式表达日期，时间则类似 time8.格式，使用 2 位时+2 位分+2 位秒，中间以:分隔，日期与时间之间以字母 T 分隔。

例如以下日期时间：

```
2012-12-24T19:03:05
```

可以将年月日时分秒表达清晰。

那么，ISO8601 格式在 SAS 中的数据格式是什么样的呢？ISO8601 格式在 SAS 中有多种格式系列，我们着重介绍其中的 E 系列。E 系列的格式包括 e8601da.、e8601dn.、e8601dt.、e8601tm.等，其日期时间格式如表 3-14 所示。

表 3-14

格式名	简 介	样 式
E8601DA	将数字读取为日期，按照 ISO8601 日期格式输出	YYYY-MM-DD
E8601DN	将数字读取为日期时间，按照 ISO8601 日期格式输出	YYYY-MM-DD
E8601DT	将数字读取为日期时间，按照 ISO8601 完整的日期时间格式输出	YYYY-MM-DDThh:mm:ss
E8601DZ	将数字读取为日期时间，以 ISO8601 完整的日期格式加+/-与格林尼治时间的时差格式输出	YYYY-MM-DDThh:mm:ss+|-hh:mm
E8601TM	将数字读取为时间，按照 ISO8601 的时间格式输出	hh:mm:ss
E8601TZ	将数字读取为时间，以 ISO8601 时间格式加+/-与格林尼治时间的时差格式输出	hh:mm:ss+|-hh:mm

例如，我们有某药物实验的副作用记录数据集，如图 3-37 所示，其中变量 subject 表示患者 ID，aeid 表示副作用 ID，year、month、day、hour、minute、second 分别表示该副作用发生的年月日时分秒，也就是说，在数据收集的过程中，数据处理师没有把日期时间当成一个变量，而是将其各部分数值放到了不同的变量中，在最终的数据集里，我们希望看到的是一个按照标准日期时间格式显示的变量，此时就需要把它们结合到一起，再按照 ISO8601 格式显示。

	subjid	aeid	year	month	day	hour	minute	second
1	1001	001	2020	7	7	20	14	6
2	1001	002	2020	5	5	6	1	43
3	1002	001	2020	3	7	22	8	19
4	1002	003	2020	5	15	3	5	13
5	1002	002	2020	11	11	6	9	43
6	2001	001	2020	10	23	22	42	4

图 3-37

这里我们使用函数嵌套的方式完成转化，具体语句如下：

```
data ae1;
    set ae;
    length aedate $20 aetime$20;
    aedate = strip(put(year,best.))||'-'||strip(put(month,z2.))||'-'||strip
      (put(day,z2.));①
    aetime = strip(put(hour,z2.))||':'||strip(put(minute,z2.))||':'||strip
      (put(second,z2.));②
    datetime = input(strip(aedate)||'T'||strip(aetime),is8601dt.);③
    format datetime is8601dt.;④
run;
```

①②步语句中我们用到了函数的嵌套。

put 函数将数字类型转化为字符类型，除了变量 year 以外，其他变量均采用 z2.格式，即如果数字为 2 位数，则保留完整数字，如果数字为 1 位数，则在前方加 0，例如 2 会变成 02。

strip 函数将 put 转化的字符型变量去掉首尾的空格，经常和 put 嵌套使用。

函数||将字符串连起来，这是 SAS 提供的一种简单的字符串连接方式。cat/catx 函数也可以完成类似操作。

完成①②步我们获得了两个字符型变量 aedate 和 aetime，分别存储日期和时间。然后在③步中使用 input 函数把"日期+时间"的组合按照 is8601dt.的格式转化成数值型变量 datetime。

最后使用 format 语句让变量 datetime 显示为 is8601dt.格式。生成 is8601dt 格式的数据集如表 3-15 所示。

表 3-15

subject	aeid	year	month	day	hour	minute	second	aedate	aetime	datetime
1001	001	2020	7	7	20	14	6	2020-07-07	20:14:06	2020-07-07T20:14:06
1001	002	2020	5	5	6	1	43	2020-05-05	06:01:43	2020-05-05T06:01:43
1002	001	2020	3	7	22	8	19	2020-03-07	22:08:19	2020-03-07T22:08:19
1002	002	2020	11	11	6	9	13	2020-11-11	06:09:13	2020-11-11T06:09:13
1002	003	2020	5	15	3	5	43	2020-05-15	03:05:43	2020-05-15T03:05:43
2001	001	2020	10	23	22	42	4	2020-10-23	22:42:04	2020-10-23T22:42:04

最后的 datetime 变量就是我们想要的结果，它是一个数值型变量，以 is8601dt.格式显示日期时间的数据格式。

3.4.3　日期和时间变量相关函数

我们需要明确，日期和时间变量虽然在 SAS 中并不是一类特别的变量，但 SAS 设计了专门的函数来处理它们。日期和时间函数本质上也是数值型变量相关函数，只是它们将数值型变量理解为日期和时间，然后进行操作。日期和时间类函数大体可以分为 3 类：截取类、组合类与间隔类。

1．截取类函数

当我们获取了一个日期和时间变量后，有时候我们希望将其拆解为年月日时分秒，此时截取类函数就发挥了作用，具体包含如表 3-16 所示的函数。

表 3-16

函数名	功　　能
day	获取代表日期数值中的日
month	获取代表日期数值中的月
qtr	获取代表日期数值中的季度
year	获取代表日期数值中的年
hour	获取代表时间数值中的小时
minute	获取代表时间数值中的分钟
second	获取代表时间数值中的秒

还是以数字 22000 为例，它代表的日期是 2020 年 3 月 26 日，现在需要分别截取它的年、季度、月、日，直接生成数值型变量。实现这个操作的方法很多，可以把 value 转化为字符型，按位数截取年月日，再根据月份计算季度，但最简单的操作方法是直接使用函数 day、month、year 和 qtr。

```
data date;
   value=22000;
   format value yymmdd10.;
   day=day(value);
   month=day(value);
   year=day(value);
   quarter=qtr(value);
run;
```

生成的结果如图 3-38 所示。

	value	day	month	year	quarter
1	2020-03-26	26	3	2020	1

图 3-38

善用截取类函数，可以快速地将日期、时间变量拆分成数字，然后进行运算，加快数据分析的速度。

2．组合类函数

组合类函数与截取类函数功能相反，是将组成日期的部分直接组合成一个完整的日期变量，包括如表 3-17 所示的函数。

表 3-17

函　数	功　能
dhms(日期,小时,分钟,秒钟)	将给定的值组合成标准日期、时间的值
hms(小时,分钟,秒)	将给定的值组合成标准时间的值
mdy(月,日,年)	将给定的值组合成标准日期的值
yyq(年,季度)	将给定的值组合成标准日期的值，其数字代表该年该季度的第一天

现在我们可以用以上函数实现之前例子中的需求：

```
data ae2;
    set ae;
    date=mdy(month,day,year);
    time=hms(hour,minute,second);
    datetime=date*86400+time;
    format datetime is8601dt.;
run;
```

在前两句中，我们分别定义了 date 和 time 变量，利用 mdy 函数和 hms 函数直接获得日期和时间的数值，然后使用一个简单的计算，因为一天有 86400 秒，所以用日期数字乘以 86400 加上时间数字，结果就是日期时间所对应的数字，最后用 is8601dt.格式。得到的结果如表 3-18 所示。

表 3-18

subject	aeid	year	month	day	hour	minute	second	date	time	datetime
1001	001	2020	7	7	20	14	6	22103	72846	2020-07-07T20:14:06
1001	002	2020	5	5	6	1	43	22040	21703	2020-05-05T06:01:43
1002	001	2020	3	7	22	8	19	21981	79699	2020-03-07T22:08:19
1002	002	2020	11	11	6	9	13	22230	22153	2020-11-11T06:09:13
1002	003	2020	5	15	3	5	43	22050	11143	2020-05-15T03:05:43
2001	001	2020	10	23	22	42	4	22211	81724	2020-10-23T22:42:04

获得的 date、time 的值与之前的结果相同，这样通过合理的函数运用，化简了之前数据类型复杂的转化问题，将字符串的合并变成了数值的加减问题。

3．间隔类函数

最后要介绍的是间隔类函数，最常用的为 intck 和 intnx。

intck 函数的功能是给定两个日期，计算它们中间的间隔数量，语法为：

```
intck('间隔名',日期1,日期2);
```

例如我们有 date1=2020-05-18，date2=2019-03-17，希望计算它们之间相差多少天，使用 intck 的方法为：

```
intck('day',date1,date2);
```

读者或许发现，计算两个日期间隔的天数更简单的办法是直接相减，为什么要使用 intck 呢？因为 intck 的第一个参数，除了 day 以外，还可以接受 week、month、quarter、year 等，它们分别可以计算两个日期相距的周、月、季、年的数量，此时使用相减处理的方法获得的结果并不准确，直接应用 intck 函数才是最好的方法。

需要注意的是，intck 的返回值默认设定为整数，即不管是计算月或年，返回结果只会是 1 个月或 0 个月，而不会出现 1.5 个月的情况。

intnx 函数的功能是给定某个日期和间隔的数量，获得另一个日期值，它的语法为：

```
intnx('间隔名',日期,间隔数量);
```

例如我们已知今天的日期，希望得到 7 个礼拜之后的日期，可以使用以下语句：

```
intnx('week',date(),7);
```

这里又使用了函数的嵌套，date 函数可以获取当天的日期，这个函数没有参数，我们称为无参函数。intnx 计算的就是今天后的 7 的礼拜后的日期。

对比 intck 和 intnx 可以发现，intck 是给定日期计算间隔数，而 intnx 则是给定间隔数计算日期。二者既有相同点，又有不同功能，在使用时需要先考虑自己需要实现的功能再合理选择。

本节详细介绍了日期和时间数据在 SAS 中的存储和处理方式，SAS 提供了大量专门的函数和数据格式，熟悉它们可以让我们更好地进行数据分析工作。希望读者可以在工作中学习和应用。

3.5　实战案例：多种方法计算药物副作用持续时间

陆游诗云："纸上谈来终究觉浅，绝知此事要躬行。"学习 SAS 编程，我们需要将知识点死磕记忆，也离不开现实案例的推演和分析。本书包含 5 个实战案例和一个大型案例，助你尽早建立身临其境的工作体验。

工作体验是我们在日常工作中经常忽略却又重要无比的状态。2020 年伊始，新型冠状病毒疫情突然爆发，因为病毒通过飞沫传播，我国出台政策，要求各单位在疫情缓解之前尽量在网上办公，一时间从来没有居家办公经验的职场人士纷纷在家打开电脑，开始工作。虽然有大量网络办公的程序辅助，很多人仍然感觉在家工作效率不高，容易疲惫。说到底，其实就是缺乏"身临其境"四个字，用心理学名词来说就是"心流"。"心流"的意思是全神贯注地投入工作，经常忘记时间以及对周围环境的感知。例如我们在办公室工作时，很容易忘记时间、疲惫等负面因素，让自己更容易地关注当前手头的事情。

想要进入"心流"的状态，第一个要求就是我们在熟悉的环境中工作，这样熟悉的环境不会在大脑中产生刺激，你就可以更多地分配大脑的专注力到工作之中。譬如有些学生去图书馆自习，经常只坐在自己熟悉的座位上，这就是建立熟悉环境的过程。又譬如你换过工作，就会发现新的工作即使本身很简单，相关的工具和流程你也早已熟悉，仍然需要两周左右的适应期，这就是在建立熟悉工作环境的体验。如果一个你不认识的人走过，你的大脑就会在后台思考：这是谁？和我的工作有没有关系？它的穿衣品味说明他是一个怎样的人？这些思考在后台发生，我们并不会意识到，但它占用了一部分大脑的专注力。

因此，本书虽然着眼于 SAS 技术，但更希望为读者建立起身临其境的工作体验，让读者在日后的工作中、在具体的情境下有一种"似曾相识"的感觉。技术永远只是工具，而非达成目的的手段，技术的改变很慢而目的的种类千变万化，只有明确技术是为目的和用途服务这个概念，我们的数据分析之路才能更上一层楼。

3.5.1 案例背景

上述内容提到了新型冠状病毒，相关的疫苗研制涉及药物研究领域，而药物研究需要经过漫长的、复杂的临床试验才能完成，实验的数据需要整理分析，上报给食品药品监督管理局才能经过审核，整个过程甚至要持续数年。当然，疫苗，尤其是爆发性传染病的疫苗的审批流程要快速很多，只要保证了药物安全性和部分效果，就会以快速批准的方式允许上市。

一般的药物则不会这么快。一款药品研发出来，要经历动物试验、药代动力学研究、三期人体临床试验后才能推向市场，其间还要通过食品药品监督管理局等诸多审查，这对药厂和急需某款特效药的病人而言是漫长又痛苦的，但这也是政府监管部门对人民群众生命安全和财产安全负责的重要体现。人体临床试验的过程漫长而且收集的数据多样，其中很大一部分就是药物安全性数据。我们都听说过一个道理——是药三分毒，人体是一个极其复杂的系统，药物很难只针对病症进行治疗，很可能引发一些副作用，药物安全性分析就是需要统计和计算药物副作用的程度和影响。当一位临床试验患者进行试验时，一旦自我感觉有任何不适症状，必须向医疗部门报告，医疗部门需要详细记录患者的症状名、开始和结束时间、严重程度、采取措施等，并如实上报给监管部门，这份记录的数据也是本案例的数据来源。

3.5.2 案例分析

读者可以找到数据名为 pj01_ae 的数据集（见表 3-19）并打开。

表 3-19

subjid	aeterm	aestdat	aeendat	aesevn	aesev
PJ01-001	Headache	2019-05-11	2019-06-27	3	Severe
PJ01-001	Pneumonia	2019-05-24	2019-06-02	1	Mild

续表

subjid	aeterm	aestdat	aeendat	aesevn	aesev
PJ01-001	Encephalitis	2019-08-26	2019-09-18	1	Mild
PJ01-002	Headache	2019-05-09	2019-05-30	2	Moderate
PJ01-002	Meningitis	2019-09-29	2019-11-21	1	Mild
PJ01-101	Hepatitis	2019-09-29	2019-10-12	1	Mild
PJ01-201	Headache	2019-04-01	2019-04-16	3	Severe
PJ01-201	Scrum Sickness	2019-07-21		2	Moderate
PJ01-301	Encephalitis	2019-07-09	2019-08-22	1	Mild
PJ01-302	Meningitis	2019-07-31	2019-09-19	2	Moderate
PJ01-302	Headache	2019-09-18	2019-11-13	2	Moderate
PJ01-401	Headache	2019-07-06	2019-07-26	2	Moderate
PJ01-401	Headache	2019-08-29	2019-09-26	3	Severe
PJ01-401	Vasculitis	2019-10-21	2019-12-15	3	Severe

这是一个简化后，只包含部分信息的副作用数据集，其变量的意义如表 3-20 所示。

表 3-20

变量名	变量意义
subjid	患者 ID，每名患者拥有唯一的 ID 号
aeterm	副作用名称
aestdat	副作用开始时间
aeendat	副作用结束时间，若空则为仍在持续
aesevn	严重程度的数字级别，其中 1 为最低，3 为最高
aesev	严重程度，其中 mild 为轻微，moderate 为中度，severe 为严重

我们的任务是创建数值型变量 duration，其值等于 aestdat 与 aeendat 相距的天数+1。

看看我们有什么实现手段吧，首先可以直接用日期相减的方式，需要注意的是两点：

（1）aestdat 和 aeendat 为字符型变量，先要将它们转化为数值型再计算。

（2）aeendat 有缺失值，需要分情况处理。

代码如下：

```
data ae1;
    set proj1.pj01_ae;
    if aestdat ne '' then start_date=input(aestdat,yymmdd10.);
    if aeendat ne '' then end_date=input(aeendat,yymmdd10.);
    duration=end_date-start_date+1;
    drop start_date end_date;
run;
```

生成的新数据集如图 3-39 所示。

subjid	aeterm	aestdat	aeendat	aesevn	aesev	duration
PJ01-001	Headache	2019-05-11	2019-06-27	3	Severe	48
PJ01-001	Pneumonia	2019-05-24	2019-06-02	1	Mild	10
PJ01-001	Encephalitis	2019-08-26	2019-09-18	1	Mild	24
PJ01-002	Headache	2019-05-09	2019-05-30	2	Moderate	22
PJ01-002	Meningitis	2019-09-29	2019-11-21	1	Mild	54
PJ01-101	Hepatitis	2019-09-29	2019-10-12	1	Mild	14
PJ01-201	Headache	2019-04-01	2019-04-16	3	Severe	16
PJ01-201	Scrum Sickness	2019-07-21		2	Moderate	.
PJ01-301	Encephalitis	2019-07-09	2019-08-22	1	Mild	45
PJ01-302	Meningitis	2019-07-31	2019-09-19	2	Moderate	51
PJ01-302	Headache	2019-09-18	2019-11-13	2	Moderate	57
PJ01-401	Headache	2019-07-06	2019-07-26	2	Moderate	21
PJ01-401	Headache	2019-08-29	2019-09-26	3	Severe	29
PJ01-401	Vasculitis	2019-10-21	2019-12-15	3	Severe	56

图 3-39

新变量 duration 在数据集末尾生成，其值即为两日期差+1。

有些读者也可能想到，SAS 提供了专门的函数来处理日期和时间变量，其中 intck 是给定两个日期，计算日期之间的差，因此我们可以用函数来完成相关操作。

```
data ae2;
    set proj1.pj01_ae;
    if cmiss(aestdat,aeendat)=0 then
    duration=intck('day',input(aestdat,yymmdd10.),input(aeendat,yymmdd10.))+1;
run;
```

在 if 语句里，使用了 cmiss 函数，cmiss 函数获得给定字符型变量中缺失值的数量，与之对应的还有 nmiss，获得给定数值型变量中缺失值的数量。对于没有缺失值的情况，使用 intck 函数计算相距天数，因为 aestdat 和 aeendat 均为字符型变量，我们需要先用 input 将其转化为数值型，然后再作为 intck 的参数参与计算。

这样操作获取的结果与图 3-39 相同。

那么知道了副作用持续的天数，对药物分析有什么帮助呢？这就要根据药物分析的统计分析计划来确定所需图表了。我们可以创建副作用列表，将每名患者的每个副作用详细信息汇总上报，我们也可以考察副作用时间与药物服用时间的关系，看看是药物引发的副作用还是其他原因导致的副作用。另外，我们也可以研究持续天数与严重程度的关系，将数据按照持续天数排序，如图 3-40 所示。

以大约 25 天为分界线，上部分为持续时间较短的副作用，下部分为持续时间较长的副作用。关于统计分析的具体方法，我们会在第 7 章详细探讨，这里通过观察，可以发现大部分 Mild 轻微症状的持续时间都较短，而大部分 Severe 严重症状则持续时间较长，这可以给临床试验的管理人员一些信息，让它们更好地帮助患者康复。

subjid	aeterm	aesev	duration ▲
PJ01-201	Scrum Sickness	Moderate	.
PJ01-001	Pneumonia	Mild	9
PJ01-101	Hepatitis	Mild	13
PJ01-201	Headache	Severe	15
PJ01-401	Headache	Moderate	20
PJ01-002	Headache	Moderate	21
PJ01-001	Encephalitis	Mild	23
PJ01-401	Headache	Severe	28
PJ01-301	Encephalitis	Mild	44
PJ01-001	Headache	Severe	47
PJ01-302	Meningitis	Moderate	50
PJ01-002	Meningitis	Mild	53
PJ01-401	Vasculitis	Severe	55
PJ01-302	Headache	Moderate	56

图 3-40

　　以上就是在临床试验过程中对副作用记录数据集的一个操作，据笔者统计，至少还有两种方法计算副作用持续时间，读者可以根据本书之前提到的内容自己思考并且操作。笔者仍然要强调，SAS 是工具而非目的，只要能够成功完成数据分析的目的，无论什么样的程序都可以算是合格的，在初学期间没有必要纠结于所谓的"运行效率"和"程序长度"，非要找到最好的程序结构才开始编程。毕竟只有出发，才是到达终点的必要条件。

　　到此，相信读者对于 data 步已经有了基础的了解，包括它的基本语法、数据集和变量的操作、函数和格式。如果说 SAS 入门是一条总长度为 100% 的进度条，目前我们已经完成了 50% 的进度，剩下的则是 proc 大显身手的地方了。关于 proc 的种种功能和它的用法，我们会在下一章详细展开。所谓"山重水复疑无路，柳暗花明又一村"，当你发现某些问题在 data 步解决不了的时候，就准备好使用 proc 吧！

第 4 章　proc 是个筐——数据分析往里装

上一章我们学习了 SAS 中重要的 data 步，笔者鼓励大家已经完成了入门知识学习的 50%，实际上 data 步与 proc 并不是平行的关系。data 步的核心是使用特定的函数完成数据集和变量的处理工作，而 proc 则是使用各种 SAS 内建的统计分析手段对数据集进行整体处理、统计、分析和可视化，它的变化要比 data 步复杂很多，所需要掌握的语法也要多出很多。

当然，复杂并不代表不可掌握。相反为了保证 SAS 语法的一致性，很多 proc 都采用了相同或相似的语句表示相同或相似的功能，读者在学习每个 proc 的时候除了掌握本身的语法之外，还要努力做到触类旁通。

本章我们从 proc 的基本功能和学习方法说起，介绍包括排序、查重、转置等一系列的 proc 功能和用法。当然，本节所涉及的 proc 只占 SAS 庞大 proc 体系中的一小部分，更多关于统计分析的 proc 我们将在第 6 章继续深入讨论。

4.1　data 步力所不及？proc 迎难而上

在上一章的学习中，我们逐渐熟悉了使用 data 步处理数据的一些方法、函数和数据格式，相信读者也在学习之余进行了自我练习。这里先给读者出几道题，考一考你的编程水平：

（1）假设数据集中有 3 个变量，_1、_2、_3，如何计算 3 个变量的平均值？

（2）假设数据集中变量_1 有 3 条记录，如何计算这 3 条记录的平均值？

（3）如何查看数据集中某变量的每条记录的值的长度？

（4）如何查看数据集中所有变量的长度？

稍加思考，我们可以发现，（1）和（3）分别使用 mean 函数和 lengthn 函数即可实现，而（2）和（4）无论在 data 步中如何操作，都无法实现。进一步思考，data 步中的函数和数据格式是针对记录的操作，而针对变量的操作并不存在，这时，就需要一种方法可以完成与变量有关的操作，这就是 proc 的基本用途。

proc 是一系列 SAS 预定义好的过程，一般需要 SAS 数据集作为输入源。proc 可以用来分析数据和生成统计参数、统计报告、统计图表或管理文件和数据集。每个 proc 都包含了大量可以修改的参数，用以获得不同的统计结果。

学习一个新概念的第一步是定义，以上就是 SAS 官方提供的 proc 概念介绍。第二步则是分类，简单来说 proc 可以分为以下 3 类，如表 4-1 所示。

表 4-1

CALENDAR	PLOT	SQL
CHART	PRINT	SUMMARY
FREQ	QDEVICE	TABULATE
MEANS	REPORT	TIMEPLOT
CHART	RANK	SUMMARY
CORR	REPORT	TABULATE
FREQ	SQL	UNIVARIATE
MEANS	STANDARD	
APPEND	FONTREG	PRESENV
AUTHLIB	FSLIST	PRINTTO
CATALOG	GROOVY	PRTDEF
CIMPORT	HADOOP	PRTEXP
COMPARE	IMPORT	PWENCODE
CONTENTS	INFOMAPS	REGISTRY
CONVERT	JAVAINFO	RELEASE
COPY	JSON	SCAPROC
CPORT	METADATA	SORT
CV2VIEW	METALIB	SOURCE
DATASETS	MIGRATE	SQL
DELETE	OPTIONS	TAPECOPY
DISPLAY	OPTLOAD	TAPELABEL
DOCUMENT	OPTSAVE	TEMPLATE
DS2	PDS	TRANSPOSE
EXPORT	PDSCOPY	TRANSTAB
FCMP	PMENU	XSL
FEDSQL		

图表类 对应前四行；统计类 对应中间四行；功能类 对应下方各行。

4.1.1　怎么学习 proc

看到这么长的列表，有些读者可能心生疑虑，这么多 proc，每个 proc 中又有这么多可修改的参数，怕不是要记到猴年马月才能毕业！这里要重申一下本书对于 SAS 学习的方法论。王国维在《人间词话》中说，古今之成大事业、大学问者，必经过三种之境界："昨夜西风凋碧树，独上高楼，望尽天涯路。"此第一境也。"衣带渐宽终不悔，为伊消得人憔悴。"此第二境也。"众里寻他千百度，蓦然回首，那人却在，灯火阑珊处。"此第三境也。这就是著名的"治学三境界"。学习数据分析也算治学，我们可以套用这个模型。

第一境界为攀登的过程，不妨考虑在这个繁华的世界，有人选择休闲，有人选择放纵，而你在闲暇之余来到高楼前，一步一步地攀登，楼外的夜色阑珊，每当经过窗口时呼啸的寒风就打过你薄薄的衣衫，常人只觉得寒冷，而你明白每经受一次刺骨之痛，就说明你又上了几节台阶。它对应的就是 SAS 的记忆过程。笔者绝不否认死记硬背对于编程能力的提升，甚至觉得那是学会一门语言的必经之路。不同于背诵千百年前早已写就且不会变更的诗词，SAS 的很多概念都有诸多扩展，想想 compress 函数的变化之多即可理解一二。有时面对 SAS 的概念，学习者会心生畏惧，此时不妨假装脚下有楼梯，身前有空窗，空窗吹出的冷风即是你面对的阻力，脚下的阶梯却是在一路向上。

第二境界为长跑的过程，此时的你已经掌握了一些编程技巧，对于常用的函数和功能已经了然于胸，但面对复杂的项目需求，发现自己力不从心。这时，你需要的是拆解任务的能力。在现实工作中，我们遇到的很多情况不是"给我计算出这几个变量的平均数和中位数"，而是"给我把数据分析一下，选个合适的预测模型告诉我明天某个变量的值会是多少"这种开放式的任务，这时的数据分析师需要的是长跑的能力。

日本有一位著名的马拉松选手山田本一，曾多次获得马拉松比赛的优秀成绩，他总结自己的经验就是"凭智慧战胜对手"。这个智慧就是他分解目标的能力，他会将整个马拉松比赛的路途分为数十个目标，这样比赛开始后心中想着第一个目标，到达目标后再开始下一段冲刺。这个故事曾经脍炙人口，虽然实际上是一个杜撰的故事，连山田本一这个人都不存在，但它里面蕴含的道理是深刻的，即面对大目标的时候，我们需要有将大目标拆解为小目标的能力，例如在"给我把数据分析一下，选个合适的预测模型告诉我明天某个变量的值会是多少"的例子中，分析师首先要考虑哪些变量可能影响结果，是否需要做一个相关性分析，在此之前是否需要对数据进行清理，剔出异常值，模型根据经验应该选用哪个，模型的参数应该如何选择等，这就是将大任务拆解为小任务的能力。

第三境界为欣赏的境界，如果你已经熟练运用数据分析工具，掌握数据分析技巧，深入数据分析行业，那么此时的你可以开始欣赏自己的工作。笔者在回答别人问题的时候，就经常发现，当提问者问及某问题解题思路的时候，笔者发现整个解题过程是下意识的活动，并不需要特别的思考。其实长期处在工作状态中，或者说"心流之中"，可以自然而然地形成这种模块化思维的能力。此时你的工作就变成了欣赏，看着自己的思维模块被不断拼接组合成各种项目，内心的自豪感油然而生，此时你真正成了一名数据分析高手，可以"运筹帷幄，决胜千里"。

以上过程被笔者称为"编程三境界"，即攀登、长跑、欣赏。

在 proc 章开始提及"编程三境界"，是为了给读者加油打气，明确"远路不须愁日暮，老年终日望河清"。

4.1.2 从 proc append 说开去

网络有言："鸡汤虽好，却没给勺子"，本书不是励志读物，也要讲究具体学习的方法论，那就是"框架—案例—参数—反馈"的学习模式。这里以 append 为例，做一个详细的讲解。

proc append 的用途是将两个数据集连接起来，其中 append 的意思就是连接、粘合。首先要走上第一级台阶，即 proc append 最简单的使用。我们将 sashelp 中的数据集 workers 拆成两部分，再用 proc append 连接起来。

```
data workers1 workers2;①
    set sashelp.workers;
    if _n_<20 then output workers1;
    else output workers2;
run;
proc append base=workers1 data=workers2;
run;
```

首先注意①处，这里使用的是一个 data 步生成多个数据集的方法，该方法是将在 data 步内用到的数据集紧随 data 依次写出，该步骤等价于两个 data 步分别完成_n_<20 和 _n_>=20 情况下的数据集生成，使用这种方法可以简化程序，这就是知识的网络。

生成两个数据集 workers1、workers2 后，使用 proc append 将它们连接在一起，proc append 最少需要包含 base=和 data=两个选项，base=指定基准数据集，data=指定连接上的数据集，新生成的数据集名与 base=指定的数据集相同，读者可以自行比对数据，发现它们都包含 67 条记录，并且每条记录的值都相等。此时，我们已经登上了第一级台阶。

相信很多读者会想到，只是连接两个数据集，为什么要这么麻烦呢？在 data 步中使用 set 不是一样可以做到吗？答案确实如此，data 步中的 set 命令可以更快地完成这项操作。但试想如果需要多步重复操作或连接数据集的变量属性不同，使用 set 会在日志中产生 warning 或 note，如果想要避免它们，就需要提前对数据集进行处理，反而增加了工作量，而使用 proc append 可以通过适当的参数设置避免这种情况。

假设希望增加一条记录：

```
date=AUG88 electric=308.8 masonry=270.6 plumber=14.5
```

新增的记录比之前的数据集多了一条 plumber 变量，proc append 是否可以操作呢？

```
data workers1;
    set sashelp.workers;
run;
data new;
    date=input("AUG88",monyy5.);
    electric=308.8;
    masonry=270.6;
    plumber=14.5;
run;
proc append base=workers1 data=new;
run;
```

运行后日志产生错误，如图 4-1 所示。

```
NOTE: 正在追加 WORK.NEW 至 WORK.WORKERS1。
WARNING: 变量 plumber 在 BASE 文件中未找到。变量将不能添加到 BASE 文件。
ERROR: 由于上面所列的异常，没有完成追加。请用 FORCE 选项追加这些文件。
NOTE: 添加了 0 个观测。
NOTE: 数据集 WORK.WORKERS1 有 67 个观测和 3 个变量。
NOTE: 由于上述错误，没有处理语句。
```

图 4-1

原来，proc append 不仅可以连接数据集，还可以检查被连接的数据集是否包含相同的变量，如果不是，则停止执行，此时使用 force 选项可以强制数据集合并。

```
data workers1;
    set sashelp.workers;
run;
data new;
    date=input("AUG82",monyy5.);
    electric=308.8;
    masonry=270.6;
    plumber=14.5;
run;
proc append base=workers1 data=new force;
run;
```

运行后日志提示变量 plumber 未在 base 中找到，因此无法被添加，但程序执行成功，得到的 workers1 数据集仍然只有 date、electric 和 masonry 三个变量。这说明 proc append 是比 data 步中的 set 更加保守的一种数据连接方式，如果变量不完全相同，则只按照 base 中的变量保留。

proc append 的运行规则如下。

- 如果 base=指定的数据集包含 data=指定的数据集没有的变量，proc append 连接数据集并将 data=的数据集相应位置设置为缺失值。

- 如果 data=指定的数据集包含 base=指定的数据集没有的变量，必须要使用 force 选项才可以完成合并，并且合并后的数据集中只包含 base=数据集中的变量。

- 若两个数据集中相同变量有不同的输入格式、输出格式、标签，数据集会合并成功，并按照 base=中的数据集设定变量的相关参数。

- 若两个数据集中相同变量有不同的长度，且 base=的长度大于 data=的长度，则执行成功，否则需要使用 force 才能运行成功。

- 若两个数据集中相同变量有不同的长度且 proc append 使用了 force 语句，则合并后的数据集按照 "base=" 中变量的长度设置，"data=" 中变量的值可能会被截取。

- 若两个数据集中相同变量拥有不同的类型，则执行失败，需要使用 force 选项才能运行成功。使用后变量类型会按照 base=的类型设置，相应的 data=变量为缺失值（不会自动转化）。

直到这里，我们终于走完了 "攀登" 这个阶段，了解了 proc append 语句的语法构成。纵观 SAS 中的 proc append 可以算是功能最简单、选项最少的一个，但不同 proc 的学习方法总归是不变的。

如果想要走上第二境界，就需要某些实战案例。目前为止还未讲到过宏编程的相关内容，而 proc append 经常与宏编程的循环语句结合使用，将生成新数据集，在每个循环中都连接起来，这样可以保证数据集不增加的情况下完成更新。具体的内容将会在宏编程一节涉及。

当完成了一些实例的使用，读者就掌握了 proc append 的使用情景，当遇到类似问题时可以自动地套用 proc append 完成某些功能，这就是第三境界，即"欣赏"的境界。

通过阅读本书，读者可以发现，笔者一直努力将"学以致用"的逻辑反了过来，成为"用以致学"，将学习的时间资源分配到我们立即就需要掌握的地方，才是最高效的学习策略。以上内容写在 proc 章开始，是希望帮助读者建立起学习最基本的方法论。

4.2 数据清理第一步——排序与查重

本节讲解数据分析的第一步，即数据的排序与查重，其实就是 proc sort 功能的独角戏。

proc sort 很可能是每个 SAS 初学者知道的第一个 proc 命令，因为它的排序功能实在是太重要了。笔者在 data 步一章，虽然试图完全立足于 data 步中的函数与功能，但也不可避免地使用 proc sort，因为它的排序与查重功能是很多数据处理的前奏。

4.2.1 排序

proc sort 是 SAS 最早提供的功能之一，早在 SAS 最早提供语言支持的版本——3.1 Viya 版本，proc sort 就已经出现。历经多次版本更新，SAS 的功能库越来越多，而 proc sort 的语法几乎没有改变，可见排序功能在数据处理中的重要性。

如果给你一个杂乱的数据集，只允许你进行一步数据处理，相信大多数人选择的就是排序。在众多介绍编程语言的书籍中，排序的位置也非常靠前，排序的方法也非常多，譬如插入排序、冒泡排序、希尔排序，甚至网友还发明了令人喷饭的睡觉排序方法等。的确，排序是数据处理的第一步，让记录按照某个或某些变量的值顺序排列，可以让我们更直观地了解数据的分布。即使是在生活中，我们打扑克牌，也会自动地将牌由大到小排列起来，方便我们出牌，在打麻将时也会将条、筒、万分类，每类按照大小的顺序排好，排序为我们带来的方便已经成为人类的基础需求。

从排序中衍生出的统计量也是我们了解数据的重要手段，例如以下一组数字：

95	88	91
73	76	99
94	96	43
93	76	94
93	86	80
84	92	51
89	71	85
71	96	98
85	98	74

如果只用肉眼观察，你能看出什么呢？

通过挨个对比，我们能够找出它们的最大值、最小值，而对于平均数和中位数的估计就很难了，但如果把它们排序之后呢？

43	84	93
51	85	94
71	85	94
71	86	95
73	<u>88</u>	96
74	89	96
76	91	98
76	92	98
80	93	99

很容易看出它们的范围是 43～99，中间列的 88 就是它们的中位数，稍作比较还可以发现，数据中远低于平均值的数字较多，因此平均值会被拉低到中位数之下。

只是做了排序，我们对数据的了解就忽然上了一个层次，无怪乎排序的重要性如此之高。下面我们将从 proc sort 的排序功能和查重功能全方位了解 proc sort 的用途。

在之前的章节中，我们已经见识过 proc sort 最简单的用法：

```
proc sort data=sashelp.cars;
    by msrp;
run;
```

本以为最简单的操作，运行后却会报错，显示没有运行逻辑库 sashelp 的权力。这是因为 SAS 自动创建的逻辑库的权限是读取，而不能写入。如果使用 proc sort 对数据集进行排序，就相当于写入了原有数据集，这会被 SAS 禁止，因此需要在排序后创建一个新数据输出：

```
proc sort data=sashelp.cars out=cars;
    by msrp;
run;
```

其中 out=的用途是指定一个新的数据集。在很多 proc 中，都可以使用 out=，因为我们分析数据的结果很多时候都需要拿来再分析，out=语句可以将分析产生的数据集输出。生成的数据集按照 msrp 的值从小到大排序，可以看到在 SAS 自带的 cars 数据集中，最便宜的汽车是起亚（Kia）公司生产的 Rio，最贵的则是保时捷公司生产的 911GT，如图 4-2 所示。

| Kia | Rio 4dr manual | $10,280 |
| Porsche | 911 GT2 2dr | $192,465 |

图 4-2

继续研究这个数据集，它包含了 2004 年在美国上市汽车的各项参数，包括厂商、型号、市场价、开票价、气缸数、排量、车型、重量等信息，是我们做数据分析非常好的练手数据集。

一般而言，汽车的排量越大动力就越强，尤其是美国的油价便宜，而且汽车消费税只与车价相关，与排量无关，因此美国人更愿意选择大排量的汽车，现在我们希望将数据集先按照排量排序，每个排量之内再按照市场价排序，并且与之前的升序排列不同，我们希望结果为降序排列，应该如何做呢？

```
proc sort data=sashelp.cars out=cars;
    by descending enginesize descending msrp;
run;
```

排序后的部分结果如图 4-3 所示。

Make	Model	MSRP	EngineSize
Dodge	Viper SRT-10 convertible 2dr	$81,795	8.3
Ford	Excursion 6.8 XLT	$41,475	6.8
Volkswagen	Phaeton W12 4dr	$75,000	6
Cadillac	Escalade EXT	$52,975	6
Hummer	H2	$49,995	6
GMC	Yukon XL 2500 SLT	$46,265	6
Chevrolet	Silverado SS	$40,340	6
GMC	Sierra HD 2500	$29,322	6
Chevrolet	Corvette convertible 2dr	$51,535	5.7
Chevrolet	Corvette 2dr	$44,535	5.7

图 4-3

在变量前加上 descending，表示按照某变量的降序排列。需要注意的是，descending 只管它后面的一个变量，如果多个变量都需要降序排列，则需要分别在它们前面加上 descending。与 descending 相对，ascending 表示升序排列，不过 SAS 默认的排序方式就是升序，所以 ascending 可以省略。

从数据看，引擎的最大排量达到了令人惊讶的 8.3 升，由道奇（Dodge）公司生产的 Viper 车型占据，其后是福特（Ford）公司生产的 Excursion 车型，6 升排量的车辆有 6 种，其中 GMC 公司生产的 Sierra 价格最低，只需要 2 万 9 千美元即可拿下。通过合理的排序，对于一个计划购买汽车的朋友，他就可以在合理的排量区间选择价格合适的车辆。这就是数据辅助决策的一个典型应用。

继续数据排序问题，假设我们只考虑丰田品牌的轿车，能否让 SAS 只排序丰田品牌的轿车并按照价格输出呢？答案是可以的，使用 where 语句：

```
proc sort data=sashelp.cars out=cars;
    where make='Toyota' and type='Sedan';
    by msrp;
run;
```

这样生成的 cars 数据集中就只有 Toyota 和 Sedan 的记录。看到 where 语句是否觉得眼熟？没错，我们在上一节的 proc print 案例中曾经用过。有很多语句在不同的 proc 中都可以使用，它们具有相同或相似的功能，这些语句被笔者称为"泛用语句"，与"泛用语句"相对，某些 proc 中的语句是它独有或只和部分相似功能的 proc 共同使用的，这些语句可以称为"专用语句"。了解泛用语句，可以帮助我们更快地上手一个新的 proc，下面对 proc 中的部分泛用语句做一个简单的介绍。

最常用的泛用语句可能就是 by 了，无论做任何分析，我们经常需要用到分组，针对不同的组得出不同的结果，这时就要用到 by 语句了。除了 proc sort，其他功能的 by 语句后所接的变量必须要经过排序，这也就是 proc sort 可以荣膺最常用功能的原因。

在 SAS 中有一个语句 class，经常被用来和 by 做比较，二者的异同也是面试经常问到的问题。by 和 class 都用于将数据分组分析，二者的区别最主要的就是 by 语句是将分析在每一个组中都重复一次，而 class 会将变量包含在分析中，然后按变量不同的值分组显示。以 proc means 为例，它的功能是计算数值型变量的相关统计量，默认会输出平均值、中位数、标准差、最小值和最大值 5 个数，我们可以看看 by 和 class 在输出结果上的区别。

```
proc sort data=sashelp.cars out=cars;
    by drivetrain;
run;
proc means data=cars;
    var msrp;
    by drivetrain;
run;
proc means data=cars;
    var msrp;
    class drivetrain;
run;
```

生成的结果分别如图 4-4（by 输出结果）和图 4-5（class 输出结果）所示。

MEANS PROCEDURE

DriveTrain=All

分析变量：MSRP

数目	均值	标准差	最小值	最大值
92	36483.49	14448.77	16497.00	86970.00

DriveTrain=Front

分析变量：MSRP

数目	均值	标准差	最小值	最大值
226	24782.56	10697.04	10280.00	84600.00

DriveTrain=Rear

分析变量：MSRP

数目	均值	标准差	最小值	最大值
110	46093.63	27306.18	12800.00	192465.00

图 4-4

MEANS PROCEDURE

| 分析变量: MSRP | | | | | | |
DriveTrain	观测数	数目	均值	标准差	最小值	最大值
All	92	92	36483.49	14448.77	16497.00	86970.00
Front	226	226	24782.56	10697.04	10280.00	84600.00
Rear	110	110	46093.63	27306.18	12800.00	192465.00

图 4-5

by drivetrain;语句，让 proc means 实际上执行了 3 次，每一次的结果独立输出，因此得到了 3 个表，而 class drivetrain;语句其实只让 proc means 执行了一次，将执行的结果分组显示在不同的 DriveTrain 组别之中。虽然获取的统计量的值是一样的，但它们执行的步骤有所不同，这也会影响到我们对统计结果再处理的步骤，具体内容会在第 7 章涉及。

另外还要强调，class 语句虽然功能和 by 类似，但并不需要变量提前排序。

在上述 proc means 和之前学过的 proc print 中，我们都用到了一个语句 var，这也是一个泛用语句，它的功能是告诉 proc 针对哪些变量进行处理。proc print 的功能是打印数据集，var 语句的用途就是指定被打印的变量；proc means 的功能是计算数值型变量的统计量，var 语句的用途就是指定被计算的变量。因此可以这么说，var 语句是 proc 的核心，它指定了 proc 语句具体操作的对象。当然对于数据集和库操作的语句 proc contents 和 proc dataset 就不包含 var 语句了。

where 语句也是我们经常用到的语句，它的功能是筛选数据集中的记录。需要注意的是，where 可以放置的位置有很多，可以放在输入数据集后、输出数据集后或 proc 之内。

```
proc sort data=sashelp.cars① out=cars②;
    by make;
③;
run;
```

①②③均可以作为 where 语句的放置位置，用于筛选，不过语法稍有不同。

①②位置使用的是参数的格式，控制的是数据集本身的内容，因此需要使用 where= 并放在括号中，例如：

```
proc sort data=sashelp.cars(where=(invoice>20000)) out=cars;
    by make;
run;
```

注意数据集后嵌套了两层括号，外层括号表示这是与数据集相关的控制语句，内层括号表示里面的内容是 where=语句相关的内容，两个括号缺一不可，无法省略。

③位置是 proc 语句内的位置，proc 语句可以使用某些预定义的语句，其中也包含 where，它的语法是 where+条件：

```
proc sort data=sashelp.cars out=cars;
    by make;
    where invoice>20000;
run;
```

以上两个代码运行后生成的结果相同，都是输出 cars 数据集，按照 make 排序，选择 invoice 变量值大于 20 000 的记录输出。但因为所在位置不同，因此执行的顺序也不一样。①位置是 proc 尚未开始的时候，在读取数据集的时候就会进行筛选，步骤最靠前；②是 proc 执行过程之中，发现满足条件的记录才保留，否则就跳过，不放在输出数据集中；③是数据集已经读取并运算完成，在输出的时候才进行筛选。因为执行的位置不同，因此整体运行的速度也不同，where 语句放在①位置执行速度最快，②位置次之，③位置最慢。不过不要忘记笔者在前一章所说，SAS 在处理大样本数据上已经做过优化，在数据样本量不大的情况下，3 种位置的 where 语句不会有明显的区别。另外还要强调，proc sort 语句输入和输出的数据集仍是同构的，即数据集的结构没有改变，此时 where 语句放在哪里结果都一样，某些 proc 例如 proc means 和 proc ttest 等，它们的输入输出数据集结构不相同，此时 where 只能针对它放置位置的数据集进行操作。

out/output 可以将数据输出，在上例的程序中，使用 out=cars 将排序后的数据集输出为 cars，否则会覆盖原有数据集。有些 proc 则使用 output 输出，例如 proc freq。使用 out/output 输出数据集主要有两种用途，一种是不愿意破坏原有数据集的结构，此时用 out= 将处理后的数据放置到新数据集中，另一种是统计分析之后有些结果需要做进一步运算，例如我们计算了某数据集中数值变量的平均值、标准差、最大值、最小值等，为了对这些统计量进行处理，我们就需要把包含这些统计量的变量输出成一个新的数据集。

以上语句是 proc 中经常被使用的语句，熟练掌握它们可以显著地提升编程的效率。

4.2.2 查重

我们在工作中使用的数据经常是手动输入的内容，既然是手动输入，就难免出错，例如缺失值、异常值、重复，在数据处理之前，我们需要去除这些有问题的数据，以保证数据的有效性，这个步骤被称为数据清理或数据清洗。

当数据中有重复，我们获取的统计结果就不一定准确。例如药品研发过程中，如果将某患者的药物有效性记录重复了两次，那么在计算有效比例的时候就会产生误差。假设患者在实验组中，其无效记录重复两次，就会降低药品的有效比例；又假设患者在对照组，而其有效记录重复了两次，那么就会增加对照组的有效比例，让两组的差别度不那么显著，这些对于药物数据分析而言是非常致命的。

proc sort 除了提供排序功能，还可以进行查重。在下面的内容中，我们将使用图 4-6 所示的数据集，数据集名为 dose，它是患者药物服用记录数据。

该数据集包含 3 列：id，表示实验者编号，每个独立的 id 表示一名独立的实验者；time 表示次数；dose 表示服药计量。例如，第一条记录就是 1 号患者在第一次服药时间服用 12 毫升药品。

	id	time	dose
1	1	1	12ml
2	1	2	10ml
3	1	2	10ml
4	2	1	15ml
5	2	2	15ml
6	3	1	10ml

图 4-6

通过肉眼观察，可以发现第 2 条与第 3 条记录完全相同，而每次药品服用只可能有一条记录，因此可以判断为重复，需要删除一条。使用如下语句：

```
proc sort data=dose out=dose1 nodup;
    by id;
run;
```

运行后发现记录数变为了 5 条，多余的记录被删除了。观察日志可以发现这样一条信息：

```
NOTE: 1 duplicate observations were deleted.
```

在以上的代码中我们使用 nodup 选项。选项是在 proc 中使用，可以对 proc 功能进行整体性修改，它们与语句不同，一般放置在 proc 语句之内，另外它们长度较短，多为一个单词，作为 SAS 预定义的功能参数，可以改变 proc 执行的结果。

例如这里的 nodup 是 no duplicate 的缩写，表示无重复。此时 proc 运行时会对比每条记录的每个变量，如果发现某两条记录的所有变量完全相同，则会删除重复的记录。

有时，需要输出重复的记录到另外一个数据集，用于进一步操作，此时可以使用 dupout=选项。

```
proc sort data=dose out=dose2 nodup dupout=dupdose;
    by id;
run;
```

运行后生成两个数据集 dose2 和 dupdose，dose2 的内容是被保留的记录，dupdose 则是那条被删除的记录。

proc sort 的查重不仅仅局限于删除完全重复的记录，我们也可以指定对比的变量然后进行查重。假设需要获取每名患者的 id 号，则可以使用如下语句：

```
proc sort data=dose out=dose3 nodupkey;
    by id;
run;
```

运行后得到如图 4-7 所示的结果。

	id	time	dose
1	1	1	12ml
2	2	1	15ml
3	3	1	10ml

图 4-7

　　首先解释一下 nodupkey 的用途，它不像 nodup 一样查找每一个变量，所有变量值都相同才算重复，它只查看 by 后面所接的变量，如果该变量有超过一条的记录，那么只保留第一条，多余的则被舍弃。这就是得到的数据集只包含 id 为 1、2、3 的 3 条记录，并且每条记录的 time 都是 1 的原因。

　　与 nodup 相同，被 nodupkey 筛选掉的记录也可以使用 dupout=输出。

```
proc sort data=dose out=dose4 nodupkey dupout=dupid;
    by id;
run;
```

　　在此提示读者一点，proc 中的选项没有先后次序，例如 dupout=也可以放在 nodupkey 之前。细心观察语法可以发现，其实 data=和 out=与 nodupkey 和 dupout=拥有同等地位，所以四者的位置可以随意放置。

```
proc sort nodupkey out=dose4 dupout=dupid data=dose;
    by id;
run;
```

　　以上语句也可以正常运行并且得出我们需要的结果。一般而言，为了编程的易读性，应该把 data=放在最接近 proc 操作名的地方，这样可以一眼看出针对的是哪个数据集进行的操作。

　　下面试想与查重相反的情景，有时我们反倒希望留下重复的数据，将唯一的数据删除，此时需要使用 nounikey 或 nouniquekey 选项，二者的功能相同，都是提出唯一值，只保留拥有多条记录的数据。

　　很多 proc 中的选项都是成对出现的，它们拥有相似的结构但代表不同的意思。例如 nodupkey 和 nounikey，前者表示不保留重复值，后者表示只保留重复值；dupout=与 uniout= 也是一例，前者表示将重复的记录输出，后者表示将唯一的数据输出。例如运行以下代码：

```
proc sort data=dose out=dose5 nounikey uniout=uniid;
    by id;
run;
```

　　获得的数据集 dose5 和 uniid 分别如图 4-8（dose5 输出结果）和图 4-9 所示。

	id	time	dose
1	1	1	12ml
2	1	2	10ml
3	1	2	10ml
4	2	1	15ml
5	2	2	15ml

图 4-8

	id	time	dose
1	3	1	10ml

图 4-9

在数据集中，id 为 1、2、3 号分别有 3、2、1 条记录，对于只有一条记录的 3 号，proc sort 判断其为唯一的记录，因此在 dose5 中被去除，从而被输出到 uniid 中。

本节介绍的 proc sort 的排序和查重功能，是 proc 的重要用法。对于排序功能，proc sort 可以指定多个变量按照不同的顺序（升序/降序）排列，而查重功能则可以保证数据的有效性。需要注意的是，大部分 proc 中都可以加入某些语句实现分组、输出、筛选等功能，合理使用它们可以让数据处理与分析更上一层楼。

4.3　数据的转置与输出

每个数据集都有自己存储的结构和格式，在不同的结构和格式中"跳来跳去"，是数据分析师每天都要遇到的挑战。所谓结构，是数据被记录的方式；所谓格式，是数据的文件类型。有时，我们获得的数据集并非以 SAS 格式存储，或者最终的数据要用其他格式保存，这时就需要用到数据输入和输出的功能。

SAS 提供了完整的数据转置和数据输入输出的功能，它们都需要使用 proc 完成。本节将讨论转制、输入和输出的话题。

4.3.1　数据转置

转置是一个数学名词，一般用于矩阵中，表示将矩阵中所有元素绕着一条从第 1 行第 1 列元素出发的右下方 45 度的射线作镜面反转，也就是将第 n 行第 m 列的数字变成第 m 行第 n 列的数字，如图 4-10 所示。

$$A = \begin{pmatrix} 1 & 2 & 2 \\ 4 & 5 & 8 \end{pmatrix} \qquad A^T = \begin{pmatrix} 1 & 4 \\ 2 & 5 \\ 2 & 8 \end{pmatrix}$$

$$B = (18 \quad 6) \qquad B^T = \begin{pmatrix} 18 \\ 6 \end{pmatrix}$$

图 4-10

其实数据集也可以看成矩阵，它是由记录组成横行，变量组成竖行，拥有特定意义的矩阵。当然，矩阵中只能包含数字，而数据集中的记录可以是数字也可以是文本，但这并不影响我们将数据集与矩阵做类比，也不影响使用矩阵处理的思路对数据集进行转化。

笔者仍然使用临床试验数据举例，现在假设我们正在研制一款减肥药，你觉得什么样的数据最能够证明这款药物是否有效呢？答案很明显，就是一个人体重的前后变化。当然我们记录的数据并不是体重的变化值，而是吃药前的体重与吃药期间多次体重的检测情况，然后在分析时使用两者的差作为体重变化值。

假如一款减肥药的一个疗程为 3 周，在试验中每周都记录一次体重值，总共 4 次。现在请你设计数据集的样式，你会如何选择呢？

相信很多读者有两种思路。

第一种：每名患者占一条记录，数据集的变量分别是试验前体重、第一周体重、第二周体重和第三周体重，数据集格式如图 4-11 所示。

第二种：每次测量占一条记录，数据集总共有 3 个变量，患者 ID、测量次数、测量值，数据集格式如图 4-12 所示。

id	实验前	第一次	第二次	第三次
1 001	.	.	.	.
2 002	.	.	.	.
3 003	.	.	.	.
4 004	.	.	.	.

图 4-11

	id	次数	测量值
1	001	1	.
2	001	2	.
3	001	3	.
4	001	4	.
5	002	1	.
6	002	2	.
7	002	3	.
8	002	4	.
9	003	1	.
10	003	2	.
11	003	3	.
12	003	4	.
13	004	1	.
14	004	2	.
15	004	3	.
16	004	4	.

图 4-12

可以对比一下两种数据结构的区别。第一种格式将每次记录的结果都算作一个变量，那么有多少次测量就会有多少个变量，随着测量次数的增多，数据集会变得越来越"胖"。一般这种结构被称为横向结构。横向结构的优势是易读，因为数据集的记录数会比较少，所以阅读起来非常方便。第二种格式与横向结构相反，一般被称为纵向结构，随着测量次数的增加，数据集会变得越来越长，包含更多的记录。比起横向结构，纵向结构的数据易读性较差，并且会占据比较多的存储空间，但它的优势在于易于处理和计算。

当然，两种结构并没有绝对的好坏之分，我们要在合适的时候使用合适的数据结构。此时就遇到了一个问题，横向结构和纵向结构能否相互转换呢？

答案当然是肯定的，而且通过 proc 功能，两种结构可以非常简单地转换。

proc transpose 用于处理数据结构的转换问题，transpose 的意思就是转置，前缀 trans 表示转换、改变，词根 pose 表示姿势，让数据集改变姿势，自然就是转换的意思。它的基本语法为：

```
proc transpose data= out=;
    by 变量;
    id 变量;
    var 变量;
run;
```

proc 行的意思经过前两节的学习，读者应该很容易搞清楚，需要注意的是，因为 proc transpose 改变了数据的结构，因此一定要使用 out=指定输出数据集，如果没有指定，proc tranpose 会自动将转置后的数据集命名为 data1、data2……而不会覆盖原有数据集。

- by+变量：表示转置后依然希望作为 key 变量，即转置后仍然作为单独一条记录的变量。
- id+变量：表示转置后按照值生成多个变量的变量。
- var+变量：表示希望在转置后的数据集中作为值的变量。

看了上述介绍，读者也许还会一头雾水，下面仍需要用实例说话。首先将纵向的数据集变成横向数据集，即将图 4-12 所示的数据变成图 4-11 所示的样式。

```
proc transpose data=weight1 out=weight;
    by id;
    id 次数;
    var 测量值;
run;
```

对比前后的数据集，by 之后所接的 id 被继续保留在新数据集中，作为每一条记录的键，id 后面的次数从值变成了变量，相当于原本纵向排列的值被拉横，var 后面的测量值表示在被拉横后的数据集中每个变量的值，如图 4-13 所示。

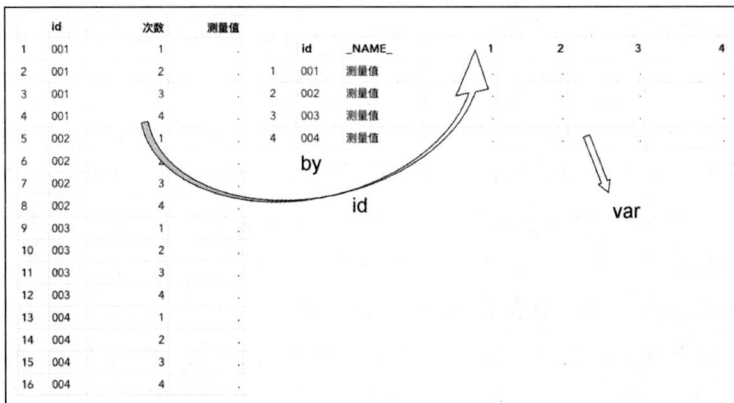

图 4-13

原本的数据集有 16 行，每个患者 id 包含 4 条记录，转置后数据集总共只有 4 行，将原本记录中的次数 1、2、3、4 变成了变量。

下面思考将横向结构变为纵向结构，转换纵向结构是将很多变量拉成一个变量中的值，因此不需要 id 语句的登场。

```
proc transpose data=weight2 out=weight;
```

```
    by id;
    var 第一次 第二次 第三次 第四次;
run;
```

运行以上代码，转换的结果如图 4-14 所示。

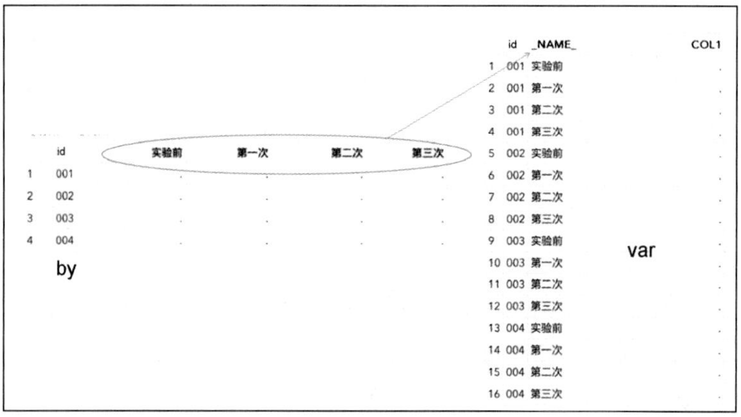

图 4-14

试验前、第一次、第二次、第三次 4 个变量都变成了新数据集中_NAME_变量的值。而之前数据集中 id 号与测量次数所定位的值也变成了新数据集中 COL1 变量下的值。这样就成功实现了将横向结构数据集变成纵向结构数据集的转化。

到此，读者一定还不满意转换的结果。因为生成的结果有些包含并不需要的变量，有些变量名没有意义，难道我们还需要在 proc transpose 新开一个 data 步，对新生成的数据集进行处理才可以吗？

答案是当然没有这么麻烦，完全可以在 proc transpose 中完成以上操作。

首先看纵向转横向的数据集，其中包含了一个新变量_NAME_，在之前的篇章中曾经提到过类似_ALL_、_NUMERIC_、_CHARACTER_的变量为自动变量，是 SAS 在执行过程中自动生成的变量或变量列表，虽然在数据集中无法看到，但可以直接使用。这里_NAME_也是一个自动生成的变量，并且它被显示到了数据集中，作为表示转置后记录中值的来源的变量。

在 var 语句后只接一个变量的情况下，所有_NAME_中的值都是该变量的名字，如果 var 语句后接了多个变量，则会将这些变量的名字依次显示，如同横向转纵向的数据集一样。

很多时候，我们只需要转置的结果，而不需要提供值的变量名，此时可以使用 drop= 语句在输出时删除_NAME_变量。

proc transpose 中的选项 prefix 和 suffix 可以改变生成变量的前缀和后缀，让变量的名称更容易理解。修改纵向转横向的代码如下：

```
proc transpose data=weight1 out=weight(drop=_NAME_) prefix=第 suffix=次;
    by id;
    id 次数;
```

```
    var 测量值;
run;
```

生成的数据集如图 4-15 所示。

o	ID	第1次	第2次	第3次	第4次
1	001	.	.	.	.
2	002	.	.	.	.
3	003	.	.	.	.
4	004	.	.	.	.

图 4-15

对比之前的结果，有两点不同：删除了变量_NAME_；将之前的 1、2、3、4 变成了第 n 次。

同理，横向转纵向的结果也可以稍作修改，这时_NAME_变量不能删除,但需要改名。

```
proc transpose data=weight2 out=weight(rename=(_NAME_=次数 col1=测试值));
    by id;
    var 第一次 第二次 第三次 第四次;
run;
```

所得结果与纵向数据集相同。

以上内容介绍了 proc transpose 的用法，在需要进行数据转置时，读者要首先明确转置的数据结构是横向还是纵向，然后根据结构选择合适的语句和变量。

4.3.2　数据输出

数据输出是每个数据分析语言中都肯定包含的功能。因为数据分析并不是目的，而是手段，分析师真正希望的是通过一系列数据分析的操作完成将数据转化成信息的步骤，其中数据输出就是最重要的一步。数据输出可以简单地分为输出到 SAS 结果栏和输出到外部文件。输出到外部文件会在下节内容中涉及，这里只讨论输出到 SAS 结果栏。

在介绍 SAS 软件窗口时曾提到，SAS 的窗口分为程序栏、日志栏和结果栏，程序栏和日志栏在之前的内容中都有涉及，但结果栏一直没有被提到。结果栏是 SAS 存放统计分析结果（主要是 proc 的生成结果）的地方。将数据输出到结果栏是数据输出最简单的操作，这里需要用到 proc print 语句。

print 可以说是 SAS 中最简单的 proc 语句，它的功能是在结果栏打印数据集，基本语法为：

```
proc print data=;
run;
```

指定"data="后的数据集名称，就可以完成最基本的数据集打印操作。我们执行下面的代码：

```
proc print data=sashelp.gas;
run;
```

运行后会自动跳到输出结果界面，如图 4-16 所示。

proc print 在不加任何参数时会将数据集中的所有变量、所有记录输出，并且在前边增加记录的序号。按照上一节搭建的学习模型，这就是学习的第一步——框架搭建。

然而有时数据集并不需要完整输出，只需要保留部分变量，且不需要序号，只要数据集本身，这时就需要用到 var 语句与 noobs 选项了。var 语句后跟指定输出的变量，只有被指定的变量才会输出，noobs 则表示不输出序号，只输出数据集。

```
proc print data=sashelp.gas noobs;
    var fuel cpratio;
run;
```

这时输出的结果如图 4-17 所示。

观测	Fuel	CpRatio	EqRatio	NOx
1	Ethanol	12.0	0.907	3.741
2	Ethanol	12.0	0.761	2.295
3	Ethanol	12.0	1.108	1.498
4	Ethanol	12.0	1.016	2.881
5	Ethanol	12.0	1.189	0.760
6	Ethanol	9.0	1.001	3.120
7	Ethanol	9.0	1.231	0.638
8	Ethanol	9.0	1.123	1.170
9	Ethanol	12.0	1.042	2.358
10	Ethanol	12.0	1.215	0.606
11	Ethanol	12.0	0.930	3.669
12	Ethanol	12.0	1.152	1.000
13	Ethanol	15.0	1.138	0.981

图 4-16

Fuel	CpRatio
Ethanol	12.0
Ethanol	12.0
Ethanol	12.0
Ethanol	12.0
Ethanol	12.0
Ethanol	9.0
Ethanol	9.0
Ethanol	9.0
Ethanol	12.0

图 4-17

以上过程就是"案例-参数-反馈"的过程，通过一个案例，查找学习完成它所需要的参数，然后根据反馈确认学习成果。如果和预想一致，说明过程成功，如果不同，则需要进一步思考调整。在完成一步学习后，我们需要继续"案例-参数-反馈"的模式，开始新的学习。

有时希望数据集按照分组被打印出来，例如以上的案例中，如果希望将 Fuel 的不同值分组打印，就需要用到 by 语句，by 语句不仅在 proc print 中，在绝大多数 proc 中都表示分组的意思，那么此时程序就进一步修改成如下代码：

```
proc print data=sashelp.gas noobs;
    var fuel cpratio;
    by fuel;
run;
```

运行程序，我们并没有得到希望的结果，反而在日志窗口发现了错误，如图 4-18 所示。

```
1           OPTIONS NONOTES NOSTIMER NOSOURCE NOSYNTAXCHECK;
70
71          proc print data=sashelp.gas noobs;
72          var fuel cpratio;
73          by fuel;
74          run;
ERROR: 数据集 SASHELP.GAS 不是以"升序"顺序排序的。当前 BY 组中"Fuel=Indolene"，
       下一个 BY 组中"Fuel=Ethanol"。
NOTE: 由于出错，SAS 系统停止处理该步。
```

图 4-18

错误提示说 sashelp.gas 没有以升序排列，所以无法运行，这说明我们需要先将 Fuel 变量升序排序，然后再使用 proc print，代码如下：

```
proc sort data=sashelp.gas out=gas;
    by fuel;
run;
proc print data=gas noobs;
    var fuel cpratio;
    by fuel;
run;
```

运行后就可以得到正确的结果。

其实在 SAS 中，不仅是 proc 中的 by 语句，包括在 data 步中的 by 语句，都要求其后所接的变量正确排序。还记得在 3.1 节的结尾，笔者曾提到过如果读者自行练习 merge 语句进行数据集合并，可能会报错，而原因就是 by 语句后面所接的变量没有提前排序好。学习了 proc，我们就知道面对这种情况，应当先排序再合并了。一个系统中的知识点往往会连着其他知识点，这些连接处是我们更需要注意的。除了 merge 语句和 proc print，所有的 by 语句后接的变量，都需要提前排序好，这就是知识的连接线。

继续对 proc print 的深入学习，设想有时我们只想打印数据集的部分内容，应当如何操作呢？当然可以选择在使用 proc print 之前对数据进行筛选，但 proc print 里已经自带了这样的筛选功能，这就是 where 语句，where 语句在学习逻辑的时候曾经提到过，它与 if 的一个区别就是可以用在 proc 中，例如下面的代码：

```
proc print data=sashelp.gas;
    where fuel='Ethanol' and eqratio<0.6;
run;
```

输出结果如图 4-19 所示。

为了让输出结果美观，有时需要加上表头和说明，此时可以使用 title、footnote 和 label 语句，如下：

观测	Fuel	CpRatio	EqRatio	NOx
26	Ethanol	15	0.568	0.374
162	Ethanol	12	0.584	0.678
163	Ethanol	15	0.562	0.370
164	Ethanol	18	0.535	0.530

图 4-19

```
proc print data=sashelp.gas;
    where fuel='Ethanol' and eqratio<0.6;
    label fuel="Type of Fuel" cpratio="Compression Ratio"
          eqratio="Equivalence Ratio" nox="Nitrogen Oxide";
    title "Fuel Information";
    footnote "The data come from SASHELP library, GAS dataset";
run;
```

输出结果如图 4-20 所示。

随着不断增加 proc print 中的参数，输出的结果也越来越细化。其实这远远不是 proc print 的完整功能，它还包含一些简单的求和计算功能，例如 sum 语句。

```
proc print data=sashelp.gas;
    sum cpratio;
run;
```

输出的结果乍看上去没有变化，但如果拉到输出结果的最底部，就会发现多了一行，数字 1744.5 就是 cpratio 列所有数字的总和，如图 4-21 所示。

Fuel Information

观测	Fuel	CpRatio	EqRatio	NOx
26	Ethanol	15	0.568	0.374
162	Ethanol	12	0.584	0.678
163	Ethanol	15	0.562	0.370
164	Ethanol	18	0.535	0.530

The data come from SASHELP library, GAS dataset

图 4-20

170	Methanol	7.5	1.026	2.551
171	Methanol	7.5	0.598	0.204
		1744.5		

图 4-21

where、sum、by 等不同语句结合使用，也可以完成一些复杂的操作，代码如下：

```
proc sort data=sashelp.gas out=gas;
   by fuel;
run;
proc print data=gas(where=(eqratio>1));
   by fuel;
   sum cpratio;
run;
```

运行结果如图 4-22 所示。

Fuel=82rongas

观测	CpRatio	EqRatio	NOx
5	7.5	1.173	0.835

Fuel=94%Eth

观测	CpRatio	EqRatio	NOx
11	7.5	1.128	1.004
12	7.5	1.191	0.623
13	7.5	1.132	1.030
17	12.0	1.139	1.151
18	12.0	1.267	0.474
27	7.5	1.193	0.657
Fuel	54.0		

Fuel=Ethanol

观测	CpRatio	EqRatio	NOx
39	12.0	1.189	0.760
41	9.0	1.231	0.638
42	9.0	1.123	1.170
44	12.0	1.215	0.606
46	12.0	1.152	1.000
47	15.0	1.138	0.981
57	7.5	1.142	1.013
58	18.0	1.229	0.414
59	18.0	1.175	0.812
65	15.0	1.152	0.866
67	15.0	1.232	0.542
69	15.0	1.125	1.200
73	7.5	1.144	1.021
76	18.0	1.115	1.390
78	18.0	1.219	0.962
94	7.5	1.168	0.756
99	18.0	1.230	0.672
105	9.0	1.199	0.727
112	15.0	1.181	0.966
114	7.5	1.227	0.754
115	9.0	1.180	0.797
118	18.0	1.201	0.586
Fuel	285.0		

Fuel=Gasohol

观测	CpRatio	EqRatio	NOx
129	7.5	1.125	1.244

Fuel=Indolene

观测	CpRatio	EqRatio	NOx
147	7.5	1.148	0.970
155	7.5	1.224	0.537
Fuel	15.0		

Fuel=Methanol

观测	CpRatio	EqRatio	NOx
162	7.5	1.150	0.934
163	7.5	1.212	0.722
Fuel	15.0		
	384.0		

图 4-22

最后，proc print 还可以按照记录序号输出，这时需要用到 firstobs 和 obs 参数，它们的位置在 data=指定的数据集之后。firstobs 表示第一条输出的记录序号，obs 表示最后一条输出的记录序号。

假设希望从第 5 条记录开始输出，并且只输出 5～10 总共 6 条记录，代码如下：

```
proc print data=sashelp.gas(firstobs=5 obs=10);
run;
```

设定 firstbos=5，obs=10，即设定第一条记录为 5 号，最后一条记录为 10 号，输出的结果如图 4-23 所示。

在已知所需记录序号的情况下，使用这种方法可以快速定位我们想要的数据。

总结一下，proc print 可以将 SAS 数据集打印到结果窗口之中，并且可以自由筛选数据并添加表头、脚注，还可以进行简单的求和计算。相关语句及用途如表 4-2 所示。

观测	Fuel	CpRatio	EqRatio	NOx
5	Ethanol	12	1.189	0.760
6	Ethanol	9	1.001	3.120
7	Ethanol	9	1.231	0.638
8	Ethanol	9	1.123	1.170
9	Ethanol	12	1.042	2.358
10	Ethanol	12	1.215	0.606

图 4-23

表 4-2

语句/选项	用　　途
var	指定输出的变量
where	筛选输出的记录
label	将变量名改为标签输出，提高易读性
title	设定表头
footnote	设定脚注
noobs	不输出记录序号，只输出数据集本身
sum	在表尾输出数值型变量的和
id	设定用于 ID 的变量以代替记录序号
firstobs	指定第一条输出的记录
obs	指定最后一条输出的记录
page	按照某变量分页
format	设定输出变量的输出格式
split=	设定文本中的分隔符
sumlabel=	设定求和结果的标签

可以看到，proc sort 包含的语句和选项非常之多，善用它们可以尽可能地得到我们需要的结果。因为篇幅所限，表中的 page、format 等语句不能一一介绍。其实"篇幅所限"四个字不仅是书籍的限制，也是我们工作学习中经常碰到的问题，即时间的稀缺性。在一个人的成长过程中，一切资源都可以相互转化和增加，只有时间是绝对刚性的约束，一天只有 24 个小时，24 个小时中只有 8 个小时左右效率最高，那么怎样尽可能地提高 SAS 的学习效率呢？在这里笔者仍要强调学习的框架，即按照"用以致学"的思路，以

使用目的出发，了解某个 proc 的基本语法，在实践中根据遇到的问题和需求查找参数，完成对 proc 步骤的精进，最后在实践中多多使用，当你在面对某个问题时可以自然地想起需要用到的 proc 和它的语法，说明你已经融会贯通，达到了第三境界。

SAS 的学习之路从不是一条坦途，但它绝对是一条通天大道。

4.4　读取和存储外部文件

在上一节中，我们学习了将数据输出到结果栏的方法 proc print，输出的数据更容易查看。但在真正的工作中，我们基本不会在 SAS 中完成所有数据分析的工作，输入数据和输出数据经常要转换为其他格式的文件。

例如，市场调研部门对某产品的功能进行了用户反馈测试，获得了一些数据，你需要从这些数据中得出信息和改进措施，交给产品部门，对于一个数据分析师而言，SAS 是日常工作常用的工具之一，但对于市场调研部门而言，他们可能电脑里都没有预装 SAS 程序，要求他们把数据转化成 SAS 数据集再提交给你做分析，未免强人所难，而且转化过程中难免出现各种问题。作为一个负责任的数据分析师，将各种形式的原始数据转化为 SAS 可用的数据是必须具备的能力，下面就来了解一下数据集输入和输出的方法。

4.4.1　数据输入

提到数据输入，读者很容易想起本书的第一段代码，即使用 set 语句在 data 步读取某个逻辑库中的某个数据集。翻看 SAS 逻辑库，可以发现代码读取的是扩展名为 sas7bdat 的文件。

sas7bdat 是 SAS 存储数据的文件，每个文件最小占 128KB 或 256KB，所有 sas7bdat 扩展名的文件都可以使用 SAS 直接打开，但工作中遇到的数据有时不是这种格式。根据笔者的经历，医药行业因为与 SAS 深度绑定，所以数据输入会直接使用 SAS 数据集，但某些支持类文件则会使用 xlsx 或其他格式。金融行业中，Matlab 的使用非常广泛，有时会涉及 Matlab 与 SAS 数据转换的问题。而其他行业根据语言使用的不同，也会生成不同格式的数据文件。因此将各式各样的数据读取到 SAS 之中就成了数据分析的第一步。

proc import 是读取外部文件的一种方式，import 的意思是"进口"，在这里表示数据的输入。proc import 的基本语法为：

```
proc import datafile='文件路径\文件名.文件后缀' out=输出数据集 dbms=数据格式;
run;
```

datafile=、out=和 dbms=是 proc import 必须包含的内容，注意这里不再有 data=选项，而以 datafile=代替，因为 proc import 处理的对象并不是 SAS 的数据集，而是外部的文件。

datafile=用于指定文件的路径、名称和扩展名，三者缺一不可。例如在 C 盘的 Study 文件夹中有一个 Excel 文件 score，它的扩展名是 xlsx，使用 proc import 读取时，应让

datafile='C:\Study\score.xlsx'. 首先，引号必不可少，前面曾提到，SAS 非宏编程中不区分单引号、双引号，这里既可以使用单引号也可以使用双引号。其次，文件路径、文件名与扩展名缺一不可，必须将完整文件的信息输入给 SAS，系统才能读取。更重要的是，Windows 和 Linux/Unix 系统的路径分隔符并不同，Windows 使用反斜杠 "\" 而 Linux/Unix 使用斜杠 "/"。经常有人发现自己的代码在其他人的电脑上无法运行，原因就是系统不同。桌面版 SAS 安装在 Windows 系统上，而虚拟机和 SAS Studio 版 SAS 是基于 Linux 系统，在文件路径系统上的分隔符不同导致跨两种平台的代码不能直接运行，需要转化。本节内容使用 Linux 系统下的 SAS on Demand 版本演示，安装了桌面版 SAS 的读者需要自行修改代码然后运行。

out= 用于指定输出数据集。

dbms= 指定数据的格式，这是 SAS 系统预定义的数据格式。SAS 对主流的数据格式都有直接读取的可能，每种数据格式对应的 dbms 值如表 4-3 所示。

表 4-3

dbms	数据格式
access	微软 Access 2000/2002/2003/2007 数据库
access97	微软 Access 1997 数据库
csv	逗号分隔符文件
dbf	dBase 文件系统 5.0、4.0、3.0+和 3.0 版本
dlm	以空格为分隔符文件
paradox	Paradox 数据库文件
sav	SPSS 文件
tab	以 Tab（制表定位键盘）为分隔符的文件
xls	微软 Excel 以 xls 为扩展名存储的文件（2003 及之前）
xlsx	微软 Excel 以 xlsx 为扩展名存储的文件（2003 之后）

在使用 proc import 时，应该先确定文件的格式，然后根据格式选择合适的文件系统。

下面以 xlsx 扩展名的数据为例，介绍 proc import 的使用方法。

打开 xlsx 文件 historicalcpi.xlsx，这是一个美国食品价格随年份变化比例的数据，它的第一栏是各种食品的类型，第二栏往后是按照年份每种食品当年的价格变化率，从 1974 年到 2018 年。显然，通过它我们可以获取美国食品市场很多重要信息，但最先的一步就是要将其导入 SAS 中。运行以下代码：

```
proc import datafile="/home/yourenyuan0/Book/historicalcpi.xlsx"
    out=foodcpi dbms=xlsx;
run;
```

本例使用的是 SAS on Demand 版本，文件放置在主目录下的 book 文件夹，因此使用以上路径，输出数据集名为 foodcpi，数据格式选择 xlsx 格式，运行后可以获得如图 4-24

所示的数据集。

Consumer Price Index Item	1974	1975	1976	1977	1978	1979	1980	1981
1 Meats, poultry, and fish	2.2	8.5	.9	-.6	16.7	14.9	3.7	4.1
2 Beef and veal	2.9	1	-3.2	-.7	22.9	27.4	5.7	.8
3 Pork	-.5	22.4	1.3	-5.4	12.9	1.6	-3.3	9.3
4 Poultry	-5.1	10.5	-4.1	.7	10.4	4.9	5.2	4.1
5 Fish and seafood	15.3	8.5	11.7	10.8	9.4	9.7	9.2	8.3
6 Eggs	.4	-1.8	9.2	-3.2	-5.4	9.5	-1.8	8.2
7 Dairy products	18.6	3.1	8.1	2.7	6.8	11.6	9.8	7.2
8 Fats and oils	41.9	10.7	-12.5	10.1	9.6	7.9	6.7	10.6
9 Fruits and vegetables	16.5	3.1	2.6	9.2	11.1	8	7.2	12.1
10 Fresh fruits and vegetables	7.8	2.3	2.4	13.6	12.9	7.6	7.5	12
11 Fresh fruits	8.7	6.8	-.2	14.9	19.5	12.4	6.3	5.4
12 Processed fruits and vegetables	NA	NA	NA	NA	NA	NA	NA	NA
13 Sugar and sweets	52.4	26.1	-11.3	5	12.3	7.8	23	8
14 Cereals and bakery products	29.9	11.3	-2.2	1.6	9	10	12	10
15 Nonalcoholic beverages	19.3	15	19.6	50.6	5.8	5	10.7	4.3
16 Other foods	21.4	12.8	4.1	3.4	8	10.1	10.9	10.3

图 4-24

一切看起来都很简单，只要指定路径、文件、输出数据集和数据格式，所有的工作
SAS 都会帮我们执行完成。但这只是基本的操作，读者可以尝试重新运行一遍上述代码，
就会发现问题。

完全没有修改的代码，再次运行却无法生成数据集，原因是 SAS 出于保护数据的目
的，担心分析师将已经导入的数据覆盖，因此阻止了此行为，需要在 proc import 中加上
replace 选项。

```
proc import datafile="/home/yourenyuan0/Book/historicalcpi.xlsx"
    out=foodcpi  dbms=xlsx replace;
run;
```

replace 选项表示如果创建的数据集已经存在，那么就覆盖它。

我们知道，一个 xlsx 文件可以包含多张表，在示例文件中只有一张表，那么 SAS 在
读取时就会自动选择它。而如果文件中有多张表，应该如何指定读取的表名呢？答案是
使用 sheet=语句。注意这里笔者使用的是"语句"而非"选项"，说明它是 proc import 内
部的语句，需要写在单独一行而非跟在 proc import 后面，上述代码也可以改写成：

```
proc import datafile="/home/yourenyuan0/Book/historicalcpi.xlsx"
         out=foodcpi  dbms=xlsx replace;
    sheet="CPI Percent Changes 1974-2018";
run;
```

该语句等价于以上语句，只是明确了读取的表名。如果一个文件包含多张表而在 proc
import 中又未指明，SAS 会自动读取文件中的第一张表，读者在编程时应当注意此类问
题，避免因 xlsx 文件有所改动导致 SAS 运行出现问题。

xlsx 文件并非一般意义的数据库，它只包含列与行，并没有变量的概念，但在生成的

数据集中包含了变量名，这是怎么回事呢？原来 proc import 的默认设定是将第一行记录作为变量名。如果不希望这么操作，需要使用语句 getnames=NO。如果指定 getnames=YES 或缺省设置，那么 SAS 会将读取的第一行作为变量名，如果指定 getnames=NO，那么 SAS 会将所有读取的行全部作为记录，而变量名用 xlsx 文件的列名表示，如 A、B……。对于其他类型的文件，如果为数据库类型文件，包括变量名，SAS 会自动读取变量名，否则使用 VAR1、VAR2……为每个变量命名。

```
proc import datafile="/home/yourenyuan0/Book/historicalcpi.xlsx"
            out=foodcpi dbms=xlsx replace;
    sheet="CPI Percent Changes 1974-2018";
    getnames=NO;
run;
```

运行后生成的结果如图 4-25 所示。

	A	B	C	D	E	F
1	Consumer Price Index Item	1974	1975	1976	1977	1978
2	Meats, poultry, and fish	2.2	8.5	.9	-.6	16.7
3	Beef and veal	2.9	1	-3.2	-.7	22.9
4	Pork	-.5	22.4	1.3	-5.4	12.9
5	Poultry	-5.1	10.5	-4.1	.7	10.4
6	Fish and seafood	15.3	8.5	11.7	10.8	9.4
7	Eggs	.4	-1.8	9.2	-3.2	-5.4
8	Dairy products	18.6	3.1	8.1	2.7	6.8
9	Fats and oils	41.9	10.7	-12.5	10.1	9.6
10	Fruits and vegetables	16.5	3.1	2.6	9.2	11.1
11	Fresh fruits and vegetables	7.8	2.3	2.4	13.6	12.9
12	Fresh fruits	8.7	6.8	-.2	14.9	19.5
13	Processed fruits and vegetables	NA	NA	NA	NA	NA
14	Sugar and sweets	52.4	26.1	-11.3	5	12.3
15	Cereals and bakery products	29.9	11.3	-2.2	1.6	9
16	Nonalcoholic beverages	19.3	15	19.6	50.6	5.8
17	Other foods	21.4	12.8	4.1	3.4	8

图 4-25

有时，数据集中的第一行并非变量，也非记录，而是表头。此时我们希望 SAS 从第二行或指定的行数开始读取，这时需要使用 datarow 语句指定开始读取的行数，例如下面的语句：

```
proc import datafile="/home/yourenyuan0/Book/historicalcpi.xlsx"
            out=foodcpi dbms=xlsx replace;
    datarow=10;
run;
```

该语句表示从第十行开始读取。这里的第十行是原本结构数据中的第十行，是否使用 getnames=语句对于结果没有影响。

到这里相信读者已经对 proc import 有了基本的了解，面对各种类型的数据，我们再也不用发愁了。同时，proc import 的缺点也显而易见，因为是 proc，它只能执行预先定义好的操作，无法更加自由地修改读取的数据，需要在后面新接 data 步进行修改。那么有没有一种方法可以在 data 步中直接读取数据呢？答案当然是有的。

4.4.2　data 步与 infile

要在 data 步中直接读取数据，需要用到 data 步中的 infile 语句。infile 语句可以让 data 步读取数据文件，同时定义数据文件的格式、缺失值、分隔符等信息。它的语法为：

```
infile "文件路径\文件全名" dlm=控制符;
```

下面以名为 txtfile.txt 的文本文档和 csv 逗号分隔符文件为例，为大家展示 infile 的使用方法和相关控制符，注意以下的代码使用了不同的文件，读者需要辨析。

首先将 txtfile.txt 文档输入 SAS 中。

```
data read;
    infile "/home/yourenyuan0/Book/txtfile.txt";
    input name $ sex $ height weight;
run;
```

在 data 步中，使用 infile 指定输入的文件名和路径，然后用 input 语句指定变量名称，注意字符型变量后面要加$，数值型变量不需要，生成的数据集 read 如图 4-26 所示。

	name	sex	height	weight
1	Jack	Male	175	88
2	Jason	Male	177	68
3	Ivory	Female	153	52
4	Mia	Female	172	56
5	Vincent	Male	175	81

图 4-26

如果只使用一次文件，在 infile 中定义文件路径是最简单的方法，但如果需要多次使用该文件，修改的时候就需要每个地方都进行修改，而使用 filename 语句可以给文件创建别名，再用到此文件的时候只需要修改 filename 中的内容就可以了。注意 filename 既不属于 data 步，也不属于 proc，而是独立于它们之外的语句。

```
filename txt "U:\txtfile.txt";
data read;
    infile txt;
    input name $ sex $ height weight;
run;
```

运行后生成的数据集与图 4-26 相同。这里先使用 filename 语句创建了一个名为 txt 的文件索引，在 infile 语句中直接用 txt 代替一长串的文件名和文件路径。

读者如果打开 txtfile 文件，可能会心生疑问，只是由数据和空格组成的文本文件，是怎么被读取成 SAS 数据集的呢？SAS 又如何划分变量呢？其实 infile 语句默认是将空格当成分隔符的。例如读取第一行时，发现 Jack 后面有空格，就把空格前的完整文字算成第一个变量 name，第二个空格在 Male 后，于是第一个空格后第二个空格前的部分就归为第二个变量 sex，以此类推。

```
Jack Male 175 88
Jason Male 177 68
Ivory Female 153 52
Mia Female 172 56
Vincent Male 175 81
```

有时数据并不是以空格作为分隔符，此时可以在 infile 语句中使用选项 dlm=操作符：

```
filename txt "U:\txtfile2.txt";
data read;
    infile txt dlm='|';
    input name $ sex $ height weight;
run;
```

txtfile2 文件以"|"作为分隔符，使用 dlm='|'指定后 SAS 即可按照"|"所在位置分隔文本并分到合理的变量中。

使用这种方法创建的变量，默认的长度都是 8，如果值的长度超过 8，就会被截取。在以上例子中，name 和 sex 中的值的长度不超过 8，因此读取结果并没有异常。但针对超过 8 的情况，需要在 infile 之前使用 length 语句预先定义变量长度。

```
filename txt "U:\txtfile3.txt";
data read;
    length name $20;
    infile txt dlm='|';
    input name $ sex $ height weight;
run;
```

txtfile3 中包含新记录 Christina，长度为 9，如果不提前定义，则会被截取为 Christin。图 4-27 所示为上述程序执行结果。

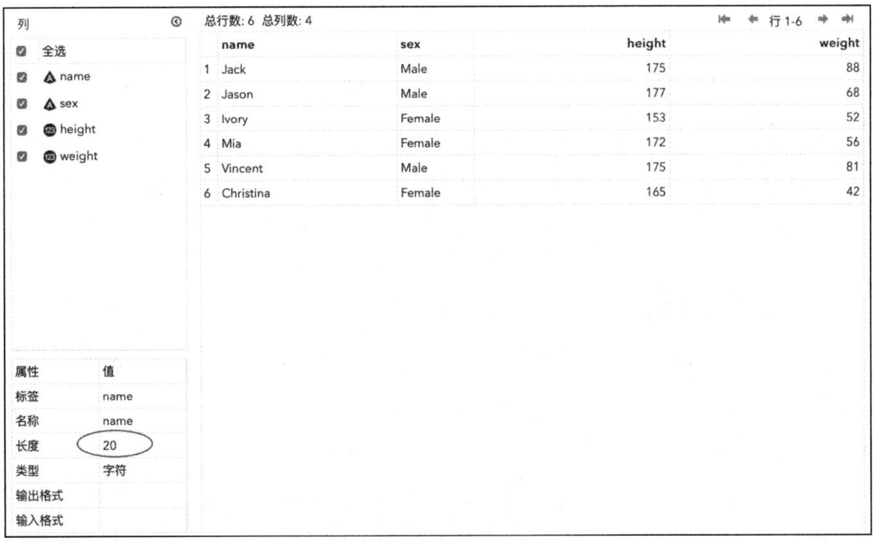

图 4-27

除了 txt 文本文档，csv 文件也是经常被使用的数据存储方式。csv 全称为逗号分隔值文本，是用逗号将不同变量下的值分隔的数据文件，Excel 软件在存储时就可以选择存储为 csv 格式。既然分隔符为逗号，那么就可以使用 dlm=指定分隔符进行读取。

```
filename csv "U:\csvfile1.csv";
data read;
    length name $20;
    infile csv dlm=',';
    input name $ sex $ height weight;
run;
```

生成的数据集如图 4-28 所示。

	name	sex	height	weight
1	Jack	Male	175	88
2	Jason	Male	177	68
3	Ivory	Female	153	52
4	Mia	Female	172	56
5	Vincent	Male	175	81
6	Christina	Female	165	42

图 4-28

继续探索，我们经常会获得千奇百怪的数据，有的数据包含缺失值，有的数据将字符值用引号括起来，这时应该如何读取呢？

SAS 早就帮我们想好了办法，只要在 infile 中加入 dsd 操作符，即可规避可能出现的问题。dsd 操作符的功能为：① 忽略引号中的分隔符；② 去掉值中的引号；③ 将同一行中两个连续的分隔符理解为缺失值。图 4-29 和图 4-30 分别是包含和不包含 dsd 分隔符的 infile 程序的输出结果，读者可以对比两者的区别。

	name	sex	height	weight
1	Jack	Male	175	88
2	Jason	Male	177	68
3	Ivory	Female	153	52
4	Mia	Female	172	56
5	Vincent	Male	175	81
6	Christina	Female	.	42

图 4-29

	name	sex	height	weight
1	"Jack"	Male	175	88
2	"Jason"	Male	177	68
3	"Ivory"	Female	153	52
4	"Mia"	Female	172	56
5	"Vincent"	Male	175	81

图 4-30

图 4-29 为使用 dsd 分隔符的结果，图 4-30 为不使用 dsd 分隔符的结果。首先，使用 dsd 分隔符可以避免将文件中的引号读取为值，其次，使用 dsd 分隔符后，虽然 Christina 的 height 值缺失，但其余值可以正常显示，不会让整行都无法读取。

最后 infile 还可以按长度读取数据。图 4-31 是 txtfile6.txt 文件。

它并没有用某个符号作为分隔符，而是让相同变量的记录靠左对齐来区分，此时需要在 input 中加入长度控制命令。

```
Jack      Male    175 88
Jason     Male    177 68
Ivory     Female  153 52
Mia       Female  172 56
Vincent   Male    175 81
Christina Female  165 42
```
图 4-31

```
filename txt "U:\txtfile4.txt";
data read;
    infile txt;
    input name $1-10 sex $11-17 height 18-20 weight 22-23;
run;
```

对比 txtfile1.txt 程序，input 语句中的 name 后除了加上 $ 符号表示变量类型，还使用数字告诉 SAS 该变量的位置是从哪到哪，例如 name 变量是读取第一个字符到第十个字符作为变量的值。

infile 虽然不是 proc 中的语句，但也是数据读取的好方法，因此这里与 proc import 放在一起讲解。proc import 的优点在于语句简单、逻辑清晰，通过几个参数即可读取外部文件，同时，它的缺点也很明显，首先是无法对数据进行过多的修改，如果读取的数据类型或格式不对，需要在下面用 data 步进行修改；infile 语句的优劣与 proc import 正好相反，因为它属于 data 步，所以在读取之后就可以对数据直接修改，但因为需要定义变量的信息，因此语法略显烦琐。需要注意的是，两者在运行时都需要保证文件是可编辑的状态，否则就会读取失败，例如在工作中如果遇到其他用户打开了非共享文档，那么 proc import 和 infile 就会执行失败，无法将数据读入。

4.4.3　数据输出

本节开头的故事只讲完了上半段，作为 SAS 程序员，我们既然不能强迫市场部门把数据直接用 SAS 格式交给我们，自然也不能强迫产品部门用我们提供的 SAS 数据集进行分析，这时就需要考虑到数据的输出。

数据输出的概念其实比较宽泛，从上一节讲解的 proc print 输出到结果栏，到将数据输出到外部文件，以及将统计分析结果生成报表，都算是数据输出。本节所说的数据输出，聚焦在将数据集输出到其他文件中。

输出到外部文件其实也很简单。在之前的内容中我们提到过，SAS 的很多语法都是相互对应的结构，例如 format 和 informat、input 和 put，proc import 用于输入外部文件，proc export 则表示输出到外部文件。与 proc import 语法类似，proc export 的基本用法为：

```
proc export data=数据集名称 outfile="文件路径\文件名" dbms=输出类型;
run;
```

这里值得注意的是，import 中的 datafile 被换成了 data，而 out 被换成了 outfile，这是因为 proc export 的输入对象是数据集，而输出对象是文件。使用以下代码将 sashelp 库中的数据集 air 输出为外部文件。

```
proc export data=sashelp.airline
            outfile="/home/yourenyuan0/Book/airline.xlsx" dbms=xlsx;
run;
```

需要注意的是输出文件的路径，在 Windows 系统和 Linux 系统下，路径分隔符有区别。执行后可以在指定文件夹下生成文件 airline.xlsx。如果使用桌面版 SAS，读者可以直接到所在路径下找到文件；如果使用的是 SAS Studio 版本，则需要右击生成的文件，选择"下载"命令。

生成的文件如图 4-32 所示。

数据表中的第一行为变量名，接下来为每条记录，表名为 airline，也就是数据集的名称。

proc export 也可以使用 sheet=命令指定输出的表名，下例是把 sashelp 中的 air 和 airline 输出到一个 xlsx 文件，放置在不同的表中。还记得 proc import 为了保护数据，如果数据集已经创建则无法重复运行的情况吗？在 proc export 中也需要加上 replace 选项防止这种情况的发生。

	A	B	C
1	DATE	AIR	Region
2	Jan-49	112	ALL
3	Feb-49	118	ALL
4	Mar-49	132	ALL
5	Apr-49	129	ALL
6	May-49	121	ALL
7	Jun-49	135	ALL
8	Jul-49	148	ALL
9	Aug-49	148	ALL
10	Sep-49	136	ALL
11	Oct-49	119	ALL
12	Nov-49	104	ALL
13	Dec-49	118	ALL

图 4-32

```
proc export data=sashelp.airline
    outfile="/home/yourenyuan0/Book/airline.xlsx" dbms=xlsx replace;
    sheet="Airline";
run;
proc export data=sashelp.air outfile="/home/yourenyuan0/Book/airline.xlsx"
dbms=xlsx replace;
    sheet="Air";
run;
```

生成的数据集中包含两个表，分别包含 airline 和 air 数据集的数据，如图 4-33 所示。

35	Oct-51	162	
36	Nov-51	146	
37	Dec-51	166	
38	Jan-52	171	
39	Feb-52	180	
40	Mar-52	193	

图 4-33

在输出的文件中，SAS 默认将第一行都作为变量名，这对于 xlsx 文件是正常的情况，但对于非数据存储专用文件，例如 txt 文本文档来说就有些奇怪了。此时可以使用语句 putnames=，指定 SAS 不输出变量名。

```
proc export data=sashelp.airline
            outfile="/home/yourenyuan0/Book/airline.txt" dbms=tab replace;
    putnames=No;
run;
```

生成的数据集如图 4-34 所示。

对于是否保留变量名，需要根据数据分析的要求进行选择。

SAS 的输入和输出功能是 SAS 作为一个平台性编程语言的特点，它使用较少的语句读取与输出外部文件，成为数据分析产业链中的一环。在输入上，proc import 和 data 步的 infile 是比较常用的两种输入方式，而输出数据集的方式可以采用

JAN49	112	ALL
FEB49	118	ALL
MAR49	132	ALL
APR49	129	ALL
MAY49	121	ALL
JUN49	135	ALL
JUL49	148	ALL
AUG49	148	ALL

图 4-34

proc export。它们都具有语法简单、变化多样等特点，可以很好地完成输入/输出功能。读者在学习时可以对照案例，大胆尝试，洞悉程序中每个语句和选项变化对输入/输出结果造成的影响，这样才能早日融会贯通。

关于 proc，我们一直在学习它针对数据集值和变量的操作，无论是排序、查重、转置还是输入/输出，都是将数据集中的变量和值改变形态，那么我们有没有什么办法对数据集和库本身进行操作，获取它们的信息并对它们做出修改呢？答案当然是有的，下一节将对此话题进行介绍。

4.5　读取数据集和库的信息

在上一节的最后，我们提到无论是排序还是转置，本质上都是按照数据中的变量和值进行某种操作，本节所叙述的，则是针对数据集和库本身进行的操作，它们包括数据集和库的信息的查看、修改、删除等。

在开始技术讲解之前，首先需要明确为什么我们需要这些操作，只有了解了这些操作的目的，在日后的工作中，遇到类似情况才能第一时间找到合适的方法。

数据分析师的工作可不是只有编程，甚至可以说编程占的时间不超过一半。更多的时候，数据分析师面对的是整理数据、开会讨论、确定思路等工作，简而言之"怎么干"占小部分，而"干什么"才更重要。确定怎么干的时候，经常会就某变量的真正意思激烈讨论，例如"前 16 天患者血压变化"，究竟是否包含第 16 天；药物服用的日期缺失，究竟应该保留缺失，还是将其自动补全，使用什么方法补全等，在讨论过程中很容易形成多版结果，每个版本的数据集都有所不同。现在试想以下两个情景。

（1）你的领导笑眯眯地向你走来，说道："我们最近这两版的数据变量有什么不同吗？你对比一下两个数据集的变量，10 分钟后跟我说一下。"你只好打开两个数据集，一个一个变量对比起来。

（2）数据分析师集体大会上，领导对上周数据无故丢失的情况十分恼火，一再强调要注意数据安全，并且要求所有数据集必须有备份，在创建新数据集的时候把老数据集改名，有更新的数据集时把原本的新数据集改名为老数据集，老数据集删除。你心想着，这样每个程序又要多写一些了。

以上两个案例并不是编程中遇到的问题，而是在一个项目运行期间，为了保证项目的可靠性，需要进行的一些数据分析之外的工作，这些工作往往需要对数据集和逻辑库进行操作，善用合理的 proc 可以可观地降低我们的工作量。

本节将讲解 proc contents 和 proc datasets，分别用于管理数据集和逻辑库。

4.5.1　proc contents——一眼看穿数据集

proc contents 的功能非常明确，就是获取数据集的信息。首先仍然从基本语法入手，proc contents 的基本语法十分简单，只需要指定数据集即可获得数据集的信息。

```
proc contents data=sashelp.cars;
run;
```

运行后生成的结果并不是数据集，而是结果。结果栏中出现了 4 张表格，我们可以一一解读。

图 4-35 是 contents 过程执行信息，它包括数据集 sashelp.cars 的一些基本信息，包括创建时间、修改时间、记录数、变量数等，可以通过这些信息对数据集有一个基本的了解。如果领导问起某个数据集是什么时候创建的，使用 proc contents 就可以轻松地回答出来。

CONTENTS PROCEDURE			
数据集名	SASHELP.CARS	观测	428
成员类型	DATA	变量	15
引擎	V9	索引	0
创建时间	2018-10-24 21:22:18	观测长度	152
上次修改时间	2018-10-24 21:22:18	删除的观测	0
保护		已压缩	NO
数据集类型		已排序	YES
标签	2004 Car Data		
数据表示法	SOLARIS_X86_64, LINUX_X86_64, ALPHA_TRU64, LINUX_IA64		
编码	us-ascii ASCII (ANSI)		

图 4-35

图 4-36 是引擎/主机相关信息，它主要包含操作系统和 SAS 版本的信息，例如笔者使用的是 SAS Studio 版本，创建主机就是 Linux 版本，而创建版本则是最新的 9.04M6。

引擎/主机相关信息	
数据集页面大小	65536
数据集页数	2
首数据页	1
每页最大观测数	430
首数据页的观测数	405
数据集修复数	0
文件名	/pbr/sfw/sas/940/SASFoundation/9.4/sashelp/cars.sas7bdat
创建版本	9.0401M6
创建主机	Linux
Inode 号	6430783
访问权限	rw-r--r--
所有者名	odaowner
文件大小	192KB
文件大小（字节）	196608

图 4-36

图 4-37 是数据集中变量的细节信息，也经常是我们使用 proc contents 的主要目的。每条记录包括了变量的序号、名称、类别、长度、格式和标签，这样变量的信息一目了然。

图 4-38 是数据的排序信息，如果数据是按照某个或某些变量排序，那么这些变量会出现在排序依据中。对于不熟悉的数据集，首先查看排序信息可以了解到每个数据集的排序方法，方便后续操作。

按字母排序的变量和属性列表				
#	变量	类型	长度	输出格式	标签
9	Cylinders	数值	8		
5	DriveTrain	字符	5		
8	EngineSize	数值	8		Engine Size (L)
10	Horsepower	数值	8		
7	Invoice	数值	8	DOLLAR8.	
15	Length	数值	8		Length (IN)
11	MPG_City	数值	8		MPG (City)
12	MPG_Highway	数值	8		MPG (Highway)
6	MSRP	数值	8	DOLLAR8.	
1	Make	字符	13		
2	Model	字符	40		
4	Origin	字符	6		
3	Type	字符	8		
13	Weight	数值	8		Weight (LBS)
14	Wheelbase	数值	8		Wheelbase (IN)

图 4-37

排序信息	
排序依据	Make Type
已验证	YES
字符集	ANSI

图 4-38

proc contents 的结果从宏观到微观展现了一个数据集的信息，这些信息可以更好地指导我们进行进一步的操作。

在之前的内容中，我们提到过 proc 中有许多语句，例如 by、where 可以对结果进行筛选，但在 proc contents 中大多不适用，原因是 proc contents 操作针对的是数据集而非变量和值。但 proc contents 仍然自带了一些选项可以适用。

首先，可以适用 out=选项将 proc contents 生成的结果输出。

```
proc contents data=sashelp.cars out=info_cars;
run;
```

生成的数据集 info_cars 是以上结果的结合，既包括库、数据集的信息，也包括每个变量具体的信息，如图 4-39 所示。

	LIBNAME	MEMNAME	MEMLABEL	TYPE…	NAME	TYPE	LEN…	VARNUM
1	SASHELP	CARS	2004 Car Data		Cylinders	1	8	9
2	SASHELP	CARS	2004 Car Data		DriveTrain	2	5	5
3	SASHELP	CARS	2004 Car Data		EngineSize	1	8	8
4	SASHELP	CARS	2004 Car Data		Horsepower	1	8	10
5	SASHELP	CARS	2004 Car Data		Invoice	1	8	7
6	SASHELP	CARS	2004 Car Data		Length	1	8	15
7	SASHELP	CARS	2004 Car Data		MPG_City	1	8	11
8	SASHELP	CARS	2004 Car Data		MPG_Highway	1	8	12
9	SASHELP	CARS	2004 Car Data		MSRP	1	8	6
10	SASHELP	CARS	2004 Car Data		Make	2	13	1
11	SASHELP	CARS	2004 Car Data		Model	2	40	2
12	SASHELP	CARS	2004 Car Data		Origin	2	6	4
13	SASHELP	CARS	2004 Car Data		Type	2	8	3
14	SASHELP	CARS	2004 Car Data		Weight	1	8	13
15	SASHELP	CARS	2004 Car Data		Wheelbase	1	8	14

图 4-39

观察 NAME 变量，发现它是按照字母顺序进行排列的，而非变量在数据集中实际出现的位置，使用 varnum 选项即可改变其排序方式：

```
proc contents data=sashelp.cars out=info_cars varnum;
run;
```

varnum 表示按照变量在数据集中的位置显示变量信息，这种方法更方便我们定位变量。注意这种排序只能应用于结果栏中，生成的数据集仍然不会改变；如果需要数据集按照变量顺序排列，可以使用 proc sort，按照变量 VARNUM 进行重排，结果栏如图 4-40 所示。

#	变量	类型	长度	输出格式	标签
1	Make	字符	13		
2	Model	字符	40		
3	Type	字符	8		
4	Origin	字符	6		
5	DriveTrain	字符	5		
6	MSRP	数值	8	DOLLAR8.	
7	Invoice	数值	8	DOLLAR8.	
8	EngineSize	数值	8		Engine Size (L)
9	Cylinders	数值	8		
10	Horsepower	数值	8		
11	MPG_City	数值	8		MPG (City)
12	MPG_Highway	数值	8		MPG (Highway)
13	Weight	数值	8		Weight (LBS)
14	Wheelbase	数值	8		Wheelbase (IN)
15	Length	数值	8		Length (IN)

按创建时间排序的变量

图 4-40

有时，除了这个数据集的信息，我们顺便也想了解一下同一个库中其他数据集和文件的信息，是否有一站式操作呢？此时可以使用 directory 选项。

```
proc contents data=sashelp.cars directory;
run;
```

对比生成的结果，发现多了一些内容，如图 4-40 所示。

首先，结果栏中出现了逻辑库引用名表和 1 级到 4 级库信息。

此外，图 4-41 所示的结果中还可以发现 sashelp 库下的所有文件。如果你打开 sashelp 库，会发现里面全是数据集文件，但为什么有的数据集文件的名字在这个结果中出现了两次呢？实际上，在 sashelp 逻辑库所对应的物理地址上，不仅仅有数据集文件，其中还包括类似索引、目录文件等，在使用 directory 选项读取整个库的时候，这些文件也会被读取。

如果希望只读取数据集文件，即成员类型为 DATA，就需要用到 memtype=选项，指定 memtype=data。

如果希望获得更多数据集的信息，可以增加 details 选项。

```
proc contents data=sashelp.cars directory details;
run;
```

结果如图 4-42 所示。与之前的结果进行对比，发现加上 detail 选项后，文件列表中增加了记录数量、变量数、标签的信息，这样就可以对每个数据集有更加直观的了解。

#	名称	成员类型	水平	文件大小	上次修改时间
1	AACOMP	DATA	4	448KB	2019-04-25 06:28:31
	AACOMP	INDEX		184KB	2019-04-25 06:28:31
2	AARFM	DATA	4	256KB	2018-10-25 02:06:03
	AARFM	INDEX		40KB	2018-10-25 02:06:03
3	AC	CATALOG	4	24KB	2018-10-25 02:15:00
4	ADSMSG	DATA	4	256KB	2018-10-25 02:13:21
	ADSMSG	INDEX		72KB	2018-10-25 02:13:21
5	AFCLASS	CATALOG	4	2MB	2018-10-25 02:17:48
6	AFMSG	DATA	4	448KB	2018-10-25 02:04:30
	AFMSG	INDEX		104KB	2018-10-25 02:04:30
7	AFTOOLS	CATALOG	4	2MB	2018-10-25 02:18:01
8	AIR	DATA	4	128KB	2018-10-25 02:15:51
9	AIRLINE	DATA	4	128KB	2018-10-25 02:25:41
10	APPLIANC	DATA	4	128KB	2018-10-25 02:16:06
11	ASSCMGR	DATA	4	320KB	2018-10-25 02:29:00
12	BASE	CATALOG	4	236KB	2018-10-25 02:06:16
13	BASEBALL	DATA	4	192KB	2019-04-25 07:10:23

图 4-41

#	名称	成员类型	水平	观测、条目或索引	变量	标签	文件大小	上次修改时间
1	AACOMP	DATA	4	2020	4		448KB	2019-04-25 06:28:31
	AACOMP	INDEX		1			184KB	2019-04-25 06:28:31
2	AARFM	DATA	4	130	4		256KB	2018-10-25 02:06:03
	AARFM	INDEX		1			40KB	2018-10-25 02:06:03
3	AC	CATALOG	4	0			24KB	2018-10-25 02:15:00

图 4-42

SAS 中的很多 proc 功能都是相通或者相近的，一个 proc 可以在不同条件下满足不同的需求，在面对具体问题的时候需要根据自身对语法的熟悉程度和具体的需求进行选择。以上的 proc contents 就是一例，它既可以查看某个数据集的信息，也可以查看某个库中数据集的信息。下面要学习的 proc datasets 也是一例。

4.5.2　proc datasets——万能 proc

在一般的图书中，对于 proc datasets 的介绍往往关注于它的逻辑库管理功能。的确，proc datasets 创建之初确实是为了管理逻辑库，但随着版本的演化，SAS 给 proc datasets 塞进了越来越多的功能。

proc datasets 最常用的功能是管理库与库中的数据集，它就像一把手术刀，可以精准地找到需要更改的地方。但实际上，proc datasets 更像一把瑞士军刀，用过瑞士军刀的朋友应该知道，切割功能只是它很小的一部分，瑞士军刀还包括开瓶器、改锥等诸多功能。如果对其简单分类，proc datasets 可以有以下 4 种功能。

- 获取 SAS 逻辑库信息。这是 datasets 的基本功能，这部分功能也和 proc contents 重合，不过 proc datasets 可以提供更为多样的结果。

- 修改数据集中变量的信息。proc datasets 可以用简单的语法完成对数据集某个变量信息的修改。注意这里是修改而非重新生成，因此它占用的系统资源也比重新生成的数据集要小得多。
- 修改 SAS 数据集的信息。数据集的信息与变量的信息不同，例如标签 label，在 SAS 中每个变量可以拥有标签，表示变量的意思，而数据集也可以拥有自己的标签，表示数据集存储数据的意义。除了标签以外，proc datasets 还可以进行加密等数据集处理。
- 管理 SAS 文件。proc datasets 还可以管理 SAS 文件，包括复制、版本控制等。

在学习 proc 的时候，笔者对很多 proc 都进行了一句话的特点概括，例如 proc append 是最简单的 proc，proc sort 是很多人最先掌握的 proc，而对于 proc datasets，笔者的结论是它是最全能的 proc。下面我们就按照以上 4 种功能分别学习 proc datasets 在具体应用中的语法。

1. 获取 SAS 逻辑库信息

proc datasets 的基本语法为：

```
proc datasets lib=库名;
quit;
```

这里需要注意两点，proc datasets 因为是针对库操作，所以不用 data=选项，而是用 lib=。另外，proc datasets 对应的结尾是 quit 而非 run。这是因为它是一个复杂语句，其中可以使用 run 表示阶段运行，所以最终的结尾需要使用 quit。

仍然使用熟悉的 sashelp 库为例：

```
proc datasets lib=sashelp;
quit;
```

运行后会发现结果的样子非常熟悉。没错，这就是 proc contents 加上 directory 选项后的结果，只是不包含具体数据集的变量信息。在 proc contents 中学习的部分选项也可以加在这里，例如我们希望获取 memtype=data 的文件信息并且获得细节信息，则可以使用如下代码：

```
proc datasets lib=sashelp details memtype=data;
run;
```

生成的结果与图 4-42 相同。

除了 details 和 memtype，proc datasets 的顶级选项还有很多，如表 4-4 所示。

表 4-4

选项名称	用　　途
nodetails	默认开启，显示数据集具体信息
kill	删除库中的所有数据集，使用时一定要再三确认
nolist	不将结果输入到结果栏
nowarn	不显示 proc datasets 操作中的 error 和 warning，使用时也必须小心，因为无法了解程序执行是否顺畅

如果想要查看库中某个数据集的具体信息，就需要使用 contents 语句。

```
proc datasets lib=sashelp;
    contents data=cars details varnum;
run;
quit;
```

以上代码读者可能觉得奇怪，proc contents 不是一个 proc 吗？怎么这里放在 proc datasets 中运行？生成的结果还与 proc contents 相同，如图 4-43 所示。

#	变量	类型	长度	输出格式	标签
		按创建时间排序的变量			
1	Make	字符	13		
2	Model	字符	40		
3	Type	字符	8		
4	Origin	字符	6		
5	DriveTrain	字符	5		
6	MSRP	数值	8	DOLLAR8.	
7	Invoice	数值	8	DOLLAR8.	
8	EngineSize	数值	8		Engine Size (L)
9	Cylinders	数值	8		
10	Horsepower	数值	8		
11	MPG_City	数值	8		MPG (City)
12	MPG_Highway	数值	8		MPG (Highway)
13	Weight	数值	8		Weight (LBS)
14	Wheelbase	数值	8		Wheelbase (IN)
15	Length	数值	8		Length (IN)

排序信息	
排序依据	Make Type
已验证	YES
字符集	ANSI

图 4-43

这就是 proc datasets 的强大之处了，它除了本职工作——查看库的信息之外，还集成了大量其他 proc 的功能，这里相当于把 proc contents 功能放到了 proc datasets 里执行，因此 contents 语句之后要加一个 run 表示执行此步。当然，这只是 proc datasets 功能的冰山一角。

2．修改数据集中变量的信息

假设有一个数据集，里面的所有变量和值都是正确的，只是其中某个变量的格式需要修改，你会怎么做呢？

很多读者很快就能给出答案：找到生成这个数据集的程序，修改变量格式不就可以了吗？如果数据集不是自己生成的，就再开一个 data 步用 format 完成修改。恭喜你，你的答案 100% 正确，但不一定是最优解。

重新生成数据集有两个问题。首先，如果数据集比较大，重新生成需要占据系统资源；其次，如果制作该数据集的原数据集某些值在版本更新时改变了，而我们不需要新版本的值，只需要更正的变量格式，重新生成数据集就会把更新版本的数据容纳进来。

因此这时我们更需要的是能直接对数据集进行修改的方法。

此时，proc datasets 中的 modify 语句就可以帮上忙了。modify 下辖一系列语句，包括 format、informat、label、rename 等，看起来是不是很像 data 步里的操作。的确，modify 语句就像在 proc datasets 中创建了一个 data 步，它的基本语法如下：

```
modify 数据集名;
    format 变量名 变量格式;
    informat 变量名 变量格式;
    label 变量名 = "标签名";
    rename 原变量名 = 新变量名;
run;
```

还是以熟悉的 sashlep.cars 为例，现在首先要把它读取到 work 库，然后把变量 msrp 改名为 marketprice，格式变为 comma10.2，标签改为 Market Price，则可以使用以下代码：

```
data cars;
    set sashelp.cars;
run;
proc datasets lib=work;
modify cars;
    format msrp comma10.2;
    label msrp="Market Price";
    rename msrp=marketprice;
run;
quit;
```

观察生成的数据集，发现变量 msrp 已经被改名为 marketprice，格式和标签也有所改变，如图 4-44 所示。

再查看生成数据集的属性，使用桌面版的读者可以右击 work 库选择"属性"命令，使用 SAS Studio 的读者需要选择"我的逻辑库"中的 work 库，发现文件的创建时间与最后修改时间不同，如果选择重新生成数据集，文件的创建和最后修改时间相同，都是程序运行完成的时间点，而使用 proc datasets 不属于重新创建数据集，因此可以保留原始创建时间，方便项目管理和查询，如图 4-45 所示。

图 4-44

在第 3 章数据格式一节中，我们提到 attrib 语句在 data 步中可以创建修改变量的所有信息，这个语句在 proc datasets 中也可以发挥相同的作用，以上代码等价于：

```
proc datasets lib=work;
modify cars;
    attrib msrp format=comma10.2 label=
"Market Price";
    rename msrp=marketprice;
run;
quit;
```

图 4-45

3．修改 SAS 数据集的信息

修改数据集与修改变量不同，它指的是针对数据集整体进行的修改，下面以两个数据集连接为例，讲解 proc datasets 修改数据集的功能。

我们有两个数据集，分别有两条记录，用于记录一个学生的姓名和他的考试成绩，现在需要将它们连接在一起，认真阅读本书前半部分的读者，一下就可以给出两种方法：使用 data 步中的 set 语句和 proc append。现在我们仍然使用 append，不过是 proc datasets 中的 append 对数据集进行连接：

```
proc datasets lib=work nolist;
append base=score1 data=score2;
quit;
```

执行后的结果如图 4-46 所示，两个数据集被连接到了一起。

proc append 有很多选项用于连接，在 append 语句中同样可以使用，具体内容如表 4-5 所示。

	name	score
1	Zhang Three	89
2	Li Four	73
3	Wang Five	89
4	Zhao Six	73

图 4-46

表 4-5

选　项	用　　途
appendvar=V6	指定使用 V6 以前版本的引擎进行连接，该版本是将 "data=" 指定的数据集一条一条和 "base=" 指定的数据集连接，之后的引擎是将数据集分成区块，与 base= 指定的数据集连接
force	当变量不存在于 data= 指定的数据集，或者两数据集的变量格式、标签等不同时强制连接
nowarn	不在日志中显示产生的 error 和 warning

学到这里，读者可能会产生一个想法：原来 proc datasets 所谓的数据集和变量的修改都是其他 proc 已有的功能，只是在 proc datasets 里书写起来更方便。除了查看库中数据集的信息，proc datasets 有什么独家秘笈呢？下面我们一起探讨给数据集添加密码的方法。

在工作之中，为了数据安全，有时在与外部交互的时候需要对数据进行加密；有时为了方便权限划分，对某些数据集设置密码；甚至有些时候你不希望同事看到你的成果，也可以选择对数据集加密，这些都是无可厚非的理由。学好数据集加密，可以有效地保护数据的安全。

设置数据集的密码仍然需要使用 modify 语句，语法为：

```
modify 数据集名称(pw=密码);
```

这里使用 pw 创建密码。例如对 work 库中的 cars 数据集增添密码：

```
proc datasets lib=work;
    modify cars(pw=nosee);
quit;
```

执行后再打开 cars 数据集，会发现需要输入密码才能查看，如图 4-47 所示。需要注意的是，SAS Studio 版本不支持打开有密码的数据集，所以会无法打开，如图 4-48 所示。桌面版会自动弹出窗口要求输入密码。

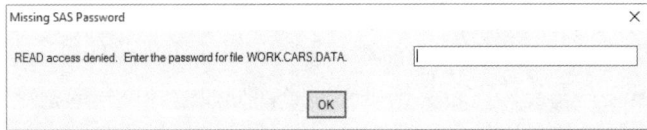

图 4-47

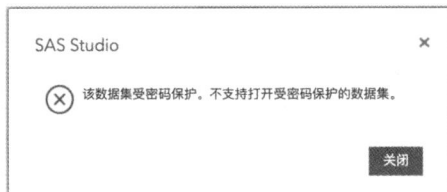

图 4-48

修改和删除密码也很简单，在 pw=选项后按照老密码/新密码的格式重新输入密码即可。例如（pw=nosee/）即可删除原密码，（pw=nosee/notsee）则将原密码 nosee 改为新密码 notsee。

SAS 也可以为读取权限和修改权限单独设置密码，分别需要使用 read=和 alter=，例如以下代码：

```
proc datasets lib=work;
    modify cars(read=noread alter=nochange);
quit;
```

为读取设置的密码为 noread，当你使用 data 步中的 set 语句读取该数据集时，就需要使用 noread 密码，而如果要对数据集进行修改时，就需要使用 nochange 密码。两者相互独立，拥有不同的权限，可以更好地保障数据安全。

4. 管理 SAS 文件

文件管理是一个新手数据分析师经常忽略却又重要无比的事情。

随着现代企业的分工逐渐深化，越来越多的职业只负责全产业链中很小的一部分。例如在大企业中的程序员，很少涉及一个产品完整周期的开发，更多的是负责一个部分或一个环节。再比如教师，据我所知某些培训机构的教师已经不用参与备课，他们在课堂上所讲的内容都是备课团队根据数据和经验精心准备的，甚至连讲到某段时的语气和速度都设计好了，教师们需要做的是将这些完整地表达。

说回到数据分析师行业，数据分析师经常是作为公司的中间部门，前面与市场、客户部门沟通，后面与产品部门联动。这种分工的细化虽然可以帮助数据分析师聚焦于手头的工作，但也让我们很容易缺少某些重要的项目管理视野。

文件管理就是数据分析师需要注意的一个非常重要的事情，proc datasets 提供了诸如文件版本控制、名称交换等诸多功能，方便数据分析师做好数据管理工作。

版本控制是指相同的数据集，除了保留最新的版本外，对于以前的版本也进行保留，方便后续工作中查看和回档。诚然，我们可以用 data 步完成这项操作，在生成最新数据集之前依次将原数据集改名，但随着版本的增多，所需要的 data 步也会增多，分析师不得不频繁地修改代码。

proc datasets 中的 modify 语句可以胜任这项工作，这里使用 genmax=选项来设置保留多少版本。例如运行以下代码：

```
data cars;
    set sashelp.cars;
run;
proc datasets lib=workl nolist;
    modify cars(genmax=3);
quit;
```

genmax 表示总共保留 3 版 cars 数据集，除了最新生成的一个，另外两个就是数据集的过去版本，它们会以#001、#002 的顺序依次排序，并作为原数据集的名称后缀，例如连续生成 3 次 cars 数据集，work 库中的内容如图 4-49 所示。

假设在库 work 中有数据集 score1、score2、score3，如图 4-50 所示。现在领导提出要求，目前的所有 score 数据集均不符合要求，新版本的数据集要等数据更新后才能制作，现在需要把 score1 改名为 score2，score2 改名为 score3，并且删除 score3，这样只保留数据的两个历史版本，等待新的数据到来后再创建新版本。

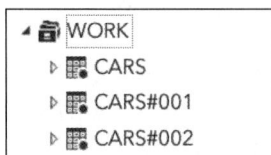

图 4-49

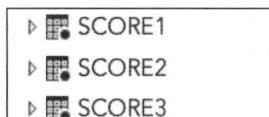

图 4-50

此时可以使用 proc datasets 中的 age 语句，age 一般表示年龄，很难想到它与替换数据集名称的关系。其实在英语中 age 还可以表示代际，即将数据集按照代际重新命名。针对以上需求，可以用下列程序：

```
proc datasets lib=work nolist;
    age score1 score2 score3;
quit;
```

再观察 work 库，发现只有 score1 和 score2 两个数据集。实际上，age 后面所接的数据集的名称是接力向后传递，socre1 被命名为了 score2，score2 被命名为了 score3，而 score3 被直接删除，如图 4-51 所示。这样我们就完成了领导的任务。

最后，需要介绍数据集删除的功能。很多时候，一个复杂的程序会生成数十个中间步骤的数据集，它们存放在 work 库中，占据了大量系统资源，在程序结束时候我们希望删除它们。proc datasets 提

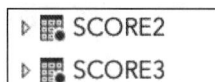

图 4-51

供了批量删除库中的数据集和删除特定数据集的功能。

批量删除数据集使用 kill 选项，例如以下代码：

```
proc datasets lib=work kill;
quit;
```

该程序可以删除 work 库中的所有数据集。这里笔者必须做出提醒，work 库被删除后可以通过重新运行代码的方式获得，但如果是其他库，整体删除的结果是非常严重的，读者在使用 kill 选项的时候一定要非常慎重！

delete 语句可以删除指定数据集，例如以下代码：

```
proc datasets lib=work nolist;
    delete score3;
quit;
```

该选项表示删除 work 库下的 score3 数据集。

文件管理功能是 proc datasets 很重要的功能，读者在处理文件相关的操作时，可以第一时间思考 proc datasets 是否有相关的功能。当然，其还包括名称交换、文件修复等功能，它就如同一个百宝箱，可以解决很多文件管理相关的问题。

本节所介绍的 proc contents 和 proc datasets 主要是针对数据集和库的操作，而非变量和值。之所以笔者用一整节的时间探讨二者在不同情况下的使用，是因为涉及变量和值的操作其实只占数据分析师的一小部分时间，很多时候数据分析师需要和人打交道，包括数据交换、版本控制、进度汇报等，这时 proc contents 和 proc datasets 将会派上重要的用场。它们不一定能够提升你的数据分析能力，但绝对能让你成为一名优秀的数据分析师。

说到数据集的操作，部分读者可能知道另外一款重要的数据库操作语言 SQL，甚至很多数据分析师就是从数据库工程师转行过来的，SAS 是一门需要重新学习的语言。其实，SAS 内建了 SQL 语言的功能，数据分析师可以使用原汁原味的 SQL 语言对数据集进行操作，具体的内容将在下节涉及。

4.6　好风凭借力：在 SAS 中使用 SQL

据笔者所知，从事数据分析工作的很多朋友都是从其他行业里转型而来的，毕竟目前数据分析在大学中的学科分类还没有彻底建成，数据分析相关的技术也没有完全统一，想要从大学期间就开始系统地学习数据分析并不容易。

很多朋友在从事数据相关行业数年后转行做数据分析师，他们以前曾经是程序员、市场调研员等，因为与数据联系紧密，掌握了一些数据分析的技术，于是在跳槽或轮岗的时候选择了一份全新的工作。

新工作意味着新的挑战，但并不表示原本的技术派不上用场了。在数据分析中，很多东西需要的恰恰不是"精益求精"，而是"触类旁通"，将原有技术带入新领域中往往能够更快地适应新行业。

若说与 SAS 结合最紧密的语言，应当就是 SQL 了。SQL 作为数据库管理语言，被大量数据库软件采用。SAS 为了编程的方便性，也植入了 SQL 模块，在 proc sql 中，可以使用几乎原汁原味的 SQL 语言完成对 SAS 数据集的操作，甚至某些 SAS 语言还可以放在 proc sql 中完成部分操作。本节将对 proc sql 做一个基本的介绍。

4.6.1　SQL 与 proc——强强联合的数据分析工具

对于了解 SQL 的读者，SQL 的强大已经成为不言自明的知识，但不了解 SQL 语言的读者到这里可能还一头雾水：不是学 SAS 吗？为什么还要平白无故地多学一门语言？这不是增加了记忆量吗？想要对 SQL 有所了解，还需要从 SQL 的历史讲起。

SQL 的全称是 Structured Query Language，直接翻译为结构化查询语言，是一种特定目的的编程语言，也就是说，它是专门用来管理关系型数据库的。SQL 是一类高级语言，可以让用户在不掌握数据存放方法的情况下完成对数据库的定义和操作。需要注意的是，SQL 并不是一门语言，而是符合 SQL 代码标准的一类语言，它们的语法结构非常相似，但在不同平台不能完全通用。

SQL 强大的原因，主要是因为它的处理对象——关系型数据库。它是创建在关系模型基础上的数据库，借助于集合代数等数学概念和方法来处理数据库中的数据。例如一群学生的个人信息和他们某次考试的成绩，在关系型数据库中分别存储在个人信息数据库和考试成绩数据库中，两个数据库使用键进行连接，这个键就是我们所说的关系。SQL 就是为处理这种数据库专门诞生的语言。

从以上知识可以看出来，SQL 可以比较有效地处理多个数据集之间的关系问题，包括它们的合并、筛选、分组等，如果掌握 SQL 的功能，对数据分析是非常有帮助的。

SAS 中，可以在 proc sql 中使用 SQL 语言，基本的语法为：

```
proc sql;
    select 变量
    from 数据集
    where 筛选条件
    group by 分组变量
    having 分组后条件
    order by 排序变量;
quit;
```

proc sql 也是以 quit 结尾而非 run，这一点与上一节学习的 proc datasets 相同，因为它们都是具有复杂语法的、内部可以有延伸功能的 proc。另外需要注意，SQL 语言中的变量和数据集分隔符是逗号，回想 by 语句、var 语句，如果跟随多个变量是以空格分隔，在 proc sql 中为了保持 SQL 语言的原汁原味，也需要使用逗号作为分隔符。

考虑到不同读者的经验和能力，本书既不会过分涉及 SQL 语法的具体含义，也不会完全一带而过，而会有重点地展示 proc sql 在具体情景下的应用。以下篇幅可以简单分成 proc sql 在操作变量与记录上的应用和 proc sql 在数据集合并上的应用。

4.6.2 操作变量与值

以下内容将使用 sashelp 库中的 baseball 数据集，这个数据集记录了 1986 年美国职业棒球大联盟的 322 位职业运动员的表现数据，包括姓名、所在队伍、打数、安打数、全垒打数等，这些指标可以表示一个球员在比赛中的表现。不了解棒球运动的读者不必担心，本节使用该数据只是用于演示操作，不会涉及棒球知识。

首先，proc sql 可以将数据读取并打印，使用 select *表示选择数据集中的所有变量，*作为指代符号在 SQL 中表示选择所有，from 后接数据集的名称，具体语句如下：

```
proc sql;
    select * from sashelp.baseball;
quit;
```

结果栏中出现了如图 4-52 所示的结果。

Player's Name	Team at the End of 1986	Times at Bat in 1986	Hits in 1986	Home Runs in 1986	Runs in 1986	RBIs in 1986	Walks in 1986	Years in the Major Leagues	Career Times at Bat	Career Hits	Career Home Runs	Career Runs	Career RBIs	Career Walks
Allanson, Andy	Cleveland	293	66	1	30	29	14	1	293	66	1	30	29	14
Ashby, Alan	Houston	315	81	7	24	38	39	14	3449	835	69	321	414	375
Davis, Alan	Seattle	479	130	18	66	72	76	3	1624	457	63	224	266	263
Dawson, Andre	Montreal	496	141	20	65	78	37	11	5628	1575	225	828	838	354
Galarraga, Andres	Montreal	321	87	10	39	42	30	2	396	101	12	48	46	33

图 4-52

很多时候，我们需要的是将其读取进数据集进行进一步操作，而非仅仅打印出来，此时需要在 select 语句前使用 create table…as 语句添加创建数据集的功能。

```
proc sql;
    create table baseball as
        select * from sashelp.baseball;
quit;
```

运行后发现数据集 baseball 被创建，其内容等同于 sashelp.baseball，这种方法相当于在 data 步中使用 set 读取库中数据集，如图 4-53 所示。

表: WORK.BASEBALL ▾	视图: 列名 ▾	🔲 🔒 ↻ 🔳	▼ 过滤器: (无)		
列		⊘ 总行数: 322 总列数: 24			
☑ 全选			Name	Team	nAtBat	nHits
☑ △ Name		1	Allanson, Andy	Cleveland	293	66
☑ △ Team		2	Ashby, Alan	Houston	315	81
☑ ⑩ nAtBat		3	Davis, Alan	Seattle	479	130
☑ ⑩ nHits		4	Dawson, Andre	Montreal	496	141
☑ ⑩ nHits		5	Galarraga, Andres	Montreal	321	87
☑ ⑩ nHome		6	Griffin, Alfredo	Oakland	594	169

图 4-53

如果只希望选择部分变量读取，则可以使用 select 选择想要读取的变量：

```
proc sql;
    create table baseball as
```

```
        select name,team,natbat,nhits from sashelp.baseball;
    quit;
```

如图 4-54 所示，在 select 后指定特定变量，只有被指定的变量才会被读取进来。当然，select 语句不止能读取已有的变量，还可以创建新的变量，此时既可以使用 SAS 相关的函数，也可以使用 SQL 自带的函数。SAS 函数在第 3 章已经涉及，SQL 相关的函数如表 4-6 所示。

	Name	Team	nAtBat	nHits
1	Allanson, Andy	Cleveland	293	66
2	Ashby, Alan	Houston	315	81
3	Davis, Alan	Seattle	479	130
4	Dawson, Andre	Montreal	496	141
5	Galarraga, Andres	Montreal	321	87
6	Griffin, Alfredo	Oakland	594	169
7	Newman, Al	Montreal	185	37
8	Salazar, Argenis	Kansas City	298	73

图 4-54

表 4-6

函　　数	描　　述
AVG、MEAN	平均值
COUNT、FREQ、N	总个数（不包含缺失值）
CV	离散系数
MAX	最大值
MIN	最小值
NMISS	缺失值个数
RANGE	数字范围（最大值-最小值）
STD	标准差
STDERR	标准误差
SUM	求和
VAR	方差

在 baseball 数据集中，natbat 和 nhits 都可以代表一个球员的水平，我们使用公式 2*natbat+3*nhits-avg(natbat+nhits) 的值来表示一名球员的能力得分，可以使用如下代码：

```
proc sql;
    create table baseball_index as
        select name,natbat,nhits,
            2*natbat+3*nhits-avg(natbat+nhits) as index
        from sashelp.baseball;
quit;
```

观察代码内容，select 后除了已经在数据集中存在的变量外，还创建了一个新变量，它的值为"2 倍的 natbat+3 倍的 nhits－（natbat+nhits）"的平均值，使用"as+变量名"的格式为其命名为 index。生成的结果如图 4-55 所示。

	Name	nAtBat	nHits	index
1	Allanson, Andy	293	66	290.52795031
2	Ashby, Alan	315	81	379.52795031
3	Davis, Alan	479	130	854.52795031
4	Dawson, Andre	496	141	921.52795031
5	Galarraga, Andres	321	87	409.52795031

图 4-55

在 proc sql 中使用 SQL，除了可以使用符合 SQL 标准的语句，诸如 select…from 外，还可以使用部分 SAS 对变量属性修改的语句。例如以下代码：

```
proc sql;
    create table baseball_index as
        select name,natbat,nhits,
                2*natbat+3*nhits-avg(natbat+nhits) as index
        label="Attack Index" format=8.2
        from sashelp.baseball;
quit;
```

除了生成 index 变量，还可以使用 label=和 format=语句对 index 的标签和格式进行设定，这样就相当于在一个 proc 中对创建的变量完成了从创建到属性的一站式操作，非常方便。

从以上例子可以看出来，proc sql 与一般的 proc 不同，它的功能更多的是类似 data 步，对数据进行操作，因此笔者在 3.1 节提到，data 步与 proc 并不是泾渭分明的，二者在很多功能上都有重合，其中 proc sql 就是一例。

既然说到 data 步，我们在 data 步最开始学习的就是逻辑判断语句，其实这个功能在 proc sql 也可以实现，只不过使用的不是 if 语句，而是 case when 语句，语法为：

```
case
    when 条件1 then 执行语句1;
    when 条件2 then 执行语句2;
    when 条件3 then 执行语句3;
end;
```

例如对于生成的 index 变量，除了每名球员的具体数值，我们还希望得到这个数值的相对高低。把 index 的值分为 4 档，分别是 Very Good、Good、Fair、Not Good，此时可以使用如下语句：

```
proc sql;
    create table baseball_index as
        select name,natbat,nhits,
        case
            when 2*natbat+3*nhits-avg(natbat+nhits)>500 then "Very Good"
            when 500>=2*natbat+3*nhits-avg(natbat+nhits)>225 then "Good"
            when 225>=2*natbat+3*nhits-avg(natbat+nhits)>0 then "Fair"
            when 2*natbat+3*nhits-avg(natbat+nhits)<=0 then "Not Good"
        end as index
```

```
        from sashelp.baseball;
quit;
```

从位置来看，整个 case…when…end 语句相当于一个变量，用来判断 2*natbat+3*nhits-avg(natbat+nhits)的值的范围，为>500、225～500、0～225 和<0 的情况下分别设定值，最后使用"as+变量名"设定变量名为 index。虽然语句比较长，但相信读者一定可以轻松理解，运行后生成的结果如图 4-56 所示。

	Name	nAtBat	nHits	index
1	Allanson, Andy	293	66	Good
2	Ashby, Alan	315	81	Good
3	Davis, Alan	479	130	Very Good
4	Dawson, Andre	496	141	Very Good
5	Galarraga, Andres	321	87	Good
6	Griffin, Alfredo	594	169	Very Good
7	Newman, Al	185	37	Not Good

图 4-56

据笔者所知，很多拥有多年经验的数据库管理员转行成为 SAS 数据分析师后，都会大量使用 proc sql，如果将代码开头的 proc sql 和结尾的 quit 删去，整个程序看上去就像 SQL 程序一样。这种方法是否好我们先放在一边，但足见 proc sql 的强大之处。

除了 data 步的部分功能，proc sql 还能完成的一项基础功能就是排序，使用的是"order by+变量"的语句。例如在生成 index 变量后，我们希望按照 index 的数值降序排列，以下代码可以实现：

```
proc sql;
    create table baseball_index as
        select name,natbat,nhits,2*natbat+3*nhits-avg(natbat+nhits) as index
        from sashelp.baseball
        order by index desc;
quit;
```

注意：在 proc sort 中如果希望降序排列，需要在变量名前加 descending，而 SQL 语言的标准是在变量名后加 desc，这是两种语言的区别之一。这样排序后生成的数据集如图 4-57 所示。

	Name	nAtBat	nHits	index
1	Mattingly, Don	677	238	1574.5279503
2	Puckett, Kirby	680	223	1535.5279503
3	Fernandez, Tony	687	213	1519.5279503
4	Carter, Joe	663	200	1432.5279503

图 4-57

where 语句是在 SAS 和 SQL 语句中都很重要的语句，它在二者中的作用也相同，都是针对记录进行筛选。例如以下代码：

```
proc sql;
    create table baseball_index as
```

```
        select name,natbat,nhits,2*natbat+3*nhits-avg(natbat+nhits) as index
        from sashelp.baseball
        where position in ('C' 'CF')
        order by index desc;
quit;
```

使用 where 语句选出 position 变量的值为 C 或 CF 的记录进行输出。

proc sql 有时也能完成一些在 data 步和其他 proc 比较复杂的功能，例如分组。在很多时候，对于数据的分组是数据分析必要的步骤。下面使用 baseball 数据集作为例子，棒球队伍与很多其他职业的队伍不同，配合性、战术之类的只在很小的程度上影响比赛的结果，真正能够左右队伍实力的是每名球员的综合能力，而综合能力往往与一个球员的薪资挂钩，也就是能力越强的球员往往薪资越高。因此很多时候查看一个队伍所有球员的平均工资，就能基本了解棒球队的好坏了。baseball 数据集中记录的是每一名球员的个人工资和它的所属球队，我们需要对同一个球队的球员工资求平均数，然后按照每个球队输出一条记录。

如果使用"data 步+proc"的方法，读者可以自己思考一下应当如何解决，想必思考出来的结果并不简单，而在 proc sql 中，只需要使用 group by 语句即可。

"group by + 变量名"表示将选择的数据按照 group by 后面的变量进行分组，每一个变量的值只显示一条记录，如果包含多个变量，则每个变量值的组合为一组。在以上的例子中，就需要按照 team 变量进行分组，具体代码如下：

```
proc sql;
    create table teamsalary as
        select team, avg(salary) as mean_salary
        from sashelp.baseball
        group by team
        order by mean_salary desc;
quit;
```

得到的分组计算结果如图 4-58 所示。

	team	avg_salary
1	Boston	961.5625
2	New York	843.72655
3	Atlanta	716.875
4	Toronto	713.61111111
5	Baltimore	693.5
6	St Louis	621.96972727
7	Philadelphia	590.5833
8	Oakland	539.375
9	Chicago	538.2575
10	Kansas City	538.11111111

图 4-58

如果你稍微有点棒球经验，看到这个结果可能会会心一笑。美国棒球大联盟中长期有两支顶尖强队——波士顿红帽队与纽约洋基队，而我们数据中的平均工资前两名恰好就是波士顿与纽约的队伍，这也侧面印证了之前的说法，棒球队的成绩很大程度上与球员的薪资挂钩。这又是从数据得到信息和知识的一个例证。

4.6.3　数据集的合并

以上介绍的都是 proc sql 针对单个数据集的操作，但作为关系型数据库操作语言，SQL 很多时候可以用于多个数据集的处理工作，proc sql 在这一点上也继承了 SQL 相关强大的功能。

以下内容我们将使用两个数据集，如图 4-59 所示。

id	salary
1001	153000
1002	85000
1003	45000

	id	sex
1	1002	M
2	1003	F
3	1004	M

图 4-59

两个数据集都包含 id 变量，a 数据集包含 salary，b 数据集包含 sex。注意两个数据集在 id 值上不是一一对应的关系，a 数据集缺少 b 数据集中的 1004 记录，而 b 数据集缺少 a 数据集中的 1001 记录。

首先从横向合并说起，横向合并在 data 步中使用 merge 语句，连接后的数据集会变"胖"。在 proc sql 中，数据集的连接可以直接在 from 语句后将所有希望连接的数据都加上，使用逗号分隔。首先看最简单的情况，在不设定任何控制语句的情况下将 a 与 b 连接。代码如下：

```
proc sql;
   create table join1 as
      select * from a,b;
quit;
```

执行后日志中产生 warning，内容为变量 id 在两个数据集中都存在。如果一个变量在两个数据集中都存在，那么就需要指定变量的值究竟从哪个数据集来，此时使用 a.id 或 b.id 的格式可以避免生成 warning。

不过数据集仍然正常产生了，总共有 9 条记录。仔细查看，新的数据集是将 a 中的 3 条记录与 b 中的 3 条记录一一映射，每有一个映射就生成一条，因此得到了 3×3=9 条记录，如图 4-60 所示。

这种数据集合并方法称为笛卡尔合并，因为它与笛卡尔乘积的思路相同。在集合论中表示集合 X 与集合 Y 所有可能的有序对组成的集合，其中有序

id	salary	sex
1001	153000	M
1002	85000	M
1003	45000	M
1001	153000	F
1002	85000	F
1003	45000	F
1001	153000	M
1002	85000	M
1003	45000	M

图 4-60

对的第一个对象是 X 的成员，第二个对象是 Y 的成员。举例来说，如果 X 集合是{宫保,水煮,白灼}，Y 集合是{鸡,牛}，那么它们的笛卡尔乘积总共有六项，分别是{宫保鸡,水煮鸡,白灼鸡,宫保牛,水煮牛,白灼牛}。再看以上案例，我们就能够理解以上 9 条记录的来源了。

一般而言，合并数据集并不是需要它们的所有组合，而是要在其中筛选有意义的信息，此时就需要使用 join 连接两边的数据集，然后使用 on 语句表示连接的条件。例如以下程序：

```
proc sql;
    create table join2 as
        select a.id,a.salary,b.sex from a left join b on a.id=b.id;
quit;
```

该语句表示将数据集左连接，也就是只包含 a 中的记录，并且只合并 a 与 b 中 id 相等的记录，on a.id=b.id 在这里可以等价于 merge 语句的 by id，不过 proc sql 合并数据集并不需要提前排序，这一点是与 data 步不同的地方。

注意：from a 与 b 中间的 left join，它表示以 a 作为基础，让 b 中的记录一个个与 a 对比，如果存在则合并成功，如果 b 中不存在 a 中的 id，则结果为缺失值，如图 4-61 中的 1001 的 sex 即为缺失值。

id	salary	sex
1001	153000	
1002	85000	M
1003	45000	F

图 4-61

join 在 proc sql 中可以分为 left join、right join 和 inner join，两个数据集的 3 种 join 情况如图 4-62 所示。它们都包含相同键的记录，同时也分别有不同键的记录，left join 表示只包含左侧数据集的记录，right join 表示只包含右侧数据集的记录，而 inner join 表示只有二者都包含的记录才会被保留。

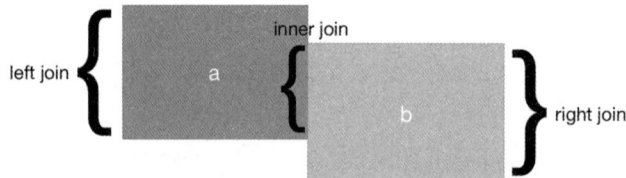

图 4-62

下面使用 right join 连接两个数据集：

```
proc sql;
    create table join2 as
```

```
        select a.id,a.salary,b.sex from a right join b on a.id=b.id;
   quit;
```

生成的数据集如图 4-63 所示。按照计划，数据集中应该只包含 1002、1003、1004 共 3 个 id，为什么 1004 的 id 是空的呢？原因是在 select 语句中使用的是 a.id，因为 a 中不包含 1004，此处改为 b.id 即可获得希望的结果。

	id	salary	sex
1	1002	85000	M
2	1003	45000	F
3		.	M

图 4-63

最后，再介绍一下纵向合并，即 data 步中的 set 语句，在 proc sql 中也可以使用 union 实现。

```
proc sql;
   create table join3 as
      select id from a union select id from b;
quit;
```

union 表示将数据集纵向合并。与 join 不同的是，union 合并的是两个 select from 语句，而非数据集之间的关系，并且 union 会删除重复的结果。如图 4-64 所示，在纵向合并的数据集中只包含 4 条记录，每个 id 的值各占一条。

id
1001
1002
1003
1004

图 4-64

4.6.4　使用 proc SQL 的正确姿势

本节介绍了处理数据集功能强大的 proc sql，它将 SQL 语言的语法应用到 SAS 之内，可以完成关系型数据库中的创建、删除、合并、求值等诸多功能，完成众多 data 步与 proc 无法简单完成的工作。

不少读者在了解到 proc sql 的强大功能后，都会产生一个想法：与其辛苦学习 SAS，还不如掌握好 SQL 语言，日后遇到 SAS 的需求完全用 proc sql 实现就可以了。这种想法笔者必须要澄清，proc sql 绝不是一个万能的工具。

诚然，proc sql 对数据集的处理上拥有巨大优势，但其在数据分析和获取统计量上不是那么优秀。我们学习 SAS 的时候，往往先学的是数据处理，然后学习数据分析，在数据处理上，proc sql 的强大让人心驰神往，一旦到了数据分析，各种统计专用的 SAS 功能，例如 proc means、proc freq、proc glm、proc lifetest，生成各种统计模型，此时 proc sql 就难免逊色了。

因此一味追求数据处理的方便而忽视 SAS 本身语句的学习，其实会导致 SAS 的学习无法系统化，在后期学习的时候会造成诸多困难。笔者建议读者在掌握 proc sql 的同时，掌握好 SAS 自身语言的语法，虽然 proc sql 这股好风可以将我们送上青云，但也不要忘记数据分析师真正的底座是坚实的 SAS 编程能力。

以上我们强调了 proc sql 无法完全取代 SAS 语句的原因，但它有没有什么独家秘笈，即某些操作使用普通的 SAS 语句几乎无法完成，只能求助于 proc sql 呢？答案是有的，下一节我们将以多对多合并做一个实例演示，这也是在真正工作场景中经常碰到的问题。

4.7 实战案例：使用 proc sql 进行副作用与伴随用药数据多对多合并

上一节我们留下了一个尾巴，就是 proc sql 能否做一些在 data 步中很难完成的事情呢？答案就是本节的题目——多对多合并。这是一个看上去不重要，但在工作中经常出现的情况。

回想 data 步的 merge 语句，它是将记录按照 by 后面所加的变量一条一条寻找。我们可以把 merge 语句想象成婚姻介绍所，它是一对一服务的。每个男性都需要填写自身信息，这就是 by 语句后的变量。这些信息交给一名来这里的女士，每名女士查看后选取符合心意的男性，两人见面相互沟通。如果女士查看信息后没有看到符合心意的男性，那么该女士就不会选择见面，对应到 merge 的结果就是合并的此条记录为缺失值。

proc sql 进行数据集合并，则更像是酒会或者 party。在酒会上可不仅仅是品酒，而是为了相互沟通，就感兴趣的话题探讨交流，还会留下沟通方式约定继续交流。注意这种交流不仅仅是一对一的关系，可能是三五个人相互交流，然后每个人都给所有人留下自己的联系方式。

如果把联系方式类比成数据集合并的结果，那么 proc sql 就创建了这样一场酒会，让有可能有关系的记录都被选择进来，而不是 merge 那样一对一的交流。

本节使用医药分析中常见的药物副作用与伴随用药数据集，讲解多对多合并的使用情景和方法。

4.7.1 案例背景

说到研发一款新药，很多读者脑中想到的可能是实验室里白胡子老爷爷拿着烧瓶和试管，对着显微镜的场景，因为药物研发一定涉及化学实验；或者有人可能想到实验室一角瑟瑟发抖，等待接受药物测试的小白鼠。诚然，它们确实是新药研发必不可少的环节，但这些环节其实非常靠前，占据药物研发的时间甚至只有 10% 到 20%。

笔者在之前的案例中就曾提到，人体临床试验才是新药研发从金钱到时间上花费的大头，而其中的一项重点就是测试安全性。

药物的安全性是指药物作用在人体上是否会造成某些不良结果，其中以副作用表现得最多。如果患者服药后产生头疼、头晕、痉挛等症状，那么药物就有可能存在副作用。一定要注意，如果服用试验药物后产生副作用，并不代表试验药物会导致副作用，二者只存在时间先后关系，并不存在因果关系。

在现实中，产生副作用的可能性很多，它既可能是伴随用药，即患者在服用试验药物的同时在服用其他药品导致的，也可能是患者病情改变导致的身体不适应症，甚至有可能是患者治疗期间发生了家庭矛盾，导致心情不好，产生了副作用。作为数据分析师，我们要做的就是从时间关系推导出因果关系，证明副作用究竟是否与试验药物有关。

4.7.2　数据明晰

本节我们将使用两个数据集 AE（图 4-65）与 CM（图 4-66）。AE 是 Adverse Event 的缩写，表示副作用，在临床试验标准规定中记录与副作用相关的数据。CM 是 Concomitant Medication 的缩写，它表示的是伴随用药。

	USUBJID	AESEQ	AETERM	AEDECOD	AESEV
1	PRA-002-1002-002	1	FALL	Fall	MODERATE
2	PRA-002-1002-002	2	WORSENING GENERALIZED EDEMA	Generalised oedema	MODERATE
3	PRA-002-1002-002	3	BACTERIAL SKIN INFECTION, LEFT LOWER LEG	Skin bacterial infection	MODERATE
4	PRA-002-1002-002	4	URINARY TRACT INFECTION	Urinary tract infection	MODERATE
5	PRA-002-1005-001	1	HYPERLIPIDEMIA	Hyperlipidaemia	MILD
6	PRA-002-1005-001	2	LEUKOCYTOSIS,HIGH WHITE BLOOD CELLS	Leukocytosis	MILD
7	PRA-002-1005-005	1	LEUKOPENIA	Leukopenia	MODERATE
8	PRA-002-1005-006	1	COLD	Nasopharyngitis	MILD
9	PRA-002-3001-006	1	HEADACHE	Headache	MILD
10	PRA-002-3001-006	2	FARINGOAMIGDALITIS	Pharyngotonsillitis	MILD
11	PRA-002-3001-006	3	RASH	Rash	MILD
12	PRA-002-3001-008	1	HEADECHE	Headache	MILD
13	PRA-002-3001-008	1	HEADACHE	Headache	MILD
14	PRA-002-3001-009	1	SUPERIOR AIRWAYS INFECTION	Upper respiratory tract infection	MILD
15	PRA-002-7004-001	1	CONSTIPATION	Constipation	MILD
16	PRA-002-7004-001	2	ERYTHEMA AT THE INJECTION SITE	Injection site erythema	MILD
17	PRA-002-7004-001	3	ECCHYMOSIS IN INJECTION SITE	Injection site haemorrhage	MILD
18	PRA-002-7004-001	4	ECCHYMOSIS IN INJECTION SITE	Injection site haemorrhage	MILD
19	PRA-002-7004-001	5	ECCHYMOSIS IN INJECTION SITE	Injection site haemorrhage	MILD

图 4-65

	USUBJID	CMSEQ	CMDECOD	CMCLAS	CMDOSTXT
1	PRA-002-1002-002	1	CORTICOTROPIN	SYSTEMIC HORMONAL PREPARATIONS, EXCL. SEX HORMONES AND INSULINS	80
2	PRA-002-1002-002	3	BLINDED THERAPY	VARIOUS	250
3	PRA-002-1002-002	5	HYDROXYQUINOLINE SULFATE	DERMATOLOGICALS	1
4	PRA-002-1002-002	6	BLINDED THERAPY	VARIOUS	0.6
5	PRA-002-1002-002	12	MYCOPHENOLATE MOFETIL	ANTINEOPLASTIC AND IMMUNOMODULATING AGENTS	1000
6	PRA-002-1002-002	16	FUROSEMIDE	CARDIOVASCULAR SYSTEM	20
7	PRA-002-1002-002	17	FUROSEMIDE	CARDIOVASCULAR SYSTEM	40
8	PRA-002-1002-002	18	FUROSEMIDE	CARDIOVASCULAR SYSTEM	40
9	PRA-002-1002-002	22	NITROFURANTOIN	ANTIINFECTIVES FOR SYSTEMIC USE	100
10	PRA-002-1002-002	23	BLINDED THERAPY	VARIOUS	0.1
11	PRA-002-1002-002	24	IBUPROFEN	SYSTEMIC HORMONAL PREPARATIONS, EXCL. SEX HORMONES AND INSULINS	15
12	PRA-002-1002-002	25	IBUPROFEN	SYSTEMIC HORMONAL PREPARATIONS, EXCL. SEX HORMONES AND INSULINS	10
13	PRA-002-1002-002	26	IBUPROFEN	SYSTEMIC HORMONAL PREPARATIONS, EXCL. SEX HORMONES AND INSULINS	9

图 4-66

两个数据集中的变量意义分别如表 4-7（AE）和表 4-8（CM）所示。

表 4-7

变量名	意　义	补　充
USUBJID	临床试验患者代号	每名患者唯一
AESEQ	副作用出现序号，按照从 1 开始依次增加	
AETERM	副作用被汇报的名称	
AEDECOD	副作用专业医学名称	
AESEV	副作用严重程度	MILD 表示轻微，MODERATE 表示中度，SEVERE 表示严重
AESER	是否为紧急副作用	Y 表示是，N 表示否
AESTDTC	副作用开始时间	
AEENDTC	副作用结束时间	
AESTDY	副作用于开始服药的第几天开始	
AEENDY	副作用于开始服药的第几天结束	

表 4-8

变量名	意　义	补　充
USUBJID	临床试验患者代号	每名患者唯一
CMSEQ	伴随用药记录序号，按照从 1 开始依次增加	
CMDECOD	伴随用药官方名称	
CMCLAS	伴随用药分类	
CMDOSTXT	药量	
CMSTDTC	伴随用药开始时间	
CMENDTC	伴随用药结束时间	

4.7.3　需求实现

在背景介绍中我们提到，一个副作用产生的原因是多种多样的，其中就有可能是伴随用药的原因，那么首先需要找出一个副作用发生的时间，患者是否在服用伴随药物。如果伴随药物存在，再让药物学专家去分析伴随药物是否有可能引发副作用。

为了更加清晰地表示逻辑，我们分别讨论副作用发生时间在伴随用药时间前后的情况。

（1）副作用开始时间在伴随用药之前，如图 4-67 所示。此时不论副作用是否持续至伴随用药开始，我们都不能说其与伴随用药有相关性。

图 4-67

（2）副作用在伴随用药期间开始，如图 4-68 所示。此时显然我们可以说副作用有可能是由伴随药物引发的，这有可能完全是伴随药物本身的副作用，或者伴随药物与试验药物在人体内产生反应，诱发了副作用。

图 4-68

（3）副作用在药物使用结束后开始，如图 4-69 所示。这种情况有些复杂，因为我们知道，药物在人体代谢的过程是一个逐渐作用的过程，在停止服药一段时间后，药物在体内仍然有残留，因此伴随用药结束后如果产生了副作用，很难说清楚这是否是因为残留的伴随药物产生的。

图 4-69

对于实验药品的副作用影响，我们往往需要加一个冲刷期，英文为 wash out，即在这个时间之内的副作用也归结到实验药品上，但对于伴随用药一般不考虑这个冲刷期。本节不会过多涉及药物实验行业相关知识，这里就不再展开了。总之在以上条件下，出于保守的考虑，我们不会把这种情况算作伴随用药的可能性。

现在需求已经逐渐明确，我们需要对比 AE 中每条记录的开始时间与 CM 中每条记录的开始和截止时间，如果 AE 中的开始时间在 CM 中记录的开始和结束时间之间则将记录输出。一个副作用记录发生的同时可能对应多个伴随用药的记录，因为患者可能同时服用多种药物，而一个伴随用药的记录也可能对应着多个副作用，这是典型的多对多合并。

多对多合并需要使用 proc sql，上一节我们学过，proc sql 的合并语句是 join，分为 left join、right join 和 inner join，这里应该使用 inner join，即只有在 AE 和 CM 中都包括的记录才被保留。

```
proc sql;
    create table aecm as
        select a.usubjid,aeseq,aedecod,cmdecod,cmclas,cmdostxt,
            cmstdtc,cmendtc,aestdtc
        from ae as a inner join cm as b
        on a.usubjid=b.usubjid and (cmstdtc<aestdtc<cmendtc);
quit;
```

选择 AE 数据集中的所有变量和 CM 数据集中的部分变量，合并的规则为患者 ID 相等，并且 aestdtc 在 cmstdtc 与 cmendtc 之间。生成的部分结果如图 4-70 所示。

USUBJID	AESEQ	AEDECOD	AESEV	AESER	CMDECOD	CMCLAS
PRA-002-1002-002	3	Skin bacterial infection	MODERATE	N	IBUPROFEN	SYSTEMIC HORMONAL PREPARATIONS, EXCL. SEX HORMONES AND INSULINS
PRA-002-1002-002	1	Fall	MODERATE	N	IBUPROFEN	SYSTEMIC HORMONAL PREPARATIONS, EXCL. SEX HORMONES AND INSULINS
PRA-002-1002-002	4	Urinary tract infection	MODERATE	N	IBUPROFEN	SYSTEMIC HORMONAL PREPARATIONS, EXCL. SEX HORMONES AND INSULINS
PRA-002-1002-002	2	Generalised oedema	MODERATE	N	IBUPROFEN	SYSTEMIC HORMONAL PREPARATIONS, EXCL. SEX HORMONES AND INSULINS
PRA-002-1002-002	3	Skin bacterial infection	MODERATE	N	HUMIRA	BLOOD AND BLOOD FORMING ORGANS
PRA-002-1002-002	1	Fall	MODERATE	N	HUMIRA	BLOOD AND BLOOD FORMING ORGANS
PRA-002-1002-002	4	Urinary tract infection	MODERATE	N	HUMIRA	BLOOD AND BLOOD FORMING ORGANS
PRA-002-1002-002	2	Generalised oedema	MODERATE	N	HUMIRA	BLOOD AND BLOOD FORMING ORGANS

图 4-70

看起来，已经将两者成功合并，只保留了上述讨论结果中的第（2）种记录。不过如果打开数据集 CM，则会发现在一部分记录中的 cmendtc，也就是停止伴随用药的日期为缺失值，这说明有些药物虽然开始了，但我们不知道它们什么时候停止，此时应该怎么办呢？

这涉及药物分析中的缺失值处理问题，缺失值处理的方法很多，每种方法都各有道理，也有各自适用的情景。一般而言，针对副作用和伴随用药合并中的缺失值，采取保守的方式，即如果结束日期缺失就当作它从开始日期一直延续，此时只需要对比开始日期与副作用日期，如果前者早于后者，则判断它们可能有相关性，如图 4-71 所示。

图 4-71

针对这种情况，应当单独创建条件，这个条件与 cmstdtc<aestdtc<cmendtc 为"或"的关系，即只要满足两种中的一种即应当保留，因此程序修改为如下代码：

```
proc sql;
    create table aecm as
        select a.usubjid,aeseq,aedecod,cmdecod,cmclas,
               cmdostxt,cmstdtc,cmendtc,aestdtc
        from ae as a inner join cm as b
        on a.usubjid=b.usubjid and ((cmstdtc<aestdtc<cmendtc) or
           (cmstdtc<aestdtc and cmendtc=''));
quit;
```

SAS 语言中，逻辑操作符 and 和 or 之间并没有相对优先级，语句从左到右执行，所以需要使用括号让 cmstdtc<aestdtc and cmendtc=' '执行，将它的结果与 cmstdtc<aestdtc<cmendtc 的关系设置为 or，这两者共同的结果再与 a.usubjid=b.usubjid 进行 and 逻辑判断。读者在书写比较长的逻辑判断语句时一定要思考执行的顺序。

最后，我们发现生成数据集的顺序并非按照 AE 或 CM 原本的排序顺序，而是按照合并时寻找记录的顺序进行排布，看起来非常混乱，此时我们需要将它们整理，使用 proc sql

或 proc sql 中的 order by 语句。

```
proc sql;
    create table aecm as
        select a.usubjid,aeseq,aedecod,cmdecod,cmclas,
                cmdostxt,cmstdtc,cmendtc,aestdtc
        from ae as a inner join cm as b
        on a.usubjid=b.usubjid and ((cmstdtc<aestdtc<cmendtc) or
            (cmstdtc<aestdtc and cmendtc=''))
        order by usubjid,aeseq;
quit;
```

生成的多对多合并最终结果如图 4-72 所示。它会按照患者 ID 号优先排列，相同 ID
的患者则按照 AESEQ 顺序升序排列。药物学专家收到数据后，可以对比每个已上市药物
的副作用列表，再结合副作用的相关数据，判断每个副作用是否是由伴随用药产生，而
非试验药品。

Obs	USUBJID	AESEQ	AEDECOD	CMDECOD	CMCLAS	CMDOSTXT	CMSTDTC	CMENDTC	AESTDTC
1	PRA-002-1002-002	1	Fall	HUMIRA	BLOOD AND BLOOD FORMING ORGANS	20	2016-05-13	2019-07-23	2019-06-04
2	PRA-002-1002-002	1	Fall	FUROSEMIDE	CARDIOVASCULAR SYSTEM	20	2015-08-25		2019-06-04
3	PRA-002-1002-002	1	Fall	IBUPROFEN	SYSTEMIC HORMONAL PREPARATIONS, EXCL. SEX HORMONES AND INSULINS	10	2018-11-05	2019-07-01	2019-06-04
4	PRA-002-1002-002	1	Fall	FUROSEMIDE	CARDIOVASCULAR SYSTEM	40	2015-08-25		2019-06-04
5	PRA-002-1002-002	1	Fall	FUROSEMIDE	CARDIOVASCULAR SYSTEM	40	2015-08-25		2019-06-04
6	PRA-002-1002-002	2	Generalised oedema	HUMIRA	BLOOD AND BLOOD FORMING ORGANS	20	2016-05-13	2019-07-23	2019-03-01
7	PRA-002-1002-002	2	Generalised oedema	FUROSEMIDE	CARDIOVASCULAR SYSTEM	20	2015-08-25		2019-03-01
8	PRA-002-1002-002	2	Generalised oedema	FUROSEMIDE	CARDIOVASCULAR SYSTEM	40	2015-08-25		2019-03-01
9	PRA-002-1002-002	2	Generalised oedema	FUROSEMIDE	CARDIOVASCULAR SYSTEM	40	2015-08-25		2019-03-01
10	PRA-002-1002-002	2	Generalised oedema	IBUPROFEN	SYSTEMIC HORMONAL PREPARATIONS, EXCL. SEX HORMONES AND INSULINS	10	2018-11-05	2019-07-01	2019-03-01
11	PRA-002-1002-002	3	Skin bacterial infection	IBUPROFEN	SYSTEMIC HORMONAL PREPARATIONS, EXCL. SEX HORMONES AND INSULINS	10	2018-11-05	2019-07-01	2019-06-04
12	PRA-002-1002-002	3	Skin bacterial infection	FUROSEMIDE	CARDIOVASCULAR SYSTEM	20	2015-08-25		2019-06-04
13	PRA-002-1002-002	3	Skin bacterial infection	FUROSEMIDE	CARDIOVASCULAR SYSTEM	40	2015-08-25		2019-06-04

图 4-72

目前各个国家的药品监督管理局对药物安全性的要求都很严苛，甚至只要有药物有可
能产生副作用，就会刨根问底，乃至于直接否决一款药，毕竟人体是一个非常复杂的系统，
不能保障安全性的药品服用后会产生无穷的后患。

4.7.4　总结思考

在工作中，完成一个任务往往紧接着的是开始下一个项目，但在学习中，我们可以
有时间反思提升。本节我们按照项目背景、项目介绍、需求分析、需求实现的步骤完成
了副作用与伴随用药的多对多合并，但如果仔细考察我们的思考方式，其实是类似一个
向右开口的 U 形曲线。

拿到一个项目，首先要了解它的目的，注意这里的目的并不是结果。例如以上案例，
我们的目的是为了让药物专家拿到可以查看副作用和伴随用药关系的数据集，而不是生
成包含哪些变量的数据集。只有先明确目的，才可以指导结果，然后思考实现结果的手
段，手段确定后再开始编程实践。在完成编程得到结果后，并不代表结束，还要进行检
查与反馈，思考是否把所有情况都已包含，然后针对目的进行必要的修改，这样完成的
结果才可以输出给团队其他成员或者外部部门。

无论项目大小，建议读者都按照这个右 U 形曲线思考问题，如图 4-73 所示。

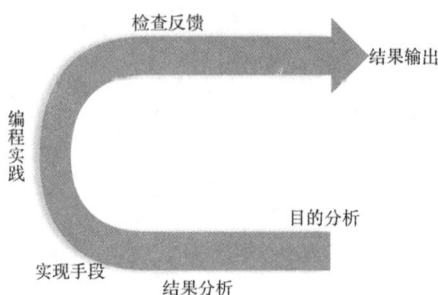

图 4-73

最后，相信读者仍然关心一个具体的问题，那就是使用 SAS 语言究竟能不能完成多对多合并的操作呢？如果不能，那 SAS 的数据处理能力可能要受到各位读者的质疑了。

答案当然是可以，多对多合并其实也可以拆分成一个个一对多的合并，此处可以使用 SAS 中的 do 循环完成操作。具体过程为先将 AE 数据集 set 进来，然后使用 do 循环读取数据集的每一条记录，在每条记录之内再读取进 CM 数据集进行比对，如果满足某些条件则保留，否则删除。案例中的 proc sql 代码在 data 步的实现方法如下：

```
data aecm(drop _usubjid);
    set ae;
    match=0;
    do i=1 to n;
        set cm (rename=(usubjid=_usubjid)) nobs=n point=i;
        if usubjid=_usubjid and ((cmstdtc<aestdtc<cmendtc) or
          (cmstdtc<aestdtc and cmendtc='')) then do;
            match=1;
            output;
        end;
    end;
run;
```

以上代码可能比你想象得要复杂一些，该代码生成的数据集与图 4-72 相同。

data 步的多对多合并和 proc sql 的多对多合并在执行过程中有所不同，前者是将多对多拆分成多个一对多，而后者是先多对多合并完成，再按照 on 后面的条件筛选记录。

一般而言，多对多合并还是会选择 proc sql，因为它的语句简单，逻辑清晰。编程从来不是我们的目的，它只是手段，这是笔者从第一章开始反复强调的事实。

在本章中，我们介绍了与数据处理相关的 proc，包括连接数据集的 proc append、排序和查重的 proc sort、转置的 proc transpose、检查和修改数据集和库信息的 proc contents 和 proc datasets，以及非常全能的 proc sql。当然，SAS 中的很多 proc 我们还没有涉及，尤其是与数据分析和建模相关的内容，请暂时将它们放一放。

下一章我们将涉及一个全新的话题——宏编程。宏的概念非常久远和复杂，简而言之，之前我们一直在学习处理数据的程序，下一章的内容则是生成程序的程序。读者不必担心宏编程的复杂，它毕竟是植根在 SAS 之中，仍然与 SAS 语法有千丝万缕的联系。正如王昌龄诗云：青山一道同云雨，明月何曾是两乡！

第二篇

登堂入室——掌握数据分析技巧

从本篇开始，我们将一步步学习更加复杂的 SAS 数据分析技巧。

如果说之前的学习是在烧砖，那么本篇的内容就是建房。砖块是修建房屋的元素，但房屋可不是砖块的简单叠加。我们看一个房屋的质量，基本不会考虑它使用的砖和水泥，而是关心采光、朝向、格局等，这就是更高一个格局的视野。没有一块砖会影响房屋的采光和格局，就像没有一个水分子具有波浪的特性一样，它们组合而成的产品却有这些属性。

对应到 SAS 上，第一篇学习的 data 步、proc、函数、数据格式等都是砖块，笔者在其间穿插的数据分析思想和经验就是水泥。现在，我们要用它们构建更高级的房屋。

本章内容将分为 5 章：宏编程技术、生成统计图表、统计分析方法简介、数据分析技巧以及最后的大型实战训练。从内容上，读者可以看出这 5 个部分可以简单分为两类，宏编程技术和生成统计图标仍然偏向"技"，统计分析方法简介和数据分析技巧则偏向"术"，这也保证了本章内容虽然是 SAS 的进阶知识，但仍遵循了由浅入深的难度梯度，方便读者学习。

在开始本篇之前，如果读者尚未完全掌握 SAS 编程的基础知识，在阅读后面的章节时可能会有困难，因为学习过的内容笔者会一笔掠过。但这不表示读者必须完全掌握第一篇内容后才能开始阅读下面的章节，相反，笔者力求将此书编写成一部有酣畅淋漓感的技术类书籍，如果你在后续章节中有暂时不懂的问题，可以先记录下来，等阅读完成后再进行检索，这也是笔者一直推崇的"问题思维"的学习模式。

第 5 章　宏——重复的事情交给程序

笔者在写作本章时，一直犹豫于宏编程的定位，究竟算是基础知识还是进阶知识，在结合自己工作经验与参与大量权威图书后，笔者决定与其他大部分书籍保持一致，将宏编程定位为进阶知识。

从笔者的纠结中，你应该也能理解，宏编程虽然比较复杂，却是每个数据分析师必须掌握的技能，它在实际工作中的应用非常广泛。

如果读者自行查询宏编程相关的知识，会发现比较混乱且没有特定的体系，不同书籍讲解的侧重点和顺序也有所不同。本书力求建立起 SAS 知识从框架到细节的学习方法论，对如此重要的宏函数自然必须认真处理。

本章中，我们将从宏的历史和概念讲起，先尝试编写第一段宏，了解宏的基本概念，然后深入学习宏的三要素和"万能函数"，最后使用一个案例将所有的知识点串联起来。

5.1　宏编程概念初探

宏编程这个概念，在外行人看起来高深莫测，在内行人看起来却稀松平常，对宏的运用能力也是程序员或数据分析师编程水平的重要体现。本着知源论史的态度，本节需要讲述宏的历史、宏编程的特点以及宏编程中需要注意的问题。

5.1.1　什么是宏？三个字概括：自动化

维基百科上，宏的定义是：宏（Macro）是一种批量处理的称谓。

计算机科学里的宏是一个抽象概念（Abstraction），它根据一系列预定义的规则替换一定的文本模式。解释器或编译器在遇到宏时会自动进行这一模式替换。对于编译语言，宏展开在编译时发生，进行宏展开的工具常被称为宏展开器。宏这一术语也常常被用于许多类似的环境中，它们是源自宏展开的概念，这包括键盘宏和宏语言。绝大多数情况下，"宏"这个词的使用暗示着将小命令或动作转化为一系列指令。

相信阅读了上述描述，大部分读者非但不能了解宏的概念，相反会更加迷惑。这也说明宏的概念已经脱离了编程本身，上升到了计算机科学甚至哲学的理论中。

本书并非计算机科学相关书籍，作为数据分析师也不需要掌握宏的理论，我们将概念化简，可以把宏简单理解为自动化。使用宏编程可以让一段代码在不经修改或仅做少量修改的情况下，通过输入参数的改变完成相同或相似的功能。

宏语言不是某一种语言，而是一类语言，最开始在 20 世纪 50 年代就被汇编语言采用，用来减少重复代码的编程工作量，并作为汇编语言和其后的部分高级语言的中间步骤。宏语言需要专门的编译器处理，然后转化成对应的程序语言，例如在 SAS 中就内嵌了宏处理器，它将宏语句转化为标准的 SAS 语句，如图 5-1 所示。

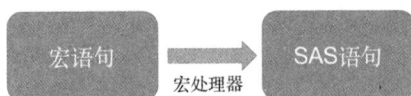

图 5-1

宏语句与其对应的 SAS 语句需要使用处理器才能完成转化，这说明宏语言的语法与 SAS 语言有本质区别，这也是宏作为 SAS 比较进阶功能的原因。但进阶功能不代表复杂，宏编程是每一个 SAS 程序员都必须了解和掌握的内容。

5.1.2 宏的好处千千万

说了这么多宏的历史，那么使用宏究竟有什么好处呢？下面用一正一反两个例子来说一说宏的强大能力。

不知各位读者是否听说过一款软件——按键精灵，如图 5-2 所示。它可以模拟鼠标和键盘的一些操作，实现简单如连点、重复按键，复杂如键位组合等功能。如果你玩过网络游戏，可能对这款软件比较熟悉，很多网络游戏玩家都选择这款软件完成一些简单的操作，使游戏进程更加顺畅。

图 5-2

按键精灵软件使用的是脚本语言，通过内置的编译器将脚本语言翻译为计算机按键命令，这就是一个宏功能的实现。通过一次脚本语言的编写，可以在不同的场景多次运行。例如，很多游戏中都有"吃药加血"的动作，这个动作的本质是每隔一定时间点击特定案件，这就是典型宏程序使用的场景。

　　另外一个例子则是 Office，如果你从网上下载了一个 Excel 表格或者 Word 文档，在 Office 2016 或之后的版本中，你并不能直接打开编辑，程序会询问你是否想要编辑该文档，只有点击允许编辑，文档才是可编辑的状态，在此之前都是只读状态，如图 5-3 所示。

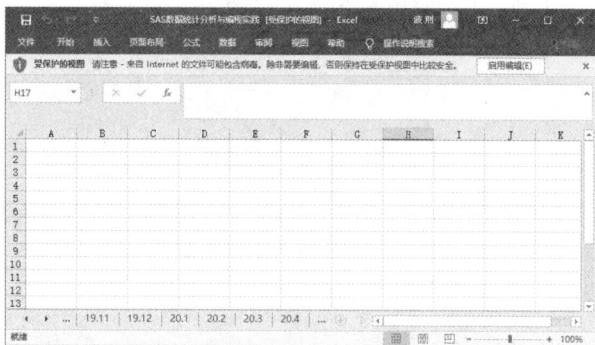

图 5-3

　　这是因为在 Office 软件中就内嵌了宏编译器，用于处理 VBA 语言，虽然 VBA 并不能算是标准的宏语言，但它包含的系统函数可以在访问文档时自动执行，实现自动化地跨文件操作，这样就可以实现某些病毒的功能。著名的 Nuclear 和台湾一号病毒都是用 VBA 语言在 Office 文档中执行和传播的，危害甚大。对于中毒的我们而言，宏自然是百害而无一利的，但对于通过宏病毒炫技牟利的制作者而言，宏的自动化帮了他们大忙。

　　通过以上两个案例，希望读者可以总结出宏的部分特点，以便在日后的学习中更加明确学习目的。使用宏主要有三大好处：代码重复使用、一处修改处处修改和程序结构化。

　　代码重复使用相信读者已有体会，无论是按键精灵还是宏病毒，都是编写者一次完成，在不同的环境下重复使用。

　　部分读者在学完前几节自己练习的时候，可能会发现很多语句内容都是重复的，例如经常用到的 proc sort，针对不同的数据集，需要修改的地方只有数据集的名称和 by 语句后的变量，其他参数基本相同。但因为没有使用宏编程，要么需要经常复制粘贴代码，要么需要重复手打，既浪费了时间，也无法保证准确率。

　　在宏编程下，一个相同的功能只需要编辑一次，就可以重复使用，这是它最吸引人的地方。

　　"一处修改处处修改"是宏的另外一个特点，它允许作者在只修改参数的情况下，自动将宏程序内的参数引用处全部修改。假设我们需要将 sashelp.cars 中的记录按照"品牌+类型/驱动方式/气缸数"分别计算价格平均值，然后转置，最后输出只包含品牌和各分类的平均价格数据集，可以使用以下代码：

```
proc sort data=sashelp.cars out=cars;
    by mak;
run;
proc sql;
    create table cars1 as
        select mak,type,avg(msrp) as average from cars group by mak,type;
quit;
proc transpose data=cars1 out=cars1;
    by mak;
    id type;
    var average;
run;

proc sql;
    create table cars2 as
    select mak,drivetrain,avg(msrp) as average from cars group by
mak,drivetrain;
quit;
proc transpose data=cars2 out=cars2;
    by mak;
    id drivetrain;
    var average;
run;

proc sql;
    create table cars3 as
        select mak,cylinders,avg(msrp) as average from cars group by
mak,cylinders;
quit;
proc transpose data=cars3 out=cars3;
    by mak;
    id cylinders;
    var average;
run;
```

以上代码较长，但总体上可以分为三部分，分别将品牌与类型、驱动方式和气缸数作为分类依据进行处理。宏程序首先可以做到的就是将这三部分代码合成为一个宏程序，通过三次调用，输入不同的参数完成相同操作。

更重要的是，细心的读者一定会发现，mak 变量在数据集 sashelp.cars 中并不存在，这是 make 变量的拼写错误，假设以上程序已经完成而你发现了这个错误，请你自己数一数需要修改多少个 mak 为 make 才能让程序正确运行。

在宏程序中，只需要修改宏程序中的内容，就可以让宏生成的 SAS 语句也做出相同的修改，大大节约了时间。

所谓"一处修改处处修改"其实在上例中包含了两个概念，即通过修改宏程序的参数完成相似功能的操作，以及通过修改一次宏程序代码来修改多次运行的 SAS 程序。

最后，使用宏程序还可以让程序更加结构化。还是以上面的程序为例，如果真要写成宏语句，它应该是什么样的呢？本节不探讨宏的具体语法，只是将宏代码进行直观展示，宏的语法我们会在后续的章节中涉及。

```
%macro calculate(var);
    proc sort data=sashelp.cars out=cars;
        by make &var;
    run;
proc sql;
    create table cars1 as
        select make, &var, avg(msrp) as average from cars group by make,&var;
quit;
    proc transpose data=cars1 out=cars1;
        by make;
        id &var;
        var average;
    run;
%mend;
%calculate(type);
%calculate(drivetrain);
%calculate(cylinders);
```

以上语句即可完成将品牌与车型、驱动方式和气缸数联系起来输出数据集的操作。对比之前的代码，发现真正的数据处理步骤被写在了以%macro 开头，%mend 结尾的代码块中，通过不断调用宏，即可实现不同的操作。

这样的好处是所有相同或相似的逻辑只在程序中出现一次，整个程序看起来更加规矩、整洁，避免了相互调用，复制、粘贴产生的一系列问题。

正是基于以上原因，笔者认为宏编程并不能算作 SAS 的补充，而是根植于 SAS 体系内的一套编程思想。在正式学习之前，我们还要明确宏编程的注意事项。

5.1.3　宏编程注意事项

宏作为 SAS 内置的功能，很多语句与 SAS 相同，其思路也往往与 SAS 的编程思路相同。但作为一套可以自动化、结构化的语法，宏编程也有自己独特的特点，这里我愿意和读者分享我在工作与学习中总结掌握的三套宏编程的思想：跳出 data 步与 proc 的局限、着重记忆宏中独有的语法和避免嵌套，为使读者深入理解，我们需要展开分析。

（1）跳出 data 步与 proc 的局限。

跳不出 data 步与 proc 的局限，是数据分析师刚开始使用宏编程时的一个重要问题。在之前的章节中，我们几乎所有的操作都是在 data 步与 proc 中实现的。SAS 独创的 data 步与 proc 以数据集和变量作为操作对象，跳出了其他数据分析语言经常以某个值作为对象的思路，可以帮我们更好地处理数据集的问题。

但不可忽略的是，data 步和 proc 正因为它们的操作对象是数据集和变量，也让某些操作其实不那么方便，假如让你找出 1~100 中的所有质数，虽然数据集操作可以完成，但生成的结果仍然是数据集，如果使用宏语句，我们可以通过定义宏变量的方式挨个查找，最终输出的结果也是宏变量的值。

这就是笔者强调的跳出 data 步与 proc，SAS 的语法非常繁复，既有进行全局设置的 option，也有专门与输出结果对接的 ODS，它们都不属于 data 步或 proc，却能让 SAS 焕发更强大的功能。

（2）着重基于宏中独有的语法。

宏语言虽然有自己的逻辑，但其基础语法与 SAS 相同，例如 data 步中的逻辑判断使用 if 语句，而宏中的判断使用%if 语句，后者是在 if 前加一个%，表示这是宏语句，可以放在 data 步之外。稍微复杂的例如 data 步中可以使用 a+b 直接计算两个数值型变量的和，在宏中却需要使用相关函数，否则只会将两个宏变量的值用加号连接。

（3）初学时避免嵌套。

所谓宏的嵌套，简单来说就是宏中还有宏，如果处理不当，容易导致死循环或者报错，更有可能不报错但得出错误的分析结果，这是数据分析师一定要避免的。原则上，宏嵌套只能在迫不得已的时候出现，否则应当写成两个独立的宏，使用一个调用另外一个，避免出错。

以上经验是笔者的个人总结，每个人学习宏编程的时候都有一套不同的思路和体系，遇到的挑战也会千差万别，笔者绝不敢称自己的经验包罗万象，只是将工作中的经验写出来，供读者参考。

5.2 编写第一个宏程序

上一节我们一直在介绍宏编程的特点，相信你也能看得出来，笔者一直在强调：宏编程真的非常好。但光说它有多好是没用的，本节就要正式开始讲解宏编程的知识，我们将从宏程序的结构、宏变量、宏参数和宏选项入手，一步步编写出一个宏程序。

以上这 4 个内容其实是一个嵌套结构，最内层的是宏变量和宏参数，再向外延伸则是宏程序本身，而在宏程序之外则是宏相关的选项，之所以没有按照以上顺序讲解，是因为我们首先要了解宏相关知识的大体脉络，然后再深入细节，最后产生全局视野。

5.2.1 宏程序的结构

SAS 中的宏程序，是以%macro+宏程序名开始，%mend 为结尾的一组代码块。例如以下程序：

```
%macro print;
   proc print data=sashelp.cars;
   run;
%mend;
```

这就是一个简单的宏程序，紧随着%macro的是用户自定义的宏名称，这个名称与SAS变量命名规则类似，可以使用字母、下划线作为开头，不能用数字开头，不区分大小写。宏内部的内容是proc print命令，打印sashelp.cars数据集的所有变量和记录，最后用%mend表示宏完成。

注意：以上步骤只是生成了一个宏程序，但这个宏的内容并没有被执行，想要执行宏程序需要调用宏，语法为%+宏程序的名称，例如想要调用以上宏，就需要使用：

```
%print;
```

调用宏的时候可以不以分号结尾，SAS会读取百分号后的文本直到出现空格或换行，这也是SAS仅有的可以不以分号结尾的语句，读者在查看别人代码时需要注意。

宏程序需要先定义，才能使用，如果不在定义宏之前就使用%调用，则日志会报错，提示用户宏程序尚未定义，如图 5-4 所示。

```
1            OPTIONS NONOTES NOSTIMER NOSOURCE NOSYNTAXCHECK;
WARNING: 没有解析宏 "PRINT" 的调用。
70
71           %print;
             ‾
             180

ERROR 180-322: 语句无效或未按正确顺序使用。

72
73           OPTIONS NONOTES NOSTIMER NOSOURCE NOSYNTAXCHECK;
84
```

图 5-4

另外，%mend 结尾表示宏程序终止，既可以直接使用%mend，也可以用"%mend+宏程序名"的方法，即在上例中也可以使用%mend print。在一般的程序中，二者没有区别，但如果是嵌套宏，则需要使用"%mend+宏程序名"指定是哪个宏程序结尾，代码如下：

```
%macro program1;
    Statement…;
    %macro program2;
        Statement…;
    %mend program2;
%mend program1;
```

在上一节中，笔者建议读者要避免使用嵌套结构，防止未知错误和死循环的产生。如果一定要使用，那就需要用"%mend+宏程序名"指定每个程序的结尾位置。

5.2.2　变量与宏变量——同名而不同姓的一对

宏程序中很重要的一个组成部分就是宏变量，它与数据集中的变量虽然都称为变量，但概念的内涵完全不同，因此笔者称它们为同名而不同姓的一对。

SAS 数据集中的变量是数据集中某条维度计量上的归档，例如人口统计学数据集中，我们往往把一个人的身高、体重、年收入等作为变量，它是数据集中所有记录在某一个测量维度上的归档。简而言之，在 SAS 中，变量需要依托数据集存在，表示的是该数据集一系列的记录。

宏变量的概念更接近传统计算机语言中变量的概念，它使用一个特定的符号表示某个值。变量是这个特定符号和其表示的已知或未知值的定义名称。在宏程序中，我们可以创建一个宏变量并为其赋值，这些操作并不依托 data 步或 proc 完成，因此创建的变量值与特定的值对应，而不会依托于某个数据集。

宏变量使用&表示，例如&value，表示 value 是一个宏变量而非一般的文本，其有对应的值，当需要调用该值时，需要使用&value 表示。

创建变量可以使用%let 语句，输出值则使用%put 语句。相信你已经发现了，它们单词的前边都有一个百分号，这是宏语句的特点。所有宏特定的语句都以%作为开头，用以和 SAS 语句进行区分。

%let 语句可以生成宏变量并为其赋值，%put 语句可以将宏变量的值输出到日志中。例如以下代码：

```
%let a = Hello World;
%put &a;
```

查看日志，在宏程序之后有一行 Hello World，这正是%put 语句输出的内容，如图 5-5 所示。

```
1          OPTIONS NONOTES NOSTIMER NOSOURCE NOSYNTAXCHECK;
70
71         %let a = Hello World;
72         %put &a;
Hello World
73
74         OPTIONS NONOTES NOSTIMER NOSOURCE NOSYNTAXCHECK;
85
```

图 5-5

仔细考察以上代码，可以得出如下几点结论。

（1）%let 语句创建宏变量时不需要加&以说明变量为宏变量，%put 语句输出宏变量的值时则需要加&，否则只会输出%put 后紧跟的文本。

（2）宏变量不区分类型，即使是字符型变量也不需要加单引号或双引号，%let 语句会直接读取等号之后，分号之前的文本，全部作为宏变量的值，引号也会被作为值而读入。

（3）空格不会作为宏变量赋值的终止符。

宏变量照样可以有运算关系，例如为两个变量赋值，然后把它们相加：

```
%let a = 3;
%let b = 5;
%put %eval(&a+&b);
```

计算两个宏变量的和，不能简单地使用加减乘除的符号，编译器不会将它们理解为计算关系，而会直接输出 3+5 作为值。此时就需要使用%eval 函数，从它的名称上我们也可以看出它也是一个宏函数，功能是将其内部的宏变量运算作为参数，将运算结果输出。使用%eval 后的计算结果在日志中如图 5-6 所示。

```
1              OPTIONS NONOTES NOSTIMER NOSOURCE NOSYNTAXCHECK;
70
71             %let a = 3;
72             %let b = 5;
73             %put %eval(&a+&b);
8
74
75             OPTIONS NONOTES NOSTIMER NOSOURCE NOSYNTAXCHECK;
86
```

图 5-6

%eval 只能用于整数的计算，如果宏变量中存在分数，则%eval 会直接报错，此时需要使用%sysevalf 函数，它既可以计算整数，也可以计算分数，例如下面的代码：

```
%let a = 3.5;
%let b = 6.1;
%put %sysevalf(&a/&b);
```

结果如图 5-7 所示。

```
1              OPTIONS NONOTES NOSTIMER NOSOURCE NOSYNTAXCHECK;
70
71             %let a = 3.5;
72             %let b = 6.1;
73             %put %sysevalf(&a/&b);
0.57377049180327
74
75             OPTIONS NONOTES NOSTIMER NOSOURCE NOSYNTAXCHECK;
86
```

图 5-7

宏变量的创建和赋值的方法很多，%let 是最简单也是使用最广泛的一种，在下一节中我们会详细讲解在不同情况下使用其他语句进行宏变量赋值的方法。

5.2.3 宏参数——让你的宏程序"活起来"

读者可能注意到了，我们上面使用的宏，无论是在%macro…%mend 之中的宏，还是%let…%put 对变量的赋值和输出，并没有感受到在一种情况下定义，通过修改参数就可以实现不同功能的感觉，原因是没有使用我们马上要讲到的宏参数。

宏参数是在宏程序创建时定义的宏变量，它紧跟在%macro 宏程序定义之后，在宏程序被引用的时候可以将参数一并提交给宏运行。如果我们希望打印不同的数据集，就可以将数据集名称作为参数设置在宏程序中，在调用时使用不同的参数值即可打印不同的数据集。

```
%macro print(data);
    proc print data=&data;
    run;
%mend;
```

```
%print(sashelp.cars);
%print(sashelp.baseball);
```

以上宏程序内部的 proc print 针对的对象为宏变量&data，这是一个在宏创建过程中才被初始化并赋值的宏变量。在两次调用中，分别给宏变量 data 赋值为 sashelp.cars 和 sashelp.baseball，两个值分别被传入 proc print 中，作为 proc print 的数据集进行打印。

一个宏程序中可以创建多个参数，它们之间以逗号分隔，例如我们给 proc print 传两个参数，分别是数据集的名称和需要打印的记录个数，代码如下：

```
%macro print(data,n);
    proc print data=&data(obs=&n);
    run;
%mend;
%print(sashelp.cars,3);
```

执行后打印 sashelp.cars 的前 3 条记录，如图 5-8 所示。

观测	Make	Model	Type	Origin	DriveTrain	MSRP	Invoice	EngineSize	Cylinders	Horsepower	MPG_City	MPG_Highway	Weight	Wheelbase	Length
1	Acura	MDX	SUV	Asia	All	$36,945	$33,337	3.5	6	265	17	23	4451	106	189
2	Acura	RSX Type S 2dr	Sedan	Asia	Front	$23,820	$21,761	2.0	4	200	24	31	2778	101	172
3	Acura	TSX 4dr	Sedan	Asia	Front	$26,990	$24,647	2.4	4	200	22	29	3230	105	183

图 5-8

宏参数的定义有两种方法：一种是上例中使用"参数 1,参数 2,…"的格式进行定义，称为位置参数；还有一种方式使用"参数 1=,参数 2=,…"的定义方式，称为关键词参数。不同的定义方式对应着不同的调用方式：

```
%macro name(par1,par2);
    statement...
%mend;
%name(value1,value2);

%macro name(par1=,par2=);
    statement...
%mend;
%name(par1=value1,par2=value2);
```

位置参数在使用宏程序时，在括号内直接按照位置依次输入每个参数的值，而关键词参数则需要使用"参数名=值"的方式对参数进行赋值。看起来位置参数定义和使用更简单，但在处理带有缺省参数的宏程序时，需要选择关键词参数。此处概念可能比较复杂，我们需要使用案例来讲解，以下宏程序对数据集进行排序后打印，包含 3 个宏参数，分别是指定数据集、排序变量和打印记录数。

```
%macro sort_print(data, var, n);
    proc sort data=&data out=temp;
        by &var make;
    run;
    proc print data=temp(obs=&n);
    run;
%mend;
```

在 proc sort 步中，排序是先按照宏参数 var 中的变量进行，然后再以 make 排序。我们可以按照 msrp 变量对 sashelp.cars 数据集排序并输出前 3 条记录。

```
%sort_print(sashelp.cars,msrp,3);
```

运行结果如图 5-9 所示。

观测	Make	Model	Type	Origin	DriveTrain	MSRP	Invoice	EngineSize	Cylinders	Horsepower	MPG_City	MPG_Highway	Weight	Wheelbase	Length
1	Kia	Rio 4dr manual	Sedan	Asia	Front	$10,280	$9,875	1.6	4	104	26	33	2403	95	167
2	Hyundai	Accent 2dr hatch	Sedan	Asia	Front	$10,539	$10,107	1.6	4	103	29	33	2255	96	167
3	Toyota	Echo 2dr manual	Sedan	Asia	Front	$10,760	$10,144	1.5	4	108	35	43	2035	93	163

图 5-9

现在，假设我们只希望按照 make 排序，即宏参数 var 设置为空，应该如何操作呢？如果使用%print_sort(sashelp.cars,3)，运行后日志会报错，如图 5-10 所示。

```
NOTE 137-205: 由调用宏"SORT_PRINT"生成行。
78           proc sort data=&data out=temp; by &var make; run; proc print data=temp(obs=&n); run;
                                                                                      ‾
                                                                                      23

ERROR 23-7: 对于"OBS"选项值无效。

NOTE 137-205: 由调用宏"SORT_PRINT"生成行。
78           proc sort data=&data out=temp; by &var make; run; proc print data=temp(obs=&n); run;
                                                                                     ‾
                                                                                     22

ERROR 22-322: Missing ')' parenthesis for data set option list
NOTE: 由调用宏"SORT_PRINT"生成行。
78           proc sort data=&data out=temp; by &var make; run; proc print data=temp(obs=&n); run;
                                                                                                 ‾
                                                                                                 79

ERROR 79-322: 期望")"。

NOTE: 由宏变量 VAR 生成行。
78        3
          ‾
          22
          200

ERROR 22-322: 语法错误，期望下列之一: 名称, ;, DECENDING, DESCENDING, DESENDING, _ALL_, _CHARACTER_, _CHAR_,
              _NUMERIC_.

ERROR 200-322: 该符号不可识别，将被忽略。

NOTE: 由于出错，SAS 系统停止处理该步。
```

图 5-10

错误日志很长，而且出错很多，这是为什么呢？其实，只要了解位置参数的编译方法就可以理解了，位置参数是按照使用宏程序时的参数顺序依次传递参数。宏程序的预定义参数依次为 data、var、n，在使用宏的时候，第一个参数 sashelp.cars 被传递给 data，第二个参数 3 被传递给 var，而第三个参数空缺，此时编译器生成的 SAS 程序相当于：

```
proc sort data=sashelp.cars out=temp;
    by 3 make;
run;
proc print data=temp(obs=);
run;
```

数据集 sashelp.cars 中并不存在变量 3，obs=也没有指定数字，因此程序报错。为了避免这种情况的发生，在某些参数可能为缺省值的时候，需要使用关键词参数定义法：

```
%macro sort_print(data=, var=, n=);
proc sort data=&data out=temp;
    by &var make;
run;
proc print data=temp(obs=&n);
run;
%mend;
%sort_print(data=sashelp.cars, n=3);
```

关键词参数相当于告诉 SAS 输入的值所对应的参数，这样就不会产生值被赋给错误宏参数的情况。

总结一下，位置参数与关键词参数的定义、使用方式有所不同，可以适用于不同的情况。为了更加明确二者的区别，读者可以查阅表 5-1。

表 5-1

	位置参数	关键词参数
定义方式	(参数名 1,参数名 2,...)	(参数名 1=,参数名 2=,...)
使用方式	(参数值 1,参数值 2,...)	(参数名 1=参数值 1,参数名 2=参数值 2,...)
特点	定义使用都很简单	定义和使用相比位置参数有所不便
缺省参数	无法处理，容易出错	可以正常使用

最后，笔者需要强调，宏参数一般用于指定操作所需的对象，如数据集、变量和记录，一般不会用于指定操作本身，如果把某个 proc 放入到宏程序中，我们一般使用宏参数指定不同的数据集和对象，但不会指定 proc 后所接的操作名本身。原则上，一个宏程序实现的基本功能应当是相同或相似的，通过参数改变 proc 的操作名，很容易导致报错或意想不到的后果，在编程中需要避免。

5.2.4 宏相关的选项

本节最后一部分，笔者将介绍与宏编程紧密相关的 3 个选项：mprint、mlogic 和 symbolgen。

选项的概念在之前的篇章中涉及过，不过那是在 proc 内的选项，例如 nodup、nodupkey、dupout 等都是 proc sort 的选项，它们与 proc 本身紧密相关，不同的 proc 有着不同的选项。

但这里所说的选项是 SAS 系统层面的选项，它们可以设定 SAS 的一些环境变量，控制诸如日志显示内容、输出格式等内容，因为这些设置是针对 SAS 的全局设置，所以不归属于某个特定的 data 步或 proc。

设置选项的方法为在 data 步和 proc 外部使用 option+选项名。本部分将学习的是 3 个与宏程序调试的 3 个重要选项：mprint、mlogic 和 symbolgen。下面结合应用场景来讲解它们的用途。

使用 mprint 选项后可以将宏语句编译成的 SAS 语句写在日志中，数据分析师可以更好地了解宏程序在输入参数后究竟被解读成了什么样的 SAS 语句。例如运行以下带有 mprint 选项的代码：

```
option mprint;
%macro p(data);
    proc print data=&data;
    run;
%mend;
%p(sashelp.cars)
```

生成的日志如图 5-11 所示。除了宏程序本身，在 78 行下方是由 mprint 引导出的宏程序编译成的 SAS 语句。

```
1              OPTIONS NONOTES NOSTIMER NOSOURCE NOSYNTAXCHECK;
70
71
72             option mprint;
73             %macro p(data);
74             proc print data=&data;
75             run;
76             %mend;
77
78             %p(sashelp.cars)
MPRINT(P):     proc print data=sashelp.cars;
MPRINT(P):     run;
```

图 5-11

读者会发现，在这个案例中，宏程序很简单，即使不打印编译出的语句也很容易知道编译结果，那么下面使用一个特殊的例子来介绍。

```
%macro q(Il, ll, II);
data m;
    merge &II(in=a) &Il(in=b);
        by date air;
    if &ll;
%mend;
%q(sashelp.airline,b,sashelp.air)
```

读者可以自己看看，如果不打印出生成的 SAS 代码，能否轻松搞清楚生成的内容是什么。使用 mprint 选项打印出代码后逻辑就清晰多了，如图 5-12 所示。

```
1              OPTIONS NONOTES NOSTIMER NOSOURCE NOSYNTAXCHECK;
70
71
72             option mprint;
73             %macro q(Il, ll, II);
74             data m;
75             merge &II(in=a) &Il(in=b);
76             by date air;
77             if &ll;
78             %mend;
79
80             %q(sashelp.airline,b,sashelp.air)
MPRINT(Q):     data m;
MPRINT(Q):     merge sashelp.air(in=a) sashelp.airline(in=b);
MPRINT(Q):     by date air;
MPRINT(Q):     if b;
```

图 5-12

笔者之所以说这是一个特殊的例子，是因为这个宏程序的参数名称非常相似，使用了不好区分的大写 I 和小写 l，这种情况在真实编程中是一定要避免的。为了方便自己与他人，在设置宏参数时一定要做到清晰、区分度和有意义。

- 清晰是指参数名称容易辨别，像以上例子中的 Il、ll 很难分清，这就不符合清晰的要求。

- 区分度指各参数名称之间最好有一定的区分度，例如设置名称 i1 和 ii，虽然它们可以辨认，但比较类似，很容易搞错。

- 有意义是更高的要求，是指在设定参数名称时最好选择有意义的单词或单词组合，用下画线 "_" 连接，这样可以让使用者在不深入宏程序本身的情况下对每个参数的用途有大致的了解。例如笔者在之前的例子中，数据集对应的参数往往用 data，数字相关的参数使用 n 就是这个道理，如果二者反过来，就会让其他使用者摸不着头脑。

介绍完 mprint，我们再看 mlogic。在宏编程中，经常需要使用逻辑判断语句，它以 %if 开头，语法与 data 步中的 if 语句相同，但涉及多分支和复杂判断的时候，我们不太容易弄清楚 if 判断的结果，此时使用 mlogic 选项，可以在日志中显示逻辑判断的结果，方便我们判断程序运行的情况。例如以下代码：

```
%macro judge;
    %let a = %sysfunc(date());
    %if &a > 22057 %then %put Action A;
    %else %if &a < 20038 %then %put Action B;
    %else %if &a > 21005 %then %put Action A;
    %else %put Action B;
%mend;
%judge;
```

在该宏程序中，我们使用%sysfunc 内的函数 date 获取今天日期对应的数字，然后用这个数字跟某些数字进行对比，用%put 输出 Action A 或 Action B，运行后发现输出的结果是 Action A，但我们不知道是哪个条件被满足了因此输出 Action A，此时使用 mlogic 选项，将每个逻辑判断的结果输出，如图 5-13 所示，我们就可以知道每个逻辑判断的结果了。

```
MLOGIC(JUDGE): 准备开始执行。
MLOGIC(JUDGE): %LET (变量名为 A)
MLOGIC(JUDGE):   %IF 条件 &a > 22057 为 FALSE
MLOGIC(JUDGE):   %IF 条件 &a < 20038 为 FALSE
MLOGIC(JUDGE):   %IF 条件 &a > 21005 为 TRUE
MLOGIC(JUDGE): %PUT Action A
Action A
MLOGIC(JUDGE): 准备结束执行。
79
80      OPTIONS NONOTES NOSTIMER NOSOURCE NOSYNTAXCHECK;
91
```

图 5-13

最后一个相关选项是 symbolgen，它表示将宏变量所对应的值显示出来，方便我们查询宏变量的赋值情况，在上面的例子中，如果只使用 symbolgen 选项，输出的日志如

图 5-14 所示。

```
71          %macro judge;
72          %let a = %sysfunc(date());
73          %if &a > 22057 %then %put Action A;
74          %else %if &a < 20038 %then %put Action B;
75          %else %if &a > 21005 %then %put Action A;
76          %else %put Action B;
77          %mend;
78          %judge;
SYMBOLGEN:  宏变量 A 解析为 21995
SYMBOLGEN:  宏变量 A 解析为 21995
SYMBOLGEN:  宏变量 A 解析为 21995
Action A
```

图 5-14

每当宏语句中使用了一次宏变量 a 时，symbolgen 选项都会输出一次 a 的解析值。在 %if 判断条件中总共有 3 次用到了&a，所以&a 的值就显示了 3 次。

mlogic、mprint 和 symbolgen 三者是与宏紧密相关的选项，都可以帮助进行宏程序的调试，它们也可以搭配使用，例如 option mlogic mprint symbolgen 就可以在日志中同时显示编译的 SAS 语句，逻辑判断结果和宏变量的解析值，更好地帮助我们完成宏程序的检查工作，确保程序运行正常。

当然，凡事有利则有弊，如果同时开启 3 个选项，会导致日志变得十分冗长，尤其是在复杂宏程序和多次调用的情况下，此时需要按照调试需求选择合适的选项开启，将不需要的选项关闭。关闭选项同样使用 option 语句，在它们的前面加上 no，则表示关闭这个选项，option nomprint nologic symbolgen 表示关闭 mprint 和 mlogic 选项，只保留 symbolgen。

需要注意的是，SAS 中的选项就像我们现实中的电灯开关，碰了一下它会改变开关状态，之后如果不管它，它会保持原状，直到下一次再修改。例如，我们使用了 option mprint 选项，除非关闭 SAS 或使用 option nomrpint 选项，否则这个选项一直存在，只要运行宏程序就会显示出对应的 SAS 代码。

本节我们从宏程序、宏变量、宏参数和宏相关的选项，由浅入深地学习了宏编程，并初步编写运行了几个宏程序，笔者在本节一直在加强宏与 SAS 语言之间的联系，即使用宏程序来实现某些 SAS 中的重复操作。

但实际上，宏也有自己的语法和编程思路，这就是被笔者称为宏的三要素的宏变量、宏逻辑和宏函数，这些我们将在下一节展开。

5.3　宏的三要素：宏变量、宏逻辑和宏函数

在尝试编写过宏程序后，很多读者会觉得宏编程并没有什么特别难的地方，无非是把经常要执行的 SAS 程序用%macro…%mend 罩起来，然后使用宏参数代替其中需要改变

的内容，在调用的时候通过不同宏参数的值即可实现某些复杂功能的重复使用。

如果你认识到上述用法，那么恭喜你，你已经迈入 SAS 宏编程的大门，但入门可不代表登堂入室，你去参观过一间房子，记得房屋的装修和布置，还远不能说你已经了解了一所房子。真正的房子主人对房屋家具的摆放、墙面颜色的设计，甚至每个电源插头的位置都可以说了如指掌。

更重要的，宏编程是一套复式住宅，一眼看过去只能看见第一层房子，更深入的第二层第三层，要在我们找到楼梯后才能见到。本节将带领读者，在熟悉宏编程一层结构之后，领略一下这栋豪宅二层的设计。

在宏编程的二层，有三间最主要的房屋，它们相互连通却又有自己各自独立的空间，这就是被笔者称为宏编程三要素的宏变量、宏逻辑和宏函数。这三个房间一起，构成了宏编程中较为复杂的语言体系和编程思想，下面我们一起来领略一下它们的魅力吧！

5.3.1 宏变量——百变游戏房

在上一节中，我们介绍了宏变量的概念和其创建和赋值的方法，本节为何又要拿出一些文字来讲解呢？其实宏变量的定义和使用方式多种多样，上一节不过只是其中一种，它就像一个有各种游戏设备的游戏房一样，在各种情况下你都能找到最合适的宏变量设置方法。

首先复习上一节的内容，定义宏变量使用的是%let 语句，它可以在创建宏变量的同时给变量赋值，是最常用的宏变量创建方法。其实%let 语句也可以只创建宏变量而不赋值，例如以下代码：

```
%let a=;
%put &a;
```

运行后日志的结果如图 5-15 所示。在%put 运行完成后，下一行是一个空行，表示&a 虽然被定义但是为缺失值。

```
1          OPTIONS NONOTES NOSTIMER NOSOURCE NOSYNTAXCHECK;
70
71         %let a=;
72
73         %put &a;

74
75         OPTIONS NONOTES NOSTIMER NOSOURCE NOSYNTAXCHECK;
86
```

图 5-15

使用%let 定义宏变量的好处显而易见，它语法简单，可以将创建和赋值的操作在一步中完成，是最广泛使用的宏变量定义方法。

在某些情况中，我们并不希望宏变量一直被记录，而是希望它只在宏内部有效，在程序运行完成后就被删除，这样做可以有效地节约内存，并且让宏变量名称被重复使用，此时需要用到%global 和%local，它们都是用于定义宏变量作用域的语句，语法为"%global 变量名"和"%local 变量名"。

宏变量的作用域是指宏变量生效的范围，%macro…%mend 语句不仅创建了宏程序，而且规定了一个作用域，如果希望宏变量在其外仍然能被使用，就要使用%global 定义宏变量，反之则使用%local。请看以下代码：

```
%macro global_local;
    %global a;
    %local b;
    %let a = 1;
    %let b = 2;
%mend;
%global_local;
%put The value of a is &a;
%put The value of b is &b;
```

首先我们忽略%global 和%local 语句，先试想只有%let 定义宏变量的情况，这个宏的功能很简单，创建并赋值两个宏变量 a、b，然后使用%put 在日志中输出它们的值，此时 a 和 b 的地位是相同的，但因为使用了%global 和%local 语句，两个变量的作用域就发生了改变，%global 表示宏变量 a 的作用域为整个 SAS 程序，无论何时调用&a，它都是已被定义的。%local 表示宏变量 b 只在宏程序中存在，当宏程序结束，b 也会被删除。从运行后的日志（见图 5-16）可以看出这一点。

```
71          %macro global_local;
72              %global a;
73              %local b;
74              %let a = 1;
75              %let b = 2;
76          %mend;
77          %global_local;
78          %put The value of a is &a;
The value of a is 1
79          %put The value of b is &b;
WARNING: 没有解析符号引用 B。
The value of b is &b
```

图 5-16

宏变量 a 被成功解析而 b 没有，就是因为 b 只存在于宏 global_local 内部，一旦运行完成就被删除。需要注意的是，当使用了%global 和%local 定义和宏变量后，%let 就失去了定义功能，只剩下了赋值功能，因此%let 语句也就不会改变宏变量的作用域了。

修改以上代码，将两个%put 语句放入宏程序之中。

```
%macro global_local;
    %global a;
    %local b;
    %let a = 1;
    %let b = 2;
    %put The value of a is &a;
    %put The value of b is &b;
```

```
%mend;
%global_local;
```

因为两个%put 语句是在宏程序之中,自然 a 和 b 都可以被解析,运行后日志如图 5-17 所示。

```
71          %macro global_local;
72          %global a;
73          %local b;
74          %let a = 1;
75          %let b = 2;
76          %put The value of a is &a;
77          %put The value of b is &b;
78          %mend;
79          %global_local;
The value of a is 1
The value of b is 2
```

图 5-17

那么用%let 定义的宏变量究竟算是 local 还是 global 呢?%let 定义的变量也是 local 的,读者可以自行在宏程序中用%let 定义一个宏变量,然后分别在程序内和程序外用 %put 输出,会发现只有程序内的%put 可以成功输出,说明%let 定义的变量与%local 作用域相同。

最后需要强调,%global 和%local 只能定义宏变量而不能赋值,不能使用类似 "%global a=3"的语句。

用%let、%global 和%local 创建的宏变量一般都是手动输入变量的值,但在很多时候,宏变量的值需要从数据集中获取,为了保证宏的自动化,当然不能先查看数据集,得到想要的数字后再用%let 定义,而是要找出一种直接从数据集中获取需要值的方式,这时就需要使用 select into:和 call symput 了。它们出现的位置不同,应用的情景也不同,我们分别来讨论。

select into:是用 proc sql 的方式创建宏变量并赋值,它在 proc sql 中的语法为:

```
select 变量名 into: 宏变量名称 from 来源数据集;
```

select 后接的变量名既可以是数据集中本身就存在的变量,也可以是使用 proc sql 中函数创建的变量。仍然使用 sashelp.cars 数据集为例,这次我们希望知道这个数据集中包含了几个品牌。

利用以前学习的知识,可以使用 proc sort 的查重功能使用 nodupkey,将数据集按照 make 变量排序,这样每种 make 的值只会出现一次,生成的数据集中有多少条记录,就说明数据集中有几个品牌。需要承认,这种方法很有效,SAS 中很多功能的实现可以通过多种道路,但这种道路显然有些"绕远",我们只需要得到品牌数这个数字,而不需要生成新数据集,使用 select into:会是更方便的选择。

```
proc sql noprint;
    select count(distinct make) into: number from sashelp.cars;
quit;
%put &number;
```

在 select 后使用 count 函数计算记录数量，在其内使用 distinct 表示只计算不同 make 变量值的数字，执行后在日志中查找，生成的结果为 38，如图 5-18 所示，说明数据集记录了 38 个不同的汽车品牌。

```
74              %put &number;
38
```

图 5-18

使用 select into:创建宏变量，有时还可以完成很多更复杂的任务。在很多数据分析的情景下，有一个有多条记录的数据集，现在又出现一条记录，需要知道它是否已经在已有数据集中存在，这种情况被称为数据检验。例如，我们已有 sashelp.cars 数据集，现在需要确定 Mazda 品牌是否在数据集中，如果不使用宏变量，可以将这条记录与原记录 merge，如果合并数据集的记录数增加了，说明 Mazda 不在原数据集中。

当然，使用 select into:语句操作会更容易，结果也更加清晰，可以用 select into:语句建立一个宏变量，将所有非重复的汽车品牌放进去，然后用 Mazda 和这些变量进行对比。

```
proc sql;
    select '"'||strip(make)||'"' into: make separated by " " from
sashelp.cars;①
quit;
data _null_;②
    name='Mazdas';
    if name in (&make) then do;
        %put Mazda is in the dataset;
    end;
run;
```

本段代码比较复杂，还涉及一些新概念，需要逐一解释。

①语句是将双引号与 make 中的每个值连接起来，这样生成的值类似 "Acura" "Audi"……然后使用 separated by 语句设置每个值中间的间隔符号为空格，这样就生成了一个包含 sashelp.cars 数据集中所有车辆品牌名称的宏变量。

②语句使用 data 步创建一个空数据集_null_，这是 SAS 预定义的一种 data 步使用方法，_null_数据集不会真的生成，这一步是在如果你需要使用 data 步中的函数但并不需要创建数据集时使用。

在 data 步内部，对比 name 变量的值是否在已经生成的记录列表之中存在，如果存在则使用%put 语句在日志中输出，日志的结果如图 5-19 所示，说明 Mazda 在数据集之中。

在学习 proc sql 时，我们提到它对数据的处理非常灵活，利用这种灵活性，可以将合适的值利用 select into:语句放到宏变量之中，然后对数据集进行比较复杂的处理。同时，宏变量和宏函数虽然属于宏编程的概念，但它们并非只能在宏程序中存在，在 SAS 的 data 步和 proc 中依然可以使用。

```
74          data _null_;
75          name = 'Mazdas';
76          if name in (&make) then do;
77          %put Mazda is in the dataset;
Mazda is in the dataset
78          end;
79          run;

NOTE: "DATA 语句"所用时间（总处理时间）:
      实际时间            0.00 秒
      用户 CPU 时间       0.00 秒
      系统 CPU 时间       0.00 秒
      内存                562.40k
      OS 内存             30372.00k
      时间戳              2020-03-23 下午11:02:34
      Step Count                        25  Switch Count  0
      页错误数                      0
      页回收数                      39
      页交换数                      0
      主动上下文切换数        1
      被动上下文切换数        0
      块输入操作数            0
      块输出操作数            0
```

图 5-19

我们再介绍一种在 data 步中生成宏变量的方法，使用的语句为 call symput，语法为：

```
call symput("宏变量名",宏变量值);
```

与 proc sql 类似，data 步中生成宏变量往往用于宏变量需要通过数据集运算获取，或者跟数据集本身相关，一个最常用的功能就是输出数据集的记录条数，程序如下：

```
data _null_;
    set sashelp.cars end=eof;①
    if eof then call symput('number',_n_);②
run;
%put &number;
```

与上一个例子相同，使用_null_选择不生成数据集，但在①语句后新增了一个选项 end=，它表示为数据集的最后一条被读取的记录设置一个自动变量，这个变量可以被使用但不会出现在数据集中，随着 data 步运行完成，这个自动变量也会被删除，我们将这个变量命名为 eof。

再看②语句，如果某条记录是最后一条记录，则判断语句 if 为真，那么使用 call symput，将表示读取次数的自动变量_n_放入到宏变量 number 中，因为是最后一条记录，所以读取次数就等于总共的记录数，最后使用%put 语句将其输出，日志内容如图 5-20 所示。

```
76
77          %put &number;
428
```

图 5-20

打开 sashelp.cars 数据集，发现记录数确实为 428 条，与输出结果相同。

回顾一下以上部分，我们讲解了 5 种生成宏变量的方式，分别是%let、%global、%local、select into:和 call symput，它们有各自的使用方法和应用场景，笔者为大家总结一下，如表 5-2 所示。

表 5-2

方　法	语　法	特　点
%let	%let 变量名=值	创建与赋值一步完成，用法简单
%global	%global 变量名	创建全局宏变量，可用于整个 SAS 程序
%local	%local 变量名	创建局部宏变量，只能用于宏程序之中
select into:	select 变量 into:宏变量名	proc sql 中使用，可以使用 proc sql 函数
call symput	call symput("宏变量名", 值)	data 步中使用，可以使用 data 步的函数

最后仍然要强调，宏变量虽然隶属于宏编程概念，但并非只能在宏程序中使用，在 SAS 的 data 步和 proc 中也可以使用宏变量。

5.3.2　宏逻辑——穿针引线的书房

很多人在装修新家的时候都喜欢留出一间书房，在安静、素雅的环境中沏上一杯香茶，享受心灵的宁静，跟随着图书完成思想的跳跃。宏逻辑在宏编程中就像这样一个书房，它为编程思想穿针引线，将宏变量和宏函数连接到一起。逻辑思维也是一门语言结构化理解的重要工具，本部分我们将介绍两种最简单的逻辑：条件判断和循环。

条件判断其实各位读者已经非常了解，几乎了解到不用再重复的程度。逻辑判断语句在宏程序中的语法与 SAS 完全相同，只不过需要前面加上百分号。

```
简单逻辑: %if…%then…
分支逻辑: %if…%then…
         %else…
多结果逻辑: %if…%then %do;
              …
            %end;
```

但如果在宏程序中使用了 data 步中的 if 语句，它与%if 有什么区别，是否可以混用呢？

我们需要明确，if 语句只在 data 步中存在，它是依托某个 data 步存在的语句，而%if 语句是宏逻辑，只要在宏程序之中，它可以出现在任何地方，既可以出现在 data 步之内，也可以出现在 data 步之外。我们使用一个%if 与 if 混合的代码，来看看它们运行的逻辑。

```
%macro if;
    %let var=3;
    data _null_;
        %if &var<3 %then %do;
            if &var=1 then do;
                %let result = 1;
```

```
            end;
            else do;
               %let result = 2;
            end;
         %end;
         %else %do;
            if &var>3 then do;
               %let result = 3;
            end;
            else do;
               %let result = 4;
            end;
         %end;
      run;
   %mend;
   %if;
```

按照结构来说，以上的 data 步是%if 条件判断内套 if 条件判断，首先判断&var 的值是否小于 3，如果是则执行前一部分 if 判断，否则执行后一部分 if 判断，然后根据 if 判断的语句结果使用%let 创建宏变量 result，最后的结果为 result=4，如图 5-21 所示。

```
NOTE: "DATA 语句"所用时间（总处理时间）:
      实际时间          0.00 秒
      用户 CPU 时间      0.00 秒
      系统 CPU 时间      0.00 秒
      内存              476.50k
      OS 内存           28580.00k
      时间戳           2020-03-24 下午09:03:49
      Step Count                        38  Switch Count  0
      页错误数                        0
      页回收数                      65
      页交换数                        0
      主动上下文切换数          0
      被动上下文切换数      0
      块输入操作数              0
      块输出操作数            0


MLOGIC(IFSS): %PUT &result
4
MLOGIC(IFSS): 准备结束执行。
```

图 5-21

整个逻辑并不复杂，只需要注意%if 与 if 的判断是分开执行，两者互不影响。在此例中，前一部分%if &var<3 的判断语句为假，因此其内的 if 条件判断根本就没有生成，读者可以使用 mprint 选项查看生成的 SAS 代码。

循环逻辑也是我们经常碰到的宏逻辑，宏中的循环逻辑，使用的是%do %to 和%end 语句表示头尾，在其内部写循环执行语句，具体语法为：

```
   %do 宏变量=起始值 %to 结束值;
      执行语句;
   %end;
```

循环逻辑一般用于处理按照某种顺序进行重复的操作，这种顺序可以是按照数字排列的，也可以是通过人工操作可以变成数字排列的，假如我们希望将 sashelp.cars 数据集中的每一条记录都取出来，单独生成一个数据集，名称分别为 cars1、cars2……还记得之前获取 sashelp.cars 的总记录数的结果吗？我们可不想重复 428 次操作获取每一条记录，而每一次操作其实是按照数字顺序依次排列的，此时可以使用循环逻辑。

```
%macro cars;
    %do i=1 %to 428;
        data cars&i;
            set sashelp.cars;
            if _n_=&i;
        run;
    %end;
%mend;
%cars;
```

这里必须提醒读者，以上程序的循环次数很多，达到了 428 次，占用内存和时间都比较多，请在运行之前确保未保存的程序和文件被妥善保存，避免产生意外。

运行后查看 work 库，发现生成了总共 428 个数据集，名称从 cars1 到 cars428，而每个数据集分别有一条原数据集的记录，如图 5-22 所示。SAS 在每个库中会将数据集按照名称自动排序，但排序的方式会按照纯粹的文本升序排列，即将文本中的字符一个一个对比，缺失值作为最小值排在前面，这也就是 cars1 数据集后不是 cars2 而是 cars10 的原因，因为 cars1 与 cars10 的第 4 位都是 1，比 cars2 要小，因此排在前边。了解这个概念可以帮助我们更快速地定位文件位置。

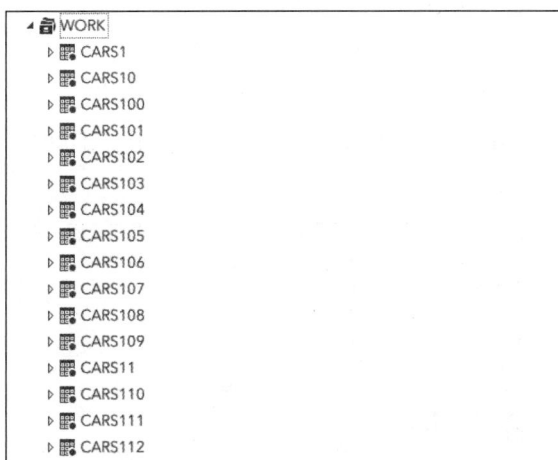

图 5-22

宏程序中的循环逻辑很多时候还可以套用，实现多重循环的功能。

举一个很多编程语言中都会涉及的案例，即寻找某个整数之内所有质数并输出。首先思考一下相关逻辑：一个数如果是质数，那么除了 1 和自己以外没有任何数字可以整除它，从 2 到该数的 1/2 依次计算它们与该数的余数，若所有余数都不为 0，那么说明从 2 到该数的 1/2 都不是这个数的因数，那么该数没有因数，说明该数为质数。

这里很明显需要用到多层循环，外层为从 1 开始一直循环到我们需要的截止数字，内层循环为依次让这个数除以 2 直到这个数的 1/2，如果有余数不为 0，则可以将这个数字输出。以下为实现这个逻辑的一种代码：

```
%macro pre(val);
    %do i=2 %to &val;
        %let max=%sysfunc(ceil(%sysevalf(&i/2)));
        %let flag=0;
        %do j=2 %to &max;
            %if %sysfunc(mod(&i,&j))=0 %then %let flag = 1;
        %end;
        %if &flag=0 %then %put Number &i is a prime number;
    %end;
%mend;
```

因为 1 不是质数，为保证严谨外层循环从 2 开始，一直循环到设定的上限。针对每一个数字都初始化一次宏变量 flag，让其值为 0。内层循环从 2 开始一直到 max，max 是使用一系列宏函数计算的每个数字的一半（向上取整），关于宏函数在后面部分和下一节还有更详细的讲解。在内层循环之中使用 mod 函数计算余数，如果余数不为 0，就改变 &flag 的值，在内层循环结束后判断，如果 flag 的值改变了，说明至少有一个数字可以被外层循环的&i 整除，说明该数不是质数。

以上代码长度不长，但涉及比较复杂的函数和逻辑，希望读者充分领悟并掌握。我们使用 20 来尝试运行，要求输出 20 以内的质数。

```
%pre(20);
```

生成的结果如图 5-23 所示。经检验，所有输出的数字确实为质数。读者也可以尝试更大的数字。不过需要提醒读者，随着数字的增加，该算法的计算量会快速增加，注意不要输出过大的数，以免 SAS 卡死。

```
81          %pre(20);
Number 2 is a prime number
Number 3 is a prime number
Number 5 is a prime number
Number 7 is a prime number
Number 11 is a prime number
Number 13 is a prime number
Number 17 is a prime number
Number 19 is a prime number
```

图 5-23

宏逻辑的语法并不复杂，但是它可以串联起大量的语句和函数，让它们发挥数据分析最大的功效。

5.3.3 宏函数——宏程序的起居室

如果说宏概念中最重要的部分，笔者相信一定是宏函数。其实每门语言都是如此，函数是优化封装的一个个功能模块，初级和中级的使用者只需要知道函数的使用方法，而不需要深入函数的运行原理。

本部分将介绍宏相关的重要函数，但因为篇幅所限，我们依然无法追求完备，笔者将重要的宏函数分为 3 类：数字计算类、文本处理类和%sysfunc 相关类。其中%sysfunc 相关类是一个非常复杂的函数体系，它可以完成很多特殊操作，具体内容我们会在下节涉及。本节就来看看数字计算类和文本处理类。

数字计算类的宏函数在之前提到过，就是%eval 和%sysevalf，前者只能处理整数，而后者既可以处理整数也可以处理分数，这里我们要深入学习一下，如果参与计算的数字都是整数而计算的结果为分数，%eval 可以处理吗？我们直接让%put 输出用%eval 计算的 5/3，结果如图 5-24 所示。

```
1               OPTIONS NONOTES NOSTIMER NOSOURCE NOSYNTAXCHECK;
70
71              %put %eval(5/3);
1
72
73              OPTIONS NONOTES NOSTIMER NOSOURCE NOSYNTAXCHECK;
84
```

图 5-24

执行后没有报错，但获得的结果为 1，这是因为%eval 在结果为分数的情况下，会使用直接去尾法保留到整数，也就是将结果原本的 1.666667 变成了 1，这会导致精确度缺失很多，因此一般情况下，只要是计算中涉及了分数，无论是在等号左侧还是右侧，建议都使用%sysevalf 进行计算。

文本处理类的函数还可以往下细分，分为 SAS 相关函数和 SAS 不相关函数。在 3.2 节我们学习了很多字符型变量的相关函数，它们中的一部分可以直接加上%变成宏函数，例如%scan、%substr、%index，它们的参数和 SAS 函数一样，唯一的区别是字符型变量不需要加上引号。

```
%macro v;
    %let a=Hello! World!;
    %put scan: %scan(&a,2,!);
    %put substr: %substr(&a,3,4);
    %put index: %index(&a,!);
%mend;
%v;
```

生成的结果为：

scan: World

substr: llo!

index: 6

与在 SAS 中 data 步使用时结果相同。需要注意的是，并非所有 SAS 中的函数都可以通过加%的方式变为宏函数，读者在使用中应当提前查询，或者根据运行结果修改，像我们在 3.2 节提到的文字截取四大函数，substr、index、scan 都有对应的宏函数，但 find 没有。

因为宏变量并不区分数值型和字符型，因此也不用使用引号区分二者，这在有些情况下反而会带来麻烦，例如文本内容为 "Hello,World"，我们希望截取第一个字符到第 5 个字符，使用%substr 函数时反而会报错，如图 5-25 所示。

```
1           OPTIONS NONOTES NOSTIMER NOSOURCE NOSYNTAXCHECK;
70
71          %macro v;
72          %let a = Hello, World;
73          %put scan: %substr(&a,1,5);
74          %mend;
75          %v;
ERROR: 宏函数 %SUBSTR 的参数过多。
scan:
ERROR: 宏 V 将终止执行。
```

图 5-25

这里的错误表示宏%substr 的参数数量超过规定，这是因为 &a 在宏函数中解析成了 "Hello,World" 文本，其中包含一个逗号，函数不会以为这是文本中的逗号，而是理解成不同参数之间的分隔符，这样%substr 中就包含了 4 个参数，超出了参数限制，此时需要找到一种方法告诉程序，最后一个逗号表示的是文本中的逗号。

使用%str 函数可以解决以上问题，它的作用是将其内的参数作为普通的文本格式输出，去掉某些有意义的特殊符号。将以上程序改写为：

```
%macro v;
    %let a = %str(Hello, World);
    %put scan: %substr(&a,1,5);
%mend;
%v;
```

%str 函数可以将生成文本中的特殊符号的意义去掉，在使用的时候特殊符号会被当作文本内容处理。除了%str，宏编程中还存在%nrstr 函数，两者可以处理的操作符如表 5-3 所示。

表 5-3

函　数	可处理操作符	区　别
%str	+ - * / < > = ^ ~ ; , # AND OR NOT EQ NE LE LT GE GT IN 成对出现的() ' ' " "	%nrstr 可以处理%str 能处理的所有操作符，并且还加上了&与%
%nrstr	+ - * / < > = ^ ~ ; , # % & AND OR NOT EQ NE LE LT GE GT IN 成对出现的() ' ' " "	

最后我们要简单说说%sysfunc 函数，笔者称其为宏编程中的"万能函数"，因为它可以在宏中调用大量的 SAS 函数，也可以实现部分针对文件和数据集的操作，它的语法为：

```
%sysfunc(函数名(参数 1,参数 2,...));
```

关于它的使用方法，我们将在下一节通过案例的方式一点一点展开。

本节介绍了宏的三要素：宏变量、宏逻辑与宏函数，虽然它们都归属在宏的概念中，但并不是只能在宏程序中使用，在 SAS 编程中使用宏相关的概念，可以显著地提升编程效率，也是一个数据分析师走向成熟的标志。

5.4　SAS 语句无法实现？宏程序来帮你

上一节我们留下了一个尾巴，就是被笔者称为"万能函数"的%sysfunc，它完整的功能花一整章介绍都不过分，本节只能管中窥豹，力求覆盖 90%的使用情况。

阅读到这里，相信读者对数据分析的工作内容也有了很多了解。针对一个数据集，我们可以对它的变量和记录进行各种操作，同时也可以改变数据集的顺序、结构，还可以对数据集本身进行操作。了解了上面数据分析的内容，相信读者已基本入门。

之所以说%sysfunc 是"万能函数"，是因为它既可以对宏变量和值进行操作，也可以对数据集和文件操作，换言之它的功能是跨维度的。一个值是一维的，一条记录是值的二维化，而加上变量编程数据集，可以说它就是三维的。%sysfunc 函数对不同维度的数据都可以进行操作，这就是它的厉害之处。

%sysfunc 是"万能函数"的第二个原因，是因为它可以调用 SAS 本身的函数，还有大量自己的函数，相当于是 SAS 函数的一个扩展。

当然，强大的功能也导致%sysfunc 入门容易而精通很难，本节就选取一些不同场景下的应用来介绍%sysfunc 函数的用途。读者需要记住的不仅仅是该函数的语法，更重要的是它的应用场景，在工作学习中遇到类似的场景想到%sysfunc 函数是最重要的。本节将分为%sysfunc 引用 SAS 函数、%sysfunc 处理文件和%sysfunc 获取系统信息三部分。

5.4.1　%sysfunc 引用 SAS 函数

之前我们学习了大量 SAS 函数，读者想必花费了很长时间记忆，宏编程中也还原了很多函数，让它们加上%就可以直接使用，但更多的函数在宏编程中是不存在的，这为我们编程带来了很多麻烦。

幸好，宏编程中提供了%sysfunc 函数，它可以调用 SAS 中的函数，语法为：

```
%sysfunc(函数名(参数 1,参数 2,...));
```

这就让很多 SAS 中强大的函数可以为我们所用。举例来说，针对数值型变量，在 data 步中可以使用 mean 函数计算平均值，但这个函数不能加上%作为宏函数使用，此时可以用%sysfunc 函数调用 mean 函数，例子代码如下：

```
%let a = 5;
%let b = 3;
%put %sysfunc(mean(&a,&b));
```

运行后的结果如图 5-26 所示。mean 函数成功在%sysfunc 中运行并完成了相应工作。

```
70
71          %let a = 5;
72          %let b = 3;
73          %put %sysfunc(mean(&a,&b));
4
```

图 5-26

在介绍字符型变量的时候，我们介绍了字符串筛选的四大函数：substr、scan、index 和 find，除了 find 以外都可以加上%成为宏函数，当我们需要使用 find 函数时候，可以使用%sysfunc 调用，看下面的例子代码：

```
%let a = Hello World!;
%put %sysfunc(find(&a, W));
```

算上空格，字母 W 在文本的第 7 位出现，因此输出结果为 7，如图 5-27 所示。

```
71          %let a = Hello World!;
72          %put %sysfunc(find(&a, W));
7
```

图 5-27

上一节中，我们提到宏函数中的文本内容不用加上引号，因为宏变量不区分类型，文本和数值型会按照使用时的情况自动识别。这一点不仅涉及宏函数的参数，也涉及操作符。关于操作符，读者应当记得，compress 函数有很多操作符，在使用%sysfunc 时需要注意。

```
%let a = AaBb@C;
%put %sysfunc(compress(&a,a@,i));
```

compress 函数的语法为 compress(变量名或值,需要删除的字符,操作符)，操作符 i 表示忽略大小写，代码中就是删除大写与小写的 a 和符号@，上面代码的运行结果如图 5-28 所示。

```
71          %let a = AaBb@C;
72          %put %sysfunc(compress(&a,a@,i));
BbC
```

图 5-28

%sysfunc 与其他语句结合，还可以实现比较复杂的功能。例如我们希望输入一个数，然后在日志栏输出这个数与 0 的比较关系，如果它大于 0，就输出数字 is greater than zero，如果它小于 0，就输出数字 is less than zero，如果数字就是 0 则输出数字 is equal to zero。因为涉及不同的文字内容，我们无法使用一个语句，要先对数字进行判断后输出不同的语句，判断的过程可以交给 proc format。

```
proc format;
    value category
        Low-<0 = 'Less Than Zero'
```

```
        0 = 'Equal To Zero'
        0<-high = 'Greater Than Zero';
run;
%macro number(num);
    %put &num is %sysfunc(putn(&num,category.));
%mend;
%number(5.6)
%number(-3)
%number(0)
```

在%sysfunc 中，使用的是 put 的同源函数 putn，它指定输入的值为数值型，避免 SAS
判断错误，导致输出失败，尝试分别运行 3 次宏程序，输入不同的值，例子代码运行结果
如图 5-29 所示。

```
71          %number(5.6)
5.6 is Greater Than Zero
72          %number(-3)
-3 is Less Than Zero
73          %number(0)
0 is Equal To Zero
```

图 5-29

总结起来，%sysfunc 可以调用 SAS 函数完成大量只能在 data 步中针对变量完成的操
作，具体的操作内容要根据任务需求进行裁量，但基本语法不会改变。另外，%sysfunc
也可以使用嵌套结构，但每个结构中都要有%sysfunc 存在，格式类似%sysfunc(函数
1(%sysfunc(函数 2(参数,...))));此时函数中的右括号很多，为了避免错误，可以先将括号完
整地写出，然后再在其中添加内容。

当然并非所有的 SAS 函数都能在%sysfunc 中使用，因为有些函数只有在数据集中才有
意义，单独针对变量操作无法实现，表 5-4 总结了不可以在%sysfunc 中使用的函数。

表 5-4

dif	input	put
dim	lag	resolve
hbound	lbound	symget

以上函数分为两类，一类是完全不可使用，例如 lag 函数，功能是获取该变量上一条
记录对应的值，在针对单个值操作时无意义，另一种是类似 input 和 put，需要转化为
inputn/inputc 和 putn/putc 来指定输入宏变量的数据类型。读者在使用时要多加留意。

5.4.2　%sysfunc 处理文件

针对文件的处理是%sysfunc 最常用的功能，它可以实现打开文件、读取信息、关闭
文件的操作，这需要依靠%sysfunc 自带的一系列函数完成。在编程过程中，我们经常遇
到一个问题，就是判断某数据集是否存在，因为如果数据集不存在，后续的程序一旦提
交会全部报错，查询起来非常麻烦，而%sysfunc 就解决了这个问题。

```
%macro check(data);
    %if %sysfunc(exist(&data)) %then %put The dataset &data exist.
    %else %put The data set &data does not exist.;
%mend check;
```

查询文件是否存在使用的是 exist 函数，如果存在则返回 1，不存在则返回 0，根据数据集是否存在在日志中输出不同的内容，如图 5-30 所示。

```
75              %check(sashelp.cars)
The dataset sashelp.cars exist.
76              %check(sashelp.car)
The data set sashelp.car does not exist.
```

图 5-30

再举一个熟悉的例子，读取数据集并输出这个数据集包含的记录数和变量数。在之前的章节中，我们使用最后一条记录的序号作为记录数量，也可以通过 SAS 程序完成操作，但操作的本质其实都不是直接获取数据记录的个数，而是获得一个跟记录个数相等的数字，将这个数字输出，下面介绍的方法将会直接获得一个数据集的记录数和变量数。

```
%macro obsnvars(ds);
    %global dset nvars nobs;
    %let dset=&ds;
    %let dsid = %sysfunc(open(&dset));①
    %if &dsid %then %do;
        %let nobs =%sysfunc(attrn(&dsid,nobs));②
        %let nvars=%sysfunc(attrn(&dsid,nvars));③
        %let rc = %sysfunc(close(&dsid));④
        %put &dset has &nvars variable(s) and &nobs observation(s).;
    %end;
    %else %put Open for data set &dset failed - %sysfunc(sysmsg());
%mend obsnvars;
```

仔细研究这个程序，首先是将宏参数 ds 的值赋给宏变量 dset，然后在①中使用%sysfunc(open())函数把这个数据集打开，注意这里被打开的数据集被赋值给宏变量 dsid，dsid 代表的是这个数据集，然后使用%if 判断，如果&dsid 存在，则分别使用%sysfunc(attrn())函数的 nobs 参数输出数据集的记录数和 nvars 参数输出数据集的变量数，将数字分别赋值给宏变量 nobs 和 nvars，然后使用%sysfunc(close())函数关闭被打开的数据集。最后输出数据集的变量数和记录数。

如果打开数据集不成功，则输出打开失败，并用%sysfunc(sysmsg())无参函数输出日志的内容，用以进一步修改代码。

尝试运行以下代码：

```
%obsnvars(sashelp.cars);
%obsnvars(sashelp.baseball);
%obsnvars(sashelp.abc);
```

生成的结果如图 5-31 所示。

```
71          %macro obsnvars(ds);
72          %global dset nvars nobs;
73          %let dset=&ds;
74          %let dsid = %sysfunc(open(&dset));
75          %if &dsid %then %do;
76          %let nobs =%sysfunc(attrn(&dsid,NOBS));
77          %let nvars=%sysfunc(attrn(&dsid,NVARS));
78          %let rc = %sysfunc(close(&dsid));
79          %put &dset has &nvars variable(s) and &nobs observation(s).;
80          %end;
81          %else %put Open for data set &dset failed - %sysfunc(sysmsg());
82          %mend obsnvars;
83          %obsnvars(sashelp.cars);
sashelp.cars has 15 variable(s) and 428 observation(s).
84          %obsnvars(sashelp.baseball);
sashelp.baseball has 24 variable(s) and 322 observation(s).
85          %obsnvars(sashelp.abc);
Open for data set sashelp.abc failed - ERROR: 文件"SASHELP.ABC.DATA"不存在。
```

图 5-31

想要使用%sysfunc 针对数据集进行操作，获取数据集信息核心的函数为 attrn，在此前后需要分别打开和关闭数据集。这种操作方式归纳为"打开—处理—关闭"结构，与"把大象装进冰箱"有相同的步骤。读者在自己进行数据集的操作时，要注意检查 3 点：把冰箱门打开——打开数据集，把大象装进去——处理数据集，把冰箱门关上——关闭数据集。

如果数据集没有打开，则 attrn 函数无法处理；如果数据集没有关闭，在后续对数据集进行修改时会报错，因为数据集处于打开状态而无法修改。

attrn 返回数据集数值型相关的信息，例如记录数和变量数，attrc 返回数据集字符型相关的信息，例如标签，两函数的参数列表如表 5-5 所示。

表 5-5

参数名	意　义
CRDTE	数据集创建时间
MODTE	数据集最后修改时间
NOBS	记录数
NLOBS	数据集标签
NVARS	变量数

除了 attrn/attrc 函数，%sysfunc 还可以使用很多数据集信息相关的函数，详情如表 5-6 所示。

表 5-6

名　称	功　能	案　例
varnum	返回该变量在数据集中的顺序	%sysfunc(varnum(&data, ID);)
varfmt	返回该变量的格式	%sysfunc(varfmt(&data, ID));
vartype	返回该变量的类型	%sysfunc(vartype(&data,ID));

以上函数案例中的&data 均为使用%sysfunc(open())打开的数据集，而不是原本数据集的名称，它们在使用的时候也要按照"把大象装冰箱"的结构来操作。

除了获取数据集的信息，%sysfunc 更能通过函数获取文件的信息。例如判断文件是否存在，则使用 fileexist 函数。

```
%macro exist(filename);
    %let existflag=%sysfunc(fileexist(&filename));
    %if (&existflag= 1) %then %put The file&filename exist;
    %else %put The file &filename does not exist;
%mend;
%exist(/home/yourenyuan0/Book/csvfile1.csv);
```

因为操作对象不是数据集而是文件，因此输入的文件名中要包含地址、文件名和扩展名。运行后的结果如图 5-32 所示。

```
71          %macro exist(filename);
72          %let existflag=%sysfunc(fileexist(&filename));
73          %if (&existflag= 1) %then %put The file&filename exist;
74          %else %put The file &filename does not exist;
75          %mend;
76          %exist(/home/yourenyuan0/Book/csvfile1.csv);
The file/home/yourenyuan0/Book/csvfile1.csv exist
```

图 5-32

与数据集相同，%sysfunc 也可以获取文件信息，不过使用的是另外一套不同的函数系统：

```
%sysfunc(fopen(文件名));
%sysfunc(finfo(文件名,信息参数));
%sysfunc(fclose(文件名));
```

可以看出，针对文件的操作也需要使用"把大象装冰箱"这样三段论的步骤，否则会无法运行成功或让文件处于一直被开启的状态，占用内存并且无法编辑。

上述代码中的"信息参数"是获取不同文件信息的关键，表 5-7 是一部分它可以接受的值。

表 5-7

信息参数	功　能
File Size (Byte)	获取文件大小，单位为 byte
Create Time	获取文件生成时间
Modified Time	获取文件最后修改时间

%sysfunc 处理数据集和文件的高效率主要来源于它的直接性，只要使用%sysfunc(相关函数())的结构，就可以快速地获取数据集和文件的信息，这得益于 SAS 强大的封装函数，让复杂的操作在一个简单的步骤中完成。

5.4.3　%sysfunc 获取系统信息

除了引用 SAS 函数和获取文件和数据集的信息，%sysfunc 还可以完成对系统信息和设置的读取，也就是说通过%sysfunc，分析师可以更加了解当前 SAS 的设置情况。这一部分内容仍然需要通过实例来讲解。

在生成统计报表时，在报表中经常需要加入生成日期，报表生成将会在第 7 章涉及，这里只需要知道，报表的标题和注释是使用 title 和 footnote 语句生成，在注释中加入当前日期时间，可以使用如下语句：

```
footnote "Table is generated on %sysfunc(datetime(),datetime.)";
```

这里用到的 datetime 函数就是一个获取系统信息的函数，它没有参数，为了表明这是函数所以后接空括号()，它可以获得运行时的 SAS 系统日期时间。

SAS 系统还有大量的系统级选项，这些选项有些是系统默认产生，有些是使用 option 语句自行设定，就像在上一节提到的 mprint、mlogic 和 symbolgen 一样。很多时候我们并不知道系统默认产生的选项究竟是什么，需要先查看再决定是否改变，此时可以使用 %sysfunc 中的 getoption 函数。

getoption 函数从名称上就可以看出，它的功能就是获取 option 选项，它的语法为：

```
%sysfunc(getoption(选项名,<keyword>);
```

选项名就是使用 option 进行设置时，后面跟的选项名称。如果有数字则输出数字，如果是状态则输出当前状态。

```
%macro showopts;
    %put PAGESIZE= %sysfunc(getoption(PAGESIZE));①
    %put PS= %sysfunc(getoption(PS));②
    %put LS= %sysfunc(getoption(LS));③
    %put PS(keyword form)= %sysfunc(getoption(PS,keyword));④
    %put LS(keyword form)= %sysfunc(getoption(LS,keyword));⑤
    %put FORMCHAR= %sysfunc(getoption(FORMCHAR));⑥
%mend;
%showopts;
```

该宏程序包含 6 个%put 语句，每个语句都使用了%sysfunc(getoption())函数。

语句①和②的功能都是获取 PAGESIZE 选项的设置，PAGESIZE 是 SAS 初始化时自定义的数字，表示每一页输出中的行数。②中的 PS 即是 PAGESIZE 的缩写。

语句③中的 LS 是 LINESIZE 的缩写，表示在输出中每一行所包含的字符数。

④⑤语句输出的仍然是 PAGESIZE 和 LINESIZE 语句，只是出现了第二个参数 keyword，它表示输出的样式不再是一个数或选项名称，而是"选项=值"的格式。

⑥语句中输出 FORMCHAR 选项的值。FORMCHAR=选项用来指定输出结果中的轮廓线和分隔符。

运行后结果如图 5-33 所示。

```
71          %macro showopts;
72              %put PAGESIZE= %sysfunc(getoption(PAGESIZE));
73              %put PS= %sysfunc(getoption(PS));
74              %put LS= %sysfunc(getoption(LS));
75              %put PS(keyword form)= %sysfunc(getoption(PS,keyword));
76              %put LS(keyword form)= %sysfunc(getoption(LS,keyword));
77              %put FORMCHAR= %sysfunc(getoption(FORMCHAR));
78          %mend;
79              %showopts;
PAGESIZE= 60
PS= 60
LS= 132
PS(keyword form)= PS=60
LS(keyword form)= LS=132
FORMCHAR= |----|+|---+=|-/\<>*
```

图 5-33

同理,在宏编程时经常使用到的 mlogic、mprint 和 symbolgen 选项也可以通过 getoption 语句来查询它们的状态。

```
option mprint nomlogic nosymbolgen;
%put %sysfunc(getoption(mprint,keyword));
%put %sysfunc(getoption(mlogic,keyword));
%put %sysfunc(getoption(symbolgen,keyword));
```

结果如图 5-34 所示。

```
71        option mprint nomlogic nosymbolgen;
72        %put %sysfunc(getoption(mprint));
MPRINT
73        %put %sysfunc(getoption(mlogic));
NOMLOGIC
74        %put %sysfunc(getoption(symbolgen));
NOSYMBOLGEN
```

图 5-34

总结:%sysfunc 函数的功能非常复杂,既可以引用 SAS 函数,也包含大量的独立函数,读者在初学的时候切不可沉迷于背诵每个函数的名称和语法,相反应当先分析所面临的问题和解决问题所需的步骤,再根据步骤反推所需的%sysfunc 函数,只有这样才能避免在浩如烟海的%sysfunc 函数中迷失,不会成为"只会背代码,不会写代码"的数据分析师。

另外,读者也要善于寻找参考资料,在不确定一个函数如何使用的时候可以快速了解它的使用方法和案例,这也是提高很快的一种办法。SAS 官方提供了一个%sysfunc 函数列表,读者可以在以下地址中查询:

https://documentation.sas.com/?docsetId=mcrolref&docsetTarget=n1mix0b315l1dpn0zmh ebdzifjne.htm&docsetVersion=9.4&locale=en

宏函数的知识基本告一段落,本章涉及的都是宏编程中比较浅表的概念,尤其偏向于实际应用,在下一节,我们将用一个医药行业中经常遇到的案例,讲解编写数据集变量属性的初始化宏,然后总结整个宏编程的思路和知识要点。

5.5　实战案例:自动创建包含变量参数的数据集模板

按照惯例,在章节末尾我们需要使用一个案例强化之前所学的知识。宏编程最重要的特点是自动化,那么本节案例选取的是在工作中经常遇到的一个情况——数据集的格式化。我们将按照项目背景、项目拆解、编程实现和调试反馈 4 个步骤完成该实战案例。在案例之中仍然有部分知识是之前尚未涉及的内容,希望读者可以关注。

5.5.1　项目背景

本案例的作用是为即将生成的数据集设置变量参数,包括长度、标签、格式、类型等,这些参数可以帮助我们更好地了解数据集。

在临床试验的数据分析中，每个数据集的每个变量对参数都有详细的规定，这些规定由统计分析师按照 CDISC 标准制定，CDISC 标准各位读者可以先不必掌握，简而言之，它是一套规范临床试验数据记录和格式化的系统，这套系统规定了每个数据集的名称和其内变量的名称和参数。它的好处是在不同的试验中的相同试验项目记录的变量是一致的，方便试验中和试验间的统一化。

临床试验的分析数据集制作方法一般被放置在一个 Excel 文件中，这个文件被称为specification 或 spec，如图 5-35 所示。它的每一行代表一个变量，每行都包含变量的名称、长度、类型、标签、来源、创建方法和备注，因为本案例不涉及具体变量的创建方法，因此最后两列为空。

NAME	Length	Label	Type	Origin	Derivation	Comments
STUDYID	25	Study Identifier	Character	Protocol		
DOMAIN	2	Domain Abbreviation	Character	Assigned		
USUBJID	18	Unique Subject Identifier	Character	Derived		
RPSEQ	8	Sequence Number	Numeric	Derived		
RPTESTCD	8	Repro System Findings Test Short Name	Character	Assigned		
RPTEST	40	Reproductive System Findings Test Name	Character	CRF Page		
RPORRES	25	Result or Finding in Original Units	Character	CRF Page		
RPSTRESC	25	Character Result/Finding in Std. Format	Character	Derived		
RPSTRESN	8	Numeric Result/Finding in Standard Units	Numeric	Derived		

图 5-35

在最终生成的数据集中，必须包含且只包含以上变量，其参数也必须与 spec 中规定的相同。读者可以思考，如果不使用自动化工具，是否可以完成上述要求呢？答案是肯定的，而且有两种方法实现。

第一种是在创建每个变量的时候就提前设置好相关信息，例如创建第一个变量studyid 的时候，就需要进行如下操作：

```
data temp;
    length studyid $25;
    set dataset;
    statement1…;
    statement2…;
    label studyid="Study Identifier";
run;
```

第二种方法就是手动创建一个数据集，里面包含某数据集中所有的变量，使用 attrib语句将这些变量全部设置成合适的参数，然后将完整的数据集与该模板数据集 set 到一起。模板数据集的创建方式如下：

```
data template;
    attrib variable1 length= label=" ";
    variable2 length= label=" ";
run;
```

第一种方法需要在编程中加入大量语句，费时费力，并且无法保证结果的正确性。第二种方法犯错的可能性小一些，但 set 包含相同名称的数据集可能会导致 warning 的产生，如果前一个数据集中的变量长度小于后一个数据集的变量长度，日志中会出现警告。

并且，两种方法都无法实现自动化，在变量较多的情况下仍然只能一个个复制粘贴变量，耗费了大量时间。因此创建一个可以读取 spec 文件并自动创建包含所有变量的空数据集和变量列表势在必行。

5.5.2 项目拆解

在项目背景中，我们已经了解自动创建数据集模板的宏的用途，这是一个从复杂到简单的过程。项目分解则是一个从简单到复杂的过程。

分解思维或者拆解思维是数据分析师必须具备的思维能力。很多数据分析项目庞大而复杂，光数据的种类和来源就有数种，需求文档可能就有几十页，如果希望通过简单的一步操作就完成全部需求，难度实在太高，很多时候都需要把过程进行分解然后一步步完成。

这个特点在临床试验数据分析中体现得尤其明显。一款药物从研发到上市，一般需要 8～12 年的时间，其中大量的时间花在临床试验和数据分析上。因为人体的高度复杂性和药物的差异性，每个临床试验收集的数据都会千差万别，几乎不可能从收集来的数据中直接获取统计结果。因此临床试验的数据分析工作会被分解为数个步骤，包括标准化数据集、分析数据集、图表和提交包的步骤，在每一步中，数据分析师的操作就是相对简单且固定的，这样就可以保证数据与信息的统一性和精准性。

本案例中，我们同样可以把项目拆解为几个模块，这里使用的思路是逆向思维，即从结果出发分析每一步需要的条件，再看条件所需的条件，直到我们已有的条件。

最终，我们希望获取的是一个空数据集，它只包含数据集中的规定变量，并且其参数已经设置完成，如图 5-36 所示。

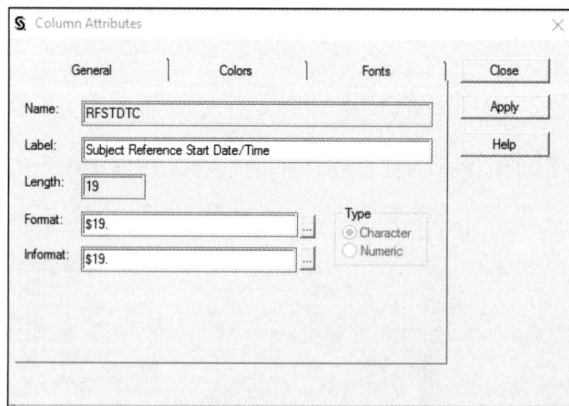

图 5-36

在这一步之前，需要设置每个变量的参数，批量设置变量参数的方法为 attrib 语句，它可以设定变量的长度、标签、格式等。又因为每个数据集包含的变量数量不相同，所以肯定需要用到循环逻辑，每个循环设置一个变量参数。

attrib 的语法为：

```
attrib length=长度 label="标签"
```

在开始循环之前，需要将每一个变量的参数加工成上述格式，放置在宏变量之中。

最后可以确定，操作的第一步就是读取 Excel 文档，这一步的方法在之前学习过，既可以使用 proc import，也可以用 data 步的 infile 语句，二者各有优缺点，本例中选择 proc import，它的优点是语法简单，缺点是不可在文件打开的状态下运行。读者在运行程序的时候需要注意关闭 Excel 文档。

整个思维过程可以用图 5-37 来概括。

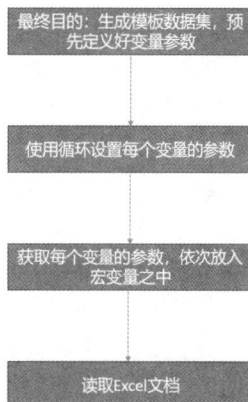

图 5-37

5.5.3 编程实现

在将项目需求分解成比较简单的模块后，就可以开始编程，依次实现。需要注意的是，分解任务的步骤是逆向思维，而编程的过程却是正向的。

在 spec 文档中包含 3 张表，需要使用宏参数指定读取的表名，因此所有的程序都需要放在%macro…%mend 语句之中。我们将宏程序名设置为 spec_reader，宏参数名定义为 data。

```
%macro spec_reader(data);
%mend;
```

（1）使用 proc import 读取数据集。

本例中笔者的文件放置在 U 盘目录，因此文件地址为 U:\spec.xlsx，读者在运行程序的时候需要将路径改为自己的存放地址。

```
proc import datafile="U:\spec.xlsx" dbms=xlsx(where=(name ne ''))
    out=spec replace;
  sheet="&data.";
run;
```

该步骤读取表名为&data 的 Excel 表，然后输出到 SAS 数据集 spec 之中。为避免表格中存在空行，使用 where 语句筛选出变量名不为空的记录输出，生成的结果如图 5-38 所示。

	NAME	Length	Label	Type	Origin	Derivation	Comments
1	STUDYID	25	Study Identifier	Character	Protocol		
2	DOMAIN	2	Domain Abbreviation	Character	Assigned		
3	USUBJID	20	Unique Subject Identifier	Character	Derived		
4	SUBJID	9	Subject Identifier for the Study	Character	CRF Page		
5	SITEID	6	Study Site Identifier	Character	Assigned		
6	RFSTDTC	19	Subject Reference Start Date/Time	Character	Derived		
7	RFENDTC	10	Subject Reference End Date/Time	Character	Derived		
8	RFXSTDTC	19	Date/Time of First Study Treatment	Character	Derived		
9	RFXENDTC	19	Date/Time of Last Study Treatment	Character	Derived		
10	RFICDTC	10	Date/Time of Informed Consent	Character	CRF Page		

图 5-38

（2）读取数据集并生成符合 attrib 语法的宏变量。

在这一步中使用 data 步生成 _null_ 数据集，因为只需要用 data 步中的 call symput 功能输出宏变量，由于数值型变量与字符型变量的长度不同，所以根据变量类型，创建变量 lengthx 的值为长度或$长度。之后用 call symput 命令分别生成用来表示变量名称的宏变量 var1、var2……和符合 attrib 语法的包含变量名称、标签和长度的宏变量 attrib1、attrib2……最后创建宏变量 vartot，得到整个数据集的记录数量，用这个数字表示下一步中循环逻辑的最大循环次数。

```
data _null_;
    set spec end=eof;
length lengthx $100;
if upcase(type)='CHARACTER' then lengthx='$' || strip(put(length,best.));
    else if upcase(type)='NUMERIC' then lengthx=strip(put(length,best.));

    call symput('var'||strip(put(_N_,3.)),%str(strip(name)));
    call symput('attrib'||strip(put(_N_,3.)), strip(name)||
                ' length=' || strip(lengthx) || ' ' ||
                'label= ' || '"' || strip(label) || '"');
    if eof then call symput('vartot',strip(put(_N_,3.)));
run;
```

以 DM 表举例，执行后生成的宏变量 var1、var2、var3 的值依次为 STUDYID、DOMAIN、USUBJID；attrib1、attrib2、attrib3 的值依次为 STUDYID length=$25 label="Study Identifier"、DOMAIN length=$2 label="Domain Abbreviation"、USUBJID length=$20 label="Unique Subject Identifier"。

因为 DM 表中总共有 24 条记录（不包含第一行的变量名），因此生成的宏变量 vartot 的值就是 24。

（3）使用 attrib 语句创建模板数据集。

```
data &data._temp;
    attrib
    %do j=1 %to &vartot;
        &&attrib&j
    %end;
    ;
    call missing (of _all_);
    if 0;
run;
```

该步骤在 attrib 中创建循环，依次输出宏变量 attrib1、attrib2 的值。此处需要注意连写宏变量的表示方法，此处循环变量 j 先被解析为数字，然后与 attrib 共同生成变量名为 attrib1、attrib2 的宏变量再次被解析，因为宏变量名称是从左向右顺序读取，如果只使用一个&则会产生错误，显示宏变量 attrib 并不存在，在循环逻辑中，如果宏变量的名称与循环变量相关，则需要使用这种表达方式。

循环完毕加上分号表示 attrib 语句的结束，生成的 SAS 语句形如：

```
attrib STUDYID length=$25 label="Study Identifier"
       DOMAIN length=$2 label="Domain Abbreviation"
       USUBJID length=$20 label="Unique Subject Identifier"
       …
       ;
```

为保证所有变量的值为空，使用 call missing 函数，利用自动变量 _all_ 设置所有变量均为缺失值，最后的 if 0 语句永远为假，可以让生成的数据集不包含任何记录。

这一步骤生成的数据集如图 5-39 所示。

VIEWTABLE: Work.Dm_temp										
Study Identifier	Domain Abbreviation	Unique Subject Identifier	Subject Identifier for the Study	Study Site Identifier	Subject Reference Start Date/Time	Subject Reference End Date/Time	Date/Time of First Study Treatment	Date/Time of Last Study Treatment	Date/Time of Informed Consent	

图 5-39

这样就完成了一个数据集模板的创建，在创建完包含数据的数据集后，只要与模板数据集用 set 语句连接在一起，这些变量则会自动被格式化，使用方法如下：

```
data dm;
    set dm_temp final;
run;
```

以上所有步骤的输入只有 spec 文件和选取的表，并不包含具体变量的信息，这也免除了我们针对每个变量单独进行操作的麻烦，只使用一个宏程序即可完成。

5.5.4　调试反馈

宏程序编写结束，终于可以简单自动地创建数据集中变量的参数，首先尝试运行：

```
%spec_reader(RP)
%spec_reader(VS)
```

运行后生成的模板数据集如图 5-40 所示。

VIEWTABLE: Work.Rp_temp					
STUDYID	DOMAIN	USUBJID	RPSEQ	RPTESTCD	RPTEST

VIEWTABLE: Work.Vs_temp					
STUDYID	DOMAIN	USUBJID	VSSEQ	VSTESTCD	VSTEST	VSCAT

图 5-40

一个完善的宏程序，除了可以实现基础的功能外还要包含如下特性。

- 异常处理：在输入文件产生错误时及时抛出异常，终止程序。
- 完备性：一个宏程序要力求解决它在应用场景下的各种问题。
- 可检查性：宏程序运行步骤和结果在我们需要的时候可以比较容易地被查看。

根据以上 3 条，在上一步中生成的宏程序还可以做出以下 3 点改进。

- 判断所调用的文件是否存在，如果不存在则终止程序，在日志中输出错误。
- 添加数据集中所有变量的列表，方便在 keep 语句中使用。
- 创建宏参数，用于指定是否打开宏相关的选项，即 mprint mlogic symbolgen。

以上功能也可以在模块化编程中完成。

1. 判断调用文件是否存在

在介绍%sysfunc 万能函数时我们介绍了判断数据集是否存在的函数 exist，其实判断文件也可以使用类似的函数 fileexist，它的参数是一个文件完整的路径和名称，如果存在则返回 1，不存在则返回 0。如果函数不存在，则使用%put 输出错误信息。

```
%if NOT %sysfunc(fileexist("&U:\&spec.xlsx")) %then %do;
    %put %str(-------------------------------------------------);
  %put %str(ERROR: MACRO PROGRAM SPEC_READER);
  %put %str(ERROR: SPEC FILE NOT FOUND);
  %put %str(-------------------------------------------------);
  %goto EXIT;
%end;
```

语句结尾的%goto 语句表示让程序直接执行到语句 EXIT 后面的内容，因此需要在宏程序的结尾处加上：

```
%EXIT:
```

%goto 函数会直接跳过某些语句，改变程序的执行顺序，目前各种编程语言都已经不鼓励这样做，因为这会导致程序的逻辑性大大降低，读者在使用时也应该尽量保证整个程序中只出现一个%goto 语句和 EXIT 的组合，避免混乱。

将以上代码加入宏程序中，然后将引用的文件路径或文件名故意改错，运行后出现如图 5-41 的提示，证明检测错误功能运行成功。

```
80    %spec(DM);
-------------------------------------------
ERROR: MACRO PROGRAM SPEC_READER
ERROR: SPEC FILE NOT FOUND
-------------------------------------------
```

图 5-41

2. 创建变量列表

虽然模板数据集可以帮助我们为每个变量自动创建参数，却无法只保留 spec 中规定的变量，这就需要我们手动使用 keep 语句一个个保留或使用 drop 语句将不需要的变量删除，耗费大量的时间，其实使用 proc sql 中的 select into:语句可以自动创建宏变量，这个变量的值是所有所需变量的名称，以空格间隔。

```
proc sql noprint;
    select name into:keepvar separated by ' ' from spec;
quit;
```

这样我们就生成了宏变量 keepvar，它将所有的变量名称依次列出，并且使用空格作为分割符，使用%put 语句输出 keepvar，日志内容如图 5-42 所示。

```
7     %put &keepvar;
STUDYID DOMAIN USUBJID SUBJID SITEID RFSTDTC RFENDTC RFXSTDTC RFXENDTC RFICDTC RFPENDTC
DTHDTC DTHFL BRTHDTC AGE AGEU SEX RACE ETHNIC ARMCD ARM ACTARMCD ACTARM COUNTRY
```

图 5-42

在生成最终数据集时，使用 keep &keepvar;语句即可保留所有规定的变量，无须手动一个个添加。

3．指定是否打开宏相关的选项

mlogic、mprint、symbolgen 是宏编程中很重要的 3 个选项，它们分别可以输出逻辑判断语句的结果、编译出的 SAS 语句和宏变量在被调用时的值。但因为细节过多，也会导致日志文件冗长。最好的办法是由数据分析师选择开启或关闭，这就需要在宏参数中进行设置。同时，该选项对程序执行结果影响不大，最好可以缺省设置，即使不赋值也不影响程序的执行。

首先在%macro 语句中加入宏参数 debug_flag：

```
%macro spec_reader(data,debug_flag);
```

然后根据宏参数的值选择是否开启宏相关选项，若宏参数的值不为 Y 则关闭。

```
%if &debug_flag=Y %then %do;
   option mprint mlogic symbolgen;
%end;
%else %do;
   option nomprint nomlogic nosymbolgen;
%end;
```

尝试让 debug_flag 的值为 Y，部分日志内容如图 5-43 所示。

```
Log - (Untitled)
SYMBOLGEN:  Macro variable DATA resolves to DM
MPRINT(SPEC):   data DM_temp;
SYMBOLGEN:  Macro variable VARTOT resolves to 24
MLOGIC(SPEC):  %DO loop beginning; index variable J; start value is 1; stop value is 24; by value is
      1.
SYMBOLGEN:  && resolves to &.
SYMBOLGEN:  Macro variable J resolves to 1
SYMBOLGEN:  Macro variable ATTRIB1 resolves to STUDYID length=$25 label= "Study Identifier"
MLOGIC(SPEC):  %DO loop index variable J is now 2; loop will iterate again.
SYMBOLGEN:  && resolves to &.
SYMBOLGEN:  Macro variable J resolves to 2
SYMBOLGEN:  Macro variable ATTRIB2 resolves to DOMAIN length=$2 label= "Domain Abbreviation"
MLOGIC(SPEC):  %DO loop index variable J is now 3; loop will iterate again.
SYMBOLGEN:  && resolves to &.
SYMBOLGEN:  Macro variable J resolves to 3
SYMBOLGEN:  Macro variable ATTRIB3 resolves to USUBJID length=$20 label= "Unique Subject Identifier"
MLOGIC(SPEC):  %DO loop index variable J is now 4; loop will iterate again.
SYMBOLGEN:  && resolves to &.
SYMBOLGEN:  Macro variable J resolves to 4
SYMBOLGEN:  Macro variable ATTRIB4 resolves to SUBJID length=$9 label= "Subject Identifier for the
            Study"
```

图 5-43

总结：本节从项目背景出发，交代了自动设置变量参数的必要性，它可以将大量重复的工作交由宏程序完成，提升了编程的效率和准确性。然后通过逆向思维的方式，从结果出发，一步步反推出上一步需要完成的工作，这种思维模式在工作中非常常见，也十分有用。接着我们按照模块化编程的思路实现了这个宏程序的主体功能，利用 proc import 读取

Excel 文档，call symput 将宏变量赋值，循环语句和 attrib 设置每个变量的参数并生成模板数据集。最后从异常处理、完备性和可检查性三个方面提升该宏程序的性能。

建议读者按照以上思路，在不看本节的情况下尝试自己完成一个自动设置变量参数的宏程序，在很多行业中，类似宏程序都会被反复用到，是提升工作效率的重要工具。

最后，我们需要对宏编程进行总结。宏编程的概念比较散乱，很多概念之间相互咬合，很难条分缕析地讲清楚，笔者采用四大部分、三大要素的方式尝试将宏编程的概念分解，四大部分为宏结构、宏变量、宏参数和宏选项，三大要素分别为宏变量、宏逻辑和宏函数，需要注意的是，它们之间并非平行的关系，而是互相嵌套，形成一个完整的知识体系。

读者在自学宏编程时，应当以目的为导向，先清楚自己需要的功能，从功能反推所需的语句，如果语句不会使用，则可以查询本书或在网上查找相关资料。

最后，读者也必须强化编程的逻辑性。所谓编程高手，很多时候并不在于他们掌握了多少别人不知道的语法，或者编写的程序别人看不懂，相反它们的程序可能很简单，但用简单而有逻辑的程序完成复杂的操作才是编程水平的体现。

随着本章的结束，可以说 SAS 数据处理的部分已经告一段落，从第 6 章开始我们将学习统计分析相关的概念和知识。虽然是全新的话题，但所用的工具与编程思想总归是一致的，所谓"青山一道同风雨，明月何曾是两乡"，笔者相信在统计分析中，已经学过的知识将成为我们向上攀爬的坚实阶梯！

第6章　统计分析并不难

相信本章应当是读者最期待的章节了，毕竟 SAS 的定位就是专业的统计分析软件，很多读者现在和未来所从事的工作也很可能是与统计分析相关的工作，无论是药厂的统计分析师，还是金融行业的财务分析师，日常的工作就是从海量的数据中提取有效的信息，然后归总、输出、形成结论。但为什么本书将统计分析放到相对靠后的章节来讲呢？

笔者一直强调工具与目的之间的关系，巴菲特合伙人查理·芒格有一句名言：手里有一把锤子，看什么都像钉子。这句话就道出了很多职场从业者的一个悖论：如果你希望提升就需要有更专精的技术，而不断专精技术会导致你沉溺其中，没法以更宏观的视野考察整个工作的内容，也无法建立领导力。

技术就是我们的工具，它只是手段，真正的统计结果才是我们所需要的目的。如果未来有一种软件，在把数据输入后可以自动按照我们心中所想生成各种统计结果，方法正确、无须操作，那笔者敢断言各个行业都会趋之若鹜地使用。

但很可惜，这种技术可能需要脑机接口、人工智能、大数据等技术再成熟一些才有可能出现，到目前为止我们只能使用一些编程工具，人工地告诉计算机实现怎样的操作。这个时间长了，很多人就会认为操作计算机实现编程是工作的目的，这就混淆了眼前和远方的区别。

明确了以上概念，我们就应该知道虽然统计分析是目的，但它并不是空中楼阁，它需要大量 SAS 基础概念的支撑，在了解这些概念之前就学习统计分析，相当于建了一座没有地基的大楼，即使可以建成也很容易倒塌。

SAS 语言的统计分析功能非常多，用眼花缭乱形容也不为过，本章我们将从详细到简略，从数据分析最长用的功能讲起，逐步扩展到复杂而不常用的功能上，力求创建学习的方法论。

6.1　数据分析的本质：从数据到知识

关于数据、信息和知识的概念，笔者在 2.3 节编写了第一个 SAS 程序之时有过简单探讨，现在我们的 SAS 基础知识已经成型，笔者可以拿出单独一节探讨数据与信息的关系，为读者在日后的工作学习中提供一套方法论。

第 2 章，笔者提出过数据—信息—知识的模型，即数据在最底层，从数据可以总结出信息，从信息可以获得知识，它们的关系就像三级火箭一样，是递进式的关系。

6.1.1 三级火箭与数据分析

三级火箭的概念，最早应用于我国北宋水师装备"火龙出水"，完整的理论架构分别由波兰人、美国人和德国人提出，并在 1948 年由美国在白沙靶场试射的火箭完成，最高试射高度达到了 393 千米。

三级火箭或多级火箭的每一节燃料烧尽时，原本存储燃料及发动机本身的空间与结构就没有用了，只会增加载具的重量并且降低之后的加速。通过丢弃无用的分节，火箭降低其自身重量，剩余部分的火箭仍然以近似整个组合体在燃尽时的速度移动。

笔者之所以介绍三级火箭的概念，是为了告诉读者，数据分析的过程也如同火箭推进一样，每一节在完成它所发挥的功效后可以舍弃。

当数据中所有的信息都被提取，在某种程度上而言，数据本身已经无用，数据分析师没有必要只盯着数据本身来思考下一步的行为；当所有信息交叉融合形成了知识，信息也已经完成了它的使命，信息的使用者如果再抓住这些信息不放，则无异于固步自封；再往上说，如果足够的知识已经可以做出决策，那么决策者应该当机立断，更多考虑的是执行和反馈，不应该再在知识上反复纠结。

以上情况在笔者的工作中经常遇到，有些数据分析师需要完成一份分析结果的报告，在尝试了各种统计方法挖掘信息后，仍然觉得不够完美，于是一直盯着数据集，琢磨将结果做得更漂亮。这种精益求精的态度值得肯定，但数据就是数据，一份靠谱的数据不会说谎，如果尝试各种可能手段获得的信息已经确定，此时需要考虑的更多是信息的展示方式、描述方式，而非数据本身。

对火箭而言，最重要的是它的燃料，燃料的热值直接决定了火箭能否发射成功。无论设计多么精巧的火箭，如果使用木柴作为燃料，都不可能把人送上太空。在数据分析这个火箭中，燃料也是极其重要的。将数据提升为信息，我们需要的燃料是统计方法；将信息凝练成知识，我们需要的燃料则是经验，下面分别来剖析这两款"燃料"。

6.1.2 统计方法

在学习 SAS 具体的统计分析方法之前，我们来看一看什么是统计。对数据排序找出某变量值最大的记录算不算统计？求出一组数据中某个变量的平均数、中位数等信息算不算统计？使用复杂方法建立统计模型，但统计模型的拟合度比较低，算不算有效的统计方法？

统计是在数据分析的基础上，研究测定、收集、整理、归纳和分析反映数据，以便给出正确消息的研究方法。它被广泛地应用在各门学科，包括自然科学、人文学科、商业决策甚至政府的决策之中。

关于统计学最早的典籍是阿拉伯人肯迪于公元 9 世纪编著的《密码破译》，它在书中叙述了凯撒密码的破译方法。凯撒密码是凯撒在任高卢总督时发明的一套密码系统，规则是将所有字母偏移一个固定的数字，例如原文是 Today is Sunday，使用偏移量为 3 的凯撒密码系统加密后结果就是 Wrgdb lv Vxqdb。凯撒使用这套密码与自己的部下沟通，敌人即使拿到情报，如果不知道偏移量就看不懂。

这套密码体系非常的粗疏，现在我们知道，西方语言每个字母在单词中出现的概率是相对固定的，比如英语中字母 e 的出现频率很高，x、z 等字母出现的概率很小，只要拿到足够多的样本，就可以根据单词出现的次数推出每个字母代表的意思，这就是《密码破译》这本书中核心的思路，也是统计学第一次发挥到实践中的案例。

当然，当代的统计学已经超出了这些简单的概念，成为一个复杂的知识体系。常用的统计方法就有回归分析、聚类分析、因子分析、相关性分析等，真要说起来每种方法又可以构成一个体系。本书不是统计方法的专门教材，因此只会涉及每种统计方法在 SAS 语言中实现的方式。下面将常用统计方法做一些简单的介绍。

1. 聚类分析

聚类分析是指将每一条记录按照其区别分成若干类的统计过程，每一个类之内的记录的区别比其他类中记录的差异性要小。它的基本原理是计算每一条记录与其他记录在坐标系下的距离，将距离较近的类别分为一组。差异性的计算可以使用多种方法，包括 k 均值法、QT 聚类算法等。

SAS 语言中的聚类分析一般用 proc cluster 完成，其基本语法为：

```
proc cluster data=数据集名 method=方法 <options> ;
    copy variables;
    id variable;
    var variables;
run;
```

该步骤可以生成聚类分析的分组结果和伪 F、伪 T 方统计量情况，如图 6-1 所示，数据分析师可以根据模型结果进行优化与检验。

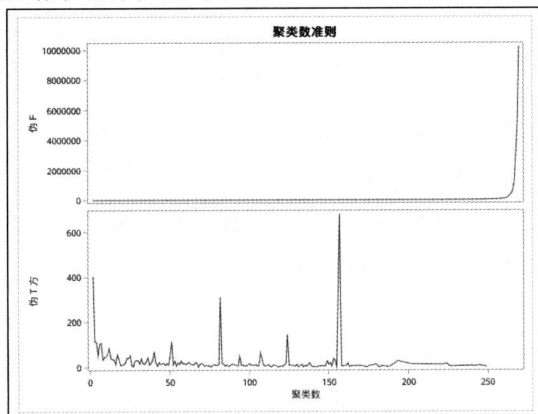

图 6-1

2．相关性分析

相关性分析是指判断不同变量之间变化的相互影响程度。关于相关性分析，最著名的故事可能就是沃尔玛超市"啤酒和尿布"的销售策略了。沃尔玛研究销售数据，发现啤酒销售与尿布销售存在比较高的相关性，于是将啤酒放在尿布柜台旁边以增加销量。事后有人总结，可能是负责给婴儿购买尿布的父亲顺便购买了啤酒。但实际上，相关性分析并不探究数据形成的原因，只要分析计算出数据的相关性，就可以辅助决策，提升效率和准确率。

在 SAS 语言中，一般使用 proc corr 进行相关性分析，其基础语法如下：

```
proc corr data=数据集 选项;
    var 变量列表;
run;
```

运行后可以在生成的结果中输出一个矩阵列表，包含两两变量之间的相关性结果，如图 6-2 所示。在相关性分析中，经常使用的统计量是斯皮尔曼等级相关系数和皮尔森相关系数，其具体的概念我们会在本章最后一节涉及。

CORR 过程

3 变量： MPG_City Cylinders EngineSize

简单统计量

变量	数目	均值	标准差	总和	最小值	最大值	标签
MPG_City	428	20.06075	5.23822	8586	10.00000	60.00000	MPG (City)
Cylinders	426	5.80751	1.55844	2474	3.00000	12.00000	
EngineSize	428	3.19673	1.10859	1368	1.30000	8.30000	Engine Size (L)

Pearson 相关系数
Prob > |r|, H0: Rho=0
观测数

	MPG_City	Cylinders	EngineSize
MPG_City MPG (City)	1.00000 428	-0.68440 <.0001 426	-0.70947 <.0001 428
Cylinders	-0.68440 <.0001 426	1.00000 426	0.90800 <.0001 426
EngineSize Engine Size (L)	-0.70947 <.0001 428	0.90800 <.0001 426	1.00000 428

图 6-2

需要注意的是，相关系数有一个明显的缺点，即它接近于 1 的程度与数据记录数相关。当记录数较小时，相关系数的波动较大，对有些样本相关系数的绝对值易接近于 1，但这并不一定代表它们有强相关性；当记录数较多时，相关系数的绝对值容易偏小。因此相关性分析需要用在数据量比较多的分析中。

3．回归分析

回归分析是最常用的一种统计分析模型，是一种研究因变量与自变量之间关系的预测模型技术。回归模型可以揭示因变量和自变量之间的显著关系，也可以揭示多个自变量对一个因变量的影响程度大小。回归模型的种类非常多，比较常用的是线性回归（Linear

Regression）、逻辑回归（Logistic Regression）、多项式回归（Polynomial Regression）、逐步回归（Stepwise Regression）等，这里介绍一下线性回归。

线性回归是最为人熟知的建模技术，是人们学习如何预测模型时的首选之一。在此技术中，因变量是连续的，自变量可以是连续的也可以是离散的。回归的本质是线性的。线性回归通过使用最佳的拟合直线（又被称为回归线），建立因变量（Y）和一个或多个自变量（X）之间的关系。

SAS 中进行回归分析使用的一般是 proc reg 语句，reg 是 regression（回归）的缩写，基本语法为：

```
proc reg data=dataset;
    model variable_1=variable_2;
run;
```

"data=" 用于指定进行分析的数据集，model 语句中，等号左侧的为因变量，右侧为自变量。假设我们希望找出 sashelp.cars 数据集中 msrp 变量与 cylinders、enginesize 和 horsepower 变量的线性关系，可以使用如下代码：

```
proc reg data=sashelp.cars;
    model msrp=horsepower enginesize cylinders;
run;
```

运行后查看结果栏，如图 6-3 所示，包含一系列表格和图示。表格显示了回归模型的各种参数，包括均方差、R 方等。图 6-4 则用更加直观的方式表示了结果的可能性。

REG 过程
模型: MODEL1
因变量: MSRP

读取的观测数	428
使用的观测数	426
具有缺失值的观测数	2

方差分析

源	自由度	平方和	均方	F 值	Pr > F
模型	3	1.148626E11	38287546485	349.07	<.0001
误差	422	46287471041	109685950		
校正合计	425	1.611501E11			

均方根误差	10473	R 方	0.7128
因变量均值	32805	调整 R 方	0.7107
变异系数	31.92577		

参数估计

变量	标签	自由度	参数估计	标准误差	t 值	Pr > |t|
Intercept	Intercept	1	-17725	2047.69022	-8.66	<.0001
Horsepower		1	255.24909	12.38707	20.61	<.0001
EngineSize	Engine Size (L)	1	-7132.53878	1130.20295	-6.31	<.0001
Cylinders		1	3149.51396	831.61430	3.79	0.0002

图 6-3

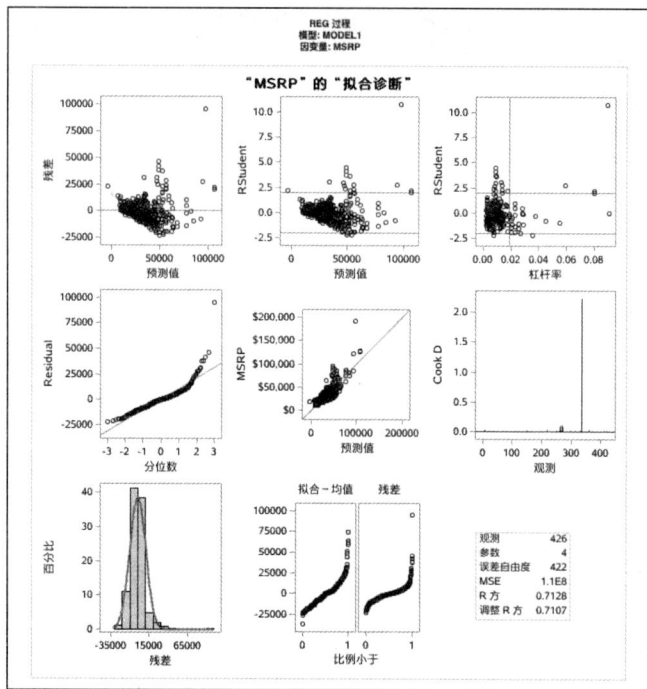

图 6-4

因篇幅所限，本节不会过多介绍 SAS 语言中的统计分析方法，在本章内容中我们会逐渐展开。此处，读者只需要明确，统计方法是从数据到信息的重要手段，只有使用正确的统计方法才能得出有用的信息。

4．经验是数据分析师最重要的武器

说经验的重要性，想必很多读者，尤其是初入数据分析行业的读者会不屑一顾。的确，我们做数据分析的目的就是为了摒弃经验的、盲目的、非量化的信息获取方式，那么为什么非要强调经验的重要性呢？难道我们严格按照数据分析流程做出的报表，比不上一些所谓"专家"的信口开河吗？

诚然，在从数据到信息的过程中，严谨是最重要的一环，只有严谨地进行统计分析才能归纳出可靠的信息，但将信息转化为知识时，"人"的作用就发挥出来了。

仍然以沃尔玛尿布和啤酒的故事作为例子，数据分析师可以用相关性分析的方法得出尿布和啤酒的销售具有相关性，这是数据到信息的过程，但作为零售超市中的巨头，沃尔玛不可能仅凭这个相关性就将二者放在一起，除非发现二者之间相关的原因，但这在超市的数据库中无法体现，因为购买行为虽然可以被记录，购买行为背后的动机却只保存在每个人的大脑里。

此时"经验"发挥的地方就出现了，经验并不特指数据分析从业相关的经验，它可以是在生活中各种细节的经验，比如沃尔玛的经理可能就会回想起，自己在下班时夫人打电

话让他买尿布，他买完后顺便买了点啤酒，这会不会是二者销售量有相关性的原因呢？

顺着这个思路，沃尔玛就可以有针对性地进行一些测试，比如观察婴儿父亲的购买行为、抽样调查等，最终得出知识。但我们需要注意，如果没有最开始的经验，即使有了信息也无法归纳出知识，因为信息是抽象的，去掉了具体细节的，但知识一定有自己应用的情景。

笔者反复提及这个故事，就是为了告诉各位数据分析师，经验在将数据转化为信息的时候是极其重要的。

再分享一个笔者亲身经历的案例，用于说明信息形成的知识如何辅助决策。笔者日常喜欢在某些视频网站上传一些作品，该网站也提供了非常具体的数据图表供创作者查看和改进，如图 6-5 所示。

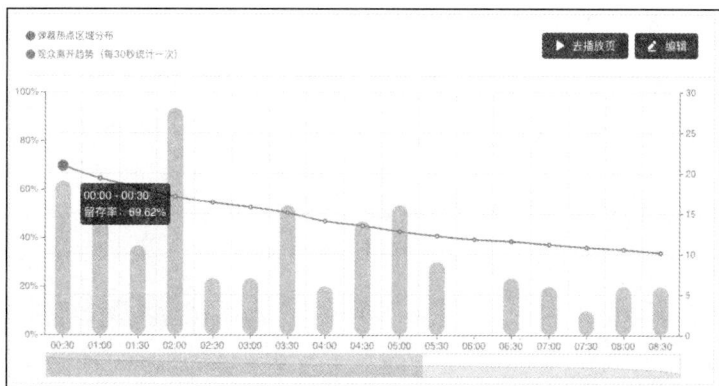

图 6-5

图 6-5 中的折线图表示留存率。很多人看到留存率曲线一直下降，就想通过提升整体内容的水平，让所有观看者都能看完，但其实这就没有结合实际经验。视频留存率随着时间的下降是一个正常情况，不用为此过分担忧。真正值得思考的是留存率开始过低，说明大量观众在第一时间就选择了退出，这是不是说明视频的开头不够吸引人呢？

笔者尝试了各种开头方法，但结果都不理想，值得注意的是开头的弹幕数量（红色柱状图）很多，一般弹幕数量也一定程度代表了用户对一个视频的喜欢程度，既然用户很喜欢为什么还选择退出呢？

直到笔者查看了流量来源图才知道了原因。流量来源图将各种播放的来源以饼状图的形式表现，可以了解每种播放来源所占的比例，如图 6-6 所示。可以看到绝大部分播放来源都是移动端，但笔者一直用电脑剪辑和查看视频，没有用手机查看过。直到笔者掏出手机，插上耳机，才找到了真正的原因。

原来笔者使用的录音设备只能录制一个声道，在录制时选择的却是立体声，这会导致右侧耳机没有声音，大量用户在观看时发现一个耳朵没有声音，进而质疑上传者的专业性，也导致视频的表现力变差，因此选择了退出，留下来的观众是不在乎这种瑕疵，喜欢作品本身的观众，他们自然愿意更多地留下弹幕与笔者互动。

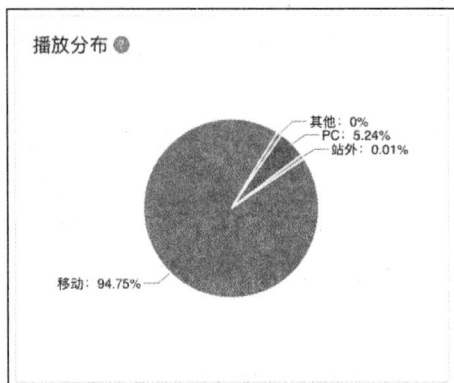

图 6-6

笔者以前之所以没有发现这个问题，是因为在电脑上使用音箱播放声音并不会缺失。正是因为这个原因，导致大量用户无法接受而退出，当笔者转换录音方式后，开头退出率较高的问题立即得到了解决，如图 6-7 所示。

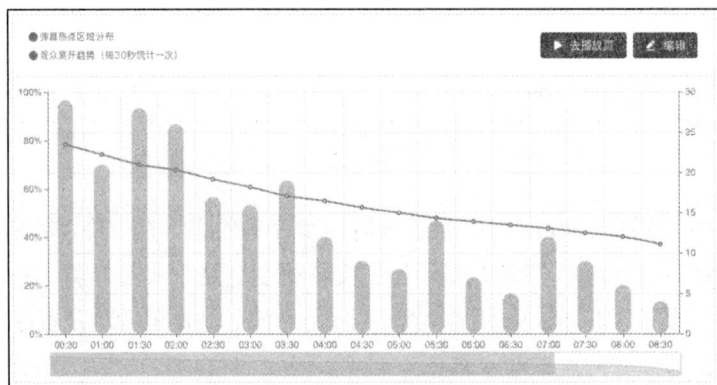

图 6-7

以上的分析，笔者并未使用任何统计方法和统计工具，这说明想要获得决策的依据，很多时候并不需要多么强大的统计分析能力，相反，对数据和信息的敏感和关联能力才是解决问题的一个重要手段，而解决问题的催化剂正是经验。最初，笔者因为没有经验而导致问题的产生，但使用数据分析经验的思维方式，最终解决了问题。

需要明确的是，经验发挥作用的地方往往是开放性问题，例如一名学生是否偏科的信息，拿到他的成绩条看一看，一定比你坐下来和他谈谈要准确，但对于如何解决这名学生偏科的问题，很多时候经验却起了决定性作用。这也是我们在如今统计分析技术已经如此强大的情况下，很多场景仍然需要依靠人的原因。

以上内容写在统计分析一章开始之前，是为了告诉读者统计分析并不是工作的全部。我们应当时刻明确，数据分析的作用是将被抽象的信息还原到它本来的样貌中去。统计方法与经验，二者缺一不可又互相补充，形成了数据分析师独特的思维模式。

从下一节开始，我们将开始学习具体的统计手段和方法。

6.2　获取各种统计量

说到数据分析，很多读者脑海中可能都是决策树、随机森林、人工神经网络这种高级模型，通过它们得到一些深藏在数据中的隐秘信息。这确实是数据分析的最终目的，但不是唯一方式。

说到最基础的数据分析，其实是获得各种统计量，如果不知道一组数据基本的统计量，包括平均值、中位数、方差、频数等，我们就不可能知道它们的分布，遑论模型和假设了。SAS 语言提供了大量的 proc 完成相应的功能，按照变量类型的不同，可以简单分为数值型变量的统计量和字符型变量的统计量，前者使用 proc means、proc summary 和 proc univariate 获得，后者使用 proc freq 获得。

6.2.1　proc means——常用的数值型变量统计量获取方式

在之前的 data 步与 proc 对比中，我们提到 data 步中的各种函数运算方式为横向，是处理同一条记录的不同变量，而 proc 的运行方式为纵向，是处理数据集中的一个或多个变量。一般而言，我们所说的统计量都是属于某个变量或某几个变量，此时就需要使用 proc 才能完成。

proc means 的语法简单，生成结果明确，只需要指定变量和统计量即可轻松地输出各种统计量。其最简单的应用方法如下：

```
proc means data=sashelp.cars;
    var msrp;
run;
```

以上语句表示获取 sashelp.cars 数据集中的 msrp 变量的统计量，生成的结果如图 6-8 所示。

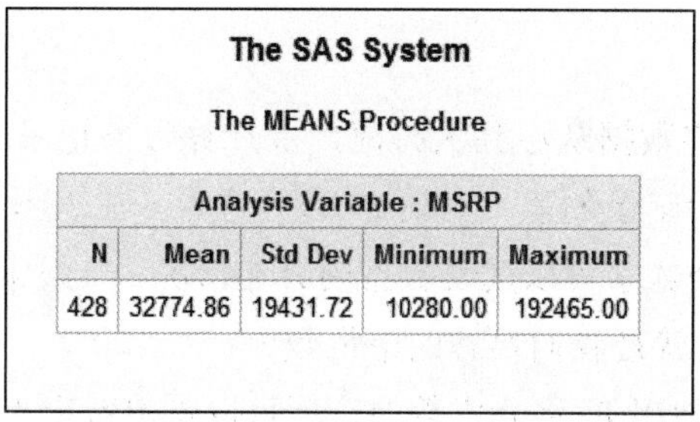

The SAS System

The MEANS Procedure

Analysis Variable : MSRP				
N	Mean	Std Dev	Minimum	Maximum
428	32774.86	19431.72	10280.00	192465.00

图 6-8

结果栏中显示了 5 条统计量，从左至右分别是记录数量、平均值、标准差、最小值和最大值，这 5 个统计量是 proc means 的默认设置，即在什么选项都不加的情况下，proc means 会默认生成这 5 个统计量。

当然，在 proc means 一句后加上统计量的名称，即可自定义输出统计量，下面我们需要了解部分重要的统计量概念和获取方法。

（1）置信区间。置信区间是指由样本统计量所构造的总体参数的估计范围，在 proc means 使用 clm 选项获取，该选项可以同时获取上下置信区间，默认的 α 值为 5%，如果希望修改可以使用 "alpha=选项" 进行改变，例如 alpha=0.01 表示获取可信度为 99% 的置信区间。如果只希望获取上区间或下区间，可以分别使用 lclm 和 uclm，其中 l 和 u 分别是 lower 和 upper 的缩写，表示上下置信区间。

示例代码如下，生成的结果如图 6-9 所示。

```
proc means data=sashelp.cars clm;
    var msrp;
run;
```

（2）样本量。样本量是一个数据最基础的信息，在之前的章节中我们讲解过各种方法获取数据集的样本量，proc means 提供了一个最简单的选项，使用选项 n 可以获取某变量的样本数量。注意这个数量是非空值的数目，在很多统计方法中，缺失值并不被接受，在使用之前需要首先确认数据集中是否有缺失值，nmiss 选项可以输出变量缺失值的数量。

示例代码如下，生成结果如图 6-10 所示。

```
proc means data=sashelp.cars n nmiss;
    var msrp;
run;
```

图 6-9

图 6-10

（3）百分位数。指将数据从小到大排序，并计算每条记录的所在百分位，那么某一百分位数就表示这一位置记录的值。例如 25 百分位数，就表示数据从小到大排列后位置是 25% 的记录的值。这个数字可以代表数据的分布情况，一般常用的百分位点为 25、50、75 等，其中 50 百分位数就是我们熟悉的中位数。

在 proc means 中，使用 P+百分位数的选项可以输出特定点的百分位数，例如 p25、p50、p75 等。示例代码如下，生成的结果如图 6-11 所示。

```
proc means data=sashelp.cars p25 p50 p75;
    var msrp;
run;
```

（4）离散程度。数据的离散程度表示数据偏离平均值或中位值的情况，衡量离散程度的值，通常是非负实数：当衡量值取零时，表示分布集中在同一个值上；随着衡量值的增加，随机变量的取值越来越分散。用来描述离散程度的量主要有方差、标准差、变差系数和四分位距等。

在默认参数时，SAS 语言会默认输出标准差。标准差和方差是最常用的描述离散程度的统计量，两者数值越大，表示数据的离散程度越高，反之则表示数据的集中趋势越大。

proc means 获取变量标准差的选项为 stddev 或 std，获取方差的选项为 var。示例代码如下，生成的结果如图 6-12 所示。

```
proc means data=sashelp.cars std var;
    var msrp;
run;
```

The SAS System		
The MEANS Procedure		
Analysis Variable : MSRP		
25th Pctl	50th Pctl	75th Pctl
20329.50	27635.00	39215.00

图 6-11

The SAS System	
The MEANS Procedure	
Analysis Variable : MSRP	
Std Dev	Variance
19431.72	377591613

图 6-12

（5）其他统计量。除了以上统计量，proc means 还提供了大量可以自定义的选项获取不同的统计量，如表 6-1 所示。

表 6-1

选 项	意 义
css	调和平方数
cv	变异系数
kurtosis	峰度
mode	众数
range	范围
stderr	标准误差
sum	求和
sumwgt	加权求和
uss	未修正的平方和

除了获取统计量，proc means 中的部分选项还可以设置输出的格式。例如之前提到的"alpha="就可以指定置信区间的置信度；"maxdec="指定输出结果的小数位数，例如 maxdec=2 表示输出结果只包含两位小数；missing 选项表示在运算时将缺失值当作有效的记录进行处理，在包含缺失值的数据集中会导致平均值变小，是否考虑缺失值需要根据实际情况选择。

说完 proc means 的选项，我们来讨论 proc means 内部的语句。在 proc 一章中，我们说到很多语句在 proc 中是通用的，它们的意义也都相同，例如 by 语句、var 语句、where 语句等，这个知识在统计分析相关的 proc 中依然适用。

by 语句用于数据的分组，数据按照 by 后面缩写变量的值被分为不同的组别，分别当成不同的数据集进行处理。仍然需要强调，在使用 by 语句之前，一定要保证数据集已经按照 by 语句后的变量排序。例如按照车辆类型 type 进行分组，代码如下：

```
proc sort data=sashelp.cars out=cars;
    by type;
run;
proc means data=cars;
    by type;
    var msrp;
run;
```

生成的结果如图 6-13 所示。从结果中可以看出来，去掉记录数较少的 Hybrid 混合动力车型（此数据集为 2004 年美国在售车辆数据，彼时混合动力汽车尚在起步阶段），平均价格最低的车型是 Sedan 轿车，最高的车型是 Sport 运动型汽车，这也与我们的直觉相符。

Type=Hybrid

Analysis Variable : MSRP

N	Mean	Std Dev	Minimum	Maximum
3	19920.00	725.4653679	19110.00	20510.00

Type=SUV

Analysis Variable : MSRP

N	Mean	Std Dev	Minimum	Maximum
60	34790.25	13598.63	17163.00	76870.00

Type=Sedan

Analysis Variable : MSRP

N	Mean	Std Dev	Minimum	Maximum
262	29773.62	15584.59	10280.00	128420.00

Type=Sports

Analysis Variable : MSRP

N	Mean	Std Dev	Minimum	Maximum
49	53387.06	33779.63	18345.00	192465.00

Type=Truck

Analysis Variable : MSRP

N	Mean	Std Dev	Minimum	Maximum
24	24941.38	9871.97	12800.00	52975.00

Type=Wagon

Analysis Variable : MSRP

N	Mean	Std Dev	Minimum	Maximum
30	28840.53	11834.00	11905.00	60670.00

图 6-13

class 语句也可以对数据集进行分组，不同的是 class 语句的分组结果仍然显示在同一个表格中，只是将不同的组分行展示，将上述语句中的 by 换成 class，生成的结果如

图 6-14 所示。

The SAS System

The MEANS Procedure

			Analysis Variable : MSRP			
Type	N Obs	N	Mean	Std Dev	Minimum	Maximum
Hybrid	3	3	19920.00	725.4653679	19110.00	20510.00
SUV	60	60	34790.25	13598.63	17163.00	76870.00
Sedan	262	262	29773.62	15584.59	10280.00	128420.00
Sports	49	49	53387.06	33779.63	18345.00	192465.00
Truck	24	24	24941.38	9871.97	12800.00	52975.00
Wagon	30	30	28840.53	11834.00	11905.00	60670.00

图 6-14

where 语句用于筛选数据集中的记录，例如只针对 BMW 车型进行统计，生成的结果如图 6-15 所示。

The SAS System

The MEANS Procedure

			Analysis Variable : MSRP			
Type	N Obs	N	Mean	Std Dev	Minimum	Maximum
SUV	2	2	44597.50	10744.49	37000.00	52195.00
Sedan	13	13	43379.62	14222.08	28495.00	73195.00
Sports	4	4	44932.50	9722.77	33895.00	56595.00
Wagon	1	1	32845.00	.	32845.00	32845.00

图 6-15

output 语句可以将生成的结果输出到数据集中，供后续使用。

```
proc means data=sashelp.cars;
   var msrp;
   output out=stat;
run;
```

需要注意的是，虽然生成的结果中，各种统计量为横向排列，但生成的数据集中，每个统计量为纵向排列，并且统计量的格式与原变量格式相同，如图 6-16 所示。

VIEWTABLE: Work.Stat (SUMMARY STATISTICS)

	TYPE	_FREQ_	_STAT_	MSRP
1	0	428	N	$428
2	0	428	MIN	$10,280
3	0	428	MAX	$192,465
4	0	428	MEAN	$32,775
5	0	428	STD	$19,432

图 6-16

为了使统计结果更能反应需求，proc means 还包含很多特有的语句，因为篇幅所限，这里只介绍 weight 和 freq 语句。

　　weight 语句可以设置权重变量，在计算统计量时，权重可以反应记录的影响程度，权重越大的记录对结果的影响就越大。

　　例如有数据集 score，是某商店每名职员的年终考核打分，现在希望了解这个店所有店员的总体表现水平。我们知道，不同职位的员工对于一个店的影响是不同的，该数据中的员工分属三个职位，分别是督导 Director，经理 Manager 和会计 Accountant，它们所占的权重反映在 index 变量中，督导权重为 10，经理权重为 5，会计权重为 1，如图 6-17 所示。现在希望计算他们加权后的得分，可以使用 weight 语句。

图 6-17

```
proc means data=score;
    var score;
    weight index;
run;
```

　　生成的结果如图 6-18 所示。

　　观察数据，可以发现高级职位的得分要高于低级职位，因为他们所占的权重更大，因此也导致平均值更加偏向于高级职位的得分。

　　freq 语句可以设置变量的频数。在数据集中存储的变量，很多时候并不是按照一个值占用一条记录的方式存储的，有时数据为方便保存，会将相同数值的记录存为一个记录，然后用频数变量表示它们出现的次数。例如下图 6-19 所示的学生成绩数据集，score 变量表示得分，count 变量表示频数，第一行表示成绩为 91 的学生有 3 名。

图 6-18

图 6-19

　　现在希望计算该班学生的平均值，需要使用 freq 语句。

```
proc means data=score;
    var score;
    freq count;
run;
```

　　观察生成的结果，发现 N 的值为 9，但数据集中的记录只有 6 条，这说明 freq 语句先将数据集拆开，按照频数生成多条记录，然后计算各种统计量，如图 6-20 所示。

图 6-20

proc means 的功能其实非常强大，善于使用它可以帮助我们获得数值型变量相关的统计量，也能让我们从数据到信息的过程更加顺畅。

6.2.2 另一条道路

在之前的学习中，我们发现在 SAS 中获取某种结果的道路不止一条，像定义宏变量、合并数据集等，都有两种或两种以上的方法可以完成，在获取统计量上，SAS 语言也不例外。

除了 proc means，proc summary 和 proc univariate 也是常用的获取统计量的方法。为保证详略得当、有所侧重，本书推荐读者使用 proc means，对 proc summary 和 proc univariate 仅做简单介绍。

proc summary 的语法与 proc means 基本相同，都可以获取数值型变量的各种统计量。二者的区别在于如下几个方面。

（1）proc means 会将结果自动输出到 output 结果栏中，而 proc summary 则不会，需要使用 print 选项才可以输出。但 proc summary 的结果依然可以保存为数据集，使用 ODS 进行输出。

（2）当不加入 var 语句时，proc means 会计算数据集中所有数值型变量的统计量，而 proc summary 只会输出数据集的记录数，如图 6-21 所示（上为 proc means 输出结果，下为 proc summary 输出结果）。

图 6-21

从以上的对比中可以看出，proc summary 更加 "沉默寡言"，不让它输出它就不输出，不指定变量它就不会自己找活干。这种特点既是它的优势也是它的劣势，优势在于它更适合中间步骤的统计结果，即获取统计量进行进一步操作，proc summary 既不会在结果栏输出大量的结果占用空间，也不会计算无关的统计量耗费资源；缺点在于它需要指定变量和统计量，在处理简单问题时语句往往比 proc means 更加烦琐。

proc univariate 的功能更多偏向于数据分布，这一点从缺省输出结果上就可以看出来。使用 proc univariate 对上面的 score 数据集的 score 变量计算统计量，获取的结果如图 6-22 所示。

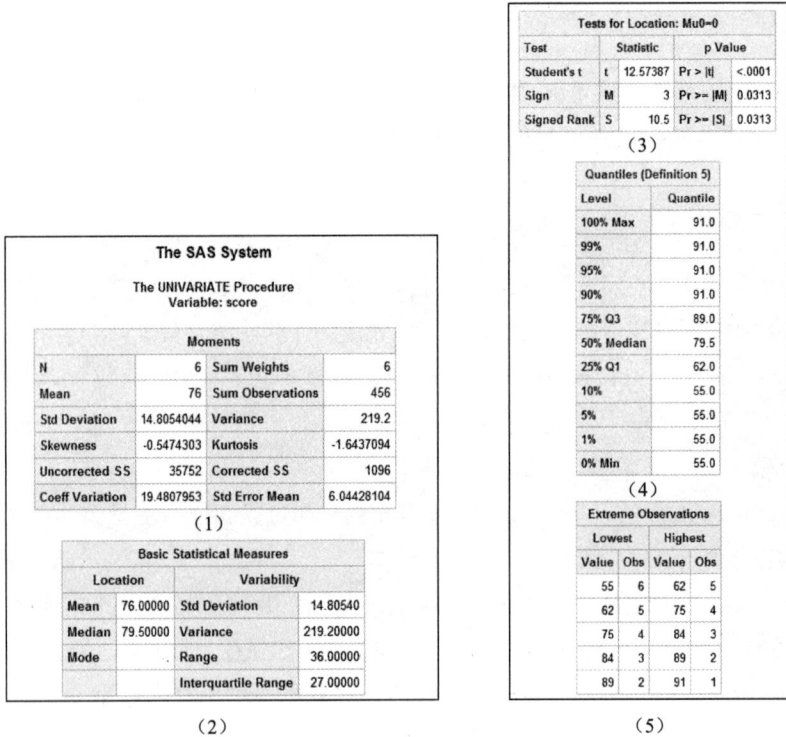

Tests for Location: Mu0=0

Test		Statistic	p Value	
Student's t	t	12.57387	Pr > |t|	<.0001
Sign	M	3	Pr >= |M|	0.0313
Signed Rank	S	10.5	Pr >= |S|	0.0313

（3）

Quantiles (Definition 5)

Level	Quantile
100% Max	91.0
99%	91.0
95%	91.0
90%	91.0
75% Q3	89.0
50% Median	79.5
25% Q1	62.0
10%	55.0
5%	55.0
1%	55.0
0% Min	55.0

（4）

The SAS System

The UNIVARIATE Procedure
Variable: score

Moments

N	6	Sum Weights	6
Mean	76	Sum Observations	456
Std Deviation	14.8054044	Variance	219.2
Skewness	-0.5474303	Kurtosis	-1.6437094
Uncorrected SS	35752	Corrected SS	1096
Coeff Variation	19.4807953	Std Error Mean	6.04428104

（1）

Basic Statistical Measures

Location		Variability	
Mean	76.00000	Std Deviation	14.80540
Median	79.50000	Variance	219.20000
Mode		Range	36.00000
		Interquartile Range	27.00000

（2）

Extreme Observations

Lowest		Highest	
Value	Obs	Value	Obs
55	6	62	5
62	5	75	4
75	4	84	3
84	3	89	2
89	2	91	1

（5）

图 6-22

生成的结果要比 proc means 和 proc summary 复杂很多。第一个表是变量的基本信息，第二个表是基础统计量按照类别的输出，第三个表则是各种假设检验的相关参数和 p Value，第四个表是百分位数，从 0%到 100%，各种重要的百分位数都显示出来，最后一张表是极值记录。

可以说，对某个数值型变量使用 proc univariate 后，生成的结果几乎囊括了统计分析所要用的一切指标。当然数据分析所用的工具并不是越强大越好，而是要根据需求选择最合适的分析工具。

6.2.3 proc freq——字符型变量我擅长

数值型变量的统计量获取我们可以暂时告一段落，下面开启字符型变量获取统计量的方法。相比数值型变量，字符型变量的统计分析要简单很多，因为不涉及数值复杂的运算，字符型变量的统计方法基本只有频数和百分数。

proc freq 是最常用的将字符型变量分组计算的 SAS 语句。稍有 SAS 基础的读者，可以知道 proc freq 的功能非常强大，除了分组统计功能外，更多的用于各种假设检验中。但本节我们只使用 proc freq 的频数统计功能，这是 proc freq 最基础的应用。关于假设检验和 p Value，会在下一节涉及。

proc freq 可以比较简单地获得字符型变量单向或多向的频率和百分数。基础语法为：

```
proc freq;
    table 变量名;
run;
```

例如，需要计算 sashelp.cars 中每种车型出现的次数，将变量名定义为 type 即可。

```
proc freq data=sashelp.cars;
    table type;
run;
```

生成的结果如图 6-23 所示。每一个 Type 的值都为结果中的一行，Frequency 表示这个值在数据集中出现的次数，Percent 表示其所占的百分比，Cumulative Frequency 表示累计频数，Cumulative Percent 表示累计百分比。

The SAS System

The FREQ Procedure

Type	Frequency	Percent	Cumulative Frequency	Cumulative Percent
Hybrid	3	0.70	3	0.70
SUV	60	14.02	63	14.72
Sedan	262	61.21	325	75.93
Sports	49	11.45	374	87.38
Truck	24	5.61	398	92.99
Wagon	30	7.01	428	100.00

图 6-23

这种只统计一个变量的表格被称为一维频数表，增加一个变量即可获得二维频数表。

```
proc freq data=sashelp.cars;
    table type*cylinders;
run;
```

在语法上，为了表示两个变量联立而非分别计算频数，要在变量之间加上*符号。该符号运行满足分配律，即 a*(b c)等价于 a*b a*c，读者可以选择更简洁的表达方式。

以上代码运行的结果如图 6-24 所示。二维频数表将两个变量的值分别列在表格的横纵坐标之中，每个单元格所对应的方块就是同时满足横纵坐标的记录的统计量。表格左上角显示每个单元格中的 4 个数字分别为频数、百分比、行百分比和列百分比。以方框中的单元格为例，4 个数字的意义分别如下。

- Type=Sedan 同时 Cylinders=5 的记录在数据集中有 6 条。
- Type=Sedan 同时 Cylinders=5 的记录在数据集中所占比例为 1.41%。
- Cylinders=5 在所有 Type=Sedan 的记录中的比例为 2.29%。
- Type=Sedan 在所有 Cylinders=5 的记录中的比例为 85.71%。

The SAS System

The FREQ Procedure

Table of Type by Cylinders (Frequency / Percent / Row Pct / Col Pct)

Type	3	4	5	6	8	10	12	Total
Hybrid	1 0.23 33.33 100.00	2 0.47 66.67 1.47	0 0.00 0.00 0.00	0 0.00 0.00 0.00	0 0.00 0.00 0.00	0 0.00 0.00 0.00	0 0.00 0.00 0.00	3 0.70
SUV	0 0.00 0.00 0.00	7 1.64 11.67 5.15	0 0.00 0.00 0.00	30 7.04 50.00 15.79	22 5.16 36.67 25.29	1 0.23 1.67 50.00	0 0.00 0.00 0.00	60 14.08
Sedan	0 0.00 0.00 0.00	96 22.54 36.64 70.59	6 1.41 2.29 85.71	120 28.17 45.80 63.16	38 8.92 14.50 43.68	0 0.00 0.00 0.00	2 0.47 0.76 66.67	262 61.50
Sports	0 0.00 0.00 0.00	11 2.58 23.40 8.09	0 0.00 0.00 0.00	20 4.69 42.55 10.53	14 3.29 29.79 16.09	1 0.23 2.13 50.00	1 0.23 2.13 33.33	47 11.03
Truck	0 0.00 0.00 0.00	6 1.41 25.00 4.41	0 0.00 0.00 0.00	9 2.11 37.50 4.74	9 2.11 37.50 10.34	0 0.00 0.00 0.00	0 0.00 0.00 0.00	24 5.63
Wagon	0 0.00 0.00 0.00	14 3.29 46.67 10.29	1 0.23 3.33 14.29	11 2.58 36.67 5.79	4 0.94 13.33 4.60	0 0.00 0.00 0.00	0 0.00 0.00 0.00	30 7.04
Total	1 0.23	136 31.92	7 1.64	190 44.60	87 20.42	2 0.47	3 0.70	426 100.00

Frequency Missing = 2

图 6-24

既然有一维和二维频数表，是否还可能有更高维度的呢？答案自然是肯定的，但显示方式有所不同，使用如下代码建立三维频数表，生成的结果如图 6-25 所示。

```
proc freq data=sashelp.cars;
   table origin*type*cylinders;
Run;
```

Table 1 of Type by Cylinders — Controlling for Origin=Asia (Frequency / Percent / Row Pct / Col Pct)

Type	3	4	5	6	8	10	12	Total
Hybrid	1 0.64 33.33 100.00	2 1.28 66.67 2.70	0 0.00 0.00 .	0 0.00 0.00 0.00	0 0.00 0.00 0.00	0 0.00 0.00 .	0 0.00 0.00 .	3 1.92
SUV	0 0.00 0.00 0.00	5 3.21 20.00 6.76	0 0.00 0.00 .	15 9.62 60.00 21.74	5 3.21 20.00 41.67	0 0.00 0.00 .	0 0.00 0.00 .	25 16.03
Sedan	0 0.00 0.00 0.00	49 31.41 52.13 66.22	0 0.00 0.00 .	41 26.28 43.62 59.42	4 2.56 4.26 33.33	0 0.00 0.00 .	0 0.00 0.00 .	94 60.26
Sports	0 0.00 0.00 0.00	8 5.13 53.33 10.81	0 0.00 0.00 .	6 3.85 40.00 8.70	1 0.64 6.67 8.33	0 0.00 0.00 .	0 0.00 0.00 .	15 9.62
Truck	0 0.00 0.00 0.00	3 1.92 37.50 4.05	0 0.00 0.00 .	4 2.56 50.00 5.80	1 0.64 12.50 8.33	0 0.00 0.00 .	0 0.00 0.00 .	8 5.13
Wagon	0 0.00 0.00 0.00	7 4.49 63.64 9.46	0 0.00 0.00 .	3 1.92 27.27 4.35	1 0.64 9.09 8.33	0 0.00 0.00 .	0 0.00 0.00 .	11 7.05
Total	1 0.64	74 47.44	0 0.00	69 44.23	12 7.69	0 0.00	0 0.00	156 100.00

Frequency Missing = 2

Table 2 of Type by Cylinders — Controlling for Origin=Europe

Type	3	4	5	6	8	10	12	Total
Hybrid	0 0.00 . .	0 0.00 . 0.00	0 0.00 . 0.00	0 0.00 . 0.00	0 0.00 . 0.00	0 0.00 . .	0 0.00 . 0.00	0 0.00
SUV	0 0.00 0.00 .	0 0.00 0.00 0.00	0 0.00 0.00 0.00	4 3.25 40.00 7.41	6 4.88 60.00 17.65	0 0.00 0.00 .	0 0.00 0.00 0.00	10 8.13
Sedan	0 0.00 0.00 .	18 14.63 23.08 72.00	6 4.88 7.69 85.71	34 27.64 43.59 62.96	18 14.63 23.08 52.94	0 0.00 0.00 .	2 1.63 2.56 66.67	78 63.41
Sports	0 0.00 0.00 .	3 2.44 13.04 12.00	0 0.00 0.00 0.00	12 9.76 52.17 22.22	7 5.69 30.43 20.59	0 0.00 0.00 .	1 0.81 4.35 33.33	23 18.70
Truck	0 0.00 . .	0 0.00 . 0.00	0 0.00 . 0.00	0 0.00 . 0.00	0 0.00 . 0.00	0 0.00 . .	0 0.00 . 0.00	0 0.00
Wagon	0 0.00 0.00 .	4 3.25 33.33 16.00	1 0.81 8.33 14.29	4 3.25 33.33 7.41	3 2.44 25.00 8.82	0 0.00 0.00 .	0 0.00 0.00 0.00	12 9.76
Total	0 0.00	25 20.33	7 5.69	54 43.90	34 27.64	0 0.00	3 2.44	123 100.00

Table 3 of Type by Cylinders — Controlling for Origin=USA

Type	3	4	5	6	8	10	12	Total
Hybrid	0 0.00 . .	0 0.00 . 0.00	0 0.00 . .	0 0.00 . 0.00	0 0.00 . 0.00	0 0.00 . 0.00	0 0.00 . .	0 0.00
SUV	0 0.00 0.00 .	2 1.36 8.00 5.41	0 0.00 0.00 .	11 7.48 44.00 16.42	11 7.48 44.00 26.83	1 0.68 4.00 50.00	0 0.00 0.00 .	25 17.01
Sedan	0 0.00 0.00 .	29 19.73 32.22 78.38	0 0.00 0.00 .	45 30.61 50.00 67.16	16 10.88 17.78 39.02	0 0.00 0.00 0.00	0 0.00 0.00 .	90 61.22
Sports	0 0.00 0.00 .	0 0.00 0.00 0.00	0 0.00 0.00 .	2 1.36 22.22 2.99	6 4.08 66.67 14.63	1 0.68 11.11 50.00	0 0.00 0.00 .	9 6.12
Truck	0 0.00 0.00 .	3 2.04 18.75 8.11	0 0.00 0.00 .	5 3.40 31.25 7.46	8 5.44 50.00 19.51	0 0.00 0.00 0.00	0 0.00 0.00 .	16 10.88
Wagon	0 0.00 0.00 .	3 2.04 42.86 8.11	0 0.00 0.00 .	4 2.72 57.14 5.97	0 0.00 0.00 0.00	0 0.00 0.00 0.00	0 0.00 0.00 .	7 4.76
Total	0 0.00	37 25.17	0 0.00	67 45.58	41 27.89	2 1.36	0 0.00	147 100.00

图 6-25

针对每一个 Origin 的值，proc freq 会生成一个二维频数表，因为 Origin 总共有 3 个值，所以生成了 3 张表格。在更高维度的情况下，proc freq 会将高于二维的变量按照不同的值拆分到不同的表中。

很多时候，我们只需要获得频数，而不需要百分数，table 语句提供了相关的选项用于控制输出结果。注意，这些选项并不属于 proc freq，要写在 table 语句之内。

```
proc freq data=sashelp.cars;
    table type*cylinders /nopercent norow nocol;
run;
```

上述代码表示生成 Type 和 Cylinders 的二维频数表，nopercent 表示不计算百分数，norow 表示不计算行百分数，nocol 表示不计算列百分数，这样每个单元格中原本的 4 个数字只有频数会保留下来，如图 6-26 所示。

The SAS System

The FREQ Procedure

Frequency	Table of Type by Cylinders							
				Cylinders				
Type	3	4	5	6	8	10	12	Total
Hybrid	1	2	0	0	0	0	0	3
SUV	0	7	0	30	22	1	0	60
Sedan	0	96	6	120	38	0	2	262
Sports	0	11	0	20	14	1	1	47
Truck	0	6	0	9	9	0	0	24
Wagon	0	14	1	11	4	0	0	30
Total	1	136	7	190	87	2	3	426
Frequency Missing = 2								

图 6-26

table 语句还有很多控制输出结果的选项，如表 6-2 所示。

表 6-2

选项名	用　　　途
CELLCHI2	输出皮尔森卡方检验的统计值
CUMCOL	输出每个单元格的累计列百分数
DEVIATION	输出每个单元格中频数与期望的偏差值
EXPECTED	输出单元格频数的期望
MISSPRINT	在输出结果中包含变量的缺失值
TOTPCT	当记录数大于 2 时，显示总频数的百分比

最后，proc freq 的统计结果也可以输出到数据集中，方法与 proc means 有所区别。proc means 使用 output 语句将结果输出，用 "out=" 指定数据集名称，proc freq 也可以使用 output 语句，但这个功能只能用于输出统计分析，而不能输出频数等。如果需要输出频数表，需要在 table 语句后加上 out= 选项，语法如下：

```
proc freq data=sashelp.cars;
```

```
    table type*cylinders /out=s;
run;
```

生成的部分结果如图 6-27 所示。

	Type	Cylinders	COUNT	PERCENT
	VIEWTABLE: Work.S (Frequency Counts and Percentages)			
1	Hybrid	3	1	0.234741784
2	Hybrid	4	2	0.4694835681
3	SUV	4	7	1.6431924883
4	SUV	6	30	7.0422535211
5	SUV	8	22	5.1643192488
6	SUV	10	1	0.234741784
7	Sedan	4	96	22.535211268
8	Sedan	5	6	1.4084507042
9	Sedan	6	120	28.169014085
10	Sedan	8	38	8.9201877934
11	Sedan	12	2	0.4694835681

图 6-27

以上部分简单地介绍了 proc freq 的使用方法，仍然需要强调，proc freq 在很多时候会用于假设检验之中，包括学生 t 检验、CMH 检验、卡方检验等的多种检验都可以通过 proc freq 完成，本节所学习的不过是 proc freq 的冰山一角。

另外，需要注意的一点是 proc freq 也可以对数值型变量进行操作，它会将数值型变量的每一个值当成一个类别，统计它们出现的次数，在以上的例子中，变量 cylinders 就是一个数值型变量。

一般而言，获取统计量是数据分析的第一步，当数据读取和清理完成后，获取统计量可以让分析师最快了解数据的整体情况和大致分布，然后选定统计分析模型进行进一步的分析工作。读者需要对照以上内容，了解每个 proc 的具体功能和语法，这样才能胜任数据分析师的工作。

为了帮助读者更好地记忆和掌握以上内容，下一节我们将详细讲解一个去除异常值的案例，看看在应用情景中本节所学的 proc 可以帮上什么忙。

6.3 实战案例：异常值处理

异常值处理属于数据清理步骤。数据分析大致上可以分为 4 步，分别是数据收集、数据清理、数据分析和结果输出，每一步都需要从前一步的结果中来，生成的结果也为后一步服务，期间绝不可跳跃。同时，可追溯性在数据分析行业中也越来越重要。可追溯性是指在数据分析过程中，每一步的结果都可以从前一步中找到来源，这样当结果出现问题时可以定位问题产生的原因和位置，以便做出快速修改，如图 6-28 所示。

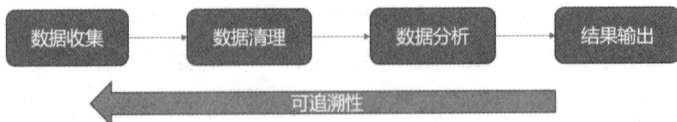

数据收集 → 数据清理 → 数据分析 → 结果输出

← 可追溯性

图 6-28

数据清理是数据收集后的第一步，目的是为了提升数据质量，方便下一步的数据分析。数据清理主要解决的问题包括：

- 数据不完整：某些记录中的值为缺失值；
- 数据重复：同一条记录出现多次；
- 数据不合理：获取的数据明显不正确，例如身高 165 米；
- 数据矛盾：例如数据中包含生日和年龄，但二者无法对应。

本节案例中的删除异常值，就是为了解决数据不合理问题。

6.3.1　什么是异常值

异常值是指在一组数据中出现的不合理的数值或内容。在考虑数值是否为异常时，必须与数据分布和现实情况相结合。

一般而言，人类的岁数不超过 100 岁，但如果数据集本身是长寿人群的调查数据集，那么很可能出现一些超过 100 岁的记录，此时这些年龄就不能算成异常值。相反，有些病症只有婴幼儿会得，例如百日咳，如果临床试验数据中发现有志愿者年龄明显不是婴幼儿，比如超过 20 岁，就需要注意是否是异常值。可见，数据是否异常的判断必须结合现实情况，并没有通用的标准。

另外，异常值判断也需要了解数据分布，自然界的很多数据都符合正态分布，例如人的身高、体重，此时异常值一般定义为一组测定值中与平均值的偏差超过两倍或三倍标准差的测定值，假设数据中一组人的身高的平均值为 170 厘米，标准差为 10 厘米，那么一般而言会将身高在 140 厘米以下或 200 厘米以上的值定义为异常值，需要进行额外处理。

但有些数据并不符合正态分布，最常见的例子就是人的收入。理想中，社会中人的收入分布应当呈枣核形，即两头少中间多，但因为各种原因，社会中人群的收入分布呈现了金字塔型，即大部分人收入较低，收入越高的人数量越少。如果在这种社会中收集到人口统计学数据，即使收集到的数据远高于平均值，也不能将其贸然删掉，而是要根据其他数据分析该值的合理性。这也是异常值判断的一个思考角度——数据分布。

6.3.2　异常值的影响与处理方法

在各种数据分析的教学中，都不可避免地提到异常值的处理，这是因为异常值经常对分析结果造成深远的影响。

举一个有些玩笑的例子，笔者在和三位朋友吃饭，我们四位的资产总额差不多，假定是 100 万元，这时马云推门进来了，他的资产在 2019 年达到了 2 600 亿元，此时我们五个人的平均资产是 520 亿元，但这个数字有任何意义吗？520 亿元资产已经达到了超级富豪的标准，所以可以说我们五个人平均都算超级富豪吗？这个例子中，马云的资产就是一个异常值，需要被去除。

从以上例子中，我们也可以看出来，样本量越小，异常值对统计结果的影响会越大，因此在处理小样本数据时，异常值的检测要更加用心。

对于异常值，处理方法其实也比较多样，总体来说分为三种。

第一种是直接删除，这是最简单的一种，也是可以最大程度消除异常值影响的一种方法。如果在数据集中某个变量的值为异常值，远远高于或低于其他值，或者根本不合理，数据分析时可以直接删除整条记录，这样会让数据更加干净。然而，如果数据的样本量较小，这样的操作往往会对分析结果产生较大的影响，在删除异常值时一般要保证被删除的记录数量不大于原本记录数的 10%。

第二种方法就是修改异常值。与异常值相对应，数据处理中经常遇到的一个问题是缺失值，缺失值可以通过各种方法填补，其实异常值也可以使用类似的操作。异常值的修正方法可以是类似缺失值的 KNN 算法、线性回归等方法，也可以使用人为设定的方法。例如临床试验中，如果某些血检指标明显过高或过低，在无法查询原数据的情况下，可以用 0.5*正常值下限作为过低异常值的数值，2*正常值上限作为过高缺失值的数值。

这种方法可以在保留原数据的情况下尽可能消除缺失值的影响，但缺点在于有些方法比较复杂，需要额外的工作量，而人工保留的方法则需要对数据的专业理解，像临床试验血检指标异常值，就需要临床学专家提供相关意见。

第三种处理方法很容易被人忽略，即既不删除也不修改，而是记录缺失值内容，向前一步的负责人询问。在工作中，很多人都关注技术，而忽略了沟通。异常值产生的原因多种多样，有些值究竟是不是异常甚至很难说清。作为一名数据分析师，虽然我们掌握数据处理与统计分析的技术，但很多数据从具体的场景采集而来，我们并不具有相关的专业性。与其自己思考异常值的问题，不如询问数据管理部门来得直接。

需要注意的是，在异常值得到解决之前，数据分析师不应该正式开始数据分析的工作，否则会导致错误的结果。同时，三种处理方法的应用场景也有所不同，笔者所在的医药行业，所有收集的数据必须连同统计分析报表提交给审核部门，不能删除任何数据，所以第一种方法对医药行业并不适用，相反，因为临床试验行业的高度分工，数据的可追溯性很强，第三种方法就经常被采用，一环一环地往前追溯，直到找到异常值的出处。

6.3.3 异常值出现的原因

在处理异常值之前，我们还要探究一下异常值产生的原因。在很多技术类书籍中，我们其实很少碰到异常值问题，因为为了讲解统计分析方法，数据往往已经被处理过。但在真正的工作场景中，异常值经常出现，很多时候我们都会忽略它们，直到做出的统计分析结果不正常才开始从头寻找。其实这种思路是很不正确的，在数据分析之前，应该考虑异常值可能出现的位置和原因，然后寻找异常值。

异常值是在数据收集过程中产生的错误，它一般来源于收集错误或录入错误。

收集错误是指数据产生时出现的错误，比如患者填写人口统计学信息，将性别一栏中的男和女都勾选，这样数据在最终输入的时候就会产生异常。这种错误的解决办法也很简单，只要加强录入期间的数据检查工作，就可以将异常值发现并解决在统计分析之前，这种错误往往不是数据分析师负责的地方。

另外一种收集错误则比较隐蔽，往往是单位转换上的错误。临床试验有时会在多个国家展开，不同国家有自己的国标单位，例如世界大部分国家都使用厘米为身高做单位，而美国则使用英寸。如果按照中国标准收集的数据被提交给美国药厂，并且数据中不包含单位，那么将以厘米为单位的身高数值改为英寸，每个人都凭空长高了 2.54 倍，并且因为所有数据都被转换，它们之间的相对比例没有改变，通过数值比较寻找异常值的方法并不奏效。

这种问题最好的解决方法还是提高数据分析师的数据敏感性，对每种数据的大致范围和分布应该有一些了解，这样在看到数据的时候就能在第一时间发现问题，进而去解决。

第二种错误是录入错误。还是以临床试验为例，有些地区的试验数据并不是直接将结果转录，而是由医生检查之后手动录入到数据系统之中，因为是人工操作就难免产生错误，这些错误包括无意义的字符、错误的小数点位数等。其实这些错误也可以在提升数据录入者水平的情况下消除，但更重要的是建立一套数据的可追溯机制，当异常值被发现之后可以快速向前回溯，找出是哪名录入者在录入哪个数据时产生的问题，然后再对比原始数据即可发现问题。

6.3.4　使用统计相关 proc 去除异常值

上一节我们学习了 proc means、proc univariate 等 proc，而获取统计量正是异常值去除的第一步。通常而言，数值型变量的异常值检测可以将值与数据平均值进行对比，如果超过平均值±3 倍标准差，我们就认为它是异常值。

下面使用数据 height 作为例子，该数据只有一个变量 height，表示身高数字，我们希望找到异常值，并把它们用 outlierfl 进行标记。

首先使用 proc means 计算平均值与标准差，然后将生成的值输出，计算出正常值的上下限，然后在 data 步中创建变量 outlierfl。

```
proc means data=height mean stderr noprint;
    output out=mean(drop=_type_ _freq_) mean=mean;
    output out=std(drop=_type_ _freq_) std=std;
run; ①
```

```
data outlier;
    merge mean std;
    call symput("uplimit",strip(put(mean+3*std,best.)));
    call symput("lowlimit",strip(put(mean-3*std,best.)));
run; ②
```

```
data height2;
    set height;
    if height>&uplimit or height<&lowlimit then outlierfl='Y';
run; ③
```

代码①使用 proc means 仅获取平均值和标准差，使用 output 语句，分别指定将 mean 和 std 输出，输出的数据集名称分别为 mean 和 std，变量名也分别为 mean 和 std。

代码②使用 merge 语句，注意 merge 语句并非强制与 by 语句联用，当不指定 by 变量时，被合并的数据集按照行进行合并。然后使用 call symput 语句分别生成正常值的上下限。

代码③使用 data 步判断 height 的值是否超过上下限，如果结果正确则为 outlierfl 变量赋值。

这样生成的结果中有 4 条记录 outlierfl=Y，如图 6-29 所示。

通过统计量判断异常值，需要对值的分布规律有大概的了解。例子中 height 值基本符合正态分布，因此可以用以上方法。另外，记录的数量也会影响到异常值的上下限，当记录数量较多，正态分布比较明显时，标准差会在一个相对较理想的范围内，如果数据较少或分布不均匀，那么标准差就会较大，影响异常值的删除。

Obs	height	outlierfl
10	255.0	Y
21	106.5	Y
24	101.4	Y
45	271.2	Y

图 6-29

以上是通过统计的方法找到异常值。除了这种方法，我们还经常按照数据的百分位数删除记录，例如将最高的 5% 和最低的 5% 记录删除。proc univariate 的生成结果中天然包含百分数，使用它操作更加容易。这次我们使用 proc univariate 中的选项"outtable="完成操作。

```
proc univariate data=height outtable=stat;
    var height;
run; ①
proc sql;
    select _p5_ into: lowlimit from stat;
    select _p95_ into: uplimit from stat;
quit; ②
data height2;
    set height;
    if height<&lowlimit or height>&uplimit then outlierfl='Y';
run; ③
```

部分①使用 proc univariate 的"outtable="语句将所有的统计量输出，生成的数据集中包含了这一步生成的所有结果，如图 6-30 所示。其中_p5_和_p95_分别是 5 百分位数和 95 百分位数。

部分②使用 select into 将两个值赋给宏变量 lowlimit 和 uplimit。

部分③与之前的案例相同，通过 if 条件判断为 outlierfl 变量赋值。

Variables in Creation Order			
#	Variable	Type	Len	Label
1	_VAR_	Char	8	Variable Name
2	_NOBS_	Num	8	Number of Nonmissing Observations
3	_NMISS_	Num	8	Number of Missing Observations
4	_SUMWGT_	Num	8	Sum of the Weights
5	_SUM_	Num	8	Sum
6	_MEAN_	Num	8	Mean
7	_STD_	Num	8	Standard Deviation
8	_VARI_	Num	8	Variance
9	_SKEW_	Num	8	Skewness
10	_KURT_	Num	8	Kurtosis
11	_MIN_	Num	8	Minimum
12	_P1_	Num	8	1st Percentile
13	_P5_	Num	8	5th Percentile
14	_P10_	Num	8	10th Percentile
15	_Q1_	Num	8	25th Percentile (Lower Quartile)
16	_MEDIAN_	Num	8	50th Percentile (Median)
17	_Q3_	Num	8	75th Percentile (Upper Quartile)
18	_P90_	Num	8	90th Percentile
19	_P95_	Num	8	95th Percentile
20	_P99_	Num	8	99th Percentile
21	_MAX_	Num	8	Maximum
22	_RANGE_	Num	8	Range
23	_QRANGE_	Num	8	Interquartile range
24	_MODE_	Num	8	Mode

25	_SGNRNK_	Num	8	Centered Signed Rank
26	_PROBS_	Num	8	P-Value of Signed Rank Test
27	_T_	Num	8	Student's t Statistic
28	_PROBT_	Num	8	P-Value of t Statistic
29	_MSIGN_	Num	8	Sign Statistic
30	_PROBM_	Num	8	P-Value of Sign Statistic
31	_NORMAL_	Num	8	Test Statistic for Normality
32	_PROBN_	Num	8	P-Value of Test for Normality
33	_USS_	Num	8	Uncorrected Sum of Squares
34	_CSS_	Num	8	Corrected Sum of Squares
35	_CV_	Num	8	Coefficient of Variation
36	_STDMEAN_	Num	8	Standard Error of the Mean
37	_GINI_	Num	8	Gini's Mean Difference
38	_MAD_	Num	8	Median Absolute Difference About the Median
39	_SN_	Num	8	Sn
40	_QN_	Num	8	Qn
41	_STDQRANGE_	Num	8	Interquartile Range Standard Deviation
42	_STDGINI_	Num	8	Gini's Standard Deviation
43	_STDMAD_	Num	8	MAD Standard Deviation
44	_STDSN_	Num	8	Sn Standard Deviation
45	_STDQN_	Num	8	Qn Standard Deviation
46	_GEOMEAN_	Num	8	Geometric Mean
47	_HARMEAN_	Num	8	Harmonic Mean

图 6-30

以上操作执行后生成的数据集总共有十条记录被赋值为 outlierfl=Y，如图 6-31 所示。

这个结果与之前使用 proc means 标记异常值的结果并不相同，这也说明异常值选取其实没有明确的要求，需要根据数据本身进行合理的设置。

Obs	height	outlierfl
10	255.0	Y
14	150.8	Y
21	106.5	Y
24	101.4	Y
45	271.2	Y
56	151.0	Y
66	196.5	Y
67	191.7	Y
69	198.2	Y
96	149.0	Y

6.3.5 使用 proc sql 找出异常值

上一小节讲的两个例子都有一个特点，即没有在一步之内找出异常值，而是需要多步 proc 和 data 步的联合使用才可以，是否有一种办法可以用较少的代码量找出并标记异常值呢？

图 6-31

我们知道，data 步一般用于数据处理变形，而 proc 步一般用于生成统计量，两者的功能有所区别，自然不能一步完成，但 proc sql 语句是一个例外，它既可以对数据集进行变形处理，也可以获取统计量。那么我们就用它来筛选数据中的异常值，仍然选用 3 倍标准差偏离平均值的方法，代码如下：

```
proc sql;
   create table height2 as
      select height,
```

```
        case when
            height>upper or height<lower then 'Y' else '' end as outlierfl
        from height as a left join
        (select avg(height)+3*std(height) as upper,
        avg(height)-3*std(height) as lower from height) as b
        on 1=1;
    quit;
```

语句实际上合并了两个数据集，分别是原本的 height 数据集和包含上限 upper 和下线 lower 的数据集，变量选择了 height 和根据 height 是否超过 upper 和 lower 生成的 outlierfl，在 left join 的右侧，使用 select 语句生成新数据集，定义 upper 和 lower 的数值。

以上语句对于初学者比较复杂，如果你有数据库编程经验相信可以更好地理解，这是在一步之内获取上下限、比较数值与输出的操作。

这样操作生成的结果与前面的图 6-29 相同。

最后需要说明，很多时候数据异常值的检测我们都依靠宏程序完成，很多公司也都创建了自己的宏程序用于检测异常，现在我们就尝试自己创建一个宏。

```
%macro outlier_check(data,var);
    %local rc dsid;
/* 检测变量是否存在① */
    %let dsid=%sysfunc(open(&data));
    %do j=1 %to %eval(%sysfunc(countc(&var,","))+1);
        %let input_var&j=%upcase(%scan(&var,&j,","));
        %if %sysfunc(varnum(&dsid,&&input_var&j))>0 %then %do;
            %put &&input_var&j EXIST;
/* 创建 flag 变量用于指定异常值② */
        proc sql;
            create table _&j as
                select &&input_var&j,
                case when &&input_var&j>upper or &&input_var&j<lower then 'Y'
                else '' end as &&input_var&j.._FLAG
                from &data as a
                left join
                (select avg(&&input_var&j)+3*std(&&input_var&j) as upper,
                avg(&&input_var&j)-3*std(&&input_var&j) as lower from &data)
                as b
                on 1=1;
        quit;
        %let count = %eval(&count+1);
    %end;
/* 将不存在的变量输出到日志文件中③ */
    %else %put &&input_var&j NOT EXIST;

/* 将存在的数据集合并④ */
    data &data.2;
        merge _1-
        %do i=1 %to %eval(%sysfunc(countc(&var,","))+1);
```

```
            %if %sysfunc(exist(_&i.)) %then _&i;
        %end;
        ;
    run;
%end;
%let rc = %sysfunc(close(&dsid));
%mend;
```

该宏程序有两个宏参数，分别是 data 用于指定输入数据集，var 用于指定变量，为了方便大规模使用，var 可以指定多个变量，将不同的变量用逗号隔开。主题代码分为四部分。

部分①将变量列表中的变量依次提取出来，使用%do 循环赋值给 input_var&j 宏变量，然后判断每个变量是否存在，这里使用的是%sysfunc 中的 varnum 函数，如果变量存在则返回 1，反之返回 0。

若变量存在，则执行部分②，使用 proc sql 找出异常值并标记。需要注意的是，因为这一步处于循环之中，所以需要将生成的数据集按照循环变量命名，这样在多个变量的时候可以将结果输出到不同的数据集中，避免覆盖。

若变量不存在，则执行部分③，使用%put 语句将变量名输出到日志中，并提示不存在。

最后，是将部分②生成的数据集合并到一起，难点在于变量列表中可能包含不存在的变量，它们并没有生成一个数据集，如果直接将从_1 到_n 的生成数据集合并，则会报错。因此该部分使用了另一个%do 循环逻辑判断数据集的存在性，函数为%sysfunc 的 exist 函数。如果数据存在，则 merge 语句包含该数据集，否则跳过。这样生成的数据集&data.2 就包含了所有存在并被检测的变量。

仍然使用 sashelp.cars 尝试运行情况，为了避免将数据集输出到 sashelp 库中，首先将 cars 数据集读取到 work 库中，首先检测一个变量的情况：

```
data cars;
    set sashelp.cars;
run;
%outlier_check(cars,%str(msrp));
```

运行后生成的数据集 cars2 如图 6-32 所示，它只包含两个变量，即被检测的 msrp 和异常值指示变量。

	MSRP	MSRP_FLAG
262	$94,820	Y
263	$128,420	Y
264	$45,707	
265	$52,800	
266	$48,170	
267	$57,270	
268	$74,320	
269	$86,970	
270	$90,520	
271	$121,770	Y
272	$126,670	Y
273	$40,320	

图 6-32

部分价格较高的车辆被标记成了异常值。

下面尝试多个变量的情况：

```
%outlier_check(cars,%str(msrp,mpg_city,cylinders));
```

生成的结果如图 6-33 所示。

VIEWTABLE: Work.Cars2

	MSRP	MSRP_FLAG	MPG_City	MPG_CITY_FLAG	Cylinders	CYLINDERS_FLAG
258	$35,920		19		6	
259	$37,630		20		6	
260	$38,830		19		6	
261	$52,120		16		6	
262	$94,820	Y	16		8	
263	$128,420	Y	13		12	Y
264	$45,707		20		6	
265	$52,800		17		8	
266	$48,170		19		6	
267	$57,270		16		8	
268	$74,320		18		8	
269	$86,970		16		8	
270	$90,520		16		8	
271	$121,770	Y	14		8	
272	$126,670	Y	13		12	Y

图 6-33

检测变量为 msrp、mpg_city 和 cylinders，生成的数据集中包含 6 个变量，分别是它们的值和对应的异常值 flag 标记。

最后，尝试错误变量名称的情况：

```
%outlier_check(cars,%str(msrp,enginesize,ddda));
```

ddda 在数据集中并不存在，按照逻辑，应该跳过关于这个变量的异常值判断和合并操作，生成的数据集 cars2 如图 6-34 所示。

VIEWTABLE: Work.Cars2

	MSRP	MSRP_FLAG	EngineSize	ENGINESIZE_FLAG
1	$36,945		3.5	
2	$23,820		2	
3	$26,990		2.4	
4	$33,195		3.2	
5	$43,755		3.5	
6	$46,100		3.5	
7	$89,765		3.2	
8	$25,940		1.8	
9	$35,940		1.8	
10	$31,840		3	

图 6-34

变量 ddda 并没有被包括，再查看日志，发现日志中提示变量 ddda 不存在，如图 6-35 所示这样就完成了大批量检测异常值的宏程序。

```
DDDA NOT EXIST
```

图 6-35

最后，笔者需要提醒，以上宏程序只能做到找出"可能"是异常值的记录，并未对异常值进行任何操作。这是因为数据的分布非常复杂，不可能使用一种简单的方法就能找出所有异常值。就像这个例子中，价格在$120 000 以上，或汽缸数为 12 都被算成了异常值，但实际上因为汽车价格和汽缸数并非自然界中存在的数字，而是人为设计出来的，所以这些数字并不是异常值。

异常值的检测属于数据处理的第一步，也是十分重要的一步。异常值产生的原因多种多样，可能是在数据收集过程中产生，也可能由数据输入过程带来；它的解决方法也多种多样，除了删除和修改，笔者也建议向上一步骤的负责者查询异常值产生的原因，从根源上解决问题。标记异常值的方法很多，可以使用平均值与标准差法，可以用百分位数法，也可以直接选择最大和最小的 n 个值进行标记，选择方法的原则要基于数据本身。

关于本节的宏程序，读者可以自己尝试将它使用在日常的工作生活中，并且自己进行功能的提升，比如检查数据集是否存在、多种办法检测异常值等，读者可以在日后的应用中自行完善。下一节我们将学习一个重要的概念 p value，这是一个假设检验中非常重要的统计量，让我们看看已经学习的这些 proc 在获取 p value 时有什么应用吧。

6.4　带你走进 p value

相信很多读者都知道统计学中的一个概念——p value 或 p 值，这是假设检验非常重要的一个概念。假设检验不仅是一种统计学思维，也是我们日常生活中经常用到的思维方式。本节就假设检验和 p 值的概念在 SAS 中的实践做一个简单的探讨。

很多没有统计学经验的读者，经常对 p 值有一种盲目的相信，每次运行程序后先查看 p 值，只要它足够小就表示成立，不够小就表示失败。实际上，p 值仅仅是指示假设检验的一个指标，而非假设检验的全部。本节从假设检验的概念入手，简单介绍 p 值的意义和不同分布模型的假设检验方法。

需要说明的是，本书并非统计专业教材，对很多概念的涉及不可能完全深入。本节讲解的基调仍然是"够用就行"，其实数据分析师不一定必须是统计分析高手，只要明白在哪些情况下应该如何编程，就已经达到了数据分析师的基本要求。

6.4.1　显著性检验

假设检验（hypothesis testing），是统计学中用来判断样本与总体的差异是由抽样误差引起还是本质差别造成的推断方法。显著性检验是假设检验中最常用的一种方法，也是最基本的一种统计推断形式，其基本原理是先对总体的特征预先做出某种假设，然后通过抽样研究的统计推理，对此假设应该被拒绝还是接受做出推断。这里预先做出的假设被称为零假设（null hypothesis），与零假设相对的假设称为备选假设（alternative hypothesis），通常备选假设是研究者最想知道的假设结果。

例如在法庭上，检察官需要举出证据证明被告有罪，而被告的律师要否定这些证据证明被告无罪。现代法律一般采取的是无罪推定，法官在最开始要认定这个被告无罪，直到其被证明确实有罪。法官认定的无罪就是零假设，而检察官希望法官相信的就是备选假设。

假设检验的集大成者是罗纳德·费雪，他在自己的著作《研究者的统计方法》《实验设计》等书中建立了实验设计法的基础，它也是第一个将假设检验转化为科学统计方法的科学家。

费雪最著名的故事，就是"女士品茶"。费雪的一个女同事声称可以凭借口感判断出一杯奶茶是先加的奶还是先加的茶，其他同事对这个答案都不屑一顾，认为奶和茶加入的次序不会影响奶茶的口感，这位女士即使说对也不过是运气好而已。费雪自然也不相信，但他更希望知道这位女士有多大的概率说的是实情，于是设计了女士品茶这样一个实验。

他让这位女同事依次品尝 8 杯奶茶，其中 4 杯是先加奶，另外 4 杯是先加茶，然后让女同事做出自己的判断并记录。最后的结果是女同事全部答对。

然后费雪思考，如果这位女同事只是凭借运气，从 8 杯奶茶中随意选出 4 杯先加奶的，这个正确的可能性是多少呢？答案是 $1/C_8^4=1/70=1.4\%$，也就是说，这位女士随机选择的可能性只有 1.4%蒙对，这个概率相当低，因此我们有理由推倒原有的假设，认定这位女士确实可以分辨出奶和茶的先后次序。

这个故事记录在费雪名著《实验设计》第二章，辉瑞药厂资深统计师萨尔斯伯格以此创作了一本畅销书，就叫《女士品茶》，副标题为"20 世纪统计怎样变革了科学"，可见统计方法对科学研究的重要影响。

从上面的故事中可以看出，其实假设检验并不能保证自己100%正确，除非让这位女士喝无数杯奶茶，她全部答对奶和茶的顺序，否则假设检验只能设定一个阈值，如果出错的概率低于这个阈值，我们就说假设可以被验证，在这个案例中就是拒绝原假设。

假设检验有两条基本的前提。

第一，不轻易拒绝原假设。原假设往往是我们根据经验获得的假设，如果不能有概率很高的结果推翻它，则不能拒绝原假设。

第二，小概率事件发生不正常。如果在检验过程中发生了小概率事件（一般概率为1%或5%），那么就证明原假设有问题。

总之，假设检验是一门"可能性"的学问，它得出的结论是基于实验和观测推断出来的结果，我们只能说有百分之多少的概率确认它为真。

6.4.2 P 值、拒绝域和置信区间

关于置信区间，我们在学习 proc means 时讲过，使用 clm、lclm 和 uclm 可以获得两侧置信区间、下置信区间和上置信区间，那么这个概念究竟是什么意思呢？

我们从一个最简单的例子——抛硬币说起。抛硬币可以说是最公平的赌博游戏了，当然这个公平有一个前提，就是硬币为均匀材质。那么如何判断硬币是否均匀呢？最简单的方法可以先抛几次看看它的正反面分布情况。

假设我们抛了 10 次硬币，发现 9 次都是正面，直觉上这枚硬币显然不够均匀，但这时跟你抛硬币的小伙伴告诉你，这个情况也是可能发生的，不要那么相信直觉。的确，直觉并不靠谱，但硬币不够均匀的事实到底有多显然呢？此时就需要使用到分布模型与假设检验了。

一般而言，硬币是均匀的，所以我们的零假设就是硬币出现的正反面概率相同。多次抛均匀硬币，每次的结果独立，并且分布符合二项分布，如图 6-36 所示。二项分布的特点是中间高两边低。

我们得到的抛掷结果为 9 次正面，从图 6-36 可以得到 9 次出现的概率是 0.0098，这绝对是一个小概率事件，假设检验的基本前提就是小概率事件不会出现，所以我们有理由拒绝原假设，即这枚硬币应该是不均匀的。

抛硬币事件每次结果独立且不连续，但很多的分布模型是连续的，无法计算某一点的概率，因此一般而言会把某一点以及更极端的区间面积作为概率，而这个概率就被称为 p 值。

p 值分为单侧和双侧，如图 6-37 所示。如果我们只考虑 9 次和比 9 次更极端的 10 次，p 值仅为右侧区间面积，称为单侧 p 值。如果我们把跟 9 次一样极端的一次和比它更极端的 0 次加进来，则为双侧 p 值。

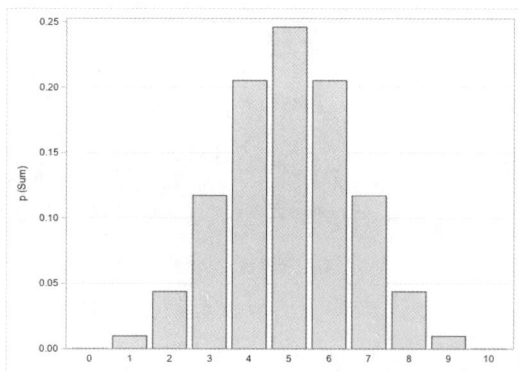

图 6-36

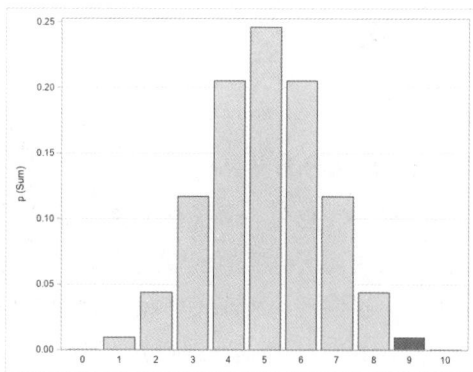

图 6-37

一般而言，如果 p 值小于 0.05，则说明这是一件小概率事件，我们可以拒绝原假设。下面我们对比地来看置信区间和拒绝域的概念。

置信区间，目的是根据样本构造一个区间，然后希望这个区间可以把绝大部分出现的值包含进去，例如以上的例子中，0 次、1 次、9 次和 10 次出现的总概率才刚刚达到 0.002，因此我们可以说：抛掷 10 次硬币，正面向上次数在 2~8 次之间，对于这句话我们的置信度是 99.8%。这里的 2~8 次就可以理解为置信区间，而 0 次、1 次、9 次、10 次就是拒绝域。

同一组数据的置信区间也会根据置信度的不同而不同，一般而言，我们选择置信度为 95%，在 proc means 语句中，默认输出的 clm 就是置信度为 95% 的情况，如果希望修改，则可以使用"alpha=选项"，注意该选项设置的是显著性水平，如果希望得到 99% 的置信度，需要定义 alpha=0.01。

6.4.3 常见的分布类型

现实中产生的数据，其实并不会自动地服从什么样的分布。所谓的分布类型，是统计学家在研究不同数据时发现的某些具有共性的规律，然后这些规律被总结成分布类型。本小节我们将了解几个比较常见的分布类型，以及它们在 SAS 中的生成方式。

1. 二项分布

二项分布最常见的应用就是抛硬币模型，它表示在只有成功和失败两种结果的情况下，n 次成功次数的分布情况。期望 EX=np，方差 DX=npq。它是一种典型的离散型分布。

在 SAS 中，可以使用 rand 函数生成符合二项分布的随机数，语法为：

```
rand('bino',成功概率,实验次数)
```

例如生成包含 10 条记录的 100 次实验结果，如图 6-38 所示。代码如下：

```
data r;
    do i=1 to 10;
        a=rand('bino',0.5,100);output;
    end;
    drop i;
run;
```

	a
1	46
2	60
3	50
4	50
5	49
6	54
7	55
8	54
9	50
10	54

图 6-38

2. 几何分布

几何分布也是一种典型的离散分布，它表示在伯努利试验中，得到一次成功所需要的试验次数 X。X 的值域是 { 1, 2, 3, ... }。几何分布的案例也可以用抛硬币来说明，它表示不断抛一枚硬币，第一次出现正面朝上的时候总共抛掷次数的分布。图 6-39 为成功率分别在 0.2、0.5、0.8 时的分布。

rand 函数也可以生成符合几何分布的随机数，代码如下：

```
data p;
    do i=1 to 10;
        a=rand('geom',0.3);output;
    end;
drop i;
run;
```

生成的数据集如图 6-40 所示。

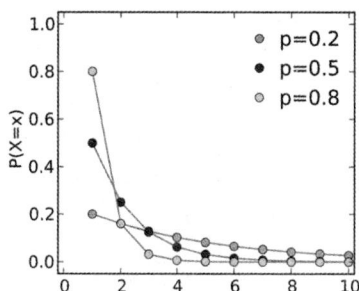

图 6-39

	a
1	3
2	1
3	2
4	8
5	6
6	1
7	2
8	3
9	8
10	5

图 6-40

3．泊松分布

泊松分布用于描述单位时间内随机事件发生的次数的概率分布。如某一服务设施在一定时间内受到的服务请求的次数、汽车站台的候客人数、机器出现的故障数等，注意这些事件发生必须是独立事件。

泊松分布的概率质量函数为：

$$P(X = k) = \frac{e^{-\lambda}\lambda^{k}}{k!}$$

其中 λ 是单位时间内事件的平均发生次数，泊松分布的一项特点是期望与方差相等，都等于 λ。

rand 函数生成符合泊松分布的值方法如下：

```
data p;
    do i=1 to 10;
        a=rand('pois',10);output;
    end;
    drop i;
run;
```

生成的结果如图 6-41 所示。

4．正态分布

正态分布是我们最常见的一种连续分布形式，当二项分布的实验次数很大而成功概率 p 为 0.5 的时候，二项分布的近似分布函数就是正态分布。正态分布的概率密度函数形状为钟形即中间高两头低。

正态分布有两个参数，参数 μ 是分布的期望，σ^2 是分布的方差。

rand 函数依然可以生成符合正态分布的随机数，需要注意的是，函数的第三个参数指定是标准差而非方差。

	a
1	10
2	9
3	15
4	10
5	11
6	9
7	10
8	4
9	4
10	13

图 6-41

```
data p;
    do i=1 to 10;
        a=rand('normal',10,6);output;
    end;
    drop i;
run;
```

生成的结果如图 6-42 所示。

除了以上四种常用的分布模型，统计学家还总结出诸如超几何分布、幂律分布、对数分布、负二项分布等模型，它们也都可以通过 SAS rand 函数生成相应的随机数。具体参数可以查看下列 SAS 官方帮助文档：

https://documentation.sas.com/?docsetId=lefunctionsref&docsetTarget=p0fpeei0opypg8n1b06qe4r040lv.htm&docsetVersion=9.4&locale=en

{\displaystyle \mu }

	a
1	10.94501688
2	3.4641880671
3	8.4036409924
4	4.2834124404
5	1.1523125362
6	22.12729181
7	9.910258622
8	0.4787794511
9	21.815376373
10	16.099614369

图 6-42

6.4.4 从 proc ttest 说开去

proc ttest 是 SAS 中用于进行 t 检验的 proc，它可以实现单样本 t 检验、双样本 t 检验等功能，单样本 t 检验是把数据与给定的值进行对比，考察是否可以认定数据的平均值等于给定的值。例如通过观察，我们发现 sashelp.cars 数据集中 cylinders 变量的大部分值集中在 4~8 之间，那么 cylinders 变量的平均值可能是 6。不过究竟是不是，它与 6 又相差多少呢？此时可以使用 proc ttest 功能。

```
proc ttest data=sashelp.cars h0=6;
    var cylinders;
run;
```

使用 h0=选项人为设定对比的预估平均值生成的结果如图 6-43 所示。可以看到，cylinders 的平均值为 5.8，与 6 很接近，但 t 检测的假设为检测数据平均值与给定平均值相等，查看 p 值为 0.0111，数字小于 0.05，因此我们需要拒绝 h0 假设，即认定 6 并不是 cylinders 的平均值。

下面把 h0=选项改为 5.7，再次运行，发现 p 值为 0.1552，明显大于 0.05，因此这次我们可以说平均值为 5.7 这个假设不能被拒绝。

ttest 也可以进行分组检测，对比同一个变量在两个不同组之间平均值的差异。在以下例子中，我们需要对比 cylinders 是否与汽车生产地有关系，但因为 ttest 只能接受两组值的分组变量，因此我们对生产厂家为 Asia 与非 Asia 厂家进行对比。按照经验，厂家的所在地应该和汽车汽缸数无关。

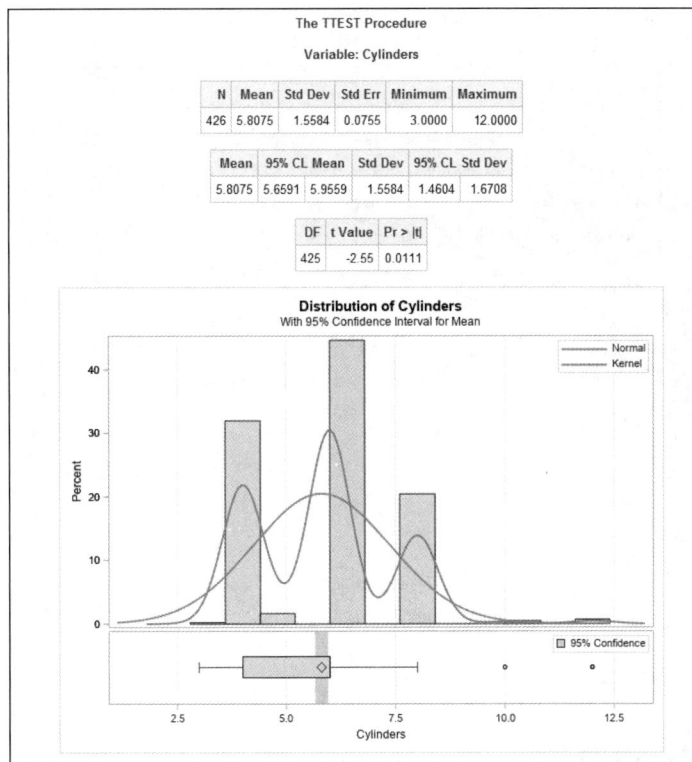

图 6-43

根据我们假设两个总体的方差是否相同，计算两组之间差异平均值的标准误差和自由度的方法有所不同，得出的 t 统计量和 p 值也会不同。

```
data cars;
    set sashelp.cars;
    length orig $10;
    if origin='Asia' then orig='Asia';
    else orig='Non-Asia';
run;

proc ttest data=cars;
    class orig;
    var cylinders;
run;
```

生成的部分结果如图 6-44 所示。

因为 orig 有两种值，所以第一个表格中不仅包含两种分组各自的统计量，还分别使用 pooled 和 satterthwaite 方法计算了两者差的统计量。在第三个表格中的 Pr>|t|栏，如果 p 值小于预先定义的显著性指标，则可以说两组间存在显著性差异。在本例中，两种计算方法都获得了小于 0.05 的 p 值，因此我们说 Asia 与 Non-Asia 的汽车的汽缸数存在显著差异。

以上是 proc ttest 的基本用法，需要提醒的是，ttest 的数据分布必须基本满足正态分布，即两边少，中间多，否则获得的统计量可能并不准确。

orig	Method	N	Mean	Std Dev	Std Err	Minimum	Maximum
Asia		156	5.1859	1.2690	0.1016	3.0000	8.0000
Non-Asia		270	6.1667	1.5987	0.0973	4.0000	12.0000
Diff (1-2)	Pooled		-0.9808	1.4867	0.1495		
Diff (1-2)	Satterthwaite		-0.9808		0.1407		

orig	Method	Mean	95% CL Mean		Std Dev	95% CL Std Dev	
Asia		5.1859	4.9852	5.3866	1.2690	1.1421	1.4279
Non-Asia		6.1667	5.9751	6.3582	1.5987	1.4742	1.7462
Diff (1-2)	Pooled	-0.9808	-1.2746	-0.6869	1.4867	1.3930	1.5940
Diff (1-2)	Satterthwaite	-0.9808	-1.2574	-0.7042			

Method	Variances	DF	t Value	Pr > |t|
Pooled	Equal	424	-6.56	<.0001
Satterthwaite	Unequal	383.69	-6.97	<.0001

Equality of Variances				
Method	Num DF	Den DF	F Value	Pr > F
Folded F	269	155	1.59	0.0017

图 6-44

6.4.5　proc freq 是箩筐，各种 p 值里面装

在上一节，我们学习了 proc freq 用于统计字符型变量不同值的记录数和百分数的方法。数据中的字符型变量，往往记录的是数据在某一个维度上区别于其他记录的信息，那么这些值自然地可以被当作分组。对于分组，就有计算分组结果显著性的需求，因此 proc freq 更多的时候也可以用于计算分组的假设判断。

卡方检验是最常用的分组检验方法。分析师将观察量的值划分成若干互斥的分类，并且使用零假设尝试去说明观察量的值落入不同分类的概率分布的模型。而卡方检验的目的就在于去衡量这个假设对观察结果所反映的程度。如果你觉得抽象，不妨考虑一个具体的例子，我们经常说"抽烟有害健康"，从直观上，抽烟的人很多都患有咽喉疾病，但"很多"这个概念如何反应到统计学上呢？

如表 6-3 所示，按照是否抽烟和是否患有咽喉疾病将调查人群分为 4 种。

表 6-3

Smoke	Disease	Number
0	0	15
0	1	4
1	1	26
1	0	10

下面我们需要使用卡方检验的方法确认抽烟与咽喉疾病是否有关系：

```
proc freq data=d;
    tables smoke*disease / chisq relrisk;
    exact pchi or;
    weight number;
    title 'Relationship of Smoking and Throat Disease';
run;
```

运行后发现生成了很多结果，我们需要依次说明。

图 6-45 是分组计数和百分比结果，这个知识我们在上一节已经讲过，它是由 table 语句生成，建立变量 smoke 和 disease 的二维统计表。

图 6-46 展示的是卡方检验的相关统计量，注意这里生成了不同的 p 值，是因为它们使用的方法有所不同，在它们的结果有较大差异时，需要根据数据分布和实际需求选择最合适的 p 值。下方的两个表格分别为皮尔森卡方检验和费雪检测。从这些数字中可以明显看出，吸烟与咽喉疾病之间具有比较明显的相关性。

Statistic	DF	Value	Prob
Chi-Square	1	13.1335	0.0003
Likelihood Ratio Chi-Square	1	13.6936	0.0002
Continuity Adj. Chi-Square	1	11.1508	0.0008
Mantel-Haenszel Chi-Square	1	12.8947	0.0003
Phi Coefficient		0.4887	
Contingency Coefficient		0.4390	
Cramer's V		0.4887	

Pearson Chi-Square Test	
Chi-Square	13.1335
DF	1
Asymptotic Pr > ChiSq	0.0003
Exact Pr >= ChiSq	0.0005

Fisher's Exact Test	
Cell (1,1) Frequency (F)	15
Left-sided Pr <= F	1.0000
Right-sided Pr >= F	0.0004
Table Probability (P)	0.0003
Two-sided Pr <= P	0.0005

Frequency Percent Row Pct Col Pct	Table of smoke by disease		
	disease		
smoke	0	1	Total
0	15 27.27 78.95 60.00	4 7.27 21.05 13.33	19 34.55
1	10 18.18 27.78 40.00	26 47.27 72.22 86.67	36 65.45
Total	25 45.45	30 54.55	55 100.00

图 6-45　　　　　　　　　　图 6-46

图 6-47 所展示的是比值比和相对风险的信息。比值比可以量化两个事件之间的关联强度。例如在这个案例中，我们可以说比值比反应了吸烟者比不吸烟者患咽喉疾病的概率高 9.75 倍，但同时也要注意到比值比的置信区间范围很大，说明这个值并不准确，需要有更多数据来支撑。

相对风险是指在某条件下，一个事件的发生风险，相对风险指拥有该条件的群体与未有该条件群体某事件发生的比值。例如图 6-47 中的 Relative Risk (Column 1)的 4.5 是不抽烟者在不患病人群中的比例/不抽烟者在患病人群中的比例=60/13.3=4.5，Relative Risk (Column 2)的 0.4615 是抽烟者在不患病人群中的比例/抽烟者在患病人群中的比例=40/86.67=0.4615。

比值比和相对风险都是用于量化不同组间关系的参数。

Odds Ratio and Relative Risks		
Statistic	Value	95% Confidence Limits
Odds Ratio	9.7500	2.5987	36.5807
Relative Risk (Column 1)	4.5000	1.7113	11.8331
Relative Risk (Column 2)	0.4615	0.2799	0.7611

Odds Ratio	
Odds Ratio	9.7500
Asymptotic Conf Limits	
95% Lower Conf Limit	2.5987
95% Upper Conf Limit	36.5807
Exact Conf Limits	
95% Lower Conf Limit	2.2607
95% Upper Conf Limit	48.1989

图 6-47

以上就是本节的内容，因为篇幅有限，笔者未将统计分析的所有概念展开来讲。自从统计学发展开始，各种统计量、统计方法、概率分布等概念依次建立，到现在已经成为一座直插云霄的大厦，任何人都很难在一节甚至一本书中讲得清楚。如果希望掌握更高深的统计学知识，读者需要寻找专门的统计学教材。

笔者贯穿全书的学习方法论一直是"够用就行"和"边走边学"，概率论和数理统计的背景一定是一个数据分析师的加分项，但绝不是必备项。数据分析师更需要掌握获取各种统计分析结果的 SAS 实现方式。如果你被数据分布、p 值、置信区间等概念弄得晕头转向，不妨跳出来，假装自己已经掌握了各种概念的区别，而专心思考如何使用 SAS 实现这些功能。

关于 p 值与假设检验，下一节我们来学习一个真实的案例，一起看看假设检验在临床试验分析中究竟起了什么样的作用。

6.5 实战案例：药物到底灵不灵

医药公司在近些年经常占据新闻的头条，很多人也慢慢了解了药品研发和临床试验的冰山一角，临床试验数据分析师这个职业也渐渐被大家所熟知，很多人也希望进入这个行业来发展。

作为这个行业中的一分子，笔者看到这种情况自然是非常开心的，毕竟一个行业只有吸引足够多优秀的人才，才可能产生跨时代的成果。同时，笔者也提醒致力于从事医药行业的读者，药物研发是一个漫长而琐碎的过程，很多时候耐心和认真要比技能更重要。

一款药物从研发到上市要经历漫长的过程，一般是 8 到 12 年，花费数千万元到数亿元。药物最开始的研发阶段是根据致病因子的特点，找出可以杀灭或抑制相关病毒或细菌的分子，或者用直接作用于人体基因而治疗某些内生性疾病的方式，这些涉及具体的药理学知识，在这里就不过多阐述了。

药物研发成功后，就是临床试验阶段，在上市前这一阶段分为三期，第一期只关注药物的安全性，第二期、第三期都会考察药物的有效性。本节的案例选择某款药物的第三期临床试验数据，一起来探讨如何评价药物有效性。

6.5.1　随机双盲对照试验概念

随机双盲对照试验是临床试验中最广泛采用的方法。这个名字中包含了很多信息，随机表示所有患者必须随机分组，不能是通过人为的某些标准进行分组。因为如果分组不随机，药厂就可能把轻症患者分到一组，重症患者分到另一组，让组间天然地产生差异。

双盲，表示患者自己和医生都不知道哪个人被分到了哪一组。避免患者知道分组结果是为了避免分组结果对患者心理产生影响进而影响试验结果，避免医生知道是为了防止医生在治疗其间的某些表现影响到患者。其实除了双盲，现在还有所谓的三盲，这第三盲就是指我们数据分析师。很多项目在完成之前，分析师也不知道每名患者真正的分组情况，而是使用一个假的分组结果先完成所有的程序和图表，再用真的分组结果运行一次。

最后说对照试验，它表示试验必须要有对照组，即不吃试验药，而是吃对照药的一组人。很多人应该听说过"安慰剂效应"，即在不让病人知情的情况下服用完全没有药效的"假药"，但病人得到了和真药一样的治疗效果。安慰剂效应是一种生理学、心理学甚至社会学的综合产物，真正的形成机制还无法弄清楚，但它的确会影响临床试验的结果。

为了避免安慰剂效应干扰结果，我们需要使用对照试验的方式。例如一组志愿者吃试验药后的治愈率为 75%，我们不能笼统地归结说这个药的治愈率为 75%，而是要观察对照组在其他条件都相同的情况下的治愈率，如果这个数字与 75% 没有显著差异，那么我们显然不能说治愈是这款试验药物带来的结果。

综上所述，临床试验方法的全称叫随机双盲对照实验，它的设计就是为了消除临床试验中可能存在的干扰因素。本节就使用一个临床试验中收集的药品有效性数据集来分析药物的有效性。

6.5.2 数据概览

首先我们需要了解一下数据。临床试验分析用数据集都是按照 CDISC 标准格式化的数据集，它们需要随统计分析结果一起提交给药品监督管理局进行审核。CDISC 标准是临床试验的黄金标准，作为每一个药厂统计分析师一定要了解，本书面向的是所有 SAS 用户，在此不过多介绍这个行业标准，如果未来致力于从事医药行业，我们会在第 9 章有更详细的讲解。

数据集 adeff 如图 6-48 所示，这是 CDISC ADaM 标准下记录药物有效性的数据集，重要变量及其意义如表 6-4 所示。

#	Variable	Type	Len	Format	Label
1	STUDYID	Char	11		Study Identifier
2	USUBJID	Char	20		Unique Subject Identifier
3	TRTA	Char	18		Actual Treatment
4	TRTAN	Num	8		Actual Treatment (N)
5	PARAM	Char	200		Parameter
6	PARAMCD	Char	8		Parameter Code
7	AVAL	Num	8		Analysis Value
8	AVALC	Char	200		Analysis Value (C)
9	AVISIT	Char	30		Analysis Visit
10	AVISITN	Num	8		Analysis Visit (N)
11	ADT	Num	8	E8601DA.	Analysis Date
12	ATM	Num	8	E8601TM.	
13	ADTM	Num	8	E8601DT.	

Variables in Creation Order

图 6-48

表 6-4

变量名	变量意义	说　　明
USUBJID	患者唯一 ID 编号	
TRTA	患者被分配的实验组	A=实验组，P=对照组
TRTAN	实验组数字标号	1=实验组，2=对照组
AVISIT	该条记录对应的患者拜访时间	
AVISITN	患者拜访时间标号	
AVAL	有效性标记	1=有效，2=无效
AVALC	有效性标记的字符型记录	1=有效，2=无效
ADT	记录产生日期	
ATM	记录产生时间	
ADTM	记录产生日期和时间	

这里着重说明 AVISIT 与 ADT/ATM/ADTM 的区别,都用作患者产生某条记录的时间,但 AVISIT 中的值是在试验设计中设计的值,而 ADT/ATM/ADTM 则是该记录产生时的真实值。例如在该试验设计中, 患者被要求在服药后的第二周、第四周、第六周和第八周分别进行检测,此时 AVISIT 的值就为 Week 2、Week 4、Week 6 和 Week 8,而 ADT/ATM/ADTM 的值是符合 ISO8601 标准的日期、时间、日期时间的真实记录。

使用以上数据,我们希望得出在每个 AVISIT 时药物的有效性在两个试验组之间的对比,注意在一般的临床试验统计分析中,我们都需要将结果生成为图表,图表的制作方法我们将在下一章节讲解,本节我们首先思考如何生成包含所有所需统计结果的数据集。

6.5.3 分析与实践

临床试验所使用的统计方法,大部分不由数据分析师来决定,而是由统计师和药理专家根据试验药物的特性加以确定并记录,然后将相关文档提供给分析师,分析师只需要理解并执行就可以了。本试验使用的分析方法摘录如下:

- 若有效结果与随机分组 2×2 表中包含有 expected 值小于 5 且记录数字小于 5,则使用 fisher's exact 方法中 xp2_fish 的 p 值。
- 否则,使用卡方检验,获取结果中 p_pchi 的 p 值。

另外,试验统计师也会设计试验报表的样式,该报表需要的样式如表 6-5 所示。

表 6-5

Visit	Result	Placebo (N)	Treatment	p-value
Week 2	No Effect	xx	xx	0.xxx
	Effect	xx	xx	
Week 4	No Effect	xx	xx	0.xxx
	Effect	xx	xx	
...				

关于输出统计报表的方法,我们会在下一章涉及,本案例中我们只探讨如何生成具有类似格式的数据集。

首先,统计报表按照 Visit 的值,每个值占一部分,那么需要使用循环逻辑,整个程序需要在宏中进行,因此基本的程序框架为:

```
%macro comp;
    %do i=1 %to 4;
        …
    %end;
%mend;
%comp;
```

所有核心的程序都需要写在 %do 循环之中, 并且每次循环只选取一种 AVISITN 的值。

按照试验设计, 需要讨论 expected 值与记录数字, 这两者可以从 proc freq 中获得, 使用 proc freq 建立有效结果 AVALC 与分组结果 TRTA 的 2×2 表格并输出 expected 和记录数字, 因为涉及调用, 还需要把这两个数字放在宏变量之中。

```
proc freq data=adeff(where=(avisitn=&i));
    table avalc*trta/ expected outexpect norow nocol out=_&i;
run;
proc sql noprint;
    select int(min(expected)) into: expected from _&i;
    select int(min(count)) into: obscnt from _&i;
quit;
%put &expected &obscnt;
```

在 table 语句中使用 out 输出数据集, 要求包含 expected 的结果。注意, 由于处在循环之中, 所以需要使用含有循环节的变量的数据集名称, 避免后面的循环覆盖前面。以 i=1 为例, 该步运行的结果如图 6-49 所示。

	AVALC	TRTA	COUNT	EXPECTED	PERCENT
1	N	Placebo	10	10.08	40
2	N	Treatment	11	10.92	44
3	Y	Placebo	2	1.92	8
4	Y	Treatment	2	2.08	8

图 6-49

根据宏变量 expected 和 obscnt 的值, 分别计算 p 值。这一步需要注意的是, 使用 output out=语句输出含有 p 值的数据集时, 会将多种方法计算的 p 值全部输出, 这时需要根据分析方法文档中的提示进行选取, 对 exact 和卡法检验分别选取其中的 xp2_fish 和 p_chi 变量所代表的 p 值。

```
%if &expected lt 5 and &obscnt lt 5 %then %do;
    proc freq data=adeff(where=(avisitn=&i));
        tables avalc*trta/ exact fisher;
        output out=p_val&i exact;
run;
%end;
%else %do;
    proc freq data=adeff(where=(avisitn=&i));
        tables avalc*trta/chisq;
        output out=p_val&i chisq;
run;
%end;

%if &expected lt 5 and &obscnt lt 5 %then %do;
    data p&i.;
        set p_val&i.;
        pvalue = strip(put(xp2_fish,6.3));
```

```
                  keep pvalue;
          run;
  %end;
  %else %do;
      data p&i.;
          set p_val&i.;
          pvalue=strip(put(p_pchi,6.3));
          keep pvalue;
      run;
  %end;
```

执行该步后会生成数据集 p+循环变量，里面只包含一个变量 pvalue，根据报表样式，p 值需要保留 3 位小数，因此使用 6.3 的格式。以 i=1 为例，生成的数据集如图 6-50 所示。

	PVALUE
1	1.000

VIEWTABLE: Work.P1

图 6-50

下面我们需要将已经生成的数据集进行合并。第一步 proc freq 生成的数据集并不满足要求，需要将 trta 的值转化为变量名，这一步交给 proc transpose 完成。最后，将所有数据集合并到一起，不指定 by 变量，可以按照记录序号合并。

```
proc transpose data=_&i out=_&i.t(drop=_:);
    by avalc;
    id trta;
    var count;
run;
data all&i.;
    merge _&i.t p&i.;
    visit="Week "strip(put(&i*2.,avisit.));
run;
```

在合并时使用了一个"偷懒"的地方，我们发现 AVISITN 的值为 1、2、3、4，分别对应 Week 2、Week 4、Week 6、Week 8，所以直接将循环变量乘 2 获得 Week 的数字。如果真实数字不存在这样的对应，可以使用 proc format 建立自定义格式，使用 put 语句将数字按照该格式转化。这样就获得了数据集 all1～all4，all1 的结构如图 6-51 所示。

	AVALC	PLACEBO	TREATMENT	PVALUE	VISIT
1	N	10	11	1.000	Week 2
2	Y	2	2		Week 2

VIEWTABLE: Work.All1

图 6-51

在宏程序结束后，需要将 4 个数据集 set 到一起，并将 AVALC 的值设为 No Effect 和 Effective，这样就与报表样式相同。最终处理后生成的结果如图 6-52 所示。

该数据集的结构与统计报表要求已经比较接近，可以使用 proc report 等统计结果生成工具进行输出，当然这是我们下一章要涉及的内容。

	AVALC	PLACEBO	TREATMENT	PVALUE	VISIT
1	No Effect	10	11	1.000	Week 2
2	Effective	2	2		Week 2
3	No Effect	9	11	0.645	Week 4
4	Effective	4	2		Week 4
5	No Effect	6	8	0.302	Week 6
6	Effective	7	4		Week 6
7	No Effect	6	7	0.543	Week 8
8	Effective	7	5		Week 8

图 6-52

6.5.4 案例总结

在每一个实战案例之后，我们都会有总结。总结内容绝不限于对我们所做工作的回顾，而是深化并建立起一般性的概念。

本案例分享了临床试验研究中经常需要的药物有效性统计表格，但这只是一个特别简化后的案例，真正的案例至少有三点复杂情况没有被包含。

（1）数据缺失值。很多时候我们会面临比较复杂的数据缺失情况，对于缺失值，有留和补两种处理办法，留就是保留缺失，在不能接受缺失值的分析中直接去除该记录，补就是使用各种方法将数字补上。两种方法的使用要根据试验要求来选择。很多时候处理缺失值的手段非常复杂，需要占用大量的时间与精力。

（2）复杂的实验设计。很多临床试验的设计比较复杂，例如让患者加入不同的试验组观察其前后变化，这样可以消除组间差异，这种方法被称为 Crossover Design 的试验设计，它能更好地反应药物的有效性和安全性，但也让数据变得更加复杂。

（3）复杂的统计报表。本案例将有效性分析表格尽可能简化，只保留必要的分组计数和 p 值，但真正的统计报表还可能包含类似置信区间、百分比等信息，毕竟一张报表内包含尽可能多的信息，可以方便统计师更好地了解数据。这却苦了我们数据分析师，有些报表的程序会因此非常长，前后还必须对应，这也是临床试验数据分析师工作的一个特点。

最后，笔者仍然要强调，统计分析并不是 SAS 的全部。即使是统计分析最多的有效性分析表格，真正与 p 值相关的步骤也并不多，无非是几个 proc freq 加上所需的统计量，但数据处理的部分会很烦琐，因此笔者也提醒各位读者，增强数据处理的功力，才能更好地完成统计分析的任务。

下一节我们将一起看看除了假设检验，SAS 还可以做些什么与统计分析相关的工作。其实，SAS 提供了大量的专用 proc，例如 proc mixed、proc lifetest 等，它们可以最大限度地方便我们使用 SAS 进行各种统计分析工作。

6.6 其他统计分析功能常用模型

除了 proc freq、proc ttest 以外，SAS 中还有大量的功能可以完成其他种类的分析，它们最大的特点是"专一"，即每个 proc 只用于特定种类的统计分析。这些功能一起构成了 SAS 强大的统计分析能力。本节我们就来探讨 SAS 还包括哪些统计分析方法。

为了不使本节过分复杂，笔者决定采取"场景+应用"的讲述方式，针对在工作和学习中可能遇到的问题，分析它所需要的统计方法，然后讲解在这个场景下某个 proc 的应用方式。这样的讲解方式无法保证掌握一个 proc 的所有知识点，却可以尽可能多地了解 proc 的使用方法，读者需要在日后应用场景中继续学习。

6.6.1　生存分析

生存分析是研究生存时间和结局与众多影响因素间的关系及其程度大小的方法。它所处理的数据往往与时间相关。在临床试验中，某些严重疾病会以患者服药后的存活时间作为有效性的指标，需要根据不同试验组患者生存的数量，绘制时间与生存率折线图，这就是生存分析的一个典型运用。

除了临床试验场景，生存分析还可以用于客户留存率、产品使用时间、视频播放时常等数据。在生存分析中需要有几点假设。

（1）在时间 t=0 时，生存率为 1；当 t 趋向于无穷大时候，生存率趋向于 0，例如通常视频播放留存率随时间逐渐降低，当视频播放完成时生存率为 0，不可能有用户等视频播放完后依然在观看视频。

（2）生存函数是一个单调非增函数，它一定随着时间的增长而逐步下降或保持不变。例如临床试验的生存分析，生存函数会随着患者的死亡逐步下降而不可能回升。

只有满足以上两点假设的数据可以使用生存分析，类似客户转化率指标，会随着时间进行上下浮动，就不适合使用生存分析，需要采取其他方法。

生存分析在 SAS 中使用 lifetest 步骤实现，并输出生存曲线和相关参数。lifetest 步骤的核心语句是 time，它用来连接时间变量与审查变量。审查变量表示被观察者在观察时间内是否出现预先定义的事件，例如临床试验的生存分析，若患者在观察时间内未死亡则审查变量值为 0，反之值为 1。

下面我们使用数据集 survival 为例，学习 lifetest 如何使用，数据集包含 10 个患者以及他们的存活时间和审查变量，数据集内容如图 6-53 所示。

	subject	time	cnsr
1	1001	25	1
2	1002	13	1
3	1003	26	0
4	1004	14	1
5	1005	12	0
6	1006	14	1
7	1007	29	1
8	1008	18	0
9	1009	55	1
10	1010	31	0

VIEWTABLE: Work.Survival

图 6-53

使用 proc lifetest 进行生存分析，用 time 语句指定时间与审查变量：

```
proc lifetest data=survival;
    time time*cnsr(1);
run;
```

生成的结果有三部分。第一部分为生存率变化表格，如图 6-54 所示，包含了时间、生存率、失败率、生存率标准差、生存和失败数量，按照每次生存数量变化生成一条记录。若患者在实验结束后仍然未产生 censor，则其退出实验，因此带星号的记录里生存数量下降而失败数量不变。

<table>
<thead>
<tr><th colspan="7">The LIFETEST Procedure</th></tr>
<tr><th colspan="7">Product-Limit Survival Estimates</th></tr>
<tr><th>time</th><th></th><th>Survival</th><th>Failure</th><th>Survival Standard Error</th><th>Number Failed</th><th>Number Left</th></tr>
</thead>
<tbody>
<tr><td>0.0000</td><td></td><td>1.0000</td><td>0</td><td>0</td><td>0</td><td>10</td></tr>
<tr><td>12.0000</td><td></td><td>0.9000</td><td>0.1000</td><td>0.0949</td><td>1</td><td>9</td></tr>
<tr><td>13.0000</td><td>*</td><td>.</td><td>.</td><td>.</td><td>1</td><td>8</td></tr>
<tr><td>14.0000</td><td>*</td><td>.</td><td>.</td><td>.</td><td>1</td><td>7</td></tr>
<tr><td>14.0000</td><td>*</td><td>.</td><td>.</td><td>.</td><td>1</td><td>6</td></tr>
<tr><td>18.0000</td><td></td><td>0.7500</td><td>0.2500</td><td>0.1581</td><td>2</td><td>5</td></tr>
<tr><td>25.0000</td><td>*</td><td>.</td><td>.</td><td>.</td><td>2</td><td>4</td></tr>
<tr><td>26.0000</td><td></td><td>0.5625</td><td>0.4375</td><td>0.2011</td><td>3</td><td>3</td></tr>
<tr><td>29.0000</td><td>*</td><td>.</td><td>.</td><td>.</td><td>3</td><td>2</td></tr>
<tr><td>31.0000</td><td></td><td>0.2813</td><td>0.7188</td><td>0.2228</td><td>4</td><td>1</td></tr>
<tr><td>55.0000</td><td>*</td><td>.</td><td>.</td><td>.</td><td>4</td><td>0</td></tr>
</tbody>
</table>

Note: The marked survival times are censored observations.

图 6-54

第二部分的结果是生存率的统计结果，如图 6-55 所示，包括百分位数表和平均数标准差表，百分位数表可以直观地显示生存率分别为 75%、50%、25%的天数，平均数标准差表反应数据的分布和偏离情况。

<table>
<thead>
<tr><th colspan="6">Summary Statistics for Time Variable time</th></tr>
<tr><th colspan="6">Quartile Estimates</th></tr>
<tr><th rowspan="2">Percent</th><th rowspan="2">Point Estimate</th><th colspan="3">95% Confidence Interval</th><th></th></tr>
<tr><th>Transform</th><th>[Lower</th><th>Upper)</th></tr>
</thead>
<tbody>
<tr><td>75</td><td>.</td><td>LOGLOG</td><td>26.0000</td><td>.</td></tr>
<tr><td>50</td><td>31.0000</td><td>LOGLOG</td><td>12.0000</td><td>.</td></tr>
<tr><td>25</td><td>22.0000</td><td>LOGLOG</td><td>12.0000</td><td>31.0000</td></tr>
</tbody>
</table>

<table>
<thead>
<tr><th>Mean</th><th>Standard Error</th></tr>
</thead>
<tbody>
<tr><td>26.2125</td><td>2.7061</td></tr>
</tbody>
</table>

图 6-55

　　第三部分是根据生存率绘制的生存率折线图，如图 6-56 所示，横坐标为时间，纵坐标为存活率，可以看到这是一条非增折线。

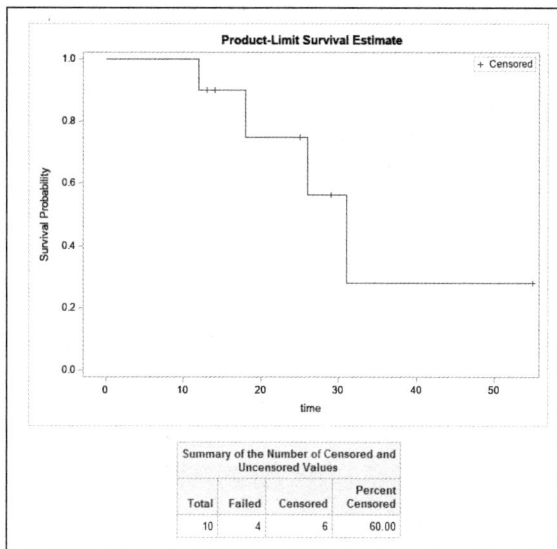

图 6-56

　　很多时候，生存分析需要分组生成分析结果，用来查看组间的生存度差异，这时需要使用 strata 语句，该语句用于指定分组变量。例如 survival 数据集中，包含了 20 个患者的生存时间、审查变量和分组情况，使用 proc lifetest 进行生存分析：

```
proc lifetest data=survival;
    time time*cnsr(1);
    strata group;
run;
```

　　运行后生成的结果如图 6-57 和 6-58 所示。

　　结果图 6-58 中红色折线表示试验组，蓝色折线表示对照组，可以发现在试验前期（<20 天）二者区别并不明显，在中期（20～40 天）试验组的存活率低于对照组，而到试验后期对照组的生存率有突降，这就为我们研究药物作用机理和有效性判断提供了依据。

　　proc lifetest 默认使用的方法是 Kaplan-Meier 估计方法，可以通过"method="选项修改，可以接受的值有 FH（Fleming-Harrington）、LT（Life-Table）、BRESLOW（Breslow）等。proc lifetest 输出到数据集的方式比较特别，"outserv=/outs="语句将生存率相关的表格输出到数据集，outtest=/outt=将模型假设检验的结果输出到数据集中。

　　另外，可以使用"plot="选项输出图表，基本语法为：

```
proc lifetest data=  plot=(图表名(选项));
    ...;
run;
```

　　生存分析的很多知识点比较复杂，这里我们只做一个相对浅表的了解。

Testing Homogeneity of Survival Curves for time over Strata

Rank Statistics		
group	Log-Rank	Wilcoxon
Placebo	-0.76517	-17.000
Treatment	0.76517	17.000

Covariance Matrix for the Log-Rank Statistics		
group	Placebo	Treatment
Placebo	2.79954	-2.79954
Treatment	-2.79954	2.79954

Covariance Matrix for the Wilcoxon Statistics		
group	Placebo	Treatment
Placebo	514.467	-514.467
Treatment	-514.467	514.467

Test of Equality over Strata			
Test	Chi-Square	DF	Pr > Chi-Square
Log-Rank	0.2091	1	0.6474
Wilcoxon	0.5617	1	0.4536
-2Log(LR)	0.0939	1	0.7593

图 6-57

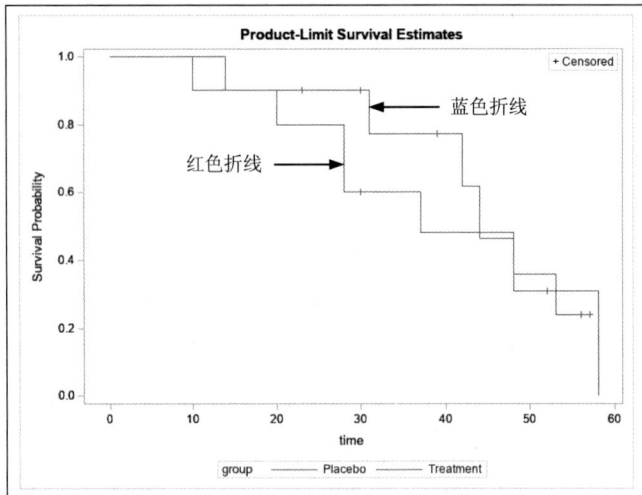

图 6-58

6.6.2 回归分析

回归分析可能是很多读者最熟悉的数据分析模型之一。其实回归的思想非常容易理解：两个相关的变量在分布结果上一定存在某些规律，比如一款产品的销售数量和总销售额，在不考虑价格改变的情况下，它们一定是呈非常严格的线性关系。

但现实中很多变量的关系并非严格的线性，比如一名学生的考试成绩和他学习的时间，一般而言，学习时间越长考试成绩越好，但每次考试难度不同，学习效率也不同，很难存在完全线性关系，这时就需要考察这名学生每次考试的复习时间和成绩，将它们绘制到图表中如图 6-59 所示。

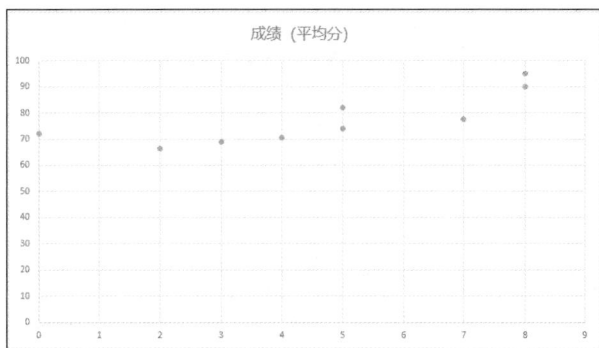

图 6-59

可以看出，成绩与复习时间"似乎"可以用一条直线穿过，这条直线就是我们所说的线性回归模型，对"似乎"程度的研究就是线性回归模型分析的方法。

在 SAS 中，有很多建立回归模型的工具，包括 proc reg 最小二乘回归、proc robustreg 稳健回归、proc logistic 逻辑回归、proc nlin 非线性回归、proc genmod 广义线性模型等，每一个都包含大量的语句和选项，用于设置回归模型的参数。这极大地方便了我们建立不同种类回归模型，却也增加了我们的记忆量。对于回归模型，我们从最简单的 proc reg 开始学习。

在以上例子中，使用 proc reg 对"学习时间—成绩"数据集建立回归模型，并使用 model 语句指定模型的自变量和因变量，语法为"model 因变量=自变量"，在以上例子中，很明显成绩是因变量，学习时间是自变量。

```
proc reg data=score_time;
    model score=time;
run;
```

生成的结果可以简单分为 4 个部分。

（1）统计量表格。包括记录数和使用数，方差分析结果和参数估计结果，在参数估计结果中，intercept 为截距，自变量名称后面所跟随的即为变量前的系数，因此我们可以说生成的结果表示生成的回归直线方程为 y=2.9*time+63.84。注意到两个系数标准差都相对较小，说明数据的离散程度较低；p 值也较小，说明可信度较高，如图 6-60 所示。

因此在指导这名学生成绩时，我们可以说他的基本成绩是 64 分，每多学习一个小时，成绩就能提高大概 3 分。

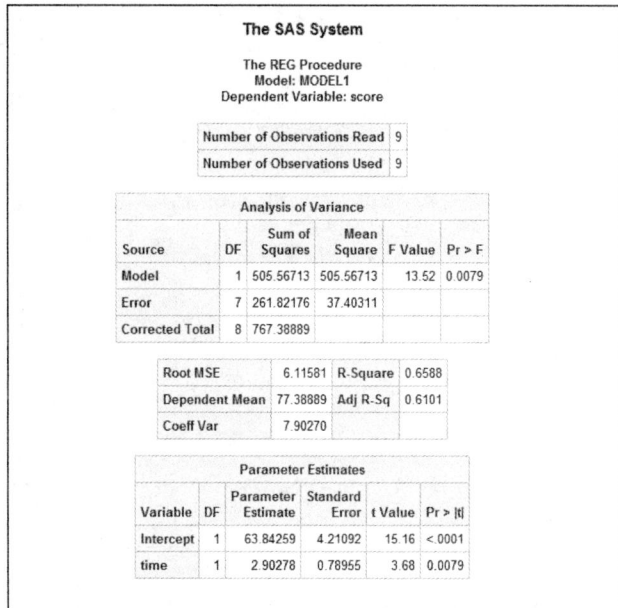

图 6-60

（2）因变量的各种信息。使用图表的方法进行展示。包括残差、数据分布等情况，如图 6-61 所示。这些信息可以让我们更好地了解数据的分布情况，进一步对模型结果做出修改。

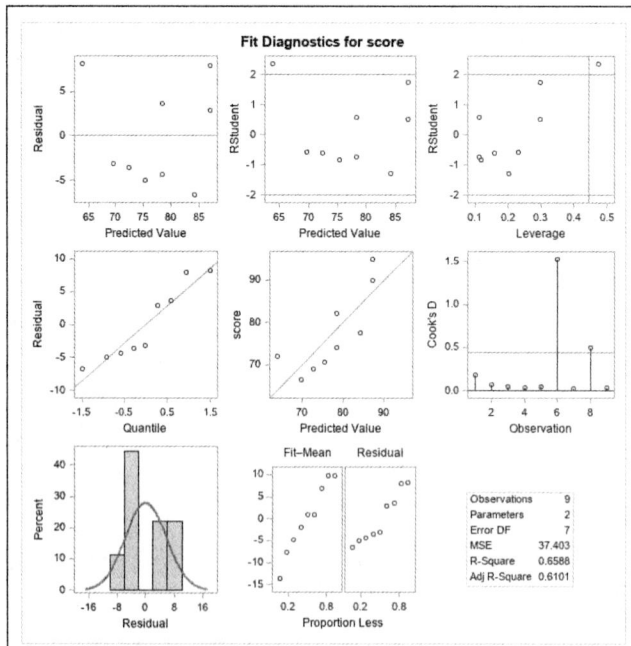

图 6-61

（3）残差图。它表示每个记录的真实值与预测值之间的差距，如图 6-62 所示。如果残差过大，说明线性回归模型对数据的描述性并不是很好，需要考虑参数设置，或者更改数据模型。

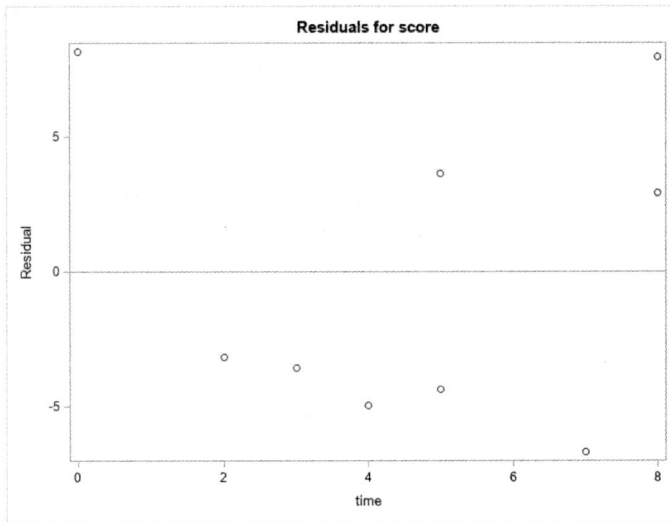

图 6-62

（4）线性回归方程。它使用图表的方式绘制了回归直线方程与数据分布的关系，并且包含了置信区间和预测极限，如图 6-63 所示。从这张图中我们可以发现，绝大部分数据都落在了置信区间之内，所有数据都在 95%预测极限之内，这可以说明模型的准确性较高。

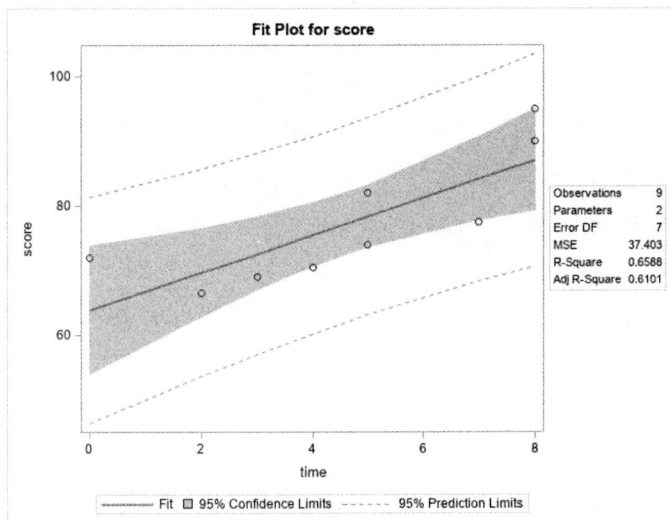

图 6-63

上例是 proc reg 最简单的使用方法，它只包含了一个自变量的情况。在很多时候，一个因变量的影响因素有很多，比如 sashelp.cars 数据集中，市场价 msrp 就是发动机排量、汽缸数等变量的综合结果，我们仍尝试建立线性回归方程，看看这些信息是否可以预测市场价格。

```
proc reg data=sashelp.cars;
    model msrp=enginesize cylinders horsepower length;
run;
```

仍然使用 model 语句，将 msrp 作为因变量，可能影响它的 enginesize、cylinders、horsepower、length 均作为因变量，生成的结果与上例类似，只是因为它生成的是五元方程，无法在平面上绘制，因此只按照变量绘制了残差分布图，如图 6-64 所示。

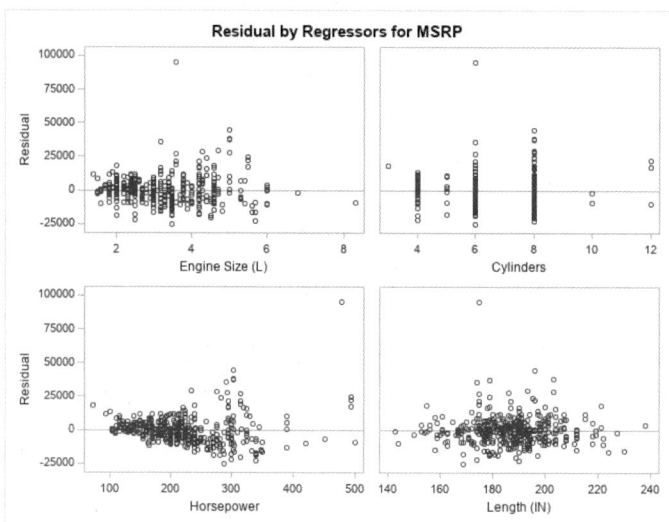

图 6-64

线性回归只能用于连续数据，例如成绩、价格，但现实生活中的数据很多情况下是离散的，例如一个球队是否赢球、客户是否购买一件商品，它们的结果是二元的，可以使用 1 和 0 来表示，但数字并没有具体的数值意义。在这种情况下，线性回归就不那么好用了，我们需要转向逻辑回归。

逻辑回归主要用于二分法问题，用来预测事件发生的可能性。它的优点是实现简单，计算量较小，缺点也很明显，容易欠拟合、性能随特征空间的增长而下降。

在 SAS 中，逻辑回归可以使用 proc logistic 完成，它的基本语法与 proc reg 相同，但因变量可以接受字符型变量（需要使用 class 语句指定）。下面我们来使用 SAS 官方的一个例子来说明它的用法。

考虑有一款治疗神经性疼痛的药物临床试验数据，该试验包含两个试验组和一个对照组，服药后是否疼痛被作为该药物的有效性指标，数据还包括每名患者的性别、年龄和试验开始前的疼痛持续时间（月数），如图 6-65 所示。

VIEWTABLE: Work.Neuralgia

	Treatment	Sex	Age	Duration	Pain
1	P	F	68	1	No
2	B	M	74	16	No
3	P	F	67	30	No
4	P	M	66	26	Yes
5	B	F	67	28	No
6	B	F	77	16	No
7	A	F	71	12	No
8	B	F	72	50	No
9	B	F	76	9	Yes
10	A	M	71	17	Yes
11	A	F	63	27	No
12	A	F	69	18	Yes
13	B	F	66	12	No
14	A	M	62	42	No
15	P	F	64	1	Yes
16	A	F	64	17	No
17	P	M	74	4	No
18	A	F	72	25	No
19	P	M	70	1	Yes

图 6-65

下面使用 proc logistic 建立回归模型，将试验分组和性别作为因变量，年龄和持续时间作为协变量。由于试验分组、性别为字符型变量，需要在 class 语句中声明。

```
proc logistic data=Neuralgia;
   class Treatment Sex;
   model Pain= Treatment Sex Treatment*Sex Age Duration / expb;
run;
```

生成的部分结果如图 6-66 和图 6-67 所示。

The LOGISTIC Procedure

Model Information	
Data Set	WORK.NEURALGIA
Response Variable	Pain
Number of Response Levels	2
Model	binary logit
Optimization Technique	Fisher's scoring

Number of Observations Read	60
Number of Observations Used	60

Response Profile		
Ordered Value	Pain	Total Frequency
1	No	35
2	Yes	25

Probability modeled is Pain='No'.

Class Level Information			
Class	Value	Design Variables	
Treatment	A	1	0
	B	0	1
	P	-1	-1
Sex	F	1	
	M	-1	

Model Convergence Status
Convergence criterion (GCONV=1E-8) satisfied.

图 6-66

Analysis of Maximum Likelihood Estimates								
Parameter			DF	Estimate	Standard Error	Wald Chi-Square	Pr > ChiSq	Exp(Est)
Intercept			1	19.2236	7.1315	7.2661	0.0070	2.232E8
Treatment	A		1	0.8483	0.5502	2.3773	0.1231	2.336
Treatment	B		1	1.4949	0.6622	5.0956	0.0240	4.459
Sex	F		1	0.9173	0.3981	5.3104	0.0212	2.503
Treatment*Sex	A	F	1	-0.2010	0.5568	0.1304	0.7180	0.818
Treatment*Sex	B	F	1	0.0487	0.5563	0.0077	0.9302	1.050
Age			1	-0.2688	0.0996	7.2744	0.0070	0.764
Duration			1	0.00523	0.0333	0.0247	0.8752	1.005

Odds Ratio Estimates			
Effect	Point Estimate	95% Wald Confidence Limits	
Age	0.764	0.629	0.929
Duration	1.005	0.942	1.073

Association of Predicted Probabilities and Observed Responses			
Percent Concordant	90.5	Somers' D	0.810
Percent Discordant	9.5	Gamma	0.810
Percent Tied	0.0	Tau-a	0.401
Pairs	875	c	0.905

图 6-67

6.6.3 相关性分析

相关性分析用来研究两个变量线性关系的程度。与回归模型不同，相关性分析不能获得数据之间关系的内在逻辑，它只是考察变量数值上的相关程度。一般来说，在拿到数据后，如果对其不了解，第一步就是使用相关性分析找出数据可能存在的关联性。

相关性使用相关系数 r 来描述，r 是一个范围在-1 与 1 之间的系数。一般地，若 $|r| > 0.95$ 则变量存在显著性相关，$|r| > 0.8$ 称为高度相关，$|r| > 0.5$ 为中度相关，$|r| > 0.3$ 为低度相关，若 $|r| < 0.3$ 则认为不相关。r 的计算方法有 3 种：皮尔森（Pearson）相关系数、斯皮尔曼（Spearman）相关系数和肯德尔（Kendall）相关系数，其中皮尔森相关系数用于连续值正态分布的数据，另两者用于数据分布非正态的情况。

在 SAS 中可以使用 proc corr 进行相关性分析，corr 就是 correlation 的缩写。该步骤最重要的语句是 var 语句，其后跟随需要计算相关系数的变量，仍以 sashelp.cars 为例。

```
proc corr data=sashelp.cars;
    var msrp enginesize cylinders horsepower;
run;
```

生成的结果如图 6-68 所示，因为 var 语句包含 4 个变量，所以结果是一个 4×4 的表格，每个单元格中 3 个数字分别表示 r 值、P>|r|和有效记录数。从这个表格中可以发现，4 个变量相互都呈相关关系，其中汽缸数 Cylinders 和引擎排量 EngineSize 的相关性高达 0.9，说明二者呈强相关性。

Pearson Correlation Coefficients Prob > |r| under H0: Rho=0 Number of Observations				
	MSRP	**EngineSize**	**Cylinders**	**Horsepower**
MSRP	1.00000 428	0.57175 <.0001 428	0.64974 <.0001 426	0.82695 <.0001 428
EngineSize Engine Size (L)	0.57175 <.0001 428	1.00000 428	0.90800 <.0001 426	0.78743 <.0001 428
Cylinders	0.64974 <.0001 426	0.90800 <.0001 426	1.00000 426	0.81034 <.0001 426
Horsepower	0.82695 <.0001 428	0.78743 <.0001 428	0.81034 <.0001 426	1.00000 428

图 6-68

在默认情况下，proc corr 使用皮尔森方法计算相关系数，我们还可以通过选项指定其他的方法：

```
proc corr data=sashelp.cars spearman kendall;
    var msrp enginesize cylinders horsepower;
run;
```

使用 proc corr 中的选项 spearman 和 kendall，分别生成斯皮尔曼（Spearman）相关系数和肯德尔（Kendall）相关系数，结果如图 6-69 所示。

图 6-69

除了数据的 r 值，proc corr 还可以输出每两个变量之间的分布曲线，这样分析师可以更加直观地了解变量之间的关系。

```
proc corr data=sashelp.cars plots(maxpoints=10000)=matrix(histogram);
    var msrp enginesize cylinders horsepower;
run;
```

使用"plots="选项指定生成的图表，matrix(histogram)表示生成矩阵排布的直方图，用"plots="内部选项 maxpoints 指定最大散点数，生成的结果如图 6-70 所示。

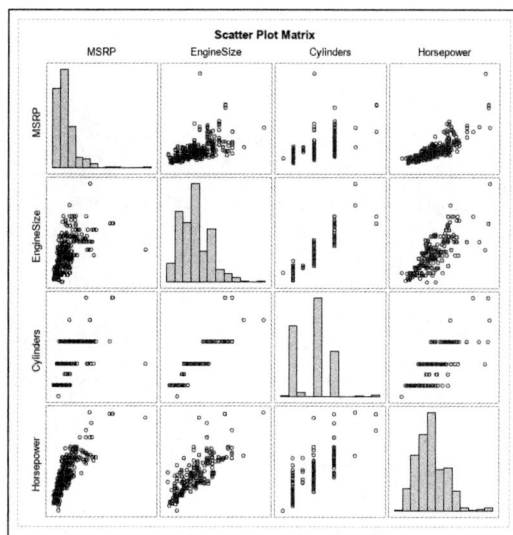

图 6-70

6.6.4　主成分分析

主成分分析利用正交变换来对一系列可能相关的变量的观测值进行线性变换，从而投影为一系列线性不相关变量的值，这些不相关变量称为主成分。简而言之，主成分分析就是找出哪些变量对结果的影响更大。主成分分析经常用于减少数据集的维数，同时保留数据集当中对方差贡献最大的特征。这是通过保留低维主成分，忽略高维主成分做到的。这样低维成分往往能够保留住数据的最重要部分。但这也不是绝对的，要视具体应用而定。

在 SAS 中进行主成分分析的方法为 proc princomp，它可以使用 var 语句从大量变量中获取主成分的信息，例如我们使用它对 sashelp.cars 中所有数值型变量均进行主成分分析，并将结果数据集输出。

```
proc princomp data=sashelp.cars out=princ;
    var _numeric_;
run;
```

首先查看生成的数据集，它包含 sashelp.cars 的所有变量，以及新生成的 10 个主成分变量（Prin1～Prin10），它们的每一个值都与用于分析的 10 个变量呈线性关系，系数如图 6-71 所示。

Eigenvectors		Prin1	Prin2	Prin3	Prin4	Prin5	Prin6	Prin7	Prin8	Prin9	Prin10
MSRP		0.277898	0.481584	0.207518	-.300928	0.059666	-.184215	-.025312	-.126284	-.005252	-.709308
Invoice		0.275911	0.484492	0.209217	-.308098	0.058831	-.183412	-.049533	-.119770	-.002292	0.704656
EngineSize	Engine Size (L)	0.361363	-.050017	0.073752	0.523069	0.009623	0.005903	0.352731	-.668443	0.127933	0.012031
Cylinders		0.353757	0.053942	0.104026	0.590209	-.032472	-.374245	-.449128	0.405801	-.072376	-.005964
Horsepower		0.341410	0.266231	0.061285	0.111889	-.255804	0.782065	0.124154	0.313424	-.074668	0.000670
MPG_City	MPG (City)	-.330253	0.065227	0.541437	0.195702	0.371653	0.136210	0.028830	-.068714	-.626888	0.002008
MPG_Highway	MPG (Highway)	-.327758	0.091530	0.582323	0.137193	-.038039	0.011696	0.109968	0.177867	0.693513	-.001070
Weight	Weight (LBS)	0.344505	-.207730	-.053460	-.091455	0.765815	0.017982	0.320692	0.335077	0.158131	0.004572
Wheelbase	Wheelbase (IN)	0.266649	-.458535	0.321055	-.244187	0.088067	0.295567	-.608949	-.269790	0.130845	-.009884
Length	Length (IN)	0.260922	-.437054	0.393649	-.234389	-.438855	-.272639	0.410817	0.196370	-.238141	0.006131

图 6-71

Prin1 变量的值为：0.278×MSRP+0.276×Invoice+0.361×EngineSize+0.354×Cylinders+⋯

每一个主成分变量对结果的权重也是不同的，从图 6-72 可以看出，Prin1 和 Prin2 就占了超过 80%的影响度。该图还可以帮助我们选择合适数量的主成分变量，既避免数字太多影响分析效率，也避免数字太少导致结果可信度不高。

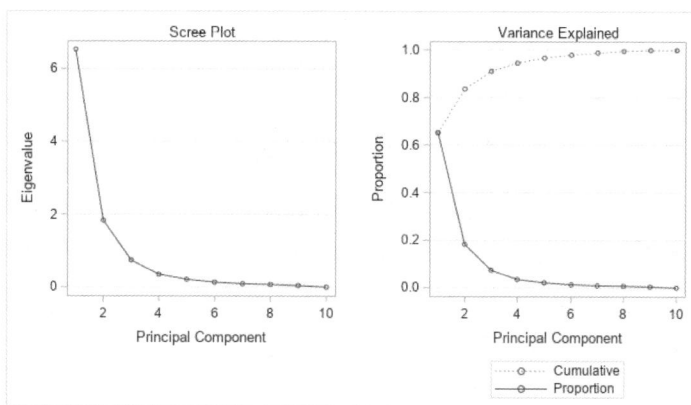

图 6-72

　　主成分变量的特点是尽可能满足相关系数较小，这样在用它们进行其他分析的时候，就可以避免因为某些变量高度相关从而影响分析结果。使用 proc corr 步骤查看前 5 个主成分的相关性。

```
proc corr data=princ;
    var prin1-prin5;
run;
```

　　生成的结果如图 6-73 所示。从结果中可以明显发现，变量之间的相关性均为 0。这就是主成分分析的目的，它可以有效地压缩消除数据冗余和数据噪音。当然，主成分分析也有使用的限制，它比较适用于数据相关性较高的情况，若数据无相关性或相关性很低，则每个生成的主成分所占的影响度都不高，这样就无法达到降维的目的。另外，主成分分析往往会只选取部分变量，所以存在信息的少量丢失，这一点要根据分析的目的和场景进行选择。

Pearson Correlation Coefficients, N = 426 Prob > |r| under H0: Rho=0					
	Prin1	**Prin2**	**Prin3**	**Prin4**	**Prin5**
Prin1	1.00000	0.00000 1.0000	0.00000 1.0000	0.00000 1.0000	0.00000 1.0000
Prin2	0.00000 1.0000	1.00000	0.00000 1.0000	0.00000 1.0000	0.00000 1.0000
Prin3	0.00000 1.0000	0.00000 1.0000	1.00000	0.00000 1.0000	0.00000 1.0000
Prin4	0.00000 1.0000	0.00000 1.0000	0.00000 1.0000	1.00000	0.00000 1.0000
Prin5	0.00000 1.0000	0.00000 1.0000	0.00000 1.0000	0.00000 1.0000	1.00000

图 6-73

　　本节我们"走马观花"地了解了数据分析中常用的方法和统计模型，为了力求覆盖更多的内容，笔者并未在某个方法中过多着力，而是希望在不同方法的运用中让读者总结出不同 proc 之间的共性。同时，因为分析手段的不同，它们的语法中也存在部分差异。

在本章结束之前，笔者需要强调，统计分析不是目的，它只是手段，是完成特定目标的工具。笔者曾经见过很多人抱定一种分析方法不放，无论是什么数据，都会像走流程一般用几个 proc 生成特定的统计分析结果，然后就交给其他部门探讨，其实这就是目的与手段的颠倒。作为一个数据分析师，我们需要时刻记住，数据分析的目的是获得有用的信息，每个数据的特点是不同的，需要根据它们选择最合适的统计方法。

刻舟求剑的故事告诉我们做事不能死守教条、拘泥成法，但很多人在数据分析的工作中就会把不同的数据都当成那艘船。实际上，数据是水不是船，它每时每刻都在变化，而 SAS 和统计方法才是船，只有根据水的变化操纵船，才能顺利地找到剑，也就是我们的分析目标。笔者此言，正是为了告诉各位读者，要用认知驾驭我们的能力，而不要因能力蒙蔽认知。

第 7 章　生成统计报表

在之前的章节中，笔者有意无意地都在强调，数据分析是手段而不是目的，获得有效信息才是目的。之前我们所学的知识，无论是基础的 data 步与 proc、宏编程，还是统计分析方法，其实都是在学习手段，从本章开始，我们终于要看看"目的"是如何实现的。

一般而言，数据分析的结果会以可视化的方式呈现给信息需求者，呈现的方式多种多样，可以是图表、幻灯片甚至视频，总之要以信息需求者能理解为最终目的，辅之以美观、清晰等特征。当分析结果被需求者所接受和理解，我们才可以说数据分析的工作完成了。

本章内容就是将数据分析结果输出为报表的方法和应用。在 SAS 中，结果输出的办法多种多样，从 proc print 到 proc report、proc sgplot 等，它们每个都有不同的语法和独特性，在使用时我们要首先清楚自己需要什么样的数据可视化样式，然后再根据样式决定使用的 proc 和其内部的语句。当然，如果需要把数据输出到其他文件，我们还需要 ODS 功能的支持。

本章首先会介绍数据可视化的概念，然后按照表格和图这两条线索，分别介绍相关 proc 的使用方法，并辅以实战案例加以强化。

7.1　数据可视化——数据分析的最终目的

数据可视化可以分为狭义和广义两种概念，狭义的可视化指将数据转化为图形，描述数据的分布、数值和比例，广义的可视化则是数据从收集到展示的过程中，生成可以让人理解的、具有可读性的展示方式。本章所提到的数据可视化是广义定义，即让人"能看见数据"。

一般而言，数据可视化是数据分析的最后一步，当这一步完成并生成可视化报表后，数据分析师的工作基本可以宣告结束，剩下的工作根据不同的行业则会转交给统计师、产品部门、高层决策者来做。

虽然是最后一步，但数据可视化包含了很多内容，从最简单的可视化方式选择，到输出文件的格式，都需要对数据和需求有一定的了解才能完成。本节将从数据可视化的概念、数据展示的方式、ODS 系统三个方面，说一说如何漂亮地完成数据分析师工作的"最后一步"。

7.1.1　数据可视化概念

在我们阅读一些期刊或网络文章时，经常能看到很多制作精美的图表，使用各种颜色、版式将数据显示出来，进而得出信息用以支持论点，如图 7-1 所示。读者在阅读时，不妨首先遮住这些图表，看看只靠文字描述是否能有相同的说服力。相信在一般情况下，缺少了清晰的数据分析图表，一篇文章的结论的可读性和可信性会受到很大的影响，这就是数据可视化的力量。

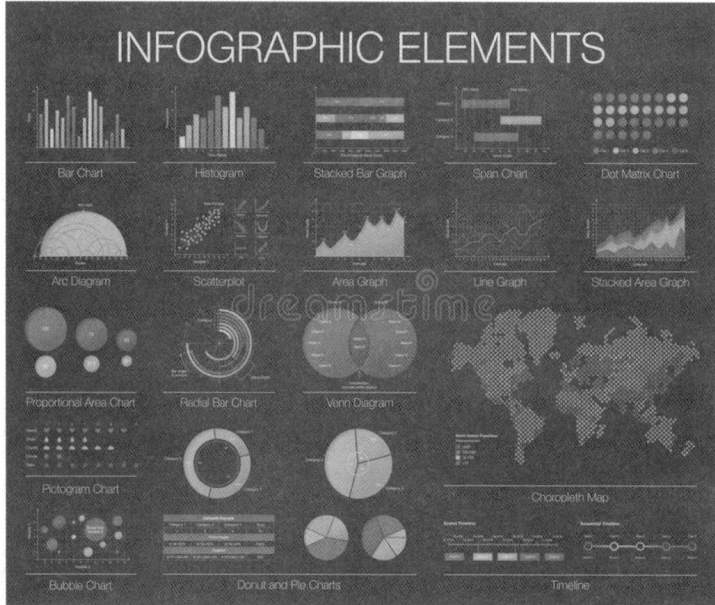

图 7-1

为了清晰有效地传递信息，数据可视化使用统计图形、图表、信息图表和其他工具，用点、线或条对数字数据进行编码，以便在视觉上传达定量信息。有效的可视化可以帮助用户分析和推理数据和证据。它使复杂的数据更容易理解和使用。用户可能有特定的分析任务（如进行比较或理解因果关系），以及该任务要遵循的图形设计原则。表格通常用于用户查找特定的度量，而各种类型的图表用于显示一个或多个变量的数据中的模式或关系。

数据可视化既是一门艺术也是一门科学。有些人认为它是描述统计学的一个分支，但有些人认为它是一门独立的学问。随着互联网活动日趋频繁和传感器数量越来越多，产生的数据量也会成倍增加。处理、分析和交流这些数据对数据可视化来说是一项挑战，也是考验数据分析师能力的地方。

在数据可视化的过程中，有三点是我们需要着重考虑的：可读性、明确性和平衡性，三者关系依次递进，形成了数据可视化的三种层次。

（1）最低层次是可读性，这是数据可视化的基本要求，简而言之就是可视化后的数据可以被阅读者理解。想要满足可读性，需要站在读者的角度上，考虑读者除了数字以外还需要什么样的信息，尽可能清楚地展示数据的意义。很多分析师做出统计分析图表，包含了必须的数字就以为万事大吉了，但缺少对数字的解释，殊不知单独的数字并不能表达任何意义。比如图表中只有药物有效性在实验组和对照组的方差分析结果和 p 值，但没有解释 p 值计算的方法和所用数据，单独的数字是没有意义的。这个要求看起来并不高，却是很多分析师经常忽略的地方。

（2）进一步的要求是明确性，即可视化结果可以反应数据的真实情况。比如为了对比某班级不同组间学生的学习成绩，我们可以获取该班级的考试成绩，按照不同组来显示，如图 7-2 所示。

Statistics	Group 1	Group 2	Group 3	Group 4	Group 5
Number of Observation	10	10	10	10	10
Mean	73.5	66.7	78.3	72	73.6
Median	72.5	69.5	83.5	70	80.5
Std Dev	14.11	11.11	11.34	14.54	18.28
Lower 95% CL for Mean	63.4	58.76	70.19	61.6	60.53
Upper 95% CL for Mean	83.6	74.64	86.41	82.4	86.67

图 7-2

图中的统计量包括数量、平均值、中位数、标准差、95%置信区间，为了保证可读性，需要在表格后加上一些脚注来说明部分统计量的定义和获得方式。比如关于置信区间，我们是否可以说有 95%的学生成绩落在上下置信区间之内呢？这是对于置信区间一个经常出现的误解，在这里置信区间只能表示一名学生的成绩有 95%的可能性落在上下置信区间之内，它是概率而非比例，如果解释为比例，就是错误的解读，让统计分析报表不具有精确性，这是数据分析师在呈现数据时一定要避免的。

（3）最高等级的要求是平衡性，它表示信息显示的数量与输出结果美观度之间的平衡。在上一个例子中，其实除了上述统计量，我们还有很多统计量可以选择输出，比如总分、方差、最大值、最小值、众数、百分位数、峰度，但分析报表的空间是有限的，我们不可能将所有统计量都输出到报表之中，然后告诉信息需求者：所有信息都在这里了，你自己去挑有用的信息吧。

数据分析师制作统计报表的目的是为了让信息需求者理解，在此例中信息需求者就可能是该班级教师，希望掌握该班级不同学习小组之间的学习效果和差异性，那么此时所需的信息就无非是平均值和中位数用于描述数据总体情况，标准差描述数据离散程度，加上置信区间用于预测就已经足够，更多的信息只能增加教师的阅读量，而不会有实际帮助，这就是寻找平衡性的例子。

可读性、精确性和平衡性是数据分析师在生成结果报表时要时刻考虑的三要素。

7.1.2　可视化方式的选择

一般而言，数据可视化有三种方式：表格、图形和清单。这三种方式各有特点，也适用于不同的数据和可视化目的。

表格指将数据归总后按照不同维度输出的展示样式。表格输出的内容一定是归总抽象后的数据，比如数据的平均值、标准差，另外表格还可以比较好地反应组间对比，比如上一例中的某班级不同组间的学习成绩对比表，就是将不同组的统计量分组排列。

图形可视化指将数据的值使用图形进行定量化直观地输出，图形可视化的基本原则是越大的数字所占图形的比例就越高。图形可视化的方法很多，柱状图可以反应数量、折线图擅长描述趋势、饼状图适合展示比例，还有更加复杂的瀑布图、蜘蛛图等用于描述更加复杂的信息。

清单可视化很容易被人忽略，它表示将数据集中的记录一条一条列出来，虽然没有对数据进行任何处理，但通过选择重要变量和部分变量的合并，清单可以最直观地反应数据。与表格不同，清单往往是没有经过归总的数据，它仅仅将数据列出而不做过多的数据分析工作。

三种展示方法各有利弊，需要根据可视化目的和信息需求者的要求进行选择。现在很多家庭在超市采购都会保留发票，用来记录家庭消费，假设我们某次超市采购有如图 7-3 所示的小票。

图 7-3

我们可以使用表格、图形和清单三种方法尝试对它的结果进行可视化。最简单的是清单，将数据直接输出即可，如表 7-1 所示。

表 7-1

商　品	数　量	总消费
苹果	3	15
香蕉	5	20
洗衣液	1	15
拖把	1	24
消毒纸巾	5	50
五花肉	2.2	55
鲈鱼	1	12
鸡翅	3	54

为了让各项花销更明确，我们可以把结果分为水果、清洁用品和肉类三类，按照不同类别所花的价钱输出为图表，如表 7-2 所示。

表 7-2

商　品	数　量	总消费
水果		35
苹果	3	15
香蕉	5	20
清洁用品		89
洗衣液	1	15
拖把	1	24
消毒纸巾	5	50
肉类		121
五花肉	2.2	55
鲈鱼	1	12
鸡翅	3	54
总消费额		245

相比起清单，图表增加了新的消费额的分类加总和总消费额，提供了额外的信息，让数据更为明确，但也额外增加了处理数据的工作量，这就是图表和清单的区别。

为了直观地反应不同类别所占的比例，我们可以使用图形的可视化方法，饼状图最合适展示比例，如图 7-4 所示。

以上就是针对同一个数据进行不同种类可视化的方法，可视化的选择需要依赖于数据和分析目的，如果忽略其中任何一个，就可能无法满足信息需求者的要求，这样的可视化结果就是不合格的结果。

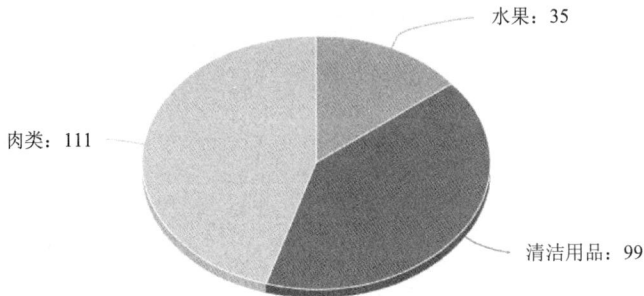

水果：35

肉类：111

清洁用品：99

图 7-4

7.1.3　从 SAS 到各种输出格式——ODS 是一座桥

从已经学过的知识中，我们已经知道 SAS 是一款强大的统计分析工具，它包含的功能足以胜任绝大多数统计工作，data 步中的函数和 proc 的选项和语句能让统计分析结果按照分析师的要求随意修改，但 SAS 毕竟是一款统计分析软件，体量庞大、费用昂贵，除非必须，很少有公司将所有数据分析相关的流程都在 SAS 中完成，也几乎没有行业的最终结果需要以 SAS 呈现。

数据分析不是孤立的过程，它需要与其他部门进行沟通。当结果统计分析完成后，我们需要将统计结果输出为其他格式，这就需要一个桥梁，而这个桥梁就是 ODS。

ODS 的全称是 Output Deliver System，直接翻译就是结果输出系统，它是 SAS 内建的用于将 proc 生成的结果输出为其他格式的工具。SAS 与其他文件格式，就如同一条河的两端，数据就如同行人，在河两端人们可以自由行走，但如果没有 ODS 这座桥，两边的人永远也无法走到一起。ODS 就是这个桥梁，注意桥本身是不会运动的，真正被运输过去的是人和货物，这正是 ODS 的特点，它只负责连接，不负责生成统计报表。

ODS 可以生成的文件格式多种多样，常见的包括富文本（RTF）、便携式文档（PDF）、超文本标记（HTML）、打印机控制语言（PCL）等，当然，它也可以输出被 SAS 接受的 listing 和数据集（Output）。默认情况下，ODS 的输出位置为 listing，桌面版 SAS 中包含一个 Output 窗口栏，当执行某些 proc 并且未设置 noprint 选项时，生成的结果都会在 Output 栏显示，如图 7-5 所示。

ODS 的基本语法为：

```
ods 输出格式 输出文件
proc …
ods 输出格式 close;
```

例如，我们希望把 proc print 的结果输出为富文本格式，就可以使用如下代码：

```
ods rtf file="U:\Output\print.rtf";
proc print data=sashelp.cars;
```

```
run;
ods rtf close;
```

图 7-5

使用 ODS 时要注意两点：第一，ODS 指定文件名时，需要指定完整的路径、名称和扩展名；第二，ODS 语句应该只包含所需要输出结果的 proc，在确定输出结束后应当使用 ods close 语句终止，避免将后续结果全部输出。

生成的结果如图 7-6 所示。从结果中可以看出，ODS 并非简单地将结果输出，而是进行了一定程度的美化，比如表头加粗加灰，第一列也加粗加黑，并且在右上角显示生成的时间和页数。这些都是 ODS 自动的效果吗？

图 7-6

其实，SAS 中有很多预定义的样式，如果 ODS 没有指定样式，那么它会根据输出格式自动选择样式，rtf 的默认样式就是 RTF，样式也可以通过"style="来指定，笔者总结了 SAS 预定义的样式，如表 7-3 所示。

表 7-3

输出格式	样式名称		
EPUB	daisy、moonflower		
RTF	rtf		
HTML	Analysis	HTMLBlue	Netdraw
	BarrettsBlue	HTMLEncore	NoFontDefault
	BlockPrint	Journal	Normal
	Default	Journal1	Ocean
	Dove	Journal1a	Plateau
	Dtree	Journal2	Raven
	EGDefault	Journal2a	SasWeb
	Festival	Journal3	Seaside
	Gantt	Journal3a	StatDoc
	Harvest	Meadow	Statistical
	HighContrast	Minimal	HTMLBlue
Listing	listing		

我们尝试使用 HTMLBlue 样式输出结果。

```
ods rtf file="U:\Output\print.rtf" style=htmlblue;
proc print data=sashelp.cars;
run;
ods rtf close;
```

生成的结果如图 7-7 所示。如果读者使用的是桌面版 SAS，会发现该结果样式与结果栏中的样式相同，这是因为 SAS 的结果栏其实使用的是 HTML 超文本格式，而显示的样式正是 HTMLBlue。

						04:22 Tuesday, April 21, 2020		

The SAS System

1

Obs	Make	Model	Type	Origin	DriveTrain	MSRP	Invoice	EngineSize
1	Acura	MDX	SUV	Asia	All	$36,945	$33,337	3.5
2	Acura	RSX Type S 2dr	Sedan	Asia	Front	$23,820	$21,761	2.0
3	Acura	TSX 4dr	Sedan	Asia	Front	$26,990	$24,647	2.4
4	Acura	TL 4dr	Sedan	Asia	Front	$33,195	$30,299	3.2
5	Acura	3.5 RL 4dr	Sedan	Asia	Front	$43,755	$39,014	3.5
6	Acura	3.5 RL w/Navigation 4dr	Sedan	Asia	Front	$46,100	$41,100	3.5
7	Acura	NSX coupe 2dr manual S	Sports	Asia	Rear	$89,765	$79,978	3.2
8	Audi	A4 1.8T 4dr	Sedan	Europe	Front	$25,940	$23,508	1.8
9	Audi	A41.8T convertible 2dr	Sedan	Europe	Front	$35,940	$32,506	1.8

图 7-7

如果希望输出 PDF 文档，只需要将 ODS 的输出格式和目标文件改为 pdf，代码如下：

```
ods pdf file="U:\Output\print.pdf" style=htmlblue;
proc print data=sashelp.cars;
```

```
run;
ods pdf close;
```

生成的结果如图 7-8 所示。PDF 文档还会自动将每个 proc 步骤归类形成书签，放在左侧，方便使用者查找。

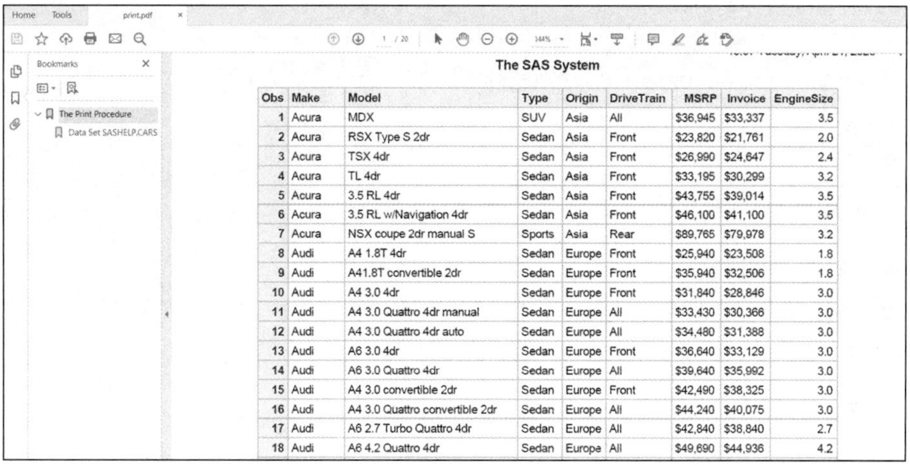

图 7-8

刚才我们提到过，除了输出为其他格式，ODS 还可以输出为 listing 和数据集，它们又是怎么做到的呢？

首先，listing 是 ODS 默认开启的状态，也就是说，即使不做任何设置，每个 proc 的结果都会自动输出到 listing 中，如果不希望如此，那么可以 proc 之前插入 ods listing close 关闭输出，ods close 语句和 option 一样，都是类似开关的操作方式，只要一次关闭，在重新运行程序之前都不会改变状态，除非再次开启。

在很多统计分析中，我们需要将某些 proc 的结果作为中间步骤，这时就需要一种方法将这些结果转化成数据集。ods output 语句在此时会大显身手。它的语法为：

```
ods output proc 结果名=输出数据集名;
```

"输出数据集名"是我们自定义的数据集名称，而"结果名"是 proc 自带的输出结果名称，由系统定义，ods trace on 语句可以使这些结果名显示出来。

```
ods trace on;
proc means data=sashelp.cars;
    var mpg_city;
    class type;
run;
```

查看日志，发现与之前相比多了一些文字。

```
Output Added:
-------------
Name:       Summary
Label:      Summary statistics
```

```
Template:   base.summary
Path:      Means.Summary
-------------
```

它们就是 ods trace on 所显示的输出名称，只要 proc 生成了一个结果，在日志栏就会对应有一套文字内容，其中的 Name 就是我们要用到的 proc 结果名，按照 ods output 的语法将该结果输出，同时我们也使用 output 语句对结果输出：

```
ods output summary=s;
proc means data=sashelp.cars;
   var mpg_city;
   class type;
   output out=p;
run;
ods output close;
```

观察生成的两个数据集 p 与 s，发现通过 output 语句生成的 p 数据集格式与结果栏显示并不相同，是将一个二维表格化为一维的样式，而通过 ods output 输出的数据集 s 与结果栏完全一样，如图 7-9 所示。

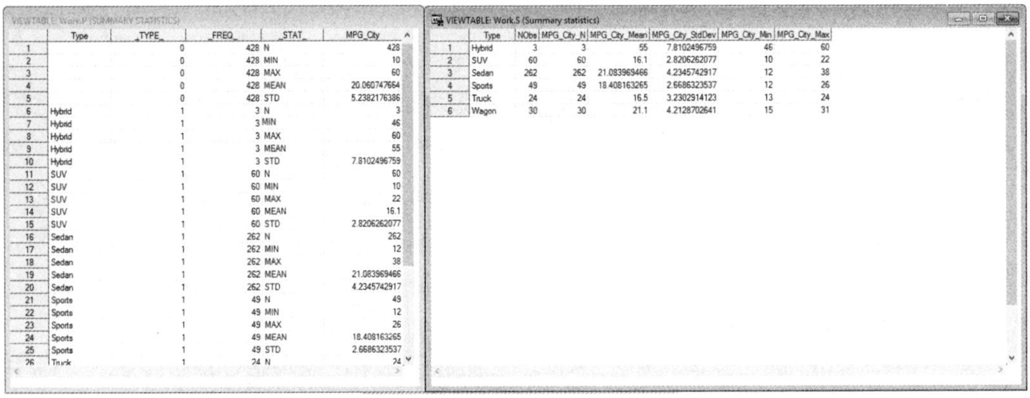

	Type	_TYPE_	_FREQ_	_STAT_	MPG_City
1		0	428	N	428
2		0	428	MIN	10
3		0	428	MAX	60
4		0	428	MEAN	20.060747664
5		0	428	STD	5.2382176386
6	Hybrid	1	3	N	3
7	Hybrid	1	3	MIN	46
8	Hybrid	1	3	MAX	60
9	Hybrid	1	3	MEAN	55
10	Hybrid	1	3	STD	7.8102496759
11	SUV	1	60	N	60
12	SUV	1	60	MIN	10
13	SUV	1	60	MAX	22
14	SUV	1	60	MEAN	16.1
15	SUV	1	60	STD	2.8206262077
16	Sedan	1	262	N	262
17	Sedan	1	262	MIN	12
18	Sedan	1	262	MAX	38
19	Sedan	1	262	MEAN	21.083969466
20	Sedan	1	262	STD	4.2345742917
21	Sports	1	49	N	49
22	Sports	1	49	MIN	12
23	Sports	1	49	MAX	26
24	Sports	1	49	MEAN	18.408163265
25	Sports	1	49	STD	2.6686323537
26	Truck	1	24	N	24

	Type	NObs	MPG_City_N	MPG_City_Mean	MPG_City_StdDev	MPG_City_Min	MPG_City_Max
1	Hybrid	3	3	55	7.8102496759	46	60
2	SUV	60	60	16.1	2.8206262077	10	22
3	Sedan	262	262	21.083969466	4.2345742917	12	38
4	Sports	49	49	18.408163265	2.6686323537	12	26
5	Truck	24	24	16.5	3.2302914123	13	24
6	Wagon	30	30	21.1	4.2128702641	15	31

图 7-9

这说明 ods output 可以尽可能地保证输出数据集与显示结果的对应，而 output 语句输出的数据集根据 proc 不同，会转化为系统认为分析师更需要的结构。另外，在某些情况下，output 语句并不能输出特定的结果，只有 ODS 才可以。

例如使用 proc reg 对 sashelp.baseball 进行回归分析，选定薪水 salary 为因变量，其他某些指标为自变量，在该 proc 执行之前打开 ods trace on，发现生成了 6 个统计分析结果。

```
proc reg data=sashelp.baseball;
   model salary=cratbat crhits crhome crruns crrbi;
run;
Output Added:
-------------
Name:       NObs
Label:      Number of Observations
```

```
Template:   Stat.Reg.NObs
Path:       Reg.MODEL1.Fit.Salary.NObs
-------------

Output Added:
-------------

Name:       ANOVA
Label:      Analysis of Variance
Template:   Stat.REG.ANOVA
Path:       Reg.MODEL1.Fit.Salary.ANOVA
-------------

Output Added:
-------------

Name:       FitStatistics
Label:      Fit Statistics
Template:   Stat.REG.FitStatistics
Path:       Reg.MODEL1.Fit.Salary.FitStatistics
-------------

Output Added:
-------------

Name:       ParameterEstimates
Label:      Parameter Estimates
Template:   Stat.REG.ParameterEstimates
Path:       Reg.MODEL1.Fit.Salary.ParameterEstimates
-------------

Output Added:
-------------

Name:       DiagnosticsPanel
Label:      Fit Diagnostics
Template:   Stat.REG.Graphics.DiagnosticsPanel
Path:       Reg.MODEL1.ObswiseStats.Salary.DiagnosticPlots.DiagnosticsPanel
-------------

Output Added:
-------------

Name:       ResidualPlot
Label:      Panel 1
Template:   Stat.REG.Graphics.ResidualPanel
Path:       Reg.MODEL1.ObswiseStats.Salary.ResidualPlots.ResidualPlot
-------------
```

　　使用 ods output 可以一次性生成多个数据集，如下：

```
ods output parameterestimates=param residualplot=res;
proc reg data=sashelp.baseball;
    model salary=cratbat crhits crhome crruns crrbi;
run;quit;
ods output close;
```

数据集 Param 是线性方程的参数，Res 是生成残差图的数据集，使用它可以直接生成结果栏中的残差图，如图 7-10 所示。

VIEWTABLE: Work.Param (Parameter Estimates)

	Model	Dependent	Variable	DF	Estimate	StdErr	tValue	Probt	Label
1	MODEL1	Salary	Intercept	1	314.02337	33.72389	9.31	<.0001	Intercept
2	MODEL1	Salary	CrAtBat	1	-0.52727	0.09579	-5.50	<.0001	Career Times at Bat
3	MODEL1	Salary	CrHits	1	1.31938	0.48056	2.75	0.0065	Career Hits
4	MODEL1	Salary	CrHome	1	0.13974	1.41321	0.10	0.9213	Career Home Runs
5	MODEL1	Salary	CrRuns	1	1.06841	0.48316	2.21	0.0279	Career Runs
6	MODEL1	Salary	CrRbi	1	0.81212	0.62302	1.30	0.1936	Career RBIs

VIEWTABLE: Work.Res (Panel of scatterplots of residuals by regressors for Salary.)

	Model	Dependent	Residual	_INDEPVAR1	Observation	_INDEPVAR2	_INDEPVAR3	_INDEPVAR4	_INDEPVAR5
1	MODEL1	Salary	189.02455675	3449	2	835	69	321	414
2	MODEL1	Salary	-44.84692173	1624	3	457	63	224	266
3	MODEL1	Salary	-521.2202717	5628	4	1575	225	828	838
4	MODEL1	Salary	-237.3004685	396	5	101	12	48	46
5	MODEL1	Salary	454.51728599	4408	6	1133	19	501	336
6	MODEL1	Salary	-226.1030886	214	7	42	1	30	9
7	MODEL1	Salary	-161.9900434	509	8	108	0	41	37
8	MODEL1	Salary	-235.3311017	341	9	86	6	32	34
9	MODEL1	Salary	177.74906709	5206	10	1332	253	784	890
10	MODEL1	Salary	-242.203127	4631	11	1300	90	702	504
11	MODEL1	Salary	213.1967433	1876	12	467	15	192	186
12	MODEL1	Salary	125.5839127	1512	13	392	41	205	204
13	MODEL1	Salary	322.17421234	1941	14	510	4	309	103
14	MODEL1	Salary	-101.1751578	3231	15	825	36	376	290
15	MODEL1	Salary	-231.6286979	8068	17	2273	177	1045	993
16	MODEL1	Salary	-109.8628067	479	18	102	5	65	23
17	MODEL1	Salary	-174.718504	727	20	180	24	67	82
18	MODEL1	Salary	-235.7876213	413	21	92	16	72	48
19	MODEL1	Salary	-212.3223746	426	22	109	3	55	43

图 7-10

最后需要说明，ODS 只能将输出到结果栏的内容转化为其他格式，data 步的操作由于不生成结果，因此无法直接转化为其他格式，需要使用诸如 proc print、proc report 等才能转化。

本节从数据可视化的概念入手，试图将广义上可视化的概念做一个在 SAS 中的延伸和应用。另外，我们介绍了可视化非常重要的手段 ODS，它是一座桥梁，连接了 SAS 的结果栏和其他文件格式。在下一节我们将介绍生成漂亮、结构化表格的方法，这就需要一个新的 proc 的帮助。

7.2 使用 proc report 生成数据报表

本节我们聚焦于统计报表这种数据可视化形式，表格作为最常用的可视化方式，在 SAS 中有大量的实现方式，如 proc report、proc tabulate、proc print，本节我们将聚焦于 proc report。

首先说一说我们工作时使用 proc report 经常出现的情景：你制作了一张表，发现结果和需求怎么也对不上，于是询问同事 proc report 哪个参数可以让输出结果调整为需要的样式，同事看了半天也不知道，于是你打开帮助文档和相关文章，跳过讲解部分直奔案例，终于在某个案例中发现了一样的结构，再对比 proc report 中的语句，终于发现了自己所需要的选项，加上去后运行成功。

其实这个案例就很好地反映了 proc report 的一个特点：语法复杂且琐碎，很难有人能够完全记住所有语句的细节，即使是工作很久，也需要通过帮助文档，更何况尚在学习中的人。

为了让读者掌握 proc report 尽可能多的概念，笔者在此节踟蹰良久，决定采用笔者学习时的思路，通过大量案例让读者对比不同语句和选项产生的不同结果，进而在实践中记忆 proc report 的功能。即使如此，也不可能将它的功能完全说得清楚，很多选项和语句在特定情况下才会发挥作用，因此笔者在本章结尾也推荐了相关资料，学有余力的读者可以尝试更进一步。

7.2.1　proc report 的基础知识

proc report 的功能可以很复杂，也可以很简单。简单在于它的功能只有一个，就是将数据集的结果输出到结果栏，它的参数也都是围绕着调整输出结果的样式而设计。说它复杂，是因为这些语句包含大量细节，每一个细节都可以修改输出结果的样式或数字。

学习不能一蹴而就，先从最基础的语句说起，proc report 中的必需语句是 column 或 columns，两个语句功能用法相同，用于指定需要在结果中输出的变量。以 sashelp.cars 数据集为例，我们输出部分重要的变量，包括 make、model、type、msrp、enginesize、horsepower，语句如下：

```
proc report data=sashelp.cars;
    column make model msrp enginesize horsepower;
run;
```

生成的部分结果如图 7-11 所示。

Make	Model	MSRP	Engine Size (L)	Horsepower
Acura	MDX	$36,945	3.5	265
Acura	RSX Type S 2dr	$23,820	2	200
Acura	TSX 4dr	$26,990	2.4	200
Acura	TL 4dr	$33,195	3.2	270
Acura	3.5 RL 4dr	$43,755	3.5	225
Acura	3.5 RL w/Navigation 4dr	$46,100	3.5	225
Acura	NSX coupe 2dr manual S	$89,765	3.2	290
Audi	A4 1.8T 4dr	$25,940	1.8	170
Audi	A41.8T convertible 2dr	$35,940	1.8	170

图 7-11

与一般 proc 有所不同，由于 proc report 专为输出到结果栏设计，很多设计数据结构的语句在 proc report 中都不适用，如 var、id、class，但 proc report 中也有一些通用语句可以使用，如 by 和 where。以 where 为例，如果我们希望只输出市场价低于 11 000 美元的记录，可以使用如下代码：

```
proc report data=sashelp.cars;
    column make model msrp enginesize horsepower;
    where msrp<11000;
run;
```

结果如图 7-12 所示，只有 BMW 品牌的车辆数据被输出。

Make	Model	MSRP	Engine Size (L)	Horsepower
Hyundai	Accent 2dr hatch	$10,539	1.6	103
Kia	Rio 4dr manual	$10,280	1.6	104
Saturn	Ion1 4dr	$10,995	2.2	140
Toyota	Echo 2dr manual	$10,760	1.5	108

图 7-12

看到这里，读者肯定会有一个疑问：看起来 proc report 的功能跟 proc print 基本一样，都是选择数据集和变量然后输出，我为什么要费心思学习一套新的语法呢？产生这种疑问非常正常，毕竟 SAS 中存在着大量功能相同或相似的 proc，比如之前对比过的 proc means、proc summary 和 proc univariate，还有现在提到的 proc report 和 proc print。

在简单的数据集输出任务中，proc print 的语法甚至更为简单，但 proc report 的特点在于可以有大量自定义的显示样式、分隔符等，这些功能帮助我们更加随意地定义表格样式。

例如，我们希望让 make 的值只在第一条记录中出现，其余记录留空，就需要使用 proc report 中的 define 语句。define 语句可以对每一列的参数进行赋值与调整，它的基本语法为：

```
define 变量名/相关参数;
```

为了达到分组显示的目的，使用以下语句：

```
proc report data=sashelp.cars;
    column make model msrp enginesize horsepower;
    define make /group;
run;
```

define make 语句表示对变量 make 进行参数设置，"/"后的 group 表示该变量为分组变量。生成的结果如图 7-13 所示。

Make	Model	MSRP	Engine Size (L)	Horsepower
Acura	MDX	$36,945	3.5	265
	RSX Type S 2dr	$23,820	2	200
	TSX 4dr	$26,990	2.4	200
	TL 4dr	$33,195	3.2	270
	3.5 RL 4dr	$43,755	3.5	225
	3.5 RL w/Navigation 4dr	$46,100	3.5	225
	NSX coupe 2dr manual S	$89,765	3.2	290
Audi	A4 1.8T 4dr	$25,940	1.8	170
	A41.8T convertible 2dr	$35,940	1.8	170
	A4 3.0 4dr	$31,840	3	220
	A4 3.0 Quattro 4dr manual	$33,430	3	220
	A4 3.0 Quattro 4dr auto	$34,480	3	220
	A6 3.0 4dr	$36,640	3	220
	A6 3.0 Quattro 4dr	$39,640	3	220
	A4 3.0 convertible 2dr	$42,490	3	220

图 7-13

proc report 一般与 ODS 连用，因为将数据集输出到 SAS 结果栏其实意义并不大，数据和统计结果的交互更多情况下是跨部门、跨软件完成的，我们尝试将以上案例中的结果输出到 RTF 富文本格式文件中，文档的模板仍然使用默认的 RTF 模板，希望读者还记得上一节关于 ODS 的相关知识。

```
ods rtf file="U:\Output\cars.rtf";
proc report data=sashelp.cars;
    column make model msrp enginesize horsepower;
    define make /group;
run;
ods rtf close;
```

如果使用桌面版 SAS，程序在执行完后会生成并打开一个富文本文件；如果是虚拟机或 SAS OnDemand 版本，在 file=指定的路径会生成一个 RTF 文件，桌面版和虚拟机版可以直接去文件对应的主机路径中寻找，SAS Studio 版需要右击"文件"选择"下载"命令。该文件的部分内容如图 7-14 所示。

Make	Model	MSRP	Engine Size (L)	Horsepower
Acura	MDX	$36,945	3.5	265
	RSX Type S 2dr	$23,820	2	200
	TSX 4dr	$26,990	2.4	200
	TL 4dr	$33,195	3.2	270
	3.5 RL 4dr	$43,755	3.5	225
	3.5 RL w/Navigation 4dr	$46,100	3.5	225
	NSX coupe 2dr manual S	$89,765	3.2	290

图 7-14

这样的操作就完成了数据与信息从 SAS 转移为其他格式的步骤，富文本文档是一种可以包含文字和图片的格式，很多主流的文本编辑器都可以打开它，这就实现了统计信息跨软件、跨平台的传递。

7.2.2 define 语句调整每一列的参数

在上一部分，我们提到 define 语句是设置输出结果中每一列的重要语句，它的语法复杂、琐碎，初学者很难掌握，那么它到底应该如何使用呢？我们通过案例的方法来学习常用的 define 语句用法。

这一部分我们将使用数据集 sales 进行学习，sales 数据集是某公司某个月各位销售员的销售信息，变量包括该销售员经理（manager）、销售员姓名（name）、成交单数（n）和成交总额（amount），如图 7-15 所示。

VIEWTABLE: Work.Sales

	manager	name	n	amount
1	Xuhui Ding	Guai Nv	15	1550
2	Lantao Li	Xiao Man	4	980
3	Xuhui Ding	Chang Sun	18	2500
4	Xiang Wang	Dai Wan	12	1920
5	Xiang Wang	Bo Wan	10	650
6	Lantao Li	Juntao Guo	5	400
7	Lantao Li	Feng Feng	22	3500
8	Lantao Li	Smith Li	6	1050
9	Xuhui Ding	Ting Sun	28	1800
10	Lantao Li	Wanlin Qiu	17	950
11	Xiang Wang	Han Zhang	15	1020

图 7-15

首先，在 define 中可以定义每一列的列名，让读者更清晰地了解每一列的意义。如果不进行定义，proc report 会默认查找变量的标签，若标签存在则使用标签，若不存在则使用变量名。另外，define 中还可以定义某个或某些变量为分组，在显示时只在第一条记录显示分组，其他记录留空，这里选择 manager 为分组变量，代码如下：

```
ods rtf file="U:\Output\sales.rtf";
proc report data=sales;
   column manager name n amount;
   define manager/group display "Manager Name";
   define name/display "Name";
   define n/ display "Sale Amount";
   define amount/ display "Total Sale Amount";
run;
ods rtf close;
```

运行后打开 sales.rtf 文件，结果如图 7-16 所示。

The SAS System

Manager Name	Name	Sale Amount	Total Sale Amount
Lantao Li	Feng Feng	22	3500
	Juntao Guo	5	400
	Smith Li	6	1050
	Wanlin Qiu	17	950
	Xiao Man	4	980
Xiang Wang	Bo Wan	10	650
	Dai Wan	12	1920
	Han Zhang	15	1020
Xuhui Ding	Chang Sun	18	2500
	Guai Nv	15	1550
	Ting Sun	28	1800

图 7-16

define 语句还可以按照“style(位置名)=[参数]”的格式来设置每一列的参数，包括列宽、字号、颜色、字体、加粗、背景色等信息。首先为了使表头明确，可以设置字体比表格内文字更大，将第一列设置为红色字体醒目标识，最后一列的数字加粗并将背景设置为蓝色，代码如下：

```
ods rtf file="U:\Output\sales2.rtf";
proc report data=sales;
    column manager name n amount;
    define manager/group display  "Manager Name" style(header)=[fontsize=9]
                                    style(column)=[color=red];
    define name/ display "Name" style(header)=[fontsize=9];
    define n/ display "Sale Amount" style(header)=[fontsize=9];
    define amount/ display "Total Sale Amount" style(header)=[fontsize=9]
                                    style(column)=[backgroundcolor=
blue];
    run;
    ods rtf close;
```

生成的结果如图 7-17 所示，虽然很像某包装的设计风格，却完全实现了我们的需求。回顾之前的代码，"style(header)=" 语句设置列头，其内部的 fontsize=9 将每个表头都设置为 9，style(column)语句设置整列，对 manager 列使用 color=red 设置其字体为红色，对 amount 列用 backgroundcolor=blue 将背景色设置为蓝色。

The SAS System

Manager Name	Name	Sale Amount	Total Sale Amount
Lantao Li	Feng Feng	22	3500
	Juntao Guo	5	400
	Smith Li	6	1050
	Wanlin Qiu	17	950
	Xiao Man	4	980
Xiang Wang	Bo Wan	10	650
	Dai Wan	12	1920
	Han Zhang	15	1020
Xuhui Ding	Chang Sun	18	2500
	Guai Nv	15	1550
	Ting Sun	28	1800

图 7-17

"style=" 语句还可以设置更多东西，包括文字的对齐和每列的宽度。在 SAS 输出格式中，对齐方式使用 "just=" 的方式在 style 中设置，等号后可接的内容有如表 7-4 所示的 4 种。

表 7-4

just=	对齐方式
l	左对齐
r	右对齐
c	居中对齐
d	按小数点位数对齐

在 style 中使用 cellwidth 设置宽度，有绝对值和相对值两种，绝对值可以用 inch（英寸）或 cm（厘米）表示，设置方式类似 cellwidth=0.5inch 或 cellwidth=1cm，相对值则是用百分比来表示，设置方式类似 cellwidth=20%，注意所有列的百分比和不能超过 100%，否则输出的变量会自动转向下一行，当然如果需要输出的变量过多，也可以故意设置百分比之和超过 100%。

学会了这种方法，让我们把表格制作得更漂亮一些。

```
ods rtf file="U:\Output\sales3.rtf";
proc report data=sales;
    column manager name n amount;
    define manager/group "Manager Name" style(column)=[just=c cellwidth
=25%];
    define name/display "Name" style(column)=[just=c cellwidth=20%];
    define n/display "Sale Amount" style(column)=[just=c cellwidth=20%];
    define amount/display "Total Sale Amount" style(column)=[just=c
cellwidth=15%];
    run;
ods rtf close;
```

生成的结果如图 7-18 所示，使用 just=c 让每一列的文字都居中显示，同时用百分比的方法设定 cellwidth，生成的结果比起之前更加工整，并且因为列宽被拉大，所以看上去更加清晰。

The SAS System

Manager Name	Name	Sale Amount	Total Sale Amount
Lantao Li	Xiao Man	4	980
	Juntao Guo	5	400
	Feng Feng	22	3500
	Smith Li	6	1050
	Wanlin Qiu	17	950
Xiang Wang	Dai Wan	12	1920
	Bo Wan	10	650
	Han Zhang	15	1020
Xuhui Ding	Guai Nv	15	1550
	Chang Sun	18	2500
	Ting Sun	28	1800

图 7-18

style 语句不仅可以用于 define 语句中设置列的参数，还可以对整个表、所有列、生成的结果等设置格式。现在我们分别对表的主体和列名进行设置。需要注意的是，对整体样式设置时，style 需要与 proc report 在同一句中，视为 proc report 的参数。

```
ods rtf file="U:\Output\sales4.rtf";
proc report data=sales
    style(report)=[cellspacing=5 borderwidth=8 bordercolor=blue]
    style(header)=[color=yellow fontstyle=italic fontsize=6];
    column manager name n amount;
```

```
    define manager/group "Manager Name" style(column)=[just=c cellwidth
=25%];
    define name/display "Name" style(column)=[just=c cellwidth=20%];
    define n/display "Sale Amount" style(column)=[just=c cellwidth=20%];
    define amount/display "Total Sale Amount" style(column)=[just=c
cellwidth=15%];
  run;
  ods rtf close;
```

生成的结果如图 7-19 所示。

The SAS System

Manager Name	Name	Sale Amount	Total Sale Amount
Lantao Li	Xiao Man	4	980
	Juntao Guo	5	400
	Feng Feng	22	3500
	Smith Li	6	1050
	Wanlin Qiu	17	950
Xiang Wang	Dai Wan	12	1920
	Bo Wan	10	650
	Han Zhang	15	1020
Xuhui Ding	Guai Nv	15	1550
	Chang Sun	18	2500
	Ting Sun	28	1800

图 7-19

"style(report)=" 一句中，cellspacing 设置每个单元格之间的距离为 5，border width 设置边框的宽度为 8，bordercolor 设置边框颜色为 blue。在设置颜色时，如果是常见的颜色比如红色、黄色、蓝色、灰色，可以直接使用它们的英文名称 red、yellow、blue、gray，其他颜色则可以使用 RGB 颜色名称，本例中的蓝色就等价于 RGB 中的 CX0000FF。

"style(header)=" 一句用于设置表头参数，包括颜色、斜体和字号。

关于 style 的使用方法我们只集中介绍到这里，style 中可以设置的参数远不止如此，但更多的内容将随着对 proc report 的讲解逐步揭开。

define 语句还可以对变量进行排序，细心的读者应该已经发现，生成的结果中记录的顺序与原数据集相比有所改变,按照 group 变量的升序排列,如果需要自己指定排序方法,则需要使用 order=参数。在 define 中总共有 4 种排列方式，如表 7-5 所示。

表 7-5

语　法	排序方式
order=internal	按变量值升序排列
order=data	按变量值在数据中出现的先后排列
order=freq	按变量值出现的次数排序
order=formatted	按变量被格式化后的值升序排列

当不指定排序方法时，proc report 默认按照变量值升序排列，这也就是我们看到 Manager Name 一列，最先出现 Lantao Li，然后是 Xiang Wang，最后是 Xuhui Ding 的原因。如果希望改变排序方式，则需要用 order=语句指定排序方法。例如，按照记录出现的先后顺序排列。

```
ods rtf file="U:\Output\sales6.rtf";
proc report data=sales;
    column manager name n amount;
    define manager/order order=data "Manager Name" style(column)=[just=c
            cellwidth=25%];
    define name/order order=internal "Name" style(column)=[just=c cellwidth
=20%];
    define n/display "Sale Amount" style(column)=[just=c cellwidth=20%];
    define amount/display "Total Sale Amount" style(column)=[just=c
cellwidth=15%];
    run;
    ods rtf close;
```

该代码表示首先按照 manager 出现的顺序排列，在每个 manager 值中，按照字母升序排列 Name，生成的结果如图 7-20 所示。

The SAS System

Manager Name	Name	Sale Amount	Total Sale Amount
Xuhui Ding	Chang Sun	18	2500
	Guai Nv	15	1550
	Ting Sun	28	1800
Lantao Li	Feng Feng	22	3500
	Juntao Guo	5	400
	Smith Li	6	1050
	Wanlin Qiu	17	950
	Xiao Man	4	980
Xiang Wang	Bo Wan	10	650
	Dai Wan	12	1920
	Han Zhang	15	1020

图 7-20

对比数据集，第一条记录 manager 的值为 Xuhui Ding，第二条记录 manager 的值为 Lantao Li，而 Xiang Wang 出现在第四条记录中，所以在结果中顺序就是 Xuhui Ding、Lantao Li、Xiang Wang，而 Name 一列的顺序则为在每个 manager 组内升序排列。合理使用 proc report 的排序方法，可以让数据展示更加清晰。

以上知识虽然只是 define 语句功能的冰山一角，但足以覆盖 80%的应用场景。在工作中，我们需要绘制的图表形式各异，如果遇到自己不熟悉的方法，可以查找相关资料或向团队内有经验的分析师请教。

7.2.3　让表格更易懂：表头、脚注与分行

纵使 define 语句神通广大，可以自由地设置每一列的参数，但毕竟只能局限于数据集中已存在的数据，一张表的很多内容，包括表头、脚注、空行，甚至某些值在数据集中并不存在，有没有什么语句可以把它们凭空"变"出来呢？下面我们就看看除了 define、proc report 中还有什么重要语句。

title 语句可以添加表头，footnote 语句可以添加脚注，使用方法如下：

```
ods rtf file="U:\Output\sales7.rtf";
proc report data=sales;
    column manager name n amount;
    define manager/order order=data "Manager Name" style(column)=[just=c
                    cellwidth=25%];
    define name/order order=internal "Name" style(column)=[just=c cellwidth
=20%];
    define n/display "Sale Amount" style(column)=[just=c cellwidth = 20%];
    define  amount/display  "Total  Sale  Amount"  style(column)=[just=c
cellwidth=15%];

    title j=c "XXX Company Sales Summary";
    footnote j=l "The data is from 2020-02 to 2020-03";
run;
ods rtf close;
```

运行后发现表头从 The SAS System 变成了 XXX Company Sales Summary，并且居中显示，在页脚部分也有居左显示的脚注 The data is from 2020-02 to 2020-03。

如果需要插入多个表头或脚注，可以使用 title1、title2 这样的语句，分别生成不同的表头和脚注。在一个语句中，也可以输出多条内容，按照不同的对齐方式显示。需要注意的是，表头和脚注的总数不能超过 10 条。添加多行表头使用下列代码：

```
ods rtf file="U:\Output\sales8.rtf";
proc report data=sales;
    column manager name n amount;
    define manager/order order=data "Manager Name" style(column)=[just=c
                    cellwidth=25%];
    define name/order order=internal "Name" style(column)=[just=c cellwidth
=20%];
    define n/display "Sale Amount" style(column)=[just=c cellwidth = 20%];
    define  amount/display  "Total  Sale  Amount"  style(column)=[just=c
cellwidth=15%];

    title1 j=l "XXX Company" j=r "Producer: Wenhao Ma";
    title2 j=l "Confidential";
    title3 j=c "Store Sale Summary";
    title4 j=l "(2020-04-05)";
run;
```

```
ods rtf close;
```

生成的结果如图 7-21 所示。

图 7-21

如果需要在表格中添加一些原本数据集中没有的行，就需要使用到 compute 语句，它可以在指定行的位置添加新行，我们从一些常见的例子入手。首先是如果希望在每个分组变量间添加一个空行，将每个 Name 的从属关系展现得更清楚，可以使用 compute 中的 line 语句添加新行，将新行设定为空值。添加位置就在每组之后，指定位置使用"before/after+分组变量名称"，注意 before/after 后加的必须是用于分组的变量，否则程序会报错。

```
ods rtf file="U:\Output\sales9.rtf";
proc report data=sales;
    column manager name n amount;
    define manager/order order=data "Manager Name" style(column)=[just=c
            cellwidth=25%];
    define name/order order=internal "Name" style(column)=[just=c cellwidth
=20%];
    define n/display "Sale Amount" style(column)=[just=c cellwidth=20%];
    define  amount/display  "Total  Sale  Amount"  style(column)=[just=c
cellwidth=15%];

    compute after manager;
        line @1 "";
    endcomp;
run;
ods rtf close;
```

compute 语句是以 compute 开始、endcomp 为结尾的一组程序块，在其内部添加 line 语句，@1 表示从第一位开始，引号内接需要添加的文字，此处留空，生成的结果如图 7-22 所示。

Manager Name	Name	Sale Amount	Total Sale Amount
Xuhui Ding	Chang Sun	18	2500
	Guai Nv	15	1550
	Ting Sun	28	1800
Lantao Li	Feng Feng	22	3500
	Juntao Guo	5	400
	Smith Li	6	1050
	Wanlin Qiu	17	950
	Xiao Man	4	980
Xiang Wang	Bo Wan	10	650
	Dai Wan	12	1920
	Han Zhang	15	1020

图 7-22

compute 与 define 连用，还可以生成比较复杂的表格结构。例如，我们希望在每个分组下显示该组内所有成员的总销售额，可以使用如下代码：

```
ods rtf file="U:\Output\sales10.rtf";
proc report data=sales;
    column manager name n amount amount=total①;
    define manager/order order=data "Manager Name" style(column)=[just=c
            cellwidth=25%];
    define name/order order=internal "Name" style(column)=[just=c cellwidth
=20%];
    define n/display "Sale Amount" style(column)=[just=c cellwidth=20%];
    define amount/display "Total Sale Amount" style(column)=[just=c
cellwidth=15%];
    define total/analysis sum noprint;②
    compute after manager;
        line j=c "The total sale amount of this group is:" total;③
    endcomp;
run;
ods rtf close;
```

该段代码与之前相比主要有三段不同。①处新增了一个变量 total，它的值等于 amount；②处使用 define analysis 来计算统计量，sum 表示求和，可以输出的统计量还包括 mean（平均数）、min（最小值）、max（最大值）等，noprint 选项表示不将该变量作为图表的列，③处添加新行，居中对齐，使用 total 生成的变量表示该组的总和。生成结果如图 7-23 所示。

The SAS System

Manager Name	Name	Sale Amount	Total Sale Amount
Xuhui Ding	Chang Sun	18	2500
	Guai Nv	15	1550
	Ting Sun	28	1800
The total sale amount of this group is:		5850	
Lantao Li	Feng Feng	22	3500
	Juntao Guo	5	400
	Smith Li	6	1050
	Wanlin Qiu	17	950
	Xiao Man	4	980
The total sale amount of this group is:		6880	
Xiang Wang	Bo Wan	10	650
	Dai Wan	12	1920
	Han Zhang	15	1020
The total sale amount of this group is:		3590	

图 7-23

compute 语句中还可以添加某些比较复杂的逻辑运算，根据变量的值进行不同的操作，下面就是一例，根据变量 amount 的值设置不同的文字样式。

```
ods rtf file="U:\Output\sales11.rtf";
proc report data=sales;
    column manager name n amount;
    define manager/order order=data "Manager Name" style(column)=[just=c
            cellwidth=25%];
    define name/order order=internal "Name" style(column)=[just=c cellwidth
=20%];
    define n/display "Sale Amount" style(column)=[just=c cellwidth = 20%];
    define  amount/display  "Total  Sale  Amount"  style(column)=[just=c
cellwidth=15%];
    compute n;
        if n>20 then
            call define('name',"style","style=[color=red]");
    endcomp;
    compute amount;
        if amount>2000 then
            call define('name',"style/merge","style=[background=cyan]");
    endcomp;
run;
ods rtf close;
```

该语句使用了两个独立的 compute，第一个 compute 程序块中，判断对 n>20 的记录，设置其文字颜色为红色；第二个 compute 程序块中，判断对 amount>2000 的记录，设置其背景色为青色。需要注意的是，第二个 call define 中的 style 后加上/merge，后续样式接续前面已有样式，即如果出现一条记录既是 n>20 也是 amount>2000，则设置文字颜色为红色，背景色为青色，二者互不干扰。如果不加/merge，则表示 amount>2000 的记录只有 background=cyan 样式，之前的样式被覆盖。

生成结果如图 7-24 所示。

Manager Name	Name	Sale Amount	Total Sale Amount
Xuhui Ding	Chang Sun	18	2500
	Guai Nv	15	1550
	Ting Sun	28	1800
Lantao Li	Feng Feng	22	3500
	Juntao Guo	5	400
	Smith Li	6	1050
	Wanlin Qiu	17	950
	Xiao Man	4	980
Xiang Wang	Bo Wan	10	650
	Dai Wan	12	1920
	Han Zhang	15	1020

图 7-24

有了不同显示颜色，分析师可以更清晰地了解每名销售员的业绩，很明显红色文字与青色背景的 Feng Feng 在销售数量和销售额上都是领先地位，而 Xuhui Ding 组的 Chang Sun 和 Ting Sun 分别在销售总额和销售量上达到了比较高的水平。这样的结果一目了然，既方便分析师获取信息，也方便跨部门之间的协作。

关于表头、脚注和 compute 的使用方法，碍于篇幅所限只能介绍这些常用用法。最后需要指出，虽然 compute 与 define 连用可以大大加强 proc report 在数据展示上的效果，有些值可以直接通过这些步骤计算，但在一般的编程实践中，我们还是会将所有需要展示的数据放在数据集里，这一方面可以方便我们避免采用 proc report 比较复杂的操作，也方便审核员进行审核。

7.2.4 proc report 重要选项一览

之前学习 proc 的时候，我们发现很多 proc 的选项可以在很大程度上改变其运行的结果，proc report 也不例外，它的大量参数都围绕着生成结果样式的改变，在本节中我们学的 style(report) 就是一例，除此之外，让我们再看看 proc report 的其他选项。

proc report 默认输出是表格居中，如果希望居左则可以使用 nocenter 选项，这样输出表格会居左显示，如图 7-25 所示。

"ls=" 选项可以设置一行的最大字数，范围从 64 到 256；"ps=" 选项可以设置页面的列数，范围从 15 到 32 767 之间，但 "ps=" 选项只对 ODS 输出为 listing 格式有效。

headline 与 headskip 都是只在 ods listing 中有效的选项。headline 可以给 listing 所有列名加下画线，headskip 在列名与数据之间加上额外的一行，两者的用途都是为了让 listing 显示更加清晰明确。图 7-26 对比它们二者的区别，上方是加上 headline 和 headskip 选项的输出，下方则没有添加。

The SAS System

Manager Name	Name	Sale Amount	Total Sale Amount
Xuhui Ding	Chang Sun	18	2500
	Guai Nv	15	1550
	Ting Sun	28	1800
Lantao Li	Feng Feng	22	3500
	Juntao Guo	5	400
	Smith Li	6	1050
	Wanlin Qiu	17	950
	Xiao Man	4	980
Xiang Wang	Bo Wan	10	650
	Dai Wan	12	1920
	Han Zhang	15	1020

图 7-25

```
                          The SAS System          22:02 Friday, April 24, 2020    6
                                                 Total
                                           Sale   Sale
Manager Name        Name                  Amount Amount

Xuhui Ding          Chang Sun               18    2500
                    Guai Nv                 15    1550
                    Ting Sun                28    1800
Lantao Li           Feng Feng               22    3500
                    Juntao Guo               5     400
                    Smith Li                 6    1050
                    Wanlin Qiu              17     950
                    Xiao Man                 4     980
Xiang Wang          Bo Wan                  10     650
                    Dai Wan                 12    1920
                    Han Zhang               15    1020
```

```
                          The SAS System          22:02 Friday, April 24, 2020    7
                                                 Total
                                           Sale   Sale
Manager Name        Name                  Amount Amount
Xuhui Ding          Chang Sun               18    2500
                    Guai Nv                 15    1550
                    Ting Sun                28    1800
Lantao Li           Feng Feng               22    3500
                    Juntao Guo               5     400
                    Smith Li                 6    1050
                    Wanlin Qiu              17     950
                    Xiao Man                 4     980
Xiang Wang          Bo Wan                  10     650
                    Dai Wan                 12    1920
                    Han Zhang               15    1020
```

图 7-26

"split="选项为结果设置换行符，在任何位置如果 proc report 读取到该符号，则视为换行，它经常用于列名需要多行显示的情况。以下是示例代码：

```
ods rtf file="U:\Output\sales12.rtf";
proc report data=sales split="|";
    column manager name n amount;
    define manager/order order=data "Manager Name|(经理姓名)" style(column)
=[just=c
              cellwidth=25%];
    define name/order order=internal "Name|(员工姓名)" style(column)=[just=c
           cellwidth=20%];
    define n/display "Sale Amount|(销售数量)" style(column)=[just=c cellwidth
=20%];
```

```
    define amount/display "Total Sale Amount|(总销售额)" style(column)=
[just=c
                 cellwidth=15%];
  run;
  ods rtf close;
```

设定分隔符为"|"，在列名处将每一列的中文名称输出在英文名下一行，结果如图 7-27 所示。

The SAS System

Manager Name (经理姓名)	Name (员工姓名)	Sale Amount (销售数量)	Total Sale Amount (总销售额)
Xuhui Ding	Chang Sun	18	2500
	Guai Ny	15	1550
	Ting Sun	28	1800
Lantao Li	Feng Feng	22	3500
	Juntao Guo	5	400
	Smith Li	6	1050
	Wanlin Qiu	17	950
	Xiao Man	4	980
Xiang Wang	Bo Wan	10	650
	Dai Wan	12	1920
	Han Zhang	15	1020

图 7-27

关于 proc report 的选项，我们在这里不展开过多，因为其类别繁多的功能让人眼花缭乱，真正的学习要在使用期间进行。考虑到 proc report 很可能成为各位读者常用的功能之一，对于如何学习 proc report，笔者有一些心得与读者探讨。

7.2.5　如何学好 proc report

与一般的 SAS 图书不同，笔者在这里并不打算把 proc report 所有的语句、功能罗列出来，方便大家挑选。相反，笔者在编写本节时努力做到了"克制"，只选择实践证明经常被用到的一些语句、功能，力求让读者花 20%的时间掌握 80%的 proc report 应用场景。

当一名数据分析师"登堂入室"后，一定会遇到 80%应用场景之外的情况，这就需要数据分析师拥有比较优秀的学习能力了。

在 2.4 节，笔者在开始 SAS 正式学习之前就提出过养成良好编程习惯的重要性，该节使用 4 种金庸武侠小说的武功来代表 4 种好习惯，其中就包括查找资料，笔者将其比喻成可以吸人真气为我所用的北冥神功，此处不妨展开说说，关于 proc report 和其他 SAS 语句的学习方法。

首先，在工作中我们最容易获得帮助的方法不是开放的互联网，恰恰是我们的同事，而这也是经常被职场新人忽略的寻求帮助的途径。很多人进入职场后只知道闷头工作，整天对着电脑敲打键盘，被告知需要社交的时候还以"不会社交"推辞，以笔者看"不会社交"是假,"不敢社交"是真。这样会错过很多学习提升的途径。

如果在工作中遇到问题,不妨鼓起勇气,看看周围哪位同事不忙,虚心向他/她请教几句,只要关系不是冰点,同事会很乐意展示自己的博学和耐心。在提问的时候最好总结一下你需求的核心,而不是泛泛而谈,比如询问"设置每一列宽度用什么语句"就比"我这个表老调不好,你能帮帮我吗?"要有效得多。

如果周围同事对某个问题也无法解答,这就需要在互联网上查找了。网络上关于 SAS 的信息浩如烟海,主要可以分为 3 类:SAS 官方文档、相关文章和论坛,三者的权威性依次下降。笔者建议按照这三者的顺序依次查询。

最权威的自然是 SAS 官方文档。直接搜索"proc+名称",SAS 官网对每个 proc 都会有相应的语法、选项、使用场景和案例,可以说是关于这个 proc 的大百科全书,一般的问题在这里都可以找到答案。以 proc report 为例,图 7-28 就是 SAS 官方文档对 proc report 的说明。

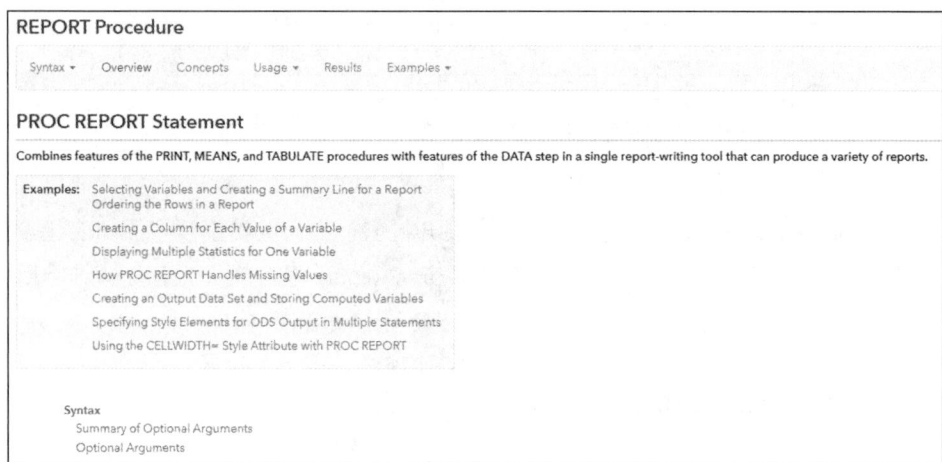

图 7-28

如果所需要的功能比较特殊,可以在搜索引擎中输入应用的场景和有疑问的功能名称,可以发现很多权威学术机构的论文,对某个 proc 或函数在具体情景中的应用有比较深的讲解。需要注意的是,以上两者都是英文文档,这需要分析师对英文有基础的阅读能力。

第三种就是论坛,国内的 SAS 主要交流论坛是人大经管论坛,所有人都可以在上面提问、交流,这种开放的氛围吸引了大量优秀的 SAS 人才进行交流,如果读者有任何问题,可以向他们求助。

以上 3 种方法是笔者推荐的补充学习思路,毕竟一门语言不是掌握基础就可以的,很多时候需要的是融会贯通,针对每一个细小的问题都能快速找出对应的解决方案。希望读者早日适应在工作中学习这种模式。

下一节我们将从一个案例入手,学习工作中统计报表生成的流程。

7.3　实战案例：生成层级化计数报表

首先，笔者希望上一节 proc report 复杂的知识没有让读者云里雾里。为了加强读者的记忆，也为了强化本书一直坚持的在实践中学习的宗旨，本节就使用一个具体的案例来看看工作中创建统计图表的思路和流程。

首先说结论，当你学完本节案例就会发现，其实真正与 proc report 直接相关的语句在创建统计图表的过程中并不是很多，更多的时间是花在创建相关数据集上。由此可以看出，SAS 的基础仍然是 data 步和针对数据处理的一些 proc。本节我们将用案例背景、数据与需求分析、创建数据集、创建输出文件和总结思考 5 个步骤逐步完成。

7.3.1　案例背景

药物副作用是关于药物安全性评价最重要的指标。

一款药物是否能上市，主要取决于两个评价指标：安全性和有效性。安全性指药物服用后除了治疗疾病外产生的结果，包括副作用、临床事件、身体指标变化等情况，其中副作用就是药物服用后带来的非治愈性的、让患者感受到痛苦的事件。

在临床试验中，药物的副作用由患者自己汇报。如果患者在服药开始后直到服药结束+缓冲期内感受到任何不适，都需要向主治医师进行汇报，医师必须问清副作用的详细情况，包括症状、开始结束事件、严重程度等信息，并且根据这些信息做出相应的行为，比如减少用药、手术治疗等，然后将以上所有数据记录到副作用信息收集表中。

如图 7-29 所示是一个典型的副作用记录表格。

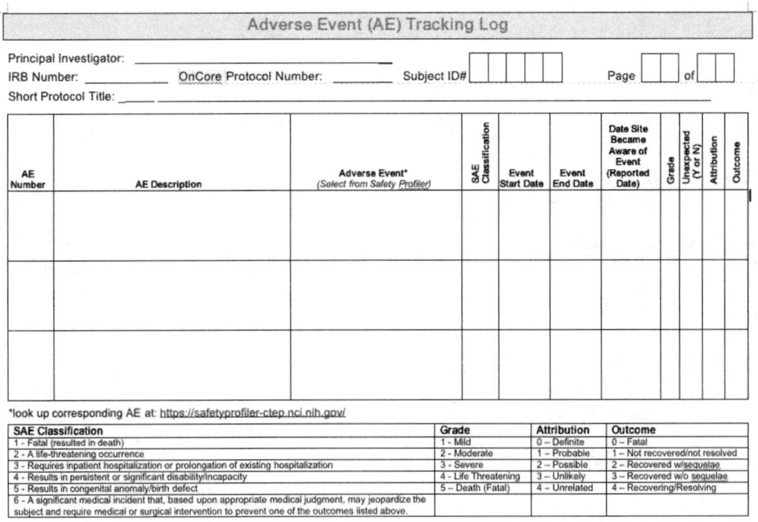

Adverse Event (AE) Tracking Log

Principal Investigator: ____________
IRB Number: ________ OnCore Protocol Number: ________ Subject ID# ☐☐☐☐☐ Page ☐☐ of ☐☐
Short Protocol Title: ____________

AE Number	AE Description	Adverse Event* (Select from Safety Profiler)	SAE Classification	Event Start Date	Event End Date	Date Site Became Aware of Event (Reported Date)	Grade	Unexpected (Y or N)	Attribution	Outcome

*look up corresponding AE at: https://safetyprofiler-ctep.nci.nih.gov/

SAE Classification	Grade	Attribution	Outcome
1 - Fatal (resulted in death)	1 - Mild	0 – Definite	0 – Fatal
2 - A life-threatening occurrence	2 - Moderate	1 – Probable	1 – Not recovered/not resolved
3 - Requires inpatient hospitalization or prolongation of existing hospitalization	3 - Severe	2 – Possible	2 – Recovered w/sequelae
4 - Results in persistent or significant disability/incapacity	4 - Life Threatening	3 – Unlikely	3 – Recovered w/o sequelae
5 - Results in congenital anomaly/birth defect	5 – Death (Fatal)	4 – Unrelated	4 – Recovering/Resolving
6 - A significant medical incident that, based upon appropriate medical judgment, may jeopardize the subject and require medical or surgical intervention to prevent one of the outcomes listed above.			

图 7-29

每名产生副作用的患者都会有这样一张报表，记录所有副作用的信息。但药品管理局在考察药物安全性时可不希望看着一张张的表，自己计算每种副作用出现的次数，他们更希望药厂能够提供一张报表，里面包含所有出现的副作用名称和它们在不同试验组出现的次数，这就是临床试验分析中经常用到的副作用统计表。

下面介绍一下副作用在数据集中的记录方式，除了记录副作用的名称，还需要提供该副作用所属的类别，类别从高到低分为 5 层。

System Organ Class——系统器官分类

High Level Group Term——高层组分类

High Level Term——高阶分类

Prefer Term——副作用名称

Lowest Level Term——最低层名称

以副作用流感举例，它的副作用名称和最低层名称都是流感（Influenza），高阶分类为流感病毒感染（Influenza viral infections），高层组分类为病毒感染性疾病（Viral infectious disorders），系统器官分类为感染和侵扰（Infection and infestation）。

所有更低层级的副作用都对应唯一一个更高层级分类，而一个高层级会下辖多个低层级，这种副作用的分类系统被记录在 MedDRA（Medical Dictionary for Regulatory Activities）中，它是临床试验中关于副作用统计最重要的标准之一。

本书并非定位于临床试验统计分析，故对此不过多展开，但关于层级化记录副作用的概念非常重要，它涉及下节的数据和需求分析，因此稍费篇幅进行讲解。其实这种层级化的概念不仅适用于临床试验，我们获得的很多数据都会包含这种分组方式，例如不同老师所教学生的成绩、不同销售小组获得的客户反馈，都满足"一对多"的关系。本案例是以副作用统计表格为例，为读者介绍这一类表格的创建思路与方式。

7.3.2　数据与需求分析

本次使用的数据集包含 116 条记录，22 个变量，是记录药物副作用相关数据的数据集。经过笔者筛选，仅保留了必要变量和数据集结构化变量，使用 proc contents 查看数据集信息，如图 7-30 所示。

表 7-6 是某些核心变量的意义说明。

Variables in Creation Order				
#	Variable	Type	Len	Format	Label
1	STUDYID	Char	11		Study Identifier
2	USUBJID	Char	20		Unique Subject Identifier
3	TRTA	Char	18		Actual Treatment
4	TRTAN	Num	8		Actual Treatment (N)
5	TRTSDT	Num	8	E8601DA.	Date of First Exposure to Treatment
6	TRTSTM	Num	8	TIME5.	Time of First Exposure to Treatment
7	TRTSDTM	Num	8	E8601DT.	Datetime of First Exposure to Treatment
8	TRTEDT	Num	8	E8601DA.	Date of Last Exposure to Treatment
9	ASEQ	Num	8		Analysis Sequence Number
10	AEDECOD	Char	200		Dictionary-Derived Term
11	AEBODSYS	Char	200		Body System or Organ Class
12	AELLT	Char	200		Lowest Level Term
13	AELLTCD	Num	8		Lowest Level Term Code
14	AEHLT	Char	200		High Level Term
15	AEHLTCD	Num	8		High Level Term Code
16	AEHLGT	Char	200		High Level Group Term
17	AEHLGTCD	Num	8		High Level Group Term Code
18	ASTDT	Num	8	E8601DA.	Analysis Start Date
19	ASTTM	Num	8	TIME5.	Analysis Start Time
20	AENDT	Num	8	E8601DA.	Analysis End Date
21	AENTM	Num	8	TIME5.	Analysis End Time
22	TRTEMFL	Char	1		Treatment Emergent Analysis Flag

图 7-30

表 7-6

变　　量	意　　义	补充说明
USUBJID	患者指示 ID 号	
TRTA	患者实验分组	Treatment=实验组，Placebo=对照组
TRTAN	患者实验分组编号	1=实验组，2=对照组
AEDECOD	副作用标准名称	
AEBODSYS	副作用所属的系统器官分类	
ASTDT	副作用开始日期	
ASTTM	副作用开始时间	若未被记录则留空
AENDT	副作用结束日期	
AENTM	副作用结束时间	若未被记录则留空
TRTEMFL	治疗期间紧急副作用标识	Y 表示该记录是治疗期间紧急副作用

了解了数据之后再来看需求。在之前的案例中，我们说过在临床试验数据分析工作中，统计师会给 SAS 程序员一张表格模板，上面有每张表格的具体样式，包括哪里显示什么内容，某些单元格的数字如何得到，这份模板被称为 shell。在案例中，统计师希望我们生成的图表如图 7-31 所示。

SAS Program Practise　　　　*Page x of n*

Treatment-Emergent Adverse Event by SOC and PT

(All Subjects)

System Organ Class Preferred Term	Treatment (N/n)	Placebo (N/n)	Total (N/n)
Any TEAE	xx/yy	xx/yy	xx/yy
System Organ Class 1	xx/yy	xx/yy	xx/yy
Preferred Term 1	xx/yy	xx/yy	xx/yy
Preferred Term 2	xx/yy	xx/yy	xx/yy
......	......	......	......
System Organ Class 1	xx/yy	xx/yy	xx/yy
Preferred Term 1	xx/yy	xx/yy	xx/yy
Preferred Term 2	xx/yy	xx/yy	xx/yy
......	......	......	......
......	......	......	......

Note: Only Observations with TRTEMFL=Y are included in the table. The number in the front of / is number of subjects who have certain adverse event, the number after / is the total number of adverse events occurred.

图 7-31

从该 shell 可以看出，这是一个层级化计数表，副作用按照其发生的患者分组被分为 Treatment、Placebo 和 Total 共 3 类，其中 Total 就是 Treatment 和 Placebo 两组的和。在层级上总共分 3 类，第一行的 Any TEAE 自成一类，只要有一个独立的患者副作用，该行数值就+1。另外两层是 System Organ Class 和 Preferred Term，它们分别对应数据集中的变量 AEBODSYS 和 AEDECOD。

关于 SAS 生成统计图表，我们可以简单地分为两步：制作数据集和制作图表。制作数据集是将图表中所有需要的数字，按照图表中的排列顺序和出现位置放置在一个数据集之中，制作图表是使用 proc report 和 ODS 生成文档并符合 shell 的格式需求。二者花费的时间之比大约是 7∶3，也就是说大部分工作会花费在制作数据集上。

首先说一说制作数据集的思路，也就是如何生成一个与结果结构相同的数据集。首先我们注意到该表分为 4 列，那么最终的数据集也应该至少有 4 个核心变量，外加其他辅助变量。数据集的第一条记录为所有副作用的数字，从第二条开始，按照 System Organ Class 首先显示该分类的所有副作用事件的总和，然后再按照每种副作用分别显示。

需要注意的情况有两点：第一，值的类型应为字符型，格式为 xx/yy，其中 xx 是发生过该副作用的患者数量，而 yy 是该副作用出现的总数量，例如，一名患者两次产生该副作用，xx 的数字就为 1 而 yy 的数字为 2。第二，第一列的 System Organ Class 与 Preferred Term 不是对齐格式，Preferred Term 要适当缩进。

下面再说一说表格的制作思路，本表格最终生成为 RTF 格式，样式为 RTF 默认的样式，表头分为 3 个部分，上方左侧的 SAS Program Practise，右侧的页码 Page x of n，x 表示当前页数，n 表示总页数，底部还要有脚注。仔细观察该表可以发现，第一列的宽度明显比较大，这是因为其他列文本的长度相对确定，但副作用名称和所属类别长度不确定，所以要适度加宽。

以上思考是一个数据分析师在创建某个表格之前必须在大脑中构思好的内容，想法是编程的引路人，考虑怎么编程是比编程技术更重要的事情。曾经有些 SAS 程序员在编写一个图表时咨询笔者某个 proc 或函数相关的问题，具体了解需求后发现这些 proc 和函数其实完全不需要用到，询问后对方表示就是想跑一跑看看得出什么样的结果，再思考下一步怎么做。

笔者认为这种工作的思路本末倒置。技术是为需求服务的，SAS 程序员应当先把需求搞清楚，反过来明确需要什么样的技术，而不能因果倒置，将技术当成满足需求的手段。

既然已经确定了上述思路，我们就按照先制作数据集再制作数据表的方法依次来实现。

7.3.3　创建数据集

在结果中总共有 3 个分组 Treatment、Placebo 和 Total，但数据集中只有两个组，这就需要将记录复制一次，将复制记录的分组变量改为 Total。

```
data adae;
    set adam.adae(where=(trtemfl='Y'));
    output;
    trta='Total';
    trtan=9;
    output;
run;
```

使用 data 步的 output 语句是复制记录最简单的方法之一，首先用 output 生成一份原本的数据集，然后修改变量 TRTA 和 TRTAN 然后再输出一次。因为脚注声明只选择 trtemfl=Y 的记录，因此在第一步就进行筛选，日志如图 7-32 所示。

```
NOTE: There were 113 observations read from the data set ADAM.ADAE.
      WHERE trtemfl='Y';
NOTE: The data set WORK.ADAE has 226 observations and 22 variables.
NOTE: DATA statement used (Total process time):
      real time           0.23 seconds
      cpu time            0.01 seconds
```

图 7-32

我们还记得之前的分析，整个表格分为 3 个层级：Any TEAE、System Organ Class 和 Preferred Term，因此我们需要将这 3 个层级的分组计数结果依次输出。由于单元格中是 xx/yy 的格式，所以需要分别输出患者数量和记录数量，在 proc sql 中，可以通过 count 函数完成。

```
proc sql;
    create table ae1 as
        select "Any TEAE" as col1 length=200, trta, count(distinct usubjid) as s,
            count(*) as e from adae group by trta;
    create table ae2 as
        select aebodsys, trta, count(distinct usubjid) as s, count(*) as e
        from adae group by aebodsys,trta;
    create table ae3 as
        select aebodsys, aedecod, trta, count(distinct usubjid) as s,count(*) as e
        from adae group by aebodsys, aedecod, trta;
quit;
```

以生成的数据集 ae3 为例，将 count(distinct usubjid)的值作为变量 s，这是每个副作用出现的患者总数，即 shell 中的 xx；将 count(*)的值作为变量 e，*为占位符，表示记录数量，这样就得到了某副作用的记录数量，再按照 AEBODSYS、AEDECOD、TRTA 分组计算，就获得了一个副作用在一个组中的数量，ae3 数据集如图 7-33 所示。

	AEBODSYS	AEDECOD	TRTA	s	e
1	Blood and lymphatic system disorders	Leukocytosis	Total	1	1
2	Blood and lymphatic system disorders	Leukocytosis	Treatment	1	1
3	Blood and lymphatic system disorders	Leukopenia	Total	1	1
4	Blood and lymphatic system disorders	Leukopenia	Treatment	1	1
5	Blood and lymphatic system disorders	Lymphadenopathy	Placebo	1	1
6	Blood and lymphatic system disorders	Lymphadenopathy	Total	1	1
7	Blood and lymphatic system disorders	Thrombocytopenia	Placebo	1	2
8	Blood and lymphatic system disorders	Thrombocytopenia	Total	1	2
9	Endocrine disorders	Cushingoid	Placebo	1	1
10	Endocrine disorders	Cushingoid	Total	1	1

图 7-33

另外两个数据集 ae1 与 ae2 的结构也类似，只是分组变量分别为 trta 和 aebodsys+trta。

注意到 shell 中的实验分组并不是像数据集中一样，放置在某一列之中，而是自己作为列名。显然，此时需要使用 proc transpose 将 TRTA 的值拉横，先以 ae1 为例，由于存在 s 和 e 两个变量，因此 proc transpose 需要做两次。

```
proc transpose data=ae1
out=ae1s(drop=_name_ rename=(treatment=as placebo=ps total=ts));
    by col1;
    id trta;
    var s;
run;
proc transpose data=ae1
out=ae1e(drop=_name_ rename=(treatment=ae placebo=pe total=te));
    by col1;
    id trta;
    var e;
run;
data ae1_1;
    merge ae1s ae1e;
        by col1;
run;
```

proc transpose 的语法读者应该比较熟悉，我们在之前的案例中也多次使用，此处需要注意的是"out="输出时对变量进行处理。因为我们需要合并生成的 ae1s 和 ae1e，为保证合并后两数据集的变量都能保留，所以需要提前修改变量名称。合并后结果如图 7-34 所示。

	col1	ps	ts	as	pe	te	ae
1	Any TEAE	22	41	19	60	113	53

图 7-34

下面对 ae2 和 ae3 也做同样的操作，不同的地方在于 ae2 和 ae3 是更低的层级，proc transpose 和 merge 的 by 语句所接的变量需要分别为 aebodsys 和 aebodsys+aedecod。

```
proc transpose data=ae2
out=ae2s(drop=_name_ rename=(treatment=as placebo=ps total=ts));
    by aebodsys;
    id trta;
    var s;
run;
proc transpose data=ae2
out=ae2e(drop=_name_ rename=(treatment=ae placebo=pe total=te));
    by aebodsys;
    id trta;
    var e;
run;
data ae2_1;
    merge ae2s ae2e;
        by aebodsys;
run;
proc transpose data=ae3
out=ae3s(drop=_name_ rename=(treatment=as placebo=ps total=ts));
    by aebodsys aedecod;
    id trta;
```

```
    var s;
run;
proc transpose data=ae3
out=ae3e(drop=_name_ rename=(treatment=ae placebo=pe total=te));
    by aebodsys aedecod;
    id trta;
    var e;
run;
data ae3_1;
    merge ae3s ae3e;
        by aebodsys aedecod;
run;
```

现在，3 个数据集 ae1_1、ae2_1、ae3_1 的结构已经符合输出结果的格式，但绝不是把它们 3 个使用 set 命令放在一起，观察到每一个 System Organ Class 底下紧接着的是其所有包含的 Preferred Term，所以我们先尝试把 ae2_1、ae3_1 合并在一起，并设置对齐。

```
data ae4;
    retain col1;
    set ae2_1 ae3_1;
    if aedecod='' then col1=aebodsys;
    else col1="^ ^ "||aedecod;
run;
proc sort data=ae4;
    by aebodsys aedecod;
run;
```

这一步首先 set 两个数据集到一起，如果 aedecod 为空，则说明该条记录来自 ae2_1（因为 ae2_1 未包含 aedecod 变量），那么将变量 col1 赋值为 aebodsys，否则将其赋值为 aedecod，这里我们使用了连接符号||将 aedecod 与^^合并，这是因为在生成报表时，首尾空格会被去掉，无法满足 Preferred Term 缩进的需求，所以需要使用"escapechar+空格"的形式，表示空格是需要保留的部分，escapechar 是 ODS 中的概念，我们在创建输出文件的时候再介绍。

执行完 proc sort 后的数据集 ae4 如图 7-35 所示。

	col1	ps	ts	as	pe	te	ae
1	Blood and lymphatic system disorders	1	1	1	3	5	2
2	^ ^ Leukocytosis	.	1	1	.	1	1
3	^ ^ Leukopenia	.	1	1	.	1	1
4	^ ^ Lymphadenopathy	1	1	.	1	1	.
5	^ ^ Thrombocytopenia	1	1	.	2	2	.
6	Endocrine disorders	1	1	.	1	1	.
7	^ ^ Cushingoid	1	1	.	1	1	.
8	Eye disorders	1	1	1	1	2	1
9	^ ^ Cataract subcapsular	.	1	1	.	1	1
10	^ ^ Scleral cyst	1	1	.	1	1	.
11	Gastrointestinal disorders	1	1	.	4	4	.
12	^ ^ Abdominal pain lower	1	1	.	1	1	.
13	^ ^ Abdominal tenderness	1	1	.	1	1	.
14	^ ^ Nausea	1	1	.	2	2	.
15	General disorders and administration site conditions	1	1	1	7	15	8
16	^ ^ Chest pain	.	1	1	.	1	1
17	^ ^ Feeling jittery	1	1	1	1	2	1

图 7-35

下一步就是将 ae1 与 ae1_1 数据集 set 到一起，然后将不同组的 s 和 e 变量合并成一个字符型变量，对于值为缺失值的地方，则设定值为 0/0 以满足格式。

```
data ae5;
    retain col1-col4;
    length col2-col4 $200;
    set ae1 1 ae4;
    if aebodsys ne lag(aebodsys) then sort + 1;
    if as ne . then col2=strip(put(as,best.))||' ('||strip(put(ae,best.))
||')';
    else col2='0/0';
    if ps ne . then col3=strip(put(ps,best.))||'/'||strip(put(pe,best.));
    else col3='0/0';
    if ts ne . then col4=strip(put(ts,best.))||' ('||strip(put(te,best.))
||')';
    else col4='0/0';
    keep col1-col4 sort;
run;
```

这一步需要注意的是还使用了 lag 函数来设定变量 sort 的值，lag 函数是 SAS 中少有的可以跨行操作的 data 步函数，它的功能是获取上一行的记录，根据每一行的 aebodsys 是否与上一行相同来判断，如果相同则+1，这样为同一组 System Organ Class 设置一个相同的 sort 值，方便在 proc report 中进行分行处理。

另外，该 data 步最开始的 retain 语句用于调整变量顺序，让 col1～col4 这些核心变量处在数据集最开头的位置。完成所有操作后仅保留 col1～col4 和 sort，部分结果如图 7-36 所示。

图 7-36

这样我们终于完成了一个与输出结果结构完全相同的数据集，理论上用 proc report+ods 就可以导出我们想要的结果了。

最后，笔者仍然强调，使用 SAS 生成输出文件数据集时，思路一定要清晰，选择合适的步骤完成操作，用思路指导编程，而不要反过来，被编程牵着思路走。

7.3.4 创建输出文件

很多读者已经迫不及待地开始写 proc report 和 ODS 相关的部分了，且慢！其实数据集中还缺少一些表格中的内容，那就是页码。在 shell 的右上角，我们发现页码以 Page x of n 的格式显示，x 是当前页的页码，n 是总页码，因此我们需要将 x 和 n 也通过数据集的操作计算出来。

　　页码数的设置一般需要根据表格的高度、每行所占的高度来确定，没有明确的计算公式，读者在设定页码时可以先根据经验设定，然后再进行调整。笔者选择每页输出 16 行，使用 ceil 函数与_n_自动变量进行设置，而总页码则采用 call symput 的方法放入到宏变量之中，方法如下：

```
data final;
    set ae5 end=eof;
    page=ceil(_n_/16);
    if eof then call symput("maxpage",strip(put(page,best.)));
run;
```

　　这样，所有的数据都已经存在，下面需要使用 proc report 将其输出到 RTF 文件了。

　　考虑到每一页的页码号都不同，使用一个 proc report 无法保证输出的页码符合标准，所以需要用到循环逻辑，即%do，循环逻辑只能放在宏程序中，所以我们需要创建宏程序 table，循环节从 1 到上一步 call symput 的 maxpage 宏变量，每一次循环只输出一页的内容。

```
%macro table;
%do i=1 %to &maxpage;
    proc report data=final split="~";
        where &i.=page;①
        column page sort col1-col4;②
        define page/group noprint;
        define sort/group noprint;③
        define col1/display "System Organ Class~^ ^ Preferred Term"
style(header)=[just=l] style(column)=[just=l cellwidth=35%];④
        define col2/display "Treatment"  style(header)=[just=c]
            style(column)= [just=c cellwidth=18%];
        define col3/display "Placebo"    style(header)=[just=c]
            style(column)=[just=c cellwidth=18%];
        define col4/display "Total" style(header)=[just=c]
            style(column)=[just=c cellwidth=18%];
        compute before sort;
           line @1 "";⑤
        endcomp;
        title1 j=l "SAS Program Practise" j=r "%quote(Page &i of &maxpage)";⑥
        title2 j=c "Treatment-Emergent Adverse Event by SOC and PT";
        title3 j=c "(All Subjects)";
        footnote1 j=l "Note: Only Observations with TRTEMFL=Y are included
in the table. The number in the front of / is number of subjects who have certain
adverse event, the number after / is the total number of adverse events
occurred.";

    run;
%end;
```

```
%mend table;

option orientation=landscape center nonumber nodate; ⑦
ods listing close;
ods escapechar="^"; ⑧
ods rtf file="U:\procject_AE\t_ae.rtf" bodytitle_aux; ⑨
%table;
ods rtf close;
```

该段代码比较长，细节也很多，在程序中笔者特意进行了标注，下面我们来看看比较重要的几个关键点。

代码行① 使用 where 语句，指定当循环变量=数据集中 page 的时候输出，这样可以只让数据集中 page=特定数字的记录输出到 proc report 中。注意 where 是语句，需要加在 proc report 的分号之后。

代码行② column 语句指定所有需要用到的变量，无论在输出表格中是否显示，只要是后续 define 语句要用到的变量都需要添加，因此除了 col1-col4，还加上了 page 和 sort。

代码行③ define 语句定义 page 和 sort，将它们作为 group 变量，且用 noprint 选项禁止它们显示。

代码行④ 定义 col1～col4 变量，其中 col1 因为涉及换行，仍然要使用包含 escapechar 的值 System Organ Class~^^ Preferred Term。

代码行⑤ 为了让每一类 System Organ Class 之间空一行，使用 compute 语句块在每个 sort 变量值之前生成一行空白。注意 computer before/after 后所接的变量必须是 define 语句中的 group 变量。

代码行⑥ 设置表头和脚注。在第一行中，使用两个 j=设置两个表头内容显示在左右不同的位置，其中表示页码的地方使用循环变量&i 表示当前页，最后一步中的&maxpage 定义最大页数。

代码行⑦ 定义部分 SAS 全局选项，orientation=指定输出文档的页面方向，landscape 为横向，portrait 为纵向，SAS 默认情况为纵向，我们改成横向。center 选项表示表格位置居中，nonumber nodate 设置不自动生成页码和日期，如果不进行设置，在结果中会自动在页眉右侧加上页码和日期，如图 7-37 所示。

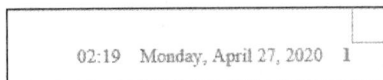

02:19 Monday, April 27, 2020 1

图 7-37

代码行⑧ 定义 escapechar，这是 ODS 中一个重要的概念，escapechar 表示其定义的内容不作为文本输出，而用于指示符。指示符+特定字符或文本可以代替特殊的内容，例如^+空格表示占位符，^+n 表示换行，^+{unicode 数字}可以输出 unicode 规则下的特定符号。escapechar 的用途很多，也非常繁杂，在工作中遇到后需要着重记忆。

代码行⑨ 最后使用 ODS 语句输出结果，由于 proc report 定义在宏程序之中，所以 ods rtf 和 ods rtf close 只需要包含宏程序体即可。需要注意的是 bodytitle_aux 选项，它表示让表头和脚注都以文本的形式出现，而不是出现在文档的页眉和页脚之中。

以上说明是为了让该语句更加清晰，SAS 中有很多比较细小的选项，改变它们可以很大程度上控制结果输出的情况，如果不做说明，读者很容易产生这句代码为什么要写的困惑。

运行以上代码，生成的结果如图 7-38 所示。

SAS Program Practise *Page 1 of 9*

Treatment-Emergent Adverse Event by SOC and PT
(All Subjects)

System Organ Class Preferred Term	Treatment (N/n)	Placebo (N/n)	Total (N/n)
Any TEAE	19/53	22/60	41/113
Blood and lymphatic system disorders	1/2	1/3	1/5
Leukocytosis	1/1	0/0	1/1
Leukopenia	1/1	0/0	1/1
Lymphadenopathy	0/0	1/1	1/1
Thrombocytopenia	0/0	1/2	1/2
Endocrine disorders	0/0	1/1	1/1
Cushingoid	0/0	1/1	1/1
Eye disorders	1/1	1/1	1/2
Cataract subcapsular	1/1	0/0	1/1
Scleral cyst	0/0	1/1	1/1
Gastrointestinal disorders	0/0	1/4	1/4

Note: Only Observations with TRTEMFL=Y are included in the table. The number in the front of / is number of subjects who have certain adverse event, the number after / is the total number of adverse events occurred.

图 7-38

再对比之前的 shell，发现所有的数字、分组、文字、格式都已经对应，我们可以说这个表格制作完成。那么从制作过程中我们可以学到什么呢？能否能把这种思路推广一下呢？让我们在下一节继续讨论。

7.3.5 总结与思考

本节案例选取的是临床试验常见的副作用分组统计表，它的结构是层级化分组计数表。针对这种表格，我们的思路是首先完成它对应的数据集，然后完成表格。

在完成数据集时，应该从表格结构出发，让数据集的结构与表格结构相互对应，然后思考数据集想要形成这样的结构应该有哪些操作，需要用到什么函数和步骤，直到最初的数据集。因此这是一个典型的“逆向思考，正向操作”的案例，如图 7-39 所示。笔者特意选择此案例也是为了告诉读者，生成统计报表数据集的思维方式。

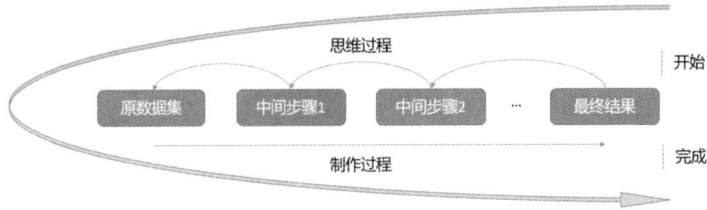

图 7-39

当然，以上案例仍然只是管中窥豹，我们所用到的 proc report 相关的语句和选项比起这个庞大复杂的体系来说只有十分之一，但学习应当讲究详略得当，很多 proc report 的语句和选项使用的机会非常少，几乎只适用于特定行业特定种类的几个报表，如果花费大量时间学习其实得不偿失。

笔者更建议初学者将本案例中包含的内容逐步消化理解，诸如 style、group、compute、escapechar 等概念几乎在每张报表之中都要用到，做到不用查书、直接写出，可以显著提升工作效率。

关于表格的生成方式和案例这两节已经介绍得比较清楚，从下一节开始我们看一看比表格更具有直观性的图形如何在 SAS 中创建。

7.4 变身艺术家：使用 SAS 绘图

图形是比表格更直观的数据可视化方式，很多时候数据可视化被狭义地理解为使用点、线、柱等图形直观地展示数据数值、频度、百分比等统计量的方式。

之所以要将数据转化为图形显示，是因为人类的大脑对于图形的处理能力要比对数字的处理能力更强。人类的老祖先智人在数亿年前的时候就需要对复杂的图像进行处理，比如，今天打的两只鹿哪只更大，今年谁家收获的小麦更高，这些都可以有效地提升生存质量。随着一代代进化，对于图形的快速理解能力已经刻画在了人类基因之中。相反，数字的出现却是很晚的事情，而且即使不会计算和比较数字也不会对生存有巨大的影响。因此直到现在，人类对于数字的理解需要逻辑思维才能完成。

正是由于这个原因，图形化数据成为数据分析一个很重要的分支。图形化不仅仅是将数据集中变量的数值用某种图显示出来这么简单，它是对数据的最终呈现，需要根据场景、需求、资源等选择最合适的图形化方法。

场景是图形化过程中经常要考虑的一个情况。有时我们会见到各种配色鲜艳、效果炫酷的数据可视化，例如我们前面讲到的图 7-1。但这些可视化方案不一定适用于所有场景，如果是给小学生讲解，炫酷的效果可能会分散他们的注意力，如果是给老年人做报告，这些特效又可能让他们无法第一时间抓住重点，反而使用朴素的白底黑字的图片更能让可视化被人理解。这就是可视化应用的场景。

需求是驱动可视化的基础。以临床试验数据分析行业为例，所用到的统计图表无非是几种：瀑布图、蜘蛛图、生存率折线图等，在多年的实践中药厂已经与审核部门达成默契，这些图形辅助以必要的说明可以最简洁清晰地讲清楚药物的安全性和有效性，如果某位 SAS 程序员发明了一种图形化的方法，非要应用于某款临床试验分析中，最可能的结果就是遭到主管领导的当头棒喝，因为临床试验数据分析已经成为一个系统，程序员需要完成的是这个系统的需求，而非天马行空的创意。

资源也是可视化中不可忽视的一点，这里的资源可以是时间资源，也可以指系统资源。如果需要一个比较急的报表，这张报表只是用于辅助决策和敲定大致方向，分析师完成任务的核心就是速度快，而非思考良久去打磨、美化这张报表。系统资源指很多时候计算机的算力资源有限，生成的报表不能占据过多的系统资源。

总而言之，图形可视化必须在考虑场景、需求和资源的情况下，尽可能地将数据展示得清晰、美观。

SAS 中制作图形的功能非常多，笔者粗略一数就有 20 多种常用的 proc，每个 proc 都适用于不同的图形，如果全部讲解可以直接写一本书。本着结构化、场景化的编写目的，笔者将从两个最常用的 proc 讲起，与读者一起学习在 SAS 中生成图形的思路与方法，然后再推广到一般情况，简略描述主要图形功能的使用方法。

7.4.1　proc gchart——方便的绘图工具

proc gchart 是绘制简单图形最方便的工具，它可以绘制柱状图、饼状图、块状图、星图等常见的可视化图形。它的基本语法如下：

```
proc gchart data=数据集 <选项>;
    图形名　变量 / <选项>
run;
quit;
```

其中"图形名"可以是 vbar（纵向柱状图）、hbar（横向柱状图）、pie（饼状图）等。与一般的 proc 有所区别，proc gchart 使用 run;和 quit;结尾，因为这是一个复杂 proc，可以在同一个 proc 中输出多个图形，所以 run 表示图形输出完毕，quit 表示整个 proc 结束。

首先使用 proc gchart 输出 sashelp.cars 数据集中不同 type 车辆的记录数：

```
proc gchart data=sashelp.cars;
    vbar type;
run;
quit;
```

输出结果如图 7-40 所示。

在之前的学习中，我们曾多次拿 sashelp.cars 作为例子，并研究 type 变量，但相比起数值，很明显图形具有更强的视觉性，通过这个数据可以看出 type=Sedan 即轿车的记录数量远高于其他类型，甚至超过了其他类型之和。

该图的纵坐标是符合该组的记录出现的次数，Sedan 的次数超过了 250 次。如果希望显示百分比，则可以将 type=percent 作为选项放在 vbar 语句之后。

```
proc gchart data=sashelp.cars;
    vbar type /type=percent;
run;
quit;
```

生成的结果如图 7-41 所示。

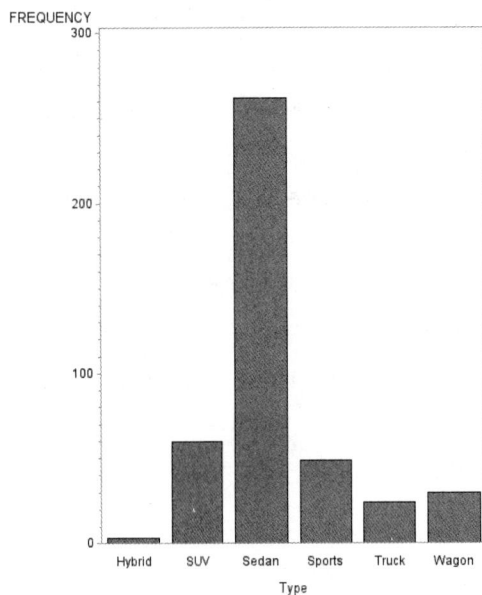

图 7-40

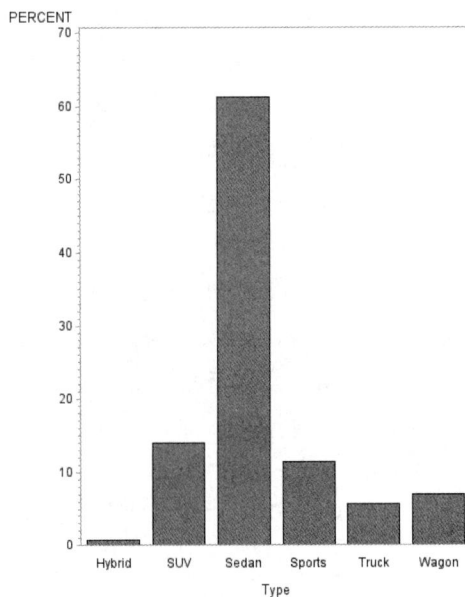

图 7-41

从该图中可以更明显地看出 Sedan 的比例超过 60%，是 2004 年美国汽车市场上最多的汽车类型。

每根柱子上还可以显示数值，例如我们希望柱状图上显示该分组下车辆价格的平均值，则使用 sumvar 选项，它可以指定总结变量，后面跟随总结变量的统计量，例如以下代码：

```
proc gchart data=sashelp.cars;
    vbar type /sumvar=msrp mean;
run;
quit;
```

生成的结果如图 7-42 所示。每根柱子上的数字即为该组分类的平均市场价。

以上操作都是针对一个变量进行的分组计算，那么 proc gchart 是否有办法可以将多个变量分组呢？答案是肯定的，这就需要使用到"group="和"subgroup="选项。两者的功能都是针对 vbar 语句变量的再分组，生成更加细化的组别。不同点在于 group=是横向分组，将不同组别在横轴上列出，"subgroup="是纵向分组，将不同组别用同一根柱子的不同颜色表达出来，以下代码可以直观地反应二者的区别：

```
proc gchart data=sashelp.cars;
```

```
    vbar type /sumvar=msrp mean group=origin;
    vbar type /sumvar=msrp mean subgroup=origin;
run;
quit;
```

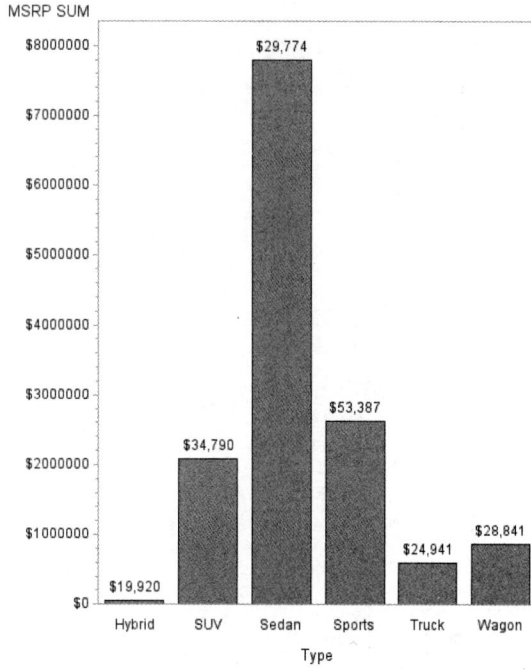

图 7-42

图 7-43 所示为“group=”选项生成的结果，图 7-44 所示为“subgroup=”选项的结果。

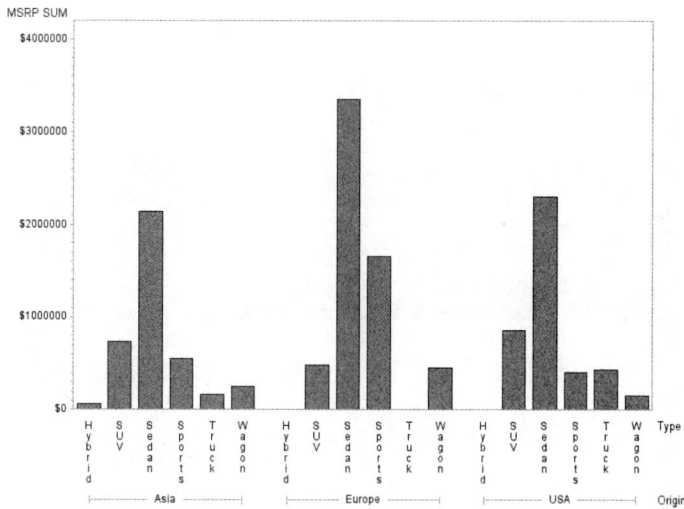

图 7-43

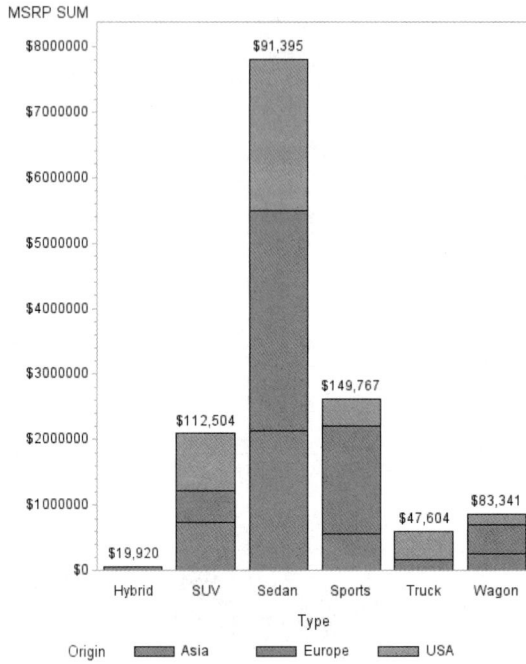

图 7-44

当然，proc gchart 可不只能生成纵向柱状图，横向柱状图、饼状图等都是它所擅长的，只不过要使用不同的语句：

```
proc gchart data=sashelp.cars;
    hbar type;
    pie type;
run;
quit;
```

生成的结果分别如图 7-45 和图 7-46 所示。

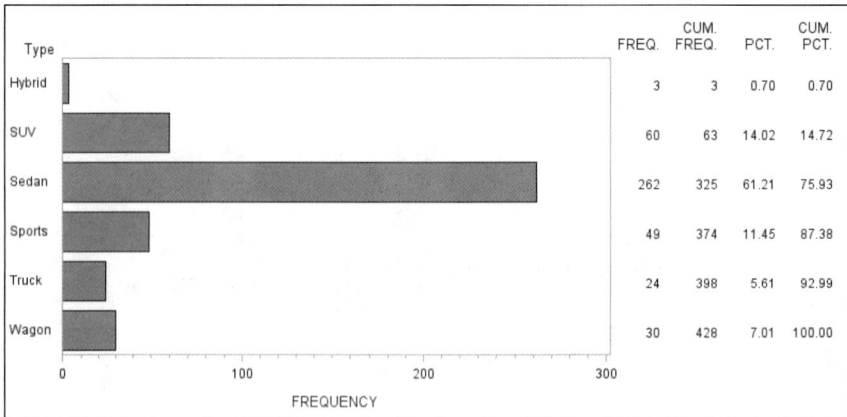

图 7-45

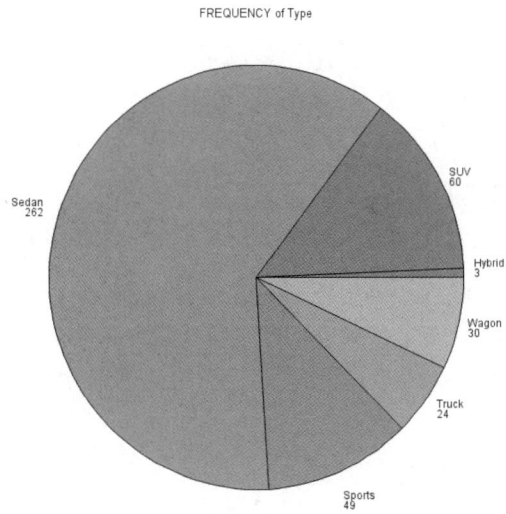

FREQUENCY of Type

图 7-46

除了这些图形，proc gchart 可以生成的图形如表 7-7 所示。

表 7-7

语　　句	图　　形	案　　例
hbar3d	3D 横向柱状图	
vbar3d	3D 纵向柱状图	
pie3d	3D 饼状图	
block	块状图	
donut	甜甜圈图	
star	星状图	

除了不同语句指定不同图形，每个语句中的功能也非常丰富。

"acorss="语句指定在同一页上生成多张不同的图形，例如 across=2 表示同一页上绘制两张图，如果不指定，SAS 默认在一张图占据独立的一页。

"other="语句指定百分数小于某个值的情况下分类被归为其他类，这样可以避免分组结果过多，other=5 表示总数占比小于 5%的分组被归为其他类，该类的名称使用 otherlabel=指定。需要注意的是该选项只能用于 pie 和 pie3d 语句下。

绘制饼状图的时候，可以使用 clockwise 指定绘制方向，clockwise 表示从 12 点方向开始顺时针依次绘制。另外，slice=inside/outside，percent=inside/outside 可以分别指定频数与百分比放在饼状图内部还是外部。

如以下代码：

```
proc gchart data=sashelp.cars;
    pie type / group=origin
         across=3
         other=5 otherlabel="Other Type"
         clockwise value=none
         slice=outside percent=inside;
run;
quit;
```

生成的结果如图 7-47 所示。读者可以与选项内容依次比对，对每个选项的意义加深记忆。

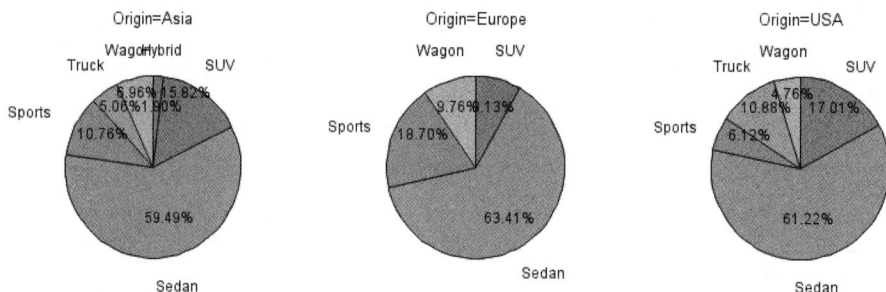

图 7-47

与饼状图类似，柱状图也有很多可供分析师改变输出结果样式的选项，笔者列出以下相对重要的内容。

- "cframe="可以指定图片区域的背景色，默认的背景色为白色（white）。例如 cfram=black 可以将背景颜色改为黑色。
- "width="和"space="选项分别指定柱的宽度和柱与柱之间的距离，"width="越大则每个柱子越厚，"space="越大则柱子之间的间隔越大。
- autoref 用于设定参考线，它会自动将轴上的整数数字用白色标出，如果希望改变参考线颜色，使用"cref="指定颜色。

例如以下代码：

```
proc gchart data=sashelp.cars;
```

```
    vbar3d type /type=percent
        width=9 space=7
        cframe=white
        autoref cref=gray;
run;
quit;
```

生成的结果如图 7-48 所示。

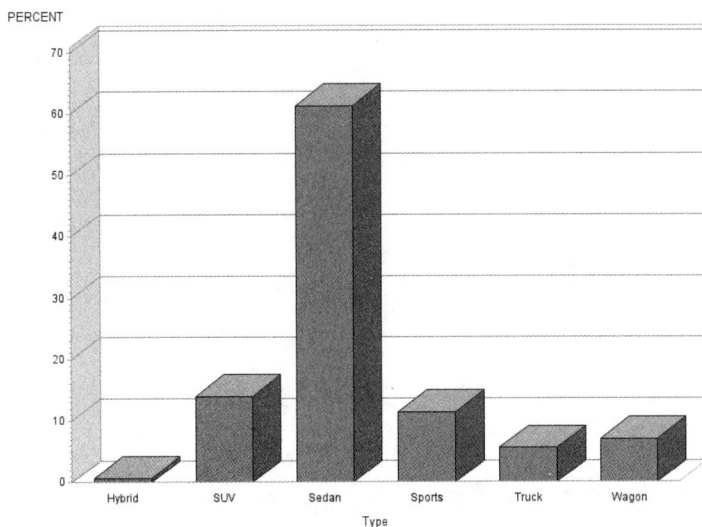

图 7-48

proc gchart 生成的图形其实还有一类很重要的自定义方法，我们还没有讲，但它需要与绘图相关选项联合使用才能有效，在后续的内容中我们再涉及。

7.4.2 proc gplot——研究趋势和变化

proc gchart 和 proc gplot 是常用的两个绘图步骤，从名字上就可以看出它们的区别：chart 意为图表，所以经常制作静态的、反映数值和比例等信息的图表；plot 可以翻译为情节、策划等，从意思上就可以看出它所做的图形更能描述变量随时间变化的情况。

如果需要描述趋势变化的情况，一般会选用散点图、折线图、气泡图等方法，这时 proc gplot 的重要性就凸显出来了。

首先看 proc gplot 的基本语法，与刚才学过的 proc gchart 相同，它们的语句都需要指定数据集与变量，还包含大量的选项，不同点在于 gplot 只能绘制一种基本图形——散点图，其他图形其实是从这个基础上加工而来的。

sashelp.air 数据集中包含两个变量，date 表示日期，air 表示该日期下国际航班的数量，现在我们需要查看 air 随 date 的变化情况，使用 proc gplot，代码如下：

```
proc gplot data=sashelp.air;
    plot air*date;
run;
quit;
```

结果如图 7-49 所示。很明显随着年份的增长，国际航班的数量从 1949 年的 100 多架次到 1961 年平均有约 500 架次。散点图可以很好地描述变量随时间或其他因素变化的趋势。

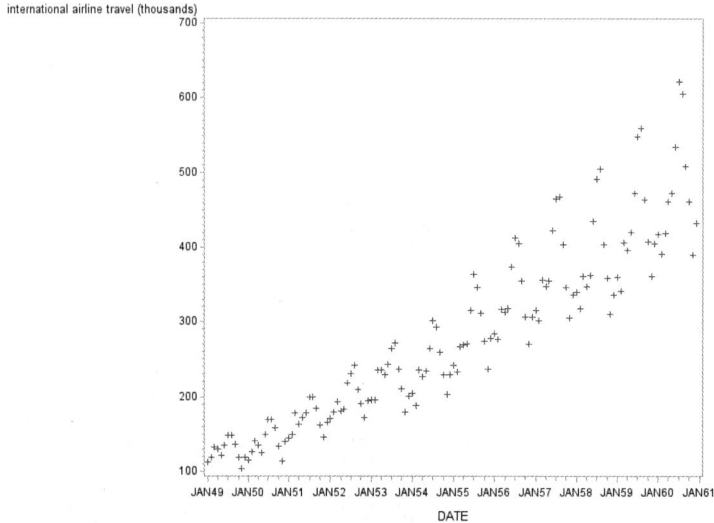

图 7-49

该 proc 还可以绘制多个分类数据的情况，语法为 a*b=c，其中 a 为纵轴变量，b 为横轴变量，c 为分类变量，以 sashelp.stock 数据集为例，代码如下：

```
proc gplot data=sashelp.stocks(where=(date>input('2000-01-01',yymmdd10.)));
    plot high*date=stock;
run;
quit;
```

生成的结果如图 7-50 所示，不同颜色的点表示不同的股票，横轴下方即为图例。

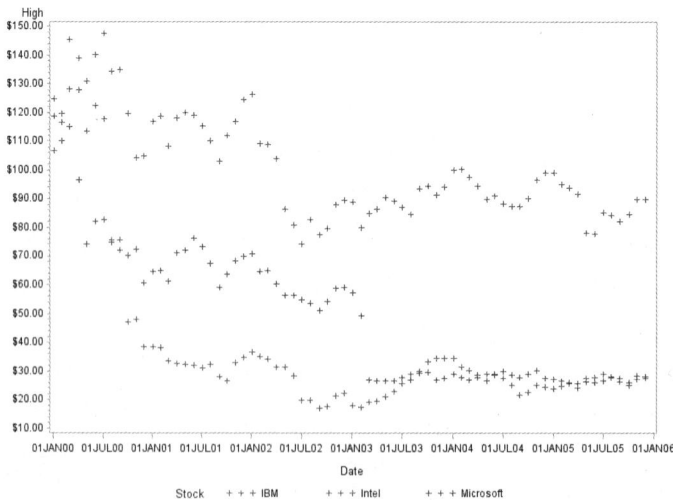

图 7-50

相信很多读者发现，散点图仍然很不适合观察变化，我们更希望用一条线把不同的点连起来，不过关于连线的画法涉及 symbol 语句，这些内容将会在下一部分讨论，现在让我们把目光集中在 proc gplot 本身。

很多时候，除了横纵两根轴，还希望图上出现副轴，以不同的单位来显示数字，比如除了左侧的股票美元价格纵轴，我们希望右侧再出现一条表示人民币价格的副轴，这样的需求可以通过两个 plot 语句完成。代码如下：

```
data stocks;
    set sashelp.stocks;
    rmb=high*7.1;
run;

proc gplot data=stocks(where=(stock='IBM' and date>input('2003-01-01',
yymmdd10.)));
    plot high*date;
    plot2 rmb*date;
run;
quit;
```

生成的结果如图 7-51 所示。

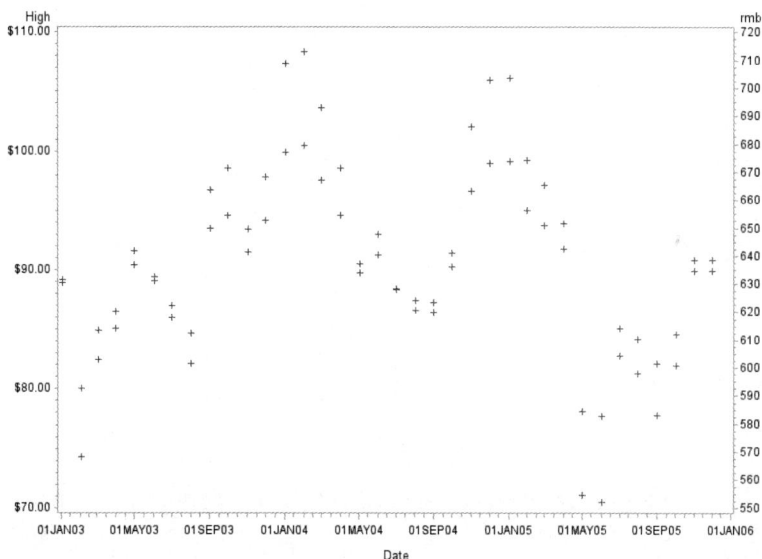

图 7-51

与 proc gchart 相同，proc gplot 也包含了大量选项，可以设置每个图形的样式，包括横纵轴范围、刻度、参考线等。

横纵轴范围默认设置是由绘图 proc 自动完成，根据数据值的范围适当留空。如果希望手动设置横轴纵轴范围，可以分别使用 haxis 和 vaxis 选项，语法为 a to b by c，a 为最小数值，b 为最大数值，c 为显示间隔。如 haxis 10 to 100 by 5 表示设置横轴范围从 10 到 100，每隔 5 显示一次数字，这样横轴上就会显示 10、15、20、25、30……这些数字。

在不显示数字的位置，SAS 会贴心地默认将每个范围平均分成几份，打上小刻度。如果不希望显示或改变份数，使用"hminor="和"vminor="选项，设置小刻度的数量。

如果某些横轴或纵轴数值非常关键，为了显示更加清晰，可以设置参考线，使用"href="和"vref="语句完成，例如"vref=50 100 150"则表示在 50、100、50 三个纵轴坐标处设置参考线。

仍然使用 sashelp.stocks 数据，只针对 2000 年开始的 IBM 股票进行操作，代码如下：

```
proc gplot data=sashelp.stocks
(where=(stock='IBM' and date>input('2000-01-01',yymmdd10.)));
    plot high*date / vaxis=50 to 150 by 10
                vref=100 120
                hminor=2 vminor=2;
run;
quit;
```

生成的结果如图 7-52 所示。读者可以对照以上介绍，依次观察每个功能是否都成功实现。

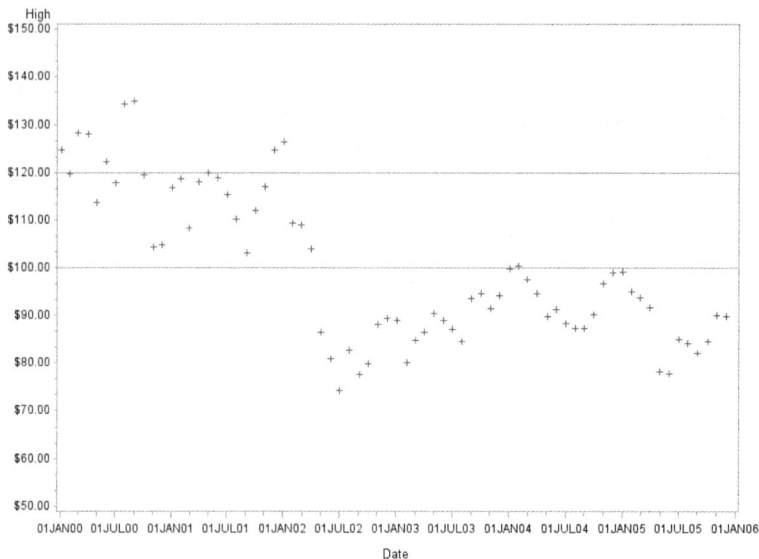

图 7-52

除了散点图，proc gplot 还可以生成气泡图，气泡图不仅包含每个点的横纵坐标位置，还使用气泡的大小来表示在该点上的第三变量的大小，因此气泡图比散点图可以容纳更多信息。

在 proc gplot 中生成气泡图的语句为 bubble，它一般按 a*b=c 的格式指定 3 个变量，其中 c 用来指定气泡的大小，代码如下：

```
proc gplot data=sashelp.stocks
(where=(stock='IBM' and date>input('2003-01-01',yymmdd10.)));
    bubble high*date=volume;
run;
quit;
```

使用了 volume 作为气泡大小的指示，生成的结果如图 7-53 所示。越大的圆圈表示该时间股票交易的总量越大。

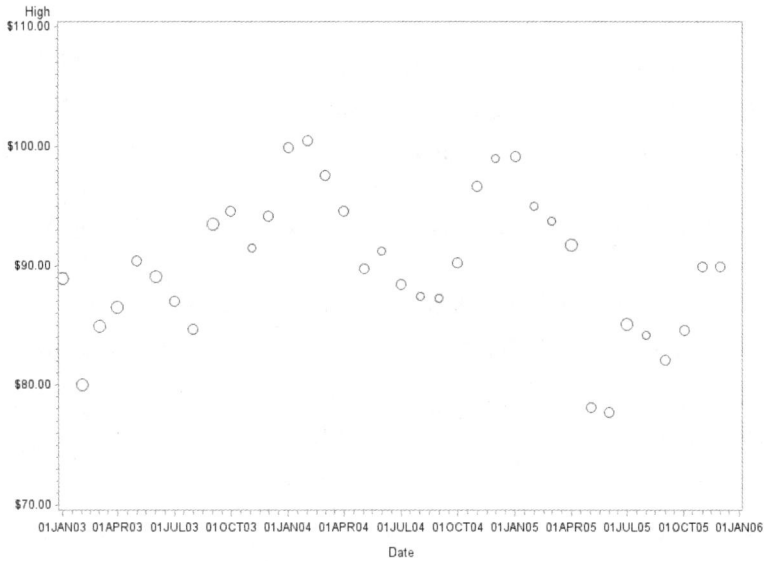

图 7-53

气泡图也有很多选项可以修改气泡的属性，blabel 可以显示每个气泡所对应第三变量的具体值，"bcolor=" 定义气泡颜色，"bsize=" 定义气泡的相对大小。

```
proc gplot data=sashelp.stocks
(where=(stock='IBM' and date>input('2003-01-01',yymmdd10.)));
    bubble high*date=volume/blabel bcolor=red bsize=15;
run;
quit;
```

生成的结果如图 7-54 所示。

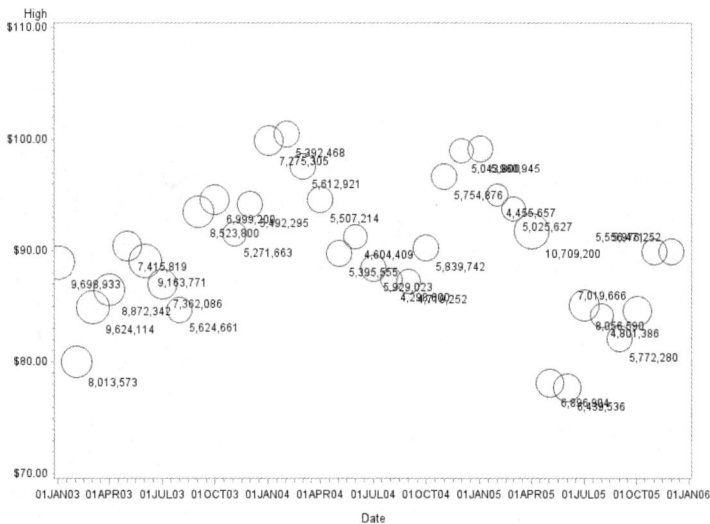

图 7-54

需要注意的是，由于气泡图的每个点占据了一定的空间，所以不适用于记录数量过多的数据，否则会让图形过于混乱。

关于 proc gplot 本身的介绍碍于篇幅限制只能到此，相信读者也发现很多生成的图形都是半成品，没有达到能够直接交付使用的情况，这是因为 SAS 绘图概念中的一大部分——goption 和 symbol 语句，我们还没有讲解。

7.4.3 自定义你的图形——goption、symbol 和其他语句

SAS 中大部分数据处理和数据分析的工作都被放在 data 步和 proc 中，它们之外的语句基本是为了辅助数据处理和分析，例如本书之前介绍的 option 语句。goption 和 symbol 语句也是如此，goption 是 SAS 的绘图选项，控制输出图形的特征，如尺寸、颜色、字体。它的使用方法也与 option 语句类似，都是暂时修改 SAS 默认的图形输出样式。symbol 语句可以定义图中出现的内容，如颜色、数据点连接方式。

两者的功能都是辅助绘图，但所定义的内容又稍有差别。如果把绘制的图形当作一幅真正的画，那 goption 定义的就是纸张，而 symbol 定义的是画笔。

首先看看 symbol 可以定义什么样的笔。在上述例子中，proc gplot 输出的都是散点图，但折线图其实更能显示趋势。将散点图变成折线图的方法是在 symbol 语句中指定"interpol="，"interpol="选项描述的是数据点的连接方式，包括 join（直线连接）、needle（纵向线）等。以直线连接为例，设定"interpol="的值后再重新运行 proc gplot。

```
symbol interpol=join;
proc gplot data=stocks(where=(date>input('2003-01-01',yymmdd10.)));
    plot high*date=stock;
run;
quit;
```

结果如图 7-55 所示。

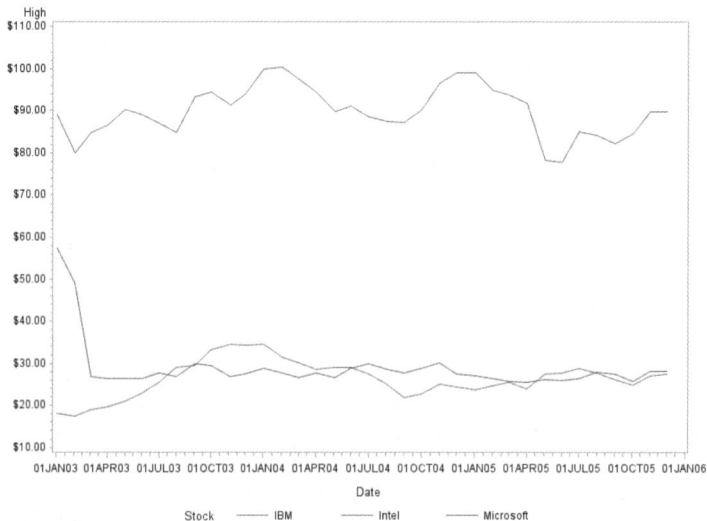

图 7-55

除了 join，interpol 中还有不同的数据点连接方式，表 7-8 是对每种连接方式的详细说明。

表 7-8

interpol=	样　　式
join	直线连接
needle	从底部延伸到数据点位置的竖线
std1/2/3	以实线连接该数据点的平均值到 1/2/3 倍标准差
l	平滑曲线连接
sm	更加平滑的曲线连接

symbol 还可以定义很多位置的颜色，ci=定义线条颜色、co=定义轮廓线颜色、cv=定义值的颜色，而 color=定义全局颜色，当其他位置的颜色没有被定义时则使用 color=的颜色。

goption 定义的内容是画布，包括画布的尺寸、文件类型等，部分内容如表 7-9 所示。

表 7-9

goption	功　　能	举　　例
device/target=	定义输出文件的格式	device=png
gsfmod=	重置或附加文件	gsfmode=replace
border	为输出结果加上边框	
xmax/ymax	定义图片最大长宽	xmax=5 in ymax=3 in
reset=	将图片选项还原为缺省值	reset=all

与 goption 相对应的，SAS 中还有一个 proc 是 goption，它用来查看和保存 goption 的设置。该 proc 不需要指定输入数据集。

```
proc goption;run;
```

生成的结果如图 7-56 所示。这也是一个比较简单的快速查看 goption 可以设置参数的方法。

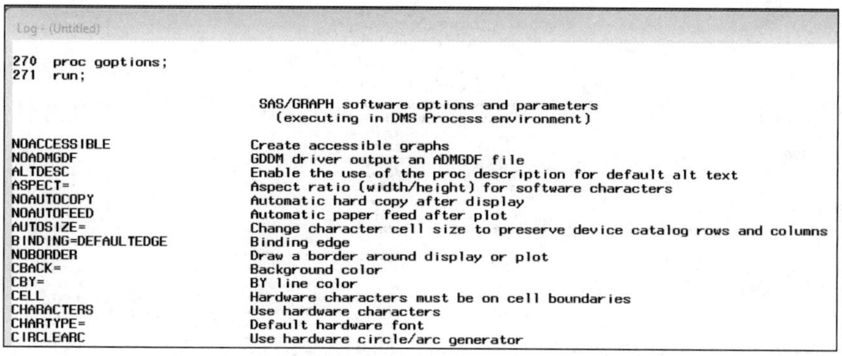
```
Log - (Untitled)

270  proc goptions;
271  run;

                                   SAS/GRAPH software options and parameters
                                      (executing in DMS Process environment)

NOACCESSIBLE                       Create accessible graphs
NOADMGDF                           GDDM driver output an ADMGDF file
ALTDESC                            Enable the use of the proc description for default alt text
ASPECT=                            Aspect ratio (width/height) for software characters
NOAUTOCOPY                         Automatic hard copy after display
NOAUTOFEED                         Automatic paper feed after plot
AUTOSIZE=                          Change character cell size to preserve device catalog rows and columns
BINDING=DEFAULTEDGE                Binding edge
NOBORDER                           Draw a border around display or plot
CBACK=                             Background color
CBY=                               BY line color
CELL                               Hardware characters must be on cell boundaries
CHARACTERS                         Use hardware characters
CHARTYPE=                          Default hardware font
CIRCLEARC                          Use hardware circle/arc generator
```

图 7-56

除了 symbol 和 goption，还有一些全局语句可以用于绘图，例如 title、footnote、axis，它们的特点是既可以在 proc 中出现，也可以作为全局语句。在全局语句的 title、footnote 中，除了可以设置表头、脚注的内容，还可以对其样式进行单独的设计，而 axis 语句定义的轴可以在 proc gplot 和 proc gchart 的选项中直接引用。例如以下代码：

```
axis1 order=(10 to 150 by 10)
    label=("Stock Price" justify=rifht "High") major=(height=2) minor=
(height=1);
    symbol interpol=join;
    title1 "Stock Price Change by Year" h=8 ci=blue;
    title2 "IBM" h=6;
    proc gplot data=stocks(where=(stock='IBM' and date>input('2003-01-01',
yymmdd10.)));
        plot high*date/vaxis=axis1;
    run;
    quit;
```

该段代码使用了 axis1 设定轴参数、symbol 设定数据点连接方式、title 设定表头，生成的结果如图 7-57 所示。

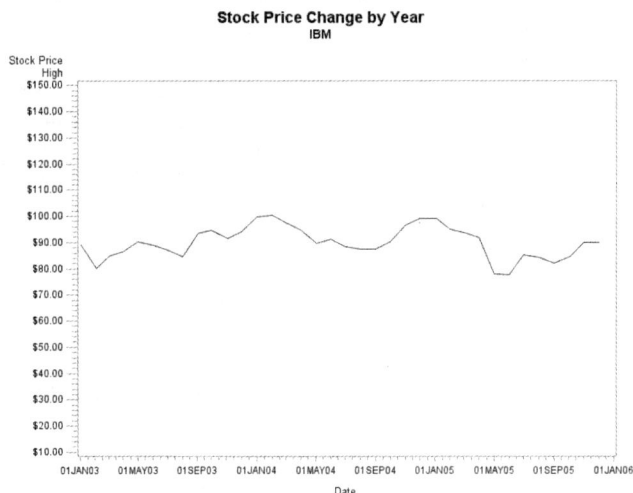

图 7-57

绘图辅助工具本身并不能进行图形的创作，但它们可以设定图形中某部分的样式，做到一处改变，处处改变，并且 symbol 和 goption 中的一些选项本身就可以改变图形，使其更符合我们的需求。

7.4.4　其他常用的绘图 proc

最后介绍一下其他常用的绘图 proc，与 proc gplot 和 proc gchart 相对详细的介绍不同，这些 proc 我们只讲解基本的语法和功能，深入和展开需要交由读者自行完成。不过绘图类 proc 的很多语法有共通之处，比如 h 代表横轴、v 代表纵轴，当需要绘制多个图形时可以直接在绘图语句后加 1/2/3 等，它们的结构也比较相似，都是图形名+变量/选项的格式，无形中为我们触类旁通地学习其他 proc 打下了基础。

如果希望创建折线图与直方图同时出现的形式，一般使用 proc gbarline，其中 bar 语句用于创建直方图，plot 语句创建折线图，语句内的选项语法与 proc gplot 和 gchart 相同。例如，我们希望输出股票价格随日期变化的直方图和交易量随时间变化的折线图，运行以下代码，分别使用 bar 和 plot 语句指定变量。

```
symbol value=dot;
proc gbarline data=sashelp.stocks
(where=(stock='IBM' and date>input('2004-01-01',yymmdd10.)));
    bar date/discrete sumvar=high mean;
    plot/sumvar=volume;
run;
quit;
```

生成的结果如图 7-58 所示。

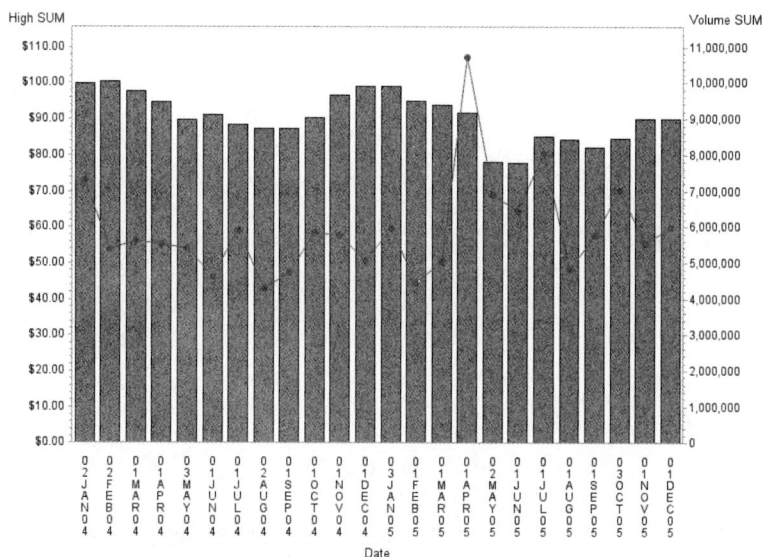

图 7-58

这种在一张图内使用不同类型的方式被称为复合图。复合图常用于多个不同类型的变量随时间变化的情况。

如果需要比较多个类型相似变量的情况，有一种图形非常适合，它被称为雷达图或蜘蛛图。它将不同变量的值放在同一张图的不同方向，用偏离中心点的举例来表现数值的大小。一般的统计分析工具创建雷达图的方法比较复杂，而 SAS 的 proc gradar 可以直接创建出雷达图。

使用 sashelp.failure 数据集为例，运行以下代码：

```
proc gradar data=sashelp.failure;
    chart cause /freq=count overlayvar=process
        cstars=(red, blue)
        wstars=2 2 lstars=1 1
        starcircles=(0.5 1.0) cstarcircles=ltgray;
run;
quit;
```

chart 语句用于指定分类变量，后面的选项中，"freq="指定表示频数的变量，"overlayvar="指定分组变量，因为 process 变量中有两个值，所以在生成的结果中有两张在同一图片下的雷达图结果，"wstars="和"lstars="分别定义线的宽度和样式，"starcircles="定义圆圈出现的位置，本例中为 50%和 100%的位置出现圆圈，"cstarcircles="定义圆圈颜色，本例为浅灰色。

生成的结果如图 7-59 所示。

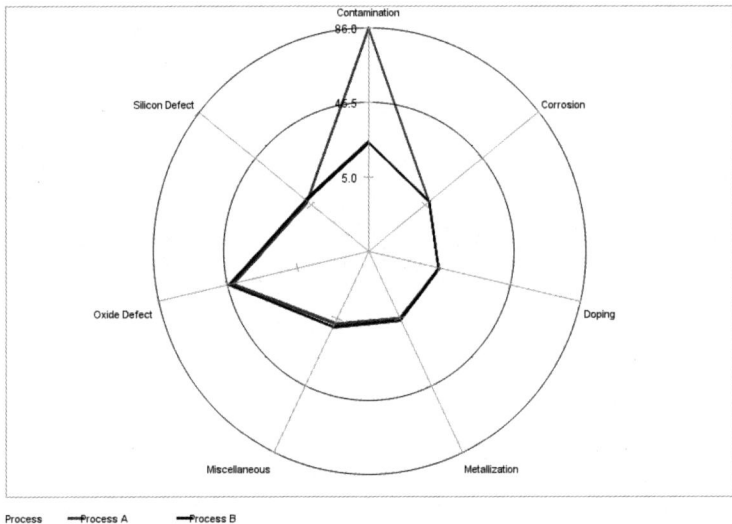

图 7-59

雷达图的使用也有一定的局限，如果 chart 指定的变量值过多，那么每个值所分到的角度会很小，数值无法清晰显示，原则上雷达图研究变量的值不能超过 6 个。

很多数据都与地理位置相关，例如快递公司按照地区的货物收发量、外卖公司收集到的不同城市人群食品偏好，如果能把这些数据还原到原本的地图中，展示效果会非常好。

Proc gmap 就可以简单快捷地实现上述功能，不过仅仅依靠数据还不够，proc gmap 还需要使用"map="指定地图数据，在 SAS 自带的 map 库中就包含了世界主要国家和地区的地图数据，在运行时 proc gmap 先根据地图数据绘制地图形状，然后使用我们的数据进行填充。

这里使用 sashelp.demographics 数据集，将欧洲国家的人口数量绘制在地图上。

```
proc gmap data=sashelp.demographics(where=(cont=93)) map=maps.europe all;
   id id;
   block pop;
run;
quit;
```

　　proc gmap 中的 all 选项指定输出结果包含所有"map="数据集中的信息，即使"data="
数据集未包含该地区数据。id 语句是必须的，它是"map="和"data="数据集共同存在
用于指定二者连接的变量。生成的结果如图 7-60 所示。

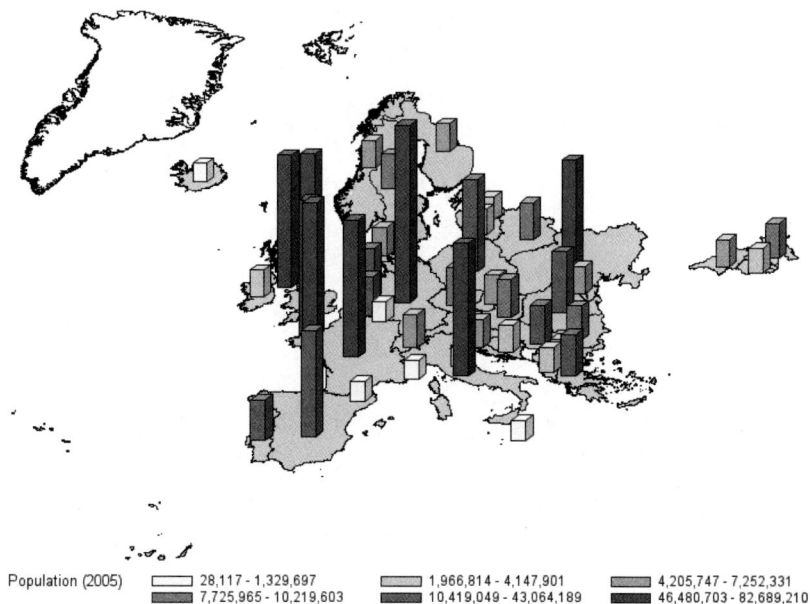

Population (2005)　█ 28,117 - 1,329,697　　█ 1,966,814 - 4,147,901　　█ 4,205,747 - 7,252,331
　　　　　　　　　█ 7,725,965 - 10,219,603　█ 10,419,049 - 43,064,189　█ 46,480,703 - 82,689,210

图 7-60

　　很多时候区域图的绘制非常浪费时间，主要原因是数据中的地区以名称形式显示，
需要额外的工夫将其转化为与地图数据集对应 ID 的位置信息，但数据集一旦成型，
使用 proc gmap 可以非常简单地制作出精美漂亮的区域图，大大增加数据分析结果的
直观性。

　　如果数据不仅涉及平面地图，还包含海拔等信息，可以使用 proc g3d 将每一个数据
点还原成三维坐标并绘制出 3D 图。以 sashelp.lake 数据集为例，该数据包含一个湖泊的
长宽和深度坐标点，使用 proc g3d 将其还原为 3D 地图的形式。

```
proc g3d data=sashelp.lake;
   plot width*length=depth/side tilt=30;
run;
quit;
```

　　使用 plot 指定三维坐标对应的变量，side 选项表示显示边缘部分，"tilt="定义倾斜

角度，默认角度为 70 度。生成的结果如图 7-61 所示。

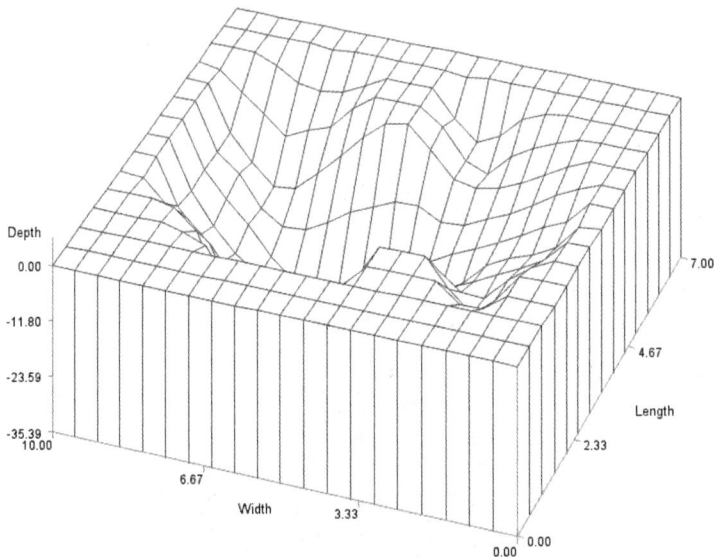

图 7-61

除了地图数据，某些一个因变量同时受两个自变量影响的数据也可以使用这种方法展示，它的好处是更容易找到因变量关于自变量的改变情况。

从以上介绍中，我们可以了解 SAS 绘图的一个难点和一个优点。SAS 绘图的难点在于 proc 众多，每个 proc 可以擅长绘制的图形都不同，这给我们的记忆带来了很多不便，笔者建议首先掌握常用图形的制作方法，如 proc gchart 和 proc gplot，它们可以覆盖 90% 的工作情况。如果遇到剩下的 10%，在 SAS 官方文档、论坛中寻找支持和帮助。

SAS 绘图的优点同样显而易见，虽然不同的 proc 语句有所不同，但语法基本相同，掌握一个很容易触类旁通，每个 proc 主要的区别在于特定的选项，只要在实践中注意积累，SAS 绘图的能力可以很快得到提升。

为了加强读者的记忆，与 proc report 相同，笔者在下一节准备了一个真实工作中的案例，让我们看看在工作中制图除了以上的操作以外还需要注意的情况。

7.5 实战案例：绘制生存曲线

在开始本节实战案例的学习之前，希望各位读者已经掌握一系列绘图 proc 的基本语法以及辅助绘图语句的用法。本节将使用临床试验中经常用到的生存曲线作为案例，介绍一下工作中绘图的基本方法。

首先说结论，学完本节你会发现，与制作表格相同，工作中绘图的大部分时间也会花在数据集处理上，只要有结构良好、变量齐全的数据集，绘图相关的程序占比其实并不高。但这并不表示 SAS 绘图和制作表格是"傻瓜式"操作，相反数据分析师需要有全面统筹的能力，可以快速地抓住输出图形的特点，创建合适的数据集。

本节我们从基本概念入手，首先介绍什么是生存分析和生存曲线，然后一起了解数据集的结构并拆解任务，之后一步步完成代码。

7.5.1　什么是生存分析

在 6.6 节介绍 proc lifetest 时，我们简述了生存分析的概念和生存函数的特征，简而言之，生存函数是一个单调非增函数且随时间发展逐步降为 0，通过观察生存函数曲线的变化情况，就可以了解每个时间点的生存率和不同分组间生存状况的差异。

比较生存差异的方法其实很多，为什么生存分析是最好的一种呢？直接比较 30 天生存率、1 年生存率难道不可以吗？考察从开始点到一定时间之后的生存率确实是一种方法，但它的缺点在于过分简单。比如两组参与试验的患者，一组全部在 15 天之内死亡，另一组则在 200 天内全部死亡，如果比较 200 天的生存率，会发现它们没有差别，但很明显第二组比第一组平均多生存至少半年，因为生存率只能以一段时间作为参考，是一个确切的数字，无法表示生存的变化。

生存曲线却不同，当每个患者死亡后曲线都会有一个下滑，根据下滑出现的位置就可以了解患者在整个时间线上的生存情况。生存曲线要求生存率在时间 0 点为 100%，在时间趋向于无穷点趋向于 0，但很明显临床试验不可能永远做下去，现实中的情况也比理论上要复杂百倍。以临床试验为例，我们来看看可能出现哪些复杂的情况。

第一个常见的情况就是患者失联，有些患者在开始服药后因为各种原因找不到了，可能是死亡、病重，也可能就是不想联系医生，这些患者究竟是否去世我们不知道，如果把失联患者直接算成死亡，会导致生存曲线大幅降低。

第二种情况是意外死亡，比如患者参与的临床试验是针对肝癌的，但在试验过程中患者因为机动车事故去世，这种情况下如果不考虑原因将死亡直接记录，也会导致数据不准确。临床试验数据分析的目的是为了获取准确的药物安全性和有效性的信息，所谓最准确，就是既不能夸大，也不能缩小，而是要尽量精确。

为了保证分析结果的精确，除了生存曲线本身，我们还需要将患者情况变化的结果记录到 censor 变量中。censor 的中文意思为审查、检查，用来标记某患者的存活与死亡情况，如果出现既不是存活也不是死亡的情况，需要用不同的值区分开来，例如 0 表示死亡，1 表示实验结束后仍然存活，2 表示失联。

当然，生存分析不仅限于临床试验，在市场分析、生物学、金融学等都有重要的应用。

7.5.2　案例背景与资源分析

本案例选取某药物二期临床试验的 ADaM 数据集中的部分变量，要求使用这些变量制作符合 shell 文档的生存曲线图。ADaM 数据集指符合 CDISC-ADaM 标准的统计分析用数据集，该标准可以保证数据集不用经过任何复杂运算直接生成统计分析图表。

首先我们来看看数据集，该数据集总共有 45 条记录和 15 个变量，使用 proc contents 查看变量基本信息，如图 7-62 所示。

#	Variable	Type	Len	Format	Label
				Variables in Creation Order	
1	STUDYID	Char	11		Study Identifier
2	USUBJID	Char	20		Unique Subject Identifier
3	AGE	Num	8		Age
4	SEX	Char	1		Sex
5	ETHNIC	Char	30		Ethnicity
6	SAFFL	Char	1		Safety Population Flag
7	ITTFL	Char	1		Intent-To-Treat Population Flag
8	TRTA	Char	18		Actual Treatment
9	TRTAN	Num	8		Actual Treatment (N)
10	PARAM	Char	200		Parameter
11	PARAMCD	Char	8		Parameter Code
12	AVAL	Num	8		Analysis Value
13	ADT	Num	8	YYMMDD10.	Analysis Date
14	CNSR	Num	8		Censor
15	EVNTDESC	Char	40		Event or Censoring Description

图 7-62

其中与分析相关的重要变量为 USUBJID、TRTA、TRTAN、AVAL、CNSR 和 EVNTDESC。USUBJID 是患者的 ID 号，在一个临床试验中每名患者拥有独立的 ID 号，TRTA 和 TRTAN 是患者的分组信息，该试验包含两个分组，Treat 试验组和 Placebo 对照组，AVAL 是被记录的生存天数，注意如果患者失联，那么 AVAL 的值是从试验开始到失联前最后一次回访的天数，如果直到试验结束患者仍然存活，那么 AVAL 就是从试验开始到试验结束的天数，所以这些患者并非全部死亡，具体是什么情况需要看 CNSR 与 EVNTDESC 变量。

CNSR 为 censor 审查变量，用来标记 AVAL 的意思，本案例中 censor=0 表示患者死亡，censor=1 表示患者直到试验结束尚未死亡，这些描述在 EVNTDESC 变量中可以找到。

知道了项目的起点，还需要知道项目的终点，即我们需要做出什么样的表格，这就需要查看 shell 文档。与表格不同，图形的 shell 文档虽然会包含所有需要体现在图上的内容和样式，但图形本身的形状无法完全对应，因为 shell 文档是在分析报表制作之前由统计师设计，那时统计师还不知道具体的结果会是什么，如图 7-63 所示。

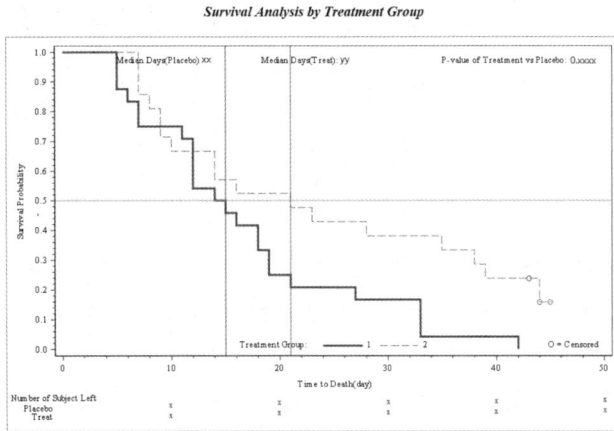

图 7-63

拿到模板的 shell 文档后，我们首先要将它拆分，观察每一部分的结构和格式，反向思考它的内容应当如何生成。例如该图表可以拆解为多个部分，如图 7-64 所示。

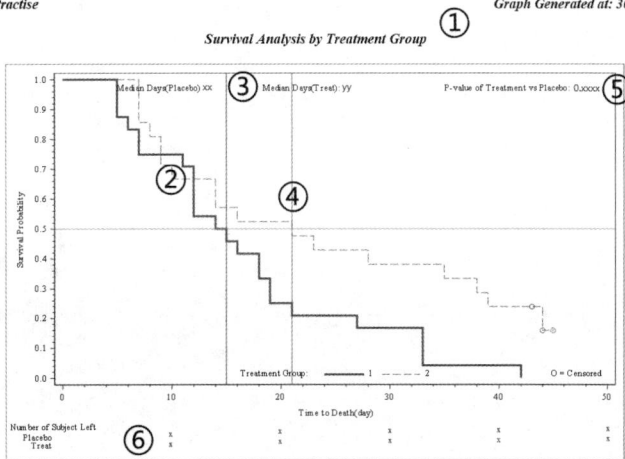

图 7-64

①为表头，使用 title 语句定义，需要注意的是右上角的日期时间，可以使用 %sysfunc(date())函数和%sysfunc(time())函数获取。

②为折线主体部分，在之前我们学习过生存分析的专用 proc——proc lifetest，使用它可以直接生成生存曲线，但该生存曲线无法自定义很多内容，所以我们的策略是导出 proc lifetest 生成的数据集，然后使用专门的绘图工具生成结果，所以这需要用到 ODS 相关功能。

③为 Median Day，即不同分组的中位数生存天数，这个数字很重要，它能够有效地概括试验组和对照组的生存差异情况，因为它们只出现在表格上方，所以用宏变量记录它们是更好的选择。

④是中位数生存天数的图示。

⑤是 p 值，它表征试验组和对照组差异性的显著程序。注意到脚注中提示使用 log-rank 检验方法获取 p 值，该结果在 proc lifetest 中会生成，也需要使用 ODS 导出。

⑥是每个时间点的存活数量，相比起图形，数字的对比更加具体。

⑦为脚注，使用 footnote 语句可以完成。

任务拆解后我们发现该图形的核心仍然是数据集，只要做出结构合理的数据，再使用绘图工具进行制作即可。

7.5.3　实战操作

首先我们将数据集读取进来并且只保留有用变量，这一步的目的是让数据集看上去更加轻巧，方便后续的检查。需要研究的核心变量是 AVAL，它的范围从 5 到 45 天，那么横轴要达到 50，每 10 天进行分隔，所以需要自定义横轴坐标。因为现在还不涉及绘图，所以先将横轴最大坐标放置到宏变量中，方便之后使用。

```
data adtte;
    set adam.adtte;
    where aval ne .;
    keep usubjid trtan trta aval cnsr evntdesc;
run;

*** maximum value for at-risk and for on x-axis ***;
proc sql noprint;
    select max (aval) into: max1val from adtte;
quit;
data _null_;
    if &max1val<=round(&max1val,10) then
        call symputx ('max2val',round(&max1val,10));
    else if &max1val > round(&max1val,10) then
        call symputx ('max2val',round(&max1val,10)+10);
run;
```

首先获取 AVAL 的最大值，然后对最大值四舍五入，分别讨论结果是被四舍还是五入，重新设定最大值。

下一步是使用 proc lifetest 进行生存分析，方才我们提到，proc lifetest 在本项目中只用来分析，并不担任生成图形的功能，为了获取相关数据集需要使用 ODS 语句，首先打开 ods trace 并运行 proc lifetest 查看日志，发现很多数据集被生成，如图 7-65 所示。

```
Output Added:
-------------
Name:        ProductLimitEstimates
Label:       Product-Limit Estimates
Template:    Stat.Lifetest.ProductLimitEstimates
Path:        Lifetest.Stratum1.ProductLimitEstimates
-------------

Output Added:
-------------
Name:        Quartiles
Label:       Quartiles of the Survival Distribution
Template:    Stat.Lifetest.Quartiles
Path:        Lifetest.Stratum1.TimeSummary.Quartiles
-------------

Output Added:
-------------
Name:        Means
Label:       Mean
Template:    Stat.Lifetest.Means
Path:        Lifetest.Stratum1.TimeSummary.Means
-------------

Output Added:
-------------
Name:        ProductLimitEstimates
Label:       Product-Limit Estimates
Template:    Stat.Lifetest.ProductLimitEstimates
Path:        Lifetest.Stratum2.ProductLimitEstimates
-------------
```

图 7-65

与我们数据分析相关的 Survivalplot 用于生成折线，quartiles 用于生成中位数，Hom Tests 用于获取 p 值，使用 ods output 将它们生成数据集。顺便说一句，如果读者对某个 proc 掌握熟练，知道它们生成的数据集名称，可以不打开 ods trace，直接使用 ods output 即可。

```
ods output  Survivalplot=plotdata
        quartiles=quart
        HomTests=pval;
 proc lifetest  data=adtte  outsurv=survest  plots=survival(atrisk=0  to
&max2val. by 10);
    time aval*CNSR(1);
    strata trta;
 run;
ods output close;
```

因为使用了"plot="选项，proc lifetest 会输出生存率折线图，但观察这个图我们会发现，很多 shell 中的要素都缺失，或者位置不对，为了自定义结果的样式，我们弃置该图，继续编程操作。

对于 p 值和中位数，它们只输出一次，所以只需要放到宏变量中即可，pval 数据集包含 Log-Rank、Wilcoxon 和-2Log(LR)检验方式的 p 值，根据脚注，我们只需要选择 Log-Rank 检测的结果，quart 数据集包含每个分组的百分位点，有 25、50 和 75 三种，其中 50 百分位点就是中位数。将它们分别放置到宏变量中。

```
data _null_;
    set pval (where=(test='Log-Rank'));
    pvalue=strip(put(probchisq,8.4));
    if probchisq ne . then call symputx("pval",strip(put(probchisq,8.4)));
 run;
```

```
%put &pval;
data _null_;
    set quart;
if TRTA = 'Placebo' and percent=50 then call symputx ('medpl', put(ESTIMATE,
8.));
    if TRTA = 'Treat' and percent=50 then call symputx ('medtr', put(ESTIMATE,
8.));
run;
%put &medpl &medtr;
```

下一步对于 plotdata 数据集，并不需要太多的处理，只需要排序并设置标签就可以，标签内容会显示在横轴和纵轴上。

```
data plotdata;
    set plotdata;
    label survival='Survival Probability'
    time='Time to Death(day)';
run;

proc sort data=plotdata;
    by stratumnum time atrisk censored tatrisk;
run;
```

下面开始绘图，使用 proc sgrender 来完成绘图工作。proc sgrender 是一个比较特殊的绘图工具，它本身包含的参数和语句并不多，自定义输出结果的方法依靠模板 template，它的基本语法为：

```
proc sgrender data=数据集名称 template=模板名称;
run;
```

其中的模板需要通过 proc template 定义。proc template 是一个极其复杂的功能，它的功能是创建模板，所有输出的样式可以通过它指定。一般来说，每个公司都会有自己的输出模板，在工作中我们也只需要导入。本案例的模板名称为 kmplot，proc template 代码如下：

```
proc template;
define statgraph kmplot;
    begingraph;
    layout lattice / rows=2 rowweights=(0.95 0.05) columndatarange=union
                rowgutter=15;
    layout overlay / walldisplay=standard border=false
    xaxisopts=(labelattrs=(size=8)
    linearopts=(tickvaluesequence=(start=0 end=&max2val. increment=10)
                minortickcount=4 minorticks=true thresholdmax=1)
                tickvalueattrs=(size=8)) yaxisopts=(labelattrs=(size=8)
linearopts=(tickvaluesequence=(start=0.0
                end=1.0 increment=0.1) minortickcount=4 minorticks=true
viewmin=0.0 thresholdmin=1) tickvalueattrs=(size=8));
    stepplot x=time y=survival / group=STRATUMNUM name='s' lineattrs=
```

```
(thickness=3);
      scatterplot x=time y=censored / markerattrs=(symbol=circle size=0)
                              name='k' legendlabel=" ";
      scatterplot  x=time  y=censored  /  group=STRATUMNUM  markerattrs=
(symbol=circle) name='c' legendlabel=" ";
      referenceline x=&medtr. / lineattrs=(color=red);
      drawtext textattrs=(color=black size=8pt)
          "Median  Days(Treat):  &medtr."/  x=45  y=95  width=25  xspace=
wallpercent yspace=wallpercent ;
      referenceline x=&medpl. / lineattrs=(color=blue);
      drawtext  textattrs=(color=black  size=8pt)  "Median  Days(Placebo):
&medpl."/ x=20 y=95 width=25 xspace=wallpercent yspace=wallpercent;
      drawtext textattrs=(color=black size=8pt)
                    "P-value of Treatment vs Placebo: &pval."/
                    x=83 y=95 width=50 xspace=wallpercent yspace=wallpercent;
      discretelegend 's' / title="Treatment Group: " titleattrs=(size=8pt)
                  valueattrs=(size=8pt) border=false location=inside
                  halign=center valign=bottom;
      drawtext textattrs=(color=black size=8pt) "O=Censored"/
                  x=93 y=3.5 width=20 xspace=wallpercent yspace=wallpercent;
      referenceline y=0.5 / lineattrs=(color=gray);
      endlayout;
      layout overlay / walldisplay=none xaxisopts=(display=none);
      blockplot x=tatrisk block=atrisk /labelattrs=(size=8pt) valueattrs=
                  (size=8pt) display=(label values) class=stratum valuehalign
                  =start repeatedvalues =true;
      drawtext textattrs=(color=black size=8pt) "Number of Subject Left"/
                  x=0 y=130 width=20 xspace=wallpercent
                  yspace=wallpercent;
      endlayout;
      endlayout;
   endgraph;
   end;
   quit;
   run;
```

简单查看该模板，proc template 所定义的内容包括输出文件的基本参数、文字尺寸、参考线和说明内容等。proc template 将在下一节学习，现在只需要知道它创建了输出文件的模板。

%include 语句可以在一个 SAS 程序中执行另一段 SAS 程序，语法为：

```
%include"文件路径\文件名.扩展名"
```

因此在执行 proc sgrender 之前，可以先使用%cinlude 运行生成模板的代码。在 proc sgrender 之前加上 title 和 footnote 语句，可以产生表头和脚注。

```
ods escapechar="^";
options orientation=landscape nodate nonumber;
ods rtf file="U:\Project_KM\kmplot.rtf" nogtitle nogfootnote bodytitle_aux;
```

```
%include "U:\Project_KM\template.sas";
title1 j=l "SAS Program Practise"
       j=r "Graph Generated at: %sysfunc(date(),date9.) %sysfunc(time(),
time5.)";
title2 " ";
title3 j=c "Survival Analysis by Treatment Group";
footnote1 j=l "Note: P-values are based on the log-rank test for comparing
the treatment.";
proc sgrender data=plotdata template=kmplot;
run;

ods graphics off;
ods rtf close;
```

运行后生成 RTF 文档，结果如图 7-66 所示。

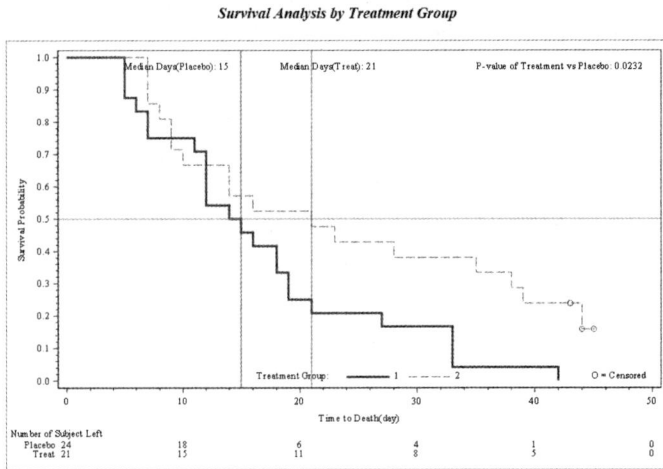

图 7-66

从该图中我们可以得出几点结论。

第一，该病症的死亡率非常高，死亡的速度也很快，在 40 天的时候，几乎 95% 的对照组和 70% 的实验组患者都已经死亡。

第二，从两道表示存活中位数的参考线可以发现，对照组平均存活 15 天，实验组平均存活 21 天。

第三，假设检验的 p 值为 $0.0232 < 0.05$，一般可以认为具有显著性，这说明实验组与对照组有差异，进一步可以得出实验药物在延长患者生存上有效。当然，药物的研究很复杂，需要考虑很多评价性指标，生存曲线只是其中之一，必须与其他安全性、有效性图表放在一起考察，才能得出全面的结论。

本节使用一个药物临床试验的案例带读者了解了图形绘制的思路和方法,我们不妨与表格制作相互对应。

两者的共同点都是数据集创建要比制图和制表本身花费更多的时间,这也说明想成为一名优秀的数据分析师,数据处理的功夫才是基础,很多表格和图形并不要求多么花哨,相反直观、清晰才是它们需要满足的第一要点。另外,制图和制表的操作思路都是逆向操作,即从结果出发,依次考虑生成每部分结果需要什么内容,从需要的内容一步步反推,直到最初的数据集。

二者的不同点是制表需要在 proc report 中考虑如何将表格的结构与需求对应起来,善用 group、compute 以及宏编程;制图则是要在众多的制图 proc 中选择最合适的一个,如果没有充分的经验,很有可能需要多次尝试。制表需要耐心,制图则更依靠经验。

当然,笔者绝不认为绘图是一座新手高不可攀的山峰,初入职场的 SAS 程序员不可能完全处理好。相反,学习制图相关的 proc 的过程对编程能力是一个很好的提升,新手 SAS 程序员应该努力把握住在实践中学习制图的机会,从他人的程序中学习并优化,善于向前辈请教,也要找到一套自己的学习方法论。

7.6 美化统计图表

在本章中,我们分别用两节篇幅,用"讲解+案例"的形式叙述了 SAS 制作统计图表和绘图的功能,相信读者对这些概念已经有了一个比较深入的了解。但笔者仍然要说,SAS 的图表功能其实远比以上所学更加复杂,本节我们就来看看如何更深入地优化统计图表,本节其实是 proc template 的全面体验。

在上一节的绘图实战案例中,我们使用了一个特殊的 proc——proc template,当时笔者仅将其语句写出,并未详细解释它的语法。其实原因很简单,正是因为 proc template 极其复杂的使用方法和多样的功能导致笔者无法在一个案例中讲透与它相关的知识点。

本节内容就是 proc template 的一个综述,虽然我们有一整节的时间和文字来探讨 proc template 的概念,但对于这样一个复杂的 proc 来说能够做到管中窥豹就已经很不错了。proc template 的语法和功能足以撑起一整本书的篇幅,SAS 前辈 Kevin D. Smith 就曾为 proc template 单独撰写过一本书,名为 *PROC TEMPLATE Made Easy : A Guide for SAS Users*,如图 7-67 所示。该书总共 233 页,条分缕析地讲解了 proc template 相关概念并提供了大量案例。

另外,网络上关于 proc template 的论文也是车载斗量,其中绝大部分都以英文创作,笔者发现这些论文的导论部分大部分都形容 proc template 的特点是 incredibly complex,并且几乎所有文章都强调,其中的内容只是 proc template 的一小部分应用,并不能代表 proc template 的全貌。从这一点也可以看出我们将要学习的这个 proc 有多么繁复。

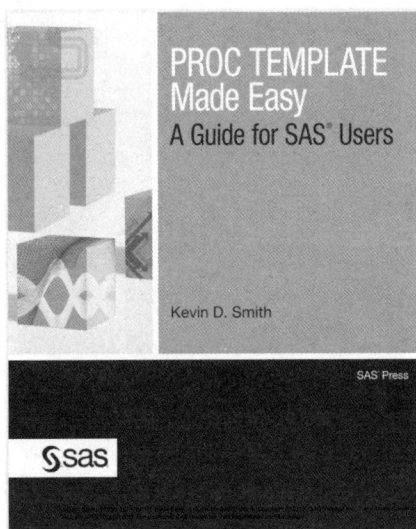

图 7-67

笔者不揣冒昧，尝试使用一节的篇幅，简要介绍一下 proc template 的语法和要点，需要说明的是，proc template 可以实现的功能很多，我们就其中的一个小知识点，即设定统计图表输出的样式来着重讲解，因为这是它最常被使用的功能。proc template 可以建立输出结果的模板，让不同的输出结果采用同一个模板输出而具有相同的样式。

下面我们将从最基础的概念开始，逐步了解 proc template 在美化输出结果上的应用。

7.6.1 输出结果与模板

在介绍 proc template 的语法之前，还是要明确它所能做的功能。很多读者可能会有疑惑：无论是 proc report，还是 SAS 各种绘图选项，已经可以非常自由地创建各种图表输出样式，为何还要使用 proc template 呢？

在这里我们不妨用画画作为比喻，proc report、proc gchart、proc gplot 等功能是教你如何运用画笔和颜料，画一个人物是要从哪里起笔、透视点如何定，这些是上述 proc 所做的内容，掌握了它们你可以成为一名合格的画家。

但我们知道，真正的艺术巨匠，往往都是开创了某些画派的艺术家，比如马奈、莫奈开启了印象派，毕加索开启了立体派，马蒂斯开辟了野兽派，安迪·沃霍尔创造了波普艺术，它们掌握的不仅仅是绘画的技巧，更是绘画的意境。在 SAS 中，proc template 的功能就是创造这种意境。如果你希望自己的图表更有表现力，使用的模板更加清晰、明确，那就需要用到 proc template。

下面我们从一个最简单的例子说起，就是模板的创建。在制作表格的时候，我们使用的都是 SAS 系统预先定义的模板，包括 RTF、HTMLBlue 等，但我们是否有一种方法可以自己创建模板并使用呢？答案自然是肯定的，不过这就需要用到 proc template 功能。

proc template 在定义模板时的基本语法为：

```
proc template;
    define style 模板名称;
        style 定义内容/参数1= 参数2= …;
    end;
quit;
```

下面我们来定义一个名为 Custom 的模板：

```
proc template;
    define style Custom;
        STYLE SystemTitle /
            FONT FACE="Arial, Helvetica, sans-serif"
            FONT SIZE=8
            FONT WEIGHT=bold
            FONT STYLE=italic
            FOREGROUND=cx002288
            BACKGROUND=cx880000;
    end;
run;
```

运行后会创建一个名为 Custom 的模板，它定义了表头的样式，各项参数从上到下依次是文字字体，在这里我们输入了 3 种字体名称，以逗号分隔，如果系统中不存在前一种字体，就使用后一种字体，依此类推。下面分别是文字大小、文字加粗、文字加斜、文字颜色和背景颜色。这里我们使用的是"cx+十六进制颜色"的表示方法，cx002288 为蓝色，cx880000 为红色。

常用颜色的编码如表 7-10 所示。

表 7-10

颜色名	十六进制	颜色名	十六进制	颜色名	十六进制
WHITE	#FFFFFF	RED	#FF0000	GREEN	#00FF00
BLUE	#0000FF	MAGENTA	#FF00FF	CYAN	#00FFFF
YELLOW	#FFF00	BLACK	#000000	AQUAMARINE	#70DB93
BLUE VIOLET	#9F5F9F	BRASS	#B5A642	BRIGHT GOLD	#D9D919
BROWN	#A62A2A	BRONZE	#8C7853	BRONZE II	#A67D3D
CADET BLUE	#5F9F9F	COPPER	#B87333	CORAL	#FF7F00
DARK BROWN	#5C4033	DARK GREEN	#2F4F2F	DARK WOOD	#855E42
DARK PURPLE	#871F78	DARK TAN	#97694F	DIM GREY	#545454
DUSTY ROSE	#856363	FIREBRICK	#8E2323	FOREST GREEN	#238E23
GOLD	#CD7F32	GREY	#C0C0C0	INDIAN RED	#4E2F2F
KHAKI	#9F9F5F	LIME GREEN	32CD32	MAROON	#8E236B
NAVY BLUE	#23238E	ORANGE	#FF7F00	ORCHARD	#DB70DB
PINK	#BC8F8F	PLUM	#EAADEA	SCARLET	#8C1717
SILVER	#E6E8FA	STEEL BLUE	#236B8E	TAN	#DB9370
TURQUOISE	#ADEAEA	VIOLET	#4F2F4F	WHEAT	#D8D8BF

现在我们的模板已经创建成功，那应该如何使用呢？

模板的使用伴随着 ODS 语句，只要在 ODS 生成外部文件时加上“style=”选项，指定使用的模板即可。下面我们使用 ODS 输出 RTF 文件，并使用刚才定义的 Custom 模板。

```
ods rtf file="U:\template\cars.rtf" style=Custom;
   proc print data=sashelp.cars;
      var make model msrp;
   run;
ods rtf close;
```

运行后生成的表格如图 7-68 所示。

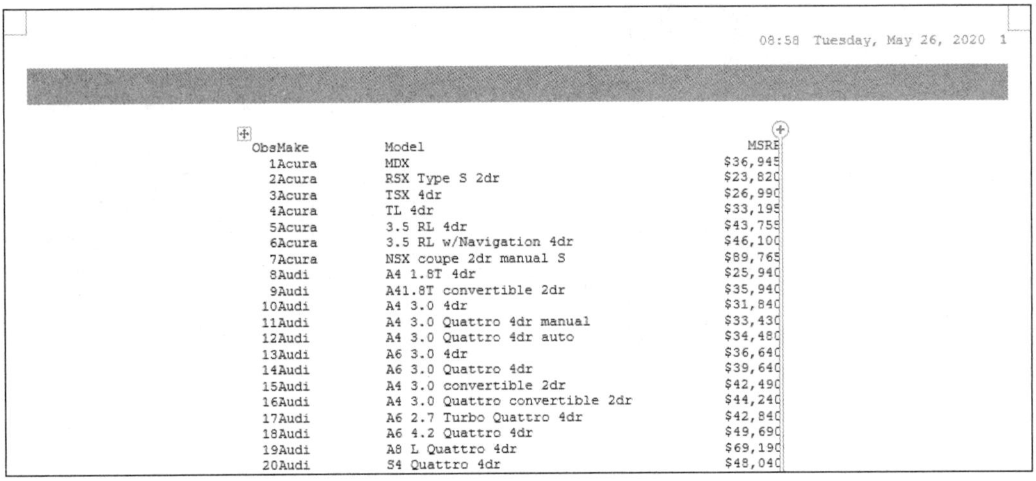
08:58 Tuesday, May 26, 2020 1

Obs	Make	Model	MSRP
1	Acura	MDX	$36,945
2	Acura	RSX Type S 2dr	$23,820
3	Acura	TSX 4dr	$26,990
4	Acura	TL 4dr	$33,195
5	Acura	3.5 RL 4dr	$43,755
6	Acura	3.5 RL w/Navigation 4dr	$46,100
7	Acura	NSX coupe 2dr manual S	$89,765
8	Audi	A4 1.8T 4dr	$25,940
9	Audi	A41.8T convertible 2dr	$35,940
10	Audi	A4 3.0 4dr	$31,840
11	Audi	A4 3.0 Quattro 4dr manual	$33,430
12	Audi	A4 3.0 Quattro 4dr auto	$34,480
13	Audi	A6 3.0 4dr	$36,640
14	Audi	A6 3.0 Quattro 4dr	$39,640
15	Audi	A4 3.0 convertible 2dr	$42,490
16	Audi	A4 3.0 Quattro convertible 2dr	$44,240
17	Audi	A6 2.7 Turbo Quattro 4dr	$42,840
18	Audi	A6 4.2 Quattro 4dr	$49,690
19	Audi	A8 L Quattro 4dr	$69,190
20	Audi	S4 Quattro 4dr	$48,040

图 7-68

可以看到，表格的标题样式修改为设定的效果，因为表格体部分没有设定任何格式，所以采取默认格式。如果需要设置表格的列名和内容区，可以在一个 define 语句块中使用新的 style 语句，下面我们来分别设置列名和内容样式。

```
proc template;
    define style Custom;
        STYLE SystemTitle /
            FONT_FACE="Arial, Helvetica, sans-serif"
            FONT_SIZE=8
            FONT_WEIGHT=bold
            FONT_STYLE=italic
            FOREGROUND=cx002288
            BACKGROUND=cx880000;
        STYLE header /
            FONT_FACE="Arial,Helvetica,sans-serif"
            FONT_SIZE=5
            FONT_WEIGHT=bold
            FONT_STYLE=roman
            FOREGROUND=cxA67D3D
```

```
                BACKGROUND=cxC0C0C0;
        STYLE data /
                FONT_FACE="Arial,Helvetica,sans-serif"
                FONT_SIZE=4
                FONT_STYLE=roman
                FOREGROUND=cx23238E
                BACKGROUND=cxFFFFFF;
    end;
run;
```

然后重新运行 ODS 命令,得到的统计图表如图 7-69 所示。

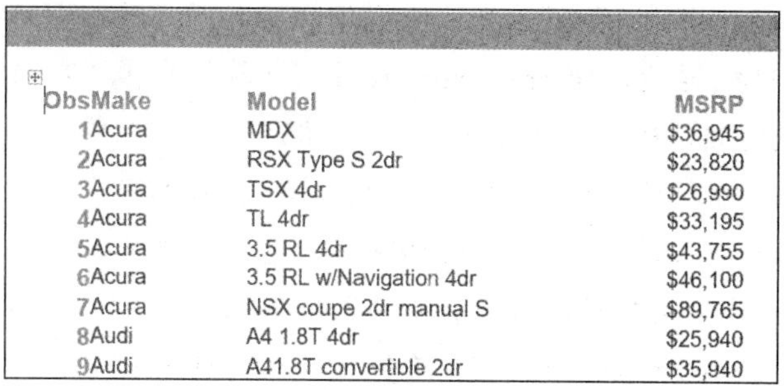

图 7-69

由于本书并非彩色印刷,图 7-69 中无法看出不同区域颜色的区别,建议读者可以复制以上代码后在自己的 SAS 程序中运行,可以发现 header 部分定义的是列名与 proc print 输出的记录序号,data 部分是定义表格内的数据。除了以上提到的部分,还可以使用 style+title、style+body 等定义表格整体样式,具体样式读者可以自行尝试。

下面我们再来说说每个部分中都可以定义的属性,常用的属性如表 7-11 所示。

表 7-11

语 句	属 性	备 注
FONT_FACE	字体	用引号括起字体名称,以逗号分隔
FONT_SIZE	文字大小	—
FONT_WEIGHT	文字加粗	—
FONT_STYLE	文字样式	包括倾斜 Italic、罗马体 Roman 等
FOREGROUND	文字颜色	可以使用十六进制颜色表示法或颜色名称
BACKGROUND	背景颜色	可以使用十六进制颜色表示法或颜色名称
CELLSPACING	单元格间隔	—
CELLPADDING	单元格填充	—
FRAME	表格外边框	用于 style table 中,可接受的值包括 ABOVE、BELOW、BOX、HSIDES、VOID 等
RULES	表格内边框	用于 style table 中,可接受的值包括 ALL、COLS、GROUPS、NONE、ROWS 等

掌握了以上知识,相信读者已经可以应对大多数模板的要求,随心所欲地编写一套

模板，规范化、结构化统计分析报表与图形了。

7.6.2 模板的设计与封装

如果你开始练习 proc template，很快会在感叹它功能强大的同时有一些烦恼。如果从头开始编写一套模板，会花费大量的时间在编写代码和调试工作之中，因为 proc template 所能定义的样式非常之多，数据分析师需要一个一个将它们定义赋值。

有 HTML 编程经验的数据分析师，会发现 proc template 与 HTML 的层叠样式表 CSS 非常相似，二者都是使用描述性语言定义页面的布局、样式等，同时它们都不能单独使用，CSS 需要与 HTML 结合，而 proc template 定义的模板也需要在 ODS 中使用。

在创建 CSS 的时候，相信大部分网页工程师都不会选择从零开始自己编写，而是会使用一些已经成型的样式表，添加或修改部分内容，让它们符合自己页面的需求。其实在 SAS 中编写模板也是如此，一般我们会选择一个已有的模板，然后对其进行有针对性的修改，最终形成一个新的模板，这就需要用到 parent、replace 等一系列语句。

首先，我们使用 proc template 定义一个模板，让它继承 RTF 模板的样式，然后用它输出图表。

```
proc template;
   define style Custom;
   parent=styles.rtf;
   end;
run;
ods rtf file="U:\template\cars.rtf" style=Custom;
proc print data=sashelp.cars noobs;
   var make model msrp;
run;
ods rtf close;
```

输出的 cars.rtf 文档如图 7-70 所示。其实它的样式就是默认的输出样式。

The SAS System

Make	Model	MSRP
Acura	MDX	$36,945
Acura	RSX Type S 2dr	$23,820
Acura	TSX 4dr	$26,990
Acura	TL 4dr	$33,195
Acura	3.5 RL 4dr	$43,755
Acura	3.5 RL w/Navigation 4dr	$46,100
Acura	NSX coupe 2dr manual S	$89,765
Audi	A4 1.8T 4dr	$25,940
Audi	A41.8T convertible 2dr	$35,940
Audi	A4 3.0 4dr	$31,840

表 7-70

下面需要对 RTF 模板进行一些修改，这需要用到 replace 语句，它的语法为：

```
replace 内容/参数 1= 参数 2= …;
```

在修改之前，首先要知道 RTF 模板现在的定义是什么，使用 proc template 的 source 语句输出 RTF 的参数。

```
proc template;
    source styles.HTMLBlue;
run;
```

查看日志，发现 RTF 定义了很多非常细节的样式，图 7-71 截取了其中一部分。

```
39   proc template;
40       source styles.rtf;
define style Styles.Rtf;
    parent = styles.printer;
    style fonts /
        'TitleFont2' = ("<serif>, Times Roman",12pt,bold italic)
        'TitleFont' = ("<serif>, Times Roman",13pt,bold italic)
        'StrongFont' = ("<serif>, Times Roman",10pt,bold)
        'EmphasisFont' = ("<serif>, Times Roman",10pt,italic)
        'FixedEmphasisFont' = ("<monospace>, Courier",9pt,italic)
        'FixedStrongFont' = ("<monospace>, Courier",9pt,bold)
        'FixedHeadingFont' = ("<monospace>, Courier",9pt,bold)
        'BatchFixedFont' = ("SAS Monospace, <monospace>, Courier",6.7pt)
        'FixedFont' = ("<monospace>, Courier",9pt)
        'headingEmphasisFont' = ("<serif>, Times Roman",11pt,bold italic)
        'headingFont' = ("<serif>, Times Roman",11pt,bold)
        'docFont' = ("<serif>, Times Roman",10pt);
    class GraphFonts /
        'NodeDetailFont' = ("<serif>, <MTserif>",7pt)
        'NodeInputLabelFont' = ("<serif>, <MTserif>",9pt)
        'NodeLabelFont' = ("<serif>, <MTserif>",9pt)
        'NodeTitleFont' = ("<serif>, <MTserif>",9pt)
        'GraphDataFont' = ("<serif>, <MTserif>",8pt)
        'GraphUnicodeFont' = ("<MTserif-unicode>",9pt)
        'GraphValueFont' = ("<serif>, <MTserif>",10pt)
        'GraphLabel2Font' = ("<serif>, <MTserif>",11pt)
        'GraphLabelFont' = ("<serif>, <MTserif>",11pt)
        'GraphFootnoteFont' = ("<serif>, <MTserif>",11pt)
        'GraphTitleFont' = ("<serif>, <MTserif>",12pt,bold)
        'GraphTitle1Font' = ("<serif>, <MTserif>",15pt,bold)
        'GraphAnnoFont' = ("<serif>, <MTserif>",10pt);
    style titleAndNoteContainer from titleAndNoteContainer /
        width = _undef_;
```

图 7-71

下面使用 replace 语句对其中的一部分内容进行修改。

```
PROC TEMPLATE;
    DEFINE STYLE acth;
    PARENT=STYLES.RTF;
    ①REPLACE FONTS /'titlefont2'=("Courier New,Courier",8pt)
    'titlefont'=("Courier New,Courier",8pt)
    'Strongfont'=("Courier New,Courier",8pt)
    'EmphasisFont'=("Courier New,Courier",8pt)
    'FixedEmphasisFont'=("Courier New,Courier",2)
    'FixedStrongFont'=("Courier New,Courier",2)
    'FixedHeadingFont'=("Courier New,Courier",2)
    'BatchFixedFont'=("SAS Monospace,Courier New,Courier", 2)
    'FixedFont'=("Courier New,Courier",2)
    'headingEmphasisFont'=("Courier New,Courier",8pt)
    'headingFont'=("Courier New,Courier",8pt)
    'docFont'=("Courier New,Courier",8pt)
    'footFont'=("Courier New,Courier",8pt);
    ②REPLACE HEADER / rules=none
```

```
      frame=void
      font=fonts('HeadingFont');
   ③REPLACE BODY from DOCUMENT "Controls the Body file." /
      bottommargin=1in
      topmargin=1in
      rightmargin=1in
      leftmargin=1in ;
   ④REPLACE HEADERSANDFOOTERS from CELL  / font=fonts('HeadingFont')
      foreground=black
      background=white;
   ⑤STYLE TABLE from TABLE /rules=groups
      frame=above
      cellspacing=0
      cellpadding=1.0
      borderwidth=0.1pt
      protectspecialchars=off;
   ⑥STYLE BODY from BODY / asis=on protectspecialchars=off;
      STYLE HEADER from HEADER / asis=on protectspecialchars=off;
      STYLE SYSTEMTITLE from SYSTEMTITLE  / asis=on protectspecialchars=
off;
      STYLE SYSTEMFOOTER from SYSTEMFOOTER / asis=on protectspecialchars=
off;
   END;
 RUN;
```

这段代码比较长，修改的内容也比较多，笔者将其分为 6 个部分，让我们依次来学习。

①部分修改的是字体，RTF 样式中定义了大量不同位置字体的样式，我们选择其中一部分进行修改，例如第一句'titlefont2' = ("Courier New, Courier", 8pt)是将 titlefont2 字体修改为 Courier New, Courier，大小改为 8 号。原本的定义是 12 号加粗加斜，修改后不仅将大小改变，而且会取消加粗、斜体。

②部分修改了表头样式，包括 rules=groups 让内边框只在分组时出现，frame=above 让外边框只出现在表格顶部，font=设置字体。

③部分修改文件的页边距，设置上下左右分别有 1 英寸的页边距。

④部分修改表头和脚注样式。

⑤部分添加 table 样式。

⑥部分则是其他一些样式的修改。

笔者并没有在这一部分着墨过多，具体介绍每一条语句定义的内容，因为设置模板样式的语句浩如烟海，几乎没有数据分析师可以完全掌握，与其花费大量时间来背诵语法，不如先掌握好基础规则，然后在实践中学习。

将以上模板语句运行，然后在 ODS 中套用该模板。

```
options orientation=landscape nonumber nodate;
```

```
ods rtf file="U:\template\cars.rtf" style=Custom;
proc print data=sashelp.cars noobs;
    var make model msrp;
    title1 j=c 'Cars Price List';
    title2 j=c '2020-05-25';
    footnote1 j=l 'The data is from sashelp.cars';
run;
ods rtf close;
```

生成的结果如图 7-72 所示。我们发现修改后的输出样式与 RTF 样式完全不同，表头、脚注、列名、内容、字体都改变了样式。

Cars Price List
2020-05-25

Make	Model	MSRP
Acura	MDX	$36,945
Acura	RSX Type S 2dr	$23,820
Acura	TSX 4dr	$26,990
Acura	TL 4dr	$33,195
Acura	3.5 RL 4dr	$43,755
Acura	3.5 RL w/Navigation 4dr	$46,100
Acura	NSX coupe 2dr manual S	$89,765
Audi	A4 1.8T 4dr	$25,940
Audi	A41.8T convertible 2dr	$35,940
Audi	A4 3.0 4dr	$31,840
Audi	A4 3.0 Quattro 4dr manual	$33,430
Audi	A4 3.0 Quattro 4dr auto	$34,480
Audi	A6 3.0 4dr	$36,640
Audi	A6 3.0 Quattro 4dr	$39,640
Audi	A4 3.0 convertible 2dr	$42,490
Audi	A4 3.0 Quattro convertible 2dr	$44,240
Audi	A6 2.7 Turbo Quattro 4dr	$42,840
Audi	A6 4.2 Quattro 4dr	$49,690
Audi	A8 L Quattro 4dr	$69,190
Audi	S4 Quattro 4dr	$48,040
Audi	RS 6 4dr	$84,600
Audi	TT 1.8 convertible 2dr (coupe)	$35,940
Audi	TT 1.8 Quattro 2dr (convertible)	$37,390
Audi	TT 3.2 coupe 2dr (convertible)	$40,590
Audi	A6 3.0 Avant Quattro	$40,840
Audi	S4 Avant Quattro	$49,090
BMW	X3 3.0i	$37,000
BMW	X5 4.4i	$52,195
BMW	325i 4dr	$28,495
BMW	325Ci 2dr	$30,795
BMW	325Ci convertible 2dr	$37,995
BMW	325xi 4dr	$30,245
BMW	330i 4dr	$35,495
BMW	330Ci 2dr	$36,995
BMW	330xi 4dr	$37,245
BMW	525i 4dr	$39,995
BMW	330Ci convertible 2dr	$44,295
BMW	530i 4dr	$44,995
BMW	545iA 4dr	$54,995
BMW	745i 4dr	$69,195

The data is from sashelp.cars

图 7-72

关于 proc template 介绍，笔者本着点到为止的原则，用很小的一个功能讲解了它的基础语法。关于 proc template，笔者更希望读者能够掌握学习它的方法论。

7.6.3　如何成为 proc template 高手

笔者在创作本书的时候，一直有一个期待，就是每一节所讲的知识点和案例可以覆盖工作中 80%的使用场景，让读者阅读并记忆后可以立即开始工作。其他章节在创作时一直秉持着这个原则，唯独到了 proc template 这里，笔者发现它的用法至少需要一章才能完全交代清楚，本节所讲的内容最多也只能覆盖一半左右的工作场景。

幸而，proc template 在我们平时工作中所占的比例不大。在一般的公司，如果对统计分析结果的样式有要求，往往会由一名或几名资深的数据分析师编写出一套模板，公司的其他组在生成统计图表时会直接调用这些模板，需要每一位数据分析师都使用 proc template 的机会其实并不多。

当然，这也并不说明读者在工作的前几年完全不会使用它。除了创建表格模板，proc template 还可以直接创建绘图背景，在上一节的案例中我们已经尝试使用，本节因为篇幅关系不过多展开。如果数据分析师被分配到绘图的任务，难免需要用到 proc template 相关功能。为了帮助大家更快地学习，笔者总结了一套学习方法。

这套学习方法按照"修改-反馈-记忆"的模型循环提升。如同笔者在上一部分展示的方法，首先将 RTF 模板读取出来，针对它的每一个元素进行修改，然后在 ODS 里套用新模板，观察输出结果与之前比有什么不同，找到的不同点即是被修改元素所对应的位置。通过这种方法可以比较全面地掌握 proc template 的主要语法。

除了自身加强学习，寻求外部资源也是一个很重要的途径。SAS 官方帮助文档提供了 proc template 的使用方法，从语法、概念到应用案例，读者可以先掌握语法和概念，然后跟随几个应用案例进行学习，最后再把几个案例当作考试，看看自己能否编写出一套符合要求的模板。

通过跟随官方帮助文档的方式学习，完成后至少可以胜任 80%的相关工作，加之平时自身的努力，相信读者可以轻松攻克 SAS 中"最复杂"的 proc。

至此，关于 SAS 创建表格和图形的知识笔者已经介绍完毕，对于 SAS 基础知识的学习也终于结束。当然，知识学习完毕只表示数据分析迈出了第一步，在下一章，让我们把这些知识串联起来，看看在具体应用场景中怎么把知识点变成知识网络。

第8章 玩转数据——常用数据分析与处理技巧

首先恭喜读者，如果你已经完整地阅读了之前的 7 章并掌握了主要的知识点，说明你已经具有了一名数据分析师基本的素质，有能力处理数据分析中的各种问题。还记得笔者在第二篇开头所说的吗？第一篇我们所学的是技，是砖块；第二篇我们要学习术，是建房。这个模型可以类比到我们很多学习的步骤中，先掌握一门知识的技术要领，这是知识点的构建，然后再将知识点串联起来形成知识网络。

但是，从知识点到知识网络的构建可不是一蹴而就的，它们中间可能有复杂的中间步骤。就像制造汽车，其实汽车怎么跑起来的原理很简单，无非是发动机将燃料的能量转化为汽车的动能，但真正制造一辆会跑的汽车可远远不止这么简单，发动机的动能要通过传动轴、主减速器、差速器最终传递到轮胎上，这些模块每一个都必不可少，而制造每一个模块都需要运用大量的力学、工程学知识。

在数据分析中也是如此，掌握了所有 SAS 编程的技巧，在面对很多问题的时候新手分析师仍然很容易束手无策，或者需要大量的时间思考解决问题的办法，这是因为解决问题需要的是知识网络的协同，而技术只是单个知识点，在它们之间缺少一些笔者称为"知识线"的东西。

知识线指用于解决某些特定问题的知识串联，它不同于知识点只局限于某个单一的技术，知识线是将知识点顺序连接在一起，形成线性思维。本章内容就是为了帮助读者建立起知识线的概念，通过 5 个在数据分析中经常遇到的场景，来帮助读者建立知识线的思维模式。在学习本章后，读者思考的问题不仅局限于某个 proc 或 data 步函数，还会将视野拉远，从全局的角度考虑如何进行数据分析。

需要说明的是，本章中的案例是笔者在工作中常见的情况，考虑到案例的通用性，笔者特意筛选了可以用于其他行业的案例，在讲解中笔者也不仅仅局限于医药行业本身，还会结合它的典型应用场景，为读者搭建一套解决一整类问题的思维方式。

8.1 设置基准线（Baseline）

基准线是数据分析中涉及与时间相关变化量的常见概念。它指在某一时间点之前的最后一条记录的数值，这个数值会影响我们对变化量的判断。

举个例子，减肥是办公室中同事经常喜欢探讨的话题，如果一个同事告诉你：我最近在减肥，现在已经 110 斤了，请问这个数字有什么意义吗？如果不考虑变化量，其实这个数字没有任何意义，因为减肥的核心不是当前体重，而是减肥前后体重的差别。如果一个人原本是 300 斤，现在减到了 250 斤，虽然仍然属于肥胖，但这样的减肥绝对是有效的。反之一个人原本是 113 斤，通过高强度锻炼和节食，一年只减到了 110 斤，那么从减重的角度而言是无效的，她可能的目标是增肌或改变体脂率。

下面我们将从基准线的概念与定义方法、SAS 中定义基准线的方法、常见问题的处理方法和生成变化量统计图表 4 个步骤来了解一系列基准线相关的知识。

8.1.1 基准线的概念与定义方法

基准线的完整定义是在某一时间点之前最接近该时间点的非空记录。这里有 3 个概念需要着重强调。

（1）时间点之前。

这个时间点往往是你开始进行实验或某些因素产生变化的开始时间点，在减肥体重的例子中，就是决定开始减肥这个时间点，因为只有这个时间点之前的体重才有作为基础值的意义，随着减肥开始，饮食、运动等因素已经产生了变化。

（2）最接近该时间点的值。

例如减肥之前我们每周都统计体重，发现体重从 130 斤开始依次下降为 125 斤、120 斤，那这时只有 120 斤这个体重才能作为基准线值，之前的记录不作考虑。这是因为基准线值往往用来计算变化情况，而变化情况是与某些因素变化相关的。

（3）非空记录。

如果记录值因为种种原因为空，在设定基准线的时候我们会主动把它舍去，改为使用其之前一个非空记录。这样做的原因仍然是因为基准线值用于计算变化情况，如果基准线值为空，变化量也无法得出，变化的百分比更是没有意义。

设定基准线至少要有 3 个变量：开始时间点、记录值与记录时间，三者缺一不可。考虑以下记录：

StartDate	TestValue	TestDate
2020-01-05	15	2019-12-15
2020-01-05	16	2019-12-24
2020-01-05	.	2020-01-02
2020-01-05	15	2020-01-06
2020-01-05	19	2020-01-15
2020-01-05	24	2020-01-23

开始时间为 2020 年 1 月 5 日，只有它之前的记录有资格被选为基准线，与开始日期最接近的日期为 2020 年 1 月 2 日的记录，但因为该记录为缺失值，所以只能继续查找，选定 2019 年 12 月 24 日的记录作为基准线。

8.1.2　SAS 中定义基准线的方法

说了这么多基准线的概念，相信读者已经快将它的定义完整地背出来了，但掌握定义可不代表会做，下面我们来说说在 SAS 中定义基准线的方法。

一般而言，在临床试验中，我们会将记录的基准线使用变量 BLFL 标注出来，如果该记录是被选中的基准线记录，则令 BLFL=Y，如果不是则留空。

下列数据为某临床试验中某患者体重的多次测试结果，如图 8-1 所示。

	STUDYID	USUBJID	VSTEST	VSSTRESC	VSSTRESN	VSDTC
1	BASELINE-001	BASELINE-001-1001	Height	94	94	2020-04-06
2	BASELINE-001	BASELINE-001-1001	Height	93	93	2020-04-12
3	BASELINE-001	BASELINE-001-1001	Height	94	94	2020-04-18
4	BASELINE-001	BASELINE-001-1001	Height	92	92	2020-04-24
5	BASELINE-001	BASELINE-001-1001	Height	91	91	2020-04-25
6	BASELINE-001	BASELINE-001-1001	Height	88	88	2020-04-30
7	BASELINE-001	BASELINE-001-1001	Height	89	89	2020-05-06
8	BASELINE-001	BASELINE-001-1001	Height	86	86	2020-05-12
9	BASELINE-001	BASELINE-001-1001	Height	84	84	2020-05-18
10	BASELINE-001	BASELINE-001-1001	Height	83	83	2020-05-24

图 8-1

其中 USUBJID 为患者编号，VSTEST 为测试内容，VSSTRESC/VSSTRESN 为测试的结果，VSDTC 为测试日期。仅有上述数据我们还不足以设置基准线，还需要知道试验的开始时间，这就需要另一个数据集的帮助了。

在临床试验 CDISC 标准中，Dm 数据集用于记录人口统计学相关的数据，其中就包括试验的开始和结束时间，图 8-2 所示就是该试验的人口统计学数据集。

	STUDYID	USUBJID	RFSTDTC
1	BASELINE-001	BASELINE-001-1001	2020-04-20
2	BASELINE-001	BASELINE-001-1002	2020-04-26
3	BASELINE-001	BASELINE-001-2001	2020-01-20
4	BASELINE-001	BASELINE-001-3001	2020-05-10

图 8-2

可以看出患者 ID 为 BASELINE-001-1001，患者试验开始时间为 2020-04-20，结合以上数据，应该将 Vs 数据集中的第三条记录 2020-04-18 作为基准线。概念已经明确，但在 SAS 中应该如何编程实现呢？

根据基准线的定义，我们很容易想到一种"掐头去尾"的定义方法，即先保留试验开始之前的数据，然后选择这些数据中的最后一条，实现代码如下：

```
data vsdm;
    merge vs(in=a) dm;
        by studyid usubjid;
    if a;
run;
proc sort data=vsdm;
```

```
      by usubjid vsdtc;
run;
data base;
      set vsdm(where=(vsdtc<rfstdtc));
            by usubjid;
      if last.usubjid;
      vsblfl='Y';
run;
data vs2;
      merge vsdm base;
            by usubjid vsdtc;
run;
```

第一步，将 Vs 数据集与包含试验开始日期的 Dm 数据集合并，注意使用 if a 只保留在 vs 数据集中存在的记录。

第二步，按照患者 ID 号和日期排序，虽然在已有的数据集中，记录已经按照该顺序排序好，但为了养成编程的良好习惯，建议读者在需要排序的地方仍然使用 proc sort 排序，避免产生意外。

第三步，保留检测时间早于试验开始时间的记录并仅保留最后一条，这里用到了 where 与 if 语句执行顺序的概念。在 3.2 节，我们提到过 where 与 if 语句的用途虽然都是筛选记录，但它们执行的位置不同，where 在 PDV 步骤之前执行，if 在 PDV 步骤之后执行，因此这段代码实际上是先筛选出试验时间早于开始时间的记录，然后执行 if last.usubjid 保留每个 USUBJID 值中的最后一条记录，并创建新变量 VSBLFL。

第四步，将第三步生成的数据集与第二步的数据集合并，这样就会只有一条记录包含 vsblfl='Y'，这条记录就是基准值，如图 8-3 所示。

	STUDYID	USUBJID	VSTEST	VSSTRESC	VSSTRESN	VSDTC	RFSTDTC	VSBLFL
1	BASELINE-001	BASELINE-001-1001	Height	94	94	2020-04-06	2020-04-20	
2	BASELINE-001	BASELINE-001-1001	Height	93	93	2020-04-12	2020-04-20	
3	BASELINE-001	BASELINE-001-1001	Height	94	94	2020-04-18	2020-04-20	Y
4	BASELINE-001	BASELINE-001-1001	Height	92	92	2020-04-24	2020-04-20	
5	BASELINE-001	BASELINE-001-1001	Height	91	91	2020-04-25	2020-04-20	
6	BASELINE-001	BASELINE-001-1001	Height	88	88	2020-04-30	2020-04-20	
7	BASELINE-001	BASELINE-001-1001	Height	89	89	2020-05-06	2020-04-20	
8	BASELINE-001	BASELINE-001-1001	Height	86	86	2020-05-12	2020-04-20	
9	BASELINE-001	BASELINE-001-1001	Height	84	84	2020-05-18	2020-04-20	
10	BASELINE-001	BASELINE-001-1001	Height	83	83	2020-05-24	2020-04-20	

图 8-3

从基准线的概念上看，这条记录确实是试验开始前的最后一条记录，符合相关定义。

该数据虽然只包含一个患者 ID，但我们的程序实际上可以处理包含多个患者 ID 的情况。然而，临床试验中通常会把相同类别的测试结果放在同一个数据集中，例如在 CDISC 数据标准下，Vs 数据集除了存储身高，还会有体重、血压、呼吸、脉搏等数据，它们用不同的 VSTEST 值来区分。

例如以下数据集，包含两个患者 ID，每名患者参与了 3 种检测：收缩血压（Systolic Blood Pressure）、舒张血压（Diastolic Blood Pressure）和身高，如果仍然执行以上代码，只会根据日期选择每名患者一条记录作为基准值，这显然是没有意义的，应该将每名患者的每种检测时间与开始时间做比较，选择出符合基准值定义的记录。其实，将以上代码一部分改动即可。

```
data vsdm;
    merge vs(in=a) dm;
            by studyid usubjid;
    if a;
run;
proc sort data=vsdm;
    by usubjid vstest vsdtc;
run;
data base;
    set vsdm(where=(vsdtc<rfstdtc));
            by usubjid vstest;
    if last.vstest;
    vsblfl='Y';
run;
data vs2;
    merge vsdm base;
            by usubjid vstest vsdtc;
run;
```

我们把第二步开始的 by 变量后加上 VSTEST 变量，并且在第三步使用 if last.vstest 就可以选出每个患者 ID 中每个 VSTEST 的最后一条记录。这里需要注意，first.变量名和 last.变量名是系统生成的自动变量，这些变量的变量名必须在同一 data 步中的 by 语句里出现过，否则系统会报错，提示 first.变量名或 last.变量名未被定义。

该步骤执行后，生成的数据集 Vs2 如图 8-4 所示，可以看到每个患者 ID 中的每种测试结果都有记录被设置为基准值。

	STUDYID	USUBJID	VSTEST	VSSTRESC	VSSTRESN	VSDTC	RFSTDTC	VSBLFL
1	BASELINE-001	BASELINE-001-1001	Diastolic Blood Pressure	94	94	2020-04-06	2020-04-20	
2	BASELINE-001	BASELINE-001-1001	Diastolic Blood Pressure	90	90	2020-04-12	2020-04-20	
3	BASELINE-001	BASELINE-001-1001	Diastolic Blood Pressure	95	95	2020-04-18	2020-04-20	Y
4	BASELINE-001	BASELINE-001-1001	Diastolic Blood Pressure	86	86	2020-04-24	2020-04-20	
5	BASELINE-001	BASELINE-001-1001	Diastolic Blood Pressure	88	88	2020-04-25	2020-04-20	
6	BASELINE-001	BASELINE-001-1001	Height	94	94	2020-04-06	2020-04-20	
7	BASELINE-001	BASELINE-001-1001	Height	93	93	2020-04-12	2020-04-20	
8	BASELINE-001	BASELINE-001-1001	Height	94	94	2020-04-18	2020-04-20	Y
9	BASELINE-001	BASELINE-001-1001	Height	92	92	2020-04-24	2020-04-20	
10	BASELINE-001	BASELINE-001-1001	Height	91	91	2020-04-25	2020-04-20	
11	BASELINE-001	BASELINE-001-1001	Systolic Blood Pressure	125	125	2020-04-06	2020-04-20	
12	BASELINE-001	BASELINE-001-1001	Systolic Blood Pressure	122	122	2020-04-12	2020-04-20	
13	BASELINE-001	BASELINE-001-1001	Systolic Blood Pressure	121	121	2020-04-18	2020-04-20	Y
14	BASELINE-001	BASELINE-001-1001	Systolic Blood Pressure	120	120	2020-04-24	2020-04-20	
15	BASELINE-001	BASELINE-001-1001	Systolic Blood Pressure	119	119	2020-04-25	2020-04-20	
16	BASELINE-001	BASELINE-001-1002	Diastolic Blood Pressure	90	90	2019-08-01	2019-08-15	
17	BASELINE-001	BASELINE-001-1002	Diastolic Blood Pressure	85	85	2019-08-07	2019-08-15	
18	BASELINE-001	BASELINE-001-1002	Diastolic Blood Pressure	91	91	2019-08-13	2019-08-15	Y
19	BASELINE-001	BASELINE-001-1002	Diastolic Blood Pressure	87	87	2019-08-20	2019-08-15	
20	BASELINE-001	BASELINE-001-1002	Diastolic Blood Pressure	88	88	2019-08-25	2019-08-15	
21	BASELINE-001	BASELINE-001-1002	Height	101	101	2019-08-01	2019-08-15	
22	BASELINE-001	BASELINE-001-1002	Height	100	100	2019-08-07	2019-08-15	
23	BASELINE-001	BASELINE-001-1002	Height	101	101	2019-08-13	2019-08-15	Y
24	BASELINE-001	BASELINE-001-1002	Height	102	102	2019-08-20	2019-08-15	
25	BASELINE-001	BASELINE-001-1002	Height	102	102	2019-08-25	2019-08-15	
26	BASELINE-001	BASELINE-001-1002	Systolic Blood Pressure	130	130	2019-08-01	2019-08-15	
27	BASELINE-001	BASELINE-001-1002	Systolic Blood Pressure	128	128	2019-08-07	2019-08-15	
28	BASELINE-001	BASELINE-001-1002	Systolic Blood Pressure	129	129	2019-08-13	2019-08-15	Y
29	BASELINE-001	BASELINE-001-1002	Systolic Blood Pressure	130	130	2019-08-20	2019-08-15	
30	BASELINE-001	BASELINE-001-1002	Systolic Blood Pressure	129	129	2019-08-25	2019-08-15	

图 8-4

以上就是在 SAS 中找出基准值的基本方法,当工作中涉及随时间变化的数据,基准值是一个很重要的参数,通过它可以计算数据随时间的变化情况和分组对照情况。当然,以上数据非常标准,基准值的设置非常简单,下面让我们来看看在基准值设置时的常见问题。

8.1.3 常见问题和处理方法

在实际工作中,我们遇到的数据往往不会这么完美,而是经常存在各种各样的意外情况,这些意外情况很考验数据分析师的能力和经验。下面我们来说说基准线创建过程中的常见问题。

1. 缺失值

缺失值是数据分析中经常遇到的问题。在之前的章节中,我们提到过,缺失值的处理方法主要有 3 种:保留、填补和询问,其中填补和询问都可以将缺失值弥补,但很多情况下,因为分析工作的要求或数据标准,缺失值必须保留,如果该缺失值恰好是基准值,就需要再往前找,找到第一个非缺失值。

现在我们有如图 8-5 所示数据集。

	STUDYID	USUBJID	VSTEST	VSSTRESC	VSSTRESN	VSDTC
1	BASELINE-001	BASELINE-001-1001	Systolic Blood Pressure	125	125	2020-04-06
2	BASELINE-001	BASELINE-001-1001	Systolic Blood Pressure	122	122	2020-04-12
3	BASELINE-001	BASELINE-001-1001	Systolic Blood Pressure		.	2020-04-18
4	BASELINE-001	BASELINE-001-1001	Systolic Blood Pressure	120	120	2020-04-24
5	BASELINE-001	BASELINE-001-1001	Systolic Blood Pressure	119	119	2020-04-25
6	BASELINE-001	BASELINE-001-1002	Systolic Blood Pressure	130	130	2019-08-01
7	BASELINE-001	BASELINE-001-1002	Systolic Blood Pressure			2019-08-07
8	BASELINE-001	BASELINE-001-1002	Systolic Blood Pressure		.	2019-08-13
9	BASELINE-001	BASELINE-001-1002	Systolic Blood Pressure	130	130	2019-08-20
10	BASELINE-001	BASELINE-001-1002	Systolic Blood Pressure	129	129	2019-08-25

图 8-5

从图 8-5 中可以发现某些值为缺失值,这些缺失值不一定被设置为基准线,但在编程过程中需要考虑。

其实方法也很简单,只需要在生成 base 数据集时加上一条判断,只保留非缺失的记录即可,代码如下:

```
data vsdm;
    merge vs(in=a) dm;
        by studyid usubjid;
    if a;
run;
proc sort data=vsdm;
    by usubjid vstest vsdtc;
run;
data base;
    set vsdm(where=(vsdtc<rfstdtc and vsstresn ne .));
        by usubjid vstest;
    if last.vstest;
    vsblfl='Y';
run;
```

```
data vs2;
    merge vsdm base;
          by usubjid vstest vsdtc;
run;
```

缺失值是一个相对容易处理的问题，如果缺失则往前找，如果所有之前的记录都是缺失值，则直接留空，因此我们在设置基准线时一定要注意正确地删除缺失值记录。

2．日期时间的缺失

比较复杂的情况是日期时间的缺失，在记录数据的时候，有时数值被记录下来了，产生数值的日期却有缺失的情况。日期缺失往往比数值缺失更复杂，原因是它可能存在部分缺失的情况。日期缺失可能是完全缺失，也可能是年份和月份存在，缺失日，或者年份存在，月和日都缺失，更极端的，甚至年份和日期存在，但月份缺失。

再检查上述代码，发现它比较日期前后关系是直接对比字符型 VSDTC 变量中的值。当比较字符型变量的大小时，SAS 会按照位数比较的方式完成，例如 2020-04-19 和 2020-04-20 两个字符值，SAS 首先比较第一位 2，发现两者一样就再比较第二位 0，也发现一样，一直对比前 8 位发现都一样，在比较第九位发现一个是 1 一个是 2，那么结论是 2 比 1 大，所以第二个字符比第一个字符大。

但如果日期存在缺失的情况，比如缺失日，2020-04-19 与 2020-04 比较，结果是 2020-04 更小，在升序排序时就会排在前面，但包含缺失值日期的记录并不一定是我们想要的基准线记录。

例如以下的数据集中，就存在日期缺失的情况，如图 8-6 所示。

	STUDYID	USUBJID	VSTEST	VSSTRESC	VSSTRESN	VSDTC
1	BASELINE-001	BASELINE-001-1001	Systolic Blood Pressure	125	125	2020-04-06
2	BASELINE-001	BASELINE-001-1001	Systolic Blood Pressure	122	122	2020-04
3	BASELINE-001	BASELINE-001-1001	Systolic Blood Pressure	121	123	2020-04
4	BASELINE-001	BASELINE-001-1001	Systolic Blood Pressure	120	120	2020-04-24
5	BASELINE-001	BASELINE-001-1001	Systolic Blood Pressure	119	119	2020-04-25
6	BASELINE-001	BASELINE-001-1002	Systolic Blood Pressure	130	130	2019-08-01
7	BASELINE-001	BASELINE-001-1002	Systolic Blood Pressure	128	129	2019
8	BASELINE-001	BASELINE-001-1002	Systolic Blood Pressure	129	126	2019-08
9	BASELINE-001	BASELINE-001-1002	Systolic Blood Pressure	130	130	2019-08-20
10	BASELINE-001	BASELINE-001-1002	Systolic Blood Pressure	129	129	2019-08-25

图 8-6

一般而言，在日期有缺失值的时候，因为无法比较时间，所以无法直接获得基准线，相应的处理方法有两种，一种是将日期按照一定规则补全，例如将日缺失设置为某月的第一天，将月日缺失设置为某年的第一天，或者直接跳过缺失值的记录。这里我们采用第二种方法，在上述代码中仅保留完整日期的记录。

```
data vsdm;
    merge vs(in=a) dm;
          by studyid usubjid;
    if a;
    n=_n_;
run;
proc sort data=vsdm;
    by usubjid vstest vsdtc;
```

```
run;
data base;
    set vsdm(where=(vsdtc<rfstdtc and vsstresn ne . and lengthn(vsdtc)=10));
        by usubjid vstest;
    if last.vstest;
    vsblfl='Y';
run;
data vs2;
    merge vsdm base;
        by usubjid vstest vsdtc;
run;
proc sort data=vs2;
    by n;
run;
```

使用 lengthn 函数判断 VSDTC 的长度，如果长度为 10，说明在 yymmdd10.格式下的日期没有缺失。不过，使用 proc sort 排序会导致有缺失值的记录被排到更靠上的位置，对我们未来填补缺失值不利，比如，2020-04 在 2020-04-12 和 2020-04-24 之间，并且其他所有记录都是按照日期顺序排序，可以推测缺失的日期应当也在 4 月 12 日和 4 月 24 日之间，但使用 proc sort 排序后 2020-04 会出现在最前面，这样就难以得知该缺失值的可能范围。

为了解决这个问题，我们创建新变量 n，让其等于 data 步执行次数_n_，在完成所有工作后按照变量 n 排序，自然地就将数据集的顺序还原了。

生成的结果如图 8-7 所示。可以看到所有日期不完整的记录都被跳过，vsblfl='Y'被设置给更靠前的记录。

	STUDYID	USUBJID	VSTEST	VSSTRESC	VSSTRESN	VSDTC	RFSTDTC	N	VSBLFL
1	BASELINE-001	BASELINE-001-1001	Systolic Blood Pressure	125	125	2020-04-06	2020-04-20	1	Y
2	BASELINE-001	BASELINE-001-1001	Systolic Blood Pressure	122	122	2020-04	2020-04-20	2	
3	BASELINE-001	BASELINE-001-1001	Systolic Blood Pressure	121	123	2020-04	2020-04-20	3	
4	BASELINE-001	BASELINE-001-1001	Systolic Blood Pressure	120	120	2020-04-24	2020-04-20	4	
5	BASELINE-001	BASELINE-001-1001	Systolic Blood Pressure	119	119	2020-04-25	2020-04-20	5	
6	BASELINE-001	BASELINE-001-1002	Systolic Blood Pressure	130	130	2019-08-01	2019-08-15	6	Y
7	BASELINE-001	BASELINE-001-1002	Systolic Blood Pressure	128	129	2019	2019-08-15	7	
8	BASELINE-001	BASELINE-001-1002	Systolic Blood Pressure	129	126	2019-08	2019-08-15	8	
9	BASELINE-001	BASELINE-001-1002	Systolic Blood Pressure	130	130	2019-08-20	2019-08-15	9	
10	BASELINE-001	BASELINE-001-1002	Systolic Blood Pressure	129	129	2019-08-25	2019-08-15	10	

VIEWTABLE: Work.Vs2

图 8-7

这一部分我们讨论了两种在工作中经常遇到的问题，核心思路无非一个：数据分析师应当在编程中尽力避免由数据不清洁带来的问题。很多时候，当数据量过大的时候，我们无法挨个检查数据可能存在什么问题，这就需要数据分析师在平时的工作中总结可能产生问题的情况，并将它们提前在代码中处理，做到让问题"没有最好，有了也能解决"。

8.1.4 基准线与变化量统计图表

以上内容都是在训练读者能够正确地表示出基准线记录的能力，但能力不是目的，能力只能是工具，是我们完成数据分析工作的工具。数据分析的最终目的是生成统计分析结果，指导决策，而不是做出一个变量而已。本节我们就探讨利用基准线能做出什么相关的统计分析结果。

　　首先，我们可以将每个测量的结果与基准线做差，得到的值就是变化量，再将变化量除以基准值，获得的就是变化率。例如我们有一个待处理数据集，如图 8-8 所示。

	STUDYID	USUBJID	VSTEST	VSSTRESC	VSSTRESN	VSDTC	RFSTDTC	VSBLFL
1	BASELINE-001	BASELINE-001-1001	Diastolic Blood Pressure	94	94	2020-04-06	2020-04-20	
2	BASELINE-001	BASELINE-001-1001	Diastolic Blood Pressure	90	90	2020-04-12	2020-04-20	
3	BASELINE-001	BASELINE-001-1001	Diastolic Blood Pressure	95	95	2020-04-18	2020-04-20	Y
4	BASELINE-001	BASELINE-001-1001	Diastolic Blood Pressure	86	86	2020-04-24	2020-04-20	
5	BASELINE-001	BASELINE-001-1001	Diastolic Blood Pressure	88	88	2020-04-25	2020-04-20	
6	BASELINE-001	BASELINE-001-1001	Height	94	94	2020-04-06	2020-04-20	
7	BASELINE-001	BASELINE-001-1001	Height	93	93	2020-04-12	2020-04-20	
8	BASELINE-001	BASELINE-001-1001	Height	94	94	2020-04-18	2020-04-20	Y
9	BASELINE-001	BASELINE-001-1001	Height	92	92	2020-04-24	2020-04-20	
10	BASELINE-001	BASELINE-001-1001	Height	91	91	2020-04-25	2020-04-20	
11	BASELINE-001	BASELINE-001-1001	Systolic Blood Pressure	125	125	2020-04-06	2020-04-20	
12	BASELINE-001	BASELINE-001-1001	Systolic Blood Pressure	122	122	2020-04-12	2020-04-20	
13	BASELINE-001	BASELINE-001-1001	Systolic Blood Pressure	121	121	2020-04-18	2020-04-20	Y
14	BASELINE-001	BASELINE-001-1001	Systolic Blood Pressure	120	120	2020-04-24	2020-04-20	
15	BASELINE-001	BASELINE-001-1001	Systolic Blood Pressure	119	119	2020-04-25	2020-04-20	
16	BASELINE-001	BASELINE-001-1002	Diastolic Blood Pressure	90	90	2019-08-01	2019-08-15	
17	BASELINE-001	BASELINE-001-1002	Diastolic Blood Pressure	85	85	2019-08-07	2019-08-15	

图 8-8

　　我们对图 8-8 中的数据集进行如下操作。

```
data base;
    set vs2;
    if vsblfl='Y';
    keep usubjid vstest vsstresn vsdtc;
    rename vsstresn=base vsdtc=basedtc;
run;
data vs3;
    merge vs2 base;
        by usubjid vstest;
run;
data vs4;
    set vs3;
    if vsdtc<basedtc then base=.;
    if nmiss(vsstresn,base) eq 0 then do;
        chg=vsstresn - base;
        pchg=chg/base*100;
    end;
run;
```

　　我们先提取所有基准线值，然后再合并回原数据集，对于基准值之前的记录，设置 base 为缺失值，如果 vsstresn 和 base 均不为空，则计算变化量 chg 和变化率 pchg。如果读者有在药厂或 CRO 工作的经验，会发现 base、chg 和 pchg 应当属于 ADaM 数据集，不应当放在这里，这里是为了讲解变化量和变化率的使用方法，因此未考虑数据标准。

　　对于变化量和变化率，我们可以创建折线图来表示它们的变化情况。有些读者在这里可能会疑惑，直接使用记录值 vsstresn 来创建折线图不就可以了吗？为什么要使用变化量呢？

　　这是因为有些测量结果，随时间的变化量其实很小，比如身高，在多次测量时的变化不过 5% 左右，这样绘制出来的结果会是一条平直的线，无法轻松地看出变化情况，但使用变化量和变化率则不同，它们是测量值与基准线值差异的体现，变化量的值虽然可能较小，但因为可能为正也可能为负，所以更能体现数据的变化情况。

使用以下代码生成折线图。

```
symbol interpol=join;
proc gplot data=vs4(where=(base ne . and usubjid='BASELINE-001-1001'));
    plot chg*vsdtc=vstest;
run;
quit;
proc gplot data=vs4(where=(base ne . and usubjid='BASELINE-001-1002'));
    plot chg*vsdtc=vstest;
run;
quit;
```

结果如图 8-9 所示。

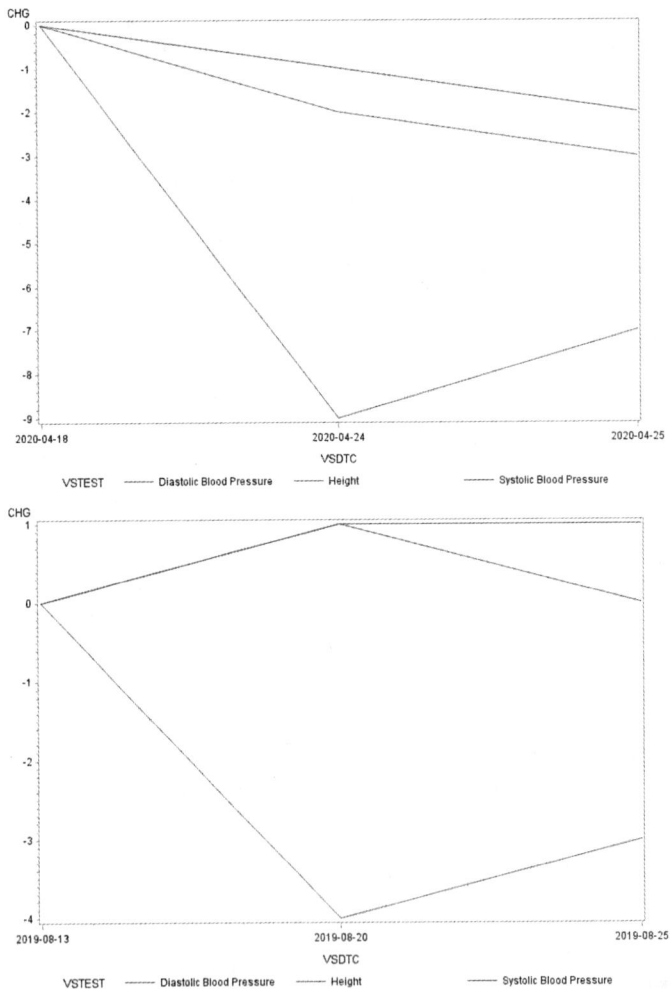

图 8-9

在图 8-9 中，上图为患者 BASELINE-001-1001 的 3 种测量结果变化折线，下图为患者 BASELINE-001-1002 的变化折线，从折线图中我们可以比较清晰地看出来，在实验开始后二人的舒张压都有一个比较明显的先降后升的过程，但如果直接使用测量值，变化量相对于测量值来说很小，折线的斜率不会有这么高。

同理，也可以使用变化率作为纵轴的指标，代码只需要将 chg 换成 pchg 即可。

```
symbol interpol=join;
proc gplot data=vs4(where=(base ne . and usubjid='BASELINE-001-1001'));
    plot pchg*vsdtc=vstest;
run;
quit;
proc gplot data=vs4(where=(base ne . and usubjid='BASELINE-001-1002'));
    plot pchg*vsdtc=vstest;
run;
quit;
```

生成的结果如图 8-10 所示。

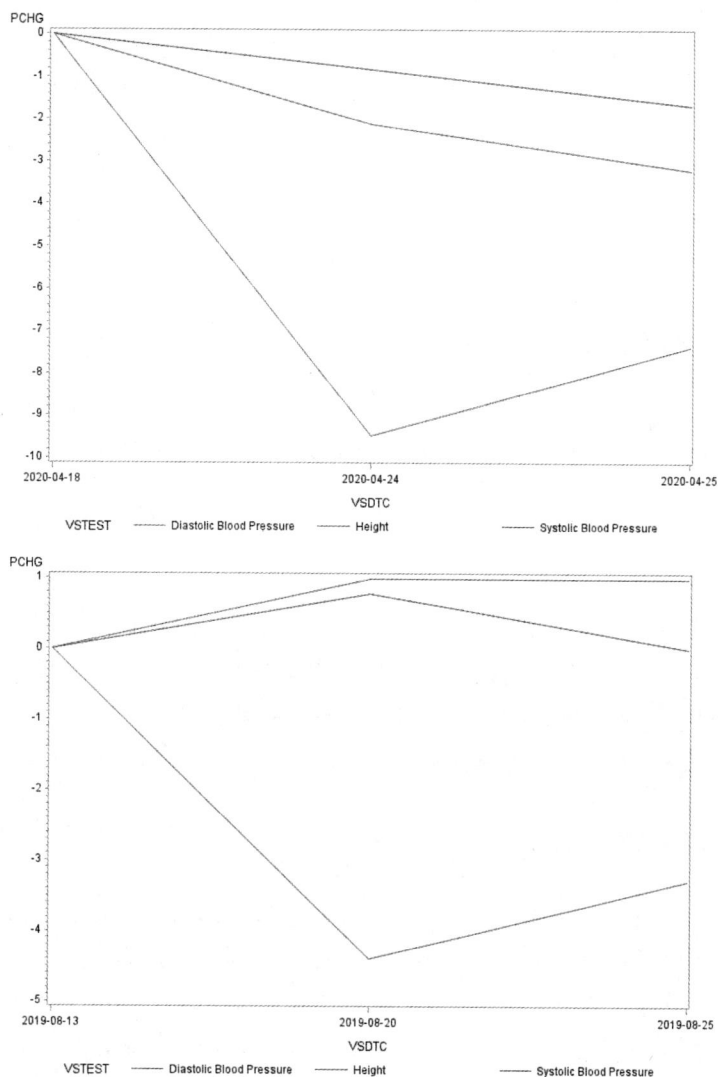

图 8-10

变化率与变化量的不同点在于，变化率可以排除不同分组中数值大小对结果产生的影响。例如每分钟脉搏数和体重，一般男性脉搏数在每分钟 60 到 70 次之间，而体重以磅衡量一般在 150～200 之间，同样变化 10%，脉搏数的变化量为 6～7，而体重的变化可以达到 15～20，高了几乎有 1.5 倍，这会导致体重变化量指标随时间变化显得更多，虽然它们都是 10%。改为使用变化率则不会出现这个问题。

最后，笔者需要强调，本节案例和概念虽然取自临床试验，但基准值和相关概念绝不是只有临床试验才会使用。只要数据满足以下 3 个条件，就可以用基准值的概念和相关结果分析数据。

（1）数值随时间变化。

（2）有明确的开始时间。

（3）数值的大小有现实意义。

例如检测某产品某个促销活动的成果，就以促销开始前的销量作为基准值，将促销开始后随时间变化的销量或销售额反应在图表上，则可以一目了然地了解促销活动对销售的影响。

希望读者可以充分理解基准线的概念，并且应用到自己的工作之中，让数据能更好地反映变化情况。

8.2　缺失值的处理方法

说到数据分析，读者很容易想到复杂的统计模型、炫酷的统计报表，但殊不知经过各个行业从业者的交流，在工作中最占用时间的内容是数据清理工作，其中就包括缺失值处理。

本节就来讲解在 SAS 中处理缺失值的方法和思路。很多统计分析模型不能接受缺失值存在，还有一些统计分析模型在处理含有缺失值的数据时会造成比较大的偏差。但很多时候缺失值所在记录对于统计分析又十分重要，我们不可能直接把它忽略，所以就需要对缺失值进行填补。填补的方法需要根据现实情况和数据类型来选择，需要注意的是各种填补方法都会有不完美之处，在选择时需要酌情考虑。

本节从缺失值概念讲起，看看各种缺失值填补的方式在 SAS 中如何实现。

8.2.1　缺失不一定是错误

很多人一看到缺失值就会觉得这是数据收集过程中的错误，这种认识不完全正确。在收集客观世界的数据时，无论是人为原因还是机械原因，总会产生一些意想不到的结果，如果这些结果导致数据无法正常录入，就会产生缺失值。

缺失值的产生主要有人为和机械两大原因。人为原因包括数据提供者不愿意提供相关数据、数据输入人员错误输入等，机械原因可能是数据存储器损坏、系统故障等原因，在数据收集过程中，这些问题都是应当尽力避免却又经常发生的。笔者认为只要这些问题的数量被控制在一个合适的比例，它们就不能算作错误，只能算数据收集中的一般问题，需要在数据分析的过程中做出处理。

缺失值按照缺失分布来说大致可以分为 3 种：完全随机缺失、随机缺失和完全非随机缺失，不同的缺失分布决定了对缺失值的处理方法。

（1）完全随机缺失

完全随机缺失指缺失的数据与自身和其他变量都没有关系，比如我们收集一群人的人口统计学信息，包括年龄、性别、种族、学历和收入 5 项信息，发现收入一栏有一些缺失值，通过深入研究发现这些缺失值是随机分布的，既有可能是高收入缺失，也有可能是低收入缺失，并且这些缺失值与其他变量也没有关系，这时的缺失分布被称为完全随机缺失。

这种缺失的情况是最完美的，直接删除它们只会影响分析结果的精确性而不会影响准确度。

（2）随机缺失

如果缺失值的分布与自身无关，但与其他变量相关，则称为随机缺失。比如在人口统计学数据集中，收入的缺失情况虽然在各个情况中随机出现，但研究发现学历越高的人越倾向于不填写自己的收入，这可能是因为学历越高的人越重视隐私，或者其他原因。这种缺失就被称为随机缺失，相比起完全随机缺失，虽然缺失分布与自身无关，但会受其他变量影响。

（3）完全非随机缺失

完全非随机缺失是指缺失的分布与自身相关，比如发现收入缺失的部分都是低收入人口，他们可能因为种种原因不愿意透露自己的收入情况，这样绝大部分缺失值集中在某一类型的缺失分布被称为完全非随机缺失。这种情况是比较麻烦的，如果直接删除缺失数据，获得的统计量对高收入人口更具有代表性，从结果中得到的结论可靠性也要大打折扣了。

这种情况往往需要对缺失值进行填补，力求减少缺失的影响，或者追溯数据，还原出数据应有的值。

总而言之，缺失值不一定是错误，它是出于人的心理或客观条件而产生的数据不清洁问题，是数据分析过程中经常遇到的情况。

如果一个缺失值确定存在，我们一般有 3 种方式对待它：删除、补全和忽略，其中删除和忽略比较容易理解。删除指将包含缺失值的记录直接删除，这样做的好处是快速，缺点是导致信息丢失；忽略指某些预测模型，如随机森林，本身就可以处理数据有缺失值的情况，因此不用人工处理，但它的缺点也很明显，就是在预测模型的选择上比较有限。

补全是最经常使用的缺失值处理方法，它指使用规则或模型对缺失值进行填补，被填补后的数据可以应用于所有合适的模型，它的缺点也同样明显，填补毕竟不是还原，这样做会引入噪声。补全的方法有两大类：规则法和模型法，规则法指使用平均数、中位数、固定值或其他算法进行补全，模型法指建立模型来预测缺失的数据。下面我们就通过几个例子，来看看 SAS 填补缺失值的常用方法。

8.2.2　均值法——最简单的填补方法

均值法是填补缺失值最简单也最常用的方法，常被应用于随机缺失和完全随机缺失的情况中，它的假设是缺失的数据在期望上与总体相等，所以直接将缺失值填补为平均值。

如果一个班同学的考试成绩中有一名学生的得分为缺失值，在不知道任何其他信息的情况下，我们一般用最简单的方法，将这名学生的成绩填补为该班级其他同学平均分，这就是均值法最直观的体现。当然，均值法不一定只采用平均值，还可以用中位数、众数等，但它们的思想是相同的，即如果缺失值随机分布，那么缺失值的期望与数据的总体期望相等。

下面我们来看一个具体的案例，打开 sashelp.baseball 数据集，该数据集之前我们也用过，是 1986 年美国棒球大联盟选手的数据，包括各项指标参数和薪水，但部分薪水存在缺失的情况，如图 8-11 所示。

Position	nOuts	nAssts	nError	Salary	Div	logSalary
C	446	33	20	.	AE	
C	632	43	10	475	NW	6.163314804
1B	880	82	14	480	AW	6.1737861039
RF	200	11	3	500	NE	6.2146080984
1B	805	40	4	91.5	NE	4.5163389723
SS	282	421	25	750	AW	6.6200732065
2B	76	127	7	70	NE	4.248495242
SS	121	283	9	100	AW	4.605170186
SS	143	290	19	75	NW	4.3174881135
DH	0	0	0	1100	AE	7.0030654588
SS	238	445	22	517.143	AE	6.248319432
C	304	45	11	512.5	NW	6.239300711
RF	211	11	7	550	NE	6.3099182782
2B	121	151	6	700	AE	6.551080335
UT	80	45	8	240	NE	5.4806389233
OF	118	0	0	.	AW	

图 8-11

最简单地，我们可以计算薪水的平均值，并用平均值填补缺失值。代码如下：

```
ods output summary=mean;
proc means data=sashelp.baseball mean;
    var salary;
run;
ods output close;
proc sql noprint;
    select salary_mean into: mean from mean;
quit;
data baseball;
    set sashelp.baseball;
    if salary=. then do;
```

```
        salary=&mean;
        salary_imp_flag='Y';
    end;
run;
```

整段代码的思路比较清晰，首先用 proc means 获取平均数，再用 ods output 将平均值输出到数据集，之后用 proc sql 将数据集中的平均值放到宏变量 mean 中，最后根据变量 salary 的缺失情况，使用宏变量 mean 进行填补，对填补的记录使用 salary_imp_flag=Y 进行标注，生成的结果如图 8-12 所示。

Position	nOuts	nAssts	nError	Salary	Div	logSalary	salary_imp_flag
C	446	33	20	535.92588213	AE		Y
C	632	43	10	475	NW	6.163314804	
1B	880	82	14	480	AW	6.1737861039	
RF	200	11	3	500	NE	6.2146080984	
1B	805	40	4	91.5	NE	4.5163389723	
SS	282	421	25	750	AW	6.6200732065	
2B	76	127	7	70	NE	4.248495242	
SS	121	283	9	100	AW	4.605170186	
SS	143	290	19	75	NW	4.3174881135	
DH	0	0	0	1100	AE	7.0030654588	
SS	238	445	22	517.143	AE	6.248319432	
C	304	45	11	512.5	NW	6.239300711	
RF	211	11	7	550	NE	6.3099182782	
2B	121	151	6	700	AE	6.551080335	
UT	80	45	8	240	NE	5.4806389233	
OF	118	0	0	535.92588213	AW		Y
3B	105	290	10	775	NW	6.6528630294	
SS	102	177	16	175	AW	5.1647859739	

图 8-12

相信读者也可以看出来，这种填补的方法非常粗糙。不同球员的薪资水平差别可以非常大，一刀切地使用平均值的方法填补并不科学，下面我们可以考虑两种更加精确的填补方式。

（1）分组计算平均值。

一名球员按照联盟可以分为美洲 America 和国家 National，按照赛区分为东部和西部，总共 4 个分组，这 4 个分组在变量 Div 中体现。下面我们分别计算这四种分组的平均工资，然后根据缺失值球员所在的分组来进行填补，这样的好处在于考虑了组间差异，相关代码如下：

```
proc sql;
    select mean(salary) into: mean1-:mean4 from sashelp.baseball group by div;
quit;
data baseball;
    set sashelp.baseball;
    if salary=. then do;
        select(div);
            when('AE') salary=&mean1;
            when('AW') salary=&mean2;
            when('NE') salary=&mean3;
            when('NW') salary=&mean4;
            otherwise;
        end;
        salary_imp_flag='Y';
```

```
      end;
run;
```

生成的结果如图 8-13 所示。

Position	nOuts	nAssts	nError	Salary	Div	logSalary	salary_imp_flag
C	446	33	20	670.8496	AE		Y
C	632	43	10	475	NW	6.163314804	
1B	880	82	14	480	AW	6.1737861039	
RF	200	11	3	500	NE	6.2146080984	
1B	805	40	4	91.5	NE	4.5163389723	
SS	282	421	25	750	AW	6.6200732065	
2B	76	127	7	70	NE	4.248495242	
SS	121	283	9	100	AW	4.605170186	
SS	143	290	19	75	NW	4.3174881135	
DH	0	0	0	1100	AE	7.0030654588	
SS	238	445	22	517.143	AE	6.248319432	
C	304	45	11	512.5	NW	6.239300711	
RF	211	11	7	550	NE	6.3099182782	
2B	121	151	6	700	AE	6.551080335	
UT	80	45	8	240	NE	5.4806389233	
OF	118	0	0	418.5939	AW		Y
3B	105	290	10	775	NW	6.6528630294	

图 8-13

缺失值不再按照统一的值设置，而是根据 Div 的值进行设置。

（2）线性回归模型法

虽然这种分组计算平均值的填补方法相比平均值法在精确度上有些许提升，但仍然没有抓住影响球员薪水的本质，一名球员的薪水是与他的球场表现高度相关的，各项统计指标越高的球员，得到的薪水理应越高。下面我们尝试使用线性回归模型对缺失值进行填补。

```
ods output parameterestimates=param;
proc reg data=sashelp.baseball;
    model salary=nouts nassts nerror;
    output out=s;
run;
quit;

data param;
    set param end=eof;
    if eof then call symput("max",strip(put(_n_,best.)));
run;
%macro reg;
%global factor;
%let factor=;
%do i=1 %to &max;
    data params;
        set param;
        if _n_=&i;
if variable ne 'Intercept' then
call symput("reg&i",strip(put(estimate,best.))||'*'||strip(variable));
        else call symput("reg&i",strip(put(estimate,best.)));
    run;
    %put &&reg&i;
    %let factor=&factor+(&&reg&i);
```

```
%end;
%mend;
%reg;
%put &factor;

data baseball;
   set sashelp.baseball;
   if salary=. then do;
      salary=&factor;
      salary_imp_flag='Y';
   end;
run;
```

首先，使用 proc reg 建立线性回归方程，为了简化模型只选择了 nouts、nassts 和 nerror 三个变量，使用 ods output 生成包含有参数的数据集，如图 8-14 所示。

	Model	Dependent	Variable	DF	Estimate	StdErr	tValue	Probt	Label
1	MODEL1	Salary	Intercept	1	410.98307	50.35689	8.16	<.0001	Intercept
2	MODEL1	Salary	nOuts	1	0.50605	0.09627	5.26	<.0001	Put Outs in 1986
3	MODEL1	Salary	nAssts	1	0.36628	0.26063	1.41	0.1611	Assists in 1986
4	MODEL1	Salary	nError	1	-7.64220	5.73425	-1.33	0.1838	Errors in 1986

图 8-14

该数据集包含了建立的线性方程的截距和每个变量的系数，观察后发现 nouts 和 nassts 的系数为正，nerror 的系数为负，基本符合我们的预期。

其次，使用 call symput 获取生成数据集的记录数，这是为下一步操作做准备，宏变量 max 的值在本例中为 4。

然后，使用%do 循环，将数据集中的每一条记录生成计算表达式，例如第二行的记录变为宏变量 reg2，其值为 0.5060474264*nOuts，这样在后续需要填补缺失值的时候，直接引用宏变量即可，不需要手动输入，还可以根据数据的变化动态调整。在每次循环结束后，将新生成的宏变量连接到宏变量 factor 后，这样 factor 就是计算 salary 的数学表达式。

最后，针对 salary 为缺失值的记录，直接让 salary=宏变量 factor，实现填补缺失值的目的，生成的结果如图 8-15 所示。

nOuts	nAssts	nError	Salary	Div	logSalary
446	33	20	495.92357087	AE	
632	43	10	475	NW	6.163314804
880	82	14	480	AW	6.1737861039
200	11	3	500	NE	6.2146080984
805	40	4	91.5	NE	4.5163389723
282	421	25	750	AW	6.6200732065
76	127	7	70	NE	4.248495242
121	283	9	100	AW	4.605170186
143	290	19	75	NW	4.3174881135
0	0	0	1100	AE	7.0030654588
238	445	22	517.143	AE	6.248319432
304	45	11	512.5	NW	6.239300711
211	11	7	550	NE	6.3099182782
121	151	6	700	AE	6.551080335
80	45	8	240	NE	5.4806389233
118	0	0	470.69666157	AW	

图 8-15

需要注意的是，这种方法使用了回归模型得出获取 salary 的公式，但该公式只是通过几个变量获取的，这些变量是否对薪水有决定性影响，其实我们并没有考察。在使用回归法弥补缺失值之前，可以使用主成分分析等方法找出对目标变量影响最大的变量，然后针对它们使用回归模型可以得出更加准确的结论。

缺失值的填补其实已经发展成了一套非常复杂的统计学方法，甚至有公司在做专门为数据集填补缺失值的业务，作为数据分析师，我们不必对各种方法都了然于胸，而是要做到海纳百川，知道各种数据缺失值填补的方法和使用场景，这样才能更好地进行数据分析工作。

下面我们就来介绍一种在特殊场景下经常被使用的缺失值填补方法——LOCF。

8.2.3 特殊场景——末次观测值结转法（LOCF）

当数据是按照日期时间的顺序收集时，我们可以采用一种特殊的缺失值填补方法，它的英文为 Last Observation Carried Forward（LOCF），中文名为末次观测值结转法。虽然名称看上去比较高深，但实际原理并不复杂。

我们从一个现实生活中的例子出发。假设有一名学生，高中前 5 个学期的语文成绩分别是 90 分、92 分、82 分、86 分和 91 分，请问他的高考成绩最可能是多少分呢？很多人会直接计算一个平均值作为他高考成绩的预估，但这其实并不科学。因为高中学生的成绩与个人的学习状态和努力分不开，相反与历史成绩的关系并不大，把历史成绩计算进来有可能导致推测错误。在这个案例中，笔者比较推崇的是直接把高考成绩预估为 91 分，因为这是最接近高考时该学生的得分，因此我们有较大概率说在学生状态、题目难度相同的情况下，这名学生有可能获得相同的成绩。

其实这种思想就是 LOCF 缺失值填补法的核心，即如果某个值缺失，将缺失值之前的那条记录作为缺失值，这种方法不考虑缺失值可能的影响因素，单纯使用与其最接近的记录获得数值。

当然，LOCF 法的使用也有局限，其中最重要的要求就是变量是在一段时间上分布，比如上例中高中前 5 个学期的成绩，使用 LOCF 法可以得到相对可靠的结果，但如果是类似 5 名销售员某月的销售业绩有缺失，就无法使用 LOCF 法进行填补，因为这 5 个销售业绩是在同一时间上分布的。

LOCF 经常被用于临床试验数据分析中，用于处理某些测量值的缺失情况，但这种思路绝非只有临床试验才能采用，只要是有与时间相关的变量，LOCF 都是一种比较简单且有效的填补缺失值的方法。

在 SAS 中实现 LOCF 法需要分为两步，由于 data 步的数据是一条一条读入的，所以在每一条数据读入的时候我们可以进行判断，若该值不缺失，则让中间变量等于非缺失值，如果该值缺失，则让缺失值等于中间变量，此时的中间变量正好是上一条记录的非缺失值，这样就实现了使用中间变量的方法完成缺失值的填补工作。

以上是编程的理论，想要学会还是需要实践，我们来看如图 8-16 所示的数据集，该数据集是某临床试验产生的血检数据集，包含 WBC（白细胞）、RBC（红细胞）和 Creatinine（肌酸酐）和它们的测量日期。

VIEWTABLE: Work.Lb

	USUBJID	LBTEST	LBTESTCD	LBDTC	LBSTRESN
1	MISSING-101	Creatinine	CREAT	2020-03-30	1.28
2	MISSING-101	Creatinine	CREAT	2020-04-26	0.92
3	MISSING-101	Creatinine	CREAT	2020-04-29	1.11
4	MISSING-101	Creatinine	CREAT	2020-05-04	0.88
5	MISSING-101	Creatinine	CREAT	2020-05-05	0.95
6	MISSING-101	Creatinine	CREAT	2020-05-20	.
7	MISSING-101	Creatinine	CREAT	2020-05-21	.
8	MISSING-101	Creatinine	CREAT	2020-05-25	1.08
9	MISSING-101	Creatinine	CREAT	2020-05-27	0.9
10	MISSING-101	Creatinine	CREAT	2020-06-08	1.07
11	MISSING-101	Red Blood Cell	RBC	2020-05-01	10.15
12	MISSING-101	Red Blood Cell	RBC	2020-05-10	10.97
13	MISSING-101	Red Blood Cell	RBC	2020-05-23	10.18
14	MISSING-101	Red Blood Cell	RBC	2020-05-30	9.63
15	MISSING-101	Red Blood Cell	RBC	2020-06-03	9.03
16	MISSING-101	Red Blood Cell	RBC	2020-06-03	10.58
17	MISSING-101	Red Blood Cell	RBC	2020-06-07	9.72
18	MISSING-101	Red Blood Cell	RBC	2020-06-14	10.02

图 8-16

可以看到数据中有部分 LBSTRESN 的数值为缺失值，我们需要使用最接近它的之前的记录进行填补。读者可以先自行思考如何操作，然后再对比以下代码：

```
proc sort data=lb out=lb2;
   by usubjid lbtestcd lbdtc;
run;
data lb3;
   set lb2;
      by usubjid lbtestcd;
   retain value;
   if first.lbtestcd then value=lbstresn;
   if lbstresn=. then do;
      lbstresn=value;
      flag='Y';
   end;
   else value=lbstresn;
run;
```

我们再从代码本身出发，看一看它使用什么样的逻辑实现了什么样的功能。

第一步，将数据集按照患者 ID、测试名称和日期排序，同一名患者的相同测试放在一起，按照升序排列。

第二步，首先用 retain 语句保留变量 value 的值。SAS 在读取数据时使用的是按行读取的方式，每一行读取完毕后会将所有变量设为缺失，然后读取下一行的变量值，retain 语句就是让变量在换行的时候不会被清空，仍然保留上一步的结果，这个操作是非常重要的。

然后我们往下看，使用 if first.lbtestcd，在 lbtestcd 读取到第一个值的时候，将 lbstresn 赋值给 value，这样可以避免跨越测试种类的缺失值填补。之后按照我们的逻辑，如果变量为缺失值，就将 value 赋值给 lbstresn 并建立 flag，反之则把 lbstresn 赋值给 value。

这样操作后部分结果如图 8-17 所示。

注意两个 flag='Y'的变量，它们两个是连续的缺失，所以填补值使用的是它们之前的

2020-05-05 的值即 0.95。

LOCF 方法的定义看上去复杂，但实际操作非常简单，对算力的占用也不大，是随时间变化变量的缺失值经常采用的填补方式。但它也有局限性，若数据最早一条记录为缺失，因为没有先于这条记录的数据，这条缺失值便无法被填补，只能保留。这时需要根据数据分析的要求进行处理。

VIEWTABLE: Work.Lb3

	USUBJID	LBTEST	LBTESTCD	LBDTC	LBSTRESN	VALUE	FLAG
1	MISSING-101	Creatinine	CREAT	2020-03-30	1.28	1.28	
2	MISSING-101	Creatinine	CREAT	2020-04-26	0.92	0.92	
3	MISSING-101	Creatinine	CREAT	2020-04-29	1.11	1.11	
4	MISSING-101	Creatinine	CREAT	2020-05-04	0.88	0.88	
5	MISSING-101	Creatinine	CREAT	2020-05-05	0.95	0.95	
6	MISSING-101	Creatinine	CREAT	2020-05-20	0.95	0.95	Y
7	MISSING-101	Creatinine	CREAT	2020-05-21	0.95	0.95	Y
8	MISSING-101	Creatinine	CREAT	2020-05-25	1.08	1.08	
9	MISSING-101	Creatinine	CREAT	2020-05-27	0.9	0.9	
10	MISSING-101	Creatinine	CREAT	2020-06-08	1.07	1.07	
11	MISSING-101	Red Blood Cell	RBC	2020-05-01	10.15	10.15	
12	MISSING-101	Red Blood Cell	RBC	2020-05-10	10.97	10.97	
13	MISSING-101	Red Blood Cell	RBC	2020-05-23	10.18	10.18	
14	MISSING-101	Red Blood Cell	RBC	2020-05-30	9.63	9.63	

图 8-17

LOCF 法与均值法的区别在于均值法是自定义出一个数值作为缺失值的填补项，而 LOCF 法是找一个最接近的数值，用这个数值自身作为数据填补。除了 LOCF 以外，类似的概念还有 BOCF 和 WOCF。BOCF 是用基准线值填补缺失值，WOCF 是用最坏的值填补缺失值，它们都是临床试验中经常采用的方法，也可以用于很多其他形式的数据中。

8.2.4 日期时间的缺失与部分缺失

这一节来说说日期时间的缺失值处理。上一节我们就用日期时间缺失的情况作为例子，讲解了基准线创建的方法，这里我们来说说日期时间缺失的常见处理方法。

与观测量不同，日期时间无论是使用均值法或 LOCF 等方法都没有意义，因为这两种方法的基本假设就是缺失值与非缺失值存在一定的关系，但实验的日期和时间是人为设定的，彼此之间不存在逻辑关系。对于这一类缺失值，一般我们采用直接填补的方法，即自定义一个数值填补进去。

例如我们有某个副作用数据集，该数据集的部分数据存在缺失日期，这是因为部分副作用由患者自行汇报，很多情况下患者无法清晰记忆自己副作用的开始和结束时间，该数据集如图 8-18 所示。

VIEWTABLE: Work.Ae

	SUBJID	AEDECOD	AESER	AEREL	AESTDTC	AEENDTC
1	1002-002	Fall	N	NOT RELATED	2019-06-04	
2	1002-002	Generalised oedema	N	NOT RELATED	2019-03	2019-05-01
3	1002-002	Skin bacterial infection	N	NOT RELATED	2019	2019-06
4	1002-002	Urinary tract infection	N	NOT RELATED	2019-04	2019-05-03
5	1005-001	Hyperlipidaemia	N	NOT RELATED	2016-11-21T09:13	2017-03-10T10:40
6	1005-001	Leukocytosis	N	POSSIBLY RELATED	2017-01	2017-01
7	1005-005	Leukopenia	N	UNLIKELY RELATED	2017-11-06T09:00	2017
8	1005-006	Nasopharyngitis	N	NOT RELATED	2018	2018-02-12
9	1005-007	Headache	N	POSSIBLY RELATED	2018-03-08	2018-03
10	1005-009	Nasopharyngitis	N	NOT RELATED	2018-09	2018-10-01
11	1005-010	Nasopharyngitis	N	NOT RELATED	2018-12-20	
12	1005-010	Nausea	N	UNLIKELY RELATED	2018-09	2018-09
13	1005-011	Headache	N	NOT RELATED	2019	2019
14	1005-011	Ligament sprain	N	NOT RELATED	2019-01	2019-02-01

图 8-18

可以看到，该数据集的时间变量 AESTDTC 和 AEENDTC 中包含大量缺失值，其中既有日缺失，也有月份和日期缺失，还有全部缺失，在分析药物与副作用的关系时，副作用的开始和结束时间是非常重要的参考信息，面对缺失值，我们必须要想办法补全。

临床试验的缺失值补全通常是比较保守的，即对于缺失值，如果其可能对结果产生有利的影响则尽可能不考虑它，如果可能对结果产生有害的影响则加重它，副作用显然是对药物临床试验结果有负作用的数据，我们必须采用保守补全方法。

- 若日缺失，则将开始日期设为本月 1 号，结束日期设为本月最后一天。
- 若月份和日期缺失，则将开始日期设为本年 1 月 1 号，结束日期设为本年 12 月 31 号。
- 若年月日均缺失，则开始日期设为结束日期年份的 1 月 1 号，结束日期设为开始日期年份的 12 月 31 号。
- 若开始与结束日期同时完全缺失，则保留缺失值。

下面我们需要按照以上探讨的 4 种情况进行编程，判断年月日缺失的方法有很多，这里采用长度法，使用 lengthn 获取 aestdtc 和 aeendtc 的长度，然后分类讨论。这个过程的程序并不复杂，但需要分析师逻辑清晰。读者可以自行尝试然后再对比以下代码。

```
data ae2;
   set ae;
   if aestdtc ne '' or aeendtc ne '' then do;
       if lengthn(aestdtc)=7 then aestdtc=strip(aestdtc)||'-01';
       else if lengthn(aestdtc)=4 then aestdtc=strip(aestdtc)||'-01-01';
       else if aestdtc='' then aestdtc=substr(aeendtc,1,4)||'-01-01';

       if lengthn(aeendtc)=7 then
                 aeendtc=strip(put(input(substr(aeendtc,1,4)||''||
                           strip(put(input(substr(aeendtc,6,2),best.)+1,z2.)) ||
                           '-01',yymmdd10.)-1,yymmdd10.));
       if lengthn(aeendtc)=4 then aeendtc=strip(aeendtc)||'-12-31';
       else if aeendtc='' then aeendtc=substr(aestdtc,1,4)||'-12-31';
   end;
run;
```

首先使用 if 条件判断，aestdtc 和 aeendtc 不同时为空的情况，分别讨论两个变量长度为 4 和 7，以及完全为缺失的情况。这里需要注意的是，当结束时间只有日缺失的情况，按照要求我们需要设置为该月的最后一天，但因为不同月份的最后一日不同，不能笼统地设置，所以首先将日期设置为月份数+1 的 1 号，然后将整体作为数值型变量再-1，获得的就是该月的最后一天。这里运用了大量的函数嵌套，读者在学习的时候需要先弄懂内层函数的结果，然后再一步步向外扩展。

总而言之，日期和时间的缺失与其他缺失有两个不同：

第一，日期时间的缺失往往不能通过一些统计方法推测出来，需要手动定义；

第二，日期和时间可以存在部分缺失的情况，需要根据不同情况来讨论。

本节介绍了在数据分析过程中对缺失值的处理方法，笔者最后强调，这一节很多概念都是源于临床试验数据分析，相关从业者读后自然大有裨益，但这绝非代表非医药行业从业者就无法获得任何提升。相反，缺失值处理不仅仅是一门技术，它已经成为一种思想，无论是均值法还是 LOCF 法，它们都存在某些最基础的假设。数据分析师在刚刚接触到缺失值处理的时候，应当先了解各种方法在思想层面的差异，然后选择合适的方法并且实际操作一两个案例，这样的学习才是卓有成效的。

8.3 数据的时间窗口

本节我们来谈谈时间窗口的话题，它不仅在数据分析中有举足轻重的地位，还在整个编程行业发挥了重要作用。20 世纪末，全世界的计算机科学家都在探讨一个可能影响世界经济、政治、商业的计算机问题——千年虫。以前的数据存储成本很高，80 年代时一块 5MB 磁盘的租赁费用就高达 35000 美元，这样高昂的存储成本导致企业开发软件时要尽可能节约空间，于是就用"2 位年+2 位月+2 位日"代表日期，总共占 6 位。本来这是一个节约成本的举措，但当年份从 1999 年到 2000 年时会产生问题。

当年份变为 2000 年，在计算机系统里记录的方式就是 00，计算机有可能把它理解为 1900 年，一些时间敏感型操作可能因此发生混乱。本来在 90 年代随着存储价格的降低，所有程序已经转为选择 4 位年的存储方法，但一些老旧计算机并没有升级，这些老旧计算机恰恰应用于比较重要的部门，如金融、交通，而且因为代码编写时间久远，几乎已经无法查证，只能重新编写代码，由于时间紧任务重，这个危机被称为千年虫危机。

在重写代码的过程中，大家很快发现这么多程序想要完全重写是不可能的，随着 2000 年的到来，程序员们选择了一个比较简单的方法——设定时间窗口，将 2 位年所代表的日期规定为在 1920 到 2020 年之间，这样人为的设置可以保证 00 只有唯一对应的 2000 年，千年虫危机总算在程序员们的努力与智慧中暂时度过。

以上例子并非数据分析行业中的案例。但在处理数据的时候，我们也经常发现日期变量在不同数据源处有不统一的情况，如果直接使用日期制作图表，则无法反应出变量随日期变化的真实情况，这时就需要将日期窗口化，用窗口化后的日期作为图形的横坐标，生成更有可信度的结果。下面我们将从时间窗口化的概念、SAS 中实现时间窗口的方法以及使用宏实现窗口化 3 个角度来了解这个概念。

8.3.1 什么是时间窗口

首先从一个现实例子出发。在临床试验中，不同患者的临床试验开始时间并不是同时的，实验者并不会选定一个时间点，要求所有被招募的患者同时开始吃药，因为有些病患病情比较严重，如果非要等到所有患者都被招募再开始，会耽误这些患者的病情，所以临床试验采用的是先来先吃的设计。

假设某试验中的两名患者共同服用一款降低血糖的药物，疗程为 4 周，每隔 7 天测量一次血糖，通过血糖的下降判断药物是否有效。一名患者在 2020-01-01 开始服药，之后分别在 2020-01-08、2020-01-15、2020-01-22 和 2020-01-29 日测量，另一名患者在 2020-01-22 日才开始服药，之后分别在 2020-01-29、2020-02-05、2020-02-12 和 2020-02-19 测量，为了更加清晰地描述日期之间的关系，请看图 8-19。

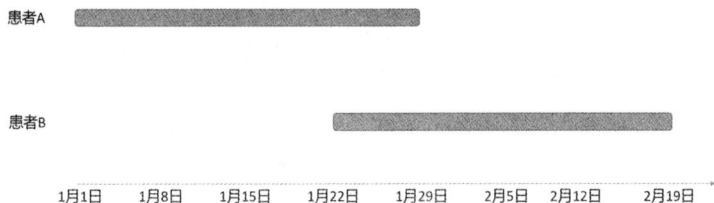

图 8-19

现在我们希望考察药物的有效性，需要绘制血糖变化量随时间变化的图表，图表的纵轴是血糖变化量，横轴是时间，是否可以直接使用日期作为横轴坐标呢？

如果直接使用时间作为横轴，当只有一名患者处于治疗期间，则使用这名患者的血糖变化量，如果两名患者都在治疗期间（1 月 22 日患者 B 服药后至 1 月 29 日），则使用两名患者变化的平均值，会导致生成图形的样式很奇怪，因为这其实是因为药物作用需要有时间，例如 1 月 29 日的时候，患者 A 已经完成了一个疗程，如果药物有效它的血糖下降会比较明显，但患者 B 只完成了 1 周的服药，药物的作用尚未显现，将二者平均值作为药物有效性指标没有实际意义。

面对这种情况，我们不应当将日期和时间作为图表的横轴，而是将患者接受药物的时长作为横轴，把每一次测量的日期变为距离第一次服药的天数，如图 8-20 所示。

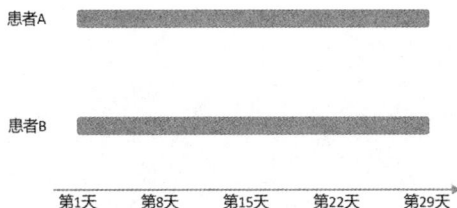

图 8-20

这样将所有患者开始时间拉齐的数据处理方法，称为时间窗口。

除了临床试验，很多与日期相关的数据都需要用到时间窗口的概念才能更好地处理。例如一家商店，从某日开始依次对店中不同品类的商品打折，当需要统计打折对销售的促进作用时，也不能简单地使用日期，而是要使用距离开始打折的天数。因为用户收到打折消息并不一定在第一时间购买，他们会有一定时间的思考期，简单地使用日期也会让统计结果不准确。

其实时间窗口的概念也符合我们平时处理一些问题的逻辑，比如一个公司从经理到业务员总共有 100 人，如果我们需要评价谁的工作能力比较强，不会直接按照每个人的职位，简单地说经理比副经理强，副经理比普通业务员强，而要考虑每个人在公司工作的时间长短，比如经理在公司工作了 20 年才提拔成了经理，但副经理只工作了 3 年就因为业绩突出被提拔，我们有很大把握说副经理的工作能力更强，在未来会有更好的发展。

时间窗口概念的核心，就是将纯粹客观的日期时间转化为具有相对性的持续时间，从而获得更加准确的统计分析结果。

8.3.2 SAS 中实现日期窗口化的方法

说了这么久日期时间窗口的概念，相信读者已经有了一个比较清晰的了解，也明确了日期时间窗口适用的情况，简单总结就是当数据有以下两个特点时可以使用时间窗口。

- 数据随时间变化。
- 不同观测对象具有不同的开始观测时间点。

下面我们从一个真实案例来思考 SAS 中实现日期窗口化的方法。

图 8-21 是某临床试验的血液检测数据集，核心的变量如表 8-1 所示。

	SUBJID	LBTEST	LBSTRESN	LBDTC	RFSTDTC
1	WINDOW-1001	Albumin	10.26	2020-04-04	2020-02-08
2	WINDOW-1001	Albumin	10.19	2020-05-15	2020-02-08
3	WINDOW-1001	Albumin	11.37	2020-05-18	2020-02-08
4	WINDOW-1001	Albumin	10.4	2020-06-02	2020-02-08
5	WINDOW-1001	Albumin	11.7	2020-06-11	2020-02-08
6	WINDOW-1001	Albumin	10.59	2020-07-01	2020-02-08
7	WINDOW-1001	Albumin	12	2020-08-24	2020-02-08
8	WINDOW-1001	Albumin	11.26	2020-09-02	2020-02-08
9	WINDOW-1001	Bilirubin	11	2020-04-10	2020-02-08
10	WINDOW-1001	Bilirubin	11.15	2020-04-23	2020-02-08
11	WINDOW-1001	Bilirubin	10.54	2020-05-15	2020-02-08
12	WINDOW-1001	Bilirubin	10.3	2020-06-06	2020-02-08
13	WINDOW-1001	Bilirubin	11.51	2020-07-09	2020-02-08
14	WINDOW-1001	Bilirubin	10.31	2020-07-25	2020-02-08
15	WINDOW-1001	Bilirubin	11.86	2020-08-08	2020-02-08
16	WINDOW-1001	Bilirubin	10.64	2020-08-14	2020-02-08
17	WINDOW-1001	Blood Urea Nitrogen	11.47	2020-04-11	2020-02-08
18	WINDOW-1001	Blood Urea Nitrogen	10.45	2020-05-31	2020-02-08

图 8-21

表 8-1

变量名	意　义
SUBJID	患者 ID
LBTEST	血检项目名称
LBSTRESN	血检结果
LBDTC	检验日期
RFSTDTC	该患者的实验开始日期

观察数据我们发现，每一名患者开始试验的时间并不相同，每次测量的时间也不相同，符合我们使用时间窗口的数据要求。使用如下代码创建变量 LBDY，表示测量日期与实验开始日期的差。需要注意的是，由于测量日期既可能在试验开始前，也可能在试验开始后，为了避免产生数字 0，如果测量在开始之前，则用"测量日期-试验开始日期"；若测量在试验开始当天或之后，则使用"测量日期-试验开始日期+1"，这样就避免了日期窗口为 0 的情况。

```
data lb3;
    set lb2;
    if  lbdtc<rfstdtc  then  lbdy=input(lbdtc,yymmdd10.)-input(rfstdtc,
yymmdd10.);
    else lbdy=input(lbdtc,yymmdd10.)-input(rfstdtc,yymmdd10.)+1;
run;
```

因为数据中不存在缺失值，我们可以只分两种情况讨论，即检测时间早于试验开始时间和检测时间等于或晚于开始时间，分别使用定义创建 LBDY 变量。

如果你觉得分类讨论比较麻烦，还有一种更简单的逻辑，代码如下：

```
lbdy=input(lbdtc,yymmdd10.)-input(rfstdtc,yymmdd10.)+(lbdtc>=rfstdtc);
```

在 SAS 中，逻辑判断的结果会用 1 和 0 来表示，若判断结果为真，返回的结果就是 1，反之则为 0。这里使用 lbdtc>=rfstdtc 的逻辑判断，若 lbdtc>rfstdtc，说明检测日期在试验开始之后或当天，直接将逻辑判断返回的 1 加到计算结果中。

无论使用哪种逻辑，生成的结果是相同的，如图 8-22 所示。

图 8-22

观察 LBDY 后我们发现，因为该试验的时间跨度较大，仅仅使用日期间隔所分的组数仍然过多，我们希望将天数相近的数字归为同一个组。在数据分析中，这就被称为数据的窗口化。窗口化的意思就是不管每个数据真正对应的数字，而是建立一扇可以从外向内看的窗口，从哪个窗口看到数据，就把该数据归为哪个窗口。

如图 8-23 所示，时间窗口可以理解为在一条时间轴上的若干窗口，每个窗口具有一定的宽度，落在该段的时间可以被定义为同一个时间窗口。

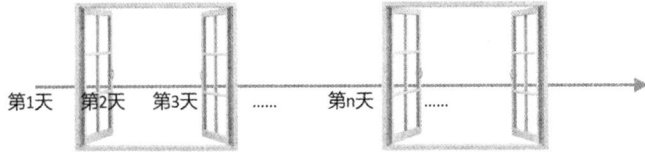

图 8-23

时间窗口的定义应当保证"不重不落"，即每一个确定的时间点只能属于一个时间窗口，并且窗口之间不能重叠也不能有间距，这样才能保证所有时间都被放置到窗口之中。

现在说回在 SAS 中定义时间窗口的思路。我们可以想到使用大量 if 条件判断语句，针对不同的 LBDY 值设置不同的窗口名称，但这样做显然非常麻烦，语句也会非常冗长。对于这种情况，我们一般使用 proc format 来简化操作。

在介绍数据格式的时候，我们介绍过 proc format 可以创建自定义的数据格式，在这里自然也可以使用它来帮助我们定义时间窗口。在本案例中，时间的跨度从-70 到 278，我们可以设置每 30 天为一个时间窗口，将试验开始后的前 30 天定义为 Month 1，之后依次为 Month 2、Month 3……在将试验开始前的 30 天定义为 Month-1，之前依次为 Month-2、Month-3，依此类推。

```
proc format;
    value visit
        low--90='Month -4'
        -90--60='Month -3'
        -60--30='Month -2'
        -30-0='Month -1'
        1-30='Month 1'
        31-60='Month 2'
        61-90='Month 3'
        91-120='Month 4'
        121-150='Month 5'
        151-180='Month 6'
        181-210='Month 7'
        211-240='Month 8'
        241-270='Month 9'
        271-300='Month 10';
run;
data lb4;
    set lb3;
    length visit $20;
    visit=strip(put(lbdy,visit.));
run;
```

我们首先使用 proc format 创建一个名为 visit 的数据格式，然后在 data 步中使用 put 函数，将数值型变量 lbdy 按照 visit 格式转化为字符型变量并赋值给 visit。

在这里我们可以展开一些 proc format 的相关知识，在第 3 章和第 4 章学习 data 步和 proc 的时候，我们发现 SAS 中的很多语句都有对应关系，例如 put 是数值型转字符型，input 就是字符型转数值型，proc import 是导入文件，proc export 是导出文件，在 proc format 中也存在这种对照关系。

当转化的结果是字符型的时候，需要使用 value 语句；当转化的结果是数值型，则需要使用 invalue 语句。如果原格式为字符型，还需要在格式名前加上$符号。proc format 内的语句要根据原格式与转化格式进行修改，总共分为 4 种情况，如表 8-2 所示。

表 8-2

原格式	转换数据	$	value/invalue
数值	数值	无	invalue
数值	字符	无	value
字符	数值	有	invalue
字符	字符	有	value

例如，需要创建字符型变量转化为数值型变量的格式，使用的语句如下：

```
proc format;
    invalue $格式名
        字符值 1=数值 1
        字符值 2=数值 2
        …
run;
```

关于 proc format 在这里点到为止，让我们回到本节的主题——时间窗口。使用 proc format 创建时间窗口后生成的结果如图 8-24 所示。

	SUBJID	LBTEST	LBSTRESN	LBDTC	RFSTDTC	LBDY	VISIT
1	WINDOW-1001	Albumin	10.26	2020-04-04	2020-02-08	57	Month 2
2	WINDOW-1001	Albumin	10.19	2020-05-15	2020-02-08	98	Month 4
3	WINDOW-1001	Albumin	11.37	2020-05-18	2020-02-08	101	Month 4
4	WINDOW-1001	Albumin	10.4	2020-06-02	2020-02-08	116	Month 4
5	WINDOW-1001	Albumin	11.7	2020-06-11	2020-02-08	125	Month 5
6	WINDOW-1001	Albumin	10.59	2020-07-01	2020-02-08	145	Month 5
7	WINDOW-1001	Albumin	12	2020-08-24	2020-02-08	199	Month 7
8	WINDOW-1001	Albumin	11.26	2020-09-02	2020-02-08	208	Month 7
9	WINDOW-1001	Bilirubin	11	2020-04-10	2020-02-08	63	Month 3
10	WINDOW-1001	Bilirubin	11.15	2020-04-23	2020-02-08	76	Month 3
11	WINDOW-1001	Bilirubin	10.54	2020-05-15	2020-02-08	98	Month 4
12	WINDOW-1001	Bilirubin	10.3	2020-06-06	2020-02-08	120	Month 4
13	WINDOW-1001	Bilirubin	11.51	2020-07-09	2020-02-08	153	Month 6
14	WINDOW-1001	Bilirubin	10.31	2020-07-25	2020-02-08	169	Month 6
15	WINDOW-1001	Bilirubin	11.86	2020-08-08	2020-02-08	183	Month 7
16	WINDOW-1001	Bilirubin	10.64	2020-08-14	2020-02-08	189	Month 7

图 8-24

根据每一个 LBDY 的值，我们都创建了 VISIT 并赋予相应的值，在后续制作统计图表的时候可以用 VISIT 的值作为横轴，患者平均的测量值作为纵轴，避免使用 LBDY 作为横轴时数字太多的问题。

时间窗口在临床试验中经常被用到，相同的编程结构又比较相似，我们不妨使用宏程序来完成这些比较重复的操作。

8.3.3　使用宏程序实现窗口化

在临床试验数据分析中，与窗口化时间相关的变量是--DY、VISIT 和 VISITNUM，很多临床试验的 3 个变量的定义方式都是相通的，各个医药公司数据分析团队往往都建立了自己的窗口化日期的宏程序，有了它们不仅可以加速数据分析的过程，更可以保证结果的一致性。

首先，我们可以考虑这三个变量的定义方法，--DY 变量需要用到--DTC 变量和试验开始日期变量，VISIT 是某条记录的时间对应的时间窗口名称，VISITNUM 是窗口名称对应的编号。在不同的试验中，--DY 的定义方法是一致的，但 VISIT 和 VISITNUM 要根据实验的设计来定义。因此我们的宏程序不妨将这些定义放置在一个 Excel 表格中，在其他试验需要修改时可以通过修改 Excel 表格的方式改变宏程序的执行结果。

有了以上思路，可以把我们要做的工作分解为 3 部分，如图 8-25 所示。

（1）设计 Excel 文档，该文档需要包含--DY 变量的起止数字，以及对应的 VISIT 和 VISITNUM 的值。该表的样式如图 8-26 所示。

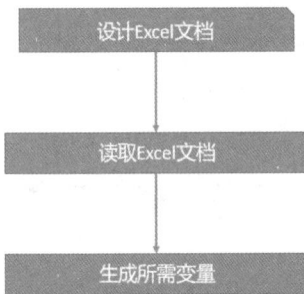

DY_START	DY_END	VISIT	VISITNUM
-90	-61	Month -3	1
-60	-31	Month -2	2
-30	0	Month -1	3
1	30	Month 1	4
31	60	Month 2	5
61	90	Month 3	6
91	120	Month 4	7
121	150	Month 5	8
151	180	Month 6	9
181	210	Month 7	10
211	240	Month 8	11
241	270	Month 9	12
271	300	Month 10	13

图 8-25   图 8-26

（2）将该 Excel 文档存储为 visit.xlsx，然后使用 proc import 读取，再生成包含条件判断的宏变量，方法如下：

```
%macro read;
    data _null_;
        set visit end=eof;
        if eof then call symput('max',strip(put(_n_,best.)));
    run;
    %do i=1 %to &max;
        %global if&i;
        data _null_;
            set visit;
```

```
            if _n_ = &i;
            call symput
            ("if&i","if "||strip(put(dy_start,best.))||
            '<=lbdy<='||strip(put(dy_end,best.))||
            ' then visit="'||strip(visit)||'"%str(;)');
            call symput
            ("ifs&i","if "||strip(put(dy_start,best.))||
            '<=lbdy<='||strip(put(dy_end,best.))||
            ' then visitnum='||strip(put(visitnum,best.))||'%str(;)');
        run;
    %end;
    %global if ifs;
    %let if=;
    %let ifs=;
    %do j=1 %to &max;
        %let if=&if &&if&j;
        %let ifs=&ifs &&ifs&j;
    %end;
    %put &ifs;
%mend;
%read;
```

（3）这里又使用到了比较复杂的函数嵌套与联立，我们在第一个 data 步中获得 visit 数据集中的记录总数，然后设置循环，从 1 到最大记录数依次保留一条记录，每次使用 call symput 生成两个宏变量，依次为 if1、if2……和 ifs1、ifs2……它们的值为逻辑判断的语句，例如宏变量 if1 的值为：

```
if -90<lbdy<-61 then visit="Month -3";
```

然后将所有宏变量写在一起，就获得了根据 lbdy 的值设置 visit 值的一系列语句。下一步就简单了，在 data 步中直接使用这些语句，获得 visit 和 visitnum，代码如下：

```
data lb2;
    set lb;
    &if;
    &ifs;
run;
```

生成的结果如图 8-27 所示。

	SUBJID	LBTEST	LBSTRESN	LBDTC	RFSTDTC	LBDY	VISIT	VISITNUM
1	WINDOW-1001	Albumin	10.26	2020-04-04	2020-02-08	57	Month 2	5
2	WINDOW-1001	Albumin	10.19	2020-05-15	2020-02-08	98	Month 4	7
3	WINDOW-1001	Albumin	11.37	2020-05-18	2020-02-08	101	Month 4	7
4	WINDOW-1001	Albumin	10.4	2020-06-02	2020-02-08	116	Month 4	7
5	WINDOW-1001	Albumin	11.7	2020-06-11	2020-02-08	125	Month 5	8
6	WINDOW-1001	Albumin	10.59	2020-07-01	2020-02-08	145	Month 5	8
7	WINDOW-1001	Albumin	12	2020-08-24	2020-02-08	199	Month 7	10
8	WINDOW-1001	Albumin	11.26	2020-09-02	2020-02-08	208	Month 7	10
9	WINDOW-1001	Bilirubin	11	2020-04-10	2020-02-08	63	Month 3	6
10	WINDOW-1001	Bilirubin	11.15	2020-04-23	2020-02-08	76	Month 3	6
11	WINDOW-1001	Bilirubin	10.54	2020-05-15	2020-02-08	98	Month 4	7
12	WINDOW-1001	Bilirubin	10.3	2020-06-06	2020-02-08	120	Month 4	7
13	WINDOW-1001	Bilirubin	11.51	2020-07-09	2020-02-08	153	Month 6	9
14	WINDOW-1001	Bilirubin	10.31	2020-07-25	2020-02-08	169	Month 6	9

VIEWTABLE: Work.Lb2

图 8-27

当然，除了以上方法，我们还可以使用 proc sql 直接生成包含 visit 和 visitnum 的数据集，这里需要用到 proc sql 中的合并命令 join，方法如下：

```
proc sql;
    create table lb2 as
        select a.*,b.visitnum,b.visit from lb as a
        left join visit as b
        on dy_start<=lbdy<=dy_end
        order by subjid,lbtest,lbdtc;
quit;
```

使用 left join 将 visit 合并到 lb 上，只将 dy_start <=lbdy <=dy_end 的记录输出，最后为了保证数据的排序方式和之前一致，用 order by 对数据集重新排序，生成的数据集如图 8-28 所示。

	SUBJID	LBTEST	LBSTRESN	LBDTC	RFSTDTC	LBDY	VISITNUM	VISIT
1	WINDOW-1001	Albumin	10.26	2020-04-04	2020-02-08	57	5	Month 2
2	WINDOW-1001	Albumin	10.19	2020-05-15	2020-02-08	98	7	Month 4
3	WINDOW-1001	Albumin	11.37	2020-05-18	2020-02-08	101	7	Month 4
4	WINDOW-1001	Albumin	10.4	2020-06-02	2020-02-08	116	7	Month 4
5	WINDOW-1001	Albumin	11.7	2020-06-11	2020-02-08	125	8	Month 5
6	WINDOW-1001	Albumin	10.59	2020-07-01	2020-02-08	145	8	Month 5
7	WINDOW-1001	Albumin	12	2020-08-24	2020-02-08	199	10	Month 7
8	WINDOW-1001	Albumin	11.26	2020-09-02	2020-02-08	208	10	Month 7
9	WINDOW-1001	Bilirubin	11	2020-04-10	2020-02-08	63	6	Month 3
10	WINDOW-1001	Bilirubin	11.15	2020-04-23	2020-02-08	76	6	Month 3
11	WINDOW-1001	Bilirubin	10.54	2020-05-15	2020-02-08	98	7	Month 4
12	WINDOW-1001	Bilirubin	10.3	2020-06-06	2020-02-08	120	7	Month 4
13	WINDOW-1001	Bilirubin	11.51	2020-07-09	2020-02-08	153	9	Month 6

图 8-28

笔者希望通过以上案例让读者了解到一个编程概念——文档化编程。文档化编程指将部分编程的工作放在文档里，通过修改文档内容实现程序运行的不同结果。

考虑一下我们之前学过的编程概念，基本都是通过修改代码本身来对输出结果进行修改，分析师需要仔细考察代码的联动性和逻辑性，需要避免牵一发而动全身的问题发生。但文档化编程不同，它所需修改的部分是放在 Excel 文档之中，如果新的临床试验有不同的实验周期设计，只需要修改 Excel 文档的内容，然后重新运行一遍原来的程序即可获得全新的结果。这种方法极大地减少了程序员的工作量，让代码真正实现了一次编写，处处运行。

另外，文档化编程的另外一个好处就是便于检查。如果生成的结果与我们的预期不一致，在程序编写没有问题的情况下，我们只需要打开文档逐条审核即可，由于文档的可读性比程序要高，我们在检查中所花费的时间自然也成倍减少。

当然，文档化编程也不是百利而无一害，它最大的缺点在于对分析师的编程水平要求很高，因为文档和程序之间属于不同的文件，调用文档之后的逻辑会比较复杂，分析师需要有高超的编程水平和统筹能力才可以胜任。同时，文档化编程也需要一些额外的代码，来对可能发生的问题进行预判，在本案例中，我们省略了很多很重要的判断，比如对文档是否存在、变量是否存在的判断，如果缺少这些内容，在未来如果文档修改发生问题，产生的错误会耗费较多时间去检查。

学习本节之后，希望读者在脑中能够建立起文档化编程的基本概念，随着日后水平的提升，可以逐渐用到自己的工作中，当读者能够熟练地使用文档化编程概念，甚至可以建立起一套属于自己的文档化编程逻辑，就说明读者的数据分析实力又上了一层楼。

最后，笔者建议读者可以尝试自己编写一次实现时间窗口的宏程序，并且加上文档存在性判断和变量存在性判断，然后尝试在工作中使用它们。

8.4 自动设置图表表头和脚注

本节我们将深入探讨通过宏编程可能实现的简化生成统计图表流程的方案，笔者希望通过本节内容让读者更加系统地建立起模块化编程和文档化编程的思想和方法论。

模块化编程在第 5 章我们曾经讨论过，它是利用宏程序的泛用性将复杂问题转化为相互可以连接的编程思路，通过将大且复杂的问题拆解为小且简单的问题，分析师可以将精力放在每一个小问题上并加以解决，然后将结果连接起来解决大且复杂的问题。是否有模块化编程的思路是一个数据分析师是否走向成熟的重要判断标准。

文档化编程在 8.3 节讲解时间窗口时进行过介绍，它是将某些可修改的部分放置在文档中，把修改可视化程度较低的程序步骤变为修改可视化程度较高的文档。

如果将模块化和文档化编程的思想融合到一起，则可以创造出许多有效的程序，解决我们在数据分析中的各种问题，本节所探讨的自动生成图表表头和脚注就是一例，笔者希望从这个常见的案例进行引申，推导出解决比较复杂问题的一般方法，这也是本书试图建立新手数据分析师方法论的一部分。

8.4.1 回顾与思考——如何创建表头和题注

在数据分析的过程中，为了保证结果的准确性，往往需要有检验环节，这个环节在临床试验数据分析中尤其重要。因为药物研究关乎千万人的安全和健康，药监局对所有药品的临床试验数据格外重视，要求将原始数据与统计分析结果一并上交，药监局工作人员会对数据和结果进行比对，如果数据与结果有所出入，那等待药厂的将是漫长的质询环节，甚至可能影响一款药物最终获批上市。

药厂方面对待数据分析也格外重视，在分析过程中，一般会要求两名数据分析师独自编程，一名分析师分析数据集和统计报表，另一位分析师则对结果进行检验，只有两名分析师的结果完全对应，一个数据集或一张统计图表才可以通过，这也是药物临床试验数据分析工作无比漫长的一个原因。

笔者在很多临床试验分析项目中担任过检验环节的负责人，检验环节中最容易发现问题的地方是哪里呢？其实并非数据集或者图表内的数字，而是统计图表的表头和脚注。这是因为数据集是从原始数据而来，图表内的数字又从数据集而来，这些操作都相对程式化，只要注意避免逻辑错误一般不会有问题，即使有问题也只是小数点、单位的错误，不会影响统计分析的结果本质。

但表头和脚注的错误来自分析师自己的错误操作。一般而言，同一个临床试验项目的统计分析图表的结构和样式类似，而且图表生成的过程比较复杂，我们一般会选择复制已完成的统计图表程序，稍作修改后生成新的统计图表，在修改的过程中就可能产生错误，比如忘记修改表头和脚注。

如果表头和脚注错误，造成的影响也是比较严重的。最常见的是"文不对题"，表头称这是一个人口统计学图表，结果表格内容却是伴随用药信息，这种错误在最终审核的时候比较容易被发现。

另一种错误更加可怕，即看上去文题相对，但实际上并不对应。比如我先完成了一个严重副作用的统计分析图表，然后又制作了一个所有副作用的图表，因为两者结构类似，所以我直接复制上一个图表的 proc report 和 ods 部分，将数据修改后以相同的格式输出，也就是说，生成的图表内容是所有副作用，但标题为严重副作用。副作用是药物安全性至关重要的指标，如果药监局拿到这份错误的表格，将所有副作用理解为了严重副作用，很可能导致这款药物的审批失败。

那么为什么表头和脚注的错误容易发生呢？原因无外乎表头和脚注是分析师人为设定的内容，并非从某些数据而来。

在一段程序的很多位置都可以设置表头和脚注，下面让我们来回顾一下。我们使用数据集 sashelp.cars，使用 proc print 输出部分变量，并且加上表头和脚注。

```
proc print data=sashelp.cars;
    var make model msrp cylinders enginesize;
    title j=c "Vehicle Market Information Table";
    footnote j="Data is from sashelp.cars";
run;
```

生成的结果如图 8-29（表头）和图 8-30（脚注）所示。

Vehicle Market Information Table					
Obs	Make	Model	MSRP	Cylinders	EngineSize
1	Acura	MDX	$36,945	6	3.5
2	Acura	RSX Type S 2dr	$23,820	4	2.0
3	Acura	TSX 4dr	$26,990	4	2.4
4	Acura	TL 4dr	$33,195	6	3.2

图 8-29

425	Volvo	C70 HPT convertible 2dr	$42,565	5	2.3
426	Volvo	S80 T6 4dr	$45,210	6	2.9
427	Volvo	V40	$26,135	4	1.9
428	Volvo	XC70	$35,145	5	2.5

Data is from sashelp.cars

图 8-30

除了在 proc 内部使用 title 和 footnote 语句，还可以在它们的外部使用，这样产生的
表头和脚注是全局设置，在重新启动 SAS 或覆盖之前，所有的输出结果都会有相同的表
头和脚注。例如以下代码：

```
title j=c "Vehicle Market Information Table";
footnote j=l "Data is from sashelp.cars";
proc means data=sashelp.cars;
    var msrp;
run;
proc freq data=sashelp.cars;
    table type*cylinders;
run;
```

无论是 proc means，还是 proc freq 的结果，它们的表头和脚注都是 title 语句和 footnote
语句所设置的内容，如图 8-31 所示。

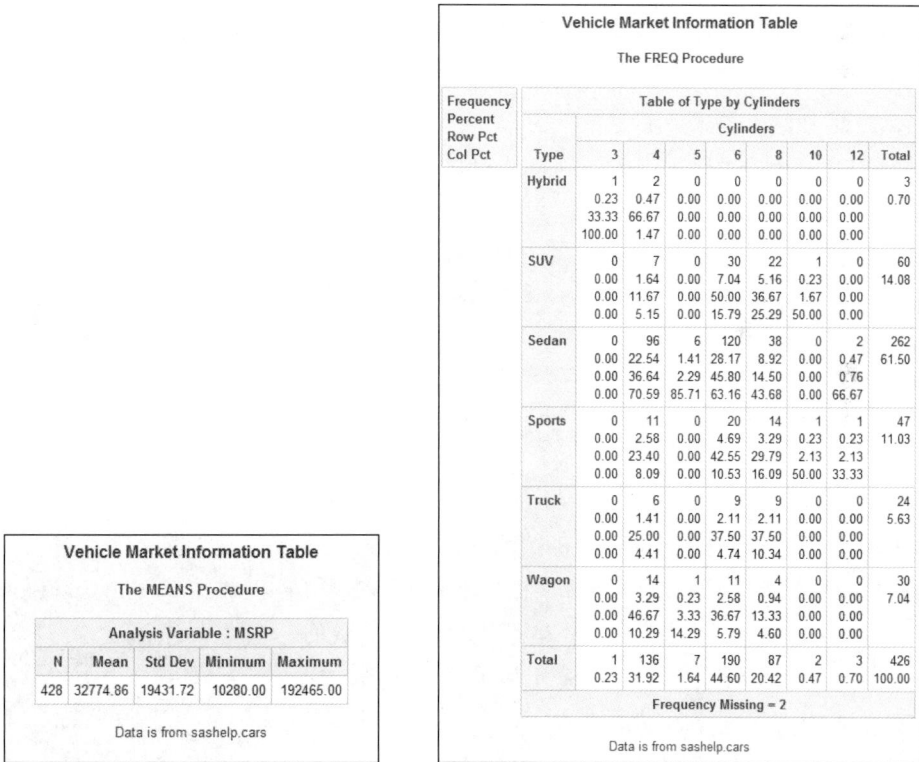

Vehicle Market Information Table

The FREQ Procedure

Frequency Percent Row Pct Col Pct	Table of Type by Cylinders							
		Cylinders						
Type	3	4	5	6	8	10	12	Total
Hybrid	1	2	0	0	0	0	0	3
	0.23	0.47	0.00	0.00	0.00	0.00	0.00	0.70
	33.33	66.67	0.00	0.00	0.00	0.00	0.00	
	100.00	1.47	0.00	0.00	0.00	0.00	0.00	
SUV	0	7	0	30	22	1	0	60
	0.00	1.64	0.00	7.04	5.16	0.23	0.00	14.08
	0.00	11.67	0.00	50.00	36.67	1.67	0.00	
	0.00	5.15	0.00	15.79	25.29	50.00	0.00	
Sedan	0	96	6	120	38	0	2	262
	0.00	22.54	1.41	28.17	8.92	0.00	0.47	61.50
	0.00	36.64	2.29	45.80	14.50	0.00	0.76	
	0.00	70.59	85.71	63.16	43.68	0.00	66.67	
Sports	0	11	0	20	14	1	1	47
	0.00	2.58	0.00	4.69	3.29	0.23	0.23	11.03
	0.00	23.40	0.00	42.55	29.79	2.13	2.13	
	0.00	8.09	0.00	10.53	16.09	50.00	33.33	
Truck	0	6	0	9	9	0	0	24
	0.00	1.41	0.00	2.11	2.11	0.00	0.00	5.63
	0.00	25.00	0.00	37.50	37.50	0.00	0.00	
	0.00	4.41	0.00	4.74	10.34	0.00	0.00	
Wagon	0	14	1	11	4	0	0	30
	0.00	3.29	0.23	2.58	0.94	0.00	0.00	7.04
	0.00	46.67	3.33	36.67	13.33	0.00	0.00	
	0.00	10.29	14.29	5.79	4.60	0.00	0.00	
Total	1	136	7	190	87	2	3	426
	0.23	31.92	1.64	44.60	20.42	0.47	0.70	100.00
Frequency Missing = 2								

Data is from sashelp.cars

Vehicle Market Information Table

The MEANS Procedure

Analysis Variable : MSRP				
N	Mean	Std Dev	Minimum	Maximum
428	32774.86	19431.72	10280.00	192465.00

Data is from sashelp.cars

图 8-31

以上两种表头的设置方式，其实都没有离开一个方法，都是由数据分析师将表头和
脚注内容手动输入到程序中，无论是复制粘贴还是键盘敲入，这种操作容易产生错误。

为了避免这种错误的发生，我们需要找到一种方式，能够自动为某个统计分析图表
设置表头和脚注，这就是本节所探讨的核心内容。

8.4.2 优秀的数据分析师应该"懒"一点

为了避免产生歧义，笔者为本小节标题中的"懒"字加上了引号，我们首先来说说优秀的数据分析师应该具有哪种"懒"，而应该避免哪种"懒"。

笔者知道有一些数据分析师，工作非常努力，每天的工作安排也很满，经常需要处理比较紧急的数据分析工作，这导致他们没有办法静下来考虑建立模块化和自动化的程序，很多程序都是他们手敲代码完成的。

另外一些数据分析师看起来则"懒"了很多，很多时候你看到他们的 SAS 界面一直在运行程序的状态，日志不断地生成，但他们真正编程的工作很少，仿佛 SAS 知道他们需要什么，能够自动地生成所需的数据集和统计图表。

以上两种数据分析师，笔者更加推崇第二种"懒人模式"，当然这个懒可不代表什么都不做，而是在工作中归纳总结出经常用到相似操作，生成一套自己用起来非常轻松顺手的宏程序，这套宏程序可以帮助他们快速获得大量的相似数据集或图表，省下来的时间自然可以喝喝茶、聊聊天了。

当然，这种懒人模式可不是白来的，在创建自动化程序的时候，他们可需要花费更多的时间和精力，力求将程序的泛用性和可靠性最大化，这样才能更好地胜任后续的工作，正是"你必须非常努力，才能看上去活得毫不费力"。

在创建统计图表的过程中，很多分析师也会发现挨个输入表头和脚注费时又费力，如果能有一个自动化的帮手则可以省下不少时间和精力。下面我们就来思考一下如何建立这样一个宏程序。

8.4.3 创建自动批量设置表头和脚注的宏程序

首先思考表头和脚注的特点，我们发现这个宏程序应当分两个部分：读取与生成。鉴于不同项目的统计图表也有所不同，为了泛用性，我们应当创建一个 Excel 文档来记录每个图表的表头和脚注。同时，为了让表头和脚注与程序对应起来，我们考虑增加一列来标明程序名称。在生成过程中，把表头和脚注读取到宏变量之中，然后在生成表格的 proc report 中引用这些宏变量即可。以上内容可以总结为图 8-32 所示的过程。

下面我们分别从两个步骤入手，讲解实现该功能的基本思路。

按照之前的设计创建 Excel 文档，将必要的信息添加进去，并且添加其他便于阅读的内容，笔者创建的文档如图 8-33 所示。

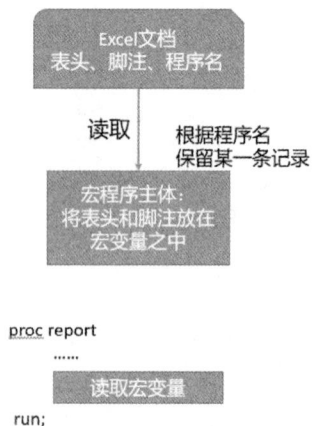

图 8-32

ID	Program Name	Table Number	Table Name	Footnote
1	t_cars	1.1.1	Dataset Information of SASHELP.CARS	This dataset is about 2004 US car data
2	t_baseball	1.1.2	Dataset Information of SASHELP.BASEBALL	This dataset is 1986 US baseball league
3	t_class	1.1.3	Dataset Information of SASHELP.CLASS	The dataset contains the student information of a class
4	t_demographics	1.1.4	Dataset Information of SASHELP.DEMOGRAPHICS	The dataset includes registered countries in UN
5	t_air	1.1.5	Dataset Information of SASHELP.AIR	

图 8-33

该表格包含了 5 个图表信息，包括生成它们的程序名、表格序号、表格名称即表头和脚注。读者也可以根据自己的需求加入更多的列，例如若表格标题分为 3 段，则可以使用 3 列分别记录这 3 段标题。

第二步，将该 Excel 文档读取并生成包含表头和脚注的宏变量。

```
title; footnote;
%macro tf_read;
%global title footnote;
%if not %symexist(pgm) %then %do;
    %put Error: Macro Variable pgm is not defined in the program;
    %put Error: Plase Check;
    %goto Exit;
%end;
/* Read Excel File and Generate Title Footnote */
proc import datafile="U:\Title Footnote\Title_Footnote.xlsx" dbms=xlsx
replace out=tf;
    run;
data _null_;
    set tf;
    ***filter based on &pgm ***;
    where strip(upcase(program_name))="%upcase(&pgm)";
    ***title***;
    call symput ("title1","Table "||strip(table_number));
    call symput ("title2",strip(Table_Name));
    ***footnote***;
    call symput ("footnote",strip(footnote));
    run;
%Exit:
%mend tf_read;
%tf_read;
```

该程序主要分 4 部分。首先，是用 title;footnote;语句将已有的表头和脚注清空。其次，判断主程序中的宏变量是否存在，这里使用到了一个全新的语句%goto，它表示将程序直接跳转到 Exit 所在位置，在本段程序最下方的语句%Exit:标记跳转位置，这样它以上的语句都不会被执行，避免产生错误后仍然执行大段语句，节约了时间和算力。但%goto 语句也会对程序的结构造成破坏，在 debug 时更不容易看出程序执行的逻辑，读者在使用时需要注意。

第三步，使用 proc import 读取 Excel 文档。最后，在 data 步中用 call symput 设置宏变量并赋值，考虑到表头既包含编号也包含表名，所以分别赋值给 title1 和 title2。

完成这一步后，我们就需要考虑调用这些宏变量，在程序中为表头和脚注赋值了。下面我们使用 sashelp.baseball 作为例子，将 proc contents 的结果输出到 RTF 文档。

```
dm log 'clear';dm output 'clear';

%let pgm=t_baseball;
%include "U:\Title Footnote\tf_read.sas";

title1 j=c"&title1";
title2 j=c"&title2";
title3 j=c" ";
footnote1 j=l"%bquote(&footnote)";
footnote2 j=l" ";
footnote3 j=l"Program: &pgm..sas."
          j=r "Date Time: %sysfunc(date(),date9.) %sysfunc(time(),time5.)";

ods rtf file="U:\Title Footnote\Output\&pgm..rtf" style=htmlblue;
   proc contents data=sashelp.baseball;
   run;
ods rtf close;
```

在以上代码中，我们首先使用 dm log 'clear' 和 dm output 'clear' 语句将日志栏和结果栏清空，然后定义宏变量 pgm，这个宏变量的用途是告诉宏程序 tf_read，我们在制作哪一个图表，然后用 %include 语句执行一次 tf_read 程序，执行后就会生成宏变量 title1、title2、footnote，用 title 和 footnote 语句设定表头和脚注，最后用 ods+proc contents 的方法输出表格体部分。

生成结果的表头和脚注分别如图 8-34 和图 8-35 所示。

图 8-34

图 8-35

重新分析一下这段代码，发现只要修改其中一小部分，就可以实现比较大的变化。

图 8-36 中被方框框住的部分是程序的主体，在生成不同图表的时候需要修改，而其他部分在相似结构的项目中根本不用修改，只要直接简单地复制粘贴就可以，这样我们就把容易出错的表头和脚注放在了不用修改的部分，让我们更加关注图表本身。

```
dm log 'clear';dm output 'clear';

%let pgm=t_baseball;
%include "U:\Title Footnote\tf_read.sas";

title1 j=c "&title1";
title2 j=c "&title2";
title3 j=c " ";
footnote1 j=l "%bquote(&footnote)";
footnote2 j=l " ";
footnote3 j=l "Program: &pgm..sas." j=r "Date and Time: %sysfunc(date(),date9.) %sysfunc(time(),time5.)";

option nobyline center nonumber nodate;
ods rtf file="U:\Title Footnote\Output\&pgm..rtf" style=htmlblue;
    proc contents data=sashelp.baseball;
    run;
ods rtf close;
```

图 8-36

下面尝试其他的图表，如果需要输出 air 数据集，改变 pgm 的值和 proc contents 指定的数据集即可。

```
dm log 'clear';dm output 'clear';

%let pgm=t_air;
%include "U:\Title Footnote\tf_read.sas";

title1 j=c"&title1";
title2 j=c"&title2";
title3 j=c " ";
footnote1 j=l"%bquote(&footnote)";
footnote2 j=l" ";
footnote3 j=l"Program: &pgm..sas."
            j=r "Date and Time: %sysfunc(date(),date9.) %sysfunc(time(),time5.)";

option nobyline center nonumber nodate;
ods rtf file="U:\Title Footnote\Output\&pgm..rtf" style=htmlblue;
   proc contents data=sashelp.air;
   run;
ods rtf close;
```

因为 air 表格只包含表头而没有脚注，运行后该表格只会生成表头，而脚注没有自定义内容，如图 8-37 所示。

Table 1.1.5
Dataset Information of SASHELP.AIR

The CONTENTS Procedure

Data Set Name	SASHELP.AIR	Observations	144
Member Type	DATA	Variables	2
Engine	V9	Indexes	0
Created	11/07/2018 23:45:31	Observation Length	16
Last Modified	11/07/2018 23:45:31	Deleted Observations	0

Program: t_air.sas.	Date and Time: 19MAY2020 16:45

图 8-37

下面我们再尝试一下输入错误的问题。一个需要在多场景使用的程序，必须考虑可能的错误和处理方式，在本例中，我们首先判断宏变量 pgm 是否存在，如果不存在则报错。现在让我们重新打开 SAS，将"%let pgm="语句删除，再运行程序。

在日志栏最开头，就出现了我们使用%put 语句生成的信息，提示 pgm 没有被定义，如图 8-38 所示。为了讲解方便，笔者将%Exit 的位置放到了 tf_read 程序末尾，所以仅仅跳过了 tf_read 步骤，在主程序中并没有跳过，因此主程序下面的部分仍然得到了执行，如果是读者自行编程，可以将%Exit 放在所有程序结尾，这样当我们忘记定义 pgm 时可以直接跳转到程序的结尾，避免错误的执行和错误的结果。

```
2
3      %include "U:\Title Footnote\tf_read.sas";
Error: Macro Variable pgm is not defined in the program
Error: Plase Check
32
```

图 8-38

以上案例是笔者在工作中使用的自动批量设置表头和脚注程序的说明，为了适应读者和讲解方便，特意进行了简化，只保留了必要的概念，从这些概念中我们可以看出模块化编程和文档化编程的一些思路。这两种编程是笔者非常推崇的，即使是新手数据分析师也应当掌握的基本思维模型。

数据分析师的思维模型其实是一个非常宏大的话题，市场上也有大量的书籍专门论述，笔者希望借着这个案例，与读者讨论一二。

8.4.4　关于模块化和文档化编程的思考

思维模型是当下非常热门的一个概念，从成功学、创业学到企业管理、职场生存，很多专业的人士为大家提供了丰富的思维模型。所谓思维模型，就是将客观世界抽象化、只保留主干，然后形成一套对主干变化的推演方法。

思维模型的概念对数据分析师同样适用，笔者也在策划一部图书，抛开技术而专门谈数据分析师的思维模型，虽然该书尚未出版，笔者愿意将一些思考在这里进行分享。

首先我们来说两个脑筋急转弯："把大象装进冰箱需要几步？""动物园举行运动会，谁没来？"相信这两个脑筋急转弯的结果大家应该都清楚，其实这里面就包含了模块化编程和文档化编程的思想，其步骤如图 8-39 所示。

把大象装冰箱是一个看起来不可能的任务，很多人因此望而却步，其实放弃的人缺乏的只是模块化编程的思想。模块化编程的第一步就是拆分，将大的任务分解为细小的任务，比如这个问题就可以分解为"打开冰箱门—把大象放进去—关上冰箱门"三个小任务。当然，任务的分解并不是一次性的，我们可以进行多重任务拆解，比如第二步把大象放进去显然比较难，那么就考虑将这一步分解为"制造一个大冰箱—用诱饵诱惑大象走进冰箱"两步。

模块化编程并不是不要编程，在拆分任务之后，编程仍然是必须的工作，但通过拆分可以让我们集中在每一个小模块的功能，并不需要考虑复杂问题本身。

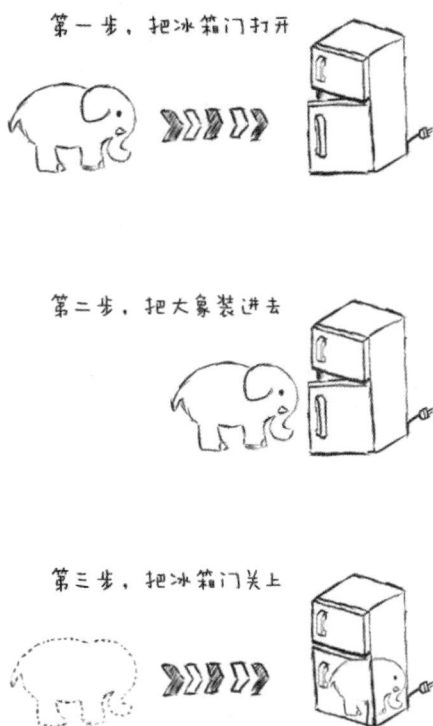

第一步，把冰箱门打开

第二步，把大象装进去

第三步，把冰箱门关上

图 8-39

　　模块化编程的核心是"拆"，而文档化编程的核心是"连"，是将程序与可视化文档连接在一起。在刚才的脑筋急转弯中，如果我们有一份什么动物被关在冰箱的名单，就可以很容易地知道什么动物无法来参加运动会，下一次如果需要把其他的动物关在冰箱，不需要修改关每只动物的流程，只需要将这个名单更新，让程序自动执行即可。

　　本章所讲述的案例，无不是在强化读者这两方面编程的思想，设置基准线和缺失值处理就是让读者在脑中对这些问题形成模块化记忆，在未来遇到这方面的问题时直接调用已经储备好的模块化知识；数据的时间窗口和自动设置表头和脚注则是让读者了解文档化编程的意义和用法，最后笔者使用两个常见的情景介绍了文档化编程的实现方法。

　　笔者希望这些案例不仅仅能够提升读者的编程水平，更希望它们帮助读者建立起正确的数据分析师思维，如果能对此有些许帮助，笔者当感欣慰。

　　下面我们将用一整章的篇幅详细介绍一个临床试验数据分析案例，在其中我们将不同的知识点串联到一起进行讲解，读者也可以更好地了解数据分析师真实的工作状态。

第 9 章　大型实战——从数据到图表的临床试验分析

本章我们会学习一个真实的临床试验案例，跟随它一步步了解在真实工作场景中 SAS 是如何使用的。笔者曾用建房来比喻 SAS 的学习过程，本书第一篇学习的内容是 data 步、proc 等概念和用法，这个过程就相当于烧砖、烧瓦，第二篇的内容包括宏编程、统计分析、统计报表，这些就相当于打地基、建墙的过程。在第 8 章，我们又学习了一些常见问题的解决思路，比起具体的技术，我们探讨更多的是方法和思路的问题，这些工作就相当于是房间的电路、装修、粉刷，距离完成一间房只有一步之遥。

但上述所学的知识都有一个问题，我们是按照 SAS 不同的功能分开讲解，并没有让这些知识出现在一个项目之中，到目前为止，本书总共提供了 6 个实战案例，分别是计算日期间隔、多对多合并、宏编程、异常值筛选、创建统计表格和创建统计图形，它们都是 SAS 编程技术在某一方面的应用，如果不把这些知识点串联起来，就相当于教会了读者质数和合数的概念，让读者自行证明哥德巴赫猜想一样，手段与结果间复杂的联系并没有搭建起来。

故笔者创作此章，目的不仅仅是带领读者继续学习 SAS 编程的技术，而是能够让读者对 SAS 数据分析师的工作更加了解。笔者这次选取的是自身在工作中每天都要接触的临床试验数据分析项目，为了保证机密性删除了部分信息，但所有数据分析工作与真实的工作没有区别。

另外，为了帮助计划进入临床试验数据分析行业的读者，笔者并未仅仅局限于技术，而会用部分篇幅讲解医药行业和 CDISC 标准，这些都是职场新人进入行业所需要知道的知识。

9.1　药物上市流程全揭秘

2020 年伊始爆发的新冠肺炎让全球都蒙上了一层阴影。联合国认为这次疫情会让全球经济萎缩 1%，各个机构、研究所也都发布了疫情对各个行业影响程度的评估。经济的损失可以随未来的发展而逐渐弥补，但鲜活的生命也因为这场疫情离开了我们，这是人类最惨痛的无法弥补的损失。

在 2020 年 3 月，美国吉利德公司的瑞德西韦被发现针对新冠肺炎疾病具有治疗作用，无数人把它当成了救命神药。随后，瑞德西韦在多国开展了正式的临床试验，所得出的结果却不尽令人满意。在部分试验中，发现瑞德西韦仅在减少疾病持续时间上有比较明显的效果，在疾病的治愈率、死亡率控制等方面，并没有特别突出的效果。那么一款药物究竟是怎么上市的呢？

一款药物从开始研发到最终走向市场，简单来说可以分为四个阶段：立项、研发、试验和审批。需要注意这 4 个阶段并不一定相互独立，药物开发完成后，进入验证阶段，可能会根据实验的结果反过来对药物分子进行调整，在规定的临床试验完成后，药物可以提交审批，但审批的结果可能会要求某些额外的实验数据支持，这时又要反过来再做数据分析。因此这 4 个阶段是相互嵌套、相互依托的关系，如图 9-1 所示。

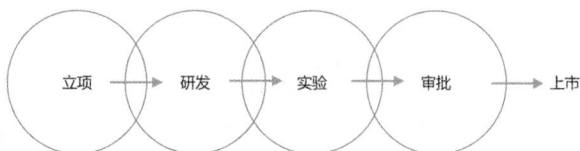

图 9-1

我们作为临床试验数据分析师，并不会过多地参与到立项和研发的环节之中，实验和审批之间的临床试验数据分析工作才是我们工作的重心。

9.1.1　临床试验与审批

很多读者会考虑，如果一款药物已经研发出来，就应该知道它在人体中的反应和代谢产物，也能确定一款药物的安全性和有效性了，因为毕竟任何药物本质上都是与人体的细胞或分子发生化学反应。那为什么药物上市之前还要进行漫长的临床试验呢？

生物体内的化学反应是极其复杂的，药物进入人体后的具体代谢路径和所有产物很难搞清楚，所以药物真正的有效性和安全性要通过试验得出。一款药物研制出来后，先要经过动物测试，从小白鼠开始，依次到猫、狗、猴子等身上。动物试验成功后开始人体测试，也就是我们所说的临床试验，这个过程总共分为 4 期。

第一期招募十几个人，测试的是药物的安全性。这一期实验有一个特点：参与试验的人都是健康人。因为第一期临床试验只关注安全性，不考虑有效性。这些被招募的人承受的风险其实非常大，动辄就是严重副作用、后遗症甚至死亡。当然他们的报酬也比较优厚，以美国为例，部分临床试验每名受试者可以领到 8～10 万美元的报酬。

第二期和第三期实验分别招募 30 名和 300 名左右的患者，这两期实验招募的都是生病的人，按照随机双盲对照试验的方法给患者喂药。这两期是同时考察药物的安全性和有效性，不过安全性仍然是首位的，可以说是具有一票否决权。

当第三期临床试验的统计分析结果上交并且获批后，这款药物就可以上市销售了。那为什么还有第四期临床试验呢？前 3 期试验，药物都是医生发放给患者，时间用量都是确定的，但上市后的药物是患者自己买自己吃，这就容易导致剂量错误或疗程错误等问题，这些可能都会诱发一些副作用。

另外，试验招募的患者肯定无法覆盖所有人，比如说系统性红斑狼疮。如果某治疗系统性红斑狼疮的药物试验在美国开展，因为美国以白人为主，所以招募过来的患者可能大部分都是白人，那这款药对其他人种的作用效果的数据其实并不多，这时就需要考察一款药物在大样本人群中的有效性和安全性。如果发现大量明显副作用和大规模无效的情况，药物还是会被召回的，这就保证了药品一直有一个追错机制。

9.1.2　随机双盲对照试验

在设计临床试验时，我们经常听说一个词——随机双盲对照试验。很多人对这个词的大致意思有所了解，那么它究竟在说什么呢？

我们从最后一个词看起——对照，它指的是临床试验要有实验组和对照组。有一个名词叫安慰剂效应，这个概念于 1955 年由毕阙博士第一次正式提出，他发现约有四分之一的病人，服用在医学上毫无治疗效果的安慰剂之后可以缓解悲痛，并且缓解的情况并非只依靠病人报称，甚至可以使用客观的检测方法得到。

安慰剂效应是一种复杂的人体学、医学、心理学现象，虽然在一定程度上可以帮助患者更容易达到治愈的状态，却给药物研发带来了困难。在上一部分我们说到，人体的复杂性非常高，药物是否有效一般只能靠患者的反馈，但安慰剂效应的存在使得研究者不知道药物的有效性是来源于安慰剂或是药物本身，所以需要设置对照组，观察其他条件相同的情况下，两组的指标是否有显著差异。

我们经常会碰到一款药物，在某些指标上对 60% 的服药患者都有明显的作用，但再一看对照组，也有 50% 的患者产生了相同的反应，这样该药物的有效性就需要进一步考察。当然笔者并非说这样的数据就证明该药物无效，每款药物的作用机理都是不同的，必须要根据药物的特性来设计实验的流程和目标，但对照试验是确保结果可靠性必不可少的一项设计。

第二个词是双盲，指患者自己和医生都不知道某个人被分到了哪个组，原因其实也与安慰剂效应有关。如果患者知道自己被分到了对照组，所服用的药物并不是试验药物，难免产生消极情绪，将安慰剂效应缩小，这不利于药物实验得出真正有效性对比。另外一盲则是医生也不知道患者所服用的是什么药，如果医生知道患者的服药情况，在治疗的时候难免会透露或流露出信息，这也会影响患者的情绪。

其实现在的临床试验还有一盲，就是我们数据分析师和统计师也不知道每名患者真正的分组情况。这是因为如果数据分析师和统计师知道患者分组，就有可能有针对性地设计一些统计分析方法，人为地提高实验组的药物有效性，这是应当避免的。所以在实际工作中，数据分析师最开始拿到的所有数据都是真实的，但每名患者的分组是假的，当临床试验完全结束后，分组数据会更新为真正的分组，然后分析师需要将所有程序重新运行一遍以获得真正的统计分析结果。

以上这些方法都是建立在一个假设上，就是足够数量的少部分人可以代表大量人口，为了保证这一点，就要用随机分组的方式。随机分组要求分组不能与患者的任何信息，包括人口统计学信息、试验参与时间、病情和某些指标相关。

当然，真正的临床试验可能会更加复杂。对照试验使用的仍然是不同人之间的结果进行对比，虽然分组随机但难免有组间差异。现在很多试验采用的是叫 Crossover Design 的试验方式，就是给一个人先吃试验药，再吃对照药，或者相反，对比他在不同服药阶段的身体变化来得出药物有效性和安全性的结论。这种实验方法可以消除个体差异，但实验的流程也更复杂。

所以复杂的试验设计是新药研发缓慢的另一个原因。

归根结底，药物上市流程的漫长是因为人体的复杂性。人体的复杂性远超我们的想象，每秒有数百万种化学反应在身体内进行，生成了极其复杂的产物，这些产物又驱动了我们的行为与思想。在流行性疾病爆发的时候，很多人都在期盼一款神药从天而降，拯救无数的生命。但现代医学诞生不过 200 年，在此之前人类虽然在与细菌病毒的战斗中举步维艰，但依然创造着灿烂的文明，与其把希望寄托于药物，不如着眼于我们人类共同体本身。

本节带领读者了解了药物研发过程的全貌，因为篇幅限制笔者尽量将过程简述，并且只包含了标准化的流程，其实每款药物的研发流程和试验设计都会有所差异，分析师收到的数据也都会有区别，如何将这些区别做成标准的数据和统计分析结果，提交给药品管理局是数据分析师的头等大事。下一节我们将了解一下临床试验数据分析的黄金标准——CDISC，正是它将千千万万的数据汇总并形成标准化的结果提交给审核部门。

9.2　办事要按规矩来——CDISC 标准浅析

笔者在之前的篇章中，有意无意地都提到过 CDISC 标准，这是一套临床试验数据分析中广泛应用的数据标准。本书并不限定行业，是一本 SAS 数据分析从业者的入门与进阶图书，但在创作过程中笔者发现很多案例中的概念，必须涉及 CDISC 标准才能讲清，与其只进行分散而不成体系的介绍，不如拿出一节的篇幅，详细讲解 CDISC 标准的来龙去脉。

如果你是医药行业数据分析的从业者，或者计划进入此行业，相信本节会帮助你对整个行业流程有一个更加深入的理解，并且能够建立起基础的知识体系，方便日后的巩固与提高。如果你希望从事其他行业的 SAS 数据分析工作，本节内容也绝非完全无用，它可以告诉你一个数据标准是如何建立、如何使用的，数据分析行业发展至今，在各行各业都诞生了很多标准，快速掌握这些标准是数据分析师在工作中必须具备的能力。

9.2.1　CDISC 组织与 CDISC 标准——没有王冠的王者

药物研发是一项旷日持久且耗费大量金钱的商业活动，既是人才密集型产业，也是资本密集型产业，非常考验一个国家的综合人才水平、国家治理能力和金融资本运作能力。全世界范围内，具有药物研发成型体系的国家和区域只有中国、美国、日本和欧盟。

如果把时间往前推 10 年，没有人可以想到中国在药物研发领域可以成为与美国、日本、欧盟等量齐观的国家，正是因为我国近些年的经济快速发展、人口教育程度提升和资本运作能力的提升，才为医药行业起飞打下了基础。

如果说药物研发水平最高的国家，我们还是要承认美国比世界其他国家和区域拥有长足的优势，一方面是因为美国大量的药物公司如默克制药、葛兰素史克、辉瑞制药等多年的积累经验，也因为美国成熟的药物研发体系和流程，更在于美国食品药品监督管理局（Food and Drug Administration，FDA）的严格管理。

说了这么久，该是时候引出本节的主人公——CDISC 标准。首先让我们把视角从临床试验数据分析切换一下，想象成我们是 FDA 的工作人员，每天都要负责审核药物。

药物的审核工作非常重要，动辄关乎数万患者的生命安全与财产，绝不可有一丝松懈。FDA 官员主要根据药物的临床试验结果图表，判断药物的安全性和有效性，进而做出判断。为了防止药厂在某些关键图表上作假，FDA 还需要查看原始数据和中间步骤数据集，对统计结果进行核实。

但每一款药物收集的数据都是不同的，有效性判断指标也不一样，这就导致 FDA 需要花费大量时间和人员，核对待审药物临床试验的数据、变量和数值意义，特别是，如果一个概念没有定义清晰，FDA 与药厂之间还需要反复核对以保证二者对于数据的理解一致。

为了避免这种情况，FDA 索性要求药厂提交的数据全部都是标准化后的数据，每一个数据集、每一个变量都具有明确的意义，这个标准化的标准就是 CDISC。

CDISC 的全称是 Clinical Data Interchange Standards Consortium，翻译过来是临床数据交换标准协会，一般它就代指该协会会所创建的一系列旨在方便临床试验传递与提交的数据标准。CDISC 委员会成立于 1997 年，于 2000 年注册为非营利性组织，提供涵盖数据的收集、分析、交换和提交等环节的一套完整标准。

如果问 CDISC 标准是什么，笔者认为 CDISC 官网的一句描述非常准确——At CDISC, we enable clinical research to work smarter by **allowing data to speak the same language**. 让数据说相同的语言，就是 CDISC 标准的核心内涵。

如果你还觉得这个概念太笼统，我们不妨用一个例子来说明：假设某药品对患者的体重会产生影响，为了考察药品的有效性，需要记录患者在服药 1 天后、7 天后、15 天后和 30 天后的体重，请问你计划按照什么结构记录这些数据呢？

有些读者肯定会想到，那就一个患者一条记录，不同的变量分别记录不同时间测量体重的结果，如图 9-2 所示。

ID	第一天	第七天	第十五天	第三十天
患者1号	95	93	93	90
患者2号	78	78	74	73
患者3号	75	76	73	71

图 9-2

这种方法的优点在于数据集长度较小，且便于横向对比。

另一种方法则是让每个记录单独成行，并标明患者 ID 号和测试天数，如图 9-3 所示。

ID	日期	测量值
患者1号	第一天	95
患者1号	第七天	93
患者1号	第十五天	93
患者1号	第三十天	90
患者2号	第一天	78
患者2号	第七天	78
患者2号	第十五天	74
患者2号	第三十天	73
患者3号	第一天	75
患者3号	第七天	76
患者3号	第十五天	73
患者3号	第三十天	71

图 9-3

这种方法的好处是清晰，每一行的意义唯一明确，但占据的空间比较大。

以上两种方法并没有优劣之分，如果没有明确的标准，数据分析师会根据自己的偏好选择，这样提交的数据会给 FDA 审核部门带来比较大的麻烦，针对不同的实验需要首先研究它们的数据结构，然后对比数据与统计结果之间的关系，这无疑是低效且易出错的。CDISC 标准则规定了数据记录的方式必须是第二种，并且规定体重数据的标准单位必须是千克，数据的名称必须为 Weight，且放置在名为 VS 的数据集中。这样一系列规定让 FDA 可以"闭眼操作"，大大简化了审核流程。

最后，我们需要注意 CDISC 组织并非 FDA 官方附属的机构，而是纯粹的民间机构。他们所制定的数据标准从第一版开始经过 20 年的迭代，已经发展成一个庞大的、覆盖临床试验各个步骤的体系。在 2004 年 7 月，FDA 宣布 CDISC 标准为推荐标准，希望所有药厂提交的试验数据符合 CDISC 标准；在 2016 年 12 月，FDA 宣布此后提交的所有数据必须符合 CDISC 标准。CDISC 从一个民间标准制定者一步步成为临床试验数据的"御用"标准。因此笔者称 CDISC 为无冕之王。

9.2.2　CDISC 中包含什么

CDISC 标准琐碎且繁杂，又构成一套体系，想要完全了解并不容易。上一节我们讲到过临床试验的流程，从动物试验开始，依次经过 1～3 期临床试验，CDISC 标准就是针对每期临床试验的过程所制定的标准。

CDISC 在各个流程中的主要标准如图 9-4 所示。

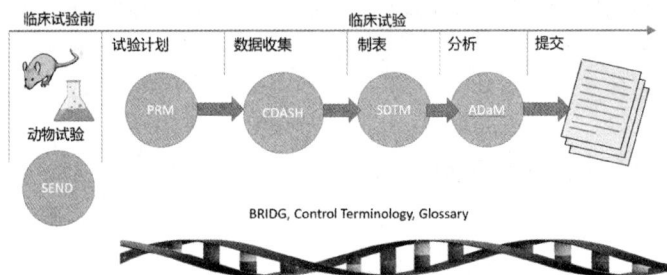

图 9-4

图 9-4 中每一个圆圈，都表示 CDISC 的一项标准，SEND、PRM、CDASH、SDTM 和 ADaM 都是 CDISC 标准下的分支，它们覆盖临床试验的不同阶段，形成一整套完整的数据标准链条。下面我们来分别介绍一下每种标准所覆盖的内容。

- SEND：非临床数据交换标准，SDTM 的拓展标准，用于递交临床前研究的数据，包括动物实验等。
- PRM：方案描述模型。此模型的范围包括研究方案的内容，如研究设计、资格标准和官方注册的要求。临床试验方案的主题专家提供了大多数的业务需求，该部分与 HL7 联合制定。
- CDASH：临床数据获取标准协调。以 CDISC 为指导，基于 SDTM 的联合开发的，用于病例报告表中基础数据收集字段的内容标准。
- SDTM：标准数据制表模型，这是第一个被业界运用和 FDA 引用的标准。有关临床研究项目病例报告表数据的表格，用于向监管部门递交的内容标准、方案表述，用于支持临床试验方案信息交换的内容和格式标准。该部分与 HL7 联合制定。
- ADaM：分析数据模型，有关分析数据集相关文件，用于向监管部门递交的内容标准。

每个模型只管辖自己范围内的数据，绝不与其他模型重合，它们之间又形成一套完整的链条，保证临床试验的每一个过程的数据都有标准可依。除了上述模型，CDISC 还提供了部分补充文件，例如标准化数据值的 Control Terminology、BRIDG 和 Glossary 等。

看到这里不少读者已经开始头晕，这么多标准要一一记下谈何容易！所幸一名数据分析师并不会参与全链条的工作，我们的工作主要是数据收集之后的制表与分析，因此跟我们相关的数据模型只有 SDTM 与 ADaM。下面我们来着重看一看这两种数据标准。

9.2.3　SDTM——数据标准化

SDTM 的全称是 Standard Data Tabulation Model，直接翻译过来是标准数据制表模型。建立 CDISC 的 SDTM 数据集的目的是将病例报告表数据以统一的标准形式提交给监管机构，使得提交的数据可以被正确解读，包含文件的名称、变量名称、类型、标签、格式、角色和控制术语。

如果这么说不容易理解，读者可以考虑第一部分的案例，它所规定的就是将类似体重这样的测量结果放置到 VS 数据集，并且测量名称为 Weight，标准单位为千克。除此之外，SDTM 还规定了什么东西呢？

在 SDTM3.2 标准下总共有六大类的数据集，分别是特殊用途类、观测类、事件类、发现类、其他类和实验设计类，涵盖了临床试验可能收集的一切数据。表 9-1 至表 9-6 是这些类中重要数据集的名称和记录的内容。

表 9-1

特殊用途类	
数据集名称	用　途
DM（Demographics）	记录试验参与者人口统计学信息，包括年龄、性别、种族、国籍、实验开始结束时间、所在分组等
CO（Comments）	记录信息收集表格中以评价文本形式出现的数据
SE（Subject Element）	记录参与者每个时期的开始结束时间
SV（Subject Visit）	记录参与者每次访问的开始结束时间

表 9-2

观测类	
数据集名称	用　途
CM（Concomitant Medication）	记录试验参与者伴随用药情况
EX（Exposure）	记录计划药物每次使用情况
EC（Exposure as Collected）	记录实际药物每次使用情况
PR（Procedures）	记录治疗和诊断程序信息

表 9-3

事件类	
数据集名称	用　途
AE（Adverse Events）	记录参与者试验全程副作用信息
CE（Clinical Events）	记录参与者其他副作用信息
DS（Disposition）	记录参与者每个特定试验节点的信息
MH（Medical History）	记录参与者既往药物史
HO（Healthcare Encounter）	记录参与者被医疗救治的情况

表 9-4

数据集名称	用　途
发现类	
DA（Drug Accountability）	记录药物发放与收回信息
DD（Death Details）	记录死亡的试验参与者的具体死亡相关信息
EG（Electrocardiogram Results）	记录参与者心电图数据
LB（Laboratory Test Findings）	记录参与者血检、尿检制表
PE（Physical Examination）	记录参与者体检制表
QS（Questionnaires）	记录参与者填写调查问卷的结果
VS（Vital Sign）	记录参与者重要身体制表，包括血压、呼吸、脉搏等

表 9-5

数据集名称	用　途
观测类	
FA（Findings About）	记录试验参与者与观测或事件相关却无法被放置到相应类数据集的其他数据
SR（Skin Response）	记录皮试检测结果

表 9-6

数据集名称	用　途
观测类	
TA（Trial Arms）	记录试验分组
TE（Trial Elements）	记录试验阶段
TD（Trial Disease）	记录试验
TV（Trial Visits）	记录参与者每次访问的开始结束时间
TI（Trial Inclusion/Exclusion Criteria）	记录有关试验计划研究的疾病评估信息，并用于与实际发生的疾病进行比较
TS（Trial Summary）	记录试验的总结信息

以上 6 类中的部分观测类、事件类和发现类中的数据集较多，表格只选择了重点的数据集加以介绍。SDTM 的设计初衷是囊括所有试验阶段可能收集的数据并让它们"有家可归"。下面我们用几个例子来说明一下 SDTM 的数据放置规则。

已知张三参与了某项临床试验，实验要求一款药物每天服用一片，总共服用 7 天。请问这个"每天服用一片"应该记录在哪里？

查询以上数据集，发现 EX 最为符合，所以应当在 EX 中记录张三服药的计量、形式、频率、开始时间、结束时间等数据，根据试验要求，既可以每次服用占一条记录，也可以一周的服药记录占一条。

再举一个例子：某患者李四参加了三期临床试验，在测量初始身高、体重、血压指标后，他被要求服用一款药物，每天 2 次，连续服用 30 天。同时因为李四患有心脏病，需要服用另一款药物。在开始服药后的第三天，李四觉得头疼，报告给治疗医生后，医生要求他停止服药 3 天，之后李四头痛消失，继续服药，直到试验结束。请问以上的所有信息应当被记入什么数据集中？

让我们一句一句来看。读者可以对比每一句所描述的数据类型与表 9-1 至表 9-6 一一比对，寻找正确的结果。初始身高、体重、血压，这些应当被记录到 VS 之中，每天 2 次，连续服用 30 天应当记录到 EX 之中，李四服用的心脏病药物应当放置到 CM 中，头疼的相关数据放置到 AE 中。

总而言之，SDTM 数据标准是管理临床试验数据位置的一系列标准，它给所有实验记录的数据都找到了一个家。当然，SDTM 标准并非只有这么简单的分类和分组，每个数据集中变量的要求、标签、格式它都进行了完整的规定，篇幅所限本书将不会过多介绍。

9.2.4　ADaM——拿来就用的分析数据集

在将临床试验数据整理为符合 SDTM 标准的一系列数据集之后，并不意味着统计分析的开始，我们还需要将 SDTM 数据集做成 ADaM 数据集。

ADaM 的全称是 Analysis Dataset Model，直译就是分析数据模型，它是一系列让数据可以直接被用于统计分析的 CDISC 标准。

与 SDTM 类似，它也有多个种类，不过并不是按照数据类别区分，而是按照数据结构区分。

ADSL（Analysis Dataset Subject Level）：试验参与者级别分析数据集，特点是每个患者仅包含一条记录，用于记录患者的非时间变化性信息。

BDS（Basic Data Structure）：基本数据结构，按照每名患者每个参数每个时间点占用一条记录的结构，一般记录发现类中的数据或有效性数据。

OCCDS（Occurrence Data）：发生数据结构，用于记录副作用、既往药物史等数据，特点是按照分层结构进行记录。

这里有一个问题：SDTM 已经高度结构化，将所有数据都放到特定数据集的特定变量中，为什么我们还要在统计分析之前创建 ADaM 数据集呢？这是不是无用功呢？

ADaM 数据集绝不是数据分析的无用功。ADaM 数据集的特点是即分析性（Analysis Ready）和可追溯性（Tracibility）。即分析性指无须或使用极少极简单的操作，就可以获得统计结果。如果没有 ADaM 数据集，在统计分析程序中，需要首先进行大量的计算，然后再生成统计图表，这无疑会使程序冗长，同时复杂性提高，也更容易产生错误。

而可追溯性指 ADaM 的每一条记录必须要求可以追溯到 SDTM 数据集，这样一方面方便审核部门追溯数据的最初来源，另一方面让数据分析师和统计师在发现统计报表问题的时候可以快速定位到来源数据。

相比起 SDTM 标准，ADaM 标准其实更加灵活，不同公司、不同团队的风格都会产生不同的 ADaM 数据集，我们在这里就不做过多的展开了。

9.2.5 如何学习 SDTM 与 ADaM

笔者用一节的篇幅介绍 CDISC 标准，重点着墨于 SDTM 与 ADaM 标准，如果查看 CDISC 具体技术文档，会发现这是一个上千页的复杂系统，笔者本节所介绍的不过是最粗浅的概念。CDISC 标准是一个经过多年迭代和实践检验的复杂标准群，其中的 SDTM 与 ADaM 数据集是临床试验数据分析师必须掌握的内容。

在入职之初，很多公司都会提供相关培训，但这些培训只能让我们简单地了解 CDISC 是什么，并不能用它指导我们的工作。

如果希望提升 CDISC 水平，最重要的途径就是 CDISC 的官网：www.cdisc.org，官网上提供完整的 CDISC 标准资料以及支持文档，这是最官方和权威的文件。需要注意的是，CDISC 目前没有官方中文版，读者可能会发现民间协会翻译的中文版，相比之下笔者建议直接阅读英文原版，可以确保对概念的理解更加准确。笔者也在尝试将 CDISC 标准引入官方中文版，帮助所有临床试验数据分析师更快地掌握这套全球化的数据标准。

在下一节中，我们将结合 CDISC 标准，一起来看一个临床试验数据分析行业案例。

9.3 创建分析用数据集

本节我们将正式开始数据分析的项目，我们将先创建符合 ADaM 标准的数据集。在上一节中，我们提到过想要创建 ADaM 数据集，要使用 SDTM 数据集。本案例的素材为某二期临床试验的 SDTM 数据集，该数据集基本保留完整结构，笔者对其部分涉密内容进行了处理。

9.3.1 从分析结果入手的逆向思维

临床试验数据分析的工作是环环相扣的，并且笔者在之前的篇章中介绍过一种逆向的思维逻辑，即从最终需求入手，逐步向前推演，然后再正向完成的一种思维方式，如图 9-5 所示。

一个临床试验项目往往有多达几十上百个图表，花费至少几个月的时间才能完成，本案例中我们只选择一张图表进行展开，该表格的模板如图 9-6 所示。本表格是检验药物安全性的常见表格，用于对比实验不同分组下的患者各项身体指标的基准线值，为未来变化情况提供依据。

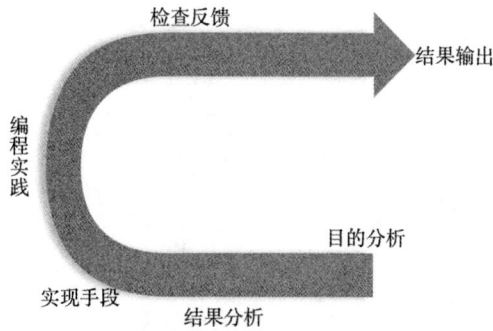

图 9-5

图 9-6

```
SAS Rumen Biancheng LLC                                                    Page X of N
Protocol No.: SASPROJ110
                                        Table 14.1.2
                           Demographic and Baseline Characteristics
                                     (Safety Population)
                                            Placebo         APTX            Total
Parameter                   Statistic      N=               N=              N=

Creatinine at Baseline (umol/L)   n         x                x               x
                            Mean           x.x              x.x             x.x
                            SD             X.xx             x.xx            x.xx
                            Median         x.x              x.x             x.x
                            Min, Max       x, x             x, x            x, x

Creatinine Level
  ≤60 umol/L                n (%)          x (x.x)          x (x.x)         x (x.x)
  >60 umol/L                n (%)          x (x.x)          x (x.x)         x (x.x)

Duration of the Treatment (Days)  n         x                x               x
                            Mean           x.x              x.x             x.x
                            SD             X.xx             x.xx            x.xx
                            Median         x.x              x.x             x.x
                            Min, Max       x, x             x, x            x, x


Note: Baseline is defined as the last non-missing value before the first dose of drug. SD = Standard Deivation.
[1] If race is missing or not in the above list, then put into other
[2] BMI = Body mass index, and it is calculated as weight (kg) / height (m)².
Cross-reference: Listing 16.1.1

Program: program.sas                                    Table Generation: YYYY-MM-DD  hh:mm
```

图 9-6（续）

该表格分为 11 个部分，有数值型和字符型两种样式，对数值型的变量输出数量 n、平均值 Mean、标准差 SD、中位数 Median 和最大值/最小值 Min、Max；对字符型变量输出每种字符值的数量和百分比。

想要获取该统计图表，我们首先要创建分析数据集 ADaM，而 ADaM 数据集的来源则是 SDTM。上一节中我们讲解了 SDTM 数据集的分类，每个数据集用于存放不同类型的数据，让我们看看本例中的数据都存储在什么 SDTM 数据集中。

Age、Gender、Race、Ethnic 属于人口统计学数据，被记录在 DM 中；Height、Weight、BMI 属于身体指标数据，被记录在 VS 中，注意到脚注[2]内容表示 BMI 并没有记录在数据集之中，需要通过 Height 和 Weight 进行计算；Creatinine 是血清肌酐，需要血检得出，被记录在 LB 之中；Duration of Treatment 是试验起止时间，可以用"最后一次服药时间-第一次服药时间+1"来获得，这两个时间既可以从 EX 中获得，也可以从 DM 中的变量获取。

9.3.2 从 spec 开始

本案例的文件夹是 U:\BookP\Final Project，所有数据、文件、程序和结果分别放在其下的 Data、Document、Program 和 Output 子文件下，读者在下载文件后需要将路径修改或建立为与本案例相同的文件路径。

首先我们需要了解一下需要编写的数据集的结构，本次我们编写的是 ADaM 标准下的 ADSL 数据集，它的特点是每个实验参与者仅占用一行，记录与实验参与者本人相关的信息。

在编写数据集之前，我们需要先打开 spec 文档，这是关于数据集创建方法最详细的介绍。在之前的案例中我们也曾使用 spec 文档，它一般由 SAS 团队负责人或统计师编写，一般分析师刚进入公司时只要照着 spec 的内容依次创建每一个变量即可。为了帮助所有刚入行的分析师，让我们分别看看 spec 中的每个变量以及它们的创建方法。在工作中，国内公司一般采用中文文档，只在关键名词处使用英文方便对应，海外公司一般使用英文项目文档。本案例使用的是英文文档。

　　spec 文档的第一部分是 ID 相关的变量，包括临床试验编号 STUDYID、唯一患者编号 USUBJID、患者编号 SUBJID 和实验站点编号 SITEID，如表 9-7 所示。除了 SUBJID，其他三者都在 DM 数据集中，直接读取即可。SUBJID 是 USUBJID 的后三位，本实验中 USUBJID 的格式为 STUDYID-3 位患者编号，例如 1 号患者的编号为 SASPROJ110-001，所以可以直接使用 substr 函数按照固定位数选择最后三位，也可以用 scan 函数按照 "-" 进行分隔。

表 9-7

NO	VARIABLE	LABEL	TYPE	LENGTH	FORMAT	DERIVATION
1	STUDYID	Study Identifier	Char	11		DM.STUDYID
2	USUBJID	Unique Subject Identifier	Char	20		DM.USUBJID
3	SUBJID	Subject Identifier for the Study	Char	8		Last 3 characters of USUBJID
4	SITEID	Study Site Identifier	Char	4		DM.SITEID

　　第二部分的数据是人口统计学数据，如表 9-8 所示。它们的主要来源也是 DM 数据集。需要注意的是，每个变量都需要创建对应的编号变量，例如针对 SEX 就需要创建 SEXN 变量，用 1 表示男性，2 表示女性，这是因为在统计输出图表中，对于很多字符型变量结果的排序是有要求的，例如性别一般按照先男性后女性的显示方式，如果没有对应的 N 变量则难以让结果以正确的顺序输出。

　　人口统计学直接相关数据都在 DM 中，直接读取就可以，N 变量可以使用 if 条件判断，如果分支较多也可以使用 select。

表 9-8

NO	VARIABLE	LABEL	TYPE	LENGTH	FORMAT	DERIVATION
5	AGE	Age	Num	8		DM.AGE
6	AGEU	Age Units	Char	5		DM.AGEU
7	AGEGR1	Pooled Age Group 1	Char	5	<=25 26～45 46～65 >65	if 16<AGE<=25 then 18～25 else if 26<=AGE<=45 then 26～45 else if 46<=AGE<=65 then 46～65 else if AGE > 65 then >65
8	AGEGR1N	Pooled Age Group 1 (N)	Num	8		Evaluate AGEGR1: 16～25 then 1; 26～45 then 2; 46～65 then 3; >65 then 4;

续表

NO	VARIABLE	LABEL	TYPE	LENGTH	FORMAT	DERIVATION
9	SEX	Sex	Char	1		DM.SEX
10	SEXN	Sex (N)	Num	8		Evaluate SEX: M then 1; F then 2;
11	RACE	Race	Char	50		DM.RACE if race is not in WHITE/BLACK OR AFRICAN AMERICAN/AMERICAN INDIAN OR ALASKA NATIVE then EQ OTHER
12	RACEN	Race (N)	Num	8		Evaluate RACE WHITE then 1 BLACK OR AFRICAN AMERICAN then 2 AMERICAN INDIAN OR ALASKA NATIVE then 3 else 4
13	ETHNIC	Ethnicity	Char	30		DM.ETHNIC
14	ETHNICN	Ethnicity (N)	Num	8		Evaluate ETHNIC HISPANIC OR LATINO then 1 NOT HISPANIC OR LATINO then 2 NOT REPORTED then 3 UNKNOWN then 4
15	COUNTRY	Country	Char	10		DM.COUNTRY

第三部分是一个特殊的变量 SAFFL，如表 9-9 所示。在 ADaM 数据集中，以 FL 结尾的变量被称为 flag 变量，用于指定一个患者或一条记录是否符合某条要求，像我们在之前实战中生成的 BLFL 就是指定某条变量是否为基准线值。这里的 SAFFL 用于指定某患者是否属于安全人口，安全人口是临床试验设计中的一个概念，如果一名患者至少有一次服药经历，那么就把它定义为安全人口。服药经历记录在 EX 中，所以根据 EX 中是否有该条记录来确定一名患者是否为安全人口。

表 9-9

NO	VARIABLE	LABEL	TYPE	LENGTH	FORMAT	DERIVATION
16	SAFFL	Safety Population Flag	Char	1	Y, N	if there is record in EX then Y else N

第四部分是试验分组变量，如表 9-10 所示。除了 DM 数据集中自带的 ARM/ARMCD、ACTARM/ ACTARMCD，还需要创建 ADaM 标准下的试验分组，其中 TRT01P/TRT01PN 表示

计划实验分组，TRT01A/TRT01AN 表示实际试验分组，分别对应 DM 中的 ARM 和 ACTARM。

表 9-10

NO	VARIABLE	LABEL	TYPE	LENGTH	FORMAT	DERIVATION
17	ARMCD	Planned Arm Code	Char	20		SDTM.DM.ARMCD
18	ARM	Description of Planned Arm	Char	200		SDTM.DM.ARM
19	ACTARMCD	Actual Arm Code	Char	20		SDTM.DM.ACTARMCD
20	ACTARM	Description of Actual Arm	Char	200		SDTM.DM.ACTARM
21	TRT01P	Planned Treatment for Period 01	Char	18		eq ARM
22	TRT01PN	Planned Treatment for Period 01 (N)	Num	8		Evaluate TRT01P: APTX then 1; Placebo 1 mL then 2;
23	TRT01A	Actual Treatment for Period 01	Char	18		eq ACTARM
24	TRT01AN	Actual Treatment for Period 01 (N)	Num	8		Evaluate TRT01A: APTX then 1; Placebo 1 mL then 2;

第五部分是时间相关变量，包括试验的开始结束日期时间、参与试验长度和死亡日期和标记，如表 9-11 所示。在 SDTM 标准下，日期时间按 ISO8601 的格式以字符型变量存储，但在 ADaM 数据集中则要求将日期和时间分开，分别以日期和时间的格式存储在数值型变量中，这就需要将字符型变量分隔并转化为数值型变量。

表 9-11

NO	VARIABLE	LABEL	TYPE	LENGTH	FORMAT	DERIVATION
25	TRTSDT	Date of First Exposure to Treatment	Num	8		Date part of DM.RFXSTDTC
26	TRTSTM	Time of First Exposure to Treatment	Num	8		Time part of DM.RFXSTDTC
27	TRTSDTM	Datetime of First Exposure to Treatment	Num	8		DateTime from TRTSDT, TRTSTM
28	TRTEDT	Date of Last Exposure to Treatment	Num	8		Date part of DM.RFXENDTC
29	TRTDUR	Duration of Treatment (Week)	Num	8		(TRTEDT − TRTSDT + 1)
30	DTHDT	Date of Death	Num	8		DM.DTHDTC
31	DTHFL	Death Flag	Char	1	Y, N	DM.DTHFL

第六部分是基准线值，如表 9-12 所示。在 ADSL 中，允许将某些必要的基准线值放

在其中，方便生成统计图表。在图表要求（下节涉及）中，包含了身高、体重、BMI 和血清肌酐，所以将它们直接放在 ADSL 数据集中更方便我们制作图表，也符合 ADaM 标准的 Analysis-ready 要求。

表 9-12

NO	VARIABLE	LABEL	TYPE	LENGTH	FORMAT	DERIVATION
32	BLHEIGHT	Baseline Height	Num	8		VS.VSSTRESN where VSTESTCD="HEIGHT" and VSBLFL="Y"
33	BLWEIGHT	Baseline Weight	Num	8		VS.VSSTRESN where VSTESTCD="WEIGHT" and VSBLFL="Y"
34	BLBMI	Baseline BMI	Num	8		Calculate as BLWEIGHT/(BLHEIGHT/100)**2
35	BLCREAT	Baseline Creatinine	Num	8		LB.LBSTRESN where LBTESTCD="CREAT" and LBBLFL="Y"
36	BLCREATL	Baseline Creatinine Level	Char	20	<=60 >60	if .<BLCREAT<=60 then <=60 if BLCREAT>60 then >60

9.3.3 SDTM 数据集的结构

在本书所附带的下载地址中，读者可以下载本案例的全部数据集、文档、程序和结果，但一边对照电脑一遍对照本书毕竟不方便，笔者在这里需要简单介绍一下本案例所提供的 4 个 SDTM 数据集。

1. DM 数据集

DM 数据集是每个临床试验的基础，它记录了患者的人口统计学数据和试验相关数据，如图 9-7 所示，需要注意的是，SDTM 标准下只有 DM 是严格的每名患者只有一条记录，因为患者的人口统计学信息和试验相关数据不会随时间和来访变化。

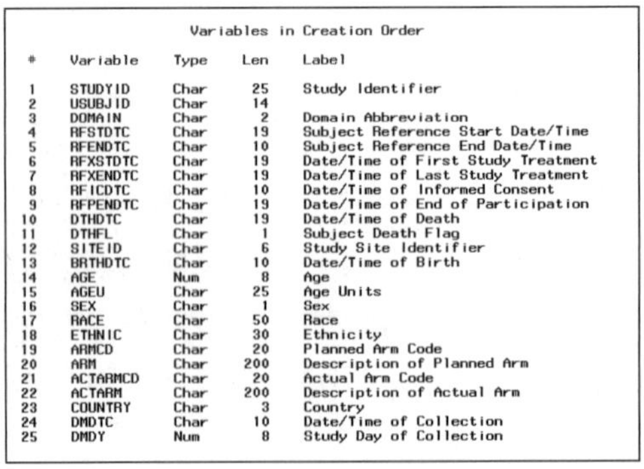
Variables in Creation Order

#	Variable	Type	Len	Label
1	STUDYID	Char	25	Study Identifier
2	USUBJID	Char	14	
3	DOMAIN	Char	2	Domain Abbreviation
4	RFSTDTC	Char	19	Subject Reference Start Date/Time
5	RFENDTC	Char	10	Subject Reference End Date/Time
6	RFXSTDTC	Char	19	Date/Time of First Study Treatment
7	RFXENDTC	Char	19	Date/Time of Last Study Treatment
8	RFICDTC	Char	10	Date/Time of Informed Consent
9	RFPENDTC	Char	19	Date/Time of End of Participation
10	DTHDTC	Char	19	Date/Time of Death
11	DTHFL	Char	1	Subject Death Flag
12	SITEID	Char	6	Study Site Identifier
13	BRTHDTC	Char	10	Date/Time of Birth
14	AGE	Num	8	Age
15	AGEU	Char	25	Age Units
16	SEX	Char	1	Sex
17	RACE	Char	50	Race
18	ETHNIC	Char	30	Ethnicity
19	ARMCD	Char	20	Planned Arm Code
20	ARM	Char	200	Description of Planned Arm
21	ACTARMCD	Char	20	Actual Arm Code
22	ACTARM	Char	200	Description of Actual Arm
23	COUNTRY	Char	3	Country
24	DMDTC	Char	10	Date/Time of Collection
25	DMDY	Num	8	Study Day of Collection

图 9-7

2. EX 数据集

EX 数据集是患者服药情况的记录。理论上患者每有一次服药就应该有一条记录，在有些公司也会采用将服药频率相同的情况记录到一起，在本例中的 EX 就是如此，如图 9-8 所示，它对每名患者只有两条记录，其中的 EXDOSFRQ 的值分别为 QOD 和 2 TIMES PER WEEK，分别表示隔天一次和一周两次。在 EXSTDTC 和 EXENDTC 的时间中，患者按照这种服药方式进行服药。

```
                   Variables in Creation Order

 #    Variable    Type    Len    Label

 1    STUDYID     Char    25     Study Identifier
 2    USUBJID     Char    14
 3    DOMAIN      Char    2      Domain Abbreviation
 4    EXSEQ       Num     8      Sequence Number
 5    EXTRT       Char    200    Name of Treatment
 6    EXDOSE      Num     8      Dose
 7    EXDOSU      Char    25     Dose Units
 8    EXDOSFRM    Char    200    Dose Form
 9    EXDOSFRQ    Char    200    Dosing Frequency per Interval
10    EPOCH       Char    50     Epoch
11    EXSTDTC     Char    19     Start Date/Time of Treatment
12    EXENDTC     Char    19     End Date/Time of Treatment
13    EXSTDY      Num     8      Study Day of Start of Treatment
14    EXENDY      Num     8      Study Day of End of Treatment
```

图 9-8

3. LB 数据集

LB 数据集记录的是患者血检、尿检等指标，它的基本格式是每名患者每次检测的每一种指标各占一行，如图 9-9 所示。对于某些检测，LB 数据集中还记录了这项检测的上下限，用以判断检测结果是否偏高或偏低。LB 中的 LBORRES 和 LBORRESU 表示原本收集的数据和单位，LBSTRESN、LBSTRESC 和 LBSTRESU 则是标准单位下的数值型值、字符型值和标准单位。

```
                   Variables in Creation Order

 #    Variable    Type    Len    Label

 1    STUDYID     Char    25     Study Identifier
 2    USUBJID     Char    14
 3    DOMAIN      Char    2      Domain Abbreviation
 4    LBSEQ       Num     8      Sequence Number
 5    LBTESTCD    Char    8      Lab Test or Examination Short Name
 6    LBTEST      Char    40     Lab Test or Examination Name
 7    LBCAT       Char    200    Category for Lab Test
 8    LBORRES     Char    25     Result or Finding in Original Units
 9    LBORRESU    Char    25     Original Units
10    LBORNRLO    Char    100    Reference Range Lower Limit in Orig Unit
11    LBORNRHI    Char    100    Reference Range Upper Limit in Orig Unit
12    LBSTRESC    Char    25     Character Result/Finding in Std Format
13    LBSTRESN    Num     8      Numeric Result/Finding in Standard Units
14    LBSTRESU    Char    25     Standard Units
15    LBSTNRLO    Num     8      Reference Range Lower Limit-Std Units
16    LBSTNRHI    Num     8      Reference Range Upper Limit-Std Units
17    LBNRIND     Char    200    Reference Range Indicator
18    LBSTAT      Char    8      Completion Status
19    LBREASND    Char    200    Reason Test Not Done
20    LBSPEC      Char    100    Specimen Type
21    LBBLFL      Char    1      Baseline Flag
22    VISITNUM    Num     8      Visit Number
23    VISIT       Char    50     Visit Name
24    EPOCH       Char    50     Epoch
25    LBDTC       Char    19     Date/Time of Specimen Collection
26    LBDY        Num     8      Study Day of Specimen Collection
```

图 9-9

VS 数据集记录的是患者生命特征指标，包括身高、体重、呼吸、脉搏、血压等，如图 9-10 所示，它的基本格式与 LB 相同，重要变量也与 LB 基本一致。

图 9-10

9.3.4 创建 ADSL 数据集

在通盘了解 spec 和 SDTM 数据集后，我们就可以开始真正的编程工作了。要注意，工作中的编程可不仅仅是把数据集做出来这么简单，还要对代码的规范性有一定要求。下面我们随着编程过程一步步来看如何创建一个标准漂亮的 ADSL 代码。

（1）创建程序说明文档。说明文档可以给出每个程序的基本信息，包括临床试验编号、作者、创建日期、程序名、功能和版本更新记录等，这些信息可以有效地帮助分析师自己和团队其他成员快速了解程序。在说明文字上方，使用 dm log 'clear'; dm output 'clear'删除日志和结果栏的内容，保证每次重新运行前两者为清空状态，如图 9-11 所示。

图 9-11

（2）设置必备的全局选项和建立逻辑路径。

```
libname data "U:\BookP\Final Project\Data";
option validvarname=upcase nomprint nomlogic nosymbolgen;
```

option 语句中的 validvarname=upcase 指定所有变量名称均默认为大写，nomprint、nomlogic、nosymbolgen 表示不显示宏程序的相关日志。

（3）将 data.dm 数据集读取进来，然后创建与 DM 相关的变量。

```
data adsl1;
    set data.dm;
*AGEGR1;
    if 16<AGE<=25 then agegr1='16-25';
    else if 26<=AGE<=45 then agegr1='26-45';
    else if 46<=AGE<=65 then agegr1='46-65';
    else if AGE > 65 then agegr1='>65';
*AGEGR1N;
    if agegr1='16-25' then agegr1n=1;
    else if agegr1='26-45' then agegr1n=2;
    else if agegr1='46-65' then agegr1n=3;
    else if agegr1='>65' then agegr1n=4;
*SEXN;
    if sex='M' then sexn=1;
    else if sex='F' then sexn=2;
*RACE/RACEN;
    if race not in ('WHITE' 'BLACK OR AFRICAN AMERICAN'
                    'AMERICAN INDIAN OR ALASKA NATIVE') then race = 'OTHER';
    if race='WHITE' then racen=1;
    else if race='BLACK OR AFRICAN AMERICAN' then racen=2;
    else if race='AMERICAN INDIAN OR ALASKA NATIVE' then racen=3;
    else if race='OTHER' then racen=4;
*ETHNICN;
    if ethnic='HISPANIC OR LATINO' then ethnicn=1;
    else if ethnic='NOT HISPANIC OR LATINO' then ethnicn=2;
    else if ethnic='NOT REPORTED' then ethnicn=3;
    else if ethnic='UNKNOWN' then ethnicn=4;
*TRT①;
    length trt01a trt01p $18;
    trt01a=actarm;
    trt01p=arm;
    if trt01a='APTX' then trt01an=1;
    else if trt01a='Placebo' then trt01an=2;
    if trt01p='APTX' then trt01pn=1;
    else if trt01p='Placebo' then trt01pn=2;
*DT/TM/DTM②;
    if rfxstdtc ne '' then do;
        trtsdt=input(scan(rfxstdtc,1,'T'),yymmdd10.);
        trtstm=input(scan(rfxstdtc,2,'T'),time5.);
        trtsdtm=trtsdt*86400+trtstm;
    end;
    if rfxendtc ne '' then trtedt=input(rfxendtc,yymmdd10.);
    format trtsdt trtedt yymmdd10. trtstm time5. Trtsdtm e8601dt.;
*Duration③;
    if nmiss(trtsdt,trtedt)=0 then trtdur=trtedt - trtsdt + 1;
run;
```

整段代码的逻辑比较清晰，读者可以试着自行编写，再查看自己的逻辑是否有错误。

关于代码中比较重要的几处笔者特意做了标记，让我们着重来学习一下。

① 处是设置试验分组相关变量，需要注意的就是根据 spec 中变量的长度提前设置好。在创建数值型变量时我们一般不需要特意设定变量长度，默认的长度就是 8，而字符型变量的初始化是按照其所接受的第一个值的长度设定，需要用 length 语句提前定义。

② 处是试验开始结束日期的变量创建，需要提前判断是否变量为缺失值，否则日志中会报错，提示 input 函数没有收到正确的变量格式。在定义 trtsdtm 时，我们使用 trtsdt*86400+trtstm 的计算方法获得，也可以使用 rfxstdtc 直接获得。

③ 处是定义试验持续天数，只有当开始和结束日期均不缺失时才可以定义，所以用 nmiss 函数判断是否 trtsdt 和 trtedt 为缺失值。

这一步生成的变量会在 ADSL1 数据集的末尾显示，如图 9-12 所示。

AGEGR1	AGEGR1N	SEXN	RACEN	ETHNICN	TRT01A	TRT01P	TRT01AN	TRT01PN	TRTSDT	TRTSTM	TRTEDT	TRTDUR
26-45	2	2	1	1	APTX	APTX	1	1	2016-12-16	12:10	2017-06-03	170
46-65	3	2	2	1	Placebo	Placebo	2	2	2017-02-23	10:42	2017-08-08	167
46-65	3	2	2	1	APTX	APTX	1	1	2017-07-17	10:00	2018-01-04	172
>65	4	2	1	1	APTX	APTX	1	1	2017-09-14	12:05	2018-02-26	166
46-65	3	2	2	1	Placebo	Placebo	2	2	2018-02-14	10:00	2018-08-01	169
>65	4	2	1	2	APTX	APTX	1	1	2017-01-25	10:50	2017-05-11	107
46-65	3	2	1	2	APTX	APTX	1	1	2017-03-15	12:00	2017-08-28	167
>65	4	2	1	2	Placebo	Placebo	2	2	2017-05-23	16:15	2017-11-06	168
26-45	2	1	1	2	APTX	APTX	1	1	2017-12-28	16:55	2018-06-15	170
46-65	3	2	2	2	APTX	APTX	1	1	2018-03-19	13:35	2018-09-03	169
46-65	3	2	1	1	APTX	APTX	1	1	2017-08-21	10:30	2018-02-12	176
16-25	1	2	1	1	Placebo	Placebo	2	2	2017-10-04	10:54		
26-45	2	2			APTX	APTX	1	1	2018-03-12	11:30	2018-05-22	72
26-45	2	1	1	2	Placebo	Placebo	2	2	2018-05-15	12:15	2018-08-31	109
26-45	2	2	1	1	Placebo	Placebo	2	2	2018-02-09	11:20	2018-07-30	172

图 9-12

（4）调用其他数据集，包括 EX、VS 和 LB。

定义 SAFFL 需要使用 EX 数据集，如果某患者 ID 在 EX 中有记录，则说明他/她至少有一次服药经历。

```
proc sort data=data.ex out=ex nodupkey;
    by usubjid;
run;
data ex;
    set ex;
    saffl='Y';
    keep usubjid saffl;
run;
data adsl2;
    merge adsl1 ex;
        by usubjid;
run;
```

我们使用 proc sort 的 nodupkey 选项，针对每个患者只保留一条记录，然后设置 saffl='Y'后再与上一步生成的 adsl1 数据集按患者 ID 合并。这一步不止有这一个方法，还可以使用 by 语句+if first.或 if last.进行生成，读者也可以尝试这种方法。

（5）生成死亡数据相关变量，包括 DTHFL 和 DTHDT；其中 DTHFL 包含在 DM 数据集中，DTHDT 可以用 DM 中的 DTHDTC 转化为数值型变量，这一步可以直接在 adsl2 的 data 步完成。

```
if dthdtc ne '' then dthdt=input(dthdtc,yymmdd10.);
format dthdt yymmdd10.;
```

（6）生成基准线值；以 BLHEIGHT 为例，它的定义方法是找到 VS 数据集中 VSTESTCD=HEIGHT 和 VSBLFL='Y'的记录，这样的记录理论上针对每一名患者只应该有一条。

```
data height;
    set data.vs;
    if vstestcd='HEIGHT' and vsblfl='Y';
    keep usubjid vsstresn;
    rename vsstresn=blheight;
run;
```

这是生成 BLHEIGHT 的程序，将其复制分别用于生成 BLWEIGHT 和 BLCREAT 即可，但我们发现这 3 个变量生成的方法高度一致，都是从 VS 或 LB 数据集中选定特定的记录，因此可以使用宏程序来批量生成。

```
%macro bl(data_in,test);
data &test;
    set data.&data_in.;
    if &data_in.testcd=upcase("&test.") and &data_in.blfl='Y';
    keep usubjid &data_in.stresn;
    rename &data_in.stresn=bl&test.;
run;
%mend bl;
```

这个宏有两个参数，data_in 表示输入数据集，test 表示 TESTCD 的值，输出的数据集名称为 TESTCD 的值，调用此宏 3 次，分别生成 HEIGHT、WEIGHT 和 CREAT 变量，然后将它们合并到 adsl2 中。

```
%bl(vs,height);
%bl(vs,weight);
%bl(lb,creat);
data adsl3;
    merge adsl2 height weight creat;
        by usubjid;
run;
```

（7）最后，我们还剩 BLBMI 和 BLCRATL，BLBMI 是基准线的身高体重比，不存储在 VS 数据集中，需要用 BLHEIGHT 和 BLWEIGHT 进行定义。BLCREATL 根据 BLCREAT 的值所设定。

```
blbmi = BLWEIGHT/(BLHEIGHT/100)**2;
if .<blcreat<=60 then blcreatl='<=60';
else if blcreat>60 then blcreatl='>60';
```

这样，我们就完成了所有变量的定义工作。不过还没有完，ADaM 数据集是一个高度结构化的数据标准，每个 ADaM 数据集应当包含且只包含 spec 中的变量，并且变量顺序一定。还记得我们在第 5 章介绍宏程序时的实战案例吗？在那一节我们创建了一个宏用于读取 spec 并生成模板和变量列表，现在我们可以对这个宏程序稍加修改。

```
%macro spec(data);
proc import datafile="U:\BookP\Final Project\Document\ADSL Spec.xlsx"
            dbms=xlsx out=spec replace;
    sheet="&data.";
run;

data _null_;
    set spec end=eof;
    length lengthx $100;
    if upcase(type)='CHAR' then lengthx='$' || strip(put(length,best.));
    else if upcase(type)='NUM'  then lengthx=strip(put(length,best.));

    call symput('var'||strip(put(_N_,3.)),%str(strip(variable)));
    call symput('attrib'||strip(put(_N_,3.)), strip(variable)||
                ' length=' || strip(lengthx) || ' ' ||
                'label= ' || '"' || strip(label) || '"');

    if eof then call symput('vartot',strip(put(_N_,3.)));
run;

data &data._temp;
    attrib
    %do j=1 %to &vartot;
        &&attrib&j
    %end;
    ;
    call missing (of _all_);
    if 0;
run;

proc sql feedback noprint;
    select variable into :keepvar separated by ' '  from spec;
quit;
%put &keepvar;
%mend spec;
```

将其存储为 SAS 程序 initial，然后用%include 读取到主程序中，最后调用生成变量列表和模板数据集。

```
%include "U:\BookP\Final Project\Program\spec_reader.sas";
%spec(ADSL);
```

最后将 adsl3 与模板数据集合并，并保留需要的变量。

```
data data.adsl(label='Analysis Dataset Subject Level');
    set adsl_temp adsl3;
    keep &keepvar;
run;
```

至此，我们终于完成了数据集的创建工作，不过还不要高兴太早。一个负责任的数据分析师一定要确保自己的结果正确，这个正确包括结构正确和逻辑正确。

结构正确是审核数据集中的每一个变量，确保它们的名称、标签、长度等符合规范，因为使用了 spec_reader 宏程序，所以得到的变量的标准程度应当比较高。逻辑正确指某些使用条件判断、循环逻辑等方式获得的变量被正确创建，例如 AGEGR1 与 AGE 相对应，分析师可以找出几条记录，观察这些变量的值是否和预期值相同。

在确保数据集正确后，我们就可以说自己这段工作终于结束，一般应当发邮件提醒检查者可以开始检查自己的数据集是否正确，一般公司还会有记录文档，需要在记录文档上填写自己创建工作日期和完成日期，方便项目负责人更好地把控进度。

在下一节，我们将使用这个数据集开始创建分析图表。笔者建议读者不要着急翻开下一节内容，等完全靠自己编写出 ADSL 数据集后再开始下一节也不迟。

9.4　创建分析图表

在上一节，我们成功创建了 ADSL 数据集，并根据 ADaM 标准下的 analysis-ready 原则创建了一系列变量来保证通过简单的步骤就可以创建分析数据集。本节我们将使用这个数据集创建统计图表。

9.4.1　项目分析

回顾一下我们的 shell 文档（人口统计学图表模板），如图 9-13 所示，它是统计师创建的，用于描述图表具体样式的说明文件。

```
SAS Rumen Biancheng LLC                                                    Page X of N
Protocol No.: SASPROJ110
                                    Table 14.1.2
                      Demographic and Baseline Characteristics
                                (Safety Population)

                                            Placebo       APTX         Total
Parameter                    Statistic      N=            N=           N=

Age (years)                  n              x             x            x
                             Mean           x.x           x.x          x.x
                             SD             x.xx          x.xx         x.xx
                             Median         x.x           x.x          x.x
                             Min, Max       x, x          x, x         x, x

Age (years)
  16-25                      n (%)          x (x.x)       x (x.x)      x (x.x)
  26-45                      n (%)          x (x.x)       x (x.x)      x (x.x)
  46-65                      n (%)          x (x.x)       x (x.x)      x (x.x)
  >65                        n (%)          x (x.x)       x (x.x)      x (x.x)

Gender
  Male                       n (%)          x (x.x)       x (x.x)      x (x.x)
  Female                     n (%)          x (x.x)       x (x.x)      x (x.x)

Race
  White                      n (%)          x (x.x)       x (x.x)      x (x.x)
  Black or African American  n (%)          x (x.x)       x (x.x)      x (x.x)
  American Indian or Alaska Native  n (%)   x (x.x)       x (x.x)      x (x.x)
  Other [1]                  n (%)          x (x.x)       x (x.x)      x (x.x)

Note: Baseline is defined as the last non-missing value before the first dose of drug. SD = Standard Deivation.
[1] If race is missing or not in the above list, then put into other
[2] BMI = Body mass index, and it is calculated as weight (kg) / height (m)².
Cross-reference: Listing 16.1.1

Program: program.sas                              Table Generation: YYYY-MM-DD  hh:mm
```

图 9-13

上图 9-13 是图表的第一页，我们可以看到年龄、年龄分组、性别和种族，所对应的正好是我们在 adsl 数据集中的变量 AGE、AGEGR1、SEX 和 RACE，其中 AGE 是数值型变量，我们需要获取它在每一组之中的数量、平均值、标准差、中位数、最大值和最小值。

对于字符型变量则需要根据它的每个取值获得在分组中的记录数。需要注意的是，在这些数字后还跟随了一个百分比，这个百分比是该取值的数量除以该实验分组的患者数量。原则上，如果统计表格的设计做到了不重不漏，每一个取值下同一实验分组的百分比总和应当为 100%，例如 Gender 下，Placebo 组的 Male 和 Female 的百分比和应为 100%。

由于字符型变量和数值型变量得出统计量的手段并不相同，所以我们需要分类讨论。

9.4.2 数值型变量的统计量

数值型变量的统计量获取方法我们在第 6 章学习过，使用 proc means、proc summary 或 proc univariate 都可以获得数值型变量的统计量。在制作图表的过程中，获取统计量并不是最复杂的，需要把包含统计量的数据集进行处理，以让它符合我们的表格结构。

不妨让我们先在脑中思考创建所需数据集的步骤。以 AGE 为例，第一步无疑是使用 proc means 获得各种统计量，在这一步需要使用 class 语句进行分组，然后将包含统计量的数据集输出。由于后续仍需要对这些数据集进行处理，所以需要把不同统计量输出为不同数据集。

然后对于每个输出数据集，我们需要把变量名称统一化，并且加上这条统计量的名称。对于最大值和最小值，因为它们需要显示在同一行，所以将它们合并，然后创建变量。

最后，将这些数据集 set 到一起，此时的分组变量并没有作为变量，所以需要用 proc transpose 对数据集进行转置。最后，还需要添加该组统计量的名称，也就是 shell 中第一列的内容，对 Age 而言就是 Age (years)。

明确了上述步骤，让我们再开始实际操作，读者可以先尝试自己编写代码，看看输出的结果是否与预期相同，然后再查看笔者的代码，看看是否有可取之处。

```
data adsl;
    set data.adsl;
output;
trt01a='Total';
trt01an=9;
output;
run;
proc means data=adsl noprint;
var age;
class trt01a;
output out=n     (drop=_type_ _freq_) n=n;
output out=mean  (drop=_type_ _freq_) mean=mean;
output out=std   (drop=_type_ _freq_) std=std;
output out=median(drop=_type_ _freq_) median=median;
```

```
output out=max    (drop=_type_ _freq_) max=max;
output out=min    (drop=_type_ _freq_) min=min;
run;

data n;
    length parameter $200 value $200;
    set n(where=(trt01a ne ''));
    parameter='n';
    paramn=1;
    value=compress(put(n,best.));
run;
data mean;
    length parameter $200 value $200;
    set mean(where=(trt01a ne ''));
    parameter='Mean';
    paramn=2;
    value=compress(put(mean,8.1));
run;
data std;
    length parameter $200 value $200;
    set std(where=(trt01a ne ''));
    parameter='SD';
    paramn=3;
    value=compress(put(std,8.2));
run;
data median;
    length parameter $200 value $200;
    set median(where=(trt01a ne ''));
    parameter='Median';
    paramn=4;
    value=compress(put(median,8.1));
run;
data maxmin;
    length parameter $200 value $200;
    merge min(where=(trt01a ne '')) max(where=(trt01a ne ''));
        by trt01a;
    parameter='Min, Max';
    paramn=5;
    value=compress(put(min,best.))||', '||compress(put(max,best.));
run;
data age_stat;
    set n mean std median maxmin;
    keep trt01a parameter paramn value;
run;
proc sort data=age_stat;
    by paramn;
run;
proc transpose data=age_stat out=age_stat(drop=_:);
```

```
    by paramn parameter;
    id trt01a;
    var value;
run;

data title;
    length title $200;
    title="Age";
run;
data age;
    merge title age_stat;
run;
```

步骤中生成的数据集如图 9-14 至图 9-16 所示。

	PARAMETER	VALUE	TRT01A	PARAMN
1	n	12	APTX	1
2	n	9	Placebo	1
3	n	21	Total	1
4	Mean	50.9	APTX	2
5	Mean	40.4	Placebo	2
6	Mean	46.4	Total	2
7	SD	11.45	APTX	3
8	SD	16.85	Placebo	3
9	SD	14.62	Total	3
10	Median	48.5	APTX	4
11	Median	39.0	Placebo	4
12	Median	48.0	Total	4
13	Min, Max	38, 76	APTX	5
14	Min, Max	20, 67	Placebo	5
15	Min, Max	20, 76	Total	5

VIEWTABLE: Work.Age_stat

图 9-14

	PARAMN	PARAMETER	APTX	PLACEBO	TOTAL
1	1	n	12	9	21
2	2	Mean	50.9	40.4	46.4
3	3	SD	11.45	16.85	14.62
4	4	Median	48.5	39.0	48.0
5	5	Min, Max	38, 76	20, 67	20, 76

VIEWTABLE: Work.Age_stats

图 9-15

	TITLE	PARAMN	PARAMETER	APTX	PLACEBO	TOTAL
1	Age	1	n	12	9	21
2		2	Mean	50.9	40.4	46.4
3		3	SD	11.45	16.85	14.62
4		4	Median	48.5	39.0	48.0
5		5	Min, Max	38, 76	20, 67	20, 76

VIEWTABLE: Work.Age

图 9-16

最终输出的 Age 数据集与统计图表的格式完全相同，只要将其他数值型变量也进行上述操作，再将结果合并到一起，即可完成数值型变量的统计图表数据集创建工作。

9.4.3　字符型变量的统计量

下面我们再来看字符型变量的统计图表部分，与数值型变量类似，它的统计量可以使用 proc freq 简单地获取。下面我们以 AGEGR1 变量为例，来探索一下如何把它制作成统计图表所需的形式。

　　字符型变量与数值型变量有一点不同，它的统计量虽然比较简单，但是涉及了所占试验分组的百分比，所以在 proc freq 开始之前，需要先获得每组的人数。使用 select into: 方法可以将每组人数存储在宏变量中。

```
proc sql;
    select count(*) into:n1 from adsl where trt01a='APTX';
    select count(*) into:n2 from adsl where trt01a='Placebo';
    select count(*) into:n3 from adsl where trt01a='Total';
quit;
```

　　在这一步之后，首先使用 proc freq 创建包含 AGEGR1 中每个值和实验分组的频数数据集，然后用 proc transpose 进行转置，最后将结果的数字转化为字符型变量，并与实验分组人数相除获得百分比。

```
proc freq data=adsl noprint;
    table agegr1*trt01a /out=agegr1freq nocum nopercent;
run;
proc transpose data=agegr1freq out=agegr1freq2;
    by agegr1;
    id trt01a;
    var count;
run;
****Cell Format Part****;

data agegr1_stat;
    retain agegr1 placebo aptx total;
    length agegr1 $200 placebo aptx total $200;
    set agegr1freq2(rename=(aptx=aptx1 placebo=placebo1 total=total1));
    if placebo1 ne . then
        placebo=strip(put(placebo1,best.))||
            ' ('||strip(put(placebo1/&n2*100,8.1))||')';
    else placebo='0 (0.0)';
    if aptx1 ne . then
        aptx=strip(put(aptx1,best.))||' ('||strip(put(aptx1/&n1*100, 8.1))||')';
    else aptx='0 (0.0)';
    if total1 ne . then
        total=strip(put(total1,best.))||
                ' ('||strip(put(total1/&n3*100,8.1))||')';
    else total='0 (0.0)';
    keep agegr1 placebo aptx total;
    rename agegr1=parameter;
run;

****Cell Format Part End****;
data title;
    length title $200;
    title="Age Group";
run;

data agegr1;
    set title agegr1_stat(where=(parameter ne ''));
```

```
run;

data agegr1;
    set agegr1;
    if title='' then do;
        title="^ ^ ^ ^ "||strip(parameter);
        parameter='n (%)';
    end;
    paramn=_n_;
run;

data agegr1;
    set agegr1_stat(where=(parameter ne ''));
    paramn=_n_;
run;
```

这里有一个点需要提醒读者，对于 AGEGR1 的每个取值，我们使用了"^^^^+取值"的格式，这是因为在 SAS 中，变量头尾的空格在生成统计输出文档时会被直接舍去，用"^+空格"，再用 ods escapechar=定义特殊符号可以避免这种情况的发生。有经验的分析师会直接在这一步加上^符号，如果你初学 SAS 不妨记住这种办法，在未来发现统计图表有缩进的时候直接使用。

当然，SAS 编程并不需要一次性做对，初学者如果发现统计图表的格式问题，也可以在后续对程序进行修改。

以上代码生成的部分数据集如图 9-17 至图 9-20 所示。

	AGEGR1	TRT01A	COUNT	PERCENT
1	16-25	Placebo	3	7.1428571429
2	16-25	Total	3	7.1428571429
3	26-45	APTX	4	9.5238095238
4	26-45	Placebo	3	7.1428571429
5	26-45	Total	7	16.666666667
6	46-65	APTX	6	14.285714286
7	46-65	Placebo	2	4.7619047619
8	46-65	Total	8	19.047619048
9	>65	APTX	2	4.7619047619
10	>65	Placebo	1	2.380952381
11	>65	Total	3	7.1428571429

VIEWTABLE: Work.Agegr1freq (Frequency Counts and Percentages)

图 9-17

	AGEGR1	_NAME_	LABEL	PLACEBO	TOTAL	APTX
1	16-25	COUNT	Frequency Count	3	3	
2	26-45	COUNT	Frequency Count	3	7	4
3	46-65	COUNT	Frequency Count	2	8	6
4	>65	COUNT	Frequency Count	1	3	2

VIEWTABLE: Work.Agegr1freq2

图 9-18

	PARAMETER	PLACEBO	APTX	TOTAL
1	16-25	3 (33.3)	0 (0.0)	3 (14.3)
2	26-45	3 (33.3)	4 (33.3)	7 (33.3)
3	46-65	2 (22.2)	6 (50.0)	8 (38.1)
4	>65	1 (11.1)	2 (16.7)	3 (14.3)

VIEWTABLE: Work.Agegr1_stat

图 9-19

图 9-20

针对图表中包含的字符型变量，我们可以使用以上方法获得与 shell 相同的数据结构，然后按顺序合并到一起即可生成输出数据集。

9.4.4 创建宏程序

在上面的例子中，我们分别了解了数值型变量和字符型变量对应的统计结果数据集创建方法，并用 AGE 和 AGEGR1 变量分别做了例子。按道理来说只要复制代码并修改关键部分，即可应用于其他变量。

但俗话说得好，"领导一张嘴，下属跑断腿"，笔者虽然说这样可以操作，但如果真的按照以上方法操作，我们的程序将会非常冗长，如果其中一个部分出错，修改起来会非常困难。考虑到其实不同变量的操作方法基本相同，我们如果可以创建两个宏程序，分别针对数值型和字符型变量，这样就可以最大程度地简化程序，并让每个变量的定义方式一致，如果出错的话修改宏程序即可。

这两个宏程序的思路和逻辑会比较复杂，不过我们已经有两个已完成的例子，下面让我们将它们略作修改，变成两个可以用于所有变量的宏程序。

首先我们考虑这个宏都需要什么样的参数，观察如图 9-21 所示的 shell 文档。

图 9-21

Height at Baseline、Weight at Baseline 和 BMI at Baseline 都是数值型变量，创建它们
的区别只在于选取的变量和参数名称，本着最简化的原则，不妨将这两个无法自动获得
的值定义为参数。参考宏程序如下：

```
%macro numstat(var_in,title);
proc means data=adsl noprint;
    var &var_in.;
    class trt01a;
    output out=n      (drop=_type_ _freq_) n=n;
    output out=mean   (drop=_type_ _freq_) mean=mean;
    output out=std    (drop=_type_ _freq_) std=std;
    output out=median (drop=_type_ _freq_) median=median;
    output out=max    (drop=_type_ _freq_) max=max;
    output out=min    (drop=_type_ _freq_) min=min;
run;

data n;
    length parameter $200 value $200;
    set n(where=(trt01a ne ''));
    parameter='n';
    paramn=1;
    value=compress(put(n,best.));
run;

data mean;
    length parameter $200 value $200;
    set mean(where=(trt01a ne ''));
    parameter='Mean';
    paramn=2;
    value=compress(put(mean,8.1));
run;

data std;
    length parameter $200 value $200;
    set std(where=(trt01a ne ''));
    parameter='SD';
    paramn=3;
    value=compress(put(std,8.2));
run;

data median;
    length parameter $200 value $200;
    set median(where=(trt01a ne ''));
    parameter='Median';
    paramn=4;
    value=compress(put(median,8.1));
run;
```

```
data maxmin;
    length parameter $200 value $200;
    merge min(where=(trt01a ne '')) max(where=(trt01a ne ''));
        by trt01a;
    parameter='Min, Max';
    paramn=5;
    value=compress(put(min,8.1))||', '||compress(put(max,8.1));
run;

data &var_in._stat;
    set n mean std median maxmin;
    keep trt01a parameter paramn value;
run;
proc sort data=&var_in._stat;
    by paramn;
run;
proc transpose data=&var_in._stat out=&var_in._stats(drop=_:);
    by paramn parameter;
    id trt01a;
    var value;
run;

data title;
    length title $200;
    title="&title";
run;

data &var_in.;
    merge title &var_in._stats;
run;
%mend numstat;
```

其实，这一部分是将之前编写的 AGE 变量相关程序进行改写的结果，将其存储为 numstat.sas 程序，然后使用%include 调用到主程序中，套用到 BLHEIGHT 和 BLWEIGHT 变量中，查看是否运行正常。

```
%include "U:\BookP\Final Project\Program\numstat.sas"
%numstat(blheight,%str(Height at Baseline (cm)));
%numstat(blweight,%str(Weight at Baseline (kg)));
```

运行结果如图 9-22 和图 9-23 所示。

	TITLE	PARAMN	PARAMETER	APTX	PLACEBO	TOTAL
1	Height at Baseline (cm)	1 n		12	9	21
2		2 Mean		50.9	40.4	46.4
3		3 SD		11.45	16.85	14.62
4		4 Median		48.5	39.0	48.0
5		5 Min, Max		38, 76	20, 67	20, 76

图 9-22

	TITLE	PARAMN	PARAMETER	APTX	PLACEBO	TOTAL
1	Weight at Baseline (kg)	1	n	12	9	21
2		2	Mean	75.4	91.1	82.1
3		3	SD	20.08	25.96	23.55
4		4	Median	70.5	95.4	77.0
5		5	Min, Max	43, 101.36	58.18, 131	43, 131

图 9-23

可以发现，Blheight 和 Blweight 数据集与之前定义的 AGE 数据集结构相同，都符合 shell 的数据结构。

下面我们来针对字符型变量定义宏程序，思路仍然一样，将之前的 AGEGR1 程序改写，只定义必须的宏参数，在这里仍然是变量名称和参数名。

```
%macro charstat(var_in,title);
proc freq data=adsl noprint;
    table &var_in.*trt01a /out=&var_in.freq nocum nopercent;
run;

proc transpose data=&var_in.freq out=&var_in.freq2;
    by &var_in.;
    id trt01a;
    var count;
run;
****Cell Format Part****;

data &var_in._stat;
    retain &var_in. placebo aptx total;
    length &var_in. $200 placebo aptx total $200;
    set &var_in.freq2(rename=(aptx=aptx1 placebo=placebo1 total=total1));
    if placebo1 ne . then
        placebo=strip(put(placebo1,best.))||
                ' ('||strip(put(placebo1/&n2*100,8.1))||')';
    else placebo='0 (0.0)';
    if aptx1 ne . then
        aptx=strip(put(aptx1,best.))||' ('||strip(put(aptx1/&n1*100, 8.1))||')';
    else aptx='0 (0.0)';
    if total1 ne . then
    total=strip(put(total1,best.))||
            ' ('||strip(put(total1/&n3*100,8.1))||')';
    else total='0 (0.0)';
    keep &var_in. placebo aptx total;
    rename &var_in.=parameter;
run;

****Cell Format Part End****;

data title;
    length title $200;
    title="Age Group";
```

```
run;

data &var_in.;
    set title &var_in._stat(where=(parameter ne ''));
run;

data &var_in.;
    set &var_in.;
    if title='' then do;
        title="^ ^ ^ ^ "||strip(parameter);
        parameter='n (%)';
    end;
    paramn=_n_;
run;
%mend charstat;
```

使用 Sex 和 Race 检验其有效性，运行后生成的数据集如图 9-24 和图 9-25 所示。

	TITLE	PARAMETER	PLACEBO	APTX	TOTAL	PARAMN
1	Sex					1
2	^^^^F	n (%)	8 (88.9)	11 (91.7)	19 (90.5)	2
3	^^^^M	n (%)	1 (11.1)	1 (8.3)	2 (9.5)	3

VIEWTABLE: Work.Sex

图 9-24

	TITLE	PARAMETER	PLACEBO	APTX	TOTAL	PARAMN
1	Race					1
2	^^^^BLACK OR AFRICAN AMERICAN	n (%)	3 (33.3)	3 (25.0)	6 (28.6)	2
3	^^^^WHITE	n (%)	5 (55.6)	7 (58.3)	12 (57.1)	3

VIEWTABLE: Work.Race

图 9-25

在这两个数据集中，我们发现两个重要问题：第一，数据集的排序方式是按照字母顺序进行排序，这样可能导致部分结果与 shell 中的顺序不同，例如 Sex 数据集中，F 早于 M，但在 shell 和习惯中，我们都是让 M 早于 F。第二，变量并不包含 shell 中的所有值，例如 Race 在 shell 中有 4 种可能的取值，但在数据集中只有 BLACK OR AFRICAN AMERICAN 和 WHITE 两种。

为了解决第一种问题，我们可以用之前在 ADSL 数据集中创建的 n 变量来解决。n 变量的用途就是对字符型变量创建一个可以排序的编号列表，让所有值可以按照既定顺序进行排列。将宏程序的前两步修改为：

```
proc freq data=adsl noprint;
    table &var_in.n*&var_in.*trt01a /out=&var_in.freq nocum nopercent;
run;

proc transpose data=&var_in.freq out=&var_in.freq2;
    by &var_in.n &var_in.;
    id trt01a;
```

```
    var count;
run;
```

先按照 n 变量排序，获得 n 的升序数据集，对 Sex 变量使用，生成的数据集如图 9-26 所示。

	TITLE	PARAMETER	PLACEBO	APTX	TOTAL	PARAMN
1	Sex					1
2	^^^^M	n (%)	1 (11.1)	1 (8.3)	2 (9.5)	2
3	^^^^F	n (%)	8 (88.9)	11 (91.7)	19 (90.5)	3

图 9-26

针对第二个问题，在宏程序运行完毕后，我们需要对结果进行修改，一种解决方案是将结果与模板数据集合并。创建一个包含 Race 变量在 shell 中所有可能取值的数据集，并定义它们的 PARAMN 变量，然后按照 PARAMN 变量与宏程序生成的 Race 数据集合并，将缺失值填补为 0 (0.0)。

```
data dummy;
    length title $200;
    title='Race';paramn=1;output;
    title='^ ^ ^ ^ WHITE';paramn=2;output;
    title='^ ^ ^ ^ BLACK OR AFRICAN AMERICAN';paramn=3;output;
    title='^ ^ ^ ^  AMERICAN INDIAN OR ALASKA NATIVE ';paramn=4;output;
    title='^ ^ ^ ^ OTHER';paramn=5;output;
run;
proc sort data=dummy;
    by title;
run;
proc sort data=race;
    by title;
run;
data race;
    merge dummy race;
        by title;
run;
proc sort data=race;
    by paramn;
run;
data race;
    set race;
    if parameter='' then parameter='n (%)';
    if placebo='' and _n_ ne 1 then placebo='0 (0.0)';
    if aptx='' and _n_ ne 1 then aptx='0 (0.0)';
    if total='' and _n_ ne 1 then total='0 (0.0)';
    if index(title,'OTHER') then title=strip(title)||' [1]';
run;
```

生成的数据集如图 9-27 所示。

VIEWTABLE: Work.Race

	TITLE	PARAMN	PARAMETER	PLACEBO	APTX	TOTAL
1	Race	1	n (%)			
2	^^^^BLACK OR AFRICAN AMERICAN	2	n (%)	3 (33.3)	3 (25.0)	6 (28.6)
3	^^^^WHITE	3	n (%)	5 (55.6)	7 (58.3)	12 (57.1)
4	^^^^ AMERICAN INDIAN OR ALASKA NATIVE	4	n (%)	0 (0.0)	0 (0.0)	0 (0.0)
5	^^^^OTHER[1]	5	n (%)	0 (0.0)	0 (0.0)	0 (0.0)

图 9-27

这样，关于字符型变量的问题我们全部解决，现在可以通过不断调用它们来生成各种变量的统计结果，需要注意的是，BLCREATL 虽然为字符型变量，但没有定义与之相对的 n 变量，可以在第一步读取 ADSL 的时候创建。程序的整体代码如下，生成的 ALL1 数据集如图 9-28 所示。

```
libname data "U:\BookP\Final Project\Data";
option validvarname=upcase;

%include "U:\BookP\Final Project\Program\numstat.sas";
%include "U:\BookP\Final Project\Program\charstat.sas";

data adsl;
   set data.adsl;
   if .<blcreat<=60 then blcreatln=1;
   else if blcreat>60 then blcreatln=2;
   output;
   trt01a='Total';
   trt01an=9;
   output;
run;
proc sql;
   select count(*) into:n1 from adsl where trt01a='APTX';
   select count(*) into:n2 from adsl where trt01a='Placebo';
   select count(*) into:n3 from adsl where trt01a='Total';
quit;

%numstat(age,%str(Age (years)));
%charstat(agegr1,%str(Age (years)));
%charstat(sex,%str(Gender));
%charstat(race,%str(Race));
%charstat(ethnic,%str(Ethnicity));
%numstat(blheight,%str(Height at Baseline (cm)));
%numstat(blweight,%str(Weight at Baseline (kg)));
%numstat(blbmi,%str(BMI at Baseline (kg/m^{super 2}[2])));
%numstat(blcreat,%str(Creatinine at Baseline (umol/L)));
%charstat(blcreatl,%str(Creatinine Level));
%numstat(trtdur,%str(Duration of the Treatment (Days)));

data dummy;
   length title $200;
   title='Race';paramn=1;output;
```

```
        title='^ ^ ^ ^ WHITE';paramn=2;output;
        title='^ ^ ^ ^ BLACK OR AFRICAN AMERICAN';paramn=3;output;
        title='^ ^ ^ ^  AMERICAN INDIAN OR ALASKA NATIVE ';paramn=4;output;
        title='^ ^ ^ ^ OTHER';paramn=5;output;
    run;
    proc sort data=dummy;
        by title;
    run;
    proc sort data=race;
        by title;
    run;
    data race;
        merge dummy race;
            by title;
    run;
    proc sort data=race;
        by paramn;
    run;
    data race;
        set race;
        if parameter='' then parameter='n (%)';
        if placebo='' and _n_ ne 1 then placebo='0 (0.0)';
        if aptx='' and _n_ ne 1 then aptx='0 (0.0)';
        if total='' and _n_ ne 1 then total='0 (0.0)';
        if index(title,'OTHER') then title=strip(title)||' [1]';
    run;
    data all1;
        set age agegr1 sex race ethnic blheight blweight blbmi blcreat blcreatl
trtdur;
    run;
```

	TITLE	PARAMN	PARAMETER	APTX	PLACEBO	TOTAL
1	Age (years)	1	n	12	9	21
2		2	Mean	50.9	40.4	46.4
3		3	SD	11.45	16.85	14.62
4		4	Median	48.5	39.0	48.0
5		5	Min, Max	38.0, 76.0	20.0, 67.0	20.0, 76.0
6	Age (years)	1				
7	^^^^16-25	2	n (%)	0 (0.0)	3 (33.3)	3 (14.3)
8	^^^^26-45	3	n (%)	4 (33.3)	3 (33.3)	7 (33.3)
9	^^^^46-65	4	n (%)	6 (50.0)	2 (22.2)	8 (38.1)
10	^^^^>65	5	n (%)	2 (16.7)	1 (11.1)	3 (14.3)
11	Gender	1				
12	^^^^M	2	n (%)	1 (8.3)	1 (11.1)	2 (9.5)
13	^^^^F	3	n (%)	11 (91.7)	8 (88.9)	19 (90.5)
14	Race	1	n (%)			
15	^^^^WHITE	2	n (%)	7 (58.3)	5 (55.6)	12 (57.1)
16	^^^^BLACK OR AFRICAN AMERICAN	3	n (%)	3 (25.0)	3 (33.3)	6 (28.6)
17	^^^^ AMERICAN INDIAN OR ALASKA NATIVE	4	n (%)	0 (0.0)	0 (0.0)	0 (0.0)
18	^^^^OTHER[1]	5	n (%)	0 (0.0)	0 (0.0)	0 (0.0)
19	Ethnicity	1				
20	^^^^HISPANIC OR LATINO	2	n (%)	7 (58.3)	5 (55.6)	12 (57.1)
21	^^^^NOT HISPANIC OR LATINO	3	n (%)	4 (33.3)	3 (33.3)	7 (33.3)
22	Height at Baseline (cm)	1	n	12	9	21
23		2	Mean	161.9	165.5	163.4

图 9-28

至此，我们终于完成了数据集的创建工作，下面我们开始创建统计图表。

9.4.5　创建输出图表

在开始写 proc report 之前，笔者先要提醒各位观察一下这个图表与之前实战案例的区别。首先，这个图表比较长，在右上角需要进行分页，页码的格式为 x of n，x 为当页页码，n 为总页数。另外，对每个变量，都需要有一行的空行，这就需要用一个变量作为 define 语句中的 group 变量。我们首先创建数据集 Final 来满足以上要求。

```
data final;
    set all1 end=eof;
    retain group;
    if paramn < lag(paramn) then group+1;
    if group < 4 then page=1;
    else if group < 8 then page=2;
    else page=3;
    if eof then call symput("maxpage",strip(put(page,best.)));
run;
```

生成的数据集如图 9-29 所示。

图 9-29

现在，我们终于可以使用 proc report 生成统计图表，请各位读者把思绪从第 5 章宏程序、第 6 章统计方法中抽取出来，回忆一下第 7 章我们讲的 proc report 的语法和实战案例。

由于该表格包含多页，所以我们需要在一个宏程序中依次输出每页的内容，然后再使用 ODS 嵌套此宏程序。其中 group 变量可以作为分组变量，用 compute after 输出空行，page 变量是每次循环的循环节。

本案例使用的模板是 sastemp，已经在程序 sastemp.sas 中定义完成，在 ODS 中使用

"style="选定模板。除了以上内容，让我们看看生成统计图表时的具体语法吧。

```
%macro table;
%do i=1 %to &maxpage;
proc report data=final split="~" nowd spanrows
            style(report)={outputwidth=100%} spacing=1;
    where &i.=page;
    column page group title parameter placebo aptx total;
    define page/group noprint;
    define group/group noprint;
    define title /display "Parameter"
    style(header)=[just=l] style(column)=[just=l cellwidth = 40%];
    define parameter /display "Statistic"
    style(header)=[just=l] style(column)=[just=l cellwidth = 12%];
    define placebo/display "Placebo~ N=%left(&n2)"
    style(header)=[just=l] style(column)=[just=l cellwidth = 15%];
    define aptx/display "Acthar~ N=%left(&n1)"
    style(header)=[just=l] style(column)=[just=l cellwidth = 15%];
    define total/display "Total~ N=%left(&n3)"
    style(header)=[just=l] style(column)=[just=l cellwidth = 15%];

    compute before group;
        line @1 "";
    endcomp;

    title1 j=l "SAS Rumen Biancheng LLC" j=r "Page &i of &maxpage";
    title2 j=l "Protocol No.: SASPROJ110";
    title3 j=c "Table 14.1.2";
    title4 j=c "Demographic and Baseline Characteristics";
    title5 j=c "(Safety Population)";
    footnote1 j=l "^R'\brdrt\brdrs\brdrw20'Note: Baseline is defined as the
last non-missing value before the first dose of drug. SD = Standard Deivation.";
    footnote2 j=l "[1] If race is missing or not in the above list, then
put into other";
    footnote3 j=l "[2] BMI = Body mass index, and it is calculated as weight
(kg) / height (m)^{super 2}.";
    footnote4 j=l "Cross-reference: Listing 16.1.1";
    footnote5 j=l " ";
    footnote6 j=l "Program: t_demosaf.sas"
        j=r "Table Generation: %sysfunc(date(),date9.) %sysfunc(time(),
time5.)";
    run;
%end;
%mend table;

option orientation=landscape nobyline center nonumber nodate;
ods listing close;
ods escapechar="^";
%include "U:\BookP\Final Project\Program\sastemp.sas";
```

```
ods rtf file="U:\BookP\Final Project\Output\t_demosaf.rtf"
style=sastemp bodytitle_aux;
%table;
ods rtf close;
```

运行以上代码，我们终于要获得这个大型实战案例的最终结果，请你静下心来，再检验一遍代码编写有没有问题，点击"运行"按钮，生成的结果如图 9-30 所示。

SAS Rumen Biancheng LLC				Page 1 of 3
Protocol No.: SASPROJ110				
		Table 14.1.2		
		Demographic and Baseline Characteristics		
		(Safety Population)		
Parameter	Statistic	Placebo N=9	Acthar N=12	Total N=21
Age (years)	n	9	12	21
	Mean	40.4	50.9	46.4
	SD	16.85	11.45	14.62
	Median	39.0	48.5	48.0
	Min, Max	20.0, 67.0	38.0, 76.0	20.0, 76.0
Age (years)				
16-25	n (%)	3 (33.3)	0 (0.0)	3 (14.3)
26-45	n (%)	3 (33.3)	4 (33.3)	7 (33.3)
46-65	n (%)	2 (22.2)	6 (50.0)	8 (38.1)
>65	n (%)	1 (11.1)	2 (16.7)	3 (14.3)
Gender				
M	n (%)	1 (11.1)	1 (8.3)	2 (9.5)
F	n (%)	8 (88.9)	11 (91.7)	19 (90.5)
Race	n (%)			
WHITE	n (%)	5 (55.6)	7 (58.3)	12 (57.1)
BLACK OR AFRICAN AMERICAN	n (%)	3 (33.3)	3 (25.0)	6 (28.6)
AMERICAN INDIAN OR ALASKA NATIVE	n (%)	0 (0.0)	0 (0.0)	0 (0.0)
OTHER[1]	n (%)	0 (0.0)	0 (0.0)	0 (0.0)

Note: Baseline is defined as the last non-missing value before the first dose of drug. SD = Standard Deivation.
[1] If race is missing or not in the above list, then put into other
[2] BMI = Body mass index, and it is calculated as weight (kg) / height (m)².
Cross-reference: Listing 16.1.1

Program: t_demosaf.sas　　　　　　　　　　　　　　　　　　Table Generation: 22JUN2020 23:51

图 9-30

对于生成的表格，我们要仔细检查，包括表头、脚注、页码、分行和每一个细节，确保它与 shell 的格式一致，也符合逻辑的正确性，例如所有字符型变量的百分比总和不会超过 100%，数值型变量的中位数和平均数会在最大值和最小值之间。

如果所有检查结果都没有问题，我们就终于完成了这个大型项目，你也终于登堂入室，成为一名可以进入职场的数据分析师！

当然，登堂入室并不代表炉火纯青。本案例为了方便描述，简化了大量内容，也有一部分结果并没有与 shell 完全相同，但对于一个数据分析的入门者，更重要的其实是对流程的理解和掌握，技术和细节方面在未来随着工作的深入会逐渐加强。其实这个表格还有诸多可以修改提升的地方，笔者在这里希望出几道思考题，留给学有余力的读者做提升训练。

（1）本表格的部分字符型变量的文本为全大写，在 shell 中它们满足的样式是首字母大写与纯小写混合的方式，例如 American Indian or Alaska Native，单词 or 为小写，其他为首字母大写，是否可能找到一种方法对这些文本进行快速改写？

（2）在为统计表格命名时，我们手动输入了程序名 t_demosaf，如果你需要创建多个统计图表，这个操作会非常麻烦，是否有一种方法可以快速地生成统计图表的名称？

（3）在生成表头和脚注时，我们同样采用了手动输入的方法。在第 8 章我们曾学习过建立自动化的表头和脚注复制的宏程序，它是否能够稍加改动就用于本项目呢？

（4）本节所定义的两个宏程序，是否具有泛用性？如果希望它能用于一般的临床试验 ADSL 数据集，你能否对它稍加改动来实现？你能否为此宏程序添加检测功能，确认某变量的存在性后再进行操作，否则直接退出并抛出错误？

以上是笔者认为在这个案例中读者还可以延伸学习之处。希望读者能够从头开始，自己再制作一遍 ADSL 数据集与统计报表，这样不仅可以加强编程能力，更可以加深对流程的理解。

本书的第二篇，也就是 SAS 编程技巧的讲解到此结束，但这并不表示数据分析师已经掌握了在职场生存的所有能力。笔者在策划此书时，一直将实用性和沉浸性放在首位，力求在一本书的篇幅中让读者不仅掌握数据分析技术，更要了解数据分析行业。因此在第三篇，我们将深入数据分析行业，并了解怎样成为一名优秀的数据分析师。

第三篇

炉火纯青——深入数据分析行业

在前两篇的内容中，我们已经完成了本书所有 SAS 编程技巧的讲解，如果你跟随笔者讲解的流程，应该已经完成了 SAS 入门，也可以初步进入 SAS 数据分析师的职场。但入门不代表优秀，本篇我们都将探讨如何成为一名优秀的数据分析师，也是笔者的职场心得分享。

一般的技术类图书并不会涉及面试、职场、进阶这样的话题，仿佛学会了一门技术，找到工作，成为技术骨干这种事都会自然而然地发生，笔者并不同意这种观点。我们在工作中一定遇到过那种在一个岗位工作了很久的员工，他所犯的错误经常是与新手相似，只是出错率更低，出错后也能迅速改正；另外一种人则是年纪轻轻，在工作中表现出来的能力和经验却非常老道，不过几年就步步高升，看起来像"开挂"一样。

这两种人的区别是智力或是刻苦程度上的差别吗？笔者认为不一定是，智力和刻苦在我们的求学阶段往往发挥着举足轻重的作用，但学习是一个单一目标系统，做出什么样的回答获得什么样的分数，原因和结果是确定的关系。但工作则不然，它是一个复杂系统，职位提高、工资提升固然是成功，与同事关系融洽、在工作之余有闲暇时光这些也算成功，它并不是一条一维的直线。

笔者认为，卓越的工作方法是个人职场提升最重要的一环。工作方法是一系列在日常工作中总结的流程化、模型化、抽象化的思维框架，帮助你快速、准确地定位问题并解决问题，也是在工作中不同人之间最重要的区别。

本篇笔者将分两章与读者探讨一些重要的工作方法，其中第 10 章是探讨数据分析师应该做什么，第 11 章是探讨数据分析师应当成为什么样的人，两章的关注点一个是"事"，一个是"人"，相信读完本篇之后读者一定能对数据分析行业有充分的认识。

第 10 章　进入数据分析行业

本章我们将探讨如何从 0 到 1 进入数据分析行业。

数据分析行业其实发展至今有两条脉络，一条是本身就将数据作为重要资产的公司，比如金融公司、经济分析公司，也包括笔者所在的医药行业，这些行业的特点是本身就是以数据驱动的，数据可以直接决定一个公司的存亡；另一种则是随着"后互联网化"的深入，数据的价值被越来越重视，例如很多平台型互联网企业、客户服务、交通业、教育业，数据可以帮助它们优化自身的业务，实现更快速和稳健的价值增长。

无论如何，数据分析行业都是当下的热门行业，并且可以预见，其热门程度会越来越高，对于从业者的要求也会越来越高，那么本章就来讨论想要进入这个行业需要做些什么。本章将从数据分析从业者都关心的 3 个方面进行讲述，即我是否可以进入数据分析行业，我如何进入数据分析行业，我如何提高自己的业务水平？

10.1　从头开始进入数据分析行业

相信很多读者购买阅读本书的目的，就是为自己的 SAS 数据分析之路开个头。笔者深知各位读者的心态，无论你是在校学生、初入数据分析职场的少年，还是有一定其他行业工作经验希望转行的资深职场人士，决定从事数据分析行业一定饱含着自己对未来的期待。

本节笔者将从数据分析行业说起，为这 3 种处境的读者指出进入这一行业的道路。

10.1.1　数据分析的背后

如果打开 Boss 直聘，搜索数据分析职位，会发现结果车载斗量，这正是数据分析行业火热的一个缩影，图 10-1 是某招聘网站上的部分 SAS 数据分析师职位截图。

当然，作为一个数据分析师，定性分析是不够的，让我们来定量分析一下这些职位的特点。

首先使用互联网爬虫工具获取这些职位的信息，网络爬虫在互联网上很容易下载到，笔者需要提醒在使用爬虫工具时首先要注意甄别软件来源，避免下载到包含病毒的程序，另外网络爬虫会对站点服务器性能造成影响，只应该在必要的情况下使用。

笔者简单爬取了 300 个职位，生成的 Excel 表格如图 10-2 所示。

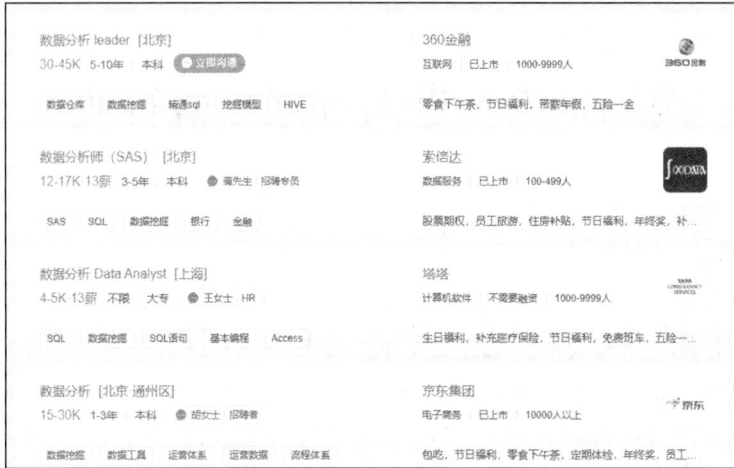

图 10-1

图 10-2

下面将该文件进行简单修改后使用 proc import 读取到 SAS 中，如图 10-3 所示。

图 10-3

变量 Area 表示工作所在城市，Salary 是招聘网站上给出的薪资范围，Salary_Month 指公司每年所发的薪资月数，如果为缺失值则表示正常发薪，一年 12 个月，Year 表示该职位对于工作年限的要求。下面我们可以对它展开分析。

读者最关心的肯定是薪资水平，我们可以使用 proc means 按照所需工作年限计算平均工资，需要注意的是，数据集中的薪资是一个以文本存储的范围，还受发薪月数影响，我们应当先对其进行处理，代码如下：

```
data positions;
    set position;
    if salary_month=. then salary_month = 12;
    salary_low=input(scan(salary,1,'-'),best.)*salary_month/12;
    salary_high=input(compress(scan(salary,2,'-'),,'a'),best.)*salary_
month/12;
    salary_real=(salary_low+salary_high)/2;
run;
proc means data=positions;
    class year;
    var salary_real;
run;
```

生成的结果如图 10-4 所示。

The SAS System

The MEANS Procedure

Analysis Variable : salary_real						
Year	N Obs	N	Mean	Std Dev	Minimum	Maximum
0	16	16	20.2708333	11.1416698	7.0000000	52.0000000
1	2	2	30.0000000	10.6066017	22.5000000	37.5000000
1-3	53	53	23.8765723	7.7346742	11.0000000	45.0000000
3-5	160	160	25.8372396	8.6814158	16.0000000	60.0000000
5-10	69	69	35.2276570	11.9145317	16.0000000	67.5000000

图 10-4

需要 1 年经验的工作样本量不足，我们不考虑它，剩下的数据分别是无工作年限要求、1～3 年工作经验，3～5 年工作经验和 5～10 年工作经验，它们的工资平均值从 2 万到 2.3 万、2.6 万至 3.5 万，这是一个具有增长性的工资梯度。据此我们可以得出两点结论。

（1）从业者的工资随着工作年份有可观的增长，并且增长的幅度和稳定性都是比较大的。如果你期待的是薪资稳定的成长，数据分析行业是一个很好的选择。

（2）5～10 年工作经验的从业者相比起之前，工资期望会有一个大幅度提升，数值约为 1 万元。这说明工作 5-10 年的数据分析师会对数据分析整个流程有一个全新的领悟，为企业创造出巨大价值。毕竟收入的最大决定性因素就是你所创造的价值。

除了收入，相信读者还关心工作的地域，能够有机会进入大城市或快速发展的城市也是很多人求职的一项考虑因素。下面我们用 proc sql 对这些岗位所在的地区进行研究。

```
proc sql;
    create table area as
        select area,avg(salary_real) as salary,count(*) as number from
positions
        group by area order by number desc;
    quit;
```

使用 proc sql 计算每个城市的分组平均工资数，然后按照该职位出现的次数降序排列，生成的数据集如图 10-5 所示。

	Area	salary	number
1	Beijing	28	134
2	Shanghai	27	50
3	Hangzhou	29	42
4	Shenzhen	30	30
5	Guangzhou	24	17
6	Dongguan	18	7
7	Nanjing	22	4
8	Fuzhou	19	2
9	Xiamen	24	2
10	Foshan	20	2
11	Qingdao	16	1
12	Ningbo	22	1
13	Nanchang	23	1
14	Longyan	16	1
15	Wulumuqi	17	1
16	Baoding	18	1
17	Baoji	17	1
18	Kunming	18	1
19	Wuhan	44	1
20	Suzhou	19	1

图 10-5

发布数据分析岗位最多的前五大城市分别是北京、上海、杭州、深圳和广州，其中四个都是中国的一线城市，杭州也在准一线城市中名列前茅，这说明大城市对于数据分析职位的需求非常高涨，如果你毕业后希望在大城市中闯荡，数据分析一定是一个很好的就业方向。

另外，我们再从平均工资的角度来看，前五大城市的职位平均月工资均在 24 000 元以上，笔者查到 2019 年北京、上海、杭州、深圳和广州的城市平均工资分别为 11 434 元、10 811 元、9 727 元、10 276 元和 9 129 元，并且这五座城市正好是当年全国平均收入最高的五座城市。即使如此，我们也可以看到数据分析师的平均工资都达到了城市平均工资的两倍以上，是名副其实的高薪职业。

除了薪资和工作地点，各位从业者还需要考虑的是额外福利。笔者不讳言，当前市场上有些公司的名义工资给得很高，但是工作强度大、福利提供少，真正算下来工资并不高。笔者所抓取的数据中有每个职位的基本福利的描述，我们使用互联网上的一款词云生成器，来看看各种福利出现的频率，如图 10-6 所示。

图 10-6

可以看到，出现频率最高的福利包括五险一金、年终奖、加班补助、免费班车、带年假、住房补贴等，相信这些都是各位职场人最需要的福利。

从以上 3 个角度分析，我们都可以看到数据分析行业的特点是平均薪酬较高、大城市就业机会广阔和福利充分，想必以上每个特点都是一名职场人所努力追求的。

笔者相信各位读者都有一颗上进、求知的心，但每个人的情况不同，在准备成为数据分析师的时候也应当有所侧重。下面笔者将针对在校学生、初入职场的新人和希望转行的朋友分别提出建议。

10.1.2　从零开始，逐步提升

这一部分写给在校学生和正在寻找数据分析工作的读者们，相信这是大部分读者所处的状况。作为在校学生，首先我们需要明确自己的优势与劣势。

在校学生的劣势很明显，就是没有工作经验，也难以获取工作经验。SAS 工作与其他项目有所不同，因为涉及的都是医药、金融、交通等重要行业，数据具有机密性，如果不是在职人员很难接触到这些数据，遑论使用它们进行项目了。并且，SAS 编程是一个系统化的工作，核心的统计分析和数据处理工作可能容易获得，但在数据标准、数据格式、输出结果样式等内容上可以有深挖的地方，在校学生在这一点上很难精进，这一点我们无须讳言。

当然，在校学生也有其他读者无可比拟的优势，就是时间。笔者深知，各位读者作为上进青年，每天除了学习任务以外肯定有不少工作可做，包括社团活动、公益事业等，这些工作也会占据大量时间，但笔者相信即使如此，在校学生的可支配时间也要比职场人士多上许多，合理利用这些可支配时间，完全可以弥补他们的劣势。

对于在校学生而言，想要从事 SAS 工作必须要做的第一件事就是考证。SAS 数据分析的官方认证分为两个级别，分别是 SAS Base Certified Programmer 和 SAS Advanced Certified Programmer，简称为 Base 和 Advance。它们是 SAS 官方认证的具有通识 SAS 技术的证书。获得这两个证书后，你还可以选择 SAS 在特定应用领域的认证，例如 Business Intelligence（商业智能）或 Clinical Trial（临床试验）等。

考证也是很多读者准备 SAS 学习的第一步，笔者是支持这种路径的。SAS 证书几乎已经是各大公司相关职位的敲门砖，即使有也不一定能获得面试，但如果没有，几乎很难获得面试资格，这一点笔者没有异议，但对于如何备考，我们可以来探讨一下。

如果你距离毕业很近，又希望找到一个 SAS 相关的职位，那么不用犹豫，背题可以说是唯一的通路。笔者并不反对背题，并且可以告诉大家，在网络上有大量 SAS 的真题资料，其中以 Base 70 题和 Advanced 123 题最为重要。读者可以在互联网上搜索关键词，然后下载背诵。

背题虽然是通过考试的简单方法，但并不是一劳永逸。通过了两个考试会让你觉得 SAS 编程不过尔尔，很多知识点也在背题过程中逐渐记忆，但实际上 SAS 是一个系统，只掌握某些知识点并不表示整体编程水平。因此如果你有足够的时间，笔者建议各位同学暂时忘记考试，首先跟随一本 SAS 基础教程（比如本书），将 SAS 的知识形成体系化的理解，然后再花费一周左右的时间备考，这样学习既包含了知识网络，也加强了某些重要知识点的记忆，是 SAS 学习最牢固的方法。

当然，作为在校学生，获得证书和掌握 SAS 技术并不表示求职将会一帆风顺，想要成功斩获自己心仪的职位，掌握面试技巧是必不可少的。关于面试，我们会在下一节着重来说，这里笔者可以简要陈述：面试是每个人想要入职都必须面对的挑战，除非你已经是行业中的大牛，否则几乎不可能只凭一纸简历就能够直接入职。

总结一下，对于在校学生，笔者的建议是系统化学习与面试技巧准备，它们都可以快速提升你的职场能力，相信只要你足够刻苦、认真、勤于思考，数据分析师的职位一定可以最终被你斩获囊中。

10.1.3 百尺竿头，更进一步

本节我们来说说初入职场的数据分析师如何更好地胜任这份工作。

随着数据分析行业的发展和就业需求，很多高校都开设了相关的专业，并且正在建设相关的学科教育体系。但另一方面，该行业仍然处于快速发展之中，很多分析的技术、实践和思维框架并不能第一时间传递给在校学生。

据笔者所知，大部分 SAS 数据分析师的 SAS 语言都是自学成才，很少有人可以跟着老师获得专业的指导。自主学习非常考验一个人的专注力、理解力和逻辑思考能力，成功通过自主学习获得 SAS 职位的你一定是其中的佼佼者。不过一旦开始工作，很容易发现自己的能力与工作要求相去甚远，顿时容易产生挫败感。这里笔者不妨剖析一下几种挫败感的来源以及对应的解决办法。

第一种是节奏的不适应。在自主学习的时候我们往往追求的是对知识的完全掌握，对速度并没有过分看重，有时一个简单的问题花费大量时间寻找不同的解决方法，这些是学习过程中成功的必经之路。一旦到了以结果为导向的工作中，很多人会发现除了技能上的要求，还对时间非常敏感，换言之就是除了做对，还要做快。有些临床试验结果提交后，药品管理部门会提供一个反馈，陈述所需要的额外图表。有时这些反馈非常紧张，甚至只有两天的时间完成，这就非常考验数据分析师的能力。

面对节奏的不适应，初入职场的新人首先需要调整好心态，不要把截止日期当成是一堵难以逾越的高墙。一般而言，公司设定截止日期的目的都是为了完成任务，基本不会出现明显无法达到的截止日期。从业者应当明白，自己在很多情况下与公司是共赢关系。其次，应当在拿到任务的第一时间进行任务拆解，我们经常遇到领导询问是否觉得时间紧张，但工作刚刚上手的时候我们很难知道一个项目具体的工作量，也无法评估时间是否紧张，但一旦拆解项目，就可以根据经验大概知道每一步都需要多长时间。

下一次，当你遇到复杂的任务时，第一步先把它拆解为几个大步，这样当领导再问你时间是否紧张时，你的回答就可以从"我觉得还可以"变成"SDTM 数据集应该要 15 天左右，剩下的 ADaM 我预估要 5～10 天，剩下的几个表格在数据出来之前还没法确定所花的时间，按照数量来说需要 8～10 天，我先完成 SDTM，如果可以提前做完的话再跟您汇报。"

第二种是工作完美度的不适应。在学习 SAS 期间，我们追求的一般都是成功学会某个功能，所在乎的主要是语法、逻辑，而对于代码规范性、输出格式等考虑的不多。但在行业中，这些是与语法和逻辑并重的东西。

笔者在工作之初就曾被多次提醒代码前没有按照公司规定加上说明性注释，彼时笔者也认为这些不过是一些鸡毛蒜皮的小事，不会有人真正在意。但当如今再回想起来，发现这些编程规范其实至关重要。代码的说明性注释可以帮助其他人在打开代码的第一时间就能知道这段代码的主要信息，是让代码结构化、规范化的必要模块。

有些公司会有自动化宏程序读取 SAS 程序的文本，然后进行某些操作，如果代码结构没有被规范，则可能导致报错。

针对这个情况，笔者建议读者在刚入职时不要着急开始自己的工作，应当先仔细查看公司的员工手册，像程序结构、文件夹结构等信息往往都会被写进员工手册中，提前阅读就可以避免前期错误，后期还要花时间修改的问题。另外，初入职场者也应当多多咨询公司中的"老一辈"，在不确定的地方虚心请教可以省却未来可能出现的大麻烦。

如果能够成功把以上两种"不适应"变成"适应"，那么你的 SAS 分析职场之路就可以算是基本入门了。

10.1.4　重整旗鼓，梅开二度

据笔者所知，在 SAS 数据分析师这个行业中，还有一群特殊的人群。他们往往是在其他行业已经深耕数年或十几年的从业者，但因为各种原因决定转行为 SAS 数据分析师。以前笔者觉得这些人是小部分，但最近在进行简单的同事调查后，发现约有 30% 的人都是这样进入了 SAS 这个行业。这一小节就说一说这些人应当如何迈出第一步。

重新选择职业并不是一个轻松的决定，每个人的处境不同，做出这个选择的原因也不同。有些人是因为曾经的行业不景气，有意识地提前离开；有些人是发现 SAS 数据分析师在未来大有可为，于是提前布局；也有些人是希望给自己一条额外的路，想试试能不能走通，无论哪种目的，笔者认为你们都是有见识、敢尝试的一群人，这个职业也一定会为其中的佼佼者敞开大门。

作为有职场经历的人士，最大的优势就在于对职场的熟悉，无论是上下级关系、工作流程，职场人都可以做到心中有数，尤其是很多人都是从数据分析相似的职位上转过来的，例如程序员、统计师、数据管理员等，这些职业与 SAS 数据分析师的职位有很大的相似性，转行后更容易适应全新的工作。

当然，有职场经历的人士在转行的过程中可不完全是优势，相应的他们也有明显的劣势，就是相关行业的从业年头不足。数据分析是一个对经验有着较高要求的职位，想要获得更高的职位和工资，就必须在这个行业深耕多年。然而，很多寻求转行的朋友在自己的行业中可能已经做到了中层，工资和职位都已经不低，并且还可能拖家带口，这导致他们既不容易从低层做起，也无法接受较低的初始工资。

笔者建议，这一类读者首先要明确：凡有选择，必有代价。加入一个朝阳行业并不表示一切都会顺利，最开始的额外付出是必须的。当然，已有的职场经历绝对是加分项，在入职后虽然曾经的专业技能可能用不到了，但职场交往能力、项目管理能力，这些在各个行业通用的能力一定要保持并加以应用，让别人看到你的与众不同。

另外，建议这一类从业者在入职之初就与领导多沟通，一方面表现出自己的上进，另一方面也是告诉领导希望可以重点培养自己，加快自己晋升的脚步。

总而言之，转行从事数据分析行业需要付出额外的努力和决心，笔者也欢迎各个行业的优秀从业者加入，为数据分析行业的发展贡献自己的力量。

本节我们首先用数据分析了数据分析行业，然后以笔者有限的见识为在校学生、初入职场者和转行者提供了一些发展建议。每一个人的道路各有不同，但发展的方向一定是向前向上。笔者不愿祝各位 SAS 数据分析从业者的职业道路一帆风顺，而是希望它波澜壮阔，最终通向辉煌的彼岸。

所谓"曲径通幽处，禅房花木深"。

10.2　求职—面试—入职，每一步都先人一步

相信绝大部分此书的读者应该和笔者一样，都是芸芸众生里的普通人，既没有显赫的家世，也没有远超所有人的智慧，努力向前走的力量主要来源于刻苦与一点点思索。作为一个普通人，我们求职的过程一般不会像那些大神一样，年纪轻轻就出人头地，在自己的行业有所建树，然后被某老板相中，直接进入某公司当高管，这种剧情更可能出现在电视剧中。

我们的求职过程往往是从写简历开始，一份简历斟酌再三，争取将自己所有的经历和能力尽可能直观地展现在 HR 面前。投递简历后开始惴惴不安，每隔几个小时就要查看手机和邮箱，一旦有面试通知，都会欣喜若狂。在狂喜之后则是紧张，心情久久不能平静，然后就是准备阶段，力求把面试的每一个环节都做到最好。最后，如果接到了录用通知，本应兴奋的状态可能已经被面试的准备阶段磨平；如果没有接到录用通知，则会失望懊恼，后悔自己面试中某处发挥不佳。

所有求职过或正在求职的读者都应该知道我在说什么。

本书虽然是 SAS 入门读物，但所站的角度不仅仅是技术，更是人。笔者从本书一开始就努力在技术之间穿插自己的经验和思考，力求把本书的描述角度从"应该怎么办"变成"你要怎么办"。求职是作为一名 SAS 数据分析师一定会面对的事情，值得拿出一节的篇幅来着重叙述。让我们从面试前、面试中、面试后 3 个时间点，来看一看自己都需要做什么。

10.2.1　任尔东西南北风——全面的求职准备

求职前的准备工作很大程度上决定了你此次求职的顺利程度，因此我们一定要做好万全的准备。求职的第一项准备是简历。网上有大量简历的模板，还有公司提供简历代写服务，这在方便求职者的同时也造成了一个问题：连自己都不知道简历应该怎么写。

简历是求职者面对公司的第一印象，很多人认为面试时才是自己与公司第一次正式打交道，其实不然，当 HR 收到一份求职者的简历时，就已经开始对你进行筛选与评估了，提供面试机会只是对你这份简历的肯定。

笔者建议无论是在校学生还是在职人士，求职简历最好都应该自己创作，毕竟只有自己才最了解自己。在简历创作过程中，详略得当是最重要的一点。笔者曾看过很多人的简历，发现该详细的地方并不详细，让人觉得这些经历并不真实；该略过的地方却着重叙述，让人觉得是无话可说。

应当略过的地方最重要的就是 SAS 证书部分。现在只要是求职 SAS 数据分析师职位，Base 和 Advance 认证几乎已经成为求职者的标配，它们并不能让你脱颖而出，但没有它

们又是万万不行的。在简历中，可以单独开辟一个部分列出证书与技能，在里面填上两个证书的内容，这样不占用空间又可以体现自己拥有 SAS 认证。

说完略的部分，其实详是很多读者更纠结的问题。在编写工作经历部分的时候，求职者应当注意每一条要详略得当并且分清层次。

很多人在工作经历中会有类似"帮助项目组提升了工作效率""很好地完成了领导交代的工作任务"等描述，这些描述其实并没有提供任何有效信息。简历的目的是为了让用人单位详细了解自己的经历，应当将这样的信息尽可能细致地展现给 HR。比如上述内容就可以修改为"协助宏程序组优化宏程序，提升数据与统计团队编程的效率""完成符合 SDTM 数据标准要求的 3 个三期临床试验的部分数据集，包括 AE、DM、LB 等"，这样的描述可以让公司一眼明确这个人是否与我们的需求相符，是否可能通过部分练习胜任现在的工作。

另外，每一条工作经验之间也要有层次的区分。比如，你曾经有过一个实习经历和两家公司的任职经历，在描述每家公司的工作内容时就要体现出进步的层次感。比如在实习公司只是负责一些不重要的数据集检验工作，到了第一家公司就可以负责所有数据集的创建任务，到了第二家公司还要负责与数据部门沟通、与统计师共同设计数据集结构等，这样说明你在工作过程中有一个明显的进步。

以上两条针对的都是简历有内容却不知怎么写的读者，但笔者相信有一部分读者，尤其是在校学生，更苦于没有经历可写。有些在校学生的生活主要是上课、备考、参加社团活动等，几乎没有实习和项目经历，这样的简历应当如何创作呢？

首先，在校生如果距离毕业还有时间，应当努力去寻找一些相关的职位，有时即使职位并不特别对口，也应该尝试，至少可以了解行业流程、与同事的沟通方式等。另外，网络上有很多人愿意分享自己工作的经历，从中我们也可以吸取一些经验。

另外，关于简历是否可以有不真实的地方，笔者也有话要说。与一般认为的简历完全不可以造假，必须完全符合真实情况的认识不同，这种观点占据了道德的高地，也是用人单位最喜欢的说法，但对于一个求职者没有实质性帮助。难道没有工作经验就不可能开始工作了吗？

笔者大胆地在这里提出一个观点：简历可以适度进行美化。当然这里的美化绝不是无中生有，而是锦上添花。

例如你在某个实习岗位，所负责的工作是 SDTM 数据集的检验工作，只写这些未免太过单薄，求职者可以在了解创建 SDTM 数据集的方法后，在简历中添加上 SDTM 创建工作。当然，每一条添加的工作内容读者必须要做到真正掌握，绝不能在自己不了解的领域随意添加。面试官在面试时经常会询问简历中描述的工作内容，求职者必须要做到心中有数，将流程、步骤、难点可以轻松说出才算过关。

仍然需要强调，在工作年限、学历、专业等问题上，绝不可有一丝造假，这不仅仅关乎个人的诚信与道德，实际上也很容易被用人单位识破，为自己的求职之路蒙上一层阴影，是一个有远见的求职者万万不可取的行为。

在简历创建完成后就是提交工作，求职者应当注意考虑自己对口的公司，比如求职者是生物统计专业毕业，实习经历也都是在药厂，这时就适合向医药公司投递简历，如果是金融或互联网公司的职位，求职者必须谨慎，除非你的经历有跟这两个行业比较高的契合，否则不建议投递。等待通知的过程往往是漫长且纠结的，笔者建议各位可以在没有面试通知的情况下先思考如果获得面试后要怎么办，这样一方面可以有效舒缓紧张情绪，也可以提前开始准备面试。

10.2.2　把酒祝东风，且共从容——面试一本通

面试是每个求职者都必须经历却又让人紧张的一道坎，毕竟我们从小到大都是通过考试一步步晋升的，面试的机会其实不多。面试不仅需要扎实、稳健的专业技能，还要时刻管理自己的形象、表达能力，更要建立起人与人之间的信任感与亲切感，对每个人来说都不是一件容易的事情。

在讲解面试之前，我们先要了解面试中会有什么问题。

一般而言，面试中经常被问到的问题分 4 种：一般问题、经历问题、专业问题和情景问题。4 种问题所关注的侧重点不同，往往在一场面试中同时出现，在不同方面考察面试者的能力。

一般问题指在所有面试中都会出现的普遍性问题，包括自我介绍、为什么要选择我们公司、你的优点与缺点、薪资期待等，这些问题的特点是容易准备但很难回答出彩。试想一位人力资源一周可能要面试 100 人，这些每个人都需要回答的问题要多有特点的回答才能在人家脑中留下特别的印象！

所以笔者建议对于这种题目，准备的核心是 4 个字：四平八稳。这是面试官了解你的第一步，不要因为很难用它脱颖而出就完全不准备，也不要试图通过简单的几个问题就想让自己在面试官心里留下深刻印象，如果你真的留下什么深刻印象，大概率也是不好的印象。一般性问题往往在面试开始，可以让面试者进入面试的状态，所以在回答问题时注意大方、真诚和亲近感的塑造，也方便我们下面的发挥。

经历问题是根据简历的内容进行提问，需要面试者结合简历中所写的内容来作答，常见的形式有"你在简历中提到的 xxx 经历可以具体讲讲吗？""你在做 xxx 的时候是否遇到过什么困难？"这种问题可以比较综合地考察面试者的业务能力和表达能力。

针对这种问题，笔者建议在面试之前，应聘者一定要认真审阅自己的简历。很多人觉得自己的简历既然是自己写的，自然应当早已完全了解，为什么还非要审阅一遍呢？这是因为我们创作简历的时候，为了体现出自己的能力，往往会加上一些自己并不完全掌握的条目，这是人之常情。应聘者在审阅时一定要思考这些点如果被问到，是否可以

给出一个比较有说服力的描述。如果时间充裕，还应该为每一条简历上的信息准备一个回答。

在回答问题时，除了专业的技术，条理清晰也是一个明确的加分项，毕竟企业招聘数据分析师，不仅希望他们能做对事，还希望能把事情做得有条理。

专业问题是最考验一名应聘者专业能力的问题。一个好的专业问题一般有两种思路：一种是将细节问题放大化，询问应用场景；另一种是将普遍问题聚焦化，询问处理方式。我们分别来讨论。

放大化的问题是把一个具体的技术推广到它可能使用的场景中，考察应聘者的整体思考能力。例如一个典型的 SAS 数据分析的面试题就是"请问你一般在什么情况下会使用宏程序中的%do 循环？"宏程序中的%do 循环是一个细节，面试官没有专注于这个细节知识点的语法，而是直接跳到了应用上去，在回答时应聘者需要快速思考自己曾经用到过的场景，比如 SDTM 标准下创建 SEQ 变量、循环生成名称含有循环节的数据集、用 proc report 生成多页图表。

另一种典型的询问方式是普遍问题聚焦化，将一个复杂场景的问题拆分为几步，只考察其中一步中的一个细节知识点，这种方式可以有效地考察应聘者对细节问题的记忆和专业程度。例如面试官可能会询问当创建多页输出文档的时候，如何获取最大页码，答案是可以使用 call symput 生成宏变量，面试官可能会继续追问，除了这种方法，还有什么方法可以生成宏变量。

这道题考察的就是应聘者横向思考的能力，在不同的时候我们会选用不同的方法，但是这里就需要应聘者将不同时间使用的方法串联在一起，我们在第 5 章学习过，创建宏变量的方法主要有 5 种，分别是%let、%global、%local、select into:和 call symput，应聘者应该快速说出它们的用法以及生成宏变量的区别，这道题就算基本合格。

本书的创作初衷就是帮助新手数据分析师更有效地掌握 SAS，所以在篇章安排上特意把相近的知识点进行对比，比如以上 5 种定义宏变量的方法，就曾在第 5 章的表 5-2 中对比讨论过。

最后一种面试题是最复杂的，笔者称之为情景题目，它把工作中遇到的问题还原到当时的情景，要求应聘者快速地做出反应，并且主要考察应聘者的全面思考能力、领导力、项目管理能力等综合能力。举例来说，一道比较著名的题目就是"你是一个团队的领导，在项目截至前 5 天发现所剩工作有点多，需要全队大约 7 天才能完成，你打算怎么做？"

这种题目的特点是两难或多难抉择，并没有完美的解决办法，比如上例中，既可以要求团队加班完成，也可以跟领导申请额外时间，但不论哪种选择都一定有所损失。很多人会以为这种题是考验临场反应或智力，希望给面试官一个从未想过的完美方案。但其实这个方案并不存在，真正合理的答题方法是表示自己理解两难的处境，然后分析各种选择的利弊，自己再选择一个尽可能兼顾的答案并说明原因即可。

例如以上案例，我们可以这样回答："这个问题确实不好处理，我在之前的工作中也遇到过，根据项目的重要程度我想解决方案也不同。如果是比较重要的项目，我会要求团队一起加班，并且提前告知领导，商讨是否有延期的可能性。在工作过程中，我会每天跟领导汇报一次进度。"

很多人都会以为这样的问题考察内容是考察一个人的工作态度和能力，从而做出类似"我会默默扛下所有"这种让面试官啼笑皆非的答案。数据分析项目有它自己的内在规律，这个规律公司也知道，它们更希望招聘到的人有能力平衡工作，而非一味表决心。

以上 4 种面试题，一般性问题、经历问题、专业问题和情景问题，所考察的侧重点各不相同，应聘者应当牢记这些问题的应对套路。在感情中我们希望少一些套路，多一些真诚，但在求职中，真诚与套路的地位是相同的，必须掌握两者才能让你在面试中表现得足够从容。

10.2.3　春风得意，不如润物无声——入职全指南

在面试结束后，一般 HR 会礼貌地让应聘者回去等通知。大约 3 天至 2 个礼拜，最终的结果就会下来，如果你面试成功，在不久的将来就可以入职啦！

对于面试成功的读者，笔者首先要恭喜你，这是你的刻苦与认真获得了正面的回报，对有些人来说还是迈出职场的第一步。

在入职之前，建议读者既不要过分激动，也不必过分紧张，静静等待入职日的来临。

在入职之前，请仔细阅读欢迎邮件，一般公司会在邮件内详述第一天报到的地点、欢迎仪式流程、接引人和着装，请按照邮件要求进行准备，并留出 15 分钟的富裕时间。

对于入职仪式的流程本小节不过多叙述，只提示两个比较重要的地方。

第一，一般公司会发一台电脑作为办公电脑，尤其是医药、金融这种涉及机密数据的公司，一般不会允许员工使用自己的电脑。这台电脑一定要随身携带并且保管妥当。

第二，有些公司在入职后员工还不能立即开始工作，需要完成一些训练课程，这是为了引导员工了解公司的文化、编程规范等，很多人想要尽快开始工作所以用最快的速度做完，笔者认为这是不可取的。正确的方法是认真学习每一条员工规范，尤其是涉及编程相关的规范，例如程序命名规则、文件夹结构、程序头部写法，这样可以避免未来编程有不符合规范的地方需要重新修改。

在完成这些训练后，你的入职准备工作就算完成了，一般此时项目领导就会过来找你，详细介绍你们组的人员构成和任务安排，此时不要为了显得自己有工作经验就一味点头，要在领导介绍项目的关键处询问确认，比如项目的截止时间、目前已完成的内容、如果有问题可以向谁咨询，总之要在尽可能了解一个项目之后再开始自己的工作。

关于入职的介绍，笔者并不想介绍过多，因为每个公司都有自己不同的流程和文化，面试成功说明你至少已经符合该公司的基本要求，只要按部就班地提升自己，终有一日将会成为一名优秀的数据分析师。

本节笔者尝试把在时间轴上依次发生的"准备—面试—入职"流程为读者平铺展开描述，也是为了建立一种基本的价值观：求职是双向选择的事情，既是企业寻找能够为它创造价值的人才，也是人才寻找自己未来发展的平台，二者各取所需，又是共同发展的关系。

如果让笔者把本节的内容抽象化，只用一句话概括"准备—面试—入职"过程中最重要的内容，相信你也能看出来，笔者所强调的一直是在自身拥有良好业务能力的同时尽可能地协调、沟通，所以笔者愿意用一句俗话来总结本节的内容：打铁还需自身硬。

10.3　善用神兵利器，提升工作效率

在上一节，我们探讨了"准备—面试—入职"的流程和每个流程中的重点。笔者没有事无巨细地讲解每个环节的所有内容，而是挑选重要又容易被忽视的问题展开论述。

在本书中，笔者曾多次探讨目的与手段的区别，目的是我们做一件事时希望达到的结果，手段是我们做这件事的时候经历的过程。在求职这个问题上也是如此，我们学习SAS，从近了说是为了获得一份工作，从长远说是为让我们可以通过自己的技术累计出足够的财富，如果你有更大的抱负那就是通过数据改变世界，这些都是正当的目的，而求职是实现目的的手段。

本节我们就来看看如何更轻松地实现我们的目的。

SAS 编程有一个特点，就是练习编程与工作编程存在比较大的割裂。练习编程时只需要注意程序本身的有效性、可靠性，而工作编程除了以上两点，还要考虑易读性、泛用性、规范性等诸多因素，可以说工作编程可能有 50%都花在了与数据分析本身关系不大的程序中。

当然，笔者绝非否定这些额外的付出，恰恰相反，笔者认为建立起一套编程规则体系是每个公司都必须做的，每个员工也应当尽力遵守。"没有规矩，不成方圆"绝不是一句空话。这句话出自《荀子·礼论》：规矩诚设矣，则不可欺以方圆。意思为只有设立度量圆形和方形的工具，才能确认何为方、何为圆。这句话放在数据分析行业也格外合适，只有设定了数据分析的一般评判标准，才可以判断谁的数据分析能力更强。

笔者并不建议在工作中与同事进行比拼，这种行为很容易发展为拉帮结派，但为自己的能力找一个度量，评价它的增长情况，是自我提升的重要手段。

本节我们将一起学习工作中的一些"小窍门"，这些窍门并不是编程中的技巧，而是实践中应对某些大问题的解决方案。学会这些窍门，相信你的数据分析之路可以平坦得多。

10.3.1　数据分析师的事，怎么能算抄

本小节的标题灵感来自鲁迅《孔乙己》中孔乙己的话："读书人的事，能算偷么？"接连便是难懂的话，什么"君子固穷"，什么"者乎"之类，引得众人都哄笑起来：店内外充满了快活的空气。笔者在这里化用为数据分析师的事。那么究竟是什么事，看起来算抄却又不能抄呢？

答案就是我们每天创作的代码。读到这里，读者有的要惊呼而起："抄代码还不算抄袭！这是万万不应该做的呀！"

且慢！让笔者先说说一般数据分析的流程。

在医药行业，数据分析有一套自己的流程，总结起来就是"平行编程"，一个编程任务由两名分析师分别执行，二人不能相互分享代码也不能互相讲解思路，由一名分析师生成所需要的数据集或统计分析报告，另外一名分析师将自己的结果进行对比。

在 SAS 中对比数据集的方式是 proc compare，它的基本语法是：

```
proc compare base=目标数据集 compare=对比数据集;
run;
```

运行后会在结果栏显示对比的结果。如果结果完全相同，则输出的结果如图 10-7 所示。

```
                        The COMPARE Procedure
                  Comparison of TMP1.ADSL with WORK.QC
                            (Method=EXACT)

                          Data Set Summary

   Dataset          Created          Modified      NVar    NObs   Label

   TMP1.ADSL   12FEB20:15:31:30  12FEB20:15:31:30    98     293   Analysis Dataset Subject Level
   WORK.QC     09JUN20:20:46:45  09JUN20:20:46:45    98     293


                          Variables Summary

                   Number of Variables in Common: 98.



                         Observation Summary

                   Observation     Base  Compare

                   First Obs          1        1
                   Last  Obs        293      293

          Number of Observations in Common: 293.
          Total Number of Observations Read from TMP1.ADSL: 293.
          Total Number of Observations Read from WORK.QC: 293.

          Number of Observations with Some Compared Variables Unequal: 0.
          Number of Observations with All Compared Variables Equal: 293.

          NOTE: No unequal values were found. All values compared are exactly equal.
```

图 10-7

只有当对比结果完全相同或所有不同都可以被解释后，一个统计分析的程序才算完成，其中创建数据集或统计报表的分析师被称为创建者，检验结果是否正确的分析师被称为检验者。

如果二人得出的结果不一样，需要由检验者将不一样的信息和推断原因告知创建者，由创建者修改后再检验，直到二人结果一致，修改过程中依然不允许二人分享代码，只能根据项目要求进行逻辑层面的探讨。这样可以保证每一个结果都由两名数据分析师分别得出，确保结果的可信性。

当然，很多对比并不要求数据集的所有变量都相同，只要关键变量相同即可，此时可以使用 var 语句指定 base=数据集中需要对比的变量，with 语句指定 compare=数据集中所需要对比的变量。

```
proc compare base=tmp1.adsl compare=qc;
    var studyid usubjid age sex race ethnic;
    with study subject age_n sex_c race ethnic;
run;
```

这样对比过程会忽略其他变量。

说回到"抄"上，对于以上情况，创建者和检验者互相抄袭代码，是万万不可取的行为，这是数据分析流程的严格规定，也关乎一个人的诚信，而诚信是数据分析师的底线，但在其他情况下，笔者更建议借鉴别人的代码。

以临床试验数据分析而言，一期临床试验需要生成大量的图表，数量从几十到上百个不等，其中部分表格的结构和逻辑基本相似。例如图 10-8 和图 10-9 所示，二者都是某项身体指标随时间变化的统计表格，唯一的区别只是检测项目，一个是 Weight，另一个则是 SBP。

图 10-8

```
                                Table 14.3.8.1
                        Change from Baseline in SBP by Visit

                                              Placebo              Acthar
Time point                  Statistic          N=xx                N=xx

Baseline                    n                   xx                  xx
                            Mean               xx.x                xx.x
                            SD                 x.xx                x.xx
                            Median             xx.x                xx.x
                            Min, Max           xx, xx              xx, xx

Week 1                      n                   xx                  xx
                            Mean               xx.x                xx.x
                            SD                 x.xx                x.xx
                            Median             xx.x                xx.x
                            Min, Max           xx, xx              xx, xx

Change from baseline at week 1  n               xx                  xx
                            Mean               xx.x                xx.x
                            SD                 x.xk                x.xx
                            Median             xx.x                xx.x
                            Min, Max           xx, xx              xx, xx

Week 2                      n                   xx                  xx
                            Mean               xx.x                xx.x
                            SD                 x.xx                x.xx
                            Median             xx.x                xx.x
                            Min, Max           xx, xx              xx, xx

Change from baseline at week 2  n               xx                  xx
                            Mean               xx.x                xx.x
                            SD                 x.xx                x.xx
                            Median             xx.x                xx.x
                            Min, Max           xx, xx              xx, xx

Programmer Note: Repeat the same procedures for week 3, 4, 5
```

图 10-9

如果其中一个表格是团队的其他成员制作，另外一个表格的制作任务被安排给了你，最有效率的解决方式并不是上手就干，笔者推荐你首先对这个表格类似的结构的程序进行研究，研究它的结构与特点，找出需要修改的地方，直接修改就可以使用。

当然，借鉴与抄袭不同，抄袭是你在没有领会对方所写内容的情况下，直接将程序复制，而借鉴是在你理解了对方的程序后对其核心部分进行的改写。以上述表格为例，决定表格输出结果的程序部分是程序最开始的记录筛选条件，将 Weight 记录替换为 SBP 记录即可改变输出结果。分析师在借鉴他人代码时一定要首先明白该程序每一步的目的，最好还能弄清楚输入和输出内容。

另外，分析师也要注意对比自己需要完成和借鉴代码结果的细微差异，并将其体现在代码中。比如上例中，体重 Weight 表格要求输出的访问时间包括第三周、第四周、第五周和第六周（表格底部 Programmer Note），而 SBP 表格只需要输出第三周、第四周和第五周，这样在借鉴 Weight 表格的程序时就需要删除掉第六周的相关记录。这是数据分析师在借鉴他人代码时另一个要注意的地方。

这一小节我们探讨了代码"抄袭"的可能性，笔者绝非对所有"抄袭"都完全禁止，而是认为"纵向抄袭绝不可取，横向抄袭可以为之"。纵向抄袭，指在某一项数据分析的任务中，抄袭前一段或后一段工作的代码，比如创建者和检验者互相抄袭代码，这是绝不允许的事情，因为这种行为会导致其中一段工作作废，原本设计的数据分析流程无法发挥它的作用。

横向抄袭指在借鉴与自己平行任务的代码，这种借鉴可以有效地加快工作速度，但是借鉴一定要在理解的前提下进行，否则如果遇到需要修改之类的问题，很可能要耽误更多的时间。

10.3.2 宏程序已加载：工作量减 50%

每一个企业都有一套自己的编程规范，很多企业都有自己的宏程序库。宏程序库是将一系列处理常见问题的通用宏程序放置到一起，在各个情况下使用该宏程序都可以获得准确的结果。

SAS 的 Enterprise Guide 版本，可以直接设置某程序打开时自动加载什么宏程序，而 Base 版本则需要手动添加。在一段程序中运行另一段程序的方式我们学习过，是%include+程序路径\程序名，但宏程序库动辄数十个宏程序，难道我们必须在每个程序前依次手动添加吗？

答案当然不是，SAS 提供了自动加载选项 mautosas，使用方法如下：

```
options mautosource sasautos=("路径 1","路径 2",SASAUTOS);
```

该选项执行后，会依次运行路径 1、路径 2 里的所有 SAS 程序，如果两个路径中包含名称相同的程序，则路径 2 里的程序会覆盖路径 1。在主程序中，这些宏程序就可以被直接使用。

数据团队开发的宏程序是我们工作中的神兵利器，它往往经历过很多项目的检验，非常具有可靠性，能够处理各种项目中相同的操作。图 10-10 就是笔者所在公司的宏程序文件夹。

mnk_compress_length.sas	1/21/2020 4:49 PM	SAS System Progr...	12 KB
mnk_copyfiles.sas	8/29/2019 1:54 PM	SAS System Progr...	5 KB
mnk_ctrl_data.sas	6/25/2019 3:55 PM	SAS System Progr...	2 KB
mnk_ctrl_param.sas	8/2/2019 5:07 PM	SAS System Progr...	2 KB
mnk_ctrl_variable.sas	6/25/2019 4:03 PM	SAS System Progr...	3 KB
mnk_ctrl_variable_exist.sas	8/6/2019 2:42 PM	SAS System Progr...	2 KB
mnk_ctrl_variable_type.sas	8/2/2019 5:35 PM	SAS System Progr...	2 KB
mnk_get_filename.sas	8/29/2019 1:51 PM	SAS System Progr...	4 KB
mnk_length_acrossdatasets.sas	1/21/2020 4:53 PM	SAS System Progr...	9 KB
mnk_logcheck.sas	8/27/2019 11:01 AM	SAS System Progr...	7 KB
mnk_logcheck_batch.sas	11/25/2019 9:57 AM	SAS System Progr...	9 KB
mnk_merge_sdtm.sas	6/26/2019 9:31 AM	SAS System Progr...	5 KB
mnk_sastoxpt.sas	5/1/2020 9:19 AM	SAS System Progr...	8 KB
mnk_savelog.sas	6/19/2019 4:04 PM	SAS System Progr...	3 KB
mnk_savelst.sas	6/19/2019 4:02 PM	SAS System Progr...	3 KB

图 10-10

其中很多宏程序都是笔者与团队成员自行创建，功能包括生成数据集中的某些变量、生成统计图表的固定格式、检验存在性等，它们的特点是跨项目使用，只要是类似的项目都可以直接使用。

当然，宏程序的使用也不是百利而无一害。在使用宏程序之前，分析师必须通读程序手册，了解每个宏程序的功能、输入、输出和使用指南，如果因为宏程序使用不当导致某些错误产生，修改的过程将会非常烦琐。另外，有些宏程序并不能完美地处理各种情况，分析师可能需要付出额外的时间和精力来修改宏程序的结果。

　　无论如何，善用宏程序都可以帮助我们化简很多工作，让程序更有结构，运行效率更高，并且结果更加可预期。

10.3.3　日常积累，终有大用

　　笔者要介绍的第三个神兵利器，并不是任何外在的工具，它正是你自己的日常积累。很多人总小看它的价值，但注意积累的数据分析师可以从中受益无穷。

　　首先分享一个笔者和很多数据分析师初入职场时的工作习惯。一个项目来了，本着刻苦认真的精神，从自己会的地方入手先干起来。在工作过程中也是东拼西凑，这里借鉴一下别人的代码，那里自己创建一套宏程序，最终项目完成后通过检验，心里非常高兴，然后下一个项目一切从头开始。

　　笔者以上的描述是很多新手数据分析师的常态，他们工作热情却缺乏规划，没有把工作中积攒的技术消化成自己的经验，这是数据分析师成功路上最大的阻碍。

　　笔者目前每个项目或阶段结束，都会向主管领导申请一天到半天的时间，总结项目的流程和从项目中学习到的东西，这是数年数据分析编程所总结出来的行之有效的习惯。那么这些工作究竟都包含什么内容呢？

　　第一，笔者会打开项目的流程文档，重新审阅。不同行业的数据分析略有不同，对医药行业而言这个流程文档就是统计分析计划（Statistical Analysis Plan，SAP），思维随着项目推进的步骤，重新聚焦在某些重要的环节。这一步不用思考具体的编程技术，而是专注于项目拆解。它的目的是建立起框架性的思考模型，也让我们把自己的思维从具体的技术中解放出来，以更全局的视野审核我们的工作。

　　第二，进入每一步中的代表程序，回忆在编程过程中是否有任何可能通用的步骤，将这些步骤整理成全新的程序文件，以备后续将它们修改为可供团队使用的宏程序。在这一步中，你一定会发现自己在先前工作中的一些代码的逻辑缺陷。笔者就在多次重审代码时发现，所用的逻辑非常混乱，其实使用更简单的方法几个函数就能搞定，但为了完成工作用了数个 data 步。这些缺陷并不是错误，只是待优化的方案。笔者建议各位将这些思考如实记录，这也是提升我们工作效率的一个秘籍。很多公司都有年终总结会，试想在总结会上，别人都靠回忆分享自己在工作中总结的经验，而你掏出自己的笔记本，一条条分享自己在哪个项目的哪个环节发现自己应该怎么提升，最后又是怎样解决的，其他同事对你会不会刮目相看呢？

　　第三，笔者会把这些发现条分缕析地写下来，在合适的地方加上一些索引文件与思考，这样它们就形成了你自己的知识。图 10-11 所示就是笔者在某项目结束后所做的简单笔记，每个人记录的内容和侧重点各不相同，但它们的本质其实是给我们的大脑一个"外挂"，让我们可以快速回忆起所学到的经验。

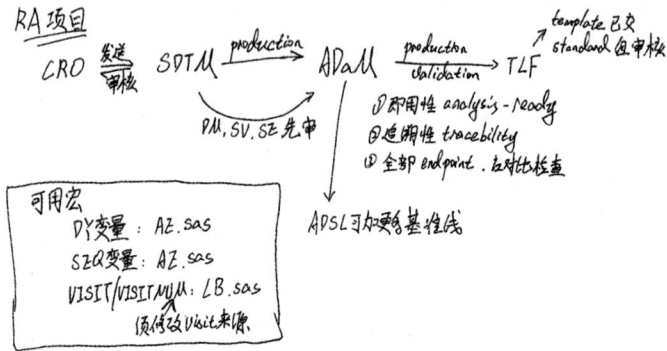

图 10-11

10.3.4 沟通交流，必不可少

在之前的章节中，笔者都曾提过沟通交流的重要性，这里为什么又要说一遍呢？

这是因为沟通交流是数据分析师自我提升非常重要的神兵利器，却又被很多人忽略。

有些分析师初入职场，害怕询问同事会显得自己水平不足；有些分析师想到询问别人后会欠人情，立刻觉得脸红；还有的分析师生怕在询问过程中被对方掌握了重要信息，因此不愿意与人分享。在笔者看来，这些考虑都大可不必。

在有些单位，尤其是一些大企业，的确容易出现"办公室政治"的情况，笔者身边的朋友也有身处办公室政治斗争的经历，在网上也有人分享办公室政治斗争的经验，但在笔者看来，很多并不像经验分享，而是像小说。一个职场新人就如同一个九品芝麻官，朝中一品大员之间争斗的心法没有必要学，即使学会了也无法使用，对于职场新人而言最重要的是提升自己的业务水平，并且与周围所有人搞好关系。

很多时候，主动向对方寻求帮助是一个提升关系的好办法。笔者在刚刚入职时，在工作中就会经常向前辈请教，基本上只要不是特别忙碌的时候，前辈们都会放下手中的工作跟我沟通，有时甚至还来到我的工位前对我进行指导。心理学研究表明，帮助者在为帮助对象解决问题后，容易对被帮助对象产生好感，原因有可能是每个人都在交流沟通中力求占据主动的地位，而提供帮助显然是一种获取主动地位的行为，在帮助过程中大脑可能会产生多巴胺，多巴胺是人快乐的来源，帮助者会将这种快乐的原因视作由被帮助者带来。

因此，不要害怕寻求别人的帮助，这是一件双赢的事情，既可以让自己快速提升，也可以让别人获得成就感。

关于建立良好的同事关系，笔者还有一个窍门分享给读者，就是利用咖啡时间。当你主动邀请别人一起去喝一杯咖啡后，对方在未来喝咖啡时，也会出于各种原因叫上你，这时你们就获得了一段咖啡时间。咖啡时间是工作中难得的闲暇，笔者建议此时不要聊任何跟工作有关的话题，可以问问对方最近的足球比赛看了没有、最近股票涨跌情况、对方的孩子在学什么课等，总之是对方感兴趣的生活话题。

这样你们的关系就可以超越工作本身，而建立起一种更深厚的"朋友"关系。当然，有很多职场经验告诉我们同事间的朋友关系并不牢靠，笔者也不建议各位贸然与同事成为无话不谈的朋友，但这种无关自身的话题可以有效提升我们与同事的关系。

除了咖啡时间，厕所时间也是我们可以利用的机会。在去卫生间的过程中如果碰到同事，也可以适当聊聊与工作无关的话题，在聊天过程中不要有任何功利性的目的，就纯粹当成听一个故事或讲一个故事。当然，厕所时间的话题选择要有所注意，可不要询问对方中午吃了什么！

本节中，笔者与各位分享了数据分析师职场提升的几个窍门，分别是合理借鉴、善用宏程序、日常积累与沟通交流，有些人会认为这些是"奇技淫巧"，只是显得自己数据分析能力很高，但笔者认为这些是神兵利器，是实实在在可以提升我们数据分析能力的硬能力。

最后，笔者希望分享一些自己对职场的看法，为本章内容做一个总结。很多人在求学期间，一直都以一个优秀学生的面貌展现在别人眼前，是老师眼中的好学生，其他家长眼中"别人家的孩子"，但是一到求职和真正的职场中，发现自己突然掉了队，无论怎么努力都无法成为领导眼中优秀的员工，随后的挫败感和愤世嫉俗接踵而来。

学生时代与职场，最重要的差别就是目标系统的转换，很多人不适应这种前后的转换。学生时代是单一目标系统，它的目标只有一个——好成绩。虽然我们发展素质教育，讲求全面发展，但这实际上仍然是一种考试，我们需要将几门重要能力的成绩提升到最高，其余方面则放松了很多，这也是隔三差五我们会听到那种匪夷所思的新闻，像大学生完全没有自理能力、研究生毕业在家啃老等，这都是单一目标系统造就的思维模式。

职场是一个多目标系统，业务能力只是衡量你工作水平的一小块因素，其余所有与同事、领导、下属、客户打交道的方方面面都是职场的考核手段。学生时代的考试是有限的，无论它的数量有多少，评价你的标准是有限的，而职场不同，它考察的数量是无限的，从大的数据分析编程实力、项目管理能力、领导力，到小的着装、谈吐，甚至是某个会议中的发言，都可以是别人评价你的指标。

在这种情况下，原来学生时代所积累的"考试科目优秀，非考试科目随便"的经验就不再好使，在职场中追求的是一种"全部及格"的状态。作为数据分析的从业者，要做到在自己可以了解、可以控制的地方全部达标，而不要只关注自己的业务能力而忽视其他。

笔者并不赞同在职场中需要磨灭自己的秉性，相反在工作中，最招大家喜欢的往往是那种有独特性格的同事，不过这种独特性格并不让大家厌烦，至少可以被友善地表达出来。

希望读者在提升自己业务能力的同时，也可以提升其他能力。在下一章，我们将从一个更大的视野来看看数据分析行业，从"我要具有什么能力"提升到"我需要成为什么样的人"。

第 11 章 是真名士自风流

本章作为本书的最后一章，我们将要探讨一些更宏大的问题——数据分析师应当成为什么样的人。首先开宗明义，本书作为技术类书籍，即使到了最后一章，也不会变成"鸡汤"，我们所探讨的话题都是围绕数据分析师这个职业展开。

本章的题目是"真名士自风流"，这句话出自《菜根谭》，作者是洪应明，原文为"唯大英雄能本色，是真名士自风流"，本意为成功的人可以活出本色，换言之则是活出本色的人才能成功。笔者一直对此深信不疑，认为一个成功的人首先是一个真实的人，在保持自己真实的前提下尽可能与周围人建立良好关系。虽然在职场中有时需要隐藏自己的本意，但庄子所言"外化而内不化"，应当顺应外物而保持本性。

本章题目中的"士"字还有另外一层意思，即笔者想在这一章中提出一个数据分析师人才的概念——"士型人才"，这是数据分析师应当具备的重要能力和素质。

下面我们就来一起看看所谓士型人才究竟是什么意思吧！

11.1 什么是"士"型人才

笔者在读中学期间，就曾记得管理学界有很多人才定义的标准，很多标准都是以一个字母或者汉字作为代表，例如"|"形人才、"T"型人才。横向表示知识的广度，纵向表示知识的深度，用一个文字来表示人才在知识的广度与深度上的比例。

这种人才的评判方法，现在看有些简单和抽象，并且没有考虑个体差异性，因此被越来越多复杂的人才理论所取代。但笔者认为，尊重世界的复杂性是正确的，考虑抽象的可能性也是正确的，复杂的理论更多被学者研究和大企业总体用人决策所采纳，对个人成长没有直接的帮助。

如果希望更深入地了解自己，发挥长板，弥补短板，简单而抽象的定义是最有用的工具。进化论告诉我们，每个人的大脑都是有限的，如果没有足够的抽象能力将复杂的世界抽取为一些概念网络，一个人在远古中很难生存下去，也就无法将基因传递。因此我们每个人的大脑都具有一定的抽象能力，也有对抽象概念还原的能力。笔者请各位在阅读本章时充分调动自己的抽象能力和还原能力，从概念入手一起来看看数据分析师究竟要成为什么样的人，以及自己与这些要求的差距和弥补方法。

本节笔者就将从各种人才的定义方法出发，让我们一起来看看"士"型人才的概念究竟是如何诞生的。

11.1.1　已破产的理论——"|"型人才和"一"型人才

如果说最早的人才理论模型，应当是"|"型人才与"一"型人才。两者都是在社会生产力发展过程中诞生出的人才理论，正好应和了两种发展现状。一方面，我国的科技人才数量日益成长，在很多行业和企业中发挥着越来越不可替代的作用，其中一部分佼佼者更是依靠自己的技术成为企业的管理者或自己创业。另一方面，仍然有很多科技人才没有获得提升，常年在基础岗位做着最基础的工作，相反是一些懂得钻营的人得到了晋升的机会。

针对这两种情况，企业管理研究者提出了两种不同的人才模型——"|"型人才和"一"型人才。

"|"型人才理论认为，一名从业者应当专注于自己的业务本身，不断努力提高自己的业务水平，只要业务水平足够高，未来一定有提升的空间。如果专注于业务的人没有晋升，原因只有两个：一是自己的业务不够专精，二是晋升的机会还未到来。总之只要全力钻研自己的领域，成功是指日可待的。

另一种人才理论被称为"一"型人才，它与"|"型人才理论正好相反，认为钻研业务本身并不能带来任何提高，相反会让自己视野狭隘，成为阻碍晋升的因素。"一"型人才理论认为提升自身的主要手段是广博的涉猎和广泛的人脉。广博的涉猎可以让从业者在谈到任何话题的时候都游刃有余，也容易快速找到机会，广泛的人脉则可以在各个领域获得足够的帮助，也是个人晋升的重要方法。

"|"型人才与"一"型人才理论，一个注重深、一个注重广，都帮助了一批从业者迅速找到自己的定位。但时至今日，我们再来看这两个理论，不难发现它们都过分偏颇，将一个方面的观点发展到极致，完全不考虑另一方面的作用。

"|"型人才理论只重视技术本身，却忽略了技术的应用场景。随着科技的发展，技术的应用场景一定越来越复杂。就以数据分析为例，在统计学诞生之初，各种花样繁多的统计方法还没出现，分析师只需要把一组数据中的各种统计量计算出来，分析工作就算完成。但如今，统计学的方法花样繁多，光是假设检验就有数十种之多，选择合适的统计方法需要的不仅仅是对数据本身的理解，还需要结合现实，这就要求从业者拥有比较广泛的知识，甚至是经验。

另外，"|"型人才理论还忽略了合作的重要性，除了一些天纵英才，很少有一项理论或一个科技成果是由一个人单独发明出来的，它们一定会需要社会的支持和其他人的配合，这就要求人才需要掌握合作与沟通的能力，但有些人才因为专注业务，所以忽视了这些方面的培养。

"一"型人才理论虽然关注了产业链和合作，却忽略了科学技术本身的重要性，从本质上来说并没有肯定科学技术对生产力的促进作用。诚然，我们必须肯定淘宝和阿里巴巴在促进我国制造业发展上做出的贡献，但如果没有数千万小商户的勤奋生产，再好的电商平台只能是空中楼阁。在个人发展上也是如此，如果不掌握技能的深度，只追求广泛性，很容易变成"样样通，样样稀松"的人。这样的人才在市场上是很难立足的。

对"一"型人才理论还有一个错误的延伸，就是认为技术并不重要，人际关系是决定晋升的唯一因素，所以在职场上我们有时会见到那种业务水平不行，但四处拉帮结派的从业者，更有甚者会尝试某些非法或不道德的手段来达到自己的目的，他们不仅玷污了自己的道德，还让一个行业或公司的风气有所下降，是笔者所不齿的行为。

以上两个理论随着社会的发展已经逐步淘汰，无论是专精某项专业技能或仅有广泛的视野，都无法取得最终的成功。为了帮助更多从业者，将二者结合的"T"型人才理论应运而生。

11.1.2 理论合并——"T"型人才的诞生

"T"型人才是很多职场人士经常听说的理论模型，它的出处难以考证，有说法是哈佛商学院教授多萝茜·巴顿（Dorothy Barton）提出，也有人认为是我国某位著名企业家提出。但无论源头如何，"T"型人才所表达的意思非常清晰，就是一位优秀的人才应当同时具有知识的深度与广度。

"T"型人才模型中，"T"的一竖表示知识的深度，从业者应当在自己的岗位上钻研，尽可能深地向下挖掘，争取掌握所有必备的技能；"T"的一横表示知识的广度，除了钻研技术，从业者也应该具有横向的知识面和广泛的人脉。

需要注意的是，"T"的横与竖有一个交点，这个焦点就是从业者所处的岗位。一个岗位既有向下钻研的空间，也有上下游产业链的配合。比如外卖送餐员这个岗位，向下钻研就是业务能力，包括送餐的速度、准确率、路线规划、服务态度等，横向也有可发展的空间，包括商户对接与沟通、各大外卖平台发展情况等，这些也是外卖员需要基本掌握的知识。如果一名外卖员只专注于自己的业务能力，而不关注平台、商户的发展，就无法在合适的时机做出自身战略决策，包括跳槽到某平台、谈判薪酬等；如果不关注业务能力，只关注行业发展，整日思考哪个公司给的钱多，工作轻松，也不会有太大的发展。只有两个方向兼顾，才能有所成就。

很多著名的大牛都是优秀的"T"型人才，其中的佼佼者便是微信之父张小龙。张小龙 1994 年硕士毕业于华中科技大学电信系，在国企短暂就职后凭借自己的编程能力开发出了 Foxmail，凭借一系列人性化设计，在短短 4 年时间获得了 200 万用户，个人也成为创业明星。

曾任《电脑报》记者李学凌在 1997 年发表的文章中描述过当年张小龙在中国 IT 圈中的地位：只要你站在黄庄路口，大喊一声，我是 Foxmail 张小龙，一定会有一大群人围上来，让你签名。

这一段时间张小龙展现出的是作为一个程序员能力的深度。

随后，Foxmail 被收购，最终归到了腾讯旗下，张小龙开始带领团队开发 QQ 邮箱，也大获成功，2008 年 3 月，腾讯邮箱成为中国使用最多的邮箱产品。与开发 Foxmail 不同，张小龙在这个阶段的职位是总经理，而非一线程序员，他没有亲历亲为，任何代码和程序都要自己写，而是通过自己的领导力与经验，成功领导项目团队。除此之外，张小龙还掌握了与公司领导沟通、交流的方式，在"T"的横向也有所发展。

对于刚刚进入一个行业的人才，努力成为"T"型人才是笔者推荐的提升途径，但如果在一个行业中已经工作许久，并成了团队的领导，"T"型人才的模型就不那么够用了，让我们看一看想要进一步提升还需要哪些能力。

11.1.3　更进一步——"十"型人才

如果你在一个行业深耕多年，会发现以"T"型人才的标准要求自己虽然可以让自己胜任某些工作，想要更进一步却异常艰难，在很多场合中，会发现自己的判断力不像别人一样清晰，也缺乏某些关键节点的决策能力，这是为什么呢？

原因主要是缺乏大局观。所谓大局观，通俗地说就是长远考虑与规划能力。这两点是很多从业多年的人才非常需要却又难以达到的。

长远考虑指对于自己所在的职位、公司和整个行业有超前的判断。如果读者关注一些科技类公司的初创企业，无论是曾经火热的 O2O、共享单车，还是现在仍然火热的直播平台、知识服务领域，都会发现这些企业的诞生时间往往都在行业爆发之前很久，比如美团是 2010 年创建、抖音是 2016 年诞生，它们都比自身所在行业爆发早了数年之久。

这说明，这些公司的领导人的视野并不局限在"什么火做什么"，而是提前布局，准备迎接风口的来临，这就是长远考虑的能力。读者不妨思考一下，你所在的行业十年后会是什么样子，你所在的公司十年后的业绩又会怎么样呢？

规划能力指对当前任务的管理能力。例如手头有两个临床试验数据分析项目，一个是 SDTM 数据集，一个是几个实验的临时图表。SDTM 数据集是一个临床分析项目的开始阶段，而临时图表往往是一个项目最后的查缺补漏工作。两个任务很难同时进行，需要用规划能力确定先后顺序。如果临时图表的要求比较紧急，那么就将 SDTM 数据集的工作向后放一放。但 SDTM 数据集如果推迟，又会影响整个项目的进度，所以不能机械性地选择先后顺序，要根据实际情况来考量。

长远考虑与规划能力共同构成了从业者的大局观。随着大局观的重要性被发现，新型人才模型也因此诞生，中国社会科学院研究生院副院长邹东涛提出，一个人才不仅需要同时具有业务的专精能力和广泛的知识面，还应当具有足够的大局观，对工作中遇到的问题具有统筹的视野和解决问题的能力。相比起"T"，"十"字是"T"出头，表示"十"型人才比"T"型人才更能高瞻远瞩。

还是以张小龙为例，如果张小龙只是在腾讯中带领团队，展现出个人能力与领导力，并不足以支持他具有现在的地位。他被人们熟知的，是"微信之父"这个身份。在 2010 年底，张小龙给腾讯董事长马化腾发出一封邮件，他认为移动互联网领域的即时通信软件米聊、TalkBox 语音聊、WhatsApp 等层出不穷，将来会有一个新的通信工具，建议腾讯做移动社交软件，而这种新的通信工具很可能会对 QQ 造成很大威胁。2010 年 11 月 19 日，微信项目正式启动。后来的故事我们都知道，微信已经成为一款国民应用。

在这段故事中，张小龙所展现出的主要是大局观上的能力。早在 2010 年，他就看出即时通信软件在移动互联网中的作用，更可贵的是，彼时 QQ 已经上线移动版，张小龙却可以看出 QQ 在移动互联网的竞争中并没有竞争力，必须需要一个全新的工具才可以稳固腾讯在社交方面的地位。

张小龙的成功告诉我们，对于顶尖的人才，大局观是一项重要的能力。他与所谓的领导力不同，领导力指的是面对当前问题的处理方法，主要在于"怎么做"，而大局观则是对外来行业、市场、客户、技术变化的判断，以此指导未来的行为，主要在于"做什么"。

看上去，"十"型人才已经囊括了一个人职场生涯全部必备的能力，那笔者为什么又要提出士型人才呢？

11.1.4 并非简单加一横——"士"型人才

首先声明，笔者并非什么管理学大师，关于人才的理论也不敢说比之前的各种理论更有深度。笔者在产业界工作多年，唯一了解的就是数据分析行业的现状、格局和流程，希望从数据分析行业本身出发，创建一套针对数据分析行业人才的评价体系，帮助后进者了解自己的地位以及有效提升。

首先，我们说说"士"型人才与"十"型人才的直观区别。观察"士"字与"十"字可以发现，它们的区别在于"士"字底部比"十"字多一条横线。比起"十"型人才，它表示在钻研技能深度上还增加了横向的方向，这表示数据分析师除了精通自己手头的数据分析工作以外，还应当精通紧密连接自身工作的流程。

很多人会有疑惑，分工产生效能，数据分析行业现在已经高度分工，每个人都应该各管一摊，做好自己的本职工作就可以，如果按照"T"型人才或"十"型人才的标准要求自己，再稍微了解一下其他岗位的工作内容就可以，何必要在产业链前后也成为专家呢？

诚然，数据分析行业高速发展的一大原因就是分工的细化，以笔者所在的临床试验数据分析行业为例，很多专门为药厂进行数据分析的公司已经细化到了极致，做 SDTM 的小组不会管 ADaM，做 ADaM 数据集的小组则从来不做统计结果报表，有专门做数据提交业务的公司，也有专门做临床试验设计的公司。但公司的功能细化不代表个人的能力也应当逐步局限化，相反，一个临床试验数据分析的从业者应当在做好自己工作的情况下努力培养自己的能力，成为前后工序的专家。

在第 9 章，我们讲过 CDISC 标准，如图 11-1 所示。这个标准恰好也是临床试验数据分析的流程，从试验计划设计开始，一直经历数据收集、制表、分析和提交的步骤。

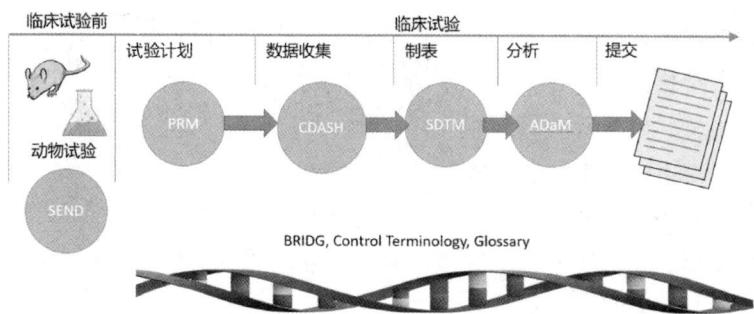

图 11-!

如果你在一家高度分工的数据服务公司中，被分配到的任务是制作 ADaM 数据集，除了完成好本职工作，笔者也建议你了解一下 SDTM 数据标准，了解你每天打交道的原数据集是怎么来的，这是"士"字底下一横的左半部分，同时你也应该关注后续的提交图表如何制作，了解你的数据集如何被使用，图表是如何生成的，是否可以优化 ADaM 数据集的结构让统计分析更加顺利，这是士字底下一横的右半部分，如图 11-2 所示。

当然，"士"型人才绝不仅仅是"十"字加一横这么简单，其最大的特点是它是一个立体化多维度的人才评价体系，而非仅仅是横向代表广泛性，纵向代表深度这么简单。在后续的章节中，我们将继续探讨"士"字的一横与一竖所代表的各个维度上的能力，以及应该如何把它们写好。

图 11-2

11.2　左右逢源——了解数据分析全流程

看到"左右逢源"这个词，很多人都会想到所谓职场生存法则，以为笔者在本节又要探讨职场中的为人处世了。的确，想要在职场中生存，掌握一些必备的为人处事技巧是非常重要的，这也是本节的一个话题。但笔者一直认为，这些技巧是职场中的加分项，一个从业者需要先做到优秀，再考虑加分项，就像考试时加分题往往是给最优秀的一批学生准备的，一名成绩一般的同学先要考虑普通题不要丢分，而非强攻加分题。

本节我们就用"士"型人才的模型来看一看数据分析从业者如何从及格进化为优秀。笔者仍要以自己最熟悉的临床试验数据分析行业为例，因为这个行业对 SAS 数据分析师的需求最多，流程也更清晰，是 SAS 数据分析师从业的一个很好的选择。

本节以"士"型人才为线索，看一看"士"字里表示广泛性的上面一横应当如何书写，它的概念的内涵和外延又包括什么。

11.2.1　为什么选择临床试验数据分析行业

笔者曾在在线教育平台开课，介绍 SAS 的一些基础知识和概念，也收获了大量学员。很多学员加笔者微信，从 SAS 编程技巧聊到职业规划、就业方向等，笔者发现其中的很多问题都有共性，其中最多的问题就是询问如何入门 SAS 数据分析师这个职业，请允许笔者用自己的经历引出本小节的内容。

笔者本科毕业于北京理工大学，研究生选择的是美国高校，专业是管理信息系统，这是一个新兴学科，主要研究利用计算机软硬件和网络设备，进行信息的收集、传递、存储、加工、整理的系统，以提高组织的经营效率，同时这又是一个跨界学科，需要数学、统计学、管理学、计算机科学等多种基础科学理论的支持。笔者在求学期间曾选修数据分析基础和数据分析进阶课程，所用的工具正是 SAS。

毕业后，笔者与众多美国留学生一样，一方面觉得在美国的工作经历对自己未来的发展很有帮助，另一方面也觉得国内的就业形势很好，回国发展未来大有可为，于是一方面向美国公司投简历，另一方面也时刻关注国内公司的发展。

随后笔者在医药公司云集的新泽西找到一家小公司，开始了 SAS 数据分析师的工作，也算一只脚踏入了这个行业。之后，笔者从小公司跳槽，一路在不同的医药公司工作过，其中有市值上千亿美元的跨国医药公司，也有处于发展期的公司。

笔者分享这个经历，主要是希望回答很多致力于成为 SAS 分析师的读者一个问题：非统计专业的学生是否可能成为 SAS 数据分析师呢？

首先答案是肯定的，笔者并非统计专业出身，只学过相关统计的课程，了解统计方法、假设检验等概念，依然可以成为 SAS 分析师，这一点是毋庸置疑的。因为在临床试验数据分析行业，很多流程已经高度分工，作为一个分析师，前面有试验设计者、医生、数据收集员收集数据，与治疗、实验设计相关的工作分析师可以不用理会，后面有统计师研究分析结果，也并不需要分析师自己掌握统计技术。

但另一方面，我们需要承认，如果掌握统计或临床试验相关的知识，对数据分析师来说一定是非常有利的，只有了解整个行业每个从业者的基本技能，才能更好地配合他们，让数据分析的过程更顺利。

这就是笔者所说的左右逢源的第一个源——了解数据分析这一步前后行业的知识。举一个其他行业的例子：美国的统计学家曾研究酒吧斗殴现象，尤其是斗殴死亡的情况，发现绝大部分斗殴死亡者都是先动手的一方，因此得出结论，在酒吧中千万不要惹事，否则容易被对方反杀。其实得出这个结论并不复杂，只要计算被杀者是先动手还是后动手的比例，如果两者具有显著差异，就可以得出结论，但恰恰是数据收集这一过程出了问题。

在酒吧斗殴致死，警察赶到现场时，往往要求另一方当事者说明情况。出于保护自己的目的，一般当事人肯定会说是死者先动的手，而死者又不会反驳。酒吧的环境嘈杂，灯光黑暗，其他人也无法明确判断究竟谁是先动手者，这样在数据收集这一步就会产生错误，后续的统计无论多么精密，使用错误的数据一定会得出错误的结论。

另一方面，酒吧斗殴先动手者死亡概率更高这个结论确实有一定的社会积极意义。如果很多人都了解这个统计结果，在酒吧中与人发生口角，出于对自身的保护而避免斗殴的开始。那么我们就需要判断是否统计结果受到一些其他因素的影响进而得出了特别的结论。

在这个案例中我们可以看到，只掌握数据分析的相关知识不一定能得出正确的结论，而是要"瞻前顾后"，既了解数据收集工作可能产生的错误，也要了解统计分析结论可能造成的影响。如果本例中的分析师了解这个情况，应当对数据逐一排查，剔除明显不真实的数据。另外，分析师得出结论并不一定完全出于数据，也可能有社会治理等多方面因素的影响，例如本例中发布先动手者更容易死亡的结论可能会引导社会成员避免在酒吧斗殴，这又需要社会学、心理学的相关知识。

当然，以上案例并非我们工作时的常态，一般的数据分析工作要保证"就事论事"，但掌握数据分析前后流程的必要知识是很重要的自我提升途径。

11.2.2　每个流程都要懂

"士"型人才的第二个重要素质，就是了解所在行业的工作流程。有些读者会有疑问：上一小节已经说了要掌握上下游的知识，这里为什么又说要了解流程，这二者难道不是一样的吗？

其实知识与流程是不一样的概念。回想我们在读书期间，是不是经常看到班里有些学霸，拿到一道数学题后轻松地加上几根辅助线，复杂的题目瞬间迎刃而解，自己虽然对解题的步骤都清楚，但自己做题的时候就是找不出合适的解法。

解题所用到的理论就是知识，而怎么解题则是流程问题。知识是回答 what，而流程是解决 how。知识就如同空中楼阁，每一个知识点都是精巧绚丽的，都是经过前人总结而来，知识网络就如同用这些精巧的知识点组成的一个风筝，但这个风筝是漂浮在空中的，而流程是沉降在地上的，我们手里的风筝线就是知识与流程的连接。

以临床试验数据分析行业为例，笔者在之前的章节中或多或少提到过试验数据收集、分析、统计和提交的过程，这就是知识，只告诉了你应该做什么，却没有讲怎么做。在数据分析的过程中，我们需要打交道的是不同分工的人群，我们一起将这个项目向前推进，这其中的沟通就需要我们对流程有一个清晰的认识。

临床试验的第一步是撰写整体试验计划，这个计划非常详细，从试验如何选择受试者、药物剂量和服药周期，一直到收集什么样的数据、伦理道德规范等一应俱全。在临床试验开始之前，医生就需要根据试验设计采集患者的各个指标，把这些数据分门别类地放在数据集之中。然后，数据管理部门获取到这些数据，将它们转化成 SAS 可以读取的数据格式，并检查其中的数据问题，交由临床试验组检查，当数据完善后，管理部门将数据发送给分析师进行分析。

分析师的分析也不是凭空而来的，统计师需要根据试验设计反推所需统计分析文档，再从统计分析文档反推出所需的数据集，数据集的格式记录在由统计师和分析师共同设计的数据集手册（Specification）中，当手册完成后，分析师再根据手册内容逐步编写生成数据集和统计结果的程序，如图 11-3 所示。

图 11-3

从这个过程中可以看出，SAS 分析师是"夹缝中的一代"，往前要与数据管理部门对接，往后要与统计部门对接，而且这个流程不是单向的，一旦数据出现错误就需要回溯，向前与数据管理部门对接，一旦统计结果有全新要求，也要与统计师讨论修改数据需求。分析师必须根据试验设计制订合适的编程计划与策略。如果能够深入了解上下流程可能出现的问题，就能大大提升分析师安排自己工作计划的可靠性。

一般而言，与数据分析部门交流的内容主要在于数据清洁问题。有很多数据问题在正式编程之前不易被发掘，类似缺失值、异常值等问题，一般数据管理部门会在提交给数据分析部门之前检查并要求数据收集端进行更正，但一些更复杂的问题，例如某患者同一天的来访被记为不同的 visit、患者应被剔出试验却仍然出现在实验开始后的某次检测等问题，只有在把数据转化为 SDTM 模型时才会发现，这就需要及时与数据管理部门沟通，让他们进行检查并与数据收集端沟通更正。

在这个环节中，我们需要了解数据管理部门的工作方式，明确他们是如何与数据收集端进行沟通，又是以什么形式将问题数据提交给他们，如果我们选择数据管理部门"听得懂看得见"的沟通方式，会大大提升沟通效率。另外，数据管理部门经常打交道的 CDISC 模型为 CDASH，而数据分析师的本职工作只需要 SDTM、ADaM 与配套的格式，这就需要我们在工作中对 CDASH 模型也有基本的认识，在交流时才能更有效率。

在向后与统计师沟通时，我们最好能够掌握一些统计学的方法，在和统计师交流时更加便捷。如果你了解假设检验、p 值、分布类型等常见概念，就可以更容易理解统计分析图表中的概念，进而了解统计师设计某个统计分析结果的原因。很多时候，统计师所设计的统计图表并不能很好地满足实验设计，如果分析师发现了这一点，也可以更早地提醒统计师，共同修改统计结果要求。

以上所说的并非知识本身，而是对流程的理解。在本节第一部分，我们强调了非统计学专业出身的 SAS 分析师依然可以做好临床试验数据分析工作，但及格不代表优秀，分析师应当掌握数据部门和统计部门的工作流程，才能让沟通更加便利，让工作效率成倍提升。

回到我们试图建立的"士"型人才模型，"士"字上面的一横，代表了多个维度上的广泛知识，除了了解前后工序的知识，也应当对流程建立掌握。

11.2.3　建立良好的人际关系

最后，笔者仍然要强调人际关系的重要性，这也是"士"型人才中必不可少的一个维度。

现在的职场对于人际关系有一种妖魔化的印象，仿佛搞人际关系就是拉帮结派，就是团结多数斗少数，这无疑是一种不正确的价值观，它首先就错误认定了财富和成绩的来源。

笔者自身的工作环境良好，所有同事和上下级都非常和睦，并没有拉帮结派的现象。为了撰写这部分，笔者特意阅读了一些报告并咨询了一些朋友，从这些故事中获得了一些启示。

首先，笔者发现拉帮结派严重的公司，往往是处于平稳期或衰退期的公司或行业。这是因为一旦增长停止或开始下降，新增的财富来源就无法从外部获取，只能依靠内部的倾轧得到，你这里多一份我这里就少一份，所有人自然本能地开始从内部攫取资源。这种例子不仅在公司存在，在行业甚至国家的层面依然存在。

中国历史上最有代表性的朝代就是唐朝了。在唐太宗李世民的时代，整个王朝刚刚建立，经历了南北朝和隋末的动荡，本身是百废待兴的状态。皇帝李世民励精图治，在政治方面用人唯才、平抑门第、从谏如流，在经济方面薄赋尚简、救灾济恤，使得国计民生得到了长足的发展，史称贞观之治。不可否认的是，贞观之治的一个重要原因就是它的低起点，正因为国家历经战乱数十年，所有产业都处于百废待兴的状态，才有向上发展的空间。此时朝廷一切以发展为先，官吏数量本身就在扩充，只要做出成绩一般都可以晋升。

但到了中唐时期，国家发展已经基本完毕，疆土达到极盛，高宗时期西部边界已到达黑海，与东罗马帝国接壤，国家内部虽然富足，但已找不到发展的动力，此时的增量博弈就变成了存量博弈，新增的财富不再是凭空创造出来，而是通过分配而来，这时朝政的重心自然就有所转向。

到了唐玄宗开元年间，这个问题进一步被暴露，国家的财政体系无法获取增量，只能在财富存量中搞平衡，玄宗任用奸臣李林甫和杨国忠，并不仅仅因为是昏庸，而是因为他们可以有效地管控国家的财政，在保证唐玄宗奢侈用度的同时，让国家财政可以基本正常运转。

但财富增量消失是一个事实，李林甫和杨国忠所谓的财政政策无非是财富分配手段上的伎俩，并且还带出了一系列任用宵小、横征暴敛的问题，唐朝也从此由盛转衰。

笔者举这个例子，就是为了告诉读者，无论是国家也好企业也罢，如果没有增长的动力，内部人之间的相互倾轧是很容易出现问题的，这时所谓人际关系就变成了职场政治学。

所幸医药行业在中国仍然处于起步阶段，很多药企的年龄不过 10 年，发展前景非常光明。在这种情况下，从业者更应该考虑的是业务本身，从市场中获取增量。

药物研发是一个流程化的工作，临床试验的数据分析工作流程更加清晰，上下游的部门都很清晰，与这些部门建立良好的人际关系是分析师应当着重考虑的事情。这里所说的人际关系并不是建立排他的小团体，而是拥有一个正常的沟通渠道。

笔者在工作中，有时会遇到其他部门的求助，只要时间允许，笔者都会答应帮忙，即使时间不允许，笔者也愿意提供思路上的指导或推荐其他人帮助。这就是一个典型的私人交流场景，因为很多工作并非笔者的本职工作，这些沟通可以帮助笔者建立私人的沟通渠道。

另外，如果你不擅长交际，或者刚刚进入一个团体，没有找到沟通的渠道，笔者给各位推荐一个窍门。你可以先去寻找与自己有相同背景的人来沟通，比如找一名校友聊聊母校，或者一名老乡说说家乡的近况，只要能有话题沟通，第一步的人际关系很轻松地就可以建立。当然，笔者仍要强调不要建立小团体，对其他同事也要保持开放性。这就是"士"型人才的第三个维度，广泛而不封闭的工作社交圈子，它可以帮助你在工作中建立与各部门良好的沟通渠道。

在本节，我们探讨了"士"型人才上面一横所代表的广泛性，它既代表数据分析前后工序上的知识，也代表数据分析前后的流程，还代表前后流程中从业者的人际关系。知识、流程、人际关系，三者所针对的对象不同，知识针对的是事，流程针对的是产业，而人际关系针对的是人，这三者也构成了对从业者发展影响最大的三个方面：在什么产业里做什么事，结交什么样的人。

"士"型人才模型的这一横与其他人才模型中的横不同，它并不代表大而无当的知识量，而是立足于数据分析工作本身，在前后环节的知识、流程和人际关系上的拓展。

我们知道"士"字是对称结构，支撑它的是中间的一竖，如果没有这个直插到底的竖，再宽的横也只是水中浮萍空中楼阁，无法支撑起自身。下一节我们就看看这一竖从上到下究竟意味着什么。

11.3　上食埃土，下饮黄泉——从程序到项目

很多动物在中西方的文化中都有相同的地位，像狗和马，无论中国文化还是西方文化，都被认为是人类的好朋友。螃蟹也是如此，在中外文化中都代表了无法无天、缺乏

恒心，《荀子·劝学》中提到螃蟹的说法是"蟹六跪而二螯，非蛇鳝之穴无可寄托者，用心躁也。"

与螃蟹相对，荀子着重表扬了一种动物——蚯蚓："蚓无爪牙之利，筋骨之强，上食埃土，下饮黄泉，用心一也。"与螃蟹相比，蚯蚓既没有攻击性的大钳，也没有坚硬的外壳，却可以在土中自由穿梭，原因就是有恒心、有毅力，荀子以此告诫所有人学习不可停止的道理。

荀子的道理不光能用于学习上，在生活的各个方面都是如此，但凡稍微有复杂性的工作，一定需要多种技术的融合和他人的配合，这两者都需要时间和精力，唯有有恒心者才能成功，这就是所谓的"用心一也"。

说到 SAS 数据分析师的工作，笔者认为恒心是分析师最重要的特质。与一般的程序员不同，SAS 分析师虽然每天也与代码打交道，但编程所实现的功能并不是很复杂，比起 Python 几行代码实现互联网爬虫、C++语言开发出 3A 级游戏，SAS 程序员的工作界面可谓简单许多，无论任何时候观察我们的电脑屏幕，只会发现是 SAS 软件窗口或统计结果而已。

这个对比说明 SAS 的语言是容易完全掌握的，笔者相信一个有心的 SAS 分析师在 5 年之内就能掌握 SAS 几乎所有的语法和功能，并且由于 SAS 是成熟的商业软件，更新不会特别多，分析师也不需要经常更新自己的知识系统。

数据分析师真正比拼的是编程水平与项目要求的结合能力，一般一个项目要求不会细致到每一步使用哪个 proc 或哪个函数实现，分析师应当有能力选择合适的方法。另外，数据分析师也要关注自身的成长，让自己的思想跳出代码，掌握更高级别的项目思维，实现职场的晋升。

提升自我的两个方向，一个向下，一个向上，正好应和了本节的主题。在士型人才模型中，中间的一竖从上贯穿到下，表示的就是数据分析师既应有精深的业务能力，也应当用大局观和领导力来管理项目。下面我们就顺着数据分析师一步步爬升的路径来了解一下这个提升的阶梯吧。

11.3.1　让人又爱又恨的工作经验

笔者相信，阅读本书的部分读者会是在校学生和初入职场者，很多人在求职时会发现大量职位对工作经验都有要求，少则 1～3 年，多则 5 年，本想加入心仪的公司大展拳脚，却因为工作经验的关系连面试都进不去，心中产生愤懑是自然的。

笔者在求职之初也有与各位相同的困境，笔者在毕业之后也是苦于寻找工作，并且由于身在异国他乡，身份受限诸多，找起工作来更加不容易。美国的医药行业比较成熟，在多年的发展中培养了大量从业者，所以大部分公司都会招聘有工作经验的人士。

笔者于是先寻找一些小公司的职位，这些小公司往往不是药厂，而是为药厂提供各种数据分析服务的公司，一般称为合同研究组织（Contracted Research Organization，CRO），他们有更专业的 SAS 分析细分流程和专用宏程序，可以承接药厂的临床试验数据分析的工作。这些公司对经验的要求并不高，有时也愿意招聘应届生。

在初入职场时，笔者也曾认为工作经验并没有那么重要，只要自己肯学习、爱钻研，SAS 的技术水平很快就能上来，并且如果工作认真又肯加班，说不定比那些有经验的人干得更好。

工作之后却发现了问题，SAS 数据分析职位不仅仅需要分析技能，还涉及项目管理、追踪等多个能力。临床试验数据分析一般对时间的要求比较高，确定的时间节点一般不能改变，这就需要数据分析师能够判断自己的能力和项目的难度，并据此确定所需要的时间。笔者在工作之初经常被问到的问题就是你觉得这些工作大概需要多长时间。这个问题其实并不好回答，每一个项目由于实验设计、数据清洁度、复杂程度等区别，所需的时间都会不一样，这些知识不会出现在任何一本书中，只能靠分析师从经验中得出。

笔者还有一个关于经验方面的例子。在面试中，如果面试的是有工作经验的人，很多面试官都习惯问一个问题："你在做 xx 的时候遇到过什么挑战？你是如何解决的？"很多人遇到这种题都会不知所措，如果说出一个自己无法解决的难题，会不会显得自己水平不够高，但如果说一个自己已经解决的挑战，那这还算不算挑战？

这个问题其实没有标准答案。并没有一个标准，限定多难的问题才算挑战，面试官真正关心的是你对问题的分析思路和寻找办法的能力。例如很多人都会遇到程序出现 bug，与预期的结果不一致，但是从程序看明明没错的情况。对于有经验的分析师，可以先逐步运行代码，查看哪一步开始出现的问题，然后观察问题出现的前一步，对照 SAS 帮助文档，确认每一个选项或函数都被正确地使用，如果实在不会还可以求助同事等。这些也都不会出现在书本中，只能是自己干一遍后才能有感觉，这个感觉也是工作经验。

工作经验是一种很难定义的东西，如果把它简单定义为工作中积累的技术，太过简单，很多在校学生通过自学，实际上已经掌握了足够的技术。如果定义为项目管理能力，但其实很多职位并不需要管理能力，只要把事做好就可以。

11.3.2　到底什么是工作经验

想要定义工作经验并不容易，我们可以首先对比不同工作经验的工作所需要的能力有什么区别。图 11-4 和图 11-5 分别是要求工作经验为 1～3 年和 5～10 年的 SAS 数据分析师职位需求。为了控制变量，笔者特意在同一招聘平台选择了同在上海的两家医药公司进行对比。

即使不做任何说明，也应该能发现图 11-4 是 1～3 年的工作经验要求，图 11-5 是 5～10 年的工作经验要求。

职位描述

职责说明：

1. 负责数据收集方案的设计、常用数据库的搭建，数据字典的编写及数据的整理；

2. 撰写临床科研相关资料，负责统计编程分析数据；

3. 进行文献检索（英文为主）、文献回顾并加以分析总结；

4. 日常保管项目资料；

5. 其它数据分析相关事宜

职位要求：

1. 有较深厚的编程基础，统计学、预防医学、计算机、数学等相关专业毕业；

2. 熟练掌握SAS编程语言；

3. 熟悉掌握Office办公软件（如Word、Excel、PowerPoint）；

4. 有临床试验经验和R软件使用经验者优先考虑；

5. 工作认真仔细，有责任心，学习能力强，有良好的沟通能力和团队协作精神。

图 11-4

奖金绩效
——

商业保险、年终奖、生日福利、结婚生育礼金、体检、旅游、团建等

职位描述
——

1. 能够独立进行CDISC标准的培训；

2. 审阅SAS程序规范要求及相关模板文件；

3. 撰写、修订和审阅SAS程序相关的SOP；

4. 开发新技术和新应用，对外交流和培训；

5. 审核本部门工作中相关文档的规范性和完整性；

6. 完成编程QC工作，参与公司的决策；

7. 解决公司在SAS程序方面的问题，参与企业文化理念的宣导；

8. 对业务流程进行培训并监督指导；

9. 分管相关的TEAM，制定各TEAM的计划，并监督实施情况；

10. 对管理的TEAM进行定期考核；

11. 参与人员招聘和管理；

12. 定期组织员工培训和考核。

图 11-5

从职责说明来看，1～3 年工作经验主要是数据的编程、整理、统计分析和总结等，简而言之都是在一线操作，亲自与数据打交道。5～10 年工作经验主要是标准培训、审阅、撰写修订工作标准，甚至还包括公司决策，宣扬价值观、招聘、管理、考核等，这已经不仅仅是与数据打交道，而是要和人打交道。为什么同样是数据分析师，工作一段时间之后就能建立起管理者的思维框架呢？

笔者认为，原因主要在于横向与纵向视野的结合。最初工作时，我们只关注手头本

身，但熟能生巧之后，我们自然会开始研究如何让自己的工作更轻松。这种"偷懒"的想法恰恰是工作能力进一步提升的起点。

以 SAS 宏编程为例，在最开始很多工作都是敲代码完成，相同或相似的工作也都独立编写代码。久而久之自然会考虑到"一次编程，处处可用"，开始撰写一些自己使用的宏程序。在经历几个项目后，自己也会积累不少宏程序，这时又会开始思考，能不能把所有宏程序都标准化，让它们中相似的参数使用相同的名称，避免自己每个程序都要单独记忆它的参数，或者是否可能在宏中调用宏，让宏程序的编写也更方便呢？如果想到这些，就说明你已经跳出了程序本身，而开始进行一些框架性思考。

继续往后推演，当你拥有了一套宏程序的时候，自然也会考虑，是否可能让别人也用我这套程序，这样不管是创建还是检验的可靠性都会提升，但说服其他人采用一套全新的编程方法可不容易，你需要为这套宏程序创建说明文档，还要调试每个程序，确保它在任何场景下都可以正常使用或抛出正确的错误提示，你还需要向单位领导说明自己这套程序的优势，并且开会介绍推销这套宏程序。在这个过程中你又向前推进了一步，现在的你不仅有框架性思考的能力，还多了执行力和沟通能力。

最后，全公司都开始采用你的宏程序，但可以肯定他们一定会找你来询问各种各样的问题，你也需要对宏程序不断进行修改完善，也有人向你提出某些特定的需求，希望可以写一个宏来支持。一个人的力量终究有限，你向老板申请自己可以全职负责宏程序的开发与维护，并且希望建立一个标准化组来完成公司一系列标准化制定的工作。考虑到新员工刚入职可能会对这套自动化流程不了解，你还建立了全面的培训体系，确保员工在入职伊始就能了解公司的标准化规定并开始工作。

现在我们回顾上述流程，它一切的起点不就是你想偷一个懒，让自己编程的工作轻松一些吗？再结合上面的招聘能力要求，1～3 年工作经验的要求有一项是负责统计、编程、数据分析工作，这就是你最开始天天做的事情，但随着你工作的逐渐转变，你慢慢获得了框架性思考能力、执行力、沟通能力、团队领导力和协同能力，这些能力最终让你满足了 5～10 年工作经验的全部要求。

从这个例子中，我想我们可以得出一点关于工作经验的道理。工作经验不仅仅是你在工作中积累的一些应对特定问题的方法和思考，更是你通过这些特定问题而总结出的一般性理论框架。拥有工作经验不仅仅是你比别人做得更快更好，而是对项目有一个统筹管理的能力。

11.3.3 从程序到项目的思维

笔者在刚刚工作的时候，最佩服的人就是团队的领导。笔者的第一个领导是一个 50 岁左右的女上司，在医药行业工作了 20 多年，拥有超强的团队管理能力。最让笔者惊讶的就是一个比较复杂的项目，她看一看统计分析计划和人员安排表，就能提出每个环节完成的时间。这个时间的安排每次基本都恰到好处，团队成员既不会感到太紧，也几乎没有闲暇的时间，总是按部就班地在 deadline 前一天完成所有工作。

笔者最初以为这只是一个除法任务，把项目总共的需求与团队每天能完成的需求做一个除法，得到的结果就是需要的时间，但这么想显然是简单了。当笔者自身也参与项目管理后，才发现每个项目的需求差别其实很大，如果实验设计比较复杂，数据集的整理和标准化就会困难很多；如果数据清洁度不高，则需要花费额外的时间与数据管理部门沟通；甚至统计结果图表的格式也会影响项目所需时间，这些并不是依靠计算就能完成的，所需的无非四个字：唯手熟尔。

笔者相信，本书的部分读者，未来会选择在临床试验数据分析行业中发展，成为中层管理干部甚至更高级别的领导。笔者也希望分享自己的一些经验来帮助各位尽快地把思维从程序提升到项目。

总结起来无非两句话：扎下去，跳起来。

扎下去是数据分析师成长的第一步，初入职场的我们没有任何根基，SAS 官方认证的证书在办公室里随处可见，而且我们对于项目、流程等一无所知，此时的我们茫然如同一个点。如果需要选择方向，一定是向下，开始研究自己的项目。SAS 分析师进入公司后，往往经历简单的培训就要求上手项目，负责某个具体的数据集或图表，在项目过程中学习编程技术和项目流程。

随着入手不同项目，分析师会渐渐地掌握临床试验数据分析编程各个方面的技术，从程序规范，到代码实现，再到宏程序，此时有些分析师会满足于自己的现状，认为手头的工作越来越轻松，自己可以高枕无忧地享受。笔者倒认为，工作轻车熟路之时正是你向上发展的好机会，把编程能力转化为项目管理能力，尝试跟领导申请自己带领团队，除了亲自编程以外，还做一些简单的沟通任务，包括与数据管理部门和统计部门的对接工作，了解他们工作的方法和技术，并努力成为半个精英。

再往后，随着你与前后部门的对接越来越娴熟，很自然地你的管理能力也会开始提升，管理的范围也可能从一个项目变成多个项目，或者负责公司一些基础模块的开发工作，这时的你可以说已经登堂入室，成为一名 SAS 数据分析行业中稳健的从业者。你也将接触到公司和行业更多的部门，掌握与他们沟通的基本能力是这个阶段必须的素质。

如果你能百尺竿头更进一步，或者把握住了机会，还有可能参与公司的决策，甚至对公司长远发展提出建议，这时的你真正掌握了大局观，这是数据分析师最高级的能力。

总结以上路径，笔者认为最开始每个人就像一个点，附带一点点纵深能力，笔者认为士型人才养成的路径应当如图 11-6 所示。

在每个阶段，一个人所拥有的能力是不同的，只有确认自己所在位置，并明确下一步提升的要点才能有针对性地培养能力。在众多人才模型中，很多模型并没有提出各个方向的能力的发展路径。笔者在士型人才模型中提出，强化自身业务水平是第一位的，在此之后是扩展横向能力，包括紧密连接业务的专业能力和知识、流程和人际关系的横向发展，也就是"士"字的长横和短横，最后再培养大局观意识和管理能力，成为数据分析项目的管理者。

| 初入职场 | 小扣柴扉 | 登堂入室 | 炉火纯青 |

图 11-6

这个路径是每名初入职场者应当记住并深刻理解的，每一步的提升并不需要刻意争取，但需要付出比之前更多的努力。这也是这个世界的底色，只有足够努力，你才能向上攀爬。

11.4　单点突破，方圆掌握——数据分析师的心法与身法

终于到了本书的最后一节，首先让我们回顾一下本书的结构，三大篇章有递进的关系，第一篇我们从 SAS 数据分析行业讲起，从最基础的 SAS 技术讲起，先让你在心中搭建一个 SAS 和 SAS 分析师的框架。第二篇从最基础的进阶宏编程开始，依次学习了统计分析方法、统计图表创建方法和一些实践中的小技巧。最后在第三篇，我们拉开了数据分析舞台的大幕，从"你应该怎么做"一直讲到"你应该成为什么样的人"。三篇的结构一言以蔽之，是按照"行业-技能-人才"的角度依次递进，让读者可以窥见 SAS 分析师的全貌。

在最后一节，让我们尝试再度升华主题，把视野拉开到整个数据分析行业，了解数据分析师在公司中的地位和个人职场发展的思想。笔者再度强调，本书绝不是所谓的"鸡汤学"，判断"鸡汤学"的方法很简单，如果一本书或一篇文章告诉你怎样做你一定能怎么样，它大概率是"鸡汤学"读物。某个原因得出确定的结果，在编程、数学中可能成立，但在社会环境中绝不会 100%成立。

客观世界的复杂性远超所有人的想象，某件事由几乎无限的构成要素推动，又由几乎无限的影响要素影响，从原因到结果的路径无比漫长，所以我们无法确定地说做了什么就会得到什么样的结果，就像笔者之前教你的一些数据分析师职场攻略，既不能说遵循它就一定能获得晋升，也无法保证不遵循它就不会晋升，我们所做的一切努力都是提升成功的概率。

所幸，现代社会，尤其是互联网所造就的开放社会，让每个人都有了重新开局的机会。如果你在某个企业或岗位做得不好，大可以一走了之，开启一段全新的人生。事实上，笔者不但不反对跳槽，甚至还鼓励数据分析师在能力允许的情况下主动向上谋求更高的职位，这就相当于重新开球。

如果没有重新开球的机会，很多时候我们的命运会缺少很多变数，显得不那么精彩有

趣。如果你的成功率是 70%，别人的成功率是 60%，在一生只选择一个企业的时代，你脱颖而出的概率不过比别人高 10%而已。但如果允许重来，你可以有 5 次机会重新开始，那么至少有一次成功的概率高达 99.7%，所以不必担心某一次的失败，只要你能保持自己的职场竞争力，多次选择会让你不断放大自己的优势。

这一点写在本节最前，算是笔者给各位读者的一条"心法+身法"的经验总结。

下面，让我们来看看数据分析职场中还有什么心法与身法值得参考，并且思考它与士型人才模型的关系。

11.4.1　扎稳下盘——了解数据分析在公司中的地位

在进入一个行业成为数据分析师之前，除了对岗位需求、公司特点等进行了解，还需要了解岗位与公司发展的匹配程度，这是一个很多分析师入行时忽略的地方。

随着互联网为代表的一系列科技的快速发展，越来越多的公司发展出了数据部门，用来采集、整理、分析这些数据，以获得信息和知识指导决策。但不同公司对于数据的需求显然是不同的，虽然很多公司都在招聘数据分析师，但这些岗位的工作要求和内容截然不同，甚至可以说是完全不同的职位。

以医药行业为例，这是一个典型的数据驱动型行业，虽然提起药物研发，很多人想到的是实验室、白大褂、仪器设备和培养皿，然而药物研发在漫长的上市流程中所占的比例并不高，很多医药公司的重心已经转为数据驱动，即从临床试验中的结果获取信息，进而指导决策。美国有些医药公司，新药研发的项目几乎停止，依靠原有药品临床试验数据发现的有可能有效的新病症展开临床试验是一个常见的情况，这些医药公司对数据分析的依赖程度会不断上升。

另一个典型以数据驱动的行业就是金融业，这也是 SAS 的施展舞台之一。金融是资本的艺术，资本可能赚钱也可能赔钱，但它永远不会沉睡，所谓资本永不眠。金融或者资本早已度过了"蛮荒时代"，进入了用数据精耕细作的时代，大型交易公司几乎完全以数据作为驱动，各种自动化的分析工具取代了交易员每天的盯盘。更上一层楼的高频交易，完全是资本市场的超级玩家用数据模型进行看不见的战斗。如果你希望加入这个看不见硝烟的战场，需要拥有强大的统计能力，并可以将它转化为可靠、安全的模型。

然而数据驱动的行业并不是市场的典型，有些制造业立足的企业，虽然也在招聘数据分析师，还经常在招聘要求中提到大数据、云计算等高大上的词汇，仿佛它们也要向数据转型。但据笔者的观察和了解，很多企业的数据分析师日常工作不过是总结报表、计算盈亏等，虽然这确实是数据分析师的工作，但这些工作很多时候无法直观地转换为企业的利润，因此在公司中处于边缘地位。我们知道，制造业的核心竞争力是供应链管理能力，这些虽然也需要依靠数据的支撑，但不少企业仍处在作坊式管理、裙带式关系的阶段，数据并不能作为最终决策的依据。

笔者以上所说，是希望告诉读者一个求职标准：不要只考虑岗位对口、薪资待遇、福利等职业细节，更应当注重公司发展、个人发展这些比较宏观比较长远的问题。如果有机会进入一个数据驱动型公司，哪怕有非数据驱动型公司看上去待遇更好，你也应该考虑加入前者，因为未来的职业发展其实是决定你行业地位更重要的因素。

这也是笔者所说的第一个身法，在求职前先扎稳下盘，不要急于入职，要通盘考虑，不要目光短浅。它就像"士"字的一竖，构成了这个字稳定的结构。

11.4.2　保持灵活，伺机而动

当你经过权衡和对比后，选择一家心仪的公司后，不少人会萌生出要为这家公司奉献青春的想法，梦想着依靠自己的能力成为公司领导，甚至出任 CEO，走上人生巅峰。理想是一定要有的，笔者 100%支持各位的这种想法，但这并不妨碍我们保持灵活，伺机而动的身法养成。

在工作中，我们有时会见到这种人，他们总在伺机而动，听说某个组的项目未来前景广阔，就开始谋求加入他们分一杯羹，看到有人摆地摊赚钱也琢磨摆地摊，听说某某股票要上涨了，自己也会买一点，一般这种人被称为机会主义分子。

笔者认为，这种人的行为值得分类讨论。如果他每天只专注于投机取巧，在本职工作无法很好地完成的情况下钻营，这当然不值得学习，这是彻底的机会主义分子。但如果他在做好本职工作的情况下，又努力经营好与同事、领导、下属的关系，在关键时刻获得有效的信息，这其实是一种非常可贵的能力，笔者愿意称这种人为"智慧机会主义分子"。

这类人的特点是在做好自己本职工作的情况下，有限度地进行投机。比如听说一个股票可能上涨的消息，纯粹的机会主义分子要么按兵不动，要么直接押上自己的全部身家赌一回。但智慧机会主义分子会根据信息的可信程度，信息的交叉印证等做出决策，即使购买这支股票，也不会全部押上，只会用自己的闲钱进行投资。

笔者认为这种人其实还有些可爱，在保护自己的前提下应当多与他们交往，同时也要让自己成为这样的人，在企业、行业发生重大变动的时候有能力第一时间发现并且做出正确的选择。在工作中，笔者也建议各位不仅仅要掌握本职工作的技能，更应该把视野放远，不断了解其他行业的变化和数据分析所用的技能。这样如果一家公司或一个行业因为某些原因走向衰落，你既可以高瞻远瞩地发现，有可以迅速寻找新的目标。

仍然需要强调，笔者绝不是鼓励投机。智慧机会主义分子最重要的品质是与周围人保持良好的关系，如果因为投机破坏了关系，让周围人觉得一个人只追求蝇头小利，而错失了进一步合作的机会，这绝不是一个智慧的选择。因为资产、职位丢了都可以再找，但人际关系一旦破碎，则很难弥补。

这是笔者在本节给读者的第二个身法——保持灵活，伺机而动，永远不要满足于自己的舒适区。它就如同"士"字的一横，我们可以在上面寻找合适的机会。

11.4.3 八方来袭，岿然不动

下面我们来说说心法，对于数据分析师最重要的心法就是八个字：八方来袭，岿然不动。到这里读者又要说：刚才的身法不是讲究保持灵活，伺机而动吗？这里的心法又如何岿然不动？

其实这就是笔者把身法与心法区别开的原因。身法指我们的行为，它是外在的形，而心法是我们思考世界的方式，它是内在的意。庄子的理想人格境界是"外化而内不化"，外在的行为可以随客观的世界来调整，但内心中所追逐的理想和品质不应该因此改变。

当狂风袭来，一棵草会被吹得左右摇摆，但它的底座是坚实的土壤，它通过自己漫长曲折的根牢牢抓住土地，绝不会被连根拔起。如果数据分析师是这样一根草，那么坚实的数据分析能力就是你的根。

笔者不想过多说诸如技术很重要之类的话，因为这其实是显而易见的道理，但很多时候我们容易忽略这句话，就像一般情况下草的根是看不见的一样。根据笔者的经验，很多数据分析师在入行几年后都会发现一个现象，发现数据分析技术好像并不影响自己的晋升。因为数据分析很多时候并不是以结果导向的行业，比如临床试验数据分析，有时我们花费几个月的时间，得出了一款药物无效的结论，这并不是数据分析师的错，这其实不是任何人的错，只是客观世界与主观期望不匹配而已。

既然不是结果导向，那么数据分析师很多时候只需要按部就班地完成任务，对结果不需要负责，只要保证不出错就可以。面对这种情况，有些人选择进入自己的舒适区，每天复制修改一些代码，生成几个统计报表交差就万事大吉。但也有人不满足现状，就像小草的根发现自己不能提供足够的营养一样，开始拼命钻研数据分析技术。笔者对这样的人有一份独特的敬意。

数据分析的技术在到达一定阶段后并不容易提高，它需要综合统计学、数学和专业知识，但总有人愿意花额外的精力去学习，哪怕很长一段时间都没有人看到，他也从未放弃自我提升的脚步。正如同那首歌里唱的一样，"就算你留恋开放在水中娇艳的水仙，别忘了寂寞山谷的角落里野百合也有春天"。但正如笔者在本节开始所说，现在的时代是一个开放的时代，每个人都有多次博弈的机会，只要你是真正的花朵，哪怕在角落里、在山谷中，一定有机会绽放出自己的美。

这就是笔者所说的"八方来袭，岿然不动"的含义，它如同"士"字的下面一横，是在土壤中深挖的铁锹，也是牢牢抓住职场命运的大手。

11.4.4 九层之台，起于累土

最后，笔者希望分享一个关于积累的心法。老子有言："合抱之木，生于毫末；九层之台，起于累土；千里之行，始于足下。"这不仅仅是做人的道理，也是数据分析师从业

最重要的心法。

我们这一代从业者无疑是幸运的一代，也注定是不幸的一代。幸运在于当前的基础设施高度发达，足以让我们快速地享受最新的科技成果，我们可以在网络搜索最新的知识，而不必去图书馆一本一本翻找晦涩的图书；我们可以用最新的计算工具获得各种统计量和模型，而不用像几十年前一样连 p 值都要手动计算。我们就如同在一条奔涌的河流中，奋进地前行。

但同时，科技的发展也带来了越来越多的问题。在《百岁人生》一书中提到，现在的人活到 100 岁是一个大概率事件，传统的 60 岁退休，享受 40 年的休闲时光已经一去不返。另外，加速回报定律一直在起作用，我们处在一个发展速度越来越快的时代，技术的迭代在未来可能超乎我们的想象，让百岁人生的我们不断经历时代大潮的冲击。

面对这种境况，不同人的选择一定不同。有的人选择随波逐流，有的人选择昂扬奋进，这两种人一种眼睛向下，一种眼睛向上，一种力求安稳，一种寻求不断突破。笔者对这两种态度都不持肯定的观点。

随波逐流自不必说，在这个阳光灿烂的时代躲到阴暗狭小的角落里，通过"铁饭碗"让自己度过平稳的一生绝不可取，也几乎不再可能。而昂扬奋进者往往有向上的动力，通过一次次心理暗示让自己追上这个时代的脚步，永远处于最前方。但"登高必跌重"，科学技术的发展绝不是一个人可以通过个人努力可以追上的，到最后这些人可能变成追逐太阳的夸父，虽然精神可嘉，但终究被黑夜淹没。

笔者的想法很简单——向前看。专注于自己的道路，同时对旁边的岔路保持好奇心。时代大势浩浩荡荡，如果你看不清它的走向，应当欣然接受，既不该垂头丧气，也不必强行追寻，真正的智者会保持当前的心态，稳定好脚步继续前行。

作为一名数据分析师，你所使用的技术在几十年之内大概率会消亡，这种趋势没有人能改变。有的数据分析师据此决定不必深入研究技术本身，有的数据分析师则四处探索可能取代它的新技术，但笔者认为，最优秀的数据分析师一定会立足于这项技术本身，通过它建立起数据分析的思维框架，然后把它应用于其他的工具或行业，不断创造新的辉煌。

在本书的最后一节，笔者结合自身的经验和思考，分享了两种身法和两种心法。两种身法分别是扎稳下盘和保持灵活，这是我们在工作中需要的态度；两种心法分别是岿然不动和立足当下，这是我们在人生中应当追求的境界。无论时代、行业、企业如何改变，这些身法和心法不会改变，应当成为我们立身和立心的基础。

最后，笔者以最喜爱的诗人元稹的《春词》作为本书的结尾。很多人觉得这首词的基调悲伤，但笔者认为它道出了每个人都会经历的人生和蜕变。

> 山翠湖光似欲流，蜂声鸟思却堪愁。
> 西施颜色今何在，但看春风百草头。